상법(Ⅱ)

- 상법총칙, 어음·수표법 -

최 준 선

三 英 社

Commercial Law(Ⅱ)

by

JUNESUN CHOI
Professor Emeritus at the Law School
of Sungkyunkwan University

1st Ed.

SAM YOUNG SA
SEOUL, KOREA
2017

머 리 말

필자가 대학에서 수업을 받을 때 徐燉珏 교수님의 저서 商法槪論을 가지고 공부하였다. 당시에 유명한 자습서는 徐燉珏 교수님과 필자의 恩師이신 李範燦 교수님이 共著하신 商法例解였다. 상법예해는 당시 사법시험 준비생의 必讀書였는데, 이 책을 보지 않고는 합격 자체가 불가능하였던 반면, 이 책만 숙지하였다면 상법에서의 高得點은 보장되었다는 이야기가 전해진다. 지금은 아쉽게도 절판되었다.

다음, 필자가 처음 강단에 섰을 때 교재로 사용한 것은 李範燦 교수님의 商法講義라는 책이다. 이 책은 국민서관에서 출판되었는데, 530쪽의 분량에 상법 전체를 수록하고 있다. 李範燦 교수님께서는 아둔한 소생에게 商法講義를 보완하되, 共著로 하면 어떻겠는가하는 고마운 제안을 해 주셨고, 학문적으로 일천하였던 필자가 감히 그 뜻을 받들어서 商法講義는 商法槪論이라는 책으로 재편되었다. 그 후 商法槪論을 계속 보완해 가면서 이를 '商法' 上과 下 두 권으로 분리하는 작업을 수행하였다. 따라서 현재 商法槪論, 商法(上), 商法(下)가 李範燦 교수님과 필자의 공저로 남아 있다.

이와 같이 은사님들의 상법 저서를 일별해 본 것은 本書의 학문적 전통을 밝히려는 데 있다. 本書의 始原은 徐燉珏 교수님의 商法講義, 徐燉珏·李範燦 공저 商法例解, 李範燦 저 商法講義, 李範燦·崔埈璿 공저 商法槪論, 李範燦·崔埈璿 공저 商法(上), (下)로 이어져 온 商法시리즈의 종착점이다. 필자로서는 이 저서의 기원은 저 멀리 徐燉珏 교수님으로부터 李範燦 교수님을 거쳐 필자에 이르기까지 면면히 이어온 전통의 일부라는 데 대하여 무한한 영광과 자부심을 느끼면서 徐燉珏·李範燦 두 스승님께 존경과 감사를 드린다. 한편 본서로 말미암아 존경하는 두분 스승님의 명성에 陋가 되지 않을지 걱정이다.

徐燉珏 교수님으로부터 시작된 originality를 이어받은 이 책은 위에서 언급한 책들의 문맥을 유지하려 애썼다. 徐燉珏 교수님과 李範燦 교수님의 문체의 특징은 간결, 명료하다는 것이다. 정신이 문장을 만드는 것이 아니라, 문장이 정신을 만든다. 문장을 제대로 써야 제대로 된 정신구조를 갖게 된다. 제대로 된 문장을

쓰신 두 분의 스승님은 위대한 정신의 소유자이시다. 眞理는 單純하고, 單純한 것은 아름답다. “아름다움은 곧 敵을 이기는 힘이다.”[1] 또 Pulitzer는 “짧게 써라. 그러면 읽힐 것이다. 명료하게 써라. 그러면 이해될 것이다. 그림같이 써라. 그러면 기억 속에 머물 것이다”라고 했다. 필자도 이를 좇으려 애써 보았지만, 근본이 不敏하여 그저 흉내만 내었을 따름이다. 恩師이신 李範燦 교수님의 화갑기념논문 봉정식 때 松泉 鄭夏建 先生께서 쓰신 귀중한 揮毫를 선물로 받았다. 勤能補拙. 근면성실하면 拙劣함을 보완할 수 있다는 뜻이리라. 自他가 공히 인정하는 바보인 필자에게 참으로 的確하게 들어맞는 교훈인지라 서재에 걸어두고 매일 吟味하여 보건만, 조금도 나아짐이 없이 年輪만 쌓인다.

한편으로 방대한 상법교과서로 인하여 학생들이 공부에 엄청난 부담을 느끼는 것도 사실이다. 따라서 본서에서는 필수적으로 알아야 할 것들만 정리하였으며, 아직 발간하지 않은 상법(1)에서는 회사법을 다룰 예정이고, 이 책 상법(2)에서는 상법총칙, 상행위법 및 어음수표법을 다루었다.

무릇 인생의 근본적인 문제로서 쉽고 빠르게 해결할 수 있는 사안은 아무 것도 없다. 그러므로 이 책은 회사법상의 모든 문제에 대한 해답을 주지는 못한다. 그 대신 회사법의 이론(theories)을 소개함으로써, 이 이론이 도구가 되어 회사법의 많은 문제를 해결할 수 있게 될 것이다. 그만큼 이론은 중요한 것이다. Theory는 고대 그리스어 theoria에서 유래한 것인데, 이것은 자아발견을 위한 孤獨을 뜻했다. 고독은 solitude인데, 홀로 자유로움을 만끽하는 상태를 말하며, 상대방의 부재를 절감하는 상태인 loneliness(외로움)와는 다르다. 고독은 명상, 내적인 탐구와 자아발견을 위한 필수적인 과정이다. 그러므로 깊이 있는 이론은 깊은 사고의 결과이므로 쉽게 변하지 않는다. 특정 기업이나 개인에게만 적용되는 예외의 경우란 없다. 보편·타당한 진술이 바로 좋은 이론이므로, 그것을 발견할 수 있도록 해 주는 것이 이 책의 목적이다.

본서의 출간을 허락해 주신 삼영사의 고성익 사장님과 아름다운 책자로 만들어 주신 임진숙 과장님과 편집부 여러분께 깊이 감사드린다.

---

1) “성곽의 꽃”이라고 불리는 水原華城. 고도의 수학과 과학이 결집되었으면서도 美的으로는 도형 반복의 아름다움이 돋보인다. 朝鮮時代 正祖가 水原화성을 築造하면서 지나치게 아름다움을 강조하자 臣下들이 물었다. “군사들이 싸움을 할 城인데 튼튼하게 만들어 敵을 이기면 그만이지, 왜 그처럼 모양을 내라 하십니까?” 그러자 正祖가 말했다. “아름다움이 곧 敵을 이기는 힘이니라.”: http://www.hd-gd.net/frame2.html

오늘날 우리는 포기의 시대에 살고 있다. 주변에는 무기력한 젊은이들로, 그리고 포기한 사람들의 이야기로 넘쳐 난다. 희망이 절망보다 더 잔인할 수 있으며, 그렇게 얻은 성공이 생각보다 대단한 것이 아닐 수도 있건만, 성공하라는 압력에 초라해지는 자신을 감당하기 어려울 때도 있다. 압력은 주변으로부터도 오지만, 자기 자신으로부터 오는 압력을 견디기는 더욱 어렵다.

宇宙의 관점에서 보면 지구조차도 희미한 먼지에 불과하다. 공중을 멋대로 떠도는 먼지에 무슨 의미가 있을 것인가. 그처럼 인간의 時間이나 인간의 質量도 전혀 무의미할 뿐이련만, 인간은 존재의 허무함을 자각할 수 있고, 우주의 무의미를 깨달을 수 있는 존재인 점에서 매우 독특한 존재임을 부정할 수 없다. 自覺이라는 보다 높은 차원 이전에, 生命體라는 사실 자체만으로도 대부분이 무생물인 우주에서 인간은 매우 특별한 존재이다. 생명체이기 때문에 비록 우연한 시간 우연한 곳에서 우연히 누군가의 아이로 태어났지만, 기력이 다하여 죽을 때까지 죽을 힘을 다해 살아야만 한다. 어떤 조건 아래서 태어났는지는 중요하지 않으며 지능도 중요하지 않다. 다만, 자각하는 생명체인 섬에서 어떤 것이든 스스로 만족할만한 이야기가 있으면 좋다. 물론 그 이야기는 없어도 좋고, 언제든 중단되어도 좋다. 실패해도 좋고 포기해도 좋다. 본인 외에는 누구도 그 미완성을 비난하지 않을 것이기 때문이다.

그러나 이야기의 완성에는 가혹한 시련이 따라 온다. 오히려 가혹한 시련이 없다면 그것은 이야기가 아니다. 그런 의미에서 독자 여러분께 코엘료가 지은 "연금술사"라는 소설에서 연금술사가 주인공 산티아고에게 한 말로서 끝맺고 싶다.

> "자, 이제 때가 된 것 같으니 이야기 해 주지. 들어보게나.
>
> 누군가 꿈을 이루기에 앞서, 萬物의 精氣는 언제나 그 사람이 그 동안의 旅程에서 배운 모든 것을 시험해보고 싶어 하지. 만물의 정기가 그런 시험을 하는 것은 악의가 있어서가 아니네. 그건 자신의 꿈을 실현하는 것 말고도, 만물의 정기를 향해 가면서 배운 가르침 또한 정복할 수 있도록 하기 위함일세. 대부분의 사람들이 포기하고 마는 것도 바로 그 순간이지. 사막의 언어로 말하면 '사람들은 오아시스의 야자나무들이 지평선에 보일 때 목말라 죽는다'는 게지.
>
> 무언가를 찾아나서는 도전은 언제나 '초심자의 행운'으로 시작되고, 반드시 '가혹한 시험'으로 끝을 맺는 것이네."[1)]

---

1) Paulo Coelho, Alchemist, 최정수 역, 1판 28쇄 2004, 215~216면.

가장 큰 실수는 포기해버리는 것이며, 가장 어리석은 일은 자신의 결점만을 찾아내는 것이다. 초심자의 행운을 가득 안고 대학에 입학하여 원대한 꿈을 이루고자 하는 여러분! 情高意眞(정은 높고 의지는 진실되다)하며 熟讀深思(익히 읽고 깊이 생각하라)하여, 꿈을 이루기 전에 치루어질 가혹한 시험을 반드시 통과하기 바란다.

2017. 7. 20.
저자 씀

차　례

제1편 상법 총칙

제1장 서 론

제1절 상법의 개념 20

Ⅰ. 서 설 ········· 20
Ⅱ. 형식적 의의의 상법 ········· 20
Ⅲ. 실질적 의의의 상법 ········· 21
Ⅳ. 상법의 지위 ········· 22
Ⅳ. 어음법 · 수표법과 상법의 관계 ········· 24

제2절 상법의 특성 25

Ⅰ. 상법의 기본이념 ········· 25
Ⅱ. 상법의 경향 ········· 27

제3절 상법의 법원 28

Ⅰ. 서 설 ········· 28
Ⅱ. 법원의 종류 ········· 28
Ⅲ. 법원의 적용순위 ········· 34
Ⅳ. 상법의 효력(적용범위) ········· 35

제2장 상법의 기본개념

제1절 상인과 상행위 38

Ⅰ. 상 인 ········· 38
Ⅱ. 상행위 ········· 44

제2절 상인자격 54

Ⅰ. 상인자격 ······ 54
Ⅱ. 상인자격의 취득과 상실 ······ 57

제3장 영업의 설비

제1절 총 설 60

Ⅰ. 영업의 개념 ······ 60
Ⅱ. 영업의 인적·물적 설비 ······ 60

제2절 영업의 인적 설비 : 상업사용인 61

Ⅰ. 상업사용인의 의의 ······ 61
Ⅱ. 상업사용인의 종류 ······ 63
Ⅲ. 상업사용인의 경업금지의무 ······ 75

제3절 영업의 물적 설비 79

Ⅰ. 영업소 ······ 79
Ⅱ. 상 호 ······ 81
Ⅲ. 상업장부 ······ 100

제4장 영업의 공시 및 양도

제1절 상업등기(영업의 공시) 108

Ⅰ. 상업등기의 의의 ······ 108
Ⅱ. 상업등기의 절차 ······ 109
Ⅲ. 상업등기의 효력 ······ 112

제2절 영업양도 120

Ⅰ. 영업양도의 의의 ······ 120
Ⅱ. 영업양도의 자유와 제한 ······ 121
Ⅲ. 영업양도의 절차 ······ 122
Ⅳ. 영업양도의 효과 ······ 123

제3절 영업의 임대차·경영위임 130

Ⅰ. 영업의 임대차 ······ 130
Ⅱ. 경영위임 ······ 130

제 2 편 상행위법

제1장 상행위법 총론

제1절 서 론 132

제2절 민법 거래규정의 수정 132

Ⅰ. 민법 총칙편에 대한 특칙 ······ 132
Ⅱ. 민법 물권편에 대한 특칙 ······ 135
Ⅲ. 민법 채권편에 대한 특칙 ······ 138

제3절 유가증권에 관한 규칙 155

제4절 상호계산 156

Ⅰ. 상호계산의 의의 ······ 156
Ⅱ. 상호계산의 효력 ······ 157
Ⅲ. 상호계산의 종료 ······ 159

제5절 익명조합 159

Ⅰ. 익명조합의 의의 ······ 159
Ⅱ. 익명조합의 내부관계 ······ 160
Ⅲ. 익명조합의 외부관계 ······ 162
Ⅳ. 익명조합의 종료 ······ 163

제6절 합자조합 164

Ⅰ. 합자조합의 의의 ······ 164
Ⅱ. 합자조합의 설립 ······ 165

Ⅲ. 합자조합의 내부관계 ……… 166
Ⅳ. 합자조합의 외부관계 ……… 167
Ⅴ. 합자조합의 종료 ……… 168

제2장 상행위법 각론

제1절 대리상 170

Ⅰ. 대리상의 의의 ……… 170
Ⅱ. 대리상과 영업주의 관계 ……… 171
Ⅲ. 대리상과 제3자의 관계 ……… 174
Ⅳ. 대리상관계의 종료 ……… 175

제2절 중개업 176

Ⅰ. 중개인의 의의 ……… 176
Ⅱ. 중개계약 ……… 176
Ⅲ. 중개계약의 종료 ……… 180

제3절 위탁매매업 180

Ⅰ. 위탁매매인의 의의 ……… 180
Ⅱ. 위탁매매의 내부관계 ……… 181
Ⅲ. 위탁매매의 외부관계 ……… 187
Ⅳ. 위탁매매계약의 종료 ……… 189
Ⅴ. 준위탁매매인 ……… 190

제4절 운송주선업 190

Ⅰ. 운송주선인의 의의 ……… 190
Ⅱ. 운송주선인의 지위 ……… 191
Ⅲ. 수하인 등과의 관계 ……… 199
Ⅳ. 순차운송주선 ……… 199

제5절 운송업 201

Ⅰ. 운송인의 의의 ……… 201
Ⅱ. 운송계약의 법적 성질 ……… 202

Ⅲ. 물건운송인의 의무 ···· 203
Ⅳ. 물건운송인의 권리 ···· 216
Ⅴ. 수하인의 지위 ···· 220
Ⅵ. 순차운송 ···· 221
Ⅶ. 화물상환증 ···· 223
Ⅷ. 여객운송 ···· 230

제6절 공중접객업 234
Ⅰ. 공중접객업자의 의의 ···· 234
Ⅱ. 공중접객업자의 책임 ···· 235

제7절 창고업 240
Ⅰ. 창고업자의 의의 ···· 240
Ⅱ. 창고업자의 의무 ···· 241
Ⅲ. 창고업자의 권리 ···· 245
Ⅳ. 창고증권 ···· 247

제3장 새로운 상행위

제1절 금융리스업 250
Ⅰ. 리스의 개념 ···· 250
Ⅱ. 금융리스와 운용리스 ···· 250
Ⅲ. 금융리스계약의 체결과 이행과정 ···· 251

제2절 가맹업 252
Ⅰ. 가맹업의 개념 ···· 252
Ⅱ. 가맹계약의 성립요건 ···· 252

제3절 채권매입업 254
Ⅰ. 채권매입업의 개념 ···· 254
Ⅱ. 채권매입업의 구조 ···· 254

제 3 편 어음 · 수표법

제1장 서 론

제1절 유가증권법 258

Ⅰ. 유가증권제도의 본질 ······ 258
Ⅱ. 유가증권의 개념 ······ 259
Ⅲ. 유가증권의 종류 및 속성 ······ 262
Ⅳ. 유가증권법과 그 특성 ······ 270

제2절 어음법 · 수표법 271

Ⅰ. 어음 · 수표의 의의 ······ 271
Ⅱ. 어음 · 수표의 남용 ······ 282
Ⅲ. 어음 · 수표의 경제적인 분류 ······ 286

제2장 어음법 총론

제1절 어음의 실질관계 302

Ⅰ. 서 설 ······ 302
Ⅱ. 어음의 원인관계 ······ 305
Ⅲ. 어음의 자금관계 ······ 316
Ⅳ. 어음예약 ······ 317

제2절 어음행위 317

제1관 어음행위의 의의 및 종류 317

Ⅰ. 어음행위의 정의 ······ 317
Ⅱ. 어음행위의 종류 ······ 318

제2관 어음행위의 성립요건 318

Ⅰ. 어음행위의 형식적 요건(증권의 작성) ······ 318
Ⅱ. 어음행위의 실질적 요건 ······ 324

Ⅲ. 어음증권의 교부 ······ 330
제3관 어음행위독립의 원칙 336
Ⅰ. 어음행위독립원칙의 의의 ······ 336
Ⅱ. 어음행위독립원칙의 구체적 내용 ······ 337
Ⅲ. 어음행위독립원칙의 적용범위 ······ 339
제4관 타인에 의한 어음행위 341
Ⅰ. 어음행위의 대리 ······ 341
Ⅱ. 어음행위와 명의대여 ······ 355
Ⅲ. 어음의 위조 ······ 356
Ⅳ. 어음의 변조 ······ 363

제3절 어음상의 권리 369
제1관 어음상의 권리와 증권의 관계 369
Ⅰ. 어음상의 권리의 의의 ······ 369
Ⅱ. 어음상의 권리와 증권의 관계 ······ 370
제2관 어음상의 권리의 취득 372
Ⅰ. 서 설 ······ 372
Ⅱ. 어음의 선의취득 ······ 372
제3관 어음항변 380
Ⅰ. 어음항변의 의의 ······ 380
Ⅱ. 어음항변의 분류 ······ 380
Ⅲ. 어음항변의 제한 ······ 383
Ⅳ. 어음항변제한의 적용범위 ······ 383
Ⅴ. 특수한 항변 ······ 387
제4관 어음상 권리의 소멸 394
Ⅰ. 서 설 ······ 394
Ⅱ. 어음상 권리의 소멸시효 ······ 395
Ⅲ. 어음의 말소 · 훼손 ······ 397
Ⅳ. 어음의 상실 ······ 399
Ⅴ. 이득상환청구권 ······ 406
Ⅵ. 어음개서 ······ 411
Ⅶ. 어음할인 ······ 412
Ⅷ. 어음대부(어음대출) ······ 413

제3장 어음법 각론

제1절 환어음 414

제1관 환어음의 발행 414

Ⅰ. 기본어음의 작성 …… 414
Ⅱ. 백지어음 …… 428

제2관 어음의 배서 438

Ⅰ. 어음배서의 의의 …… 438
Ⅱ. 지시금지(배서금지)어음 …… 440
Ⅲ. 어음배서의 방식 …… 443
Ⅳ. 어음배서의 효력 …… 448
Ⅴ. 특수배서 …… 457

제3관 환어음의 인수 473

Ⅰ. 인수의 의의 및 성질 …… 473
Ⅱ. 인수의 말소 …… 473
Ⅲ. 인수제시 …… 474
Ⅳ. 인수의 방식 …… 476
Ⅴ. 인수의 효력 …… 478

제4관 어음보증 479

Ⅰ. 어음보증의 의의 …… 479
Ⅱ. 어음보증의 성립요건 …… 482
Ⅲ. 어음보증의 효과 …… 485

제5관 환어음의 지급 488

Ⅰ. 어음지급의 의의 …… 488
Ⅱ. 어음의 지급제시(지급청구) …… 489
Ⅲ. 어음의 지급시기 …… 493
Ⅳ. 어음지급인의 조사의무 …… 496
Ⅴ. 어음지급의 목적물(지급할 화폐) …… 500
Ⅵ. 어음지급의 방법 …… 501

제6관 어음의 상환청구(遡求) 502

Ⅰ. 상환청구의 의의 …… 502
Ⅱ. 상환청구의 요건 …… 502

Ⅲ. 상환청구의 절차 ………… 507
Ⅳ. 재상환청구(再遡求) ………… 512
제7관 참 가 515
Ⅰ. 참가의 의의 ………… 515
Ⅱ. 참가인수(榮譽引受) ………… 516
Ⅲ. 참가지급(영예지급) ………… 517
제8관 어음의 복본과 등본 518
Ⅰ. 어음의 복본 ………… 518
Ⅱ. 어음의 등본 ………… 520
제9관 거절증서 522
Ⅰ. 거절증서의 의의 ………… 522
Ⅱ. 거절증서의 성질 ………… 522
Ⅲ. 거절증서의 작성 ………… 523
제2절 약속어음 527
Ⅰ. 서 설 ………… 527
Ⅱ. 환어음과 약속어음의 차이점 ………… 528
Ⅲ. 환어음과 약속어음의 공통점 ………… 529

제4장 수표법

제1절 수표법 총론 531
제1관 수표와 환어음의 비교 531
Ⅰ. 현행법상 수표의 개념 ………… 531
Ⅱ. 수표와 어음의 공통점 ………… 531
Ⅲ. 수표와 어음의 차이점 ………… 532
제2관 수표에 관한 통칙 537
Ⅰ. 수표행위 ………… 537
Ⅱ. 수표상의 권리 ………… 537
Ⅲ. 수표의 실질관계 ………… 537
제2절 수표법 각론 538

제1관 수표의 발행 538

Ⅰ. 수표발행의 의의 및 성질 …… 538
Ⅱ. 기본수표의 작성 …… 538
Ⅲ. 수표발행의 효력 …… 541
Ⅳ. 수표발행의 제한 …… 541

제2관 수표의 양도 544

Ⅰ. 수표의 양도방법 …… 544
Ⅱ. 수표의 배서 …… 544

제3관 수표보증 547

Ⅰ. 수표보증의 의의 …… 547
Ⅱ. 수표보증의 특색 …… 547

제4관 수표의 지급보증 547

제5관 수표의 제시와 지급 548

Ⅰ. 수표의 지급제시 …… 548
Ⅱ. 수표의 지급 …… 553
Ⅲ. 지급위탁의 취소 …… 554
Ⅳ. 발행인의 사망 또는 능력상실과 수표의 효력 …… 555

제6관 자기앞수표 556

Ⅰ. 자기앞수표의 의의 …… 556
Ⅱ. 자기앞수표의 법률관계 …… 556

제7관 횡선수표 558

Ⅰ. 서 설 …… 558
Ⅱ. 횡선수표의 종류 및 횡선의 기재 …… 559
Ⅲ. 횡선수표의 효력 …… 560
Ⅳ. 횡선효력의 배제 …… 561

제8관 상환청구 561

Ⅰ. 서 설 …… 561
Ⅱ. 수표의 상환청구와 환어음의 상환청구의 차이점 …… 562

제9관 수표의 복본 564

Ⅰ. 복본을 작성할 수 있는 경우 …… 564
Ⅱ. 복본의 발행 …… 564
Ⅲ. 복본의 효력 …… 564

제10관 수표의 시효 564
제11관 이득상환청구권 565
제12관 벌 칙 566
Ⅰ. 수표법상의 벌칙 ······ 566
Ⅱ. 부정수표단속법상의 제재 ······ 567

제5장 전자어음법

제1절 전자어음의 의의 569
Ⅰ. 서 설 ······ 569
Ⅱ. 전자어음의 의의 ······ 569
제2절 전자어음의 법률관계 570
Ⅰ. 전자어음의 발행 ······ 570
Ⅱ. 전자어음의 배서 ······ 572
Ⅲ. 전자어음의 보증 ······ 574
Ⅳ. 전자어음의 지급 ······ 574
Ⅴ. 전자어음의 지급거절과 상환청구 ······ 575
Ⅵ. 전자어음의 반환·수령거부 ······ 576
제3절 전자어음관리와 벌칙 577
Ⅰ. 전자어음관리기관의 업무와 감독 ······ 577
Ⅱ. 벌 칙 ······ 580

찾아보기 582
상법총칙·상행위법 582　　어음·수표법 585

인용법령 약어표

【상법총칙 · 상행위법】

국세(국세기본법)
금지(금융지주회사법)
대령(대통령령)
독규(독점규제 및 공정거래에 관한 법률)
독규시(독점규제 및 공정거래에 관한 법률시행령)
독상(독일상법)
독주(독일주식법)
민(민법)
민소(민사소송법)
민집(민사집행법)
법조(법원조직법)
보업(보험업법)
보업시(보험업법시행령)
부경(부정경쟁방지 및 영업비밀보호에 관한 법률)
불민(프랑스민법)
불상(프랑스상법)
비송(비송사건절차법)
상등(상업등기법)
상등규(상업등기규칙)
상시(상법시행법)
상시규(상법의 일부규정의 시행에 관한 규정)
상표(상표법)
스채(스위스채무법)
국사(국제사법)
수(수표법)
어(어음법)
영어(영국어음법)
영해보(영국해상보험법)
외감(주식회사의 외부감사에 관한 법률)
외투(외국인투자촉진법)
은행(은행법)
의민(의용민법)
의상(의용상법)
인세(인지세법)
일상(일본상법)
이민(이탈리아 민법)
자금(자본시장과 금융투자업에 관한 법률)
조문만 표시(상법)
지세(지방세법)
채회(채무자 회생 및 파산에 관한 법률)
특허(특허법)
포상(포르투갈 상법)
형(형법)

【어음 · 수표법】

거령(거절증서령)
공증(공증인법)
대령(대통령령)
미유(미국유통증권법)
민(민법)
민소(민사소송법)
비송(비송사건절차법)
상(상법)
상품(상품권법)
국사(국제사법)
수(수표법)
수단(부정수표단속법)
신업(신탁업법)
어(어음법)
어규(서울어음교환소 규칙)
영어(영국어음법)
은행(은행법)
의상(의용상법)
인세(인지세법)
일상(일본상법)
우(우편법)
자금(자본시장과 금융투자업에 관한 법률)
전어(전자어음법)
채회(채무자 회생 및 파산에 관한 법률)
형(형법)

제 1 편
상법 총칙

제1장 서 론 / 20
제2장 상법의 기본개념 / 38
제3장 영업의 설비 / 62
제4장 영업의 공시 및 양도 / 108

제1장 서 론

제1절 상법의 개념

Ⅰ. 서 설

상법(commercial law, business law)의 개념은 실질적 의의의 상법과 형식적 의의의 상법으로 나누어 생각할 수 있다. 실질적 의의의 상법이란 상법의 존재형식과는 관계없이 그 규제대상인 생활관계의 실질, 즉 생활관계의 내용과 특성에 따라 통일적 · 체계적으로 파악할 수 있는 특수한 법역을 말한다. 이에 대하여 형식적 의의의 상법은 상법이라는 형식으로 존재하는 법, 즉 '상법전'을 의미한다.

Ⅱ. 형식적 의의의 상법

형식적 의의의 상법이란 '상법'이라는 명칭을 가진 제정성문법규, 즉 상법전을 말한다. 나라에 따라서는 제정성문상법전을 가진 국가도 있지만(우리나라, 독일, 프랑스, 일본 등) 일부 국가(영국 · 미국 등 영미법계 국가와 대륙법계 국가 중에서도 노르웨이, 스웨덴 등 스칸디나비아의 여러 나라)에서는 그 연혁적 사정 및 입법정책에 따라 상법전을 갖지 않는다. 우리나라의 상법전은 1962년 1월 20일에 법률 제1000호로 공포되어 1963년 1월 1일부터 시행되었다. 상법전은 제1편 '총칙', 제2편 '상행위', 제3편 '회사', 제4편 '보험', 제5편 '해상', 제6편 '항공운송'으로 이루어져 있는 대법전이다.

Ⅲ. 실질적 의의의 상법

실질적 의의의 상법이란 그 규제대상인 생활관계의 실질, 즉 생활관계의 내용과 특성에 따라 이론적 · 통일적 · 체계적으로 파악할 수 있는 법규범을 말한다. 소박하게 말하면 상법은 장사(商: Handel)에 관한 法이다. 본래 경제학상의 '商' 개념은 생산자와 소비자의 중간에 개입하여 재화의 유통전환을 매개하는 행위(고유의 商)를 의미한다. 상법의 요람기에 있어서는 법률학상의 '商' 개념은 경제학상의 '商' 개념과 일치하여 상법은 商을 규제하는 법(상인법, 계급법)이었다(예컨대, 1212년 이탈리아 파루마의 상인조례와 중세의 교회법).

근대경제의 발전에 따라 오늘날 경제학상의 '商' 개념은 고유한 의미의 商 이외에 훨씬 광범한 생활영역을 포함하고 있다. 따라서 상법이 규제하여 온 대상으로서의 '商', 즉 법률학상의 '商' 개념도 점차 확장되어 왔으니, 고유의 商뿐만 아니라, 이를 보조하고 이와 밀접한 관계가 있는 물건운송업 · 운송주선업 · 은행업 · 손해보험업 · 창고업 · 중개업(보조상)까지도 포함하였다. 나아가 고유의 상과 직접적인 관계는 없지만 보조상과 그 내용이나 형태가 유사한 여객운송업 · 생명보험업(유형상)을 포함하고, 제조가공업이나 광업 · 수산업과 같은 원시산업의 일부까지도 그 경영방법이나 설비의 동일성을 근거로 상법의 지배하에 넣게 되었다(형식상). 이것은 결국 고유의 商을 지배하던 합리주의적 · 경제적 정신과 그 활동형식이 점차로 보편화되고, 자본주의 경제조직이 고도로 발달함에 따라서 '공업의 상화'로부터 비롯하여 일반 '경제활동의 상화'를 가져오고, 이러한 경제생활의 상화 내지 변천에 상법이 신속하게 순응하게 된 것을 의미한다. 따라서 일부 소수의 (고유의) 상인의 계급법(Standesrecht)이었던 상법은 고도 자본주의를 형성하는 다수의 경제인의 법으로 변질 · 발전되고 있다.

이러한 상법의 규제대상의 확대화 경향에 따라 법률상의 상 개념은 경제상의 상 개념보다 그 범위가 훨씬 넓어지게 되었고, 실질적 의의의 상법 개념을 확립하기가 어렵게 되었다. 그러나 현재는 기업법설이 우리나라와 일본의 다수설이다. 기업법설은 경제학상의 개념인 '기업'(Unternehmung, enterprise)이라는 개념을 보조로 사용하여, 상법은 '기업적 생활관계에 관한 특별사법'이라고 한다.

Ⅳ. 상법의 지위

1. 특별법으로서의 상법

상법은 민법의 특별법이기 때문에, ① 상법에 아무런 규정이 없는 사항에 대하여는 당연히 민법이 적용되고(제1조)(예컨대, 민법 제3조 이하의 능력 · 민법 제103조 이하의 법률행위 · 민법 제98조 이하의 물건 · 민법 제155조 이하의 기간, 민법 제734조 이하의 사무관리, 민법 제741조 이하의 부당이득, 민법 제750조 이하의 불법행위 등), ② 민법의 원칙규정을 변경하여 예외규정을 두거나[예컨대, 법정이율(민 제379조, 상 제54조) · 유질계약(민 제339조, 상 제59조) · 소멸시효(민 제162조, 상 제64조) · 상업사용인(민 제114조 이하, 상 제10조 이하 등)], ③ 혹은 독자적 입장에서 전혀 특수한 제도[예컨대, 상업등기(제34조 이하) · 상호(제18조 이하) · 상업장부(제29조 이하) · 상호계산(제72조 이하), 보험(제638조 이하), 공동해손(제865조 이하), 해난구조(제882조 이하), 항공기운항자의 배상책임(제930조) 등]를 창설하여 적용하기도 한다.

2. 민법의 상화

1) 상법과 민법은 밀접한 관계를 갖고 있기 때문에 민법과 상법의 한계가 명확하고 고정적인 것은 아니다. 예컨대, 장기적으로 실질적 고찰을 할 때, (ⅰ) 처음에 민법에 속해 있던 제도나 법률관계가 후에 상법의 제도하에 들어오기도 하고(예컨대, 민사회사), (ⅱ) 상법상의 원칙 또는 제도가 보편화하여 민법에 흡수되기도 한다(예컨대, 계약자유의 원칙 · 동산의 선의취득). 특히 (ⅱ)의 경향을 '민법의 상화'라고 하며, 1894년 야콥 리이써(Jakob Riesser)에 의해서 지적된 이래[1] 논의되어 왔다. 우리 민법상의 예로는, 구민법상 증권적 채권의 양도에 있어 의사표시만으로 양도의 효력이 생기고, 증권의 배서 · 교부는 대항요건이었으나(구민 제469조 · 제86조 제3항), 현행 민법에서는 어음 · 수표의 양도방식을 받아들여 배서 · 교부를 증권적 채권의 양도방식으로 한 것(민 제508조 · 제510조, 어 제11조 제1항, 수 제14조 제1항)을 들 수 있다.

2) 민법이 상화하는 현상이 생기는 원인은 민 · 상 2법이 대상으로 하는 생활관계가 경제생활 내지 거래생활이라고 하는 공통점이 있기 때문이다. 다만 상법

---

1) Riesser, Der Einfluß Handelsrechtlicher Ideen auf den Entwurf eines bürgerlichen Gesetzbuches für das Deutsche Reich, 1894, S. 14 Anm. 3.

은 기업생활을, 민법은 일반경제생활을 대상으로 하는 점에서 차이는 있으나, 양법이 규율하는 것은 자본주의경제하에서 영위되는 경제생활이므로, 일반인의 사유재산과 관련되는 모든 경제생활도 고도의 합리주의를 바탕으로 하는 상인의 경제적 정신과 생활태도를 따르지 않을 수 없게 된다. 이런 의미에서 위의 (ⅰ)의 경우에 관하여는 민법에 속하던 것이 상법의 규제하에 들어온 것이 아니라 오히려 원래 상법에 속했어야 할 법률관계라고 할 수 있으니, 이것은 민법의 순화현상이라고 할 수 있다. 또 아무리 민법이 상화된다고 하더라도 그것에는 한계가 있으니, 민법의 신분법적 규정이나 고용관계에 관한 규정은 상화될 수 없다. (ⅱ)의 경우에 관하여는 상법이 그 원리의 일부를 민법에 넘겨준다 해도, 비약적으로 발전하는 상사관계에 적용될 새로운 기술이나 제도를 끊임없이 창조할 것이다. 그리고 민법의 상화현상에 힘입어 이를 널리 보급하는 것은 합리적 제도의 보편화에 따른 당연한 추세일 것이다. 그러므로 민법의 상화현상을 근거로 상법의 실질적 자주성에 대한 회의론이 제기될 수는 없을 것이다.

3. 민상 2법 통일론

1) 민상 2법 통일론이란 상법을 민법과 독립하여 제정할 필요가 없다는 주장으로서, 1847년에 몬타네리(Montanelli), 1888년에 비반테(Vivante)에 의해서 역설된 이래 격론을 일으켰다.[1)] 민상 2법 통일론은 상법이 민법에 대하여 독자적인 존재이유를 가질 수 없다고 하는 생각을 배경으로 하고 있다. 민상 2법 통일론에 따라 제정된 입법례로는 1919년의 스위스 채무법, 1925년의 태국 민법, 1925년의 중국 민법, 1942년의 이탈리아 민법 등을 들 수 있다. 이러한 주장은 상법의 형식적 자주성을 부정하는 것이다. 오늘날은 양법분리론이 지배적인 견해이다.

4. 상법과 노동법과의 관계

1) 기업은 인적·물적 설비를 기초로 하여 성립한다. 기업의 인적 설비에서 가장 중요한 것은 기업주의 노력을 보충해 주는 기업보조자이다. 현대기업에 있어

---

1) Vivante는 1892년 세계최초의 대학으로 알려져 있는 이탈리아의 블로냐대학 Antrittsvortrag(교수취임특강)에서도 이를 주장하였으나, 그 후 민법과 상법은 그 입법의 방법이 서로 다르고, 상법의 세계적 성질·신용증권에 관한 규정·격지거래 및 대량거래 등에서 볼 때 민·상이법의 통일은 부적당하다는 것을 지적하여 그의 주장을 포기하였다(Vivante, *Trattato di diritto commerciale*, Vol. 1, 1934, p. 1 e segg.).

서는 업무의 복잡성과 고도의 분업화로 기업보조자의 사용은 불가결한 것이다. 그런데 기업주와 기업보조자의 법률관계는 기업주를 위하여 기업상의 노무를 제공하는 면(고용관계)과 기업주를 갈음하여 제3자와 거래관계를 맺는 면(주로 기업자와 기업보조자 사이의 대리관계)으로 구분된다. 전자의 법률관계가 기업보조자의 생활이익의 보호란 사회정책적 이념에 의해 규제되는 노동법(labour law)의 영역인 데 대하여, 후자의 법률관계는 거래의 안전과 원활이라는 이념에 의해 규제되는 상법의 영역이다.

5. 상법과 경제법과의 관계

1) 19세기 후반 이래 기업의 집중과 독점화 경향이 심하여지고, 특히 제1차 세계대전을 계기로 경제적 위기에 직면하게 되자, 독일을 위시하여 여러 나라에서 경제생활에 대한 국가적 통제·간섭의 입법이 속출하였는데, 이 통제경제법을 일반적으로 경제법(economic lawt)이라고 부른다. 따라서 경제법의 개념에 관하여 아직 정설은 없지만, 대체로 경제법을 국가가 후견적 입장에서 경제일반을 통제하기 위한 일련의 법규로 본다. 경제법에 속하는 법률로는 독점규제 및 공정거래에 관한 법률, 방문판매 등에 관한 법률, 부정경쟁 방지 및 영업비밀보호에 관한 법률, 소비자 보호법, 할부거래에 관한 법률 등이 있다. 대표적인 경제법인 독점규제 및 공정거래에 관한 법률은 경쟁제한행위의 금지와 경제력집중 억제에 초점이 맞추어져 있다.

2) 상법과 경제법은 그 대상과 이념에 있어 근본적인 차이가 있다. 상법은 상기업만을 대상으로 하면서 주로 사인간의 이해관계를 조정하는 기업사법이다. 이에 비하여, 경제법은 기업생활은 물론 농업, 임업, 어업과 개인의 소비생활 등 생산·유통·소비에 걸친 시장경제 전반을 통제하여 국민경제의 조화를 이룩하려는 법규로서 기업공법이라고 할 수 있다.

Ⅳ. 어음법·수표법과 상법의 관계

어음법·수표법은 독립된 단행법으로 존재하고 있고, 기업과 무관한 일반인들 상호간에도 어음·수표가 널리 이용되고 있기 때문에 형식적으로는 물론 실질적으로도 어음법·수표법은 민법·상법과 더불어 사법체계 중에 특수한 법역을 이루고 있다.

제2절 상법의 특성

I. 상법의 기본이념

1. 서 설

상법의 기본이념은 기업의 조직과 활동 두 가지 면으로 표출된다. 즉, 기업조직 면에서의 기업의 유지강화와 기업활동 면에서의 거래의 동적 안전보호의 요청이 그것이다. 후술하는 상법의 경향(진보적 경향 · 세계적 경향)을 상법의 외면적 특성이라고 하는 데 대하여, 이것을 상법의 내면적 특성이라고도 한다.

상법의 특성

- 내면적 특성
  - 기업의 조직면 = 기업의 유지강화
    - 기업존립기반의 형성
    - 기업존속보장
    - 기업해소방지
  - 기업의 활동면 = 거래의 동적안전보장
    - 공시주의
    - 외관주의
    - 엄격책임주의
    - 신속결료주의
    - 기존상태존중주의
- 외면적 특성
  - 시간적 = 진보적
  - 공간적 = 세계적

2. 기업의 유지강화

1) 기업존립기반의 형성

상법은 영업자유의 보장, 자본집중의 촉진, 노력의 보충 등을 통하여 기업이 존립할 수 있는 기반형성이 용이하도록 하고 있다.

2) 기업존속의 보장

상법은 기업존속의 보장책으로 영리성의 보장, 독립성의 확보, 적자관리의 실현, 자본의 충실, 자금조달의 원활화, 기업책임의 경감 등을 규정하고 있다.

3) 기업해소의 방지

상법은 일단 성립한 기업의 해소를 방지하기 위하여 회사의 계속제도, 1인회사의 인정, 회사의 조직변경제도, 회사의 합병 · 영업양도제도, 회사해체절차의 신중, 채무자 회생 및 파산에 관한 법률상 회사회생제도 등의 장치를 마련해 두고 있다.

3. 거래안전의 보호

1) 공시주의에 의한 보호

상법은 거래관계상 중요한 사항을 일반에게 공시(알리는)하는 절차를 마련하고 기업자에게 그 이행 및 실천을 요구하고 있으며, 그 이행 · 실천에 특수한 법적 효력을 인정한다. 이를 공시주의(Publizitätsprinzip)라고 한다. 이것은 구체적으로 상업등기제도, 선박등기제도, 공고제도, 수동적 공시제도, 요식성 등으로 나타난다.

2) 외관주의에 의한 보호

외관주의란 외관과 진실이 합치하지 아니할 때에 외관을 신뢰하고 거래한 일반공중을 보호하는 입법주의를 말하며, 대체로 영미의 '금반언의 법리' 및 독일의 '외관이론'과 그 취지를 같이 한다. 다수인 간에 계속적 · 집단적 · 반복적으로 행해지는 상사거래에 있어서는 그 거래행위의 개성은 상실되고, 오로지 거래의 안전 · 신속만이 요청되므로, 상법에서는 외관주의가 기본원리로서 확립되어 각 편에 구체적으로 표현되고 있다.

3) 엄격책임주의에 의한 보호

기업주측의 의무 · 책임을 엄격히 하는 것은 거래안전을 보호하는 가장 효과적인 방책이며, 또 그 전문적 지식과 경험에 비추어 보면 당연한 결과이기도 하다.

상법의 엄격책임주의는 구체적으로 책임의 연대성, 주의의무의 가중, 기업주의 특별책임, 경영담당자의 특별책임 등으로 나타난다.

4) 신속결료주의에 의한 보호

각종 거래행위의 효과가 오랫동안 불확정되어서 그 유효성이 다투어지게 된다면 거래의 안전은 크게 위협을 받게 된다. 따라서 상법은 법률관계를 신속하게 확정 · 결료시킴으로써 거래의 안전을 도모하고 있다.

5) 기존상태존중주의에 의한 보호

이미 형성된 법률관계를 가급적 존중 · 유지하려는 요청이 표현된 것으로서 사실상의 회사제도, 주주총회 · 사원총회의 결의하자주장의 제한, 회사의 설립 · 합병 · 신주발행 · 자본감소 등의 무효주장의 제한 내지 그 무효판결의 효과의 불소급 등이 있다.

Ⅱ. 상법의 경향

상법은 그 내면적 특성 때문에 민법과 같은 다른 법분야와 비교할 때 시간적으로 보면 유동적 · 진보적 경향을, 공간적으로 보면 세계적 · 통일적 경향을 띤다. 이것을 상법의 외면적 특성 또는 제2차적 특성이라고도 한다.

독일의 상법학자 골트쉬미트(Goldschmidt)는 이러한 민법과 상법의 관계를, 하류(민법)에서는 끊임없이 만년설이 녹지만, 상류(상법)에서는 새로운 만년설이 형성되는 빙하에 비유하였다. 상법의 진보적 경향은 일반사법인 민법에 대하여도 영향을 미칠 수밖에 없는데, 이것이 상법을 '법률발전의 개척자'(Vorreiter der Entwicklung des Gesetzes)라고 하는 이유이다.

또한 상법은 경제적 합리주의를 기조로 하는 기술법으로서 각국의 전통적인 요소에 구애받는 면이 적기 때문에 모든 국가에 있어 상법의 내용이 공통되는 경향이 있다. 어음법통일조약(1930년), 수표법통일조약(1931년), 선박충돌조약(1910년), 해난구조조약(1910년), 선주유한책임조약(1924년 성립, 1957년 · 1976년 개정), 선하증권에 관한 통일조약[즉, 1924년의 헤이그규칙(Hague Rules)과 이를 개정한 1968년의 비스비규칙(Visby Rules) 및 1978년의 함부르크규칙(Hamburg Rules)], 국제항공운송에 관한 일부규정의 통일에 관한 조약(1929년 성립, 1955년 개정, 1999년 몬트리올 협약), 국제중재규칙(1976년), 국제물품매매계약에 관한 U.N.협약(1980년) 등이 있다. 상법의 국제적 통일화를 주도하는 주요 기관으로는 정부간 조직으로서 국제연합 국제거래법위원회(The United Nations Commission on International Trade Law: UNCITRAL), 사법통일국제협회(The International Institute for Unification of Private Law: UNIDROIT) 등과, 비정부간 조직으로서 국제상업회의소(The International Chamber of Commerce: ICC) 등이 있다.[1)]

제3절 상법의 법원

Ⅰ. 서 설

法源(source of law)이란 일반적으로 법의 존재를 경험적으로 인식할 수 있는 자료, 즉 법의 존재형식을 말한다. 실질적 의의의 상법은 반드시 상법전이라는 제정법의 형식으로만 존재하는 것이 아니고, 관습법 · 자치법 · 판례법 · 조리 · 학설 등이 열거되고 있으나, 판례 · 조리 · 학설의 법원성은 인정하기 어렵다.

Ⅱ. 법원의 종류

1. 상사제정법

1) 상법전

상사제정법 중에서 중심이 되는 것은 형식적 의의의 상법, 즉 상법전임은 물론이다. 우리나라의 상법전(1962. 1. 20. 공포, 법률 제1000호)은 독일상법을 계수한 일본상법전에 기초를 두고 영 · 미의 회사법과 국제조약 등을 가미한 것이다.

1) 최준선, 「국제거래법」, 2015, 38면.

2) 상사특별법령

상사특별법령에는 상법전의 규정을 시행하고 또 구체화하기 위하여 상법전에 부속된 부속법령과 기업에 관한 일반법인 상법전의 규정을 보충하고 변경하는 독립된 특별법령이 있다.

(1) 부속법령

상법시행법(구상부 제11조, 1965. 3. 19. 법 제1213호), 상법의 일부규정의 시행에 관한 규정(1998. 7. 1. 대통령령 제15830호), 선박소유자 등의 책임제한절차에 관한 법률(1991. 12. 31. 법 제4471호), 외국인의 서명날인에 관한 법률(1958. 7. 12. 법 제488호), 상업등기처리규칙(1992. 5. 13. 대법원규칙 제1212호) 등이 있다.

(2) 독립된 특별법령

독립된 특별법령으로는 은행법, 자본시장과 금융투자업에 관한 법률, 보험업법, 독점규제 및 공정거래에 관한 법률, 부정경쟁방지 및 영업비밀보호에 관한 법률, 신탁법, 담보부사채신탁법, 공장 및 광업재단 저당법, 중소기업협동조합법, 철도사업법, 철도소운송업법, 여객자동차 운수사업법, 화물자동차 운수사업법, 항공기저당법, 자동차저당법, 선박안전법, 전기사업법, 선박법, 선원법, 어선법, 도선법, 식품위생법, 비송사건절차법, 상업등기법, 공사채등록법, 외국인투자촉진법, 상표법, 기술개발촉진법, 품질경영 및 공산품안전관리법, 화재로 인한 재해보상과 보험가입에 관한 법률, 석유 및 석유대체연료 사업법 등과 이외에도 수많은 특별법령이 있다.

3) 상사조약

(1) 조약은 체약국간에 권리의무를 설정하는 명시적 합의로서 treaty(조약), convention(협약), agreement(협정), arrangement(협정), act(결정서), protocol(의정서), declaration(선언), note(각서), covenant(규약), charter(헌장) 등의 명칭을 가진다. 우리 헌법 제6조 제1항에 의하면, “헌법에 의하여 체결·공포된 조약과 일반적으로 승인된 국제법규는 국내법과 같은 효력을 가진다”고 규정하고 있으므로, 상사에 관한 조약인 상사조약과 상사에 관하여 일반적으로 승인된 국제법규, 즉 국제상관습법규는 국내법과 동일한 효력을 가지고 상법의 법원이 된다. 이와는 달리 1930년의 어음법통일조약(이른바 제네바조약)과 같이 체약국에 대하

여 특정한 법률을 제정할 의무를 지우는데 불과한 조약은 상법의 법원이 되지 못한다.

(2) 상사조약의 예로는 통상조약, 무역협정 등 쌍무협정(bilateral treaty)도 있고, 국제민간항공협정(1952. 12. 13. 조약 제38호), 유류오염손해에 관한 민사책임에 관한 국제협약(1979. 3. 15. 조약 제678호), 공업소유권의 보호를 위한 파리조약(1980. 4. 14. 조약 제707호), 외국중재판정의 승인 및 집행에 관한 협약(1973. 2. 17. 조약 제471호) 등과 같은 다자조약(multilateral treaty)도 있다.

2. 상관습법

상관습이란 관습의 형태로 존재하는 상사에 관한 법이다. 사실인 상관습이 사회의 법적 확신 또는 법적 인식(관습에 따르는 것이 법에 따르는 것이라는 인식)에 의하여 지지를 받게 되면 이것이 법적 규범으로서 승인되고 강행되는데, 이것이 상관습법이 된다(법적 확신설).[1)]

공동해손에 관한 '요크-앤트워프규칙'(York-Antwerp Rules) 및 C.I.F.계약에 관한 '바르샤바 옥스포드규칙'(Warsaw Oxford Rules)은 국제상관습 또는 국제상관습법의 예이다. 이 밖에 '정형거래조건의 해석에 관한 국제규칙'(International Rule for the Interpretation of Trade Terms. 또는 이를 줄여서 International Commercial Terms: Incoterms),[2)] '하환신용장에 관한 통일규칙 및 관례' 또는 이를 줄여서 '신용장통일규칙'(Uniform Customs and Practice for Documentary Credits) 등과 같은 국제통일규칙도 국제상관습 또는 국제상관습법으로 볼 수 있다.

3. 상사자치법

상사자치법이란 회사 기타의 단체가 그 조직과 운영에 관하여 자주적으로 정한 법규를 말하며, 회사의 정관,[3)] 한국거래소의 업무규정(자본 제393조)과 어음교환소의 교환규칙 등이 이에 속한다. 자치법은 강행법규에 위반할 수 없지만 법률에 근거를 두고 제정되는 것이며, 자치단체의 관계자를 구속하기 때문에 그 자체가 법규성을 가지는 상법의 법원이다(법규설).

---

1) 대법원 1983. 6. 14. 80다3231; 동 2005. 7. 21. 2002다1178.
2) 최준선, 「국제거래법」, 2015, 46면 이하 참조.
3) 대법원 2000. 11. 24. 99다12437(사단법인의 정관의 법적 성질은 자치법규이다).

4. 보통거래약관

1) 보통거래약관의 의의

보통거래약관(general conditions)이란 그 명칭이나 형태 또는 범위를 불문하고 계약의 일방당사자가 다수의 상대방과 계약을 체결하기 위하여 일정한 형식에 의하여 미리 마련한 계약의 내용이 되는 것을 말한다(약규 제2조 제1항). 보통보험약관 · 운송약관 · 은행예금약관 · 창고임치약관 등이 그 예이다.

보통거래약관과 구별하여야 할 개념으로서 표준계약서식(model form)이라는 것이 있다. 표준계약서식은 계약의 '내용'이 아니라 그 '형식'을 예시한 것으로서, 그 자체가 곧 계약의 내용이 되는 것은 아니다. 따라서 이것은 '계약의 내용이 되는' 보통거래약관과는 다르다.

2) 보통거래약관의 본질

보통거래약관이 사용되는 경우에는 당사자가 (i) 약관의 존재 또는 (ii) 약관의 개개의 규정의 존재여부, (iii) 약관의 특정 조항에 따를 의사의 존재여부를 묻지 아니하고 그 약관은 당사자를 구속하는 것이 일반적이다. 이와 같이 사업자가 일방적으로 작성하거나 사업자 단체가 표준약관을 작성하고 사업자가 이를 채택하여 만들어진(약규 제19조의 2) 약관내용이 당사자 사이에서 구속력을 갖는 근거가 무엇인지에 관하여 약관의 구속력, 즉 약관의 본질문제로 논의되고 있다.

이에 관하여는 견해가 갈리고 있는데, 아래에서 설명하는 학설 중 규범설, 제도설 및 상관습법설은 약관의 법원성을 긍정하는 견해이고, 법률행위설 및 의사추정설은 법원성을 부정하는 견해이다.

약관은 대개 기업자가 집단거래의 편의를 위하여 일방적으로 작성하여 그 경제력을 배경으로 사실상 시행하는 것이기 때문에 약관 자체에 법규성을 인정할 수는 없을 것이다. 다만 그것을 계약의 내용으로 한다는 당사자간의 합의가 있다고 간주될 때에만 그것은 법규로서가 아니라 계약의 조건으로서 구속력이 생길 뿐이라고 본다(법률행위설 · 계약설 · 채택합의설). 대법원 판례 및 약관규제법(제3조: 사업자에게 약관의 명시 · 설명의무를 부과하고, 이를 이행하지 않는 약관은 계약의 내용으로 주장하지 못하게 하고 있다)도 이 입장을 취한다.[1)]

---

1) 대법원 1985. 11. 26. 84다카2543; 동 1986. 10. 14. 84다카122; 동 1989. 3. 28. 88다4645; 동 1989. 11. 14. 88다카29177; 동 1990. 4. 27. 89다카24070; 동 1991. 9. 10. 91다20432; 동

2) 보통거래약관의 해석

(1) 객관적 · 통일적 해석의 원칙

객관적 · 통일적 해석의 원칙이란 보통거래약관은 원칙적으로 당사자의 주관적인 의사나 의도와는 무관하게 그 문언에 따라 객관적 · 합리적으로 해석하여야 하고, 때와 장소에 따라 또는 거래상대방에 따라 다르게 해석하여서는 안 된다는 원칙이다(약규 제5조 제1항).

(2) 개별약정우선의 원칙

개별약정우선의 원칙이란 계약당사자간에 명시적으로나 묵시적으로 개별약정이 있었다고 인정되는 경우에는 그 개별 약정을 우선적으로 계약의 내용으로 하고 보통거래약관은 이에 상반되지 않는 부분에 한해서 적용시킨다는 원칙이다(약규 제4조).[1)]

(3) 작성자불이익의 원칙

작성자불이익의 원칙은 약관의 의미가 불명확한 경우에는, 약관 작성자인 사업자(기업)측에 불이익이 되고 거래상대방에게 이익이 되도록 해석하여야 한다는 원칙이다(약규 제5조 제2항).[2)]

(4) 제한적 해석의 원칙

제한적 해석의 원칙 또는 엄격해석의 원칙이란 약관 중 약관작성자인 사업자(기업)측에 유리한 조항(예컨대 면책조항이나 위험부담전가조항)이 불명확한 경우에는, 제한적으로 엄격하게 해석하여야 한다는 원칙이다.[3)] 즉, 법률의 일반 해석에 있어서와 같은 확장해석이나 유추해석은 허용되지 아니하고, 제한적 해석 내지 축소해석을 하여야 한다는 것이다. 이유는 위의 작성자불이익의 원칙에 있어서와 마찬가지이다.

1992. 7. 28. 91다5624; 동 1999. 7. 23. 98다31868; 동 2004. 11. 11. 2003다30807 등.

1) 대법원 2001. 3. 9. 2000다67235.

2) 대법원 2005. 10. 28. 2005다35226; 동 1996. 6. 25. 96다12009; 동 1998. 10. 23. 98다20752.

3) 대법원 1993. 10. 26. 93다3103; 동 2002. 5. 24. 2000다72572; 동 2004. 4. 28. 2003다39873.

3) 약관의 효력

약관의 조항은 적법하여야 하며, 특히 강행법규에 위반하거나 보통보험약관의 경우 보험계약자 등의 가입자측에 불리하게 변경하면 그 효력이 없다. 특정조항이 무효인 경우에는 일부무효의 법리에 의하여 처리하면 될 것이다. 계약성립 후에 약관의 변경이 있었다고 하더라도 계약은 영향을 받지 않는다. 그리고 행정상의 인가는 사법상의 효력에 영향을 미치지 않는다.

4) 약관에 대한 규제

보통거래약관은 사업자가 일방적으로 작성하는 경우가 많으므로, 사업자에게만 유리하고 거래상대방인 고객의 이익에 불리한 조항이 포함되어 경제적인 약자가 피해를 입는 사례가 많다. 따라서 약관에 대하여는 일정한 규제가 필요한데, 규제의 방법으로는 입법적 규제, 행정적 규제, 사법적 규제가 있다.

(1) 입법적 규제

법률로써 보통거래약관의 효력요건, 약관에 기재할 내용 등을 정하는 것을 말한다. 입법적 규제의 중요한 예로는 '약관의 규제에 관한 법률'이 있다.

(2) 행정적 규제

행정관청에 의한 사전적 규제를 말한다. 각종 약관에 대한 사전인가 및 신고를 통한 규제가 사전적 규제이다. 예컨대 금융감독위원회에 의한 보험약관의 인가(보업 제7조 제1항), 건설교통부장관에 대한 운송약관의 신고(여객자동차운수사업법 제10조 제1항) 등을 통한 규제가 이에 해당한다. 다만, 인가를 받아야 할 경우에 인가를 받지 않은 약관을 이용하여 계약을 체결하거나, 유효하게 인가된 약관을 인가권자의 인가없이 변경하여, 이 변경된 약관을 이용하여 계약을 체결한 경우에도 그 약관의 사법상의 효력이 당연히 무효로 되는 것은 아니다. 반대로 인가가 있었다고 하여 그 약관의 모든 조항이 사법상 유효하게 되는 것도 아니다. 인가는 어디까지나 행정적 감독을 위한 것이기 때문이다. 행정관청에 의한 사후적 규제의 예로는 약관규제법 제3장에 규정된 시정, 심사 및 공개조치를 들 수 있다(약규 제17조의 2, 제18조, 제19조, 제19조의 2, 제23조 등).

(3) 사법적 규제

약관에 대한 사법적 규제란 약관에 관하여 분쟁이 생겨 소송이 제기된 경우에 법원의 판결에 의하여 규제하는 방법이다. 신용카드회원약관,[1] 무면허운전시의 면책약관[2] 등의 조항을 무효로 판시하는 등이 그 예이다.

5. 상사판례법

기업적 생활관계에 고유한 판례가 쌓여 어느 정도 법규범으로서 정립된 것을 상사판례법이라고 한다. 우리나라의 다수설은 상사판례법의 법원성을 인정하지 않는다.

6. 학 설

상사(商事)에 관한 유력한 법학자의 학설인 상사학설은 법원이 될 수 없다고 보는 것이 일반적인 견해이다.

7. 조 리

조리(條理)란 당해 법률관계에 있어서 사물자연의 성질에 적합한 원리를 말한다. 조리는 법의 이념 또는 추상적인 원리일 뿐, 구체적인 형태로 실재하는 것이 아니므로, 이것을 경험적 인식의 대상인 법원, 즉 실질적 의의의 '상법의 존재형식'의 하나로 보기는 어렵다.

Ⅲ. 법원의 적용순위

상법 제1조에 의하면 "상사에 관하여 상법에 규정이 없는 경우에는 상관습법을 적용하고, 상관습법도 없는 경우에는 민법을 적용한다."고 규정하고 있다. 상법 제1조의 법리적 의의는 (i) 상관습법의 법원성을 인정한 점, (ii) 상사제정

1) 대법원 1986. 3. 11. 85다카1490; 동 1986. 12. 23. 85다카551.
2) 대법원 1991. 12. 24. 90다카23899.

법과의 관계에 있어서는 제정법우선주의의 원칙에 따르면서, (iii) 민법과의 관계에 있어서는 이 원칙을 깨뜨리고 상관습법에 우선성을 인정함으로써, 상관습법의 특수성을 승인한 점에 있다.

상사에 관하여 적용될 각종 법원의 적용순위를 상법 제1조의 원칙에 따라 열거하여 보면 다음과 같다. 판례와 조리의 법원성 인정여부에 관해서는 학설이 대립되고 있고, 또 관습법의 제정법개폐력을 인정하는 경우에는 민·상법과 관습법은 각각 동일순위가 될 것이므로 이들은 괄호 속에 넣었다. 또한 민사자치규정을 상법관계에 적용할 것인지 의문이 생겨 괄호 속에 넣었다.

상사자치법 → 상사특별법령 → 상법전 → 상관습법 → (상사판례법) →
(상사조약) (상관습법)

(민사자치법) → 민사특별법령 → 민법전 → 민사관습법 → (민사판례법) → (조리)
민사조약 (민사관습법)

Ⅳ. 상법의 효력(적용범위)

상법의 적용은 때(時), 장소, 사람(人), 사항에 대한 제약을 받는다.

1. 때에 관한 효력

1) 소급적용의 문제

(1) 상법은 기업의 생활관계를 대상으로 하므로 다른 어느 法보다도 자주 개정된다. 그리하여 어떠한 법이 폐기되고 신법이 만들어졌을 경우, 그때부터 신법이 현행법으로 적용됨은 물론이다. 그런데 구법하에서 발생한 생활관계가 신법하에서 문제될 경우, 행위 당시의 현행법인 구법의 추급적용을 인정할 것인가, 법적용을 하는 시점의 현행법인 신법을 소급적용할 것인가가 문제이다. 이 문제는 보통 개정법률 말미에 경과규정(시제법)을 두어 해결한다.

(2) 이에 관하여는 기득권의 존중 및 법적 안정을 위하여 불소급주의를 원칙으로 하고 있다(예: 법률불소급의 원칙). 따라서 신법은 그 시행 후에 생긴 생활사실만을 지배하고 시행 전의 생활사실에는 미치지 않는다. 그러나 상법의 영역에

서는 대체로 신법이 보다 합리적이고 진보적이며, 구법관계에 신법을 적용하더라도 당사자에게 이익이 되고 형평에 부합하는 경우가 많다. 그리하여 법률불소급의 원칙의 예외를 인정하여, 신법을 소급적으로 적용하는 수가 있다(1984년 개정상법부칙 제6조 참조).

2) 동일순위의 법규 사이의 우선적용

신법에 의해 구법이 폐지되지 않고, 동일한 사항에 관하여 적용할 상이한 내용의 법률이 2개 이상 존재할 수 있다. 이 경우에는 동일순위의 법규사이에는 '신법은 구법을 변경한다'는 것이 일반원칙이다. 그러나 신법이 일반법이고 구법이 특별법일 때에는 '일반신법은 특별구법을 변경하지 않는다'는 원칙이 적용되어 특별법인 구법이 우선하여 적용된다.

2. 장소에 관한 효력

상법은 국법으로서 모든 한국영토에 적용됨이 원칙이다. 그러나 오늘날 상거래는 과거와는 달리 국제적으로 이루어지는 경우가 많으므로 특정한 경우에는 우리 상법이 한국 영토 외에서 적용되는 일도 있으며, 이와 반대로 외국상법이 한국영토에서 적용되는 일도 있는데, 국제사법에서 이와 같은 사항을 규정하고 있다.

3. 사람에 관한 효력

상법은 국법으로서 모든 한국인에게 적용된다. 그러나 이에 대하여는 다음의 두 가지 예외가 있다.

1) 국제사법상 문제로서 특정한 사항에 대하여 우리 상법이 외국인에 대하여 적용되는 경우도 있고, 외국상법이 한국인에게 적용되는 경우도 있다. 그러나 국제간의 거래가 날이 갈수록 빈번한 기업생활에서는 이러한 국제사법에 의한 우회적 해결로써는 거래관계를 원활히 처리할 수 없으므로, 일찍부터 각국상법의 통일운동이 이루어지고 있다.

2) 상법규정 중에는 특수한 상인에게는 적용되지 않는 것이 있다. 즉, 소상인에게는 지배인·상업등기·상호·상업장부에 관한 규정을 규정하지 않는다(제9

조). 그러나 소상인도 상인이라는 점은 동일하기 때문에 영업활동에 관한 규정은 물론 적용된다.

4. 사항에 관한 효력

1) 상법은 국민의 생활관계 중에서 '商事'관계에 대하여만 적용된다(제1조). 그러나 상사관계라 하여 상법이 모두 적용되는 것은 아니며, 법인 · 법률행위 · 불법행위 등의 경우에는 민법의 일반규정이 적용된다.

2) 공법인의 상행위에 대하여는 법령에 다른 규정이 없는 경우에 한하여 상법이 적용된다(제2조). 공법인의 상행위에 관하여도 상법이 당연히 적용되어야 하지만, 공법인의 상행위는 특별한 정책적인 목적에 의하는 경우가 적지 않으므로, 특별한 법령에 의하여 상법의 적용을 배제할 수 있게 한 것이다.

3) 상법이 적용되는 상행위에는 당사자 일방에 대하여만 상행위가 되는 일방적 상행위와 당사자 쌍방에 대하여 모두 상행위가 되는 쌍방적 상행위가 있다. 쌍방적 상행위의 경우 당사자 쌍방에게 상법이 적용되는 것은 당연하지만, 일방적 상행위의 경우에도 특별규정을 두어 그 쌍방에게 상법을 적용하도록 하였다(제3조). 이때의 상행위는 공법인의 상행위를 포함한다. 그러나 상법의 일부조항은 쌍방이 모두 상인인 경우에만 적용된다(제58조, 제67조 참조).

제2장 상법의 기본개념

제1절 상인과 상행위

Ⅰ. 상 인

1. 상인의 종류

상법은 기업주체의 행위가 기본적 상행위인가 아닌가에 따라서 당연상인과 의제상인으로, 또 상인이 활용하는 자본의 규모에 따라 완전상인과 소상인으로 분류하고 있다.

2. 당연상인

당연상인이란 "자기명의로 상행위를 하는 자"이다(제4조). 당연상인은 고유상인이라고도 하는데, 실질적으로 상행위를 함으로써 상인이 된 자이다. 이를 분설하면 다음과 같다.

1) '상행위'를 하는 자이다

당연상인 개념의 기초가 되는 상행위란 상법 제46조에 한정적으로 열거되어 있는 행위, 즉 기본적 상행위와 특별법에서 상행위로 인정한 것(담사신 제23조 제2항 : 사채총액의 인수를 상행위로 보고 있다)을 말한다. 상법 제46조에 의하면, 22개의 항목에 걸쳐서 열거된 행위를 영업으로 한 경우에 그것이 상행위가 된다고 하여 제한적으로 열거하고 있다.

2) 상행위를 '영업으로' 하여야 한다

당연상인이 되기 위해서는 상행위를 영업으로 하여야 한다. 즉, 어느 행위가 기본적 상행위에 해당하기 위해서는 상법 제46조 각호의 행위를 영업으로 하는 경우이어야 한다. 영업으로 한다는 것은 영리의 목적을 가지고[1] 동종의 행위를 계속적 · 반복적으로 행하는 것을 말한다.

(1) 영리목적

영리목적(영업성)이란 널리 수지적합을 목적으로 하여 이윤을 내는 것을 가리키며, 수입과 지출과의 차익인 잉여이익을 얻는 것을 뜻하는 것이 아니다. 즉, 영리목적이란 상인의 주관적 목적으로 존재하고 그 목적이 객관적으로 인식될 수 있으면 충분하며, 현실적으로 이익이 발생했느냐는 문제되지 않는다.

그리고 그 목적은 개개의 행위에 대하여 있어야 하는 것은 아니며, 반복되는 일련의 행위에 대하여 전체로서 존재하면 된다. 또한 영리목적이 있는 이상 그것이 유일한 목적일 필요가 없고 동시에 다른 목적이 있어도 상관이 없다.

(2) 계속성 · 반복성

동종행위를 계속적으로 반복하여야 한다.[2] 행위의 종류는 수종일 수도 있다. 같은 행위를 반복한다는 것은 외부에서 기업성을 인식하는 가장 중요한 근거가 된다. 따라서 한번에 국한된 행위나 기회가 있을 때마다 반복하는 투기행위 등은 영업이 될 수 없다. 그러나 계속성 · 반복성은 상인의 점포시설 등 외부적 표상을 통해 객관적으로 인식하는 것이면 충분하며, 실제로 계속 · 반복되었는가는 문제되지 않는다. 그리고 영업기간은 반드시 장기간일 필요는 없다(예컨대 박람회

---

1) 대법원 1994. 4. 29. 93다54842(특수공법인인 대한광업진흥공사의 당연상인이 아니지만, 상인인 탄광업자에게 자금을 대출한 경우 상인의 행위는 특별한 사정이 없는 한 영업을 위하여 하는 것으로 추정되므로 그 대출금채권은 상사채권으로서 5년의 소멸시효기간이 적용된다); 1998. 7. 10. 98다10793(새마을금고가 금고의 회원에게 자금을 대출하는 행위는 일반적으로는 영리를 목적으로 하는 행위라고 보기 어렵지만, 상인인 회원에게 자금을 대출한 경우 상인의 행위는 특별한 사정이 없는 한 영업을 위하여 하는 것으로 추정되므로 그 대출금채권은 상사채권으로서 5년의 소멸시효기간이 적용된다. 동지: 서울지방법원 2015. 9. 10. 2014다4907); 동 2000. 2. 11. 99다53292(농업협동조합이 조합원이 생산하는 물자를 판매하는 행위는 상행위가 아니다); 동 1992. 11. 10, 92다7948(회사는 상인이지만 그 대표이사는 상인이 아니다); 동 1993. 9. 10. 93다21705(낙찰계의 계주는 당연상인이 아니나, 제46조 제16호의 상행위(상호부금 기타 이와 유사한 행위)를 하는 자로 볼 여지는 있다); 동 1989. 6. 27. 88다카16812(신용보증기금은 영리성이 없어서 상인이 아니다).

2) 우연한 기회에 타인간의 부동산거래를 중개한 행위는 중개업에 해당하지 않는다: 대법원 1991. 7. 23. 91도1274.

나 해수욕장의 매점).

(3) 영업의 의사

영업이 되기 위하여는 영업의사가 있어야 한다. 다만, 상인자격의 유무는 당사자뿐만 아니라 일반 제3자의 이해가 관계되기 때문에 이러한 영업의사는 외부에서 인식할 수 있어야 한다. 그러나 영업의사는 반드시 일반공중에게 표시되어야 하는 것은 아니고 거래관계에서 당사자간에 인식될 수 있으면 된다. 그러므로 점포의 임차, 상업사용인의 고용 등의 개업준비행위로 인정되는 행위가 있으면 영업의사가 대외적으로 인식된다고 할 것이다. 그러나 대외적으로 비밀로 하는 행위(예컨대 증권투기행위)는 영업을 한다고 할 수 없다.

자유직업인(의사·교사·변호사·화가·음악가 등)은[1] 그 주관적 의사가 영리의 목적을 가지고 있더라도 이에 관계없이 영업을 하는 것으로 보지 않는다. 이들은 영리성을 그 사업의 기본적인 특성으로 하지 않으며, 이들의 업무의 성질이 고도의 개성을 요하고 공익성을 띠고 있기 때문이다.

3) '자기명의'로 상행위를 하는 자이어야 한다

(1) 상행위를 자기명의로 한다는 것은 자기가 영업에서 발생하는 권리·의무의 주체가 된다는 뜻이다. 자기가 권리의무의 주체인 한 자신이 직접 영업행위를 하든 다른 사람에게 대리시키든 상관이 없다. 따라서 친권자가 미성년의 子를 위하여 또는 지배인이 영업주를 위하여 영업을 대리하더라도 상인은 사실상의 영업행위를 하는 친권자나 지배인이 되는 것이 아니라 미성년자인 子와 영업주가 상인이 된다.

(2) 또한 자기가 권리의무의 주체인 한 타인의 명의로 하든, 타인의 계산으로 하든, 타인소유의 경영수단을 이용하든 상관이 없으며, 또 행정청에 대한 신고나 납세를 타인명의로 하든 상관이 없다.[2] 따라서, 예컨대 夫가 妻의 재산을 가지고

---

1) 서울지방법원 2003. 12. 17. 2003비단19(변호사는 상인이 아니다) ; 대법원 2007. 7. 26. 2006마334(변호사는 의제상인이 아니므로 변호사의 상호등기신청을 각하한 등기관의 처분은 적법하다) ; 동 2008. 6. 26. 2007마996(법무사는 상법 제5조 제1항의 의제상인에 해당되지 않으며, 법무사의 상호등기는 허용되지 아니한다) ; 동 2011. 4. 22. 2011마110(변호사는 의제상인이 아니다). 그러나 법무법인 설립시 등기하도록 되어 있는 법무법인의 '명칭'에 관하여 상호의 등기와 보호에 관한 상법 제22조, 제23조 등과 상업등기법 제30조 등의 규정이 준용된다: 서울고등법원 2008. 7. 2. 2007나118684.

2) 대법원 1962. 3. 29. 4294민상962; 대법원 2008. 12. 11. 2007다66590: 행정관청에 대한 인·허가 명의나 사업자등록상의 명의와 실제 영업상의 주체가 다를 경우, 상인으로 인정

영업을 하거나, 子가 父의 계산으로 영업을 하는 경우에도 夫 또는 子가 상인이 되며, 또한 처의 명의나 타인의 상호를 빌려서 영업을 하더라도 실제로 권리의 무가 귀속되는 夫 또는 본인이 상인이 된다. 또한 미성년자가 법정대리인의 허락을 받지 아니하고 영업한 경우에도 그 미성년자가 권리능력을 갖는 데는 변함이 없으므로 상인으로 보아야 한다. 다만 그의 허락 없는 영업행위는 취소의 대상이 된다.

4) 예 외

(1) 자기 명의로 영업성 있는 거래를 한다고 하더라도 오로지 "임금을 받을 목적으로 물건을 제조하거나 노무에 종사하는 자의 행위"는 상행위로 보지 아니하며(제46조 단서), 따라서 이러한 행위를 하더라도 상인이 되는 것은 아니다.

(2) 여기서 임금을 받는다는 것은 반드시 특정인에게 고용되어 보수를 받는 것을 말하는 것이 아니라, 제조 또는 노무의 양에 따라 영세한 보수를 받는 것을 의미한다. 이러한 행위를 하는 자도 영리성을 가지고 계속적·반복적으로 제조 또는 노무에 종사하지만, 지나친 영세성으로 인하여 기업성을 인정할 수 없어 상인의 범위에서 제외시킨 것이다. 어떠한 자가 이에 해당하느냐는 것은 시설이나 거래의 규모로 판단해야 할 것인데, 예컨대 건설현장에서 일당을 받고 품팔이를 하는 경우나, 집에서 바느질감을 주문받아 바느질을 해 주는 경우 등이 이에 해당한다. 이러한 자는 소상인도 아니다.

3. 의제상인

1) 의제상인의 의의

(1) 의제상인이란 상행위를 하지 않더라도 영업의 형식에 따라 상인으로 취급되는 자(형식상인)를 말한다(제5조). 여기서 상행위란 상법 제46조 각 호의 상행위를 말한다.

(2) 상법 제5조는 상법에 제한적으로 열거하고 있는 형식적인 상행위에 속하지 않는 행위라도 "점포 기타 유사한 설비에 의하여 상인적 방법으로 영업을 하는 자"는 상행위를 하지 아니하더라도 상인으로 본다(제5조 제1항). 이를 의제상인

되는 자는 실제 영업상의 주체이다.

또는 설비상인이라 한다.

(i) 여기서 '점포 기타 유사한 설비'란 일반공중과 계속적으로 거래하기 위하여 마련된 물적 또는 장소적 설비(상인적 설비)를 말한다.

(ii) '상인적 방법'이란 보통 (당연)상인이 이용하는 경영조직 내지 경영방법을 말한다. 즉, 구체적으로 장부조직, 서신·통신문의 보관, 영업 각 분과의 분립, 기업보조자의 사용 등을 말한다.[1] 영업을 한다 함은 영리를 목적으로 일정한 계획에 따라 동종의 행위를 계속하여 반복하는 것, 즉 영리성을 요한다.

(iii) 영업행위가 당연상인의 영업내용인 상법 제46조 각 호가 정한 '기본적 상행위 이외의 것'이어야 한다. 예컨대, 농업·임업·수산업 등 원시산업을 경영하거나 새로운 유형의 영업행위를 하면 이에 해당한다. 원시산업의 생산물을 가지고 다니면서 판매한다고 하더라도 이러한 생산물은 유상취득한 것이 아니므로 상법 제46조 제1호의 동산의 매매에 해당되지 않으며 따라서 영리를 목적으로 재배하여 판매하더라도 상행위가 되지 않고, 상인이 되지도 않는다.[2] 그러나 점포 또는 유사한 설비, 즉 상인적 설비를 갖추고 기업적으로 판매하면 제5조 제1항에 의하여 상인으로 인정되며, 그 판매행위는 이른바 준상행위가 되어(제66조) 상행위편의 규정이 적용된다.[3]

(iv) 상행위 이외의 행위를 '영업으로'하여야 한다. 즉, 영리의 목적으로 동종행위를 반복·계속하여야 한다.

2) 민사회사

(i) 회사는 상행위 기타 영리를 목적으로 하는 사단으로서(제169조), 상행위를 목적으로 하는 상사회사와 상행위 이외의 영리를 목적으로 하는 민사회사가 있다. 민사회사는 상행위를 영업으로 하는 것이 아니므로 제4조의 당연상인이 아니다. 따라서 원래는 그 영업행위에 대하여 상행위법이 적용되지 않는다.

(ii) 그러나 민사회사도 상사회사의 설립의 조건에 따라 설립되고(민 제39조 제1항) 또한 민사회사에도 모두 상사회사에 관한 규정이 준용되므로(민 제39조 제2항), 양자는 모두 상법의 적용을 받는다. 민사회사는 상법 제5조 제1항의 상인적 설

---

1) 낙찰계의 계주는 상인적 방법에 의한 영업으로 계를 운영한 것이 아니면 의제상인이 아니다: 대법원 1993. 9. 10. 93다21705.

2) 대법원 1993. 6. 11. 93다7174·7181: 과수원을 경영하는 자의 의제상인성을 부정한 판결.

3) 대법원 2012. 4. 13. 2011다104246: 학원업은 점포 기타 유사한 설비에 의하여 상인적 방법으로 영업을 하는 경우에 해당한다.

비가 가장 완비된 의제상인(설비상인)이라 할 수 있으므로 상법은 민사회사를 상인으로 의제한다(제5조 제2항). 따라서 상법 제5조 제2항은 동조 제1항에 대한 예시적·주의적 규정에 불과하다고 보아야 한다.

(iii) 민사회사의 대표적인 예는 농수산업 등의 원시산업을 경영하는 회사가 생산물을 판매하는 행위 등을 들 수 있다.

(iv) 학술·종교·자선·사교 기타 영리 아닌 사업을 목적으로 하는 사단 또는 재단은 주무관청의 허가를 얻어 이를 법인으로 할 수 있다(민 제32조). 이러한 비영리법인도 그 본래의 목적을 수행하기 위하여 영업을 하는 것은 그 목적에 어긋난다고 할 수 없으므로 상인이 될 수 있다.

4. 소상인

1) 소상인의 의의

(1) 소상인(Minderkaufmann)이란 일정한 규모 이하(소규모)의 영업을 하는 상인으로서, 완전상인(Vollkaufmann)에 대한 개념이다(통설). 즉, 소상인이란 상행위 또는 기타 행위를 영업으로 하더라도 영업의 규모가 근소하여 기업성이 희박한 상인을 말한다.

(2) 소상인제도를 둔 이유는 지배인, 상호, 상업장부, 상업등기 등의 상법상의 여러 제도는 대체로 어느 정도의 기업규모를 전제로 하고 있으므로, 소규모의 상인에게도 이러한 상법 규정을 차별없이 적용하는 것은 그 실익이 적을 뿐만 아니라 오히려 가혹하고 번잡하며, 때로는 다른 상인에게 방해가 될 우려도 있기 때문이다. 따라서 소상인에게는 지배인, 상호, 상업장부, 상업등기에 관한 규정은 적용되지 아니한다(제9조).

(3) 다만 상호에 관한 규정 중 일부(제20조, 제23조, 제24조, 제28조)는 예외적으로 소상인에게도 적용된다고 본다(후술).

2) 소상인의 범위

(1) 소상인은 자본금액 1,000만원 미만의 상인으로서 회사가 아닌 자를 말한다(상부 제1조, 상시규 제2조). 이 경우에 자본금액은 주식회사의 자본금과 같이 자기자본만을 말하는 것이 아니라, '영업재산의 현재가격'으로서 자기자본뿐만 아니라 타인자본을 포함한다. 의제상인도 소상인이 될 수 있다고 본다.

(2) 회사는 기업성이 뚜렷하고 상업등기제도가 필연적으로 적용되므로 소상인이 아니다.

3) 법률효과

소상인에 대하여는 지배인, 상호, 상업장부 및 상업등기에 관한 규정이 적용되지 않는다(제9조).

(1) 소상인이 자기를 대신하여 재판상 또는 재판 외의 모든 행위를 할 권한을 가진 임의대리인을 선임하더라도 그는 상법상의 지배인은 아니다.

(2) 소상인도 자유로이 상호를 선정하여 사용할 수 있지만, 상법상의 상호권자로서 보호를 받지 못한다. 따라서 소상인은 유사상호의 사용금지를 청구하거나, 상호권의 침해로 인한 손해배상을 청구하지 못한다. 또한 다른 회사의 상호권을 침해해서는 안되므로 소상인도 상호에 會社임을 표시하는 문자를 사용하지 못하고(제20조), 단일한 상호를 사용하여야 하며(제21조), 주체를 오인시킬 상호를 사용하지 못한다(제23조). 그리고 소상인이 상호를 타인에게 대여한 경우에는 명의대여자로서의 책임을 지게 된다(제24조). 또한 상호부정사용에 대한 과태료의 처분을 받는다(제28조).

(3) 소상인에게는 상업장부에 관한 규정이 적용되지 않는다. 따라서 상법에 따라 이를 작성하거나(제29조), 보존하거나(제33조), 또는 제출할 의무(제32조)를 부담하지 아니한다. 그러나 임의로 각종 상업장부를 작성 · 보존할 수 있다.

(4) 소상인은 상업등기에 관한 규정이 적용되지 않으므로, 상법상의 등기사항에 해당하는 사실이 생겨도 이를 등기할 필요가 없다. 따라서 소상인이 등기를 하였다 하더라도 상법상 등기에 관한 이익을 주장할 수 없으며, 반대로 등기하지 않았다고 하여 불이익을 받지 않는다.

Ⅱ. 상행위

1. 상행위의 의의

1) 상행위(Handelsgeschäft; acte de commerce)란 실질적으로는 영리에 관한 행위를 말하고, 형식적으로는 상법과 특별법에서 상행위로서 제한적으로 열거한 것을 말한다. 전자를 실질적 상행위, 후자를 형식적 상행위라 한다.

2) 상법은 기본적 상행위 · 보조적 상행위 · 일방적 상행위 · 준상행위에 관한 규정을 두고 있으나, 이 외에도 절대적 상행위 · 상대적 상행위, 형식적 상행위 · 실질적 상행위 및 일방적 상행위 · 쌍방적 상행위의 개념을 인정할 수 있다.

2. 절대적 상행위 · 상대적 상행위

어떤 행위가 영업상의 것인지 아닌지에 관계없이, 또한 행위자가 상인인가 아닌가에 관계없이 행위의 객관적 성질에 의하여 항상 상행위로 되는 이른바 절대적 상행위(absolutes Handelsgeschäft)라고 한다. 상대적 상행위(relatives Handelsgeschäft)란 주관적 상행위라고도 하는데, 이것은 영업상의 행위, 즉 '영업으로'(제46조) 하거나 '영업을 위하여'(제47조) 함으로써 상행위가 되는 행위를 말한다. 여기서 '영업으로' 하는 행위는 영업적 상행위(Gewerbehandelsgeschäft)라고 하고, '영업을 위하여' 하는 행위는 부속적 상행위(Nebenhandelsgeschäft)라고 한다. 영업적 상행위는 다시 기본적 상행위(제46조)와 준상행위(제66조)로 나눌 수 있고, 부속적 상행위는 기본적 상행위에 대하여 보조적 상행위(제47조)라고도 한다.

3. 기본적 상행위 · 보조적 상행위 · 준상행위

1) 기본적 상행위

(1) 기본적 상행위의 의의

기본적 상행위(Grundhandelsgeschäft)란 당연상인의 개념을 결정하는 데 기초가 되는 상행위이며, 영업적 상행위라고도 한다. 상법 제46조는 상법의 적용한계를 명확히 정한 것으로서 본조 각호에 열거된 행위만을(한정성) '영업으로' 할 때에 상행위가 되며(영업성), 그 상행위를 자기명의로 할 때 상인이 된다. 여기서 '영업으로' 한다는 것은 영리를 목적으로 계획적 · 반복적 · 계속적인 행위를 하는 것을 말한다. 또한 그 행위는 규모에 있어서도 어느 정도의 기업성이 인정되어야 하므로, 오로지 임금을 받을 목적으로 물건을 제조하거나 노무에 종사하는 자의 행위는 상행위가 될 수 없다(제46조 본문 단서).

(2) 기본적 상행위의 내용

기본적 상행위는 다음에 열거하는 22종의 행위이다[의용상법상의 영업적 상행위는 12종(의상 제502조)이었고, 1995. 12. 29. 개정 전 상법상 기본적 상행위는 18종이었다].

(가) 매매행위(제46조 제1호)

매매의 목적물은 동산·부동산·유가증권 기타의 재산이다. 기타의 재산으로는 상호권·상표권·특허권·저작권 등과 같은 무체재산권과 어업권·광업권 등과 같이 법률에 의하여 물권으로 인정되는 것이 있다.

(나) 임대차행위(제46조 제2호)

(i) 이는 재산의 이용에 관한 행위이며, 임대차의 목적물은 매매의 경우와 같다.

(ii) 임대차란 임대의사를 가지고 임차하거나 유상으로 취득하는 행위와 이를 영리의 의사로 임대하는 행위를 뜻한다고 본다. 임대의사는 행위 당시에 존재하여야 하며, 객관적으로 인식될 수 있어야 한다. 건물·자동차·옷·비디오테이프 등의 임대업, 선박·항공기의 나용선업(裸傭船業), 주차장영업 등이 이에 해당한다(관계법규: 주택임대차보호법, 상가건물임대차보호법 등).

(다) 제조·가공 또는 수선에 관한 행위(제46조 제3호)

(i) 제조업 기타의 공업자의 경영활동에 상행위성을 인정한 것이다. 여기서 상행위가 되는 것은 제조·가공·수선행위 자체가 아니라 그 행위의 인수이다. 제조(Verarbeitung)라 함은 원재료에 노력을 가하여 전혀 다른 종류의 물건을 만드는 것을 말하고(제지, 제사, 제약, 방직 등), 가공(Bearbeitung)은 물건의 동일성을 해치지 아니하는 한도에서 그 재료에 변경을 가하는 것을 말한다(염색, 도정, 세탁 등). 그리고 수선(Reparierung)이라 함은 물건이 그 본래의 기능발휘가 불완전한 경우에 그 기능을 회복시켜 주는 것을 말한다(자동차, 시계 등의 수리).

(ii) 제조·가공·수선행위는 타인을 위하여 이를 인수하는 경우에만 본호의 상행위로 된다. 자기를 위하여 제조·가공·수선하여 판매하는 경우에는 본조 제1호의 매매에 해당한다고 보아야 할 것이다(관계법규: 식품위생법, 농산품품질관리법 등).

(라) 전기·전파·가스 또는 물의 공급에 관한 행위(제46조 제4호)

(i) 이것은 대가를 받고 전기·전파·가스 또는 물을 계속적으로 공급할 것을 인수하는 계약이다.

(ii) 이 계약의 성질은 매매계약에 속하지만, 설비의 임대가 수반되는 경우에는 매매계약과 임대차계약의 혼합계약이 된다. 전기·가스회사, 방송국, 수도사업자 등의 행위가 이에 해당한다(관계법규: 전기사업법, 수도법, 전파법, 방송법, 전기통신기본법 등).

(마) 작업 또는 노무의 도급의 인수(제46조 제5호)

(ⅰ) 작업의 도급의 인수란 가옥·교량·도로 등의 부동산 또는 선박에 관한 공사를 인수하는 계약을 말한다.

(ⅱ) 노무의 도급의 인수란 인부 기타 노무자의 공급을 인수하는 계약(인부도급업)을 말한다. 그러나 직업안정법 제17조에 따르면 노무자의 공급은 직업안정위원회의 심의를 거쳐 노동부장관이 허가한 자에 한하여 할 수 있도록 되어 있다(관계법규: 건설산업기본법, 직업안정법).

(바) 출판·인쇄 또는 촬영에 관한 행위(제46조 제6호)

출판에 관한 행위란 문서 또는 도화(圖畵)를 인쇄하여 발매 또는 유상으로 반포(頒布)하는 행위를 말한다. 레코드나 녹음테이프 등을 복제하여 판매하는 행위도 이에 속한다. 출판을 함에 있어서는 저작자와의 사이에 출판계약, 인쇄업자와의 사이에 인쇄계약을 수반하는 것이 일반적이지만, 이들 계약은 부속적 상행위에 불과하고, 중요한 것은 인쇄물을 발매 또는 반포하는 행위이다. 따라서 예컨대, 신문사에서 자급자족의 원고를 자기의 인쇄공장에서 인쇄·출판하더라도 발매·반포행위가 있으므로 출판행위가 된다.

인쇄에 관한 행위란 물리적 또는 화학적 방법으로 문서 또는 도화를 복제하는 것을 인수하는 행위이다. 촬영에 관한 행위란 사진의 촬영을 인수하는 계약으로서 사진사의 행위가 그 예이다(관계법규: 저작권법, 출판사 및 인쇄소등록에 관한 법률 등).

(사) 광고·통신 또는 정보에 관한 행위(제46조 제7호)

광고란 일반 공중에게 기업의 명성 기타 상품 및 서비스를 선전 또는 홍보하는 것을 말하며, 통신은 각종 뉴스를 제공하는 행위를 말한다. 그리고 정보에 관한 행위는 의뢰자로부터 대가를 받고 신원이나 신용상태 등에 관한 사항을 수집하여 보고하는 행위를 말한다(관계법규: 표시·광고의 공정화에 관한 법률 등).

(아) 수신·여신·환 기타의 금융거래(제46조 제8호)

여신은 금전 또는 유가증권을 대여하는 행위를 말하고, 수신은 그것을 받아들이는 행위를 말하며, 환거래는 이종화폐간(異種貨幣間)의 교환을 말한다. 그리고 기타의 금융거래란 금전 또는 유가증권의 전환을 매개하는 행위로서 여신·수신에 관한 행위는 물론 할인이나 보증행위도 포함한다. 광의로는 보험·신탁·상호부금 등도 금융거래에 해당하지만, 이들은 따로 규정되어 있으므로 여기에서는 제외된다(관계법규: 은행법, 외국환거래법 등).

(자) 공중이 이용하는 시설에 의한 거래(제46조 제9호)

이것은 공중의 이용에 적합한 인적·물적 시설을 갖추고 이를 유상으로 이용하게 하는 것을 목적으로 하는 행위이다. 호텔·여관·다방·음식점·당구장·기원·이발소·목욕탕·극장·동물원·도서관·박물관 등이 이에 속한다(관계법규: 공연법, 식품위생법 등).

(차) 상행위의 대리의 인수(제46조 제10호)

이것은 수탁자를 위하여 상행위의 대리를 인수하는 행위이다. 즉, 체약대리상(제87조)의 행위가 이에 속한다. 수탁자에게 상행위가 되는 행위면 기본적 상행위든 보조적 상행위든 상관이 없다. 여기에서는 중개와 주선의 경우와는 달리 상행위 이외의 대리는 포함하지 않는다.

(카) 중개에 관한 행위(제46조 제11호)

이것은 타인간의 법률행위 성립의 중개(Vermittelung)를 인수하는 계약을 말한다. 중개하는 법률행위는 상행위에 한정되지 아니한다. 여기에는 중개인(제93조), 중개대리상(제87조)과 각종 민사중개인(부동산·자동차 등의 매매를 중개하거나 직업소개소, 결혼상담소 등)의 행위를 포함한다(관계법규: 부동산중개업법 등).

(타) 위탁매매 기타의 주선에 관한 행위(제46조 제12호)

이것은 주선(Kommission), 즉 자기의 명의로 타인의 계산으로 법률행위를 하는 것을 인수하는 행위를 말한다. 타인의 계산이란 경제적으로 그 타인이 손익의 주체가 되는 것을 뜻한다. 주선하는 행위는 위탁자에게 상행위가 될 것을 요하지 아니한다. 물건 또는 유가증권의 매매를 주선하는 위탁매매인(제101조), 물건의 운송을 주선하는 운송주선인(제114조), 기타의 법률행위를 주선하는 준위탁매매인(제113조) 등의 행위가 이에 속한다(관계법규: 증권거래법 등).

(파) 운송의 인수(제46조 제13호)

이것은 물건 또는 사람의 운송을 인수하는 행위를 말한다. 운송의 목적물·장소·방법은 묻지 않는다. 따라서 여객운송·물건운송·육상운송·해상운송·항공운송·자동차운송·철도운송·선박운송 등이 모두 포함된다(관계법규: 철도법, 선박법, 도선법, 항공법, 여객자동차운수사업법 등).

(하) 임치의 인수(제46조 제14호)

이것은 타인을 위하여 물건, 금전 또는 유가증권을 보관할 것을 인수하는 행위를 말한다. 창고업자의 영업이 그 대표적인 것이다. 여기서의 임치에는 혼장임치와 소비임치도 포함된다고 본다. 금전 또는 유가증권의 소비임치는 보통 금융거래에 속하는 동시에 여기서의 임치에도 속하는 것으로 본다(관계법규: 화물유통촉진법 등).

(거) 신탁의 인수(제46조 제15호)

신탁이라 함은 신탁설정자가 특정 재산권을 수탁자에게 이전하거나 기타의 처분을 하고 수탁자로 하여금 일정한 자(수익자)의 이익 또는 특정 목적을 위하여 그 재산권을 관리·처분하게 하는 법률관계를 말한다. 이러한 관리나 처분의 위탁을 인수하는 행위를 신탁의 인수라 한다. 신탁회사, 증권투자신탁회사 등의 업무가 이에 해당한다(관계법규: 신탁법, 담보부사채신탁법, 자본시장법 등).

(너) 상호부금 기타 이와 유사한 행위(제46조 제16호)

상호부금이라 함은 일정한 좌수와 급부금을 정한 다음, 정기적으로 부금(賦金)을 납입하게 하되, 일정 기간마다 추첨, 입찰 기타 유사한 방법에 의하여 특정된 자에게 일정 금액을 급여하는 제도이다. 과거에는 상호부금을 무진(無盡)이라고 하였으나,[1] 1995년 개정상법에서는 그러한 용어가 사용되지 않고 있기 때문에 이를 금융기관에서 취급하는 상호부금으로 변경하였다.[2]

(더) 보험(제46조 제17호)

보험이란 동일한 경제상의 위험을 예상하는 다수인이 단체를 형성하고 그 구성원이 미리 금전을 모아 그 구성원 중에서 위험을 당한 자에게 일정한 금액을 급여하는 제도이다. 본호에서의 보험은 영리보험을 인수하는 것만을 말하고, 상호보험이나 국민건강보험 및 사회보험은 제외된다(관계법규 : 보험업법, 수출보험법 등).

(러) 광물 또는 토석의 채취에 관한 행위(제46조 제18호)

원래 광물이나 토석 등의 채취행위는 원시산업에 속하고, 따라서 의제상인의 행위로서 준상행위가 될 것이지만 그 행위의 기업성에 착안하여 상법은 이를 기본적 상행위로 규정하였다. 여기서의 행위는 채취라는 사실행위를 말하는 것이 아니라 채취한 것을 판매하는 행위를 말한다(관계법규: 광업법, 광업재단저당법 등).

(머) 기계·시설 그 밖의 재산의 금융리스에 관한 행위(리스)(제46조 제19호)

(i) 금융리스란 이용자(lessee)가 특정의 기계설비를 필요로 하는 경우에 리스회사(lessor)가 이것을 구입할 자금을 대부하는 대신에 그 설비를 직접 구입하여 이용자에게 임대하여 주는 물적 금융을 말하는 것이다. 리스회사는 리스기간

---

1) 무진이라는 용어는 본래 조선무진령(1931. 6. 9. 제령 제7호)에 의하여 사용된 일본용어이었다.

2) 낙찰계의 계주는 상법 제46조 제8호의 상행위를 하는 자가 아니어서 당연상인이 아니라고 한다(대법원 1993. 9. 10. 93다21705). 그러나 계주는 제46조 제16호의 상행위(상호부금 기타 이와 유사한 행위)를 하는 자로 볼 여지는 있다. 상인이 사업자금을 조달하기 위하여 계에 가입한 경우, 계주가 위 상인에 대하여 가지는 계불입금채권은 상사채권에 해당하여 5년의 소멸시효기간이 적용된다: 대법원 2008. 4. 10. 2007다91251.

중에 설비의 구입원가, 금리, 부속비용, 리스회사가 얻을 이익 등을 산정하여 이를 리스료로서 이용자로부터 지급받으며, 리스기간 중에는 원칙적으로 계약을 해제할 수 없다. 리스물건에 대한 유지·관리의 책임은 이용자가 부담하며, 리스물건에 대한 하자담보책임은 리스물건의 공급자가 부담하는 것이 원칙이다. 그런데 리스이용자와 공급자 간에는 직접적인 계약이 없어서 리스이용자 보호가 문제된다. 이에 상법은 리스이용자를 보호하기 위한 특칙을 두고 있다(제168조의 4).

(ii) 리스는 금융리스(finance lease), 운용리스(operating lease), 유지관리리스(maintenance lease), sale and lease back, full payout lease와 non-full payout lease, percentage lease, 알선(leveraged)리스, 공(空)리스 등이 있다. 원래 리스는 미국에서 설비제조업체가 자사제품의 판매촉진 수단으로 이용한 것이 그 기원인데, 리스전업회사 및 대규모의 종합상사가 리스산업에 참여한 이래 그 기능은 완전히 금융기능으로 정착되었고, 오늘날의 리스는 바로 금융리스를 말한다. 운용리스는 임대차와 유사하다.

(iii) 리스(lease)거래에 관하여는 '여신전문금융업법'과 동 시행령 및 시행규칙에 상세한 규정이 있다. 동법 제2조 제10호에 의하면 리스를 '시설대여'라고 번역하고, "시설대여라 함은 대통령령이 정하는 물건을 새로이 취득하거나 대여받아 거래상대방에게 대통령령이 정하는 일정기간 이상 사용하게 하고, 그 기간에 걸쳐 일정대가를 정기적으로 분할하여 지급받으며, 그 기간종료 후의 물건의 처분에 대하여는 당사자 간의 약정으로 정하는 방식의 금융을 말한다"고 정의하고 있다.

(iv) 위의 정의에서 추론할 수 있는 바와 같이 리스거래에는 리스물건의 실수요자인 리스이용자(lessee), 리스료를 받고 리스물건을 빌려주는 자로서 리스물건의 법적 소유자인 리스회사(lessor) 및 리스될 물건을 생산하여 리스회사에 공급하고 대금을 받는 리스물건의 공급자(supplier)(제조회사·판매업자) 등 3당사자가 관여한다. 따라서 리스거래에 있어서의 법률관계는 이들 3자 사이의 관계가 중심이 된다(관계법규 : 여신전문금융업법 등).

(버) 상호·상표 등의 사용허락에 의한 영업에 관한 행위(프랜차이즈)(제46조 제20호)

(i) 프랜차이즈(franchise)제도란 제품, 용역, 특허권, 신기술 또는 독특한 경영방법 등을 소유한 모기업이 소매점(가맹점)에게 합작사업의 형식으로 또는 일정한 협정에 따라 일정장소에서 일정기간 동안 사전에 합의된 방법으로 소매수준에서 영업을 할 수 있는 특권을 부여하는 제도이다. 이때 그 모기업을 franchisor라 하고, 그 가맹점을 franchisee라고 하는데, franchisee는 모기업의 일개부서(예컨대,

특수전략사업부)일 수도 있고, 모기업과는 분리된 독립기업일 수도 있다. 그리고 모기업이 가맹점을 통하여 판매하는 모든 제품과 용역을 프랜차이즈라고 한다.

(ii) 모기업과 가맹점은 프랜차이즈 계약을 통하여 제공할 제품·용역 등의 내용을 확정하고 상호·상표·know-how를 이용할 특권 등을 부여하며, 양자 간의 책임과 의무 및 허락하는 영업활동과 금지되는 활동을 정한다. 모기업은 제품과 용역의 매출에 따른 일정률의 수수료, 가입비, 특허권 사용료 등을 취득한다.

(서) 영업상 채권의 매입·회수 등에 관한 행위(팩토링)(제46조 제21호)

(i) 팩토링(factoring)제도란 금융기관(factor)이 고객(client)과 그 고객의 고객(customer)간의 영업활동의 결과로서 발생하는 현재 및 장래의 외상매출채권을 일괄 매입하여 채권의 관리·추심, 금융의 공여, 그 고객의 고객에 대한 신용조사, 신용위험인수, 경영정보제공 기타 사무처리의 대행 등을 행하는 제도이다. 팩토링제도는 신용보증기능·채권회수기능·금융기능·경영관리자료제공기능 등 다양한 기능과 효용을 갖고 있다. 팩토링의 종류도 분류방식에 따라 여러 가지로 나눌 수 있으나, 우리나라에서는 금융기관이 외상매출채권을 매입하는 팩토링, 즉 금융기관의 고객이 그 채무자로부터 거래대금을 회수하기 위하여 이용하는 기업금융제도로서 이 제도를 이용하고 있다.

(ii) 팩토링 거래에 있어서의 당사자, 즉 팩토링을 주요 업무로 하는 금융기관인 factor, factor와 외상매출채권을 양도하는 기업인 client 및 client와 상거래를 함으로써 상품 또는 용역을 제공받는 client의 판매처인 customer 등 3당사자간의 법률관계는 보통거래약관의 일종인 '팩토링(매출채권)거래약정서'에 의하여 해결하고 있는 실정인데, 이 제도의 활성화를 위한 법적·제도적 뒷받침이 요구된다고 하겠다.

(어) 신용카드, 전자화폐 등을 이용한 지급결제 업무의 인수

지급결제란 현금 외에 신용카드, 직불카드, 전자화폐 등 지급수단을 이용하여 거래당사자 간의 채권·채무관계를 화폐적 가치의 이전을 통하여 청산하는 행위를 말한다. 신용카드나 전자화폐 등을 이용한 지급결제업무의 특징은 반드시 지급결제시스템을[1] 이용하여야 가능하다는 것이다(관계법규: 한국은행법, 자본시장법, 금융실명거래 및 비밀보장에 관한 법률, 특정금융거래정보의 보고 및 이용에 관한 법률. 외국환거래법 등).

---

1) 지급결제시스템은 자금의 이체 또는 금융투자상품의 결제를 가능하게 하는 제도적 장치로서, 전산정보처리조직 및 이를 운영할 소프트웨어와 같은 물리적 장치 외에, 지급결제시스템 자체의 운영을 위한 조직과 업무처리규정 및 절차와 같은 운영체계를 포함한다.

2) 보조적 상행위

(1) 보조적 상행위의 의의

보조적 상행위(Hilfshandelsgeschäft)란 (당연상인이든 의제상인이든 구분이 없이) 상인이 영업을 위하여, 즉 영업을 보조하기 위하여 하는 행위이다. 이를 부속적 상행위(Nebenhandelsgeschäft, akzessorisches Handelsgeschäft)라고도 한다. 보조적 상행위도 상행위인 이상 상법의 통칙적 규정이 적용됨은 물론이며, 그 중에서도 상사이율(제54조), 상사보증인의 연대(제57조) 및 상사시효(제64조)에 관한 규정이 적용되는 예가 많을 것이다.[1]

(2) 보조적 상행위의 요건

(가) 상인의 행위

상인은 당연상인에 한정되지 아니하므로 의제상인도 포함된다. 또한 소상인이든, 공법인인 상인이든 상관이 없다. 회사는 상인이지만 회사의 기관인 대표이사 개인은 상인이 아니다).[2] 상인의 행위는 재산법상의 행위로서(신분행위는 제외) 영업과 관련이 있는 이상 법률행위에 한하지 않는다. 즉, 준법률행위(사무관리·최고·통지)나 사실행위(물품의 교부·수령·변제 등)를 포함하며, 부당이득도 포함한다.[3] 영업과 관련된 불법행위도 포함된다고 본다.

행위의 시기는 기업의 존속 중이 원칙이겠으나, 기업존재의 전후를 불문한다. 즉, 보조적 상행위는 상인자격의 취득을 전제로 하지 아니하여 영업을 위하여 하는 행위인 이상 상인자격을 취득하기 전에 한 행위(예컨대, 개업준비행위)나 상인자격을 상실한 후의 행위(예컨대, 영업종료 후의 청산행위)도 포함한다. 판례는 개업준비행위를 한 때에 소급하여 상인자격을 취득함과 동시에 보조적 상행위가 된다고 본다.[4]

(나) 영업을 위하여

영업을 위하여 하는 행위란 영업을 수행하기 위한 행위, 영업을 보조하는 행위,

---

1) 대법원 2000. 5. 12. 98다23195(일방적 상행위 또는 보조적 상행위에 대하여도 상법이 적용된다.); 동 2000. 8. 22. 2000다19922; 동 2005. 5. 27. 2005다7863; 동 2000. 10. 27. 99다10189(영리법인인 주택건설업자의 입주지연에 따른 지체상금채무에 대하여도 상사법정이율을 적용하여야 한다); 동 2008. 4. 10. 2007다91251.

2) 대법원 2015. 3. 26. 2014다70184; 동 1992. 11. 10. 92다7948; 동 2012. 3. 29. 2011다83226; 동 2012. 7. 26. 2011다43594.

3) 대법원 1976. 12. 14. 76다2212.

4) 대법원 1999. 1. 29. 98다1584; 동 2012. 4. 13. 2011다104246; 동 2012. 11. 15. 2012다47388.

영업을 유리하게 이끌기 위한 행위 등 영업과 직·간접적으로 관련된 행위를 말한다. 여기서 그 행위의 유상·무상은 묻지 않으며, 영업을 위하여 하는 행위인지 여부는 행위의 외관에 의하여 결정하여야 한다. 기본적 상행위에 해당하는 행위도 영업을 위하여 하는 때에는 보조적 상행위가 된다.[1)]

(3) 상행위성의 추정

행위의 전부가 영업활동인 회사의 경우와 달리 개인상인의 경우에는 실제로 어느 행위가 영업을 위하여 하는 행위인지 아닌지가 분명하지 않다. 따라서 상법은 규정을 획일적으로 적용하기 위하여 상인의 행위는 영업을 위하여 하는 것으로 추정하였다(제47조 제2항). 이는 거래의 안전을 도모하기 위한 취지에서 둔 추정규정이다. 행위의 당사자는 영업을 위하여 한 것이 아님을 증명하여 상행위성을 배제할 수 있다.[2)]

3) 고유의 상행위와 준상행위

(1) 고유의 상행위란 상행위법이 원칙적으로 적용되는 행위로서, 기본적 상행위(제46조) 및 보조적 상행위(제47조)가 이에 속한다.

(2) 준상행위란 기본적 상행위는 아니나 상행위에 관한 규정(상행위 통칙)이 준용되는 행위를 말한다. 즉, 의제상인(제5조)이 영업으로 하는 행위를 말한다(의제상인이 영업을 위하여 하는 행위는 당연상인이 영업을 위하여 하는 행위와 마찬가지로 보조적 상행위가 된다). 의제상인은 기본적 상행위를 하지 않는 자이므로, 그가 어떤 행위를 영업으로 하더라도 그 행위는 상행위가 아니다. 따라서 상법은 의제상인이 영업으로 하는 행위에 대하여도 상행위에 관한 통칙을 준용하도록 하였다(제66조). 그리하여 본래의 상행위에 대하여 의제상인이 영업으로 하는 행위를 준상행위라고 한다.

---

1) 대법원 1993. 10. 26. 92다55008: 영업자금의 차용행위를 보조적 상행위로 인정한 사례; 동 1967. 10. 31. 67다2064 ; 동 1976. 6. 22. 76다28(대한석탄공사의 상업사용인의 고용에 대하여); 동 1981. 12. 22. 80다1363(노임에 대한 준소비대차에 대하여); 동 1992. 7. 28. 92다10173·10183(상인의 잔존채무에 대한 정산약정에 대하여); 동 1994. 3. 22. 93다31740(부도된 약속어음의 변제약정에 대하여); 동 1999. 1. 29. 98다1584(개업준비행위에 대하여); 동 2002. 6. 28. 2000다5862; 동 2008. 12. 11. 2006다54378(음식점업을 영위하는 상인이 부동산중개업을 영위하는 상인에게 금원을 대여한 행위에 대하여); 동 2008. 12. 11. 2007다66590(부동산 중개업무를 실제로 영위하여 상인인 자가 매수인의 잔금채무를 보증한 경우에 대하여); 동 2009. 4. 9. 2008다82766(한약방을 운영하는 상인이 금원을 차용하는 행위에 대하여).

2) 대법원 2009. 4. 9. 2008다82766.

4. 형식적 상행위와 실질적 상행위

상법 또는 특별법상 상행위로 열거된 행위(기본적 상행위)를 형식적 상행위라 하고, 행위의 실질적 내용으로 보아 상행위에 관한 규정을 준용하는 행위(준상행위)를 실질적 상행위라 한다.

5. 일방적 상행위와 쌍방적 상행위

1) 상인과 상인 간의 상행위를 쌍방적 상행위(beiderseitiges Handelsgeschäft)라 하고, 당사자의 일방만이 상인인 경우의 상행위를 일방적 상행위(einseitiges Handelsgeschäft)라고 한다. 예컨대, 도매상과 소매상 간의 매매, 은행과 상인인 고객 간의 금전대차 등이 전자에 해당하며, 일반소비자와 소매상 간의 매매, 은행과 비상인인 고객 간의 금전대차 등이 후자에 해당한다.

2) 상법은 일방적 상행위라도 양 당사자에게 상법을 적용하도록 규정하고 있으나(제3조), 제57조 제1항(다수당사자간 또는 채무자와 보증인의 연대)은 채무자에게 상행위로 되어야만 적용되며, 제53조(청약에 대한 낙부통지의무)와 제60조(물건보관의무)는 청약을 받은 자가 상인이어야 한다. 그리고 제58조(상사유치권), 제67조 내지 제71조(상사매매)는 쌍방적 상행위에만 적용된다.

제2절 상인자격

Ⅰ. 상인자격

1. 자연인의 상인자격

상인자격(Kaufmannseigenschaft)이란 상인능력자가 상행위를 한다는 특별한 목적에 따라 취득하는 자격을 말한다. 자연인은 그 권리능력에 아무런 제한이 없으므로, 그 성별·연령·행위능력 등에 상관없이 그 개별적인 의사에 기하여 상법 제4조와 제5조가 규정한 요건을 구비하면 상인자격을 취득한다.

2. 법인의 상인자격

1) 영리법인(회사)

영리법인은 상행위 또는 기타 영리행위를 목적으로 하는 법인이다(제169조). 영리법인은 모두 회사가 되고, 상인이 된다(제4조 · 제5조). 따라서 영리법인인 회사는 상인자격과 분리되어 생각할 수 없는 존재이다(胎生的 상인).

2) 비영리법인

비영리법인 중 학술 · 종교 · 자선 등의 특정한 공익사업을 목적으로 하는 사단법인 또는 재단법인인 공익법인은 본래 비영리법인으로서 상인이 될 수 없다고 하여야 할 것이다. 그러나 이들 공익법인도 그 목적을 달성하는 데 필요하거나 유익한 범위 내에서 상인자격을 취득할 수 있다고 본다(사립학교법 제6조).

상호보험회사는 회원상호간의 보험을 목적으로 하고 영리를 목적으로 하지 아니하므로 상인이 될 수 없다.

3) 공법인

(1) 공법인 중 국가나 지방자치단체와 같은 일반공법인은 그 목적이나 활동방법에 제한이 없으므로 영리사업을 수행할 수 있고, 그 경우에는 상인자격을 취득한다. 예컨대, 철도사업이나 전매사업 같은 것이 그 예이다. 상법 제2조도 공법인의 상행위에 대하여는 법령에 다른 규정이 없는 경우에 한하여 본법을 적용한다고 규정하고 있는 것도 공법인의 상인자격을 전제로 한 것이다.

(2) 공법인에게는 특별 규정이 없는 경우에 한하여 상법을 적용하나(제2조), 그 성질상 상업등기 · 상호 · 상업장부 · 상업사용인 등에 관한 규정은 적용되지 않는다. 공법인은 일반적으로 주지성(周知性)이 있어 상업등기가 필요없고, 그 고유의 명칭이 있어 별도의 상호가 필요없으며, 그 회계는 특별회계규칙이 마련되어 있어 상업장부에 관한 규정이 적용될 여지가 없을 뿐 아니라, 그 사업에 종사하는 직원도 공무원법이 적용 또는 준용되는 공무원 내지 준공무원이므로 상업사용인이 아니기 때문이다.

(3) 공법인 중 예금자보호법 제3조에 의하여 설립된 예금보험공사와 같이 그 목적이 법률상 특정되어 있는 특수공법인은 그 특정한 사업목적에 영리성이 없으므로 상인자격이 없다.[1)]

---

1) 대법원 1994. 4. 29. 93다54842: [특수공법인은 상인이 아니고 그 대금행위도 상행위가 아

4) 특수법인

한국전력공사 · 대한석탄공사 · 한국도로공사 · 대한주택공사 등 특별법에 의하여 설치되는 이른바 정부투자기관은 공익성이 강한 법인이기는 하나, 독립된 경제적 단위로서 독립채산을 원칙으로 하여 사경제적 방법으로 영업을 하므로 상인자격이 있다. 그러나 판례는 건설회사가 정부의 금융 · 기업 구조개혁촉진방안에 따라 금융기관에 대한 부채상환을 위하여 공법인인 한국토지공사에 그 소유의 토지를 매도한 행위는 상행위에 해당되지 않는다고 한다.[1]

3. 조합의 상인자격

조합의 경우에는 그 구성원인 조합원의 1인이 조합계약에서 정한 영업행위 또는 그 준비행위를 함으로써 상인자격을 취득하면 조합의 상인자격이 발생하고, 조합원 전원이 조합계약에 정한 영업행위를 종료함으로써 상인자격을 상실한 때 이를 상실한다.

협동조합은[2] 영리를 목적으로 하는 업무를 하지 못한다(농업협동조합법 제5조 제3항, 수산업협동조합법 제6조 제2항, 중소기업협동조합법 제7조 제1항 제1호). 따라서 이들은 상인자격이 없다. 그러나 농업협동조합중앙회 및 수산업협동조합중앙회가 신용사업을 영위하는 경우(농업협동조합법 제134조 제1항 제4호, 수산업협동조합법 제132조 제1항 제3호)에는 당해 신용사업부문에 대하여 은행법이 적용되는 금융기관으로 보도록 규정하고 있으므로(은행 제5조) 이에 대하여는 상인으로 보아야 하며, 이외에도 비회원에 대하여 영리행위를 하는 경우에 그 범위 내에서는 상인이 된다고 본다. 판례는 농업협동조합의 조합원이 생산한 물건을 동 조합이 다른 조합원에게 판매하는 경우에는 동 조합의 상행위를 부정하였으나,[3] 상인인 (구)축산업협동조합의 조합원이 자신의 영업을 위하여 동 조합으로부터 물건(사료)을 구매한 경우에는 동 조합의 상행위를 인정하였다.[4] 따라서 그 범위에서는 상인자격을 취득한다. 수산업협동조합에 의하여 지정된 중매인이 전매하기

니지만 - 필자보충] 그의 대금행위가 그 상대방에게 일방적 상행위 및 보조적 상행위에 해당하는 경우에는 특수공법인에게도 상법이 적용된다.

1) 창원지방법원 2000. 3. 16. 99가합5187[확정].
2) 농업협동조합의 상인성을 부정한 판례: 대법원 2000. 2. 11. 99다53292.
3) 대법원 2000. 2. 11. 99다53292.
4) 대법원 1993. 3. 9. 92다44329.

위하여 그 협동조합으로부터 수산물을 매수하는 것도 상인으로서 한 상행위가 된다고 한다.[1] 조합원이 아닌 비조합원에 대한 신용협동조합(비영리법인)의 여신 행위는 상행위라고 한다.[2]

Ⅱ. 상인자격의 취득과 상실

1. 상인자격의 취득

1) 상인으로 존속하는 동안은 그 행위에 대하여 상법이 적용되므로 언제 상인이 되고 언제 상인자격을 상실하느냐 하는 것은 상법의 적용범위를 정하는 중요한 문제이다.

2) 회사는 설립등기를 한 때 성립하고, 성립함과 동시에 상인자격을 취득한다(태생적 상인). '설립 중의 회사'는 법인격과 상인자격이 없으나 그 설립준비행위는 영업을 위한 행위로서 보조적 상행위(제47조 제1항)라고 할 수 있으므로 상법의 규정이 적용된다.

3) 회사 이외의 법인이나 자연인은 상법 제4조 또는 제5조의 영업의 개시에 의하여 상인자격을 취득한다. 여기서 영업의 개시, 즉 상인자격을 취득하는 시기는 영업의 목적인 상행위를 개시한 때가 아니라 그 개업준비행위(예컨대, 점포의 차입, 사용인의 고용, 영업자금의 차입 등)에 착수한 때에 상인자격을 취득한다고 본다. 따라서 회사 외의 법인이나 자연인의 상인자격취득시기는 보조적 상행위인 개업준비행위를 한 때이다.[3] 영업의 성질상 인·허가를 필요로 하는 경우에도 인·허가의 유무와 관계없이 상인자격을 취득할 수 있다.

2. 상인자격의 상실

1) 회사는 해산을 하면 영업능력을 상실하고, 청산의 목적범위 내로 능력이

---

1) 대법원 2001. 1. 5. 2000다50817.
2) 대법원 2005. 7. 22. 2002다63749.
3) 대법원 1999. 1. 29. 98다1584; 동 2012. 4. 13. 2011다104246; 동 2012. 11. 15. 2012다47388. 그러나 회사 설립을 위하여 개인이 한 행위가 장래 설립될 회사가 상인이라는 이유만으로 당연히 그 개인의 상행위가 되어 상법 규정이 적용되는 것은 아니다: 대법원 2012. 7. 26. 2011다43594.

제한되며, 청산이 종결됨으로써 법인격이 소멸함과 동시에 상인자격을 상실한다.[1)] 청산절차가 필요없는 합병의 경우에는 소멸회사는 해산과 동시에 상인자격을 상실하고, 파산의 경우에는 파산관재인의 잔무처리행위가 종료된 때에 상실한다.

2) 회사 이외의 법인이나 자연인의 경우에는 영업의 폐지, 영업양도 등 기업활동을 사실상 종결함으로써 상인자격을 상실한다. 따라서 폐업광고, 관청에 대한 폐업신고, 영업허가취소, 법률에 의한 영업의 금지조치 등이 있더라도 잔무처리가 종료되기 전에는 상인자격을 상실하지 않는다.

3) 자연인인 경우 사망하면 상인자격이 상실하고, 상속인이 영업을 승계하면 그 상속인이 새로이 상인자격을 취득하는 것으로 보아야 한다.

4) 상인의 영업 중 피성년후견인 선고나 피한정후견인 선고를 받더라도 상인자격을 상실하지는 않지만, 그 후 그가 행한 상행위는 취소할 수 있는 행위가 된다. 상인이 파산선고를 받으면 파산관재인이 상인의 재산을 관리하고 영업은 종료되므로 상인자격을 상실한다. 그러나 피성년후견인 선고, 피한정후견인 선고, 파산선고 이전에 발생한 법률관계에 대해서는 선고 후에도 당연히 상법이 적용된다.

3. 자연인의 영업능력

1) 법인은 상인자격이 있는 한 영업능력도 있다. 법인은 그 기관을 통하여 활동하므로 특별히 영업능력이 문제되지 않기 때문이다. 그러나 자연인은 권리능력이 있더라도 행위능력이 없는 자가 있는 것과 마찬가지로, 상인능력과 상인자격이 있더라도 영업능력이 없는 경우가 있다.

2) 영업능력에 관하여는 민법의 일반원칙에 의하므로, 미성년자와 피한정후견인은 법정대리인의 허락을 얻어 영업을 할 수 있으나(민 제8조 · 제10조), 법정대리인이 영업을 허락하는 때는 반드시 영업의 종류를 특정하여야 하고, 상업등기부에 등기를 하여야 한다(제6조). 미성년자와 피한정후견인이 법정대리인의 허락을 얻어 회사의 무한책임사원이 된 때에는 그 사원자격으로 인한 행위에는 능력자로 본다(제7조). 여기서 사원자격으로 행한 행위란 사원과 회사의 내부행위에 관

1) 대법원 1968. 6. 18. 67다2528(청산등기는 선언적 효력밖에 없다); 동 1994. 5. 27. 94다7607(청산이 종결된 것으로 볼 수 있는 회사라도 아직 권리관계가 남아 있으면 그 범위 내에서는 아직 상인자격이 소멸되었다고 할 수 없다).

한 사항으로서 예컨대 출자, 지분의 양도, 의결권의 행사 등을 가리키고, 회사의 대표행위(제200조, 제269조)는 능력의 제한을 받지 아니하므로(민 제117조) 당연히 이를 할 수 있다. 법정대리인은 미성년자와 피한정후견인에게 영업을 허락한 후에 그 허락을 취소 또는 제한할 수 있지만 선의의 제3자에게 대항하지 못한다(민 제8조 제2항). 법정대리인이 영업무능력자를 위하여 영업을 하는 때에도 상업등기부에 등기를 하여야 하고(제8조 제1항), 그 법정대리인의 대리권에 대한 제한은 선의의 제3자에게 대항하지 못한다(제8조 제2항).

3) 법정대리인이 후견인인 때는 친족회의 동의를 얻어 대리할 수 있다(민 제950조).

피성년후견인의 경우에는 언제나 법정대리인이 피성년후견인을 대리하여 영업을 하여야 하며, 이때는 등기하여야 한다(제8조 제1항). 이 경우 법정대리인의 대리권에 대한 제한은 선의의 제3자에게 대항하지 못한다(제8조 제2항). 피성년후견인도 정관의 규정에 의하여 무한책임사원이 될 수 있다는 견해가 있으나, 현행법의 해석상 어려울 것으로 본다(제7조 · 제218조 제4호, 민 제8조 · 제10조 · 제13조 참조).

제3장 영업의 설비

제1절 총 설

Ⅰ. 영업의 개념

상법은 그 규율대상인 기업을 '영업'이라는 용어로써 표현하고 있다. 본래 기업이라는 말은 그 물적 조직을 중심으로 한 비교적 대규모의 사업을 의미하고, 영업이라는 말은 영업자를 중심으로 한 비교적 소규모의 사업을 의미하나, 오늘날 상법학에서는 대체로 양자를 같은 뜻으로 본다. 영업은 상법상 두 가지 의미로 사용되고 있다. 그 하나는 주관적 의의의 영업인데, 이것은 상인의 영리적 활동을 의미한다(예컨대, 제5조, 제6조, 제8조, 제11조, 제15조, 제21조, 제22조, 제23조, 제46조, 제53조, 제61조, 제78조 등의 영업). 다른 하나는 객관적 의의의 영업으로서, 이것은 '영리목적을 실현하기 위하여 조직화된 유기적 일체로서의 기능적 재산'(영업재산설)이라고 정의한다(예컨대, 제20조, 제25조, 제41조 내지 제45조 등의 영업).

Ⅱ. 영업의 인적·물적 설비

1) 영업의 인적 요소는 경영수뇌자와 경영보조자로 분류할 수 있는데 경영수뇌자란 개인기업에서는 상인이고 회사기업에서는 업무집행사원 또는 이사이다. 그리고 경영보조자에는 대리상·중개인·위탁매매인 등 독립적 보조자와 종속적 보조자, 즉 상업사용인이 있다.

2) 영업의 물적 요소는 곧 영업재산을 의미한다. 영업재산이란 다수의 물체 또는 권리의 단순한 집합물이 아니라, 사회적 활력을 가지고 있는 유기적 결합물로서, 적극재산(예컨대, 상품·기계·토지·건물 같은 물건과 물권·채권·영업권[1])

---

1) 대법원 2002. 4. 12. 2000두7766: 영업권이라 함은 그 기업의 전통, 사회적 신용, 입지조건,

과 같은 무체재산권 등), 소극재산(채무)뿐만 아니라 영업적 활동의 침전물이라고도 할 수 있는 재산적 가치 있는 사실관계(영업상의 비결 · 고객관계 · 영업조직 등: goodwill)까지도 포함한다.

3) 그러나 이러한 영업재산을 기능면에서 볼 때에는 원료품 · 상품 · 공장 · 창고 · 영업소 · 상호 · 상업장부 등으로 분류할 수 있는데, 상법은 이 중에서 모든 기업에 가장 보편적으로 중요하게 쓰이는 물적 설비인 영업소 · 상호 · 상업장부에 관하여서만 총칙편에 특별규정을 두고 있다.

영업의 인적 · 물적 설비

- 인적 요소
  - 경영수뇌자
    - 개인기업 — 상인
    - 회사기업 — 업무집행사원, 이사
  - 경영보조자
    - 독립적 보조자 — 대리상·중개인·위탁매매인
    - 종속적 보조자 — 상업사용인
- 물적 요소
  - 영업소
  - 상호
  - 상업장부

제2절 영업의 인적 설비: 상업사용인

I. 상업사용인의 의의

상업사용인이란 특정한 상인에 종속되어 그 상인의 영업에 관한 대외적 거래를 대리하는 자이다.

특수한 제조기술 또는 거래관계의 존재 등 영업상의 기능 내지 특성으로 인하여 동종의 사업을 영위하는 다른 기업의 통상수익보다 높은 수익을 올릴 수 있는 초과수익력이라는 무형의 재산적 가치를 말한다.

1) 특정상인에의 종속성

상업사용인은 '특정 상인'에 종속한다. '특정한 상인'이란 영업주를 말하는데, 자연인도 될 수 있고 법인도 될 수 있다. 또한 반드시 1인의 상인만을 의미하지는 않으므로, 수인의 상인의 상업사용인을 겸하는 것도 가능하다. 그러나 실제에 있어서 상업사용인은 경업금지의무(제17조)를 지므로, 사실상 이러한 경우는 발생하기 어렵다. 특정 상인의 종속적 보조자란 점에서 대리상·중개인 등 독립적 보조자와 구별되며, 회사의 기관인 이사·감사나 무한책임사원과 구별된다. 대표이사나 대표사원의 대외적 거래는 '대리'가 아닌 '대표'의 법리에 의하므로 이들은 상업사용인이 아니다. 다만 우리나라의 회사의 실무에서 볼 수 있는 것처럼 이사가 상업사용인의 지위를 겸하는 경우(이른바 업무담당이사)에는 그 한도에서 상업사용인에 관한 법리가 적용된다는 것이 대법원의 견해이다.[1)]

2) 종속관계

(1) 영업주에 대한 상업사용인의 종속관계라 함은 상인과 상명·하복의 관계에 있음을 뜻하며, 상업사용인의 활동은 독립된 영업이 될 수 없음을 의미한다. 종속관계는 반드시 고용계약에 의하는 것은 아니나, 대리권수여계약이 있어야 한다. 고용계약을 요하지 아니하므로 상인의 가족도 상업사용인이 될 수 있으며, 실제로 그러한 예도 많다.

(2) 중개인이나 위탁매매인도 상인의 대외적 거래를 보조하기는 하지만, 불특정한 상인의 요청에 따라 보조한다는 점, 독립된 상인이라는 점에서 종속적 지위에 있는 상업사용인과는 다르다. 대리상은 특정 상인을 위하여 그의 영업활동을 보조하므로 상업사용인과 흡사하지만, 대리상은 역시 상인에 종속되지 아니하고 그 자체가 독립된 상인이므로 역시 상업사용인과는 다르다.

(3) 미성년자, 피한정후견인 또는 피성년후견인 등의 법정대리인은 무능력자인 상인의 종속적 보조자는 아니므로 상업사용인이 아니다.

3) 대외적 영업활동 보조

상업사용인은 대외적인 영업상의 활동을 보조하는 자이다. 거래과정에 참여하

---

1) 대법원 1996. 8. 23. 95다39472: 주식회사의 경리담당 상무이사는 동시에 부분적 포괄대리권을 가진 사용인을 겸임하고 있다고 볼 수 있다.; 동 대법원 1968. 7. 23. 68다442.

여 대외적 활동을 하는 영업보조자라는 점에서 생산과정에 참여하여 대내적으로 기술 또는 노무를 제공하는 기술적 보조자(예컨대, 기사·직공·청소부·급사 등)와 구별된다. 또한 상업사용인은 대외적으로 영업주를 대리할 권한을 가지는 자이어야 한다. 따라서 대리권 없이 대내적인 영업상의 업무에 종사하는 자(예컨대, 출납·회계원 등)는 상업사용인이 아니다. 상업사용인은 영업활동을 보조하는 자이므로, 그 성질상 자연인에 한한다고 봄이 정설이다.

Ⅱ. 상업사용인의 종류

상업사용인은 대리권의 유무·범위에 따라 지배인, 부분적 포괄대리권을 가진 사용인 및 물건판매점포의 사용인으로 분류한다.

1. 지배인

1) 지배인의 의의

(1) 지배인이란 영업주에 갈음하여 그 영업에 관한 재판상 또는 재판외의 모든 행위를 할 수 있는 영업대리권(지배권)을 가진 상업사용인이다(제11조 제1항). 이러한 대리권을 가진 자이면 그 명칭여하(예컨대, 부지배인·지점장·영업주임 등)를 묻지 않고 지배인이며, 반대로 이러한 권한을 갖지 않은 자는 지점장·영업주임 등의 명칭이 붙어 있더라도 지배인이 아니다.[1)]

(2) 지배인제도는 중세 상인이 그 대리인을 이해관계인들에게 주지시킬 목적으로 대리인등기부에 등기하였던 데서 유래하였다고 한다. 지배인제도가 근대적인 제도로 확립된 것은 1862년의 독일 구상법이었는데, 우리나라, 일본 등 독일법계 특유의 제도이다. 영미법계 국가나 프랑스에서는 지배인제도가 없다.

◆ 회사의 대표이사와의 구별

(ⅰ) 공통점: 지배인과 회사의 대표이사는 그 권한의 범위가 포괄적인 점에서 흡사하고, 주식회사에서는 양자 모두 이사회에서 선임한다는 점에서 같다(제389조 제1항, 제393조 제1항).

---

1) 대법원 1978. 12. 26. 78도2131: 변호사 사무원이 지배인으로 등기되었다고 하여 그가 곧 지배인인 것은 아니다.

(ii) 차이점: ① 지배인이 개인적 수권행위에 기하여 선임되는 영업의 대리인임에 비하여, 대표이사는 단체법상의 회사의 대표기관이다. ② 영업주 또는 회사와의 관계에서 지배인은 통상 고용관계에 기초를 두고 있으나, 대표이사는 위임관계에 있다(제382조 제2항).

2) 지배인의 선임 · 종임

(1) 지배인의 선임

(가) 선임권자

(i) 지배인을 선임할 수 있는 자는 영업주인 상인 또는 그의 대리인이다(통설 : 제10조). 지배인은 다른 지배인을 선임할 수 없고(제11조), 상인의 대리인 중 법정대리인만이 지배인을 선임할 수 있다.

(ii) 다만 상인이라도 소상인은 지배인을 선임할 수 없으며(제9조), 또한 지배인은 다른 지배인을 선임할 수는 없다(제11조 제2항의 반대해석).

(iii) 회사의 경우 회사의 지배인은 대표기관이 선임하되, 소정의 내부적 절차를 밟아야 한다(제203조, 제274조, 제393조, 제564조). 회사내부의 절차를 거치지 않거나 이를 위반하였다고 하여도 대표기관이 선임한 이상 선임행위의 효력에는 영향이 없다. 청산 중의 회사나 파산선고를 받은 회사는 영업행위를 정리하고 있는 존재이므로 영업을 전제로 하는 지배인을 선임할 수 없으며, 재판상 소송행위만을 대리하기 위한 지배인도 선임할 수 없다.[1]

(나) 자 격

지배인은 자연인에 한한다. 자연인이면 행위무능력자도 무방하며 자격에 특별한 제한이 없다(다만 형법상의 제한에 관하여는 형법 제43조 제1항 제4호 참조). 회사의 업무집행사원이 지배인을 겸하는 것은 상관이 없으나,[2] 모회사인 주식회사나 유한회사의 감사는 직무의 성질상 회사 및 그 자회사의 지배인을 겸할 수 없다(제411조, 제570조).

(다) 선임행위의 방식 및 법적 성질

(i) 지배인의 선임행위의 방식에 관하여는 특별한 제한이 없다. 명시적이든 묵시적이든, 서면이든 구두이든 무방하다. 그리고 지배인의 선임에 있어 반드시

---

1) 대법원 1978. 12. 26. 78도2131.

2) 대법원 1968. 7. 23. 68다442.

그 명칭을 지배인이라고 할 필요는 없고, 실제로 상법 제11조 제1항의 지배권이 부여된 자는 모두 지배인이다.

(ii) 지배인의 선임행위의 법적 성질에 관하여는 반드시 고용계약 등에 의하여야 하는 것은 아니므로 대리권수여계약 또는 대리권수여행위와 결합한 고용계약 또는 위임계약으로 볼 수 있다.

(2) 지배인의 종임

(가) 지배인의 지위는 그 선임계약의 내용에 따라 대리권의 소멸 또는 위임관계의 종료에 관한 민법의 일반원칙(민 제127조 · 제128조 · 제689조 · 제690조)에 따라 소멸한다. 그리고 지배인은 영업의 존재를 전제로 하는 제도이므로 영업의 폐지 · 회사의 해산 등으로 인하여도 종임한다.

(나) 영업양도는 지배인의 종임사유로 된다고 본다. 지배인은 영업주의 고도의 인적 신뢰를 바탕으로 하고 있기 때문이다. 이에 대하여 영업양도 당사자간에 특약이 없는 한 양수인을 위한 지배인으로 남는다고 보는 견해도 있다.

(다) 민법(제127조 제1호)에서와는 달리 영업주의 사망은 지배인의 당연한 종임사유가 아니다(제50조).

(3) 지배인의 등기

지배인의 선임과 종임은 등기사항이므로, 그 지배인을 둔 本店 또는 支店에서 등기하여야 한다(제13조). 영업주가 이를 등기하지 않으면 영업주는 선의의 제3자에게 대항하지 못한다(제37조). 지배인의 등기는 개인상인의 경우에는 지배인등기부에, 회사의 경우에는 회사의 등기부에 한다(상등 제50조 · 제51조). 그러나 등기는 대항요건에 불과하므로(제37조) 지배인 선임의 사실만으로 즉시 상법이 정한 지배인으로서의 권한을 가진다.

3) 지배인의 권한(지배권)

(1) 총 설

지배권이란 지배인이 가지는 권한으로서, 지배인은 영업주에 갈음하여 영업에 관한 모든 재판상 또는 재판 외의 행위를 할 권한을 가지며(제11조 제1항), 지배권을 제한하여도 선의의 제3자에게 대항할 수 없다(제11조 제3항). 즉, 지배인의 대리권은 영업의 전반에 걸친 포괄적인 권한이며(포괄성), 영업주가 임의로 신축할 수 없다(획일성 · 정형성). 이와 같이 지배인의 지배권을 포괄적 · 정형적인 것으로 정한 이유는 거래의 상대방을 보호하고 거래의 안전을 기하려는 데 그 취지가 있다.

(2) 지배권의 내용

(가) 지배인의 대리권은 영업주의 "영업에 관한 재판상 또는 재판 외의 모든 행위"에 미친다(제11조 제1항). '영업에 관한 행위'란 영업의 존재를 전제로 하여 그 범위 내의 활동을 뜻하므로, 영업 자체의 폐지 또는 양도할 권한은 지배권에 포함되지 않는다. 또 영업에 관한 행위라도 그 성질상 대리가 허용될 수 없는 행위(선서 · 서명 등)이거나 법률에 의하여 제한되는 행위 등은 지배권에 포함되지 않는다.

(나) 영업에 관한 행위인가 아닌가는 그 행위의 객관적 성질에 따라서 결정할 것이지 지배인의 주관적 의사에 따라 결정할 것은 아니다.[1] 따라서 그 행위의 객관적 성질에서 그 영업에 관한 행위로 판단되는 한, 사실상 지배인이 자기의 이익을 위하여 한 경우에도 상대방이 선의인 이상 그 행위는 영업주에 대하여서는 효력이 있다. 또한 지배인이 영업주 명의로 한 어음행위는 객관적으로 영업에 관한 행위로서 지배인의 대리권의 범위에 속하는 행위라 할 것이므로 지배인이 개인적 목적을 위하여 어음행위를 한 경우에도 그 행위의 효력은 영업주에게 미친다.[2] 이러한 법리는 표현지배인의 경우에도 같다.[3]

(다) '재판상의 행위'란 소송행위를 말하는데, 지배인은 모든 심급(審級)의 법원에서 영업주의 소송대리인이 될 수 있고(민소 제87조), 영업주를 위하여 소송대리인을 선임할 수도 있다.

(라) '재판 외의 행위'란 소송행위 이외의 모든 영업행위를 말한다. 법률행위 외에 법률적 행위도 포함되며, 영업의 목적인 행위(기본적 상행위, 준상행위)와 영업을 위한 행위(보조적 상행위)가 모두 포함된다.

(마) 지배권은 영업주의 모든 영업에 관한 것은 아니며 상호 또는 영업소에 의하여 특정된 영업에 한정된다. 영업주가 여러 개의 상호를 가지고 여러 종류의 영업을 하고 있는 경우에는 그 지배인의 지배권은 각 상호 밑의 영업에 한정된다(상등 제50조 제1항 제3호 · 제4호). 또한 영업주가 한 개의 영업에 관한 여러 개의 영업소를 가지고 있는 경우에는 그 지배권의 범위는 영업소 단위로 한정되는 것

---

1) 대법원 1997. 8. 26. 96다36753; 동 1987. 3. 24. 86다카2073; 동 1997. 8. 26. 97다4401; 동 1998. 8. 21. 97다6704; 동 1999. 3. 9. 97다7721 · 7738.

2) 대법원 1955. 3. 10. 4287민상292(은행의 지배인이 개인의 용도로 약속어음을 발행한 경우, 은행의 책임을 인정함).

3) 대법원 1998. 8. 21. 97다6704.

이 원칙이다(제10조, 제13조). 그러나 이 경우에도 본점과 지점을 통할하는 '총지배인'은 모든 영업소의 지배권을 겸유한다.

(3) 지배권의 한계

지배인의 대리권은 영업에 관한 행위에 한하므로 영업주의 영업 외의 행위에는 미치지 않는다. 따라서 혼인, 입양 등과 같은 신분에 관한 행위 또는 영업주의 사적 행위에는 지배권이 미치지 않는다. 또 지배인의 대리권은 영업의 존재를 전제로 하여 그 영업에 관한 행위에 한정되므로 토지의 양도 또는 담보제공, 상호의 양도 또는 폐지, 정관변경, 파산 신청 등 영업의 경영에 속하지 않는 행위를 할 수 없다. 한편 영업주가 상법이 규정한 지배권의 범위를 초과하여 대리권을 부여한 경우에는 지배권의 범위가 확장되는 것이 아니라 지배권 이외의 특별수권이 있는 것으로 보아야 한다.

(4) 지배권의 제한

(가) 지배인의 지배권은 정형성 · 포괄성을 그 특색으로 하므로 영업주가 거래의 종류 · 금액 · 시기 등에 관하여 제한을 가하더라도 이 제한으로써 선의의 제3자에게 대항하지 못한다(제11조 제3항). 따라서 영업주가 지배인의 대리권을 제한하여도 그것은 당사자 간에서만 효력을 가질 뿐이므로, 지배인이 위 제한에 위반하여도 그것은 손해배상 또는 해임의 사유가 될 뿐, 그 행위의 대외적 효력에는 영향이 없다.

(나) 여기서 선의란 거래 상대방이 지배인의 대리권에 제한이 있음을 알지 못하는 것을 의미한다. 그리고 선의(알지못함)에 중대한 과실이 없어야 한다. 상대방의 선의여부의 판단시기는 거래행위시이다.

(다) 악의 또는 중대한 과실이 있는 제3자는 보호할 필요가 없으므로 이들에 대하여는 대리권의 제한을 대항할 수 있다. 제3자의 악의 또는 중과실에 대한 증명책임은 영업주가 부담하며, 그 여부는 지배인과 상대방 사이에 있었던 의사표시 형성과정과 그 내용 및 그로 인하여 나타나는 효과 등을 객관적인 사정에 따라 합리적으로 판단하여야 한다.[1)]

(5) 지배권의 남용

지배권의 남용이란 지배인이 객관적으로는 그 대리권의 범위 내에 속하지만

1) 대법원 1997. 8. 26. 96다36753; 동 1999. 3. 9. 97다7721 · 7738.

주관적으로는 자기 또는 영업주 이외의 제3자의 이익을 꾀하기 위하여 대리행위를 하는 것을 가리킨다. 이때에도 그 지배인의 행위는 유효하지만 거래상대방이 지배인의 지배권 남용을 알고 있었거나 중대한 과실로 알지 못한 때에는 영업주에 대하여 그 거래행위의 효과를 주장할 수 없다.[1]

4) 공동지배인

(1) 의 의

영업주는 지배인의 대리권을 제한하기 위하여 수인의 지배인에게 공동으로 대리권을 행사하게 할 수 있다(제12조 제1항). 이것을 공동지배권(Gesamtprokura)이라고 하며, 이 경우의 지배인을 공동지배인(Gesamtprokurist)이라고 한다. 이 공동지배인제도는 대리권의 남용 내지 오용으로 인한 영업주의 불이익을 방지하기 위한 것으로 주식회사의 공동대표이사제도(제389조 제2항, 제208조 제2항)와 같은 것이다.

공동지배인은 수인의 지배인이 공동으로만 지배권을 행사할 수 있는 것으로서, 수인의 지배인이 각각 대리권을 행사하는 수인의 대리인과는 다르다.

(2) 요 건

공동지배인이 성립하려면 ① 2인 이상의 지배인이 있어야 하며, ② 수인의 지배인을 공동지배인으로 하려는 영업주의 의사가 있어야 하고, 그 의사에 따라 ③ 그 지배인을 둔 본점 또는 지점소재지에서 '공동지배인'으로 등기되어야 한다. 단순히 수인의 지배인이 등기되어 있는 경우에는 각자가 단독으로 완전한 지배권을 갖는다.

(3) 형 태

공동지배인의 형태는 제한이 없으므로 甲·乙 양지배인의 공동지배로 할 수도 있고, 甲·乙·丙 3인의 공동지배, 甲·乙의 공동지배와 丙의 단독지배도 가능하다.

---

1) 대법원 1987. 3. 24. 86다카2073: 지배인의 행위가 그 객관적 성질에 비추어 영업주의 영업에 관한 행위로 판단되는 경우에도 자기 또는 제3자의 이익을 위하여 한 행위에 대하여는 그 상대방이 악의인 경우에 한하여 영업주는 그러한 사유를 들어 상대방에게 대항할 수 있다. 대법원 1999. 3. 9. 97다7721 · 7738: 지배인의 배임적 대리행위에 대하여 민법 제107조 제1항을 유추적용할 수 있다; 동 2001. 10. 30. 2001다51879.

(4) 공동지배권의 행사방법

공동지배인의 행위(즉, 능동대리 : Aktivvertretung)는 공동으로 하여야 하나 그 1인에 대한 의사표시(즉, 수동대리 : Passivvertretung)는 영업주에 대하여 효력이 있다(제12조 제1항). 공동지배인 중 일부가 종임되어 지배인이 1인이 되더라도 그가 단독으로 지배권을 갖는 것은 아니다. 새로이 공동지배인을 충원하거나 영업주가 단독지배권을 부여할 때까지 지배권의 행사가 정지된다.

(5) 대리권의 위임

공동지배인이 그 1인에게 대리권행사를 포괄적으로 위임할 수 있는가에 관하여는 이것이 공동지배인제도의 목적과 본질에 반하기 때문에 이를 부정하는 것이 다수설이다. 그러나 특정사안에 한하여 개별적인 위임을 하는 것은 대리권의 오용이나 남용의 문제는 없을 것이므로 거래의 원활화를 위해서 이를 긍정하여도 무방하리라 본다. 그러나 긍정설도 재판상의 행위와 어음·수표행위와 같은 요식행위에 있어서는 수인의 공동지배인이 반드시 기명날인하여야 한다고 본다.

(6) 적용범위

재판상의 행위에 대하여는 소송대리인의 개별대리의 원칙(민소 제93조)을 근거로 공동대리를 부정하는 견해도 있으나, 공동지배인제도는 민법과 상법의 대리인 및 지배인 규정의 예외를 이루고 있으므로 재판상의 행위에도 적용된다고 본다.

(7) 1인에게 발생한 사유의 효력

공동지배인 중 1인에게 의사의 흠결, 知 또는 不知, 선의 또는 악의 등 주관적 사유가 있는 경우에도 공동지배인의 행위는 능동대리·수동대리를 묻지 아니하고 무효가 되지 아니하므로, 영업주에 대하여 효력이 있다고 보아야 할 것이다. 또한 공동지배인 중 1인의 대리권이 소멸한 경우에도 남아 있는 공동지배인의 대리권은 소멸하지 않는다고 본다. 이때 남아 있는 공동지배인이 단독으로 능동대리를 한 경우에는 표현지배인으로 인정될 가능성이 크다. 영업주가 추인하면 유효하게 됨은 물론이다.

(8) 등 기

공동지배는 거래상대방에게 중요한 사항이므로 이에 관한 사항과 그 변경 또는 소멸에 관한 사항은 등기하여야 한다(제13조 제2문).

5) 표현지배인

(1) 의 의

본점 또는 지점의 본부장 지점장 그 밖에 지배인으로 인정될 만한 명칭을 사용하는 자는 재판 외의 행위에 관한 한 그 영업소의 지배인과 동일한 권한을 가지는 것으로 의제된다(제14조 제1항). 이러한 사용인을 표현지배인(表現支配人)이라고 한다.[1] 이러한 표현지배인제도는 독일법상의 이른바 외관이론과 영미법상의 표시에 의한 금반언의 법리에 의하여 거래의 안전을 도모하기 위하여 인정된 제도이다.

(2) 요 건

영업주가 표현지배인의 행위에 대하여 책임을 부담하기 위해서는 (i) 영업소로서의 실질을 갖춘 곳에서, (ii) 사용인(그러나 반드시 상업사용인이어야 할 필요는 없다)이 표현적 명칭을 사용하여, (iii) 지배인의 권한 내의 거래를 하였으며, (iv) 표현적 명칭사용에 대한 영업주의 허락 내지 묵인이 있었고, (v) 상대방이 지배인이 아닌 사실에 관하여 선의였어야만 한다(제14조 제2항). 선의임에 중과실이 있는 때에는 이를 악의와 동일시하여야 할 것이다.

(가) 영업소의 실질

위의 요건 중, (i) 즉 표현지배인이 소속된 본·지점이 영업소로서의 실질을 갖추어야 한다고 보는 것이 우리나라의 다수설과 판례의[2] 입장이지만(실질설), 이를 수긍하기 어렵다.

실질설의 근거는 (i) 연혁적으로 상법 제14조는 지배인을 두어야 할 장소임에도 불구하고 지배인을 두지 않고 대신 '본부장' 등의 명칭을 붙인 자를 사용하는 경우에 적용하기 위한 규정이고, (ii) 제14조의 표현지배인제도는 사용인이 가

---

1) 표현지배인의 성립을 인정한 사례: 대법원 1960. 9. 15. 4293민상54; 동 1954. 6. 10. 4287민상74; 동 1998. 8. 21. 97다6704(제약회사의 지방분실장); 광주지방법원 1987. 6. 17. 87가단216[확정](영업소장이 피고에게 연대보증인으로 서명날인만 해 주면 되고 실제로 어음금청구 내지는 물품대금청구는 하지 않겠다고 약속한 경우 그 영업소장은 원고회사의 표현지배인이라 볼 것이고, 그가 한 위 약속은 원고의 동 피고에 대한 어음채무면제약정에 해당한다). 표현지배인의 성립을 부정한 사례: 대법원 1993. 12. 10. 93다36974(보험회사 지점차장); 동 1994. 1. 28. 93다49703(증권회사의 지점장 대리); 동 1994. 9. 30. 94다20884(건설회사의 현장소장은 부분적포괄대리권을 가지는 사용인이다); 동 1998. 10. 13. 97다43819(회사의 지방연락사무소 소장).

2) 대법원 1978. 12. 13. 78다1567(영업소의 실질을 갖추어야 한다고 본 판례); 동 1998. 8. 21. 97다6704(영업소로서의 실질을 인정한 판례); 동 1998. 10. 13. 97다43819; 동 2000. 8. 22. 2000다13320.

진 명칭, 즉 외관의 신뢰를 보호하기 위한 것이지, 그 외 영업소의 외관까지 보호하려는 것이 아니므로 전혀 실체가 없는, 단지 영업소라는 명칭 · 주임이라는 명칭이 사용되고 있다는 이유로 그 거래 상대방을 보호한다는 것은 문제가 있으며, (iii) 실질설을 취하여야 영업주의 이익과 거래안전의 균형을 이룬다는 것이다.

그러나 (i) 상법 제14조가 외관이론 내지 금반언의 법리를 근거로 하고 있는 이상 지배인으로서의 외관을 신뢰하고 거래한 제3자는 당연히 보호되어야 하고, (ii) 실질설을 취할 경우 거래상대방에게 본 · 지점의 영업소의 실질을 구비하였는가 까지도 조사하여야 할 부담을 주므로 부당하며, 나아가 (iii) 거래시에 일일이 본 · 지점이 영업소의 실질을 갖추었는지를 조사 내지 판단한다는 것은 경험상 기대하기 어려우므로 이 요건은 부당한 요구라 생각된다. 따라서 영업소로서의 실질을 갖추었느냐를 묻지 아니하고 객관적으로 본 · 지점의 외관이 있으면 충분하다고 본다(형식설).

(나) 사용인의 표현적 명칭 사용

사용인이 본점 또는 지점의 본부장, 지점장 그 밖에 지배인으로 인정될 만한 명칭을 사용하였어야 한다. 표현지배인이 될 수 있는 자는 상업사용인이어야 할 필요는 없으며, 단순한 사용인에 대하여도 인정될 수 있다. 본부장, 지점장[1] 그 밖에 지배인으로 인정될 만한 명칭으로서는 영업부장, 출장소장 등을 대표적인 예로 들 수 있으나 지점차장,[2] 지점장대리,[3] 영업소주임 등과 같이 명칭 자체로서 상위 사용인의 존재를 인식할 수 있는 경우에는 표현지배인이 될 수 없으며,[4] 지점주임, 지점계장 등은 지점 내의 1부서의 책임자임을 나타내고 있으므로 역시 표현지배인이 될 수 없다.

(다) 지배인의 권한내의 행위

표현지배인이 표현적 명칭을 사용하여 지배인의 권한 내의 행위를 하였어야 한다. 그 행위는 재판상의 행위가 아닌 거래행위이어야 한다. 재판에 있어서는 실체적 진실이 요구되기 때문이다. 또한 표현지배인의 행위는 영업에 관한 행위로서 영업의 목적인 행위 이외에 영업을 위한 행위도 포함된다.

---

1) 대법원 1960. 9. 15. 4293민상54.
2) 대법원 1993. 12. 10. 93다36974.
3) 대법원 1994. 1. 28. 93다49703.
4) 대법원 1967. 9. 26. 67다1333(지사장에 대하여); 동 1971. 5. 24. 71다656(은행 본점의 부장대리에 대하여); 동 1983. 10. 25. 83다107(영업소장에 대하여); 동 1993. 12. 10. 93다36974(지점차장에 대하여); 동 2007. 8. 23. 2007다23425(영업팀장에 대하여). 반대의 판결: 대법원 1960. 6. 5. 4293민상54: 협동생명보험주식회사 중앙지점 지점장 A의 명의로 어음을 발행한 경우, A가 지배인이 아니더라도 회사는 변제책임이 있다.

(라) 영업주의 허락

표현적 명칭의 사용에 대한 영업주의 허락이 있었어야 한다. 영업주의 허락은 반드시 명시적이어야 하는 것은 아니며 묵시적인 허락도 포함된다.

(마) 상대방의 선의

표현지배인의 거래상대방은 지배인이 아닌 사실에 관하여 선의였어야 한다(제14조 제2항). 선의에 중과실이 있는 경우에는 이를 악의와 동일시하여야 할 것이다(통설).

(3) 효 과

표현지배인의 영업에 관한 행위는 재판상의 행위를 제외하고는 지배인과 동일한 권한이 있는 것으로 본다. 따라서 영업주는 표현지배인의 행위에 관하여 정상적인 지배인의 행위가 있었던 것과 동일한 책임을 져야 한다. 거래상대방에 대하여 영업주가 책임을 짐에 따라 표현지배인은 책임을 지지 아니한다.

(4) 표현지배인과 등기의 적극적 공시력

상법 제14조는 상법 제37조의 예외규정(예외설)으로서, 제37조의 규정에 불구하고 적용되는 것으로 본다. 이에 관하여는 예외설 외에도, 정당사유설, 이차원설 등의 견해가 있으나, 상업등기부분에서 자세히 설명한다.

2. 부분적 포괄대리권을 가지는 사용인

1) 부분적 포괄대리권을 가지는 사용인의 의의

부분적 포괄대리권을 가지는 사용인이란 영업의 '특정한 종류 또는 특정한 사항'에 관하여 포괄적 대리권을 가지는 상업사용인을 말한다(제15조 제1항). 이에는 회사의 부장 · 차장 · 과장 · 대리 등이 있다.[1)2)] 주식회사의 기관인 상무이사라

1) 대법원 1994. 10. 28. 94다22118(부분적 포괄대리권을 가진 상업사용인임을 인정한 판례) 동 1963. 1. 31. 62다773(출장소장); 동 1968. 3. 5. 67다2297(영업소장); 동 1974. 6. 11. 74다492(운수회사의 사업과장); 동 1989. 8. 8. 88다카23742(영업부장과 과장대리); 동 1994. 1. 28. 93다49703(증권회사의 지점장 대리); 동 1994. 9. 30. 94다20884 및 2013. 2. 28. 2011다79838(건설회사 현장소장은 특정된 건설현장에서 공사의 시공에 관련한 업무만을 담당하는 자이므로 특별한 사정이 없는 한 표현지배인이라고 할 수는 없고, 단지 상법 제15조 소정의 영업의 특정한 종류 또는 특정한 사항에 대한 위임을 받은 사용인으로서 그 업무에 관하여 부분적 포괄대리권을 가진 사용인이다); 동 2009. 5. 28. 2007다20440 · 20457(주임, 계장 및 팀장).

2) 동 1990. 1. 13. 87다카2305(회사의 경리부장은 경리사무 일체에 관하여 그 권한을 위임받은 것으로 봄이 타당하고, 자금차입에 관한 포괄적 대리권은 없다); 동 1989. 8. 8. 88다카

하더라도 상법 제15조 소정의 부분적 포괄대리권을 가지는 그 회사의 사용인을 겸임할 수 있다.[1]

2) 선임과 종임

부분적 포괄대리권을 가진 상업사용인의 선임·종임은 지배인의 경우와 대체로 동일하지만, ① 영업주와 그 법정대리인 이외에 지배인도 이를 선임·해임할 수 있는 점, ② 지배인의 경우는 등기사항이나 부분적 포괄대리권을 가진 상업사용인의 선임과 종임은 등기사항이 아닌 점, ③ 소상인은 지배인을 선임하더라도 상법이 적용되지 않으나(제9조), 소상인이 부분적 포괄대리권을 가진 상업사용인을 선임하는 경우에는 상법이 적용되는 점이 다르다.

3) 대리권의 범위

(1) 부분적 포괄대리권을 가진 상업사용인은 그가 수여받은 영업의 특정한 종류 또는 특정한 사항에 관한 재판 외의 모든 행위를 할 수 있으므로 그 대리권의 범위는 특정한 사항에 관한 한 포괄성과 정형성을 가지며,[2] 또한 이를 제한하는 경우에도 이를 선의의 제3자에게 대항하지 못하는 불가제한성을 갖는 점에서 지배인과 유사성을 가진다. 그러나 ① 지배인과는 달리 대리권의 범위가 영업 전반에 걸치지 않고 영업주로부터 위임받은 특정한 종류 또는 사항에 한정되고(대

23742(회사의 영업부장과 과장대리의 담보제공약정에 대하여); 동 1990. 1. 23. 88다카3250(X은행이 Y회사의 경리부장 A에게 자금을 대여한 경우, A는 경리업무에 관한 범위 내에서 상법 제15조의 부분적 포괄대리권을 가진 사업사용인으로 볼 수 있으나 독자적인 차금행위는 Y회사로부터 위임되어 있지 않다고 볼 수 있으므로 이에 대하여 Y회사가 책임을 지기 위하여는 표현대리가 성립하여야 한다. 그런데 X에게는 과실이 있어 표현대리가 성립하지 않는다. 그러나 A는 Y회사의 피용자이므로 Y회사는 X은행에게 사용자배상책임을 진다); 동 1960. 12. 8. 4293민상22(여관의 상업사용인이 주인을 대리하여 어음행위를 한 경우); 동 1971. 5. 24. 71다656(은행 본점의 계리부장대리가 은행의 보증행위를 한 경우); 동 1965. 12. 28. 65다2133(회사의 과장이 시효중단사유가 되는 채무를 승인한 경우); 동 1989. 2. 14. 87다카3176(보험회사 영업소장의 어음배서 및 채무보증행위는 영업소장으로서 직무범위를 벗어남은 물론 그 직무집행과 밀접하게 관련된 행위라고도 보기 어려우므로 보험회사에 사용자책임을 물을 수도 없다); 동 1999. 5. 28. 98다34515(현장소장의 채무보증 또는 채무인수행위); 동 대법원 1987. 6. 23. 86다카1418(회사의 자금과장은 부분적 포괄대리권을 가진 상업사용인이 아니라는 판례).

1) 대법원 1996. 8. 23. 95다39472.

2) 따라서 개개의 행위에 대하여 영업주로부터 별도의 수권이 필요 없으나, 어떠한 행위가 위임받은 영업의 특정한 종류 또는 사항에 속하는가는 당해 영업의 규모와 성격, 거래행위의 형태 및 계속 반복 여부, 사용인의 직책명, 전체적인 업무분장 등 여러 사정을 고려해서 거래통념에 따라 객관적으로 판단하여야 한다.: 대법원 2009. 5. 28. 2007다20440·20457.

리권의 범위가 부분적인 점), ② 재판상의 행위가 제외되며, ③ 선임 및 대리권의 소멸이 등기사항이 아닌 점 등은 지배인과 다른 점이다.

(2) 부분적 포괄대리권을 가진 상업사용인이 특정된 영업에 속하지 않는 행위를 한 경우 영업주는 책임이 없다.[1] 다만 민법상의 표현대리의 법리에 의하여 그 상업사용인과 거래한 제3자가 그 상업사용인에게 대리권이 있다고 믿을 만한 정당한 이유가 있었던 경우에는 영업주가 책임을 부담하여야 한다.

4) 표현사용인

지배인의 경우와 달리 부분적 포괄대리권을 가진 상업사용인의 경우에는 표현지배인과 같은 규정이 없다. 따라서 영업주가 부장·과장 등과 같이 부분적 포괄대리인을 가진 상업사용인과 같은 명칭사용을 허락하면서 실제로는 이에 해당하는 대리권을 부여하지 않은 경우, 그러한 표현부장·표현과장 등이 제3자와 거래하였을 때 제3자 보호가 문제된다. 이때 거래의 상대방은 민법 제125조의 표현대리나 민법 제756조의 사용자책임 등의 규정에 의하여 보호될 수 있으므로, 명문의 규정 없이 상법 제14조를 유추적용할 수 없다고 본다.

3. 물건판매점포의 사용인

1) 의 의

물건을 판매하는 점포의 사용인(예컨대, 점원·서기·사원·고용원 등)은 그 물건의 판매에 관한 한 모든 권한이 있는 것으로 본다(제16조 제1항). 물건판매점포의 사용인은 물건판매에 관한 대리권이 있는 것과 같은 외관을 갖추고 있기 때문에 상법은 거래의 안전을 위하여 대리권을 가지고 있는 것으로 본 것이다.

상법 제16조가 적용되기 위하여는 '물건을 판매하는 점포'의 사용인이어야 한다. 따라서 점포를 떠나 판매행위를 하는 이른바 외무사원에 대하여는 대리권이 의제되지 아니한다.[2] 그러나 점포 내에서의 판매인 이상 물건이 점포 밖에 있더라도 상관없다.

---

1) 대법원 1960. 12. 8. 4293민상22; 동 1984. 7. 10. 84다카424·425; 동 1989. 8. 8. 88다카3250; 동 1999. 7. 27. 99다12932; 동 2006. 6. 15. 2006다13117; 동 2012. 12. 13. 2011다69770.

2) 대법원 1976. 7. 13. 76다860(물건판매점포의 사용인을 부정한 경우); 동 1971. 3. 30. 71다65(퇴직한 물건판매점포사용인에 대하여 점포 외에서 외상대금을 지급한 경우, 민법 제129조의 표현대리도 성립하지 않는다).

2) 적용범위

물건판매점포의 '사용인'은 영업주로부터 일정한 범위의 대리권을 수여받은 상업사용인뿐만 아니라 널리 점포에서 근무에 종사함으로써 상품을 판매할 권한이 있는 외관을 갖춘 자를 포함한다. 예컨대 상품을 배달하는 배달부에 불과하더라도 그가 물건판매점포에서 물건을 판매하면 여기서 말하는 사용인이 될 수 있다. 대리권이 의제되는 것은 물건을 '판매'하는 행위에 한정된다. 따라서 물건을 구입하거나 자금을 차입하는 행위에 대하여는 적용되지 아니한다. 물건판매점포의 사용인에 대하여 대리권을 의제하는 것은 외관을 신뢰한 자를 보호하기 위한 것이므로 악의의 제3자에 대하여는 적용되지 아니한다(제16조 제2항). 대리권이 없음을 알지 못한데 중과실이 있는 경우에도 악의와 동일시된다.

3) 대리권의 범위

(1) 물건판매점포의 사용인은 그 물건의 판매뿐만 아니라 통상 물건의 판매에 수반되는 처분행위와 채무부담행위도 할 수 있다고 본다. 판매대금의 수령은 물론, 물건대금의 할인, 판매한 물건의 교환, 환불, 외상판매도 그 권한 내로 볼 수 있다.

(2) 그 점포의 물건판매에 관한 행위이어야 하므로 그 점포가 취급하지 아니하는 물품의 판매에 대해서는 대리권이 의제되지 아니한다. 또 영업주의 보조적 상행위에는 해당하나 물건판매가 아닌 것은 그 사용인의 권한으로 의제할 수 없다.

(3) 그리고 거래의 안전보호라는 입법취지상 물건의 판매에 한정되지 아니하고 널리 임대 또는 교환 등의 거래를 취급하는 점포의 사용인(비디오 가게나 렌트카 등), 공중접객업소의 사용인, 승차권 등의 매표소 직원, 은행 등 금융업을 영위하는 점포의 사용인 등 대리권의 존재가 강하게 추정되는 업소의 사용인에 대하여도 상법 제16조가 유추적용된다.

Ⅲ. 상업사용인의 경업금지의무

1. 취 지

상업사용인은 ① 영업주와의 이익충돌을 방지하고(부정경업방지), ② 상업사용인의 정력분산을 방지하기 위하여(노동력확보) 경업금지의무라는 일정한 부작위의무가 있다.

◆ 상법상 경업금지의무

(ⅰ) 경업금지의무가 법정된 경우: 상법상 경업금지의무는 상업사용인(제17조)의 경우 이외에도, 영업양도인(제41조)·대리상(제89조)·합명회사의 사원(제198조)·합자회사의 무한책임사원(제269조, 제198조)·주식회사의 이사(제397조) 및 유한회사의 이사(제567조, 제397조) 등의 경우에 법정되어 있다.

(ⅱ) 해석상 경업금지의무가 인정되는 경우: 명문의 규정은 없으나 익명조합의 영업자에게도 경업금지의무가 인정된다는 것이 다수설의 입장이다.

(ⅲ) 계약에 의하여 경업금지를 약정하는 경우: 당사자자치의 원칙상 독점규제 및 공정거래에 관한 법률에 위배되지 않는 범위 내에서 계약으로 경업금지를 약정할 수 있다.

2. 의무의 내용

1) 경업거래금지

(1) 상업사용인은 자기 또는 제3자의 계산으로 영업주의 영업부류에 속한 거래를 하지 못한다(제17조 제1항 전단). 이것을 '협의의 경업금지의무'라고도 하며, 대리상, 합명회사의 사원, 합자회사의 무한책임사원, 물적 회사의 이사의 의무는 이와 같은 것이다.

(2) '자기 또는 제3자의 계산으로'라는 것은 경제적 효과의 귀속을 의미하며, 자기 또는 제3자가 그 거래에서 생긴 경제적 효과의 주체가 된다는 뜻이고, 명의가 누구이든 상관없다.

(3) '영업주의 영업부류에 속한 거래'라 함은 영업의 목적인 사업과 동종 또는 유사한 상품 또는 용역을 대상으로 하는 거래로서, 영업주가 실제로 경영하는 사업과 시장에서 거래처가 경합하여 영업주의 영업과 경쟁이 생기어 영업주와의 사이에 이익충돌을 가져올 가능성이 있는 거래를 말한다. 그리고 동일상품을 취급하더라도 도매상과 소매상은 영업부류를 달리한다고 해석한다. 그러나 예컨대 소, 돼지고기의 도축판매와 매업판매는 동종영업으로 볼 수 있다.[1] 회사의 경우에는 정관 소정의 회사의 목적인 사업 전부가 아니라 그 중 회사가 실제로 행하고 있는 사업을 말한다. 그러나 영업과 관련하여 그 유지 및 편익을 위한 보조적 행위는 이에 포함되지 않는다. 또한 영업부류에 속하는 거래라도 영리성이 없는 행위, 즉 상업사용인에게 상행위가 되지 않는 일방적 상행위(예컨대, 은행

1) 대법원 2015. 9. 10. 2014다80440.

지배인의 예금 · 금전대차, 보험회사 지배인의 보험계약체결)는 상관없다.

(4) 영업부류에 속하는 거래인 이상 개별적인 거래이든 계속적인 영업이든 금지된다[영업주의 영업부류에 속하지 않는 다른 영업행위는 할 수 있는 점에서, 의용상법상의 일반적 경업금지의무(의상 제41조 제1항)와 다르다]. 또한 이 의무는 모든 상업사용인에 대하여 적용된다. 상업사용인인 동안에는 근무시간 내외를 묻지 않고 이 의무를 부담하나, 종임하면 이 의무도 소멸한다.

2) 특정지위취임금지

(1) 상업사용인은 회사의 무한책임사원 · 이사 또는 다른 상인의 사용인이 되지 못한다(제17조 제1항 후단). 이를 특정지위취임금지의무라고 하는데 이 경우의 회사란 물론 모든 '다른' 회사를 의미한다.

(2) '일반적으로' 특정지위의 취임을 금지하는 것은 사용인의 정력집중의무를 강조한 것이며, 이 점에서 '동종영업을 목적으로 하는' 다른 회사의 무한책임사원 또는 이사가 되지 못하는 대리상, 회사의 무한책임사원 및 이사의 경업금지의무(제89조, 제198조, 제269조, 제397조, 제567조)와 다르다.

3) 경업의 허용

상법 제17조는 '영업주의 허락 없이'라고 명문화하였으므로, 영업주의 명시적 또는 묵시적 허락이 있을 경우에는 경업금지의무의 위반이 되지 않음은 물론이다. 허락의 방법은 묻지 않는다. 영업주는 거래의 내용, 시장, 기간 등을 제한하여 허락할 수 있다. 또 사용인이 거래에 착수하기 전까지는 허락을 철회할 수도 있다.

3. 상업사용인의 의무위반의 효과

1) 위반행위의 효력

상업사용인이 영업주의 허락 없이 위의 금지행위를 한 때에도 그 행위 자체가 무효로 되지는 않는다.

2) 영업주의 조치

(1) 계약해지권

상업사용인이 영업주의 허락없이 자기 또는 제3자의 계산으로 영업주의 영업부류에 속한 거래를 한 경우에는 영업주는 계약의 해지를 할 수 있다(제17조 제3항 전단). 이때의 계약이란 사용인이 한 의무위반거래계약을 뜻하는 것이 아니라 영업주와 사용인 간의 고용계약 등 모든 계약을 말한다.

(2) 손해배상청구권

상업사용인의 경업금지위반으로 인하여 영업주가 개입권을 행사하거나 이익양도를 받고도 손해가 발생한 경우에는, 영업주는 이를 증명하여 그 상업사용인에게 손해배상을 청구할 수 있다(제17조 제3항 후단).

(3) 개입권

(가) 개입권의 의의

개입권(Eintrittsrecht)이란 상업사용인이 경업금지의무를 위반하여 한 거래행위가 자기의 계산으로 한 것인 때에는 영업주의 계산으로 한 것으로 볼 수 있고, 제3자의 계산으로 한 것인 때에는 상업사용인이 얻은 보수 등 이득을 양도하도록 청구할 수 있는 영업주의 권리를 말한다. 개입권은 경제적 효과의 탈취라는 색채가 짙으므로 '탈취권'(Aneignungsrecht)이라고도 한다.

(나) 상업사용인이 특정지위에 취임한 경우에는 성질상 개입권행사는 할 수 없으므로, 해임하거나 손해배상청구를 할 수 있을 뿐이다.

(다) 개입권의 행사방법 및 기간

개입권의 행사는 영업주의 일방적 의사표시로써 하되(형성권), 영업주가 그 거래를 안 날로부터 2주 또는 그 거래가 있은 날로부터 1년 내에 행사하여야 한다(제17조 제4항)(제척기간).

(라) 개입권행사의 효과

개입권행사의 효과는 영업주와 상업사용인의 대내적인 관계에만 미치고 상업사용인과 제3자와의 법률관계를 변경하거나 영업주가 제3자에 대하여 거래의 당사자가 되는 것은 아니다. 따라서 개입권행사의 효과는 채권적인 것으로서, 상업사용인이 그 거래의 경제상의 효과를 전부 영업주에게 귀속시킬 의무를 부담할 뿐이다.

상업사용인이 자기의 계산으로 거래한 경우 영업주가 개입권을 행사하면 사용인은 취득한 물건 또는 채권을 영업주에게 양도할 의무를 부담한다. 한편 이에 대하여 영업주는 사용인이 부담한 채무를 변제하며, 또 그가 지급한 비용을 전보할 의무를 지게 된다.

한편 상업사용인이 제3자의 계산으로 거래한 경우에는 영업주는 제3자에 대하여 이득의 양도를 청구할 수는 없고 상업사용인에 대하여 제3자로부터 받은 이득(보수)의 양도를 청구하여야 한다.

영업주의 개입권의 행사는 손해배상청구에 영향을 미치지 아니한다(제17조 제3항 후단). 또한 손해배상청구도 개입권의 행사에 영향을 미치지 아니하나, 이 경우에 부당이득이 발생하면 이를 상업사용인에게 반환하여야 한다.

◆ 상법상의 개입제도

상법상 상업사용인에 대한 영업주의 개입권(제17조 제2항)과 동일한 것으로서 대리상·합명회사·합자회사의 무한책임사원(제89조, 제198조, 제269조), 주식회사·유한회사의 이사(제397조, 제567조)가 경업금지의무를 위반한 경우 본인 및 회사가 갖는 개입권이 있다. 이들 각 경우의 개입권을 실질적 개입권 또는 내부적 개입권이라 하는데, 그것은 개입권 행사의 효과로서 거래로 인한 실질적·경제적 효과를 단순히 내부적으로 영업주나 회사에게 양도하여야 할 의무가 생기기 때문이다.

이와 완전히 성질을 달리하는 것으로서 전면적 개입권 또는 외부적 개입권이 있는데, 이는 일정한 행위를 하도록 위탁받은 자가 일방적 의사표시에 의하여 스스로 그 행위의 직접 상대방이 될 수 있는 것으로서 위탁매매인(제107조), 운송주선인(제116조)의 개입권이 이에 속한다.

한편 중개인이 당사자 일방의 성명이나 상호를 상대방에게 표시하지 아니한 경우 중개인이 대신 상대방에게 채무를 이행하여야 하는데(제99조), 이를 개입의무라고 한다.

제3절 영업의 물적 설비

Ⅰ. 영업소

1. 영업소의 의의

1) 독립성

영업소(place of business)란 상인의 영업활동의 중심인 일정한 장소를 말한다. 즉, 영업활동의 중심(本據)이란 어느 정도의 독립성을 가지고 영업에 관한 지휘·

결정을 하며, 활동의 결과가 보고·통일되는 장소적 구심점을 말한다. 따라서 영업활동의 구체적 실행행위나 보조행위 또는 제조·가공·보관 등 사실행위만이 이루어지는 장소, 예컨대 공장·창고는 영업소가 아니다. 또한 영업활동이라 하더라도 단순히 판매·용역제공 등 영업거래만이 이루어지는 매장이나 객장은 영업조직의 중심이라 할 수 없으므로 역시 영업소가 아니다.

2) 계속성

일정한 장소는 시간적으로 계속성이 있는 일정한 공간을 의미한다. 따라서 일시적인 매점은 영업소가 될 수 없고, 단순한 점포 기타 유형적 설비만으로 영업소가 되는 것도 아니다.

3) 판단기준

어느 장소가 영업소인지 아닌지는 그 장소가 객관적으로 영업활동의 장소적 중심지로서의 실체를 갖추고 있는가에 따라 판단한다. 그러나 회사의 경우 등기된 영업소와 실제의 영업소가 상위한 경우 등기된 영업소를 신뢰한 선의의 제3자에 대하여 대항할 수 없다(제39조).

2. 영업소의 수와 종류

1) 영업소는 영업의 내용에 따라 여러 개를 가질 수 있으며, 동일종류의 영업에도 수개의 영업소를 가질 수 있다. 주된 영업소의 실체를 갖춘 것은 본점(principal office), 종된 영업소의 실체를 갖춘 것을 지점(branch office)이라고 한다. 출장소, 분점, 파출소 등은 본점 또는 지점의 조직·영업의 구성부분으로서 영업소는 아니다. 또한 대리점은 대리상의 영업소이지 본인의 영업소는 아니다.

2) 지점은 본점에 종속하여 본점의 지휘·명령을 받아 그 영업활동을 분담하는 영업소로서 여러 개가 있을 수 있다. 그러나 지점도 일정한 범위 내에서 영업에 관한 지휘·결정을 하고 활동의 결과가 보고·통일되는 장소로서의 실질을 갖추어야 한다.[1)]

---

1) 대법원 1998. 10. 13. 97다43819(회사의 지방 연락사무소에 대하여 부인); 동 1978. 12. 13. 78다1567: 표현지배인 인정여부와 관련하여 보험회사의 영업소에 대하여 부인한 사례(전술).

3. 설치 · 이전 · 폐지

개인상인의 경우에는 영업소의 설치 · 이전 · 폐지에 관하여 아무런 제한이 없으나, 회사의 경우에는 규제를 받는다(제179조 제1항 제5호, 제269조, 제289조 제1항 제6호, 제543조 제2항 제5호, 제393조 제1항, 제564조 제1항).

4. 영업소의 법적 효과

1) 일반적 효과

영업소는 자연인의 주소와 같은 법적 효과를 갖는다. 그 일반적인 것을 들면, (ⅰ) 영업에 관한 채무변제의 장소(민 제467조 제2항 단서), (ⅱ) 증권채권의 변제장소(민 제516조 · 제524조), (ⅲ) 상업등기관할을 정하는 기초(제34조), (ⅳ) 재판관할을 정하는 기초(민소 제5조 · 제12조), (ⅴ) 소송서류의 송달장소(민소 제183조 제1항), (ⅵ) 어음상의 권리의 행사 또는 보존의 장소(어 제2조 · 제4조 · 제21조 이하 · 제48조 · 제52조 · 제60조 · 제76조 · 제77조)가 되며, (ⅶ) 표현지배인의 결정, (ⅷ) 파산사건 · 회사회생사건의 관할법원을 결정하는 기준이 된다.

2) 지점에 대한 효과

지점에 관하여는, (ⅰ) 본점소재지의 등기사항은 원칙으로 지점소재지에서도 등기하여야 하고(제35조), (ⅱ) 외국회사의 지점도 등기하여야 하며(제614조 제2항), (ⅲ) 지점마다 지배인을 둘 수 있고(제10조, 제13조), (ⅳ) 채권자의 지점에서의 거래로 인한 채무이행장소(제56조), 정관 · 주주총회 의사록의 비치장소(제396조 전단)가 되며, (ⅴ) 지점만의 영업을 분리하여 양도할 수 있는 등 여러 가지 특수한 효과가 나타난다.

Ⅱ. 상 호

1. 상호의 의의

1) 상호(trade name, Handelsfirma)란 상인이 영업상 자기를 표시하기 위하여 사용하는 명칭을 말한다. 법률적으로는 상호가 영업활동으로부터 생기는 권리의

무의 귀속자인 상인을 표시하는 명칭이지만, 사회적 · 경제적으로는 영업의 독립성과 동일성을 표시하며, 그 명성과 신용의 표적이 되는 기업(영업)의 명칭이라고도 할 수 있다.

2) 상호는 ① 상인의 명칭이므로 비상인(예컨대, 상호보험회사나 중소기업협동조합 등)의 명칭은 상호가 아니고,[1] ② 또 영업상의 명칭이므로 영업외의 명칭(예컨대, 성명 · 아호 · 예명 · 통칭 등)은 상호가 아니며, ③ 자기를 표시하는 명칭이므로 문자로 표시하여 호칭할 수 있어야 한다. 따라서 기호나 도형 같은 것은 명칭이 아니므로 상호가 될 수 없고, 이 점에서 상호는 상표(trade mark, Warenzeichen) 또는 영업표와 다르다.

2. 상호의 선정

1) 상호선정의 자유

(1) 상호자유의 원칙

상호의 선정에 있어서는 상인의 편의와 거래상대방이 되는 일반공중의 이익보호라는 두 가지의 요청이 고려되어야 한다. 따라서 상호를 어느 정도로 영업의 실체와 일치시킬 것인지가 문제된다. 상호진실주의(Prinzip der Firmenwahrheit: 상호와 영업의 실태가 일치하여야 하는 것으로, 예컨대 프랑스법계)는 상호가 상인의 동일성이나 영업의 실체를 정확히 표시한다는 점에서 거래의 안전을 위하여는 편리한 제도이지만, 타인에 의한 상호의 續用이나 상속을 불가능하게 하는 단점이 있고, 상호자유주의(Prinzip der Firmenfreiheit: 상호의 선정에 제한이 없는 것으로, 예컨대 영미법계)는 그 반대이다. 상법은 원칙적으로 상호선정의 자유를 인정하여, 상인은 그 성명 기타의 명칭으로 상호를 정할 수 있다(제18조)고 하였다. 다만 그 자유로운 선정에서 오는 폐단을 막기 위하여 약간의 제한규정을 두고 있다.

(2) 상호자유주의의 제한

(가) 회사의 상호

회사의 상호에는 그 종류에 따라 합명회사 · 합자회사 · 유한책임회사 · 주식회사 또는 유한회사라는 문자를 사용하여야 한다(제19조). 그리고 상사특별법에 의하여 특수사업(예컨대, 은행 · 증권 · 신탁 · 보험)을 목적으로 하는 회사는 그 업무도 표시

1) 대법원 2007. 7. 26. 2006마334: 변호사는 의제상인이 아니므로 변호사의 상호등기신청을 각하한 등기관의 처분은 적법하다.

하여야 한다(은행 제14조, 자본 제38, 보업 제8조 제1항). 합명회사 또는 합자회사의 상호 중에 무한책임사원의 성명이 그 퇴사 후에도 사용된 경우에는 당해 퇴사원은 그 성명사용의 폐지를 청구할 수 있다(제226조, 제269조). 이것도 상호의 진실을 간접적으로 강제하는 것으로서 상호자유주의에 대한 일종의 제한이라 할 수 있다.

(나) 비상인의 상호

회사가 아니면 상호에 회사임을 표시하는 문자를 사용하지 못하며, 회사의 영업을 양수한 경우에도 같다(제20조). 이를 위반한 자는 200만원 이하의 과태료에 처한다(제28조). 그러나 개인상인이 '상회'라는 문자를 덧붙여서 상호를 정하는 것은 무방하다. 기타 특별법령에 의한 법인의 명칭(예컨대, 한국산업은행, 신용협동조합 등)에 관하여도 같다.

(다) 부정한 목적의 상호

부정한 목적으로 타인의 영업으로 오인할 수 있는 상호를 사용하지 못한다(제23조 제1항). 상법 제23조 제1항, 제4항 소정의 '부정한 목적'이란 자기의 영업을 타인의 영업인 것처럼 오인시킴으로써, 타인의 상호가 가지는 신용 내지 경제적 가치를 자기가 이용하려는 의도를 말한다. 판례는 "어느 명칭을 자기의 상호로 사용함으로써 일반인으로 하여금 자기의 영업을 그 명칭에 의하여 표시된 타인의 영업으로 오인시키려고 하는 의도"를 말한다고 한다.[1] 이러한 금지에 위반하여 상호를 사용하는 자가 있는 경우에 이로 인하여 손해를 입을 염려가 있는 자 또는 상호를 등기한 자는 그 폐지를 청구할 수 있고(제23조 제2항), 손해배상의 청구도 할 수 있다.

(라) 부정경쟁이 되는 상호

부정경쟁방지 및 영업비밀보호에 관한 법률에서도 국내에서 널리 인식된 타인의 성명·상호 등과 동일 또는 유사한 것을 사용하는 행위를 제한하고 있다(부경 제2조 제1호·제4조).[2]

(마) 명의대여자의 책임

명의대여자, 즉 타인에게 자기의 성명 또는 상호를 사용하여 영업을 할 것을 허락한 자는 자기를 영업주로 오인하여 거래한 제3자에 대하여 그 거래로 인한

---

1) 대법원 1995. 9. 29. 94다31365·94다31372(반소); 동 2004. 3. 26. 2001다72081.

2) 대법원 1996. 1. 26. 95도1464: 피고인이 "(주)규수방"이 1992년 6월 15일 특허청에 이 사건 상표를 등록한 사실을 알면서도 1993년 9월 30일부터 위 상표와 유사한 "인테리어규수방"이라는 상호를 간판에 사용함으로써 피해회사의 영업상의 시설 또는 활동과 혼동을 일으키게 한 행위는 부정경쟁방지법 제2조 제1호 나목의 부정경쟁행위에 해당한다. 동지: 대법원 2005. 5. 27. 2004다60584.

채무를 그 타인과 연대하여 변제할 책임을 진다(제24조). 이것은 영미법상의 금반언의 법리 내지는 독일법상의 외관이론의 한 적용예로서, 상호선정의 자유를 간접적으로 제한하는 방법이 될 것이다.

2) 상호의 수 : 상호단일의 원칙(Grundsatz der Firmeneinheit)

(1) 상호의 수는 한 영업에 대하여 한 개임을 원칙으로 한다(제21조 제1항). 그러나 수개의 영업에 동일한 상호를 사용하는 것은 상관없고, 회사의 경우에는 성질상 항상 한 개의 상호를 사용하여야 한다. 하나의 영업에 영업소가 여러 개 있는 경우에도 동일한 상호를 사용하여야 하나, 지점의 상호에는 본점과의 종속관계를 표시하여야 한다(제21조 제2항).

(2) 이와 같이 상법 제21조는 동일한 영업에 대한 상호단일의 원칙을 명문화함으로써 소비자를 보호하고 타인의 상호선정자유를 부당하게 제약하지 못하도록 하고 있다. 따라서 예컨대 동일인이 자기 명의와 처 명의로 각각 상호를 등기한 후 실질적으로 동일한 영업소에서 동일·유사한 영업에 2개의 상호를 병행사용하고 있는 것은 상법상 상호단일의 원칙을 위배한 것으로 그 등기 여하에 불구하고 이중상호로서 보호받을 수 없다.[1)]

3. 명의대여자의 책임

1) 명의대여자책임의 의의

타인(명의차용자)에게 자기의 성명 또는 상호를 사용하여 영업을 할 것을 허락한 자(명의대여자)는 자기를 영업주로 오인하여 거래한 제3자에 대하여 그 타인과 연대하여 거래로 인한 채무를 변제할 책임이 있다(제24조). 이를 명의대여자의 책임이라고 한다. 명의대여자책임의 이론적 기초는 외관이론 내지는 금반언의 법리이며, 상호진실을 간접적으로 강제하는 효과가 있다. 상법 제24조는 적법한 명의대여이든 불법한 명의대여이든 모두 적용된다. 금융투자업자는 자기명의를 대여하여 타인으로 하여금 금융투자업을 영위하게 할 수 없다(자본 제39조).

---

1) 제주지방법원 1998. 4. 23. 97가합3244.

◆ 명의대여와 표현대리와의 구별

명의대여와 표현대리는 외관주의에 근거를 둔 점에서 공통점이 있으나, 다음과 같은 점에서 구별된다.

(i) 명의대여는 영업주 오인의 문제이나, 표현대리는 대리권 오신의 문제이다.

(ii) 명의대여자의 책임은 명의사용의 허락 그 자체를 귀책사유로 함에 비하여, 표현대리인의 책임은 대리권 수여의 표시(민 제125조)를 귀책사유로 한다.

(iii) 명의대여자의 책임은 명의차용자와 연대책임이나, 표현대리의 경우에는 본인이 표현책임을 지는 외에 표현대리인 자신은 무권대리인으로서 책임을 지지 아니한다는 것이 통설이다. 다만 표현대리의 상대방인 제3자가 본인이나 표현대리인 중 선택하여 그 책임을 추급할 수 있다는 유력설이 있다. 특히 어음행위의 표현대리의 경우에는 본인과 표현대리인 양자가 모두 책임을 지므로 이 점에서는 차이가 없다고 할 수 있다.

(iv) 명의대여자는 책임을 부담할 뿐 제3자에 대하여 어떠한 권리도 취득하지 못하나, 표현대리인의 본인은 책임을 부담할 뿐만 아니라 제3자에 대한 권리도 취득한다는 것이 통설이다.

2) 명의대여자의 책임발생요건

(1) 명의의 사용

(가) 명의대여자의 책임을 인정하려면 명의차용자가 명의대여자의 성명(예명·아호·약칭·통칭도 포함) 또는 상호를 사용하여야 한다.[1] 상법 제24조는 대여하는 명의에 관하여 '성명 또는 상호'라고 표현하고 있으나, 이에 국한하지 않고 거래통념상 대여자의 영업으로 오인하기에 적합한 명칭을 사용하게 되면 모두 본조의 적용대상이 된다.

(나) 여기서 명의대여자가 상인인가의 여부는 묻지 않으며,[2] 나아가 공법인에 대하여도 제24조가 적용된다.[3] 그리고 명의차용자는 타인의 성명·상호를 사용하여 영업을 할 것을 허락받은 자이지만 반드시 상인이어야 할 필요는 없다. 명의를 차용하면서 비로소 보조적 상행위인 개업을 위한 준비행위를 함으로써 상인자격

1) 대법원 1967. 10. 25. 66다2362: "갑은 용당정미소라는 상호를 가지고 경영하던 정미소를 A에게 임대하고 A는 같은 상호를 그대로 사용하면서 그 정미소를 경영하는 동안에 을로부터 본건 백미를 보관하고 보관전표를 발행한 것이며, 을이 갑을 용당정미소의 영업주로 오인하였다면 갑은 명의대여자로서 그 백미보관으로 인한 책임을 면할 수 없다"고 하여 임대인이 자기가 사용하던 상호를 임차인에게 계속 사용하게 하는 것도 명의대여가 됨을 인정하고 있다.

2) 대법원 1987. 3. 24. 85다카2219(명의대여자가 상인이 아닌 경우에도 상법 제24조를 적용한 경우).

3) 대법원 1987. 3. 24. 85다카2219(상인이 아닌 인천직할시립병원).

을 취득하더라도 상관없다. 다만 영업을 할 것을 허락한 것이므로 상인의 영업에 관한 사용으로 보아야 하며, 보조적 상행위로서 하는 경우도 포함한다고 본다.

(다) 상호를 차용하는 경우에 상호를 그대로 사용하지 않고 여기에 '지점',[1] '영업소', '출장소'[2] 등 약간의 부가어를 붙여 사용하거나 중요한 부분이 동일하여 유사한 것으로 인정되는 때에도 본조가 적용된다. 그러나 자기의 상호 아래 '대리점'이라는 명칭사용을 허락한 경우에는[3] 명의대여자의 책임을 지지 않는다. 타인의 상호아래 대리점이란 명칭을 붙인 경우에는 그 아래 지점, 영업소, 출장소 등을 붙인 경우와는 달리 타인의 영업을 종속적으로 표시하는 부가부분이라고 보기 어렵기 때문이다.

(2) 영업상의 사용

(가) 거래에 관하여 생긴 채무

명의차용자가 대여자의 명의를 거래행위에 사용하였어야 한다. 명의대여자의 책임은 명의차용자와 제3자 사이의 거래에 관하여 생긴 채무에 한한다. 여기서 거래로 인한 채무에는 거래로 인하여 직접 발생한 채무뿐만 아니라 그 거래의 효과로서 발생한 채무(채무불이행으로 인한 손해배상채무,[4] 계약해제로 인한 원상회복의무 등)도 포함된다.

대여자의 명칭을 사용하는 경우라야 하므로 세무회계상의 필요로 자기의 납세번호증을 타인으로 하여금 이용하게 한 경우에는 명의대여에 해당하지 않는다.[5]

(나) 명의대여자의 영업범위 내에 속하는 거래 또는 동종영업여부

명의차용자가 명의대여자의 영업범위 내에 속하는 거래를 하였는지 또는 명의대여자와 동종영업을 하였는지는 묻지 아니한다.

이에 대하여 대법원 1983. 3. 22. 82다카1852 판결은 "甲은 동양정미소라는 상호 아래 정미소를 경영하여 오다가 이 사건 각 건물 등 부속건물을 포함한 정미

---

1) 대법원 1957. 6. 27. 4290민상178(대한여행사가 타인에게 '동회사 외국부 국제항공권판매처'라는 간판하에 항공권판매행위를 대행 또는 대리하게 한 경우 명의대여자로서 책임을 진다); 동 1969. 3. 31. 68다2270(대한교육보험주식회사 부산지사).

2) 대법원 1976. 9. 28. 76다955(대한통운주식회사가 타인에게 '동회사 신탄진출장소장'이라는 명의로 영업을 하게 한 경우에 동회사는 명의대여자로서 책임을 진다).

3) 대법원 1989. 10. 10. 88다카8354: 자기의 상호(완주군 농업기계) 아래 '대리점'이라는 명칭을 붙여 사용하는 것을 허락하거나 묵인하였다고 하더라도 명의대여자로서의 책임을 물을 수는 없다.

4) 대법원 1993. 4. 27. 92다43432.

5) 대법원 1978. 6. 27. 78다864.

소 전체를 A에게 임대하고 A는 같은 상호를 그대로 사용하면서 위 정미소를 경영하여 오던 중 A는 乙 등에게 각 점유부분을 임대하여 임대차계약을 체결한 경우, 그와 같은 건물 임대행위는 위 정미소의 영업범위 내에 속하는 거래라고 할 수 없으므로 乙 등이 甲을 영업주로 오인하여 그와 같은 계약을 체결했어도 甲은 명의대여자로서 책임이 없다"고 판시하여,[1] 이 판결은 명의차용자의 임대행위가 명의대여자의 영업범위 외의 행위라고 하여 명의대여자의 책임을 부인하고 있다. 그러나 그 타당성은 의문이다. 왜냐하면 (i) 상호는 영업의 동일성을 나타내지만, 그 영업의 종류 및 범위까지도 한정하는 것은 아니다. (ii) 개인상의 경우 하나의 상호 아래 여러 가지의 영업을 할 수 있다. (iii) 상인이 아닌 자가 그 성명을 대여하는 경우에는 대여자의 영업 자체가 문제되지 아니한다. (iv) 영업의 동일성 자체가 영업 외관의 본질적인 요소가 아니다. 따라서 명의대여자와 명의차용자가 동종영업자인가 아닌가, 명의차용자가 명의대여자의 영업범위 내의 행위를 하였는가 아닌가는 묻지말고 명의대여자의 책임을 인정하여야 할 것이다.

(다) 어음행위

어음행위에도 명의대여자의 책임이 발생하는가에 대하여는, (i) 영업에 관하여 명의대여가 있고 그 영업과 관련하여 어음행위를 한 경우에는 제24조에 의하여 명의대여자가 변제할 책임을 진다(판례).[2] 그러나 (ii) 명의대여자가 영업을 위하여 자기 명의의 사용을 허락한 것이 아니라, 단지 은행과의 사이의 당좌거래 또는 특정한 어음행위에 관하여만 명의의 사용을 허락한 경우에는 명의대여자의 책임에 관한 상법 제24조를 유추적용해서는 안 된다. 명의대여자만이 어음의 문언성 및 표현법리(금반언의 법리 또는 외관이론)에 따라 책임을 져야 할 것이다.

(라) 불법행위로 인한 채무

상법 제24조 소정의 명의대여자 책임은 명의차용인과 그 상대방의 거래행위에 의하여 생긴 채무에 관하여 명의대여자를 진실한 상대방으로 오인하고 그 신용·명의 등을 신뢰한 제3자를 보호하기 위한 것으로, 불법행위의 경우에는 설령 피해자가 명의대여자를 영업주로 오인하고 있었더라도 그와 같은 오인과 피해의 발생 사이에 아무런 인과관계가 없으므로, 이 경우 신뢰관계를 이유로 명의대여자에게 책임을 지워야 할 이유가 없다.[3] 다만 명의차용자의 영업과 관련

1) 호텔 내의 나이트클럽업은 호텔업에 부수하는 것으로서 호텔업과 영업의 동종성이 인정된다고 한다: 대법원 1978. 6. 13. 78다236.

2) 대법원 1969. 3. 31. 68다2270; 동 1970. 9. 28. 70다1073.

3) 대법원 1998. 3. 24. 97다55621.

된 불법행위 또는 거래행위의 외형을 가지는 불법행위로 인한 손해배상채무에 대하여는 명의대여자도 연대책임을 진다고 보는 일본판례가 있다.[1)]

(마) 명의대여자의 사용자책임

명의사용자의 업무수행상 발생한 불법행위에 대하여 명의대여자가 사용자책임을 부담한다. 이때 민법 제756조가 규정하고 있는 사용자책임의 요건으로서의 사용관계가 있느냐 여부는 실제적으로 지휘·감독을 하였느냐의 여부에 관계없이 객관적·규범적으로 보아 사용자가 그 불법행위자를 지휘·감독해야 할 지위에 있었느냐의 여부를 기준으로 결정하여야 한다.[2)]

(바) 명의차용자의 피용자의 행위

명의차용자의 피용자가 거래상 부담하게 된 채무에 대하여는 명의대여자에게 책임이 없다는 것이 판례의 태도이다.[3)]

(3) 대여자의 명의사용 허락(귀책사유)

(가) 명의대여자가 자기의 성명 또는 상호의 사용을 명의차용자에게 명시적 또는 묵시적으로 허락하였어야 한다. 상법 제24조의 허락은 명의대여자의 귀책사유이므로 그의 허락 없이 명의를 임의로 사용한 경우에는 명의대여자는 책임을 부담하지 않는다.[4)5)] 허락은 명시적이든 묵시적이든 관계없다. 예컨대 영업

---

1) 일본최고재판소 1936. 11. 13; 동 1966. 6. 10; 동 1983. 1. 25.

2) 대법원 2001. 8. 21. 2001다3658(명의대여자의 사용자책임을 인정한 사례); 동 1994. 10. 25. 94다24176; 동 1995. 6. 29. 95다13289; 동 1996. 5. 10. 95다50462; 동 1997. 3. 25. 97다3798; 동 1997. 4. 11. 97다386; 동 1998. 5. 15. 97다58538; 동 2001. 6. 1. 2001다18476: 동 2003. 7. 25. 2003다9049; 동 2005. 2. 25. 2003다36133. 명의대여자의 사용자책임을 부정한 사례: 대법원 1989. 9. 12. 88다카26390; 명의차용자의 피용자의 행위에 대한 명의대여자의 책임을 부인한 사례: 대법원 1993. 3. 26. 92다10081.

3) 그러나 대법원 2008. 10. 23. 2008다46555에서는 "건설업 면허를 대여받은 자를 대리 또는 대행한 자가 면허대여자 명의로 하도급거래를 한 경우에도 위 책임을 부담한다"고 하여, 명의차용자의 대리인의 행위에 대한 명의대여자의 책임을 인정하고 있다.

4) 명의대여자의 책임을 인정한 사례: 대법원 1992. 8. 18. 91다30699: Y가 자신의 사업인 야채중매업과 A가 경영하는 야채판매업을 A와 공동으로 경영하는 것과 같은 외관을 만들어 놓고도 이를 방치한 경우에는 A가 경영한 야채판매업과 관련된 채무에 관하여 Y에게 명의대여자로서 책임이 있다고 봄이 상당하다. 동지: 대법원 1993. 4. 27. 92다43432(입찰 자격이 없는 회사가 입찰 자격이 있는 회사의 명의를 빌려 입찰에 참가하여 낙찰받고 기계공급계약을 체결한 경우, 계약당사자나 계약상의 이행채무와 채무불이행으로 인한 손해배상책임을 부담하는 자는 명의회사이다); 동 1991. 11. 12. 91다18309 및 동 1973. 11. 27. 73다642: 수급인이 공사를 하도급 준 경우 수급인에게 명의대여자의 책임이 인정된다; 동 1985. 2. 26. 83다카1018: 공사의 수급인이 그 공사를 타인에게 하도급을 주고 그 하도급인을 수급인의 현장소장인 양 행동하게 하였다면 수급인의 명의대여자로서의 책임을 진다; 동 1989. 10. 27. 89다카319: 유류공급자가 지입차량임을 알면서도 유류를 공급하였다고 하여 지입차주(명의차용자)만이 그 대금을 부담하기로 하는 특약이 있었다고 볼 수 없으므로 지

주가 자기의 상점 · 전화 · 창고 등을 타인에게 사용하게 하면서도 상호를 사용하게 한 사실이 없는 경우에는 묵시적인 사용허락으로 볼 수 없다.[1]

이 허락은 허락의 의사를 명의차용자에게 표시하면 충분하고 제3자에게 통지하거나 일반에 공표할 필요는 없다. 그리고 명의대여자가 회사 등 법인인 경우에는 그 대표자가 타인에게 회사명의를 사용하여 거래하는 것을 허락하는 것이면 충분하다.[2] 또한 허락은 대리계약, 중개계약, 도급계약, 영업의 임대 등과 함께 행하거나 오직 명의사용 자체만에 한하여 할 수도 있다.

명의사용의 대가유무는 문제되지 아니한다. 또 명의대여의 적법 여부도 문제되지 아니한다.[3]

(나) 문제는 타인이 자기의 성명 · 상호를 사용하는 것을 알고 이를 저지하지 않은 사실, 즉 단순한 부작위만을 가지고 묵시적인 승낙이 있다고 볼 수 있는가 이다. 이러한 경우에도 묵시적 승낙으로 보아 명의대여자의 책임을 물을 수 있다는 견해도 있다. 그러나 명의대여자의 책임은 외관주의 내지 금반언이 법리에 근거를 두고 있으며, 금반언의 법리에서는 부작위는 법적 의무위반 또는 사회생활상의 의무위반을 구성할 때에 비로소 책임발생의 원인이 되므로, 본조에서의 묵시적 허락이란 타인이 자기의 성명 또는 상호를 임의로 사용하고 있음을 알고

입회사(명의대여자)가 책임을 진다; 동 1987. 12. 8. 87다카459(면허를 받아 자동차 운송사업을 경영하는 자가 그 명의를 대여한 경우); 동 1988. 12. 27. 87다카3215: Y회사에 지입된 차량의 차주인 A가 X와 화물운송계약을 체결하고 A가 세탁기 74대를 운송하던 중 사고로 위 세탁기를 멸실 · 훼손한 사건에서, 지입차주인 A가 차량을 직접 운행관리하면서 화물운송계약을 체결하였다고 하여도 이는 Y회사로부터 위 차량에 관한 운행관리권을 위임받아 운행관리상 통상 업무에 속하는 화물운송계약을 Y회사를 대리하여 체결한 것으로 보아야 할 것이므로, Y는 특별한 사정이 없는 한 운송계약상의 채무불이행으로 운송물이 멸실 · 훼손됨으로써 X에게 입힌 손해를 배상할 책임이 있다; 동 1977. 7. 26. 77다797: 자동차정비사업을 하는 회사가 같은 영업장소와 사무소에서 같은 사업을 하도록 허락한 경우 명의대여자로서의 책임을 진다.

5) 명의대여자의 책임을 부정한 사례: 대법원 1982. 12. 28. 82다카887: 영업주가 타인에게 자기의 상호를 묵시적으로 허락하였다고 볼 수 없는 경우로서 영업주의 명의대여자로서의 책임이 없다. 동지: 대법원 1987. 11. 24. 87다카1379; 동 1977. 7. 26. 76다2289; 동 1977. 9. 13. 77다113; 동 1978. 6. 27. 78다864; 동 1979. 12. 26. 79다757; 동 1983. 3. 22. 82다카1852; 동 1986. 6. 10. 85다카2636(지입차량의 운행을 위하여 한 제3자와의 거래에 있어서 지입차주만이 그 채무를 부담하기로 하는 특약이 있었다고 본 사례) 등 참조.

1) 대법원 1982. 12. 28. 82다카887.

2) 대법원 2013. 9. 26. 2013다36392(인터넷 사이트의 대표이사로 표시되어 있고 그 명의로 사업자등록도 되어 있으며, 대금결제에 필요한 예금계좌의 명의도 제공한 경우 명의대여자로 볼 여지가 충분하다).

3) 대법원 1988. 2. 9. 87다카1304(불법적인 명의대여에 대하여도 상법 제24조가 적용된다고 한 사례).

방치한 경우만으로는 부족하고, 이에 부가하여 점포의 사용료 등을 받았다는 등의 사정이 있어야 한다고 본다(통설). 이와 같은 맥락에서 판례는, "명의자가 타인과 동업계약을 체결하고 공동 명의로 사업자등록을 한 후 타인으로 하여금 사업을 운영하도록 허락하였고, 거래 상대방도 명의자를 위 사업의 공동사업주로 오인하여 거래를 하여온 경우에는, 그 후 명의자가 동업관계에서 탈퇴하고 사업자등록을 타인 단독 명의로 변경하였다 하더라도 이를 거래 상대방에게 알리는 등의 조치를 취하지 아니하여 여전히 공동사업주인 것으로 오인하게 하였다면 명의자는 탈퇴 이후에 타인과 거래 상대방 사이에 이루어진 거래에 대하여도 상법 제24조에 의한 명의대여자로서의 책임을 부담한다"고 하여[1] 부작위의 경우에도 특별한 사정이 있으면 명의대여자의 책임을 인정한다.

(다) 명의사용의 허락을 철회한 경우에는 명의사용을 금지하였다는 뜻을 통지 또는 광고하는 등 외관을 없애기 위한 조치를 취하여야 하고, 그러한 조치를 취하지 아니한 경우에는 선의의 제3자에게 책임을 져야 한다.

(4) 상대방의 오인

상법 제24조의 규정에 의한 명의대여자의 책임은 명의자를 영업주로 오인하여 거래한 제3자를 보호하기 위한 것이므로, 거래 상대방이 명의대여의 사실을 알고 있는 때, 즉 악의인 때에는 명의대여자는 책임을 지지 아니한다.[2]

그러나 제3자가 명의대여의 사실을 모른 데(선의)에 경과실이 있는 경우에는 보호받지만 중과실은 보호받지 못한다.[3] 악의에 대한 증명책임은 면책을 주장하는 명의대여자가 부담한다.[4] 악의 여부의 판단시기는 거래행위시를 기준으로 한다.

3) 명의대여의 효과

(1) 명의대여자는 자기를 영업주로 오인하여 거래한 제3자에 대하여 명의차용자와 연대하여 변제할 책임이 있다. 이 경우 양자는 不眞正連帶債務의 관계에 서

---

1) 대법원 2008. 1. 24. 2006다21330.

2) 대법원 1992. 6. 23. 91다29781: 명의대여자가 거래상대방에 대하여 책임을 지는 것은 상대방이 그를 영업자로 오인한 경우에 한하는 것이고 상대방이 명의인과 실제 거래당사자가 다르다는 사실을 알고 있는 경우에는 명의대여자에게 책임을 지울 수 없는 것은 법문상 명백하며 수산업협동조합에 대한 거래상대방 자격이 조합원에 한한다고 하여 결론이 달라질 수는 없다. 동지: 대법원 1993. 5. 27. 93다7341; 동 2002. 6. 28. 2002다22380.

3) 대법원 2001. 4. 13. 2000다10512; 동 1991. 11. 12. 91다18309: 거래상대방이 명의대여 사실을 알았거나 모른 데 대하여 중과실이 있는 경우에는 명의대여자는 책임을 지지 않는다.

4) 대법원 2001. 4. 13. 2000다10512; 동 2008. 1. 24. 2006다21330.

게 된다.[1] 따라서 거래상대방은 명의대여자와 명의차용자 중 그가 선택하는 누구에 대하여도 변제를 청구할 수 있다.

(2) 명의대여자는 명의차용자의 거래상의 채무에 대하여서만 책임을 부담하며, 예컨대 명의차용자가 상호를 전대하여 전차인이 거래상 부담한 채무 등에 대하여는 명의대여자가 책임을 지지 않는다.

4. 상호권

1) 상호의 보호

상호는 상인에게 있어서 재산적 가치가 있는 것이므로, 상법은 상호권(Firmenrecht)을 인정하여 타인의 부정침해로부터 보호한다.

(1) 부정한 목적으로 타인의 영업으로 오인할 수 있는 상호를 사용한 자를 상대로 그 부정사용으로 인하여 발생한 손해의 배상청구권을 행사하게 하며(제23조 제3항), 그 부정사용자를 200만원 이하의 과태료에 처함으로써(제28조) 상호권자를 보호하고 있다.

(2) 한편 상호의 중요성에 비추어 상호의 사용관계를 명확히 함으로써 상호의 사용자뿐만 아니라 일반공중의 이익도 보호할 필요가 있으므로 상호등기제도를 두어 등기상호에는 특별한 효력을 인정하고 있다(제22조, 제23조)(배타성의 강화). 회사에 있어서는 상호는 설립등기사항이므로(제180조 제1호, 제269조, 제317조 제2항 제1호, 제549조 제2항 제1호) 반드시 등기하여야 하지만(절대적 등기사항), 개인상인의 경우에는 등기를 하고 아니하고는 상인의 자유이다(상대적 등기사항).

(3) 이 밖에도 특별법인 부정경쟁방지 및 영업비밀보호에 관한 법률에 의하여 국내에서 널리 인식된 상호는 특별한 보호를 받는다. 즉, 동법은 국내에 널리 인식된 상호와 동일 또는 유사한 상호를 사용하는 자가 있는 경우 이로 인하여 영업상의 이익이 침해되거나 침해될 우려가 있다고 인정되는 상호권자는 그 상호의 사용금지 또는 예방을 청구할 수 있다(동법 제2조). 또한 이와 아울러 상호의 폐기, 간판의 제거 기타 필요한 조치를 청구할 수 있다(동법 제4조). 여기서는 부정한 목적을 요건으로 하지 않는다. 침해자에게 고의 또는 과실이 있는 경우에는 상호권자는 손해배상도 청구할 수 있다(동법 제5조). 이 경우 법원은 상호권자의

---

1) 대법원 2011. 4. 14. 2010다91886. 따라서 부진정연대채무에서는 채무자 1인에 대한 이행청구 또는 채무자 1인이 행한 채무의 승인 등 소멸시효의 중단사유나 시효이익의 포기가 다른 채무자에게 효력을 미치지 아니한다.

청구에 의하여 손해배상에 갈음하거나 손해배상과 함께 영업상의 신용을 회복하는 데 필요한 조치를 명할 수 있다(동법 제6조).[1]

(4) 상호사용자가 가지고 있는 상호권의 성질은 등기의 전후를 불문하고, 대체로 '인격권적 성질을 포함하는 재산권'이라고 본다(겸병설).

2) 상호권의 내용

(1) 상호사용권

상호를 적법하게 선정한 자는 그 상호의 등기와는 관계없이 상호사용권, 즉 '타인의 방해를 받지 않고 상호를 사용할 수 있는 권리'를 가진다(적극적 상호권). 따라서 미등기상호의 사용자도 후에 타인이 그와 동일한 상호를 등기하더라도 부정한 목적이 없으므로 계속 사용할 수 있다.

(2) 상호전용권

(가) 의 의

(i) 상호전용권이란 타인이 부정한 목적으로 자기가 사용하는 상호와 동일 또는 유사한 상호를 사용하는 경우 그 '사용을 배제할 수 있는 권리'로서(소극적 상호권), 구체적으로는 사용폐지청구권과 등기말소청구권을 그 내용으로 한다.

(ii) 상호전용권을 상호의 등기와는 관계없이 적법하게 상호를 선정한 상인이 당연히 갖는 권리이다. 다만 상호등기를 한 경우에는 법문상 보다 더 강력한 보호를 받게 된다. 왜냐하면 동일한 서울특별시 · 광역시 · 시 · 군에서 동종영업(동종영업이란 같은 목적을 가지는 영업이란 뜻이니, 요컨대 동종영업의 여부는 일반거래계의 통념에 의하여 결정할 사실문제이다. 예컨대, 백화점과 백화점, 양복점과 양복점의 경우는 물론, 양품상과 메리야스상의 경우와 같이 한 영업이 다른 영업 전부를 포함하는 경우는 다른 부분이 있더라도 중요한 부분이 중복하는 이상 동종영업이라고 볼 수 있다)으로 타인이 등기한 상호(동일 또는 유사한 상호)를 사용하는 자는 부정한 목적으로 사용하는 것으로 추정하기 때문이다(제23조 제4항). 다시 말하면 상호를 등기한 경우에는 증명책임이 전환되어 부정목적 부존재의 증명책임을 상대방이 지게 되므로 기등기상호권자는 적어도 명목상은 미등기상호권자보다 유리한 지위에 놓이게 된다.

(나) 요 건

상호전용권이 인정되려면,

---

1) 그러나 사죄광고는 헌법상 양심의 자유(헌법 제19조)와 인격권에 반한다: 1991. 4. 1. 89헌마160.

(ⅰ) 비교대상인 기존의 자기 상호가 존재하여야 하고, 현재 그 상호를 사용하고 있어야 한다.

(ⅱ) 부정한 목적이 있어야 한다. 여기서 '부정한 목적'이란 자기의 영업을 타인의 영업인 것처럼 오인시킴으로써, 타인의 상호가 가지는 신용 내지 경제적 가치를 자기가 이용하려는 의도를 말한다. 판례는 "어느 명칭을 자기의 상호로 사용함으로써 일반인으로 하여금 자기의 영업을 그 명칭에 의하여 표시된 타인의 영업으로 오인시키려고 하는 의도"를 말한다고 한다.[1)2)]

(ⅲ) 상호를 '사용'하여야 한다. 여기서 상호의 '사용'이란 계약과 같은 법률행위에 의한 사용뿐만 아니라, 간판 · 광고 · 계산서 · 포장지에 기재 또는 인쇄하는 것과 같은 사실상의 사용을 포함한 일체의 사용방법을 말한다. 이 경우에 상호권자는 손해배상의 청구도 할 수 있음은 물론이다(제23조 제3항). 상호사용폐지청구권은 등기상호의 경우에는 상호권자가 손해를 받을 염려가 있는지를 불문하고 행사할 수 있다. 그리고 부정한 목적으로 타인의 영업을 오인할 수 있는 상호를 사용한 자는 200만원 이하의 과태료의 제재를 받는다(제28조).

(ⅳ) 상호의 유사성으로 인하여 타인의 영업으로 오인을 일으킬 수 있어야 한다. 상호가 단지 호칭상으로 유사하다고 하여 바로 타인의 영업으로 오인할 수 있는 상호가 되지는 않는다. 오인가능성의 유무는 영업의 종류 · 규모 · 지역 등을 고려하여 종합적으로 판단하여야 한다.

(ⅴ) 유사상호의 사용은 동종영업에 한하여 제한되는 것은 아니다. 상법 제23조의 취지는 상호의 부정사용으로 인하여 영업주체에 혼동을 일으키고 일반 공중이 거래의 상대방을 선택함에 있어 오류를 일으켜 피해를 입고, 오인을 당한 자가 명예, 신용 또는 재산상의 침해를 당하지 않도록 하려는 데 있다. 따라서 상법 제23조의 적용은 동종영업에 유사상호를 사용하는 경우에 한정하여 인정할 것은 아니다.[3)]

(ⅵ) 상호권자의 허락이 없었어야 한다. 이는 명문 규정이 없지만 당연한 요건이다.

(ⅶ) 상호권자가 타인의 부정한 상호사용을 배척하려면 위의 요건을 상호권자가 증명하여야 한다. 그러나 상호를 등기한 경우에는 증명책임이 유사상호를 사용하는 자에게로 전환된다.

---

1) 대법원 1995. 9. 29. 94다31365 · 94다31372(반소); 동 2004. 3. 26. 2001다72081.
2) 대법원 1964. 4. 28. 63다811(부정한 목적이 인정된 사례); 동 1993. 7. 13. 92다49492(부정한 목적이 인정되지 아니한 사례).
3) 대법원 2002. 2. 26. 2001다73879; 동 1996. 10. 15. 96다24637.

(다) 효 력

(ⅰ) 사용폐지청구권: 상호권자는 자기의 영업으로 오인할 수 있는 상호(동일한 상호는 물론, '확연히 구별할 수 없는' 유사상호도 포함한다. 상호의 유사여부는 일반거래계의 통념에 의하여 전체적 인상을 비교하여 혼동, 오인의 위험성이 있는가 없는가를 표준으로 하여 판단하여야 할 것이다. 예컨대, '동광전기주식회사'와 '동광전기공업주식회사' 또는 '중앙성명철학관 총본부'와 '서울 중앙성명관 영남총본부'는 유사한 상호이다)를 부정한 목적으로 사용하는 타인에 대하여 그 상호의 사용폐지를 청구할 수 있다(제23조 제1항 · 제2항).[1)]

(ⅱ) 등기말소청구권: 상호권자는 타인이 자기의 영업으로 오인할 수 있는 상호를 등기한 경우에는 그 등기의 말소를 청구할 수 있다(제23조 제2항). 즉, 상법 제23조 제2항의 '폐지'란 단순한 사용폐지뿐만 아니라 등기말소까지 포함한다고 보아야 할 것이며, 따라서 등기말소청구권은 상법 제23조 제2항에 의거해서 미등기상호권자에게도 인정하여야 할 것이다.

왜냐하면 상호의 경제적 가치는 그 사용하는 데 있는 것이지 등기 자체에 있는 것이 아닌데, 사용폐지는 청구하면서 등기말소는 청구하지 못한다는 것은 타당치 않기 때문이다.

(ⅲ) 손해배상청구권: 상호의 부정사용으로 매출액의 감소, 신용의 훼손 등 손해가 발생한 경우 상호권자는 상호폐지 청구와는 별도로 손해배상을 청구할 수 있다(제23조 제3항).

(3) 등기에 의한 상호권의 강화

(가) 사용폐지청구권의 요건 완화

(ⅰ) 상호권의 내용 중에 상호사용권은 상호권의 기본적인 효력이기 때문에 상호등기의 유무 또는 전후에 따라 차이가 있을 수 없다. 이에 대하여 상호전용권에 관하여는 그 공시방법(등기) 구비 여부에 따라서 그 효력의 강약을 인정할 것인가는 입법정책의 문제이다. 먼저 등기한 상호에 대하여 절대적인 배타력을 인정한다면 타인의 상호선정의 자유가 지나치게 제약을 받아 선의의 피해자가 많게 된다. 한편 등기된 상호와 동일한 상호의 사용을 널리 인정한다면 영업주체의 오인으로 인한 거래관계의 혼란을 가져올 것이다.

(ⅱ) 우리 상법 제23조는 상호전용권에 관하여 등기의 유무에 따른 차이를 두고 있다. 제23조는 '부정한 목적'으로 영업주체를 오인, 혼동을 일으킬 수 있

1) 서울고등법원 1977. 5. 26. 76나3276.

는 상호의 사용을 금지하고, 이로 인하여 '손해를 입을 염려가 있는 자' 또는 '상호를 등기한 자'에게 상호폐지 및 손해배상의 청구권을 인정하고 있다. 이 조문을 분석해 보면 등기유무에 따라 요증명사실 및 증명책임이 3단계로 완화되고 있음을 알 수 있다.

첫째, 미등기상호의 경우 상대방의 부정목적과 그로 인해 손해를 받을 염려가 있다는 두 가지 사실을 주장·증명하여야 한다(제23조 제1항·제2항).

둘째, 등기상호의 경우에는 원칙적으로 상대방의 부정한 목적 한 가지만 증명하면 된다(제23조 제2항).

셋째, 나아가 상대방이 동일한 특별시·광역시·시·군에서 동종영업을 위하여 그 등기상호와 동일한 상호를 사용하는 경우에는 부정한 목적을 가진 것으로 추정되어 증명책임이 전환된다(제23조 제4항).

(iii) 이와 같이 법문상 요증명사실 및 증명책임 두 가지 점에서 미등기상호의 보호가 등기상호의 그것보다 약하다고 할 수 있다. 그러나 ① 손해를 받을 염려가 있다는 것은 객관적·추상적 가능성을 의미하는 것이며 손해가 현실적으로 생겼을 것을 요하지는 않으므로, 이 점은 상호사용의 부정목적만을 증명하면 저절로 확인되는 것이다. 따라서 이 점에 있어서 등기상호의 보호가 강하다는 것은 명목적인 것일 뿐 실제에 있어서는 무의미한 것이다. 한편 ② 부정목적의 존재라는 것도 객관적·추상적 판단의 대상이 되는 것일 뿐, 어떤 특별한 거래에 부정한 목적이 존재하였다는 것을 증명하여야 하는 것이 아니기 때문에 그 증명은 그다지 어려울 것이 없다. 나아가 동일한 행정구역 내에서의 부정목적 증명은 보다 용이할 것이다. 따라서 부정목적의 거증책임의 면에서도 미등기상호와 등기상호의 보호에 있어서 실질적인 차이가 없다고 본다.

(iv) 뿐만 아니라 ③ 부정경쟁방지 및 영업비밀 보호에 관한 법률 제2조 제1호 및 제4조 제1항에 의하면, 국내에 널리 인식된 타인의 상호 등과 동일하거나 유사한 것을 사용하는 행위로 인하여 그 타인에게 영업상의 이익을 침해하거나 침해할 우려가 있는 경우에는 그 행위는 금지청구의 대상이 된다. 이 경우에 보호의 대상으로 되는 상호는 등기되어 있는가 아닌가, 또 상호의 모용자에게 부정목적이 있는가 없는가는 묻지 않고 상호의 주지성만 증명하면 된다. 주지성은 국내전역이어야 할 필요는 없고 국내의 일정 지역에서 거래자 또는 수요자 사이에서 널리 알려져 있으면 충분하다.[1] 이 점에 있어서도 등기상호와 미등기상호

1) 대법원 1996. 10. 15. 96다24637; 동 1997. 2. 5. 96마364; 동 1997. 4. 24. 96마675; 동 1997. 12. 12. 96도2650; 동 2001. 4. 10. 2000다4487; 동 2003. 9. 26. 2001다76861(색종이

의 차이는 없다고 할 수 있다.

(나) 등기배척권

(i) 상법 제22조에 의하면, 상호의 등기가 되어 있으면 그것과 동일한 상호를 동일한 특별시·광역시·시·군에서 동종영업을 위하여 등기할 수 없도록 되어 있어서,[1] 이것을 등기상호의 큰 장점으로 볼 수 있을 것이다. 그러나 이것은 동일상호가 중복등기된 경우 또는 중복등기되려고 하는 경우의 문제에 지나지 않는다. 상호전용권의 내용인 상호의 부정사용의 중지 내지 폐지는 그 등기말소에도 미치기 때문에 이 점에 있어서도 상호의 등기유무에 의한 차이는 거의 인정되지 않는다고 본다.

(ii) 등기가 금지되는 상호는 등기된 상호와 동일한 것에 한정된다(상등 제29조).[2] 구상업등기법에서는 먼저 등기된 상호와 확연히 구별할 수 없는 것도 등기할 수 없도록 하였으나, 상호선정이 어렵고 상호의 유사성을 판단함에 있어 등기관의 자의가 개입할 여지가 많아 2009년 개정상업등기법에서는 이미 등기된 상호와 완전히 동일한 상호만을 등기할 수 없도록 하였다.[3] 따라서 등기관은 동일한 상호의 등기신청이 있는 때에는 이를 각하하여야 한다(상등 제26조 제13호). 다만 다음과 같은 예외가 인정된다. ① 다른 행정구역에서 각각 동종영업을 위하여 동일한 상호가 등기된 후 행정구역의 변경에 의하여 동일행정구역이 된 경우에는 양자의 등기는 병존할 수 있다. ② 지점소재지에서 지점의 상호를 등기하는 경우에는 이미 그 지점소재지에서 동종영업을 위하여 동일한 상호가 등기되어 있는 경우라도 그 경합을 인정하여야 한다.

(iii) 이와 같은 상법 제22조의 등기배척의 규정은 등기법상의 효력에 그치는 것인가 아니면 이외에 실체법상의 효력도 가진다. 즉, 중복등기가 되었지만 상대방에게 부정한 목적이 없음이 증명된 경우에는 상법 제23조에 기한 등기말소를 청구할 수 없고, 이 경우에는 제22조에 의하여 이중등기의 말소를 청구할 수 있다는 실익이 있다.[4] 그러므로 상호권자는 등기법상의 이의 등의 방법 외에 제22

제품분야에서 "종이나라"라는 등록상표가 부정경쟁방지 및 영업비밀보호에 관한 법률 제2조의 '국내에 널리 인식된 상표·상품'에 해당한다).

1) 대법원 2004. 3. 26. 2001다72081.

2) 따라서 먼저 등기한 상호인 '동부주택건설 주식회사'와 나중에 등기한 상호인 '동부건설 주식회사'는 동일하지 않음이 외관·호칭에서 명백하므로, 동부주택건설 주식회사에 상법 제22조의 등기말소청구권이 없다: 대법원 2011. 12. 27. 2010다20754.

3) 대법원 2011. 12. 27. 2010다20754.

4) 대법원 2004. 3. 26. 2001다72081(상법 제22조의 규정은 동일한 특별시·광역시·시 또는 군 내에서는 동일한 영업을 위하여 타인이 등기한 상호 또는 확연히 구별할 수 없는 상호

조에 의하여서 직접 등기말소를 청구할 수 있다고 본다.

(4) 소상인의 상호

소상인은 상호를 가질 수는 있으나 상법의 적용을 받지 않는다. 그러나 소상인이 부정한 목적으로 타인의 영업으로 오인할 수 있는 상호를 사용하는 경우에는 상법 제23조 제1항 및 제28조가 적용된다고 해석한다. 소상인의 상호에는 회사를 표시하는 문자를 사용할 수 없고(제20조), 명의대여의 경우 명의대여자로서의 책임도 진다(제24조). 본래 명의대여자는 상인이어야 하는데, 소상인이 명의차용자인 때에도 그 명의대여자는 소상인과 거래를 한 제3자에 대하여 책임을 져야 한다.

5. 상호의 이전

1) 상호의 양도

(1) 상호의 양도성

상호의 양도란 상호권을 타인에게 양도하는 것이다. 상호권을 인격권으로 보는 한 상호의 양도는 불가능한 것이지만, '인격권적 성질을 포함하는 재산권'이라고 보므로, 다른 일반재산과 같이 양도의 대상이 될 수 있다. 상호권은 등기의 유무와 관계없이 인정되므로, 상호의 양도성도 등기의 유무와 관계없이 인정된다.

(2) 상호양도의 제한

상호는 원칙적으로 영업과 함께 양도하는 경우에만 양도할 수 있다(제25조 제1항).[1] 영업과 함께 상호를 양도하는 경우에는 그 영업은 양도인의 영업 전부이어야 하며, 그 일부 또는 일부문이어서는 안된다. 다만 영업을 폐지하는 경우에는 상호만의 양도가 허용된다(제25조 제1항).[2] 이때 영업의 폐지는 정식으로 영업의 폐지에 필요한 행정절차를 밟아 폐지하는 경우에 한하지 아니하고 사실상 폐업한 경우도 포함한다. 상호양도인이 영업을 계속하는 경우에는 일반공중이 그 양도인의 영업과 상호양수인의 영업을 혼동할 염려가 있지만, 상호양도인이 그 영

의 등기를 금지하는 효력과 함께, 그와 같은 상호가 등기된 경우에는 선등기자가 후등기자를 상대로 그와 같은 등기의 말소를 소로써 청구할 수 있는 효력도 인정한 규정이라고 봄이 상당하다).

1) 대법원 1994. 5. 13. 93다56183(영업과 함께 상호를 양도받았다는 주장을 배척한 사례).

2) 대법원 1988. 1. 19. 87다카1295(상호만의 양도를 인정한 경우).

업을 폐지하는 경우에는 혼동의 염려가 없을 뿐만 아니라 폐업하는 상인으로 하여금 상호에 부착된 재산가치를 처분, 환가할 수 있도록 하는 것이 타당하기 때문이다.

(3) 상호양도의 방법

상호의 양도는 양도인과 양수인 간의 의사표시만으로 그 효력이 발생하고, 방식의 여하는 불문한다. 등기된 상호의 양도를 제3자에게 대항하려면 양도의 등기를 필요로 한다(제25조 제2항). 이 경우에는 제3자의 선의 · 악의를 불문하며, 제37조는 적용되지 않는다.

(4) 상호양도의 효력

(가) 당사자 간의 효력으로서, 상호의 양수인이 상호권을 갖게 됨에 따라 양도인은 양도한 상호와 동일 또는 유사한 상호를 사용할 수 없게 된다. 영업의 양도와 함께 상호를 양도하는 경우에는 상호양도인은 영업양도의 효력으로서 경업금지의무를 지므로(제41조) 이 범위 내에서 동종의 영업을 할 수 없고, 따라서 동종의 영업을 위하여 동일한 상호를 사용할 수 없다.

(나) 제3자에 대한 효력에 관하여는 상법상 별다른 규정이 없다. 그러나 영업양도와 관련하여 영업양수인이 양도인의 상호를 속용하는 경우에는 상법상 특수한 효력이 생기는데(제42조, 제45조), 이에 관하여는 후술한다.

2) 상호의 상속 · 압류

상호는 상속에 의하여서도 이전된다. 등기상호를 상속한 경우에는 상속인 또는 그 법정대리인이 그 등기의 신청을 하여야 하나(상등 제33조 제1항 · 제35조), 그 등기가 양도의 경우와 같이 상호이전의 대항요건은 아니다.

상호의 압류도 가능하지만, 영업과 분리하여 상호만을 압류할 수는 없다.

6. 상호의 변경 · 폐지

1) 상호를 등기한 자는 그 상호를 변경 또는 폐지한 경우에 등기를 하여야 한다(제40조). 상호를 변경 또는 폐지한 때로부터 2주 내에 그 등기를 하지 아니하면, 이해관계인은 그 등기의 말소를 청구할 수 있다(제27조). 등기상호에 있어서 상호권자는 변경 · 폐지의 사실을 등기하여야 하지만, 변경 · 폐지 등기의무 위반

에 대한 제재가 없을 뿐만 아니라, 영업을 폐지하는 경우라면 더욱 이를 기대하기 어렵다. 따라서 상호를 변경·폐지하였음에도 2주 내에 이를 등기하지 아니하는 경우, 이해관계인으로 하여금 그 등기의 말소를 청구할 수 있게 하였다(제27조, 상등 제36조).

2) 또 상호를 등기한 자가 정당한 사유없이 2년간 상호를 사용하지 아니하는 경우에는 그 상호를 폐지한 것으로 본다(제26조).[1] 여기서 '정당한 사유'란 천재지변 등 불가항력적인 사유뿐 아니라 자금부족으로 인한 일시적 사업중단 등과 같이 주관적인 이유로 당분간 상호사용이 불가능한 경우도 포함된다.

3) 원래 상호는 영업의 종류의 변경으로 당연히 폐지되지는 않는다. 그러나 등기상호의 경우 영업의 종류를 변경한 때에는 이를 등기하여야 한다(상등 제32조·제30조 제3호). 이 경우 그 업종에 관하여 타인이 이미 그 상호를 등기한 경우에는 이를 다시 등기할 수 없음은 당연하다(제22조). 그리고 상호를 등기한 자의 성명이나 주소의 변경이 있는 때에도 지체없이 이를 등기하여야 한다(상등 제32조·제30조 제4호).

4) 상호변경은 회사의 권리주체로서의 동일성에는 아무런 영향이 없다.[2]

7. 상호의 등기와 가등기

1) 상호의 등기

(1) 개인상인의 상호

개인기업의 경우에는 영세하여 영업의 개시와 폐지가 빈번하므로 상호등기를 강제하고 있지는 않다(상대적 등기사항). 즉, 개인상인의 경우 상호등기여부는 자유이다. 다만 개인기업의 등기도 일단 등기한 때에는 절대적 등기사항과 마찬가지로 그 변경이나 폐지의 경우에는 등기를 하여야 한다(제40조).

(2) 회사의 상호

회사는 상호만이 유일한 회사의 명칭이므로 반드시 등기하여야 한다. 그리고 회사의 경우에는 개인기업에서와 달리 수개의 영업을 경영하는 때에도 1개의 상호만을 사용할 수 있다. 회사의 상호의 등기는 설립등기사항에 포함되어 있으므

1) 대법원 1970. 9. 17. 70다1225·1226(정당한 사유 없이 상호를 2년 이상 사용하지 아니한 경우, 그 상호를 폐지한 것으로 보아야 한다).
2) 대법원 1966. 3. 15. 65다2546; 동 1966. 4. 6. 65다2592; 동 1970. 11. 24. 70다2205.

로 설립등기시에 하여야 한다. 즉, 회사의 상호는 별도로 상호등기부에 등기하지 않고 회사등기부에 하게 된다.

2) 상호의 가등기

상호의 가등기란 본등기를 할 요건이 갖추어지기 전에 장래의 상호등기의 보전을 위하여 미리 하는 등기를 말한다. 이것은 회사를 신설하거나 상호·목적을 변경하거나 또는 본점을 이전하려고 하는 경우에 그러한 정보를 입수한 제3자가 설립 또는 이전예정지에 미리 위 회사의 상호와 유사한 상호를 등기하여 둠으로써 위 회사의 설립등기·본점이전등기나 상호변경등기를 방해하는 것을 예방하기 위한 것이다(제22조의 2).

Ⅲ. 상업장부

1. 상업장부의 의의

1) 상업장부(kaufmännische Buchführung, trade books)란 상인이 그 영업상의 재산 및 손익의 상황을 명백히 하기 위하여 상법상의 의무로서 작성하는 장부를 말한다. 따라서 상인이 아닌 상호보험회사의 장부는 상업장부가 아니고, 영업과 재산상태의 파악 이외의 목적을 위하여 작성하는 주주명부·주주총회나 이사회의 의사록·사채원부·사채권자집회 의사록·중개인 일기장 등도 상업장부가 아니다.

2) 상업장부는 상법상의 의무로 작성하는 장부이므로 다른 법률에 의하거나 임의로 작성하는 장부는 상업장부가 아니다. 따라서 소상인이 작성하는 장부도 상업장부라고 할 수 없고, 소상인이 작성하는 장부에 대해서는 상업장부에 관한 규정을 적용하지 아니한다(제9조).

3) 위와 같은 상업장부는 형사소송절차에서 당연히 증거능력이 있는 서류(형소 제315조)로 취급되고 또 강제집행절차에 의하더라도 압류할 수 없다(민집 제195조 제11호). 그러나 상업장부는 민사소송법상 특별한 법적 증거력은 인정되지 않고, 법관의 자유심증에 의하여 그 증거력을 판단한다(민소 제202조).

2. 상업장부에 관한 의무

1) 작 성

(1) 작성의무

상인은 모두 상업장부를 작성할 의무가 있다(제29조 제1항). 이것은 상인이 자기 명의로 작성한다는 의미로서, 작성 자체는 사용인에게 맡겨도 무방하다. 회사의 경우에는 업무집행사원 · 이사 · 청산인 등이 상업장부를 작성할 의무를 부담한다. 이러한 자가 상업장부를 작성하지 않거나 부실기재를 한 때에는 일정한 과태료의 처벌을 받는다(제635조 제1항).

(2) 작성방법

(가) 상법은 장부의 형식 · 기재방식에 관하여는 원칙적으로 간섭하지 아니하고, 일반적으로 공정 · 타당한 회계관행에 맡기고 있다(제29조 제2항). 이것은 회계에 관한 사항을 모두 상법에 자족적으로 규정할 수가 없고, 또 모든 것을 법률로써 규정하는 것은 적절하지 못하므로 그 중요한 사항만을 상법에 규정하고, 그 외에는 회계관행에 따르도록 하는 것이 바람직하기 때문이다.

(나) 다만 상업장부상의 기재는 정연 · 명료하여야 하는 것(明記)은 장부작성의 목적에 비추어 당연하다.

(다) 회계장부에는 거래와 기타 영업상의 재산에 영향이 있는 사항을 기재하여야 하며(제30조 제1항), 대차대조표에는 일반상인은 영업을 개시할 때와 매년 1회 이상 일정한 시기에, 회사는 성립한 때와 매결산기에 회계장부에 의하여 작성하고 작성자가 기명날인 또는 서명하여야 한다(제30조 제2항). 즉, 회계장부에는 작성자의 기명날인 또는 서명이 없어도 문제가 없으나, 대차대조표에는 그 작성책임자를 명확히 하기 위하여 반드시 기명날인 또는 서명을 하도록 하고 있다. 대차대조표에 작성자의 기명날인 또는 서명이 없으면, 그 대차대조표는 무효가 된다.

(3) 작성의무의 시기와 종기

상업장부의 작성의무는 특정한 상인자격을 전제로 하므로 개인상인, 조합 또는 공익법인의 경우는 상인자격의 취득과 동시에 작성의무를 지며, 회사의 경우는 설립등기에 의하여 법인격을 취득함과 동시에 작성의무를 진다(제30조 제2항). 상업장부의 작성의무는 상인자격과 결부된 의무이므로, 상인자격을 상실한 때에는 작성의무도 상실한다. 따라서 개인상인의 경우에는 상인의 사망, 영업폐지에 의하여 종료하고, 회사의 경우에는 청산이 종료한 때에 종료한다.

(4) 상업장부의 확정과 시기

(가) 개인상인이 작성하는 상업장부는 작성과 동시에 확정되나 회사가 작성하는 상업장부는 작성기관이 상업장부를 작성하는 것만으로는 그것이 상업장부로 확정되지 않고, 다시 일정한 절차를 거쳐야 확정된다.

(나) 물적회사에서는 이사회의 승인, 감사의 감사, 주주총회 또는 사원총회의 승인을 얻어야 확정되고(제447조, 제447조의 3, 제449조 제1항, 제583조 제1항), 인적회사에 있어서는 법에 명시된 바는 없으나 총사원 또는 업무집행사원의 승인을 얻어야 확정된다고 본다(제200조, 제201조, 제269조).

2) 보 존

(1) 보존서류

상인은 그 상업장부와 영업에 관한 중요서류 및 전표 또는 이와 유사한 서류를 보존하여야 한다(제33조 제1항). '영업에 관한 중요서류'란 영업활동에 관한 증거로서의 가치가 있는 서류로서, 후일 분쟁이 발생한 경우에 증거로 될 수 있는 서류(영수증, 주문서 등)를 말한다.

(2) 보존기간

(가) 상인은 10년간 그 상업장부와 영업에 관한 중요서류를 보존하여야 한다(제33조 제1항 본문). 그러나 전표 또는 이와 유사한 서류는 5년간만 보존하면 된다(제33조 제1항 단서). 전표 등 부대서류는 대량으로 작성되어 그 부피가 매우 크므로, 그 보존에 따르는 번거로움과 비용을 덜어주기 위하여 1995년 상법개정시 보존기간을 단축하였다.

(나) 이들 기간은 장부를 폐쇄한 날로부터 기산하는데(제33조 제2항), 기산점인 '폐쇄한 날'은 최후로 장부에 기입한 때가 아니라 결산을 마감한 날을 가리킨다. 보존기간을 10년으로 정한 것은 일반채권의 소멸시효가 10년이므로 그 기간안에 관련거래에서 분쟁의 가능성이 잠재해 있기 때문에 그 동안 증거를 보전하기 위한 것이다.

(다) 상업장부 이외의 영업에 관한 중요서류에 관하여는 기산점을 규정하고 있지 않지만, 주문서, 영수증 등 중요한 서류는 타인으로부터 받은 것은 그 수령

일을, 자신이 작성한 것은 그 작성일을 초일로 하면 될 것이다.

(3) 보존의무자

상업장부의 보존의무를 지는 자는 상인이다. 상인은 보존기간 내에 영업을 폐지하여 상인자격이 소멸된 후에도 보존의무가 있으며, 본인이 사망했을 때에는 그 상속인이 보존하여야 하고, 또 영업양도의 경우는 장부를 양수한 영업양수인이 보존의무를 진다.

회사기업의 장부보존의무에 관하여는 특별규정이 있다(제266조, 제269조, 제541조, 제613조 제1항 참조).

(4) 보존방법

보존방법에는 특별한 제한이 없고 후일에 증거자료로서 제공될 수 있는 한 어떠한 방법에 의하든 무방하다. 나날이 발달하는 컴퓨터 기술을 이용한 상업장부의 효율적 관리와 보존비용의 절감을 위하여 1995년 개정상법은 상업장부와 영업에 관한 중요서류는 마이크로필름, 자기테이프 기타 전산정보처리조직에 의하여도 이를 보존할 수 있도록 하였다(제33조 제3항). 그 구체적인 보존방법이나 기타 필요한 사항은 대통령령으로 정하도록 하였다(제33조 제4항).

3) 제 출

(1) 제출의무

상업장부는 영업에 관하여 중요한 증거자료가 되므로 법원은 신청에 의하여 또는 직권으로 소송의 당사자에게 상업장부 또는 그 일부분의 제출을 명할 수 있다(제32조). 이것은 서증에 관한 민사소송법상의 일반원칙에 대한 특칙으로서, 서증일반의 제출의무에 관한 요건(민소 제344조)은 필요로 하지 않으며, 또 당사자의 신청이 없더라도 법원이 직권으로도 상업장부의 제출을 명할 수 있다.

(2) 제출의무자

상업장부의 제출의무를 지는 자는 상인 또는 상업장부의 보존의무를 지는 자로서 장부를 소지하고 있는 자이다. 민사소송법 제343조와 제344조에 의하면 소송당사자가 아닌 제3자인 문서소지인도 제출의무를 지지만, 상법 제32조에 의하여 제출의무를 부담하는 자는 소송당사자에 한하므로 민사소송법보다 제출의무자의 범위가 좁다.

(3) 제출서류의 범위

제출하여야 할 장부의 대상이 되는 것은 상업장부에 한하고, 그 외의 영업상 중요한 서류는 포함되지 않는다. 상업장부인 이상 그 전부 또는 일부에 관하여도 제출명령을 할 수 있다.

(4) 증거력

제출된 상업장부의 증거력은 법관의 자유심증에 의하여 결정된다(민소 제202조). 그러나 제출의무가 있는 자가 이를 제출하지 않거나 파기 · 훼손하여 그 사용을 불가능하게 한 때에는 상업장부에 관한 상대방의 주장을 진실한 것으로 인정할 수 있다(민소 제349조 · 제350조).

4) 제 재

(1) 상업장부에 관한 상법상의 의무를 위반한 경우에도 회사의 경우(제635조 제1항 제9호)를 제외하고는 별다른 제재가 없다. 따라서 상법의 규정은 이른바 불완전법규에 속한다.

(2) 회사의 경우, 상업장부에 기재할 사항을 기재하지 않거나 부실기재한 때에는 업무집행사원 · 이사 · 감사 · 검사인 · 청산인 · 지배인 등은 500만원 이하의 과태료의 제재가 있고(제635조 제1항 제9호), 주식회사와 유한회사의 경우에는 이사의 임무해태가 되어 회사 및 제3자에 대하여 손해배상의 책임을 지게 된다(제399조, 제401조, 제567조).

(3) 파산의 경우, 상업장부의 불작성 · 불완전한 작성 · 기재의 부정 · 은닉 · 손괴한 자는 사기파산죄 또는 과태파산죄의 처벌을 받는다(채회 제650조 제3호 · 제651조 제3호).

(4) 회사회생절차 개시의 결정을 받을 목적으로 위 (3)에서 말한 행위를 한 자는 사기회생죄의 처벌을 받는다(채회 제643조 제1항 제2호).

3. 각종 상업장부

상법상 상인일반의 상업장부로서는 회계장부 및 대차대조표(재무상태표)의 2종이 있다. 상업장부는 소상인을 제외한 개인상인과 회사기업 모두에게 적용되지만, 주식회사와 유한회사에 적용되는 재무제표는 '대차대조표', '손익계산서', '이익잉여금처분계산서 또는 결손금처리계산서' 등 3가지가 있다(제447조 이하, 제579

조 이하). 기업회계기준에 의하면 재무제표는 위 3가지 외에도 '현금흐름표 및 자본변동표'가 추가된다.

1) 회계장부

(1) 회계장부의 의의

회계장부란 상인이 일상의 거래와 기타 영업상의 재산에 영향있는 사항을 기재하는 동태적 상업장부이다(제30조 제1항). 회계장부인가 아닌가는 그 명칭이나 형식과는 관계없이 그 실질에 의하여 판단하여야 할 것이다. 회계장부는 거래의 성격·기능 또는 형태에 따라 분개장(journal: 거래의 발생순서에 따라 분개의 형식으로 기재하는 장부), 원장(ledger: 거래를 계정과목별로 기입하는 장부) 및 전표(slip: 1거래에 대하여 1매의 종이에 기록한 것) 등으로 분류할 수 있다.

(2) 회계장부의 기재사항

회계장부에 기재할 사항은 일상의 거래 기타 영업상의 재산에 영향있는 모든 사항이다. 따라서 법률행위뿐만 아니라 불법행위 또는 화재·도난으로 인한 손해 등 재산의 증감을 초래하는 모든 사항을 발생한 때마다 기재하여야 한다. 그리고 그것은 현실적인 증감이어야 하므로 단순한 매매계약의 성립과 같은 법률관계의 발생만으로는 아직 기재능력이 없고, 현실적인 재산의 변동이 있는 때에 기록하여야 한다.

종래 개인기업에 있어서는 私用 財産의 기재가 문제되었는데, 상법은 '거래와 기타 영업상 재산에 영향있는 사항'으로 명시하였기 때문에 영업과 관계없는 사용재산은 기재할 수 없다.

(3) 회계장부의 기재방법

회계장부에 기재할 사항은 일반적으로 공정·타당한 회계관행에 따라서 기재하여야 한다(제29조 제2항). 여기에서 말하는 "일반적으로 공정·타당한 회계관행"이란, 회계관행으로서 공정, 타당하여야 하고, 일반적으로 인정되는 것이어야 한다. 법률에 정하여진 것이라면 공정·타당성, 일반성, 관행성이 없더라도 적법한 회계장부작성방법이 되므로 문제가 없다. 그 예로 국제회계기준위원회가 제정한 것을 한국회계기준원이 수정하여 발표한 「한국채택국제회계기준(K-IFRS)」(외감법 제13조 제1항 제1호에 따라 주권상장법인과 금융회사(일부금융회사 제외)에 적용된다), 한국회계기준원이 제정한 「일반기업회계기준」(외감법 제13조 제1항 제2호에 따라 외감법 적용대상 중 한국채택국제회계기준을 적용하지 않은 주식회사에 적용된다)과 역시 한국회계기준원이 제정한 「중소기업회계기준안」이 나와 있는데, 이것이 상법 제446조의 2 및 시행령 제15조 제3호의 대통령령으로 규정한 회계기준이 된다. 이 밖에 「공기업, 준정부기관 회계원칙」이 별도로 마련되어 있다.

소득세법과 법인세법은 일정규모 이상의 개인사업자와 모든 법인에 대하여 복식부기를 의무화하고 있으므로(소득 제160조 제1항, 법인 제112조), 간편장부를 작성할 수 있는 일정규모 이하의 개인사업자만(소득 제160조 제2항) 단식부기가 허용된다고 본다.

(4) 기재시기

회계장부를 기재할 시기에 관하여는 일반적으로 공정·타당한 회계관행에 의하여 기재하면 된다(제29조 제2항). 즉, 기재사항이 생긴 때에 매일 기재하여야 하는 것은 아니며, 기업회계에 관한 충분성의 원칙에 따라 상당한 시기에 기재하면 된다.

2) 대차대조표

(1) 대차대조표의 의의

대차대조표(balance sheet, Bilanz, bilan)란 일정한 시기에 있어서의 상인의 영업용 총재산을 자산·부채·자본의 과목으로 분류·기재하여 그 재산의 구성상태를 일목 요연하게 하는 적요표(개괄표)이다. 기업회계기준에서는 이를 '재무상태표'라고 한다. 회계장부가 동태적 상업장부인데 비하여 대차대조표는 정태적 상업장부이다.

총재산이란 적극재산·소극재산은 물론, 영업상의 사실관계도 유상취득한 것이면 이를 포함하므로 기재할 수 있다. 대차대조표는 회계장부를 기초로 하여 작성되어야 하지만, 회계장부에는 나타나지 않는 자본관계의 사항(예컨대, 자본금, 적립금 등)도 기재하여 손익의 결과를 명시하여야 한다.

(2) 대차대조표의 종류

대차대조표는 정태적 상업장부이지만 그 작성시기에 따라서 손익계산의 기초가 되는 통상대차대조표와 재산분배의 기초가 되는 비상대차대조표로 분류된다. 개업시, 회사성립시 또는 매결산기에 작성하는 것은 전자의 예이고, 회사의 합병·자본감소·청산·분할·회사회생·파산 등 특별한 경우에 작성하는 것(제247조 제1항·제256조 제1항·제269조·제522조의 2 제1항·제533조 제1항·제597조·제613조·제

530조의 7, 채회 제91조, 제483조 제1항)은 후자의 예이다.

(3) 대차대조표의 작성 형식과 방법

대차대조표는 1984년 개정상법 이전에는 재산목록에 의하여 기재하였으나(재산목록법: inventory method), 현재는 회계장부에 의거 이를 작성하는데(유도법: derivative method), 그 작성자가 기명날인 또는 서명하여야 한다(제30조 제2항). 역시 공정·타당한 회계관행에 의거 작성하여야 함은 물론인데, 기업회계의 실무에서는 '기업회계기준'에 정해져 있는 대차대조표 작성기준(기준 제11조)에 따라 작성한다.

여기서 작성자는 개인기업의 경우에는 영업주, 회사기업에 있어서는 업무집행사원, 대표이사, 유한회사의 이사 등 작성의무가 있는 자를 말하고, 현실로 기재한 자를 말하는 것은 아니다.

제4장 영업의 공시 및 양도

제1절 상업등기(영업의 공시)

Ⅰ. 상업등기의 의의

상업등기(Handelsregister, commercial registration)란 '상법의 규정에 의하여 상업등기부에 하는 등기'로서(제34조), 상법이 요청하는 공시주의의 대표적인 제도이다.

1) 상업등기는 상법의 규정에 의하여 하는 등기이므로 민법 기타의 법률에 의하여 하는 부동산등기나 상호보험회사등기(보업 제40조 · 제41조) · 농업협동조합등기(농협조 제90조 이하) · 수산업협동조합등기(수협조 제84조 이하) · 중소기업협동조합등기(중기협조 제96조) 등은 상업등기가 아니다.

2) 상업등기는 상업등기부에 하는 등기이다. 상업등기부에는 ① 상호등기부, ② 무능력자등기부, ③ 법정대리인등기부, ④ 지배인등기부, ⑤ 합자조합등기부, ⑥ 합명회사등기부, ⑦ 합자회사등기부, ⑧ 유한책임회사등기부, ⑨ 주식회사등기부, ⑩ 유한회사등기부, ⑪ 외국회사등기부 등 11종이 있고(상등 제11조 제1항 각호), 이 11종의 등기부에 하는 등기만이 상업등기이다. 그러므로 상법의 규정에 의한 등기라 할지라도 특별법이 정하는 바에 따라서 상업등기부가 아닌 다른 장부(선박등기부)에 하는 선박등기는 상업등기가 아니다(제743조, 선 제8조, 선박등기법 참조).

3) 상업등기는 법원에 하는 등기이다. 따라서 행정관청에서 하는 특허권 · 상표권 등의 등록과 다르다.

Ⅱ. 상업등기의 절차

1. 등기의 신청

1) 당사자신청주의

(1) 등기는 원칙적으로 당사자의 신청에 의하여 이루어진다(제34조, 상등 제17조). 이를 당사자신청주의(Antragsprinzip, Anmeldungsprinzip)라고 한다. 여기서 당사자란, 개인상인의 경우에는 상인 자신 혹은 그 대리인, 상인이 사망한 경우에는 그 상속인, 상인이 무능력자인 경우에는 그 법정대리인을 말하고, 회사의 경우에는 등기의 성질에 따라 등기신청기관이 법정되어 있다. 상업등기의 신청은 서면 또는 전자문서로 하여야 하고, 등기신청서에는 법정사항을 기재하고 신청자 또는 그 대리인이 기명날인 또는 서명을 하여야 한다(상등 제24조 제1항 · 제4항). 촉탁에 따른 등기나 본 · 지점 공통 등기사항 중 지점 소재지에서의 등기는 우편으로 신청서를 제출할 수 있다(상등 제24조 제2항). 그러나 등기사항이 법원의 재판에 의해서 생기는 경우(예컨대, 해산판결 및 회사설립무효판결의 확정 등의 경우)에는 예외로 법원이 직권으로 등기소에 등기를 촉탁하여야 한다(제192조, 비송 제93조 · 제98조 · 제107조).

(2) 대개 회사기업에 있어서는 그 조직이 복잡하고 사회적으로 미치는 영향력도 크기 때문에 상업등기가 의무로서 강제되고, 이를 위반하면 500만원 이하의 과태료에 처하고 있으나(제635조 제1항 제1호), 일반기업에 있어서는 지배인의 선임 · 해임을 제외하고는 등기의무가 없고, 다만 등기를 하지 않으면 등기의 이익을 향수할 수 없는 데 그친다.

2) 등기관할

상업등기의 관할등기소는 등기신청자의 영업소의 소재지를 관할하는 지방법원, 그 지원 또는 등기소이다(제34조, 상등 제4조). 등기사무는 관할등기소에 근무하는 등기주사보 이상의 공무원 중에서 지방법원장이 지정한 자(등기관)가 처리한다(상등 제8조 제1항).

3) 등기사항

(1) 의 의

등기사항은 법률에서 일일이 정하고 있다. 따라서 등기사항으로 규정되지 아니한 사항은 등기할 수 없으며, 착오에 의하여 등기되더라도 그 효력이 없다.

(2) 분 류

등기사항은 그 구별의 기준에 따라, (i) 상인일반에 관한 사항(예컨대, 상호·지배인), 개인상인에 관한 사항(예컨대, 미성년자·법정대리인), 회사에 관한 사항(예컨대, 회사의 설립, 자본의 증감, 특수사채, 합병, 분할, 해산, 청산 등), (ii) 반드시 등기하여야 하는 절대적 등기사항(대부분의 것)과 등기를 할 수 있는데 불과한 상대적 등기사항(예컨대, 개인상인의 상호), (iii) 법률관계의 창설에 관한 설정적 사항(예컨대, 지배인의 선임·회사의 설립), 법률관계의 해소·면책에 관한 면책적 사항(예컨대, 지배인의 해임·사원의 퇴사) 및 이미 유효하게 형성된 법률관계의 선언을 위한 등기사항인 선언적 등기사항(예컨대, 지배인의 해임: 제13조, 제203조, 제274조, 제393조, 제564조, 상호의 선정: 제22조 등)이 있다. 이 밖에 창설적 효력과 선언적 효력을 모두 가지는 경우를 복효적 등기사항이라 한다(예컨대, 상호의 등기는 상호권의 발생면에서는 선언적이지만 상호권은 등기 이전에 이미 발생한다)(등기배척권이 생기는 면에서는 창설적이다: 제22조·제23조, 인적회사 사원의 퇴사등기: 제225조·제269조).

(3) 지점의 등기

등기사항에 관한 상법총칙의 규정에 의하면, 본점의 소재지에서 등기할 사항은 특별한 규정(예컨대, 제13조)이 없으면 지점의 소재지에서도 등기하여야 한다(제35조). 이를 지점의 소재지에서 등기하지 아니하면 그 지점의 거래에 관하여 선의의 제3자에게 대항하지 못한다(제38조). 본점의 소재지에서 등기할 사항은 절대적 기재사항으로서 예컨대 개인상인의 상호와 같은 상대적 등기사항은 본점에서 등기하였다고 하더라도 지점에서 등기할 필요가 없다고 본다.

(4) 변경·소멸의 등기

등기사항에 변경이 있거나 그 사항이 소멸한 때에는 당사자는 지체없이 변경 또는 소멸의 등기를 하여야 한다(제40조). 따라서 상대적 등기사항이더라도 일단 등기한 후에 등기사항의 변경·소멸이 있는 때에는 그 변경·소멸은 절대적 등기사항이 된다.

4) 등기의 경정 · 말소

등기에 착오 또는 빠진 것이 있는 때에는 당사자의 신청 또는 등기공무원의 직권으로 등기의 경정을 하여야 한다(상등 제75조 · 제76조).

등기된 사항이 법률의 규정에 의한 등기사항이 아닌 경우, 그 등기소에 이미 등기되어 있는 경우, 그 등기소의 관할이 아닌 경우, 등기된 사항에 관하여 무효의 원인이 있는 경우 등에는 당사자의 신청 또는 등기공무원의 직권으로 그 등기를 말소할 수 있다(상등 제77조 · 제78조). 상호등기의 말소에 관하여는 특칙이 있다(제27조, 상등 제36조).

5) 전산정보처리조직에 의한 등기

상업등기사무는 전산정보처리조직에 의하여 처리하여야 한다(상등 제8조 제2항). 이는 컴퓨터 등 전산장치에 의하여 등기사무를 신속 · 간편하게 처리하기 위하여 1995년 개정상법에서 새로 도입한 제도이다. 2007년 제정 상업등기법은 종이에 의한 등기사무를 폐지하고 전산정보처리조직에 의한 등기사무로 완전 대체하였다.

2. 등기소의 심사권

1) 의 의

등기소(실제로는 등기공무원)는 등기신청의 적법성에 관하여 심사를 하고, 만약 등기의 신청이 상법 또는 상업등기법의 규정에 적합하지 아니할 때에는 이유를 기재한 결정으로써 그 신청을 각하하여야 한다(상등 제26조).

2) 심사권의 범위

등기소가 등기신청의 적법성을 심사함에 있어서 그 심사권의 범위가 어디까지인가에 관하여 학설은 대체로 세 가지로 나누어진다.

(1) 형식적 심사주의에 의하면, 등기소는 그 신청이 형식상 적법한가(즉, ① 신청사항이 법정등기사항인가, ② 그 등기소의 관할사건인가, ③ 신청자가 적법한 신청자 또는 그 대리인인가, ④ 신청서류가 법정의 형식을 구비하고 있는가)를 심사할 권한과 의무가 있을 뿐이고, 신청사항의 내용이 진실과 부합하는가 하는 실질적 진실성의 문제까지는 심사할 권한도 의무도 없다는 것이다. 따라서 등기신청이 형식상

적법하다면 즉시 수리하여 등기하여야 한다는 것이다.

(2) 실질적 심사주의에 의하면 등기소는 신청한 등기사항의 형식적 적법성을 심사할 권한과 의무가 있을 뿐만 아니라, 신청사항의 진위에 관한 내용적 · 실질적 진실성의 문제까지도 심사할 권한과 의무가 있다고 주장한다.

(3) 수정실질적 심사주의에 의하면 등기소는 형식적 심사의 권한과 의무가 있는 것은 물론, 실질적 심사의 권한을 가지나, 실질적 심사의 의무는 다만 신청사항이 진실과 상위하다는 의심이 가는 경우에만 있고, 일반적으로 실질적 심사의무를 부담하지는 않는다고 한다. 수정실질적 심사주의가 타당하다.

3. 등기의 공시

상업등기는 부동산등기나 선박등기에서와 같이 개별적 · 수동적 공시방법만이 인정되고, 공고와 같은 일반적 · 능동적 공시방법은 인정되지 않는다.

개별적 · 수동적 공시방법이란 등기부와 그 부속서류의 열람 및 등기사항증명을 말한다(상등 제15조, 상등규 제26조에서 제34조까지).

Ⅲ. 상업등기의 효력

1. 서 언

상업등기의 목적은 거래관계에 있어서 중요한 사항을 널리 공시하기 위한 제도이므로, 원래 등기만으로는 별다른 효력이 생기지 아니하고 등기뿐만 아니라 공고를 하여야만 비로소 효력이 생기도록 했었는데, 이러한 효력을 상업등기의 일반적 효력이라고 한다. 그러나 1995년 개정상법에서는 등기만으로도 다음과 같은 일반적 효력이 생긴다. 상법에서는 등기를 하면 효력이 생기는 것처럼 되어 있으나, 등기실무에서는 등기관이 등기를 마치면 해당 등기는 그 등기신청을 접수한 때부터 효력이 발생한다(상등 제3조 제2항).

2. 상업등기의 일반적 효력(확보적 효력)

상법 제37조가 규정하고 있는 상업등기의 일반적 효력은 상업등기의 본질적 효력으로서, 기존의 법률관계를 확보·선언하는 것이므로, 확보적 효력 또는 선언적 효력이라고도 한다. 등기의 일반적 효력은 권리확보적 효력에 중심을 두고 있으며, 등기에 의하여 선의의 제3자에 대한 대항력이 생긴다. 대법원의 판례가 "회사해산등기는 제3자에 대한 대항요건에 불과한 것이므로 해산결의가 있고 청산인의 선임결의가 있는 이상, 해산등기가 없다하여도 청산중의 회사라고 해석하여야 한다"라고 판시한 것도[1] 등기의 권리확보적 효력을 설명하고 있는 것이다. 등기의 확보적 효력은 등기 내용인 사실이 존재하는 때에만 생기는 효력이고, 등기사실이 존재하지 아니하는 경우에는 등기가 되어도 등기의 효력이 생기는 것이 아니다. 즉, 상업등기에는 원칙적으로 적극적인 공신력이 없다.

상법 제37조 제1항의 효력은 등기를 중심으로 하여 두 면으로 나누어 볼 수 있다. 즉, 등기 전에는 일반 제3자의 보호에 중점을 두고 있고, 등기 후에는 등기한 상인의 보호에 중점을 두고 있다.

1) 등기 전의 효력

(1) 소극적 공시의 원칙

등기 전에는 등기사항을 악의의 제3자에 대해서는 대항할 수 있으나, 선의의 제3자에 대해서는 대항하지 못한다(제37조 제1항)(예컨대, 지배인을 해임하였으나 이를 등기하지 아니한 경우 해임된 지배인이 선의의 제3자와 체결한 계약의 효력을 부정할 수 없다). 이것을 소극적 공시의 원칙(negatives Publizitätsprinzip)이라고 한다.

(2) 요 건

(가) 등기할 사항을 등기하지 않았거나, 등기한 사항에 관하여 변경·소멸이 있음에도 변경·소멸의 등기를 하지 아니하였어야 한다.

(나) "선의"란 문제된 등기할 사실관계의 존재를 알지 못함(不知)을 말하며, 등기여부를 알지 못함을 뜻하는 것이 아니다. 예컨대 해임된 지배인과 거래한 제3자의 경우 해임된 사실을 알지 못했음을 뜻한다. 그 부지가 과실에 기인한 것이든 아니든 묻지 않으며, 또 그 지·부지는 거래를 한 때를 표준으로 하여 결정한다. 그러나 등기 전에는 제3자는 선의라고 추정되므로, 그 악의는 주장하는 사람이 상대방이 등기사항을 알고 있었음을 증명하여야 한다.

(다) 등기사항을 등기하지 않은 귀책사유가 등기의무자에 있어야 하는 것은

---

1) 대법원 1964. 5. 5. 63마29; 동 1981. 9. 8. 80다2511.

아니다. 등기공무원의 사정으로 등기가 불비된 경우에도 동일한 효력이 있다.

(3) 효 과

(가) 등기당사자는 등기할 사항을 등기하지 아니하면 이를 선의의 제3자에게 대항하지 못한다(제37조 제1항). 악의의 제3자에 대하여는 등기가 없어도 진실한 법률상태를 주장할 수 있다.

(나) 당사자가 선의의 제3자에 대항하지 못하는 것이므로, 그 사실을 제3자가 당사자에게 주장하는 것은 상관없다(예컨대, 지배인을 선임하였으나 이를 등기하지 않은 동안 제3자가 그 지배인과의 사이에 체결한 계약의 유효성을 주장하는 것은 상관이 없다). 그리고 관계당사자 사이 또는 제3자와 제3자 사이에서는 등기와는 상관없이 객관적인 사실관계에 따라서 주장을 할 수 있다.

2) 등기 후의 효력

(1) 적극적 공시의 원칙

등기사항이 등기되면 선의의 제3자에게도 이를 대항할 수가 있다. 즉, 제3자가 등기된 사실을 몰랐다 하더라도 알고 있는 것으로 악의가 의제된다. 이것을 적극적 공시의 원칙(positives Publizitätsprinzip)이라고 한다.

(2) 예 외

등기가 있었더라도 제3자가 '정당한 사유', 예컨대 교통이 두절되어 등기부 열람을 할 수 없는 경우 또는 등기부의 소실 등의 경우와 같이 객관적인 장애가 있었을 경우에는 그에게 대항하지 못한다(제37조 제2항).[1] 다만 그 정당한 사유로 인하여 몰랐다는 증명책임은 제3자가 져야 한다.

3) 일반적 효력의 적용범위

(1) 일반적 효력이 적용되는 것은 등기사항에 한한다. 그리고 새로 발생한 사항이든 기존사항의 변경 또는 소멸(예컨대, 지배인을 선임하고 그 등기를 하기 전에 해임한 경우에도 선의의 제3자에게 대항하려면 해임의 등기가 필요하다)에 관한 것이든 상관없다.

---

1) 상업등기의 등기 후의 대항력을 인정한 판결: 서울고등법원 1977. 3. 23. 76나2843.

(2) 일반적 효력은 기업활동 일반에 적용되는 것으로서 거래에 의하지 않는 불법행위의 경우, 예컨대 해임된 지배인이 지배인 자격을 사칭하여 거래처로부터 상품을 편취한 경우 등 거래와 불가분의 관계에서 생기는 불법행위 등의 비법률행위적 법률관계의 경우에는 제37조를 적용하여 그 거래의 상대방에게 손해배상청구권을 인정하는 것이 타당하다. 다만, 사무관리 · 부당이득의 경우에도 상대방의 신뢰가 전제로 되지 않기 때문에 제37조를 적용할 수 없다.

(3) 일반적 효력은 소송행위에도 적용되는데, 소송행위는 소의 제기와 같은 적극적 소송행위든 소장의 수령과 같은 소극적 소송행위든 상관이 없다. 다만, 소극적 공시의 원칙(예컨대 등기할 사항을 등기하지 않은 경우에는 선의의 제3자에게 대항할 수 없다는 것)은 소송행위에는 적용될 수 없다. 소극적 공시의 원칙을 소송행위에 적용하게 되면 회사의 대표이사가 해임되었으나 이를 등기하지 아니한 채로 그 대표이사가 회사에 대한 소에 응소한 경우, 상대방인 원고가 선의이면 유효한 응소가 되고 악의이면 무효인 소송행위가 된다는 것은 타당하지 않다. 상대방이 선의인가 악의인가에 따라 결과가 달라지는 표현대리나 무권대리의 경우도 같다.[1)]

(4) 일반적 효력이 적용되는 지역적 범위는 영업소를 기준으로 한다.

(5) 국가 등과의 관계와 같이 공법적 관계(예컨대, 조세권에 의한 조세의 부과처분)에 대하여는 일반적 효력이 적용되지 아니한다.[2)]

4) 외관보호규정과의 관계

표현대리, 표현지배인(제14조), 표현대표이사(제395조) 등 상법상 외관보호규정은 상법 제37조의 규정에 불구하고 적용된다. 예컨대 표현지배인은 분명 등기부상의 지배인이 아니고 등기부에도 지배인으로 등기되어 있지 아니하므로 상법 제37조 제2항에 의하면 표현지배인과 거래한 제3자는 표현지배인이 지배인이 아니라는 사실에 대하여 악의가 의제된다. 따라서 본래는 표현지배인과의 거래행위의 유효를 주장할 수 없다. 그러나 표현지배인의 거래행위는 외관보호의 법리에 따라 그 효력이 인정된다(제14조).

---

1) 공정증서가 채무명의로서 집행력을 가질 수 있도록 하는 집행인낙 표시는 공증인에 대한 소송행위로서 이러한 소송행위에는 민법상의 표현대리 규정이나 무권대리에 관한 규정이 적용 또는 준용될 수 없다(대법원 1994. 2. 22. 93다42047; 동 2001. 2. 23. 선고 2000다45303 · 45310).

2) 대법원 1990. 9. 28. 90누4235; 동 1978. 12. 26. 78누167.

3. 상업등기의 특수적 효력

등기사항은 원칙적으로 등기를 함으로써 선의의 제3자에게도 대항할 수 있는 확보적 효력이 생긴다. 그러나 이러한 본질적 효력 외에도 법률관계를 획일적으로 창설하거나 확정하는 특수한 효력이 발생한다.

1) 대항력

상호의 양도를 등기하면 특별한 대항력이 생긴다(제25조 제2항). 즉, 상호양도를 등기하지 않으면 제3자에게 대항하지 못한다. 상법 제25조 제2항은 등기의 일반적 효력에 관한 상법 제37조의 특칙으로서, 상호의 양도를 등기하지 아니하면 악의의 제3자에 대하여도 대항하지 못하고, 반대로 등기를 하면 정당한 사유로 알지 못한 제3자에 대하여도 대항할 수 있다.

2) 창설적 효력

등기를 함으로써 새로운 법률관계가 창설되는 경우가 있는데 이것을 등기의 창설적 효력(설정적 효력, 형성력)이라고 한다. 예컨대, (ⅰ) 회사의 설립등기에 의하여 회사가 성립하고(제172조), (ⅱ) 회사의 합병등기에 의하여 회사합병의 효력이 발생하는 것(제234조, 제530조 제2항, 제603조), 유한회사의 증자(제592조) 등과 같은 것이다. 창설적 효력은 제3자의 선의·악의에 관계 없이 발생하므로 제37조는 적용되지 않는다.

3) 보완적 효력

어떤 사항을 등기하면 등기사항인 법률관계의 전제조건인 법률사실에 존재하는 하자가 치유된 것과 같은 효과가 나타나서 다시는 그 하자를 주장하지 못하게 된다. 이러한 효과를 보완적 효력이라고 한다. 예컨대, (ⅰ) 회사의 설립등기를 하면 후에 회사설립의 무효·취소판결이 확정되어도 종래의 법률관계에는 아무런 영향도 미치지 않고(제190조, 제269조, 제328조 제2항, 제552조 제2항), (ⅱ) 주식회사의 설립등기나 신주발행의 변경등기가 있은 후 1년이 경과한 때에는 주식인수인이 주식청약서 또는 신주인수권증서의 요건의 흠결을 이유로 하여 그 인수의 무효를 주장하거나 사기·강박 또는 착오를 이유로 하여 그 인수를 취소하지 못하는 것(제320조, 제427조) 따위이다. 이 경우에도 제3자의 선의·악의는 문제되지 않고, 제37조는 적용되지 않는다.

4) 부수적 효력

등기가 어떤 행위의 허용 또는 면책의 기초가 되는 경우가 있는데, 이런 것을 부수적 효력이라고 한다. 예컨대, (i) 어떤 행위를 허용하는 경우로서는, 주식회사의 설립등기를 하면 주권을 발행할 수 있고(제355조 제2항), 주식도 유효하게 양도할 수 있으며(제319조), 외국회사는 우리나라에서 영업소설치의 등기를 하면 거래를 계속할 수 있는 것(제616조) 등이다. (ii) 등기가 면책의 기초가 되는 경우로는 합명회사·합자회사의 사원의 책임이 퇴사등기를 한 때로부터 2년(제225조, 제269조), 해산등기를 한 때로부터 5년(제267조, 제269조)이 경과하면 소멸하는 것 따위이다.

4. 상업등기의 추정력과 공신력 문제

1) 상업등기의 추정력

상업등기부에 등기된 사항은 일단 진실이라고 추정되는 사실상의 추정력(tatsächliche Vermutung)이 있고,[1] 등기부에 등기를 하면 사실관계는 여하튼간에 법률상 진실한 것이라고 추정되는 법률상의 추정력(gesetzliche Vermutung)도 있다. 따라서 등기된 사항의 존재를 부인하는 자가 반대의 증명책임을 져야 한다. 판례는[2] 부동산등기에 관하여 법률상의 추정력을 인정하고 있다.

❒ 대법원 1983. 12. 27. 83다카331
등기의 추정력이 인정된 사례

☞ 법인등기부에 이사 또는 감사로 등재되어 있는 자는 특단의 사정이 없는 한 정당한 절차에 의하여 선임된 적법한 이사 또는 감사로 추정된다. 동지: 대법원 1991. 12. 27. 91다4409·4416.

---

1) 대법원 1959. 7. 23. 4291민상759·760; 동 1983. 12. 27. 83다카331; 동 1991. 12. 27. 91다4409·4416.
2) 대법원 1979. 6. 26. 79다741; 동 1987. 10. 13. 86다카2928.

2) 상업등기의 공신력

등기에 법률상의 추정력을 인정한다 하더라도, 당사자가 등기와 진실관계가 다르다는 것을 증명한 경우에는 제3자의 신뢰는 보호받지 못한다. 즉, 상업등기에는 공신력이 없다. 따라서 등기공무원의 착오나 제3자의 허위신청에 의한 부실등기에 대하여서는 본인에게 책임이 없다.

❒ 대법원 1996. 10. 29. 96다19321
회사등기에는 공신력이 인정되지 아니한다

☞ 회사등기에는 공신력이 인정되지 아니하므로, 합자회사의 사원 지분등기인 경우 그 부실등기를 믿고 합자회사사원의 지분을 양수하였다 하여 그 지분을 양수한 것으로는 될 수 없다.

5. 부실등기의 효력

1) 의 의

부실등기의 원인이 상인 자신에게 있는 경우에는 그것을 믿은 제3자를 보호하여 줄 필요가 있다. 이에 상법은 "고의 또는 과실로 인하여 사실과 상위(相違)한 사항을 등기한 자는 그 상위를 선의의 제3자에게 대항하지 못한다"고 규정한다(제39조).[1] 이는 금반언의 법리 · 외관존중의 원칙의 표현이다.

2) 요 건

(1) 사실과 상위한 등기가 존재하여야 한다. 등기부에 표시되는 사항이면 어떠한 사항이든지 상관없다.

(2) 법문은 '사실과 상위한 사항을 등기한 자'라고 하여 상인이 부실등기를 한 경우, 즉 작위의 경우만을 규정하고 있다. 예컨대 상인이 고의로 지배인 아닌 자를 지배인으로 등기한 경우를 말한다. 예컨대 지배인을 해임하고서 해임등기를 하지 않은 경우와 같이 부작위의 경우에는 본조에 해당되지 않고 상법 제37조

---

1) 부실등기의 효력을 인정한 사례 : 대법원 1974. 2. 12. 73다1070; 동 1977. 2. 22. 75다1446; 동 2004. 2. 27. 2002다19797(취소되는 주주총회결의에 의하여 이사로 선임된 대표이사가 마친 이사선임등기는 상법 제39조 소정의 부실등기에 해당한다). 반대로 부실등기의 효력을 부정한 사례: 대법원 1981. 1. 27. 79다1618 · 1619; 동 1971. 2. 23. 70다1361 · 1362; 동 1975. 5. 27. 74 다1366.

제1항 등기의 소극적 공시의 원칙에 해당한다.

이와 같이 등기할 당시에 사실과 달리 등기하였어야 한다. 등기후 사정변경으로 상위하게 된 경우에는 적용되지 않는다. 등기후 사정이 변경되어 등기부와 사실이 상위하게 된 경우에도 제37조 제1항이 적용된다.

(3) 등기신청인에게 고의 또는 과실이 있어야 한다. 여기서의 고의·과실은 등기신청인 본인의 고의·과실뿐 아니라 대리인의 고의·과실도 포함한다.[1] 등기신청인이 회사인 경우 고의·과실의 유무는 대표기관, 즉 대표사원 또는 대표이사를 기준으로 판단하여야 한다.[2] 등기공무원의 과실로 사실과 달리 등기된 경우나, 제3자의 허위신청에 의해 사실과 달리 등기된 경우에도 본조가 적용되지 않는다. 다만, 등기신청권자가 스스로 등기를 하지 아니하였음에도 상법 제39조에 의한 부실등기 책임을 물을 수 있는가에 관하여, 부실의 등기를 알고 시정조치를 게을리한 때에는 제39조를 유추적용한다. 판례는 제3자에 의해 허위의 등기가 이루어진 후 이를 알고 방치한 것이 아니라면 부실등기 상태를 발견하여 시정하지 못한 데 과실이 있다 하더라도 스스로 사실과 상위한 등기를 신청한 것과 동일시 할 수 없는 경우에는 제39조를 적용할 수 없으나,[3] 등기신청권자의 고의 또는 과실로 부실등기를 한 것과 동일시할 수 있는 특별한 사정이 있는 경우에는 상법 제39조가 적용된다고 한다.[4]

예컨대 하자있는 주주총회에서 선임된 (대표)이사가 그 선임등기 이후에 법률행위(예컨대 근저당을 설정하고 자금을 차입)를 한 경우, 그 주주총회가 무효, 취소 또는 부존재가 확정되어 (대표)이사의 선임이 취소된 경우 그 취소 전에 행한 법률행위의 운명은 어떻게 되는지 의문이다. 대표이사선임이 무효이거나 취소되고 그의 근저당설정행위도 무효라면, 제3자(저당권자)는 보호받지 못한다. 이때 제3자는 대표이사 선임등기가 상법 제39조의 부실등기임을 이유로 회사의 책임을 물을 수 있다고 본다.[5] 제3자의 허위등기에 등기신청권자의 고의·중과실이 개입되었거나 이와 유사하게 허위등기임을 알고서도 등기신청권자가 고의 또는

---

1) 대법원 1971. 2. 23. 70다1361·1362.
2) 대법원 1981. 1. 27. 79다1618·1619.
3) 대법원 1975. 5. 27. 74다1366.
4) 회사의 적법한 대표이사가 그 부실등기가 이루어지는 것에 협조·묵인하는 등의 방법으로 관여하였다거나 회사가 그 부실등기의 존재를 알고 있음에도 시정하지 않고 방치하였다면 이를 회사의 고의 또는 과실로 부실등기를 한 것과 동일시할 수 있는 특별한 사정에 해당한다고 할 것이다. 대법원 2008. 7. 24. 2006다24100; 동 2013. 9. 26. 2011다870.
5) 대법원 2011. 7. 28. 2010다70018; 동 2008. 7. 24. 2006다24100; 2004. 2. 27. 2006다24100; 동 2014. 11. 13. 2009다71312·71329·71336·71343.

중대한 과실로 이를 방치한 경우에만 책임을 부담한다고 본다.

(4) 제3자가 선의였어야 한다. 선의에 과실이 있는지를 묻지 않는다. 중과실이 있는 제3자는 보호되지 않는다.

(5) 증명책임은 등기신청인 및 등기와 다른 사실을 주장하는 자에게 있다. 즉, 등기신청인이 자신에게 고의·과실이 없었다는 점 또는 제3자가 악의라는 점을 증명하여야 한다.

3) 효 과

사실과 상위한 사항을 등기한 자는 자기에게 고의나 과실이 없다는 것 또는 제3자가 악의였다는 사실을 증명하지 못하는 한 그 不實등기의 구속을 받아, 등기가 사실과 상위함을 가지고 선의의 제3자에게 대항하지 못한다. 그러나 제3자가 등기와 달리 사실관계에 부합하는 주장을 하는 것은 무방하다.

4) 적용범위

본조는 원칙적으로 거래행위에 적용되는 점에서 상법 제37조의 경우와 같다.

제2절 영업양도

Ⅰ. 영업양도의 의의

영업양도란 영리목적을 실현하기 위하여 조직화된 유기적 일체로서의 기능적 재산(객관적 의의의 영업)을 (영업의 동일성을 유지하면서) 계약에 의해서 양도하는 것이다(제41조~제45조).[1] 영업의 동일성이 유지되는 한 부분적인 증감·변경이 있어도 무방하다. 또 동일성이 사회통념상 인정되는 한 일부의 유보나 일부만의 양도도 가능하다(예컨대, 지점을 제외한 양도, 지점만의 양도, 채권이나 채무를 제외한 양도 등). 또 상호의 속용은 영업양도의 요건이 아니다.

1) 대법원 1998. 4. 14. 96다8826; 동 1997. 11. 25. 97다35085.

❐ 대법원 1989. 12. 26. 88다카10128
영업양도의 의의

☞ 상법 제41조 소정의 영업의 양도란 영업목적을 위하여 조직화된 유기적 일체로서의 기능재산의 동일성이 유지된 일괄이전을 의미하는 것이고 영업의 동일성 여부는 일반 사회관념에 의하여 결정되어져야 할 사실인정의 문제이기는 하지만, 영업재산의 전부를 양도했어도 그 조직을 해체하여 양도했다면 영업의 양도는 되지 않는 반면에 그 일부를 유보한 채 영업시설을 양도했어도 그 양도한 부분만으로도 종래의 조직이 유지되어 있다고 사회관념상 인정되기만 하면 그것을 영업의 양도라 하지 않을 수 없는 것이다. 동지: 대법원 1968. 4. 2. 68다185; 동 1991. 8. 9. 91다15225; 동 1994. 11. 18. 93다18938; 동 1995. 7. 14. 94다20198; 동 1995. 7. 25. 95다7987; 동 1997. 4. 25. 96누19314; 동 2001. 7. 27. 99두2680; 동 2003. 5. 30. 2002다23826; 동 2007. 6. 1. 2005다5812 · 5829 · 5836; 동 2008. 4. 11. 2007다89722.

☞ 영업양도가 있다고 볼 수 있는지의 여부는 양수인이 유기적으로 조직화된 수익의 원천으로서의 기능적 재산을 이전받아 양도인이 하던 것과 같은 영업적 활동을 계속하고 있다고 볼 수 있는지의 여부에 따라 판단되어야 한다: 대법원 2005. 7. 22. 2005다602; 동 2012. 7. 26. 2012다27377.

영업의 일부만을 양도하는 경우에도 양도되는 영업부문의 인적 · 물적 조직이 그 동일성을 유지하여야 하며, 나머지 부분과는 구분되어 독립적으로 영업활동이 수행될 수 있는 정도의 조직과 설비를 갖추어야 한다. 영업양도는 양도인과 양수인간의 유상계약에 의한 이전이므로[1] 상속에 의한 포괄승계의 경우와 다르며, 영업의 소유관계에 변동이 생기므로, 영업의 경영관계에만 변동이 생기는 영업의 임대차나 경영위임과도 다르다.

Ⅱ. 영업양도의 자유와 제한

영업을 양도하는 것은 원칙적으로 상인의 자유이다. 다만 독점금지법 등 특별법에서 영업의 양수를 제한함으로써 상대적으로 영업의 양도가 제한되는 경우가 있다(독규 제7조, 제12조; 은행 제55조 제1항 제3호; 자본 제408조; 보업 제150조).

1) 대법원 2005. 7. 22. 2005다602.

Ⅲ. 영업양도의 절차

1. 대내적 의사의 결정

당사자가 개인상인인 경우에는 각자가 직접 계약을 체결하게 되므로 별로 문제가 되지 않는다. 그러나 회사의 경우에는 영업양도가 해산 또는 정관변경을 초래하는 중대사항이므로 신중한 절차를 필요로 한다.

1) 회사가 양도인인 경우

회사가 양도인인 경우 (ⅰ) 합명회사 또는 합자회사에 있어서는 총사원의 동의를 요하나(제204조, 제269조), 해산 후에는 총사원의 과반수결의(제257조, 제269조)를 요하고, (ⅱ) 주식회사 또는 유한회사에 있어서는 해산의 전후를 불문하고 주주총회 또는 사원총회의 특별결의가 필요하다(제374조 제1호, 제576조 제1항).

주식회사가 영업을 양도하는 경우에는 양도반대주주의 주식매수청구권이 인정된다(제374조의 2).

2) 회사가 양수인인 경우

(1) 합명회사 또는 합자회사가 영업을 양수하는 경우에는 이로 인하여 定款을 변경하게 되는 때에 한하여 총사원의 동의가 필요하고(제204조, 제269조), 그 밖의 경우에는 일반적인 업무집행방법으로 처리할 수 있다.

(2) 주식회사 또는 유한회사에 있어서는 다른 회사의 영업 전부를 양수하는 경우에만 주주총회 또는 사원총회의 특별결의가 필요하다(제374조 제3호 · 제4호, 제576조 제1항). 따라서 영업의 일부의 양수나 개인상인으로부터 영업을 양수하는 경우에는 위의 절차가 필요없다.

2. 양도계약의 체결

1) 방 식

양도계약의 방식에 관하여는 특별 규정이 없으므로 당사자 간의 합의만으로 성립하나, 실제로는 계약의 중요성에 비추어 서면계약이 보통이이지만, 묵시적

계약에 의하여도 가능하다.[1)]

2) 시 기

당사자가 회사인 경우에는 영업양도에 관한 대내적 의사가 결정된 후에 대표기관이 계약을 체결하는 것이 본래의 순서이나, 반대로 총사원의 동의 또는 총회의 결의를 조건으로 하여 미리 양도계약을 체결하여도 된다.

3) 계약내용

일반적으로 영업양도계약의 내용이 되는 것은 (ⅰ) 자산과 부채에 관한 사항, (ⅱ) 영업소와 상호의 양도에 관한 사항, (iii) 사용인의 인계에 관한 사항, (iv) 양도인의 폐업·경업금지, (ⅴ) 양도대가의 지급, (vi) 해약사유 기타 계약조건의 변경에 관한 사항 등이다.

Ⅳ. 영업양도의 효과

영업양도계약이 체결되면, 그 계약의 규정 및 상법의 규정에 따라 다음과 같은 효과가 발생한다.

1. 영업양도의 대내적 효과(당사자간의 관계)

1) 적극적 의무(영업재산의 이전의무)

(1) 이전대상

영업양도계약이 체결되면 양도인은 각종 영업재산을 양수인에게 이전하여 이익을 받게 할 적극적 의무를 부담한다. 영업재산의 범위는 특약이 없는 한 영업에 속하는 일체의 재산이다.

(2) 이전방법

영업양도는 특정승계이고 포괄승계가 아니므로 재산의 종류에 따라 각각 개

---

1) 대법원 2009. 1. 15. 2007다17123.

별적으로 이전절차를 밟고,[1] 또 제3자에 대한 대항요건을 구비하는 데 필요한 절차도 밟아야 한다. 즉, ① 부동산 및 상호에 관하여는 등기(제25조 제2항, 민 제186조), ② 동산에 관하여는 인도(민 제188조), ③ 특허권이나 상표권에 관하여는 등록(특허 제49조, 상표 제16조 제4항), ④ 지시채권에 관하여는 배서교부(민 제508조, 어 제12조~제14조), ⑤ 지명채권에 관하여는 채무자에 대한 통지 또는 채무자의 승낙(민 제450조), ⑥ 주식에 관하여는 주권의 교부(제336조)를 각각 하여야 하고,[2] ⑦ 채무에 관하여는 양수인이 양도인으로 하여금 그 채무를 면하게 하는 데 필요한 행위(민 제453조 · 제454조 · 제501조)를 하여야 하며, ⑧ 사실관계에 관하여는 양도인이 양수인으로 하여금 이것을 이용할 수 있는 지위에 서게 하여야 한다(예컨대, 영업상의 비결의 전수, 고객 · 구입처의 소개 등).

(3) 고용관계

영업의 인적 설비도 영업의 동일성을 유지하기 위하여 필요하기 때문에 양도인의 상업사용인 등에 대한 고용계약상의 권리도 이전된다고 본다.[3] 다만 상업사용인 등은 고용계약을 해지할 수 있다(민 제661조). 그러나 지배인의 경우에는 영업주와의 고도의 인적 신뢰를 바탕으로 하고 있기 때문에 당연히 양수인에게 승계되는 것은 아니라고 본다.

---

1) 대법원 1991. 10. 8. 91다22018 · 22025.

2) 주식 기타 유가증권의 양도는 상법 기타 특별법상의 제한을 받는다(제341조, 제342조의 2, 제369조 제3항, 자본 제133조, 독규 제7조 제1항, 제9조, 제10조 제1항).

3) 대법원 1991. 5. 28. 90다16801; 동 1991. 11. 12. 91다12806; 동 1992. 7. 14. 91다40276; 동 1995. 9. 29. 94다54245; 동 1997. 4. 25. 96누19314; 동 2003. 5. 30. 2002다23826 등 참조. 반대로 영업양도가 부정되어 근로관계의 이전이 부정된 사례: 동 1993. 5. 25. 91다41750; 동 1994. 11. 18. 93다18938; 동 1995. 7. 14. 94다20198; 동 1995. 7. 25. 95다7987; 동 1995. 9. 29. 94다54245; 동 1996. 5. 31. 95다33238 등 참조. 영업은 양도되었으나 신규채용으로 근로관계가 이전되지 아니한 것으로 본 경우: 동 1997. 6. 24. 96다2644; 동 1997. 7. 8. 96다38438; 동 2002. 3. 29. 2000두8455. 정리해고로서의 정당한 요건이 갖추어져 승계를 거부한 근로자를 해고할 수 있다고 본 사례: 동 2000. 10. 13. 98다11437; 대법원 2001. 11. 13. 2000다18608(영업양도시 근로자가 퇴직금을 지급받고 퇴직 및 재입사의 형식을 거친 경우, 계속근로관계는 단절되지 않는다). 참조: 대법원 1996. 5. 31. 96다11105(회사를 양도하면서 양도일 당시 당사자간에 확인되지 않은 회사채무는 양도인이 책임지기로 약정한 경우, 해고근로자들이 해고무효확인 및 임금청구소송에서 승소하였다면 양도인은 해고근로자들에 대한 임금채무 중 해고일로부터 약정일까지의 것에 한하여 변제책임이 있다). 반대되는 판결: 대법원 1997. 6. 27. 96다38551(근로자가 자유로운 의사에 의하여 구 회사를 퇴직하고 소정의 퇴직금을 수령한 후 신설회사에 새로이 입사하는 방법을 취한 경우).

2) 소극적 의무(경업금지의무)

(1) 경업금지의무의 의의

양도인이 영업양도 후에도 동종영업을 재개하는 경우에는 양수인이 사실관계를 충분히 이용할 수 없을 것이므로, 영업양도의 실효성을 확보하기 위하여 상법은 양도인에게 일정한 범위의 경업금지의무를 부담시키고 있다. 경업금지의 규정은 직업선택의 자유를 제한하는 위헌의 규정이 아니다.[1)]

(2) 경업금지의무의 내용

(가) 당사자간에 다른 약정이 없으면 양도인은 10년간 동일한 특별시 · 광역시 · 시 · 군과 인접한 특별시 · 광역시 · 시 · 군에서 동종영업을 하지 못한다(제41조 제1항). 이때 영업양도인이 영업소를 설치하고 있느냐는 불문한다.

(나) 양도인이 동종영업을 하지 않을 것을 약정한 때에는 동일한 특별시 · 광역시 · 시 · 군과 인접한 서울특별시 · 광역시 · 시 · 군에 한하여 20년을 초과하지 아니한 범위 내에서 그 효력이 있다(제41조 제2항). 이것은 양도인의 직업선택의 자유를 과도하게 제한하는 결과가 초래되는 것을 막기 위한 것이다. 따라서 특약에 의하여 지역을 축소하거나 기간을 단축하거나 또는 경업금지의무를 면제할 수는 있다. 경업금지의무 배제에 관한 묵시적 약정도 가능하다.[2)]

(다) 의무의 내용은 영업의 폐지는 물론, 영업의 임대, 양도 기타의 처분도 금지될 수 있다.[3)]

(3) 경업금지의무를 지는 자

(가) 경업금지의무를 지는 자는 개인상인의 경우에는 개인인 양도인이고, 회사의 경우에는 회사 자체라고 할 수 있다. 경업금지는 영업양도를 한 상인에게 부과되는 의무이므로, 상인이 아닌 자는 영업을 양도하더라도 경업금지의무는 부담하지 않는다.[4)] 소규모 미용실 양도인도 경업금지의무가 있다.[5)]

(나) 경업금지의무를 지는 양도인이 사망한 경우 동 의무가 상속인에게 상속되는 지가 문제되는데, 이 의무는 일신전속적인 의무로서 상속되지 않는다고 본다.

---

1) 헌법재판소 1996. 10. 4. 94헌가5.
2) 대법원 2015. 9. 10. 2014다80440.
3) 대법원 1996. 12. 23. 96다37985.
4) 대법원 1969. 3. 25. 68다1560.
5) 대법원 2009. 9. 14. 2009마1136.

(4) 경업금지의무위반의 효과

영업양도인이 경업금지의무를 위반한 때에는 영업양수인은 그 영업행위의 중지를 청구할 수 있고, 그로 인하여 손해가 발생한 때에는 손해배상을 청구할 수 있다. 그러나 양도인과 제3자의 거래가 경업금지의무위반을 이유로 외부적으로 무효가 되지는 않는다.[1)]

2. 영업양도의 대외적 효과(제3자에 대한 관계)

1) 영업상의 채권자에 대한 관계

(1) 상호를 속용(續用)하는 경우

(가) 양수인의 책임요건

영업양수인이 양도인의 상호를 계속 사용하는 경우에는 양도인의 영업으로 인한 제3자의 채권에 대하여 양수인도 변제책임을 진다(제42조 제1항). 상호의 '계속 사용'은 상호의 양도 또는 사용허락이 있는 경우는 물론 그에 관한 합의가 무효 또는 취소된 경우라거나 상호를 무단 사용하는 경우도 상호속용에 포함된다.[2)] 양도인과 양수인의 상호가 전혀 동일한 것임을 요하지 않고, 종래의 상호에 어떠한 자구를 부가하더라도 사회통념상 동일한 상호를 사용하는 것으로 인정되는 경우를 포함한다고 본다.[3)] 상호의 속용이 허용되는가 특히 양도인의 동의가 있느냐 하는 문제는 중요하지 않다. 그러나 법적으로 의미있는 상호이어야 한다. 상호가 유지되지 않으면 양수인은 채무인수의 광고가 있는 때에만 책임을 진다.

> ❒ 대법원 1989. 12. 26. 88다카10128
> 종래의 상호에 어떠한 자구를 부가하더라도 사회통념상 동일한 상호를 사용하는 것으로 인정되는 경우에도 상호속용이 인정된다.

☞ 〈사실〉

A는 삼정장 여관을 경영하였는데 여관에 비치할 컬러텔레비전 43대와 냉장고 39대 등의 전자제품을 X로부터 계약금만 주고 외상매입하였다. 그 후 A는 Y에게 위 여관 건

1) 대법원 1996. 12. 23. 96다37985.
2) 대법원 2009. 1. 15. 2007다17123.
3) 대법원 1989. 3. 28. 88다카12100.

물과 위 영업에 필요한 비품을 매도하였다. Y는 이 건물의 상호를 삼정호텔로 하고 영업을 계속하였다. 이때 X는 Y가 A의 영업을 양수하였다고 하여 상법 제42조 제1항에 의하여 Y에게 외상대금의 지급을 청구하였다. 이에 대하여 원심은 '삼정장여관'이나 '삼정호텔'이라는 상호는 사회통념상 동일성이 있는 상호로서 Y는 A의 영업을 상호와 함께 양수한 자이므로 X에 대하여 A의 채무를 이행하여야 한다고 판시하였다. 따라서 Y가 다시 상고하게 된 것이다.

〈판결요지〉
상법 제41조 소정의 영업의 양도란 영업목적을 위하여 조직화된 유기적 일체로서의 기능재산의 동일성이 유지된 일괄 이전을 의미하는 것이고 영업의 동일성 여부는 일반 사회관념에 의하여 결정되어져야 할 사실인정의 문제이기는 하지만, 영업재산의 전부를 양도했어도 그 조직을 해체하여 양도했다면 영업의 양도는 되지 않는 반면에 그 일부를 유보한 채 영업시설을 양도했어도 그 양도한 부분만으로도 종래의 조직이 유지되어 있다고 사회관념상 인정되기만 하면 그것을 영업의 양도라 하지 않을 수 없는 것이다. 또한 상법 제42조 제1항에서 말하는 상호의 계속사용은 일반적으로 영업양도인이 사용하던 상호와 그 양수인이 사용하는 상호가 전혀 동일할 필요까지는 없고, 다만 전후의 상호가 주요부분에 있어서 공통되기만 하면 된다고 볼 것이다.

영업양수인이 연대책임을 부담하는 영업양도인의 채무로서 영업으로 인해 생긴 채무이어야 한다. 본조의 취지가 영업양도로 인해 채권회수의 적기를 놓친 채권자를 보호하자는 것이므로 영업과 무관하게 생긴 채권은 본조에 의하여 보호할 필요가 없다. 영업상의 채권이면 거래상의 채권뿐 아니라 불법행위·부당이득으로 인한 채권도 그 대상이 되며, 또 영업상의 채권을 승계한 자도 역시 본조에 의해 보호받는다. 채권자가 영업주의 교체에 대하여 반드시 선의이어야 할 필요는 없다고 본다. 우연히 채권자가 양도인과 양수인 사이의 약정을 알았다고 하여 양수인이 책임을 면할 이유는 없다.

(나) 양수인의 책임범위

양수인의 책임은 양수한 재산에 한하지 않고 자기의 전재산으로써 책임(무한책임)을 진다. 양수인이 양수한 영업을 사실상 계속하고 있는 한 영업양도계약이 무효이거나 취소되었더라도 책임을 면할 수 없다. 상호를 계속 사용하는 한 영업계속의 외관이 존속하므로 상호변경등기를 종료하였는지의 여부도 묻지 않는다. 양수인이 변제책임을 지는 채무는 양도인의 영업으로 인하여 생긴 채무인 한 그것이 거래상의 채무이든, 그 채무의 불이행으로 인한 손해배상채무이든 또는 불법행위나[1] 부당이득으로 인한 채무이든 불문한다. 그리고 영업양도 당시에 변제기가 도래한 것인가도 묻지 않는다. 상법상의 상호를 가지지 않는 소상인의

1) 대법원 1989. 3. 28. 88다카12100.

경우에는 적용되지 않지만(제9조 참조), 영업을 상속인이 계속하는 경우에는 유추 적용된다. 채권자가 양도인에 대한 집행권원을 가지고 양수인의 소유재산에 대하여 강제집행을 할 수는 없다.[1)]

(다) 양수인의 책임의 배제

양수인이 상호를 속용하더라도 영업양도 후 지체없이 양도인의 채무에 대한 책임이 없음을 상호등기부에 등기하거나(제42조 제2항 제1문, 상등 제34조, 상등규 제74조 제3항), 양도인과 양수인이 지체없이 채권자에 대하여 그 뜻을 통지한 경우에는 채권자를 보호할 이유가 없으므로 양수인은 변제책임을 지지 않는다(제42조 제2항 제2문, 상등 제34조). 면책통지는 양도인과 양수인 양자가 통지하여야 한다. 양수인이 단독으로 통지한 경우에는 변제책임을 면하지 못한다.[2)]

(라) 유추적용

상호가 아닌 옥호(屋號) 또는 영업표지를 속용하는 경우에도 상법 제42조 제1항이 유추적용된다.

❒ 대법원 2010. 9. 30. 2010다35138
상호가 아닌 옥호(屋號) 또는 영업표지를 속용하는 경우

☞ 양수인에 의하여 속용되는 명칭이 상호 자체가 아닌 옥호(교육시설인 서울종합예술원) 또는 영업표지인 때에도 그것이 영업주체를 나타내는 것으로 사용되는 경우에는 영업상의 채권자가 영업주체의 교체나 채무승계 여부 등을 용이하게 알 수 없다는 점에서 일반적인 상호속용의 경우와 다를 바 없으므로, 양수인은 특별한 사정이 없는 한 상법 제42조 제1항의 유추적용에 의하여 그 채무를 부담한다. 동지: 대법원 2009. 1. 15. 2007다17123('주식회사 통인익스프레스'의 상호 및 서비스표인 '통인' 또는 '통인익스프레스'를 계속 사용한 '주식회사 이비즈통인'은 상호속용 양수인으로서 책임이 있다). 반대: 대법원 2007. 5. 31. 2006다87828(먹는 물의 제품명으로 '석수'를 사용하고 있는 점만으로는 상호속용을 볼 수 없다).

(2) 상호를 속용(續用)하지 않는 경우

양수인이 양도인의 상호를 계속 사용하지 아니하는 경우에는 채무인수 기타 채무부담행위가 없는 한 양도인의 영업상의 채무를 양수인이 부담할 책임이 없는 것은 당연하다. 그러나 영업양수인이 상호를 계속 사용하지 않더라도 양도인의 영업으로 인한 채무를 인수할 것을 광고한 때에는 양수인도 변제책임을 진다

1) 대법원 1967. 10. 31. 67다1102; 동 1979. 3. 13. 78다2330.
2) 대법원 1976. 4. 27. 75다1209 · 1210.

(제44조).[1] 광고 중에 반드시 채무인수라는 글자가 들어가지 않았다 하더라도 양수인이 채무인수를 한 것으로 채권자가 일반적으로 믿을 수 있는 문언이 기재되어 있으면 충분하다. 광고를 하지 않았더라도 채무인수의 의사를 채권자에게 통지한 경우에는 양수인도 변제할 책임이 있다.[2]

(3) 양도인의 책임

위 (1)과 (2)의 경우 영업양수인이 채무를 부담하더라도 양도인의 채무가 면제되는 것은 아니다. 이 경우 양수인은 중첩적 채무인수를 한 것과 같은 결과가 되어 채권자에 대하여 양도인과 함께 부진정연대채무를 부담하게 된다(통설). 그러나 영업양도인은 영업양도 이후에 발생한 영업양수인의 제3자에 대한 채무를 변제할 책임은 없다. 영업양도인의 책임의 존속기간(상법 제45조)의 경과 여부는 법원의 직권조사사항이다.[3] 양도인의 책임은 영업의 양도 또는 채무인수의 광고 (또는 통지) 후 2년이 경과하면 소멸하고, 그 후는 양수인만이 책임을 지게 된다(제45조).

2) 영업상의 채무자의 보호

(1) 상호를 속용하는 경우

영업양수인이 양도인의 상호를 속용하는 경우에는 채권의 양도가 없더라도 채무자의 양수인에 대한 변제가 선의이며 중대한 과실이 없는 한, 그 변제는 유효하다(제43조). 영업자의 교체 사실을 모르는 채무자가 이중변제를 하는 것은 가혹한 일이기 때문이다.

(2) 상호를 속용하지 않는 경우

양수인이 상호를 속용하지 아니하는 경우에는 상법에 아무런 규정이 없으므로, 채무자의 변제는 민법의 일반원칙에 따라 해결하여야 한다. 채권양도의 대항요건이 구비된 경우에는 양수인에게 변제하여야 한다. 그러나 채권양도의 절차를 밟지 아니한 경우에는 본래의 채권자인 양도인에게 변제하여야 한다. 만일

---

1) 신설회사가 기존회사로부터 영업재산 대부분을 그대로 인수하여 그 영업을 양수하여 기존회사의 거래처와 거래를 계속하던 중 기존회사의 채권자에게 상호를 변경한다는 취지의 개별통지를 한 경우, 신설회사는 상법 제44조의 채무인수를 광고한 양수인에 해당하여 그 채권자에게 채무변제의 책임이 있다.: 대법원 2010. 1. 14. 2009다77327.

2) 대법원 2008. 4. 11. 2007다89722.

3) 대법원 2013. 4. 11. 2012다64116.

잘못하여 양수인에게 변제한 경우에는 채권의 준점유자에 대한 변제(민 제470조)로 되지 않는 한 변제로의 효력이 없다.

그러나 이 경우에도 양수인이 양도인의 영업상의 채권을 양수하였다는 뜻을 광고 또는 통지한 때에는 상법 제44조를 유추적용하여 채무자의 양수인에 대한 변제를 유효한 것으로 보아야 할 것이다.

제3절 영업의 임대차 · 경영위임

Ⅰ. 영업의 임대차

영업의 임대차란 상인이 영업의 전부 또는 독립된 일부를 일괄하여 타인에게 임대하는 계약을 말한다. 영업의 전부 또는 일부를 일괄하여 임대한다는 점에서 영업임대차는 개개의 물건의 임대차를 전제로 하는 민법상의 임대차계약(민 제618조 이하)과 다르다.

Ⅱ. 경영위임

경영위임이란 상인이 기업의 경영을 타인에게 위임하는 계약을 말한다. 경영위임의 경우는 영업임대차의 경우와는 달리 기업은 종전과 같이 위임인의 명의로 경영되므로 경영의 소유자가 계속 영업자로 나타난다. 그러나 위임인과 수임인의 내부관계에 있어서는 영업의 계산이 수임인에게 귀속되기도 하고 위임인에게 귀속되기도 하는데, 전자의 경우를 협의의 경영위임 또는 영업위임이라고 하고, 후자를 관리위임 또는 영업관리계약이라고 한다.

제 2 편

상행위법

제1장 상행위법 총론 / 132
제2장 상행위법 각론 / 170
제3장 새로운 상행위 / 250

제1장 상행위법 총론

제1절 서 론

형식적 의의의 상행위법이란 상법전 제2편 '상행위'의 규정을 말하는데, 제1장에는 상행위법 통칙을, 제2장에는 매매를, 제3장과 제4장은 상법상의 특수계약인 상호계산과 익명조합을, 제5장부터 제11장까지는 상행위법 각론을 규정하고 있다.

실질적 의의의 상행위법이란 상거래주체 간의 이익의 조정을 위한 법규의 총체를 말한다. 실질적 의의의 상행위법은 주로 상법 제2편에 규정되어 있으나, 그 밖에도 제4편 '보험', 제5편 '해상'의 규정, 제6편 '항공운송', 상사특별법령(예컨대, 자본시장과 금융투자업에 관한 법률 · 은행법 · 신탁법 · 보험업법 등), 상관습법 등의 형식으로 존재한다.

제2절 민법 거래규정의 수정

Ⅰ. 민법 총칙편에 대한 특칙

1. 상행위의 대리

1) 상사대리의 방식

민법상의 대리에 있어서는 대리인이 본인을 위하여 하는 것임을 표시하여야만 그 행위의 효과가 본인에게 귀속되고, 그것을 표시하지 않은 경우에는 그 의사표시는 대리인 자신을 위하여 한 것으로 본다(현명주의)(민 제114조 · 제115조). 그러나 상사대리에 있어서는 대리인이 본인을 위한 것임을 표시하지 아니하여도 그 행위는 본인에 대하여 효력이 있다(익명주의, 비현명주의)(제48조 본문). 대리의사의 표시가 없는 대리인과 거래하는 상대방이 대리관계를 알지 못한 경우에는 대리인에 대하여도 이행의 청구를 할 수 있다(제48조 단서). 이때 상대방은 본인과의 법률관계나 대리인과의 법률관계 중 어느 하나를 선택할 수 있고(택일설), 상대방이 대리인과의 법률관계를 선택한 때에는 본인에 대하여는 법률관계를 주장할 수 없다. 어떻든 이 점에서 대리인에게만 청구할 수 있는 민법의 경우와 다르다(민 제115조 본문). 상대방은 '본인을 위한 것임을 알지 못한' 것을 스스로 증명하여야 한다. 다만, 중대한 과실로 대리인이 본인을 위하여 하는 것임을 알지 못한 상대방까지 보호할 필요는 없으므로, 상대방의 중대한 과실로 대리인이 본인을 위하여 하는 것임을 알지 못한 때에는 대리인에게 그 이행의 청구를 할 수 없다고 본다. 제48조는 본인에 대하여 상행위로 되는 행위를 대리하는 경우에만 적용되므로, 조세의 부과·징수의 경우에는 적용되지 않는다.[1] 또한 대리권이 전혀 없는 경우에는 본조가 적용되지 않는다. 어음·수표는 외관을 존중하기 때문에 어음행위의 대리에는 익명주의를 적용하지 아니한다(어 제8조·제77조 제2항, 수 제11조).

2) 상사대리의 소멸사유

민법상의 대리권은 본인이 사망하면 소멸한다(민 제127조 제1호). 그러나 상인이 그 영업에 관하여 수여한 대리권은 본인의 사망으로 인하여 소멸하지 아니한다(제50조). 회사의 경우에는 사망이라는 것이 없고 회사가 해산·청산하면 영업이 종료되므로 회사에 대하여는 상법 제50조가 적용될 여지가 없다.

3) 상사대리권의 범위문제

민사대리에 있어서는 대리인의 대리권한 외의 행위는 원칙적으로 본인에 대하여 효력이 없고(민 제114조·제126조), 수임인은 "위임의 본지에 따라 … 위임사무를 처리하여야"하는 데(민 제681조) 대하여, 상사대리에 있어서는 "위임의 본지에 반하지 아니한 범위 내에서 위임을 받지 아니한 행위를 할 수 있다"(제49조). 이것은 사정이 변경된 경우에 임기응변조치(예컨대, 물건의 매수를 위임받은 자가 매수한 물건의 가격이 폭락할 염려가 있어 매도하는 조치)를 취할 수 있음을 밝힌 것이고, 따

1) 대법원 1987. 7. 21. 87누224.

라서 민법 제681조의 예외규정이 아니라 민법의 원칙을 명백히 한 당연한 해석 규정이다.

2. 소멸시효

1) 민법상 채권의 소멸시효기간은 10년인데(민 제162조), 상행위로 인하여 생긴 채권은 상법이나 다른 법령에 다른 규정이 없는 한 5년간 행사하지 아니하면 소멸시효가 완성한다(제64조 본문).

2) 상행위로 인하여 생긴 채권이어야 한다. 이 상행위는 기본적 상행위,[1] 보조적 상행위,[2] 쌍방적 상행위, 일방적 상행위의 구별이 없다. 또한 채권자를 위한 상행위이든 채무자를 위한 상행위이든 상관이 없다.

3) 채권은 직접 상행위로 인하여 발생한 것이 아니라도 이와 동일성이 있는 것, 예컨대 상행위로 인하여 발생한 채무불이행으로 인한 손해배상채무,[3] 상행위인 계약의 해제로 인한 원상회복청구권,[4] 위약금 지급채무,[5] 면책적 채무인수,[6] 상행위로 인하여 생긴 보증채무(주채무가 민사시효로서 10년의 소멸시효에 걸

1) 대법원 1996. 1. 23. 95다39854(상인인 위탁자의 위탁매매인에 대한 매매위탁으로 인한 채권); 서울중앙지법 2012. 9. 28. 2011가합16245(놀이공원 입장권의 소멸시효는 5년).

2) 대법원 1981. 12. 22. 80다1363(회사에 대한 노임채권에 관하여 준소비대차계약이 체결된 경우의 소멸시효기간); 동 1989. 6. 27. 89다카2957(골재채취업을 동업으로 경영하다가 탈퇴한 자에 대한 정산금채무; 동 1993. 3. 9. 92다44329(양계업을 영위하는 상인인 조합원이 비상인인 축산업협동조합으로부터 사료를 구입하여 부담한 사료외상대금채권); 동 1994. 3. 22. 93다31740(상인인 어음소지인에게 부도약속어음을 변제하기로 한 약정에 따른 채권); 동 1994. 4. 29. 93다54842(비상인인 광업진흥공사가 광산업자에게 융자한 광업자금채권); 동 1995. 4. 21. 94다36643(부동산 중개업자의 대여금 채권); 동 1997. 8. 26. 97다9260(연탄난로 제작판매업의 소요자금을 차용한 채무); 동 1998. 7. 10. 98다10793(비상인인 새마을금고가 상인인 회원에게 대출해 준 경우); 동 2000. 5. 12. 98다23195(매립사업을 목적으로 하는 영리법인과 상인이 아닌 양수인 간의 매립지 양도약정에 기한 양수인의 소유권이전등기청구권); 동 2000. 8. 22. 2000다19922(여관신축자금 차용행위); 동 2002. 9. 24. 2002다6760·6777(특허권의 전용실시권 설정등록절차 이행청구권); 동 2012. 11. 15. 2011다56491(도급계약이 상행위에 해당하는 경우 도급인의 손해배상청구권).

3) 대법원 1979. 11. 13. 79다1453; 동 2008. 3. 14. 2006다2940(은행대출금의 지연손해금에 대한 소멸시효); 동 1978. 11. 28. 78다388; 동 1991. 12. 10. 91다17092; 동 1997. 8. 26. 97다9260; 동 2011. 12. 8. 2009다25111(건설공사에 관한 도급계약이 상행위에 해당하는 경우 수급인의 하자담보책임의 소멸시효기간은 5년이며, 하자보수에 갈음한 손해배상채권의 소멸시효기간도 5년이다); 동 2014. 11. 27. 2012다14562.

4) 대법원 1993. 9. 14. 93다21569: 상행위인 계약의 해제로 인한 원상회복청구권 또한 상법 제64조의 상사시효의 대상이 된다.

5) 대법원 2013. 4. 11. 2011다112032.

6) 대법원 1999. 7. 9. 99다12376.

리는 경우일지라도) 등의 경우에도 5년의 시효에 의하여 소멸한다. 거래행위로 인하여 발생한 채권이 아닌 것, 예컨대 부당이득반환청구권이나 불법행위로 인한 손해배상청구권과 같은 법정채권에 대하여는 원칙적으로 민법상의 채권의 소멸시효가 적용된다.[1] 그러나 영업과 밀접한 관련이 있어서 보조적 상행위로 평가될 수 있는 경우에는 거래관계의 신속한 종결이 중요하므로 부당이득반환청구권이나[2] 불법행위로 인한 손해배상청구권의 경우에도 상사소멸시효가 적용되어야 할 것이다.

4) 그러나 회사의 대표이사 개인은 상인이 아니므로 그 대표이사에 대한 대여금채권은 상사채권이라고 볼 수 없어서 상사시효가 적용되지 아니한다.[3]

5) 상사시효기간은 상법에 2년(제662조, 제881조), 1년(제121조, 제122조, 제147조, 제662조, 제814조, 제875조), 6월(제154조) 등 특칙이 있는 때에는 적용하지 아니하며, 상법 이외의 다른 법령에서 5년보다 짧은 시효의 규정이 있는 경우(민 제163조: 3년; 민 제164조: 1년; 어 제70조 제1항: 3년; 어 제70조 제2항: 1년; 어 제70조 제3항: 6일)에도 적용하지 아니한다.[4]

Ⅱ. 민법 물권편에 대한 특칙

1. 상인간의 유치권

1) 상인간의 유치권의 의의

(1) 상사유치권에는 일반상사유치권인 상인 간의 유치권(제58조)과 기타의 특별상사유치권[대리상 · 위탁매매인 · 준위탁매매인의 유치권(제91조, 제111조, 제113조)과 운송주선인 · 육상운송인 · 선장의 유치권(제120조, 제147조, 제807조 제2항)]이 있는데, 상인 간의 유치권이란 상인 간의 상행위로 인한 채권이 변제기에 있을 때에, 채권자가 당사자 간에 다른 약정이 없는 한 변제를 받을 때까지 그 채무자에 대한 상행위로 인하여 자기가 점유하고 있는 채무자 소유의 물건 또는 유가증권을 유치하는 권리를 말한다(제58조).

---

1) 부당이득에 대하여: 대법원 2003. 4. 8. 2002다64957 · 64964; 불법행위에 대하여: 대법원 1985. 5. 28. 84다카966.
2) 대법원 2007. 5. 31. 2006다63150; 동 2010. 10. 14. 2010다32276.
3) 대법원 1992. 11. 10. 92다7948.
4) 대법원 1966. 6. 28. 66다790.

(2) 특별상사유치권 중 운송주선인·운송인의 유치권에 있어서는 피담보채권과 목적물 사이의 견련성(牽連性)이 필요한 점에서 민사유치권과 같고 일반상사유치권과는 다르다. 한편 대리상·위탁매매인의 유치권에서는 이러한 견련성을 필요로 하지 않는 점에서 일반상사유치권과 같으나, 목적물이 채무자의 소유에 속할 필요가 없다는 점에서는 민사유치권과 같다.

2) 상인간의 유치권의 성립요건

민사유치권의 예를 들면 아버지의 시계를 수리하기 위하여 그 아들이 시계포에 수리를 맡길 경우를 보자. 아들과 시계포 주인이 당사자가 된다. 시계수리비는 피담보채권이 된다. 시계는 유치권의 목적물(채권자가 채권의 변제를 받을 때까지 유치할 수 있는 물건)이 되는데, 그 소유자는 아들의 소유일 필요가 없다. 시계포가 시계를 점유하게 된 점유취득원인은 제한이 없다. 목적물인 시계와 피담보채권인 시계수리비 사이에는 견련성이 있다.

상사유치권의 예를 들면 상인인 주식회사가 상인인 은행으로부터 채권발행보증을 받는다고 하자. 한편 그 회사는 은행에 질권설정을 위하여 자사주(自社株)의 주권(株券)을 맡겨두었지만, 이미 채무를 변제하여 질권이 해제되어 은행이 주권을 반환하여야 할 시점이 되었다고 하자(유치권의 목적물은 동산, 부동산, 유가증권이다. 단순한 권리나 무체재산권은 목적물이 될 수 없다). 당사자는 회사와 은행으로 양자가 상인이다. 은행이 채권발행보증에 따라 보증채무를 이행하게 되면 은행은 그 회사에 대하여 보증채무 이행으로 인한 구상권을 가지게 되는데, 그 구상권은 피담보채권이 되고, 그 구상권 채권을 확보하기 위하여 반환하여야 할 주권을 유치권의 목적물로 유치할 수 있다. 그 목적물의 소유자는 채무자인 회사이다.[1] 은행이 주권을 취득하게 된 원인은 은행의 상행위(질권설정)이다.[2] 피담보채권인 채권발행보증채무 이행으로 인한 구상권과 유치권의 목적물인 주권 사이에 견련성은 없어도 좋다.

당사자는 다른 약정으로 상인 간의 유치권의 성립을 배제할 수 있다(제58조 단서). 유치권배제의 특약은 묵시적으로도 할 수 있다.[3] 상인간의 유치권의 성립요

---

1) 대법원 2010. 7. 2. 2010그24: 상사유치권은 상법 제58조의 규정상 채권자가 채무자에 대한 상행위로 인하여 점유하고 있는 채무자 소유의 물건을 대상으로 하는 경우에 이를 행사할 수 있다. 동 2013. 2. 28. 2010다57350.

2) 대법원 2010. 7. 2. 2010그24.

3) 대법원 2012. 9. 27. 2012다37176: 어음의 추심위임약정만으로 당사자 사이에 유치권 배제의 묵시적 의사합치가 있었다고 본 것은 상사유치권 배제 특약에 관한 법리오해의 위법이 있다.

건을 표로 나타내면 다음과 같다.

〈상사유치권〉

<table>
<tr><th colspan="2"></th><th>당사자</th><th>피담보채권</th><th>목적물</th><th>점유취득
원인</th><th>목적물과
피담보채권의
견련성</th></tr>
<tr><td colspan="2">민사유치권
(제320조 이하)</td><td>상인·
비상인
불문</td><td>점유한 물건이나 유가증권에 관하여 생긴 채권</td><td>소유자
불문</td><td>무제한</td><td>필요</td></tr>
<tr><td>일반상사
유치권</td><td>상인간의 유치권(제58조)</td><td>쌍방이
상인일 것</td><td>쌍방적 상행위로 인하여 생긴 채권</td><td>채무자
소유</td><td>채권자에게
상행위인
행위로
인할 것</td><td>불필요</td></tr>
<tr><td rowspan="3">특별상사
유치권</td><td>운송주선인(제120조), 육상운송인(제147조), 선장(제807조 제2항)</td><td>상인·
비상인
불문</td><td>보수, 운임, 체당금, 선대금, 정박료, 부수비용 등</td><td></td><td></td><td>필요</td></tr>
<tr><td>대리상(제91조)</td><td>쌍방이
상인일 것</td><td rowspan="2">대리·중개·
위탁매매로
인한 채권</td><td>소유자
불문</td><td>무제한</td><td rowspan="2">불필요</td></tr>
<tr><td>위탁매매인(제111조), 준위탁매매인(제113조)</td><td>상인·
비상인
불문</td><td></td><td></td></tr>
</table>

3) 상인간의 유치권의 효력

(1) 상인 간의 유치권의 효력에 관하여 상법에 다른 규정이 없으므로, 이것은 민법의 규정에 의한다. 따라서 유치권자(채권자)는 그 채권의 변제를 받을 때까지 목적물을 점유하고 그 인도를 거부할 수 있고(민 제320조 제1항), 그 채권의 변제를 받기 위하여 목적물을 환가할 수 있다. 유치권자는 목적물의 과실을 수취하여 우선변제에 충당할 수 있다(민 제323조 제1항). 그 과실은 먼저 채권의 이자에 충당하고, 그 잉여가 있으면 원본에 충당한다(민 제323조 제2항). 유치권자가 목적물에 관하여 필요비를 지출한 때에는 그 상환을 청구할 수 있고(민 제325조 제1항), 또한 목적물에 관하여 유익비를 지출한 때에는 그 가액의 증가가 현존하는 경우에 한하여 소유자의 선택에 좇아 그 지출한 금액이나 증가액의 상환을 청구할 수 있다(민 제325조 제2항).

(2) 유치권자는 선량한 관리자의 주의로 목적물을 보관하여야 하고(민 제324조

제1항), 채무자의 승낙 없이 목적물의 사용, 대여 또는 담보제공을 하지 못한다(민 제324조 제2항).

4) 상인간의 유치권의 소멸

상인 간의 유치권은 피담보채권의 소멸·양도, 목적물의 멸실 등에 의하여 소멸함은 물론, 목적물의 점유를 상실한 때(민 제328조), 유치권자의 의무위반으로 인하여 채무자가 유치권의 소멸을 청구한 때(민 제324조 제3항), 채무자가 상당한 담보를 제공하고 유치권의 소멸을 청구한 때(민 제327조) 등의 경우에도 소멸된다.

2. 유질계약의 허용

유질계약의 금지에 관한 민법 제339조(질권설정자는 채무변제기 전의 계약으로 질권자에게 변제에 갈음하여 질물(質物)의 소유권을 취득하게 하거나 법률에 정한 방법에 의하지 아니하고 질물을 처분할 것을 약정하지 못한다)의 규정은 '상행위로 인한 채권'을 담보하기 위하여 설정한 질권에는 적용되지 않는다(제59조).[1] 그 이유는 채권자의 질권실행의 간이화를 도모함으로써 기업금융의 편의 내지 원활을 기하려는 데 있다. 사실 상거래의 당사자인 상인은 냉정하게 자신의 이해를 타산할 수 있는 경제인이기 때문에 당사자의 의사에 맡겨두는 것이 상거래의 자유를 보장하는 결과가 된다고 본 것이다. 다만 상사질권설정계약에 있어서 유질계약의 성립을 인정하기 위하여 별도의 약정이 있어야 한다.[2] 전당포의 경우는 당연히 유질의 권리를 가진다(구전당포영업법 제20조).

Ⅲ. 민법 채권편에 대한 특칙

1. 행위의 유상성

1) 상인의 보수청구권

(1) 민법상 타인을 위하여 한 행위는 무상이 원칙이나(민 제686조·제701조·제

1) 의정부지법 고양지원 2011. 10. 7. 2011가합1439.
2) 대법원 2008. 3. 14. 2007다11996.

707조, 제739조. 다만 위임 · 임치 · 사무관리[1] 등의 경우 비용의 상환을 청구할 수는 있다), 상인이 그 영업의 범위 내에서 타인을 위하여 행위를 한 때에는 특약이 없어도 상당한 보수를 청구할 수 있다(제61조).[2] 여기서 '타인'은 상인이 아니어도 상관없다. '상당한 보수'라 함은 행위의 성질, 노력의 정도, 타인이 얻은 이익 등 제반 사정을 고려하여 거래관행과 사회통념에 따라 결정하여야 한다.[3] 다만 행위의 대가가 이미 매매대금 · 운임 · 수수료 등에 포함된 경우, 무상으로 하는 것이 거래관행으로 인정되는 경우(예컨대, 견적서 작성 등), 법률의 규정에 의하여 보수청구권이 배제된 경우(예컨대 송하인의 책임없는 사유로 운송물이 멸실된 경우, 제134조 제1항) 등에는 별도의 보수를 청구할 수 없다. 중개인의 경우에는 결약서(結約書)를 교부한 후가 아니면 보수를 청구할 수 없다(제100조 제1항, 제96조 제1항). 기타 상법에 보수청구권에 관하여 별도의 규정이 있는 경우(제119조, 제162조)에도 본조의 적용이 없다.

2) 법정이자청구권

민법상의 소비대차는 무이자가 원칙이며, 체당금(替當金)에 관하여도 그것이 위임(민 제688조 제1항) 또는 임치(민 제701조)에 의거한 것인 경우에는 법정이자를 청구할 수 있지만, 그 외의 경우(도급 · 고용 · 사무관리 등)는 특약이 없는 한 이자를 청구할 수 없는 것이 원칙이다(민 제598조 · 제600조 · 제601조). 그러나 상인이 그 영업에 관하여 상인 · 비상인을 불문하고 타인에게 금전을 대여한 경우에는 법정이자를 청구할 수 있다(제55조 제1항).[4] 또한 상인이 그 영업범위 내에서 상인 · 비상인을 불문하고 타인을 위하여 금전을 체당(替當)하였을 때에는 체당한 날 이후의 법정이자를 청구할 수 있다(제55조 제2항). 여기서 금전을 체당한다는 것은 타인을 위하여 변제로서 금전을 지출하는 모든 행위를 말하는 것으로서, 그 원인은 위임이든 도급이든 고용이든 사무관리이든 불문한다. 이자청구권과 체당행위에

---

1) 대법원 2010. 1. 14. 2007다55477.

2) 대법원 1968. 7. 24. 68다955: 낙원복덕방이라는 상호 하에 부동산 매매 등의 소개업을 하는 자인 원고 X는 상법 제46조 제11호와 같은 법 제4조에 의하여 상인임이 명백하고, 상인인 X가 그 영업범위 내에서 타인을 위하여 행위를 한 이상 X는 특별한 약정이 없다 하여도 상법 제61조에 의하여 Y에게 대하여 상당한 보수를 청구할 수 있다. 반대로 부동산 중개인의 보수청구권을 인정하지 아니한 사례: 동 1991. 4. 9. 90다18968.

3) 대법원 1976. 6. 8. 76다766: 부동산매매 소개료의 약정이 없는 경우에 그 소개료액을 정함에 있어서는 반드시 감정에 의할 것이 아니고 법원이 당시의 제반사정을 참작하여 상당한 액을 정할 수 있다. 동지: 서울고등법원 1969. 12. 17. 68나2013.

4) 대법원 2007. 3. 15. 2006다73072.

대한 보수청구권은 별개로서 공존할 수 있다.

3) 법정이율

민법상의 법정이율은 年 5푼이나(민 제379조), 상법상 상행위로 인하여 생긴 채무의 법정이율은 年 6푼이다(제54조). 상인은 자금수요가 많고 금전을 이용하여 높은 수익을 얻을 수 있다는 것을 고려한 특칙으로서, 당사자 사이에 약정이율이 없는 경우에 적용된다. 이때의 상행위는 기본적 상행위이든 보조적 상행위이든,[1] 쌍방적 상행위이든[2] 일방적 상행위이든 구분이 없다. 상행위로 인하여 생긴 채무란, 상행위로 인하여 직접 발생한 채무뿐만 아니라 계약불이행으로 인한 손해배상채무 및 계약해제로 인한 원상회복의무를 포함한다. 부당이득반환채무와 불법행위로 인한 손해배상채무는 제외된다고 본다.[3]

2. 계약의 성립과 청약수령자의 의무

1) 청약의 효력

(1) 청약의 효력과 관련하여 상법은 대화자 간에 있어서 계약의 청약을 받은 자가 즉시 승낙을 하지 않은 때에는 그 효력을 잃는다(제51조)고 규정하고 있다. 민법에서도 해석상 대화자 간의 청약의 효력은 대화가 계속되는 동안에만 존재한다고 보므로, 이 점에 있어서는 민법과 상법이 동일하다고 할 수 있다. 여기서 대화자 간이란 지리적 원근을 불문하고 당사자가 전화 등으로 상대방의 의사표시를 즉시 요지할 수 있는 상태를 말한다.

(2) 격지자 간의 청약의 효력에 관하여는 상법에 규정이 없다. 따라서 승낙기간을 정한 계약의 청약은 민법에 따라 청약자가 승낙기간 내에 승낙의 통지를 받지 못하면 청약의 효력은 소멸한다(도달주의)(민 제528조 제1항).[4] 그리고 승낙기간을 정하지 않은 경우에는 청약자가 상당한 기간 내에 승낙의 통지를 받지 못

---

1) 보조적 상행위: 대법원 1977. 4. 12. 76다497; 동 1992. 7. 28. 92다10173 · 10183.

2) 쌍방적 상행위: 대법원 1986. 9. 9. 84다464: 상인 간의 상행위로 인한 채권은 상사법정이율인 연 6푼의 비율에 의한 이자의 지급을 명하여야 한다. 동지: 대법원 1986. 9. 9. 84다카1951.

3) 대법원 1985. 5. 28. 84다카966(상인간의 불법행위로 인한 손해배상채무에 대하여 상법 제54조의 상사법정이율이 적용되지 않는다); 동 2004. 3. 26, 2003다34045.

4) 대법원 1994. 8. 12. 92다23537(청약의 효력이 유효기간 경과 후 58분의 시점까지도 여전히 유지되었다고 본 원심판결을 파기한 사례임).

한 때에는 그 효력을 잃는다(도달주의)(민 제529조 참조).

(3) 지연된 승낙은 청약자 측에서 이것을 새로운 청약으로 볼 수 있다(민 제530조).

《청약의 효력에 관한 민법과 상법규정의 비교》

		상법	민법	비고
대화자간	승낙기간을 정하였는지를 불문	즉시승낙(제51조)	대화자간·격지자간 도달주의(제528조 제1항, 제529조)	동일한 것으로 해석됨
격지자간	승낙기간을 정한 경우	규정이 없음	도달주의 (제528조 제1항)	상법에 규정이 없으므로 민법 적용=동일
	승낙기간이 없는 경우	규정이 없음	도달주의 (제529조)	상동

2) 계약의 성립시기

계약의 성립시기에 관하여는 상법에 별다른 규정이 없으므로 민법의 일반원칙에 의한다. 즉, 계약은 승낙의 통지를 발송한 때에 성립한다(민 제531조).[1)]

3) 낙부통지의무

(1) 의 의

민법상 계약의 청약을 받은 자는 승낙의 여부를 통지할 의무가 없다. 그러나 상인이 상시거래관계에 있는 자로부터 그 영업부류에 속한 계약의 청약을 받은 때에는 지체없이 낙부(諾否)의 통지를 발송하여야 하고, 이것을 해태한 때에는 승낙한 것으로 본다(제53조).

(2) 요 건

① 상법 제53조는 격지자 간에 승낙기간을 정하지 않은 경우에만 적용된다.

---

1) 격지자 간에 승낙기간을 정한 청약의 효력은 청약자가 승낙기간 내에 승낙의 통지를 받지 못하면 그 효력을 잃도록 되어 있고(민 제528조 제1항), 승낙의 기간을 정하지 아니한 계약의 청약은 청약자가 상당한 기간 내에 승낙의 통지를 받지 못한 때에는 그 효력을 잃도록 되어 있는데(도달주의)(민 제529조) 계약의 성립은 승낙자가 승낙의 통지를 발송한 때 성립하도록 되어 있어서(발신주의)(민 제531조) 서로 모순이다. 다수설에 의하면 승낙은 원칙적으로 발신에 의하여 확정적으로 효력이 생기나, 승낙기간 내 또는 상당한 기간 내에 도달하지 않으면 계약은 성립하지 않는다고 한다. 즉, 이 경우 계약은 승낙의 불도달을 해제조건으로 하여 승낙의 발송시에 성립한다고 한다.

② 청약자는 상인임을 요하지 않으나, 청약을 받은 자는 상인이어야 한다. ③ 상시거래관계가 있어야 하는데, 이는 종래 계속적인 거래관계가 있었고 또 앞으로도 거래가 반복되리라고 예상된다는 뜻이다. ④ 또 청약은 그 영업부류에 속한 계약에 한한다.

(3) 효 과

① 청약을 받은 자는 즉시 낙부의 통지를 발송하여야 한다(발신주의). 불도달에 대한 불이익은 청약자가 부담한다. ② 즉시 낙부의 통지를 발송하지 아니한 때에는 청약을 승낙한 것으로 본다. 그 외에 손해배상의무 따위는 없으므로 이 의무는 간접의무 또는 부진정의무이다. ③ 청약에 대한 침묵이 사기 · 강박 · 착오에 의하여 이루어진 경우에는 승낙의제를 취소할 수 있고(민 제109조 · 제110조), 피청약자가 정당한 사유로 청약사실을 알지 못한 경우나 과실 없이 승낙의 통지를 발송하지 못한 경우에는 계약이 성립한 것으로 볼 수 없다.

4) 물건보관의무

(1) 의 의

상법에서는 청약과 함께 물건을 송부받았을 때 그 청약을 거절할 경우 그 물건의 반환이나 보관의무가 없는 민법의 경우와 달라서, 상인이 그 영업부류에 속한 계약의 청약과 동시에 견품 기타의 물건을 송부받을 때에는 그 청약을 거절한 때라도 청약자의 비용으로 그 물건을 보관할 의무가 있다(제60조 본문).

(2) 요 건

① 청약을 받은 자는 반드시 상인이어야 하나, 청약자는 상인임을 요하지 않는다. 상시거래관계의 존부는 불문한다. ② 또한 이 의무는 상인이 그 영업부류에 속하는 계약의 청약을 받은 경우에만 부담하는 것이며, 그 영업부류 외의 계약의 청약을 받은 경우에는 이 의무가 없다. ③ 견품 기타 물건을 받아야 한다. 물건은 동산 기타 유가증권을 말하고, 물건의 수령을 거절한 때라도 보관의무를 면하지 못한다. ④ 다만 그 물건의 가액이 보관비용을 상환하기에 부족하든가 또는 그 보관으로 인하여 손해를 받을 염려가 있는 경우에는 보관의무가 면제된다(제60조 단서).

(3) 효 과

청약을 받은 상인은 그 청약을 거절한 때라도 청약자의 비용으로 그 물건을 보관하여야 한다. 물건의 보관은 선량한 관리자의 주의로써 하여야 하며, 이 의무를 위반한 경우에는 손해배상책임을 져야 한다.

3. 채무의 이행

1) 채무이행의 장소

상법에는 채무이행의 장소에 관한 특칙이 없고, 다만 채권자의 지점에서의 거래로 인한 채무의 이행장소는 지점으로 본다는 규정만을 두고 있다(제56조). 따라서 채무이행의 장소에 관한 한 민법의 규정에 따를 수밖에 없다. 민법에 의하면, 채무이행의 장소를 정한 경우에는 그곳이 이행장소가 되고, 그러한 정함이 없는 경우, 특정물인도채무의 이행장소는 채권성립 당시의 물건소재지(민 제467조), 특정물인도 이외의 채무의 이행장소는 채권자의 현주소(민 제467조 제2항 본문), 영업에 관한 채무의 이행장소는 채권자의 현영업소(민 제467조 제2항 단서), 지시채권과 무기명채권의 이행장소는 채무자의 현영업소(민 제516조 · 제524조)로 하도록 되어 있다.

2) 채무이행 또는 이행청구의 시기

법령 또는 관습에 의하여 영업시간이 정해져 있는 때에는 채무의 이행 또는 이행의 청구는 그 시간 내에 하여야 한다(제63조). 이 규정은 당사자 간의 특약으로 그 적용을 배제할 수 있다.

4. 다수당사자의 채무

1) 다수채무자의 연대

민법상 채무자가 수인인 경우에는 균등비율에 의한 분할채무가 되는 것이 원칙이나(민 제408조), 상법에 의하면 수인이 그 1인 또는 전원에게 상행위가 되는 행위로 인하여 채무를 부담한 때에는 연대하여 변제할 책임이 있다(제57조 제1항).[1] 다

---

1) 대법원 1976. 12. 14. 76다2212; 동 1956. 9. 20. 4289민상347; 동 1996. 10. 25. 94다41935 · 41942; 동 2009. 11. 12. 2009다54034 · 54041.

만 이 규정은 임의규정이다.[1] 이 규정이 적용되려면 채무자들 중 1인은 상인이어야 하고, 그 채무가 수인 중 1인 또는 전원에게 상행위가 되는 행위로 인한 채무이어야 한다. 여기에는 보조적 상행위도 포함된다.[2] 수인은 반드시 채무자이어야 하며, 그 수인 중 적어도 1인에게 상행위가 되어야 한다. 따라서 채권자에게만 상행위가 되는 때에는 상법 제57조 제1항의 규정은 적용되지 않는다. 또한 그 채무는 수인의 채무자가 하나의 공동행위에 의하여 부담한 것이어야만 하며,[3] 각자의 개별적인 행위로 인하여 부담한 채무에는 이 규정이 적용되지 않는다. 공동행위는 반드시 동시에 할 필요는 없다. 기업집단에 속하는 계열회사들이 그룹의 조달본부를 통하여 물건을 일괄구매하여 분배하는 경우는 이에 해당하지 않는다.[4]

2) 보증인의 연대

민법상 보증인은 주채무자의 변제자력이 있는 사실 및 그 집행이 용이한 것을 증명하여 먼저 주채무자에게 청구할 것과 그 재산에 대하여 집행할 것을 항변할 수 있는 최고·검색의 항변권(催告·檢索의 抗辯權)이 있다(민 제437조). 또한 보증인이 여러 명인 경우에는 각자 균등한 비율로 보증채무를 부담한다(분별의 이익: 민 제439조). 그러나 상법에서는 보증인이 있는 경우에 그 보증이 상행위이거나(예컨대, 은행이 그 고객을 위하여 하는 지급보증) 주채무가 상행위로 인한 것인 때(예컨대, 상인의 영업자금 차용)에는 주채무자와 보증인은 연대하여 변제할 책임이 있다(제57조 제2항). 상법이 이와 같이 규정한 이유는 상행위로 인하여 발생한 채무에 대하여는 그 이행을 확실하게 하여 거래의 안전을 기하기 위한 것이다. 이 규정도 임의규정이다.

보증이 상행위인 경우란 예컨대 은행이 고객을 위하여 지급보증을 하는 경우가 이에 해당한다.

甲(채권자) ↔ 乙(채무자) ← Bank(보증인)
※ 乙과 Bank는 연대책임

1) 대법원 1994. 6. 28. 93다49208.
2) 대법원 1995. 8. 11. 94다18638: 다수채무자의 연대에 관한 제57조 제1항은 보조적 상행위에도 적용된다.
3) 대법원 2009. 10. 29. 2009다46750: 상행위로 발생한 조합채무에 대하여 연대채무를 인정한 사례; 대법원 2015. 3. 26. 2012다25432: 공동이행방식의 공동수급체 구성원들이 상인인 경우, 도급인에 대한 하자보수의무에 관하여 연대책임을 진다.
4) 대법원 1987. 6. 23. 86다카633.

주채무가 상행위로 인한 것이라 함은 주채무의 발생원인이 상행위로 인한 것을 말한다. 예컨대 상인이 영업자금을 차용함에 있어 그를 보증한 경우가 이에 해당한다.

甲(채권자 : 상인 · 비상인 불문) ↔ 乙(채무자 : 상인) ← 보증인 A, B, C
※ 乙, A, B, C는 연대책임

5. 무상수치인의 주의의무

민법상 보수 없이 임치를 받은 자는 임치물의 보관에 있어서 자기재산과 동일한 주의를 하면 충분하므로(민 제695조) 무상임치의 경우에는 유상의 경우와 비교하여 주의의무를 경감시키고 있다. 그러나 상법에서는 상인이 그 영업범위 내에서 물건의 임치를 받은 경우에는 보수를 받지 않은 때에도 선량한 관리자의 주의(민 제681조)를 하도록 특별규정을 두어(제62조), 민법에서보다 주의의무를 가중시키고 있나. 예컨대 창고업자의 경우뿐만 아니라 부속적 상행위로서 무보수로 수치한 경우에도 적용된다.[1] 임치인은 상인이 아니어도 상관없다.

6. 상인간의 매매

1) 상인간의 매매의 의의

상인 간의 매매란 상인과 상인 간에 이루어지는 상행위인 매매를 말하고 상법은 민법상 매매(민 제563조~제595조)의 특칙을 두고 있다. 상인 간의 매매는 당사자 쌍방이 상인인 경우의 매매를 말하는 것으로서 이때의 매매는 당사자 쌍방에게 상행위로 된다. 다만, 상인 간의 매매는 상인이 영업으로 하는 기본적 상행위뿐만 아니라 영업을 위하여 하는 보조적 상행위이어도 무방하다. 상인 간의 매매에 관한 상법상의 특칙은 임의규정이다.

---

1) 대전지방법원 2015. 6. 5. 2014나18627: 甲이 1,000만 원이 넘는 시계를 매도하려고 乙이 운영하는 편의점 내 무인택배기(乙 외에 별개의 택배사업자가 존재한다)에 물품가액을 접수 가능한 한도액인 '100만 원'으로 입력하고 택배상자를 접수하였으나, 추후 성명불상자가 乙에게 전화하여 택배 취소접수를 요청하자, 乙이 곧이어 찾아온 성명불상자의 동생이라고 칭하는 자에게 신분을 확인하는 등의 절차 없이 택배상자를 건네줌으로써 甲이 시계 대금 상당의 피해를 입은 사안에서, 상법 제62조를 적용하여 乙의 책임을 인정하되 책임한도를 100만 원으로 제한하였다.

2) 매도인의 공탁권과 경매권

(1) 총 설

(가) 민법에 의하면 매매계약에 있어서 매수인이 목적물의 수령을 거부하거나 이를 수령할 수 없는 때(채권자지체)에 매도인은 계약을 해제하고 매수인에게 손해배상을 청구할 수 있는 외에(민 제544조 · 제551조),[1] 공탁권과 경매권을 행사하여(민 제487조~제490조) 목적물인도의무를 면할 수 있다. 다만 민법은 이 경우 공탁을 원칙으로 하고, 경매는 ① 목적물이 공탁에 적당하지 않거나, ② 멸실 또는 훼손될 염려가 있거나, ③ 공탁을 위하여 과다한 비용이 드는 경우에 법원의 허가를 얻어서만 할 수 있다고 정한다(민 제490조). 이와 같이 민법에서는 공탁이 원칙이고 예외적으로 공탁의 준비행위로서 경매가 인정된다. 상법에서는 매도인에게 공탁권과 경매권(自助賣却權)이 나란히 인정된다.

(2) 매도인의 공탁권

(가) 매도인의 공탁권의 의의

상인 간의 매매에 있어서 매수인이 수령을 거부하거나 이를 수령할 수 없는 때에는 매도인은 그 물건을 공탁할 수 있다(제67조 제1항 제1문). 공탁은 매수인의 비용과 위험부담으로 한다.

(나) 공탁권 행사의 요건

공탁권을 행사하려면 (ⅰ) 매매가 상인 간의 상행위인 매매이어야 한다. 상인 간의 매매라 함은 양당사자가 모두 상인이고 쌍방에 대하여 상행위로 되는 매매를 말한다. 다만 그 상행위는 영업으로서 하는 영업적 상행위이든 영업을 위하여 하는 보조적 상행위이든 상관이 없다. (ⅱ) 매수인이 목적물의 수령을 거부하거나[2] 이를 수령할 수 없어야 한다. (ⅲ) 공탁의 목적물에는 제한이 없고 금전 · 유가증권 기타의 물건이다. 부동산도 물건에 포함된다.

(다) 공탁의 효과

(ⅰ) 매도인이 공탁물을 공탁한 때에는 지체없이 매수인에 대하여 이에 관한 통지를 발송하여야 한다(발신주의)[제67조 제1항 제2문. 그러나 실제에 있어서는 공탁

---

1) 채권자지체의 경우 채권자에게 '수령의무'가 있는지에 관하여 견해가 갈린다. 수령의무를 인정하는 견해에 따르면 채무불이행의 일반적 효과로서 손해배상청구권과 계약해제권이 인정된다(소수설). 이에 반하여 수령의무를 인정하지 않고 채권자의 책임은 간접의무라고 보는 견해에 따르면 채권자가 협력의무를 이행하지 않으면 단지 민법 제401조부터 제403조까지의 책임만 질 뿐 손해배상청구권과 계약해제권은 인정되지 않는다(다수설).

2) 대법원 1968. 5. 28. 68다291; 동 1981. 9. 8. 80다2851.

법에 의하여 공탁공무원이 채권자에게 통지하도록 되어 있으므로 이 통지가 발송되면 충분하다(공탁사무처리규칙 제27조)].

(3) 경매권(자조매각권)

(가) 매도인의 경매권의 의의

상인 간의 매매에 있어서 매수인이 수령을 거부하거나 이를 수령할 수 없는 때에는 매도인은 상당한 기간을 정하여 최고한 후 법원의 허가없이도 그 물건을 경매할 수 있다(제67조 제1항). 민법 제490조에 의하면 변제의 목적물이 공탁에 부적당하거나 멸실·훼손의 염려가 있거나 또는 공탁에 과다한 비용이 드는 경우에 한하여 법원의 허가를 얻어 경매(또는 시가로 放賣)하게 되어 있다. 또 매수인에게 최고도 할 수 없거나 목적물이 멸실·훼손의 염려가 있는 때에는 최고 없이도 경매할 수 있다(제67조 제2항). 이러한 매도인의 경매권을 자조매각권(自助賣却權, Selbsthilfeverkaufsrecht)이라 한다.

(나) 경매권 행사의 요건

자조매각권을 행사하려면 ① 상인 간의 상행위인 거래가 있어야 하고, ② 상인 간의 거래에서 매수인이 수령을 지체하여야 하며, ③ 상당한 기간을 정하여 매수인에게 수령을 최고하여야 한다. 경매를 위한 최고는 매수인에게 손해의 예방을 위한 기회를 주기 위한 것이므로 매수인을 위하여 지정된 목적물을 언제까지 수령하지 아니하면 자조매각의 방법으로 처리한다는 것을 명확하게 인식할 수 있게 하여야 한다. 최고의 방법에는 제한이 없으므로 서면 또는 구두로 할 수 있으나, 매수인에게 도달한 때에 효력이 생긴다. 그러나 매수인에 대하여 최고를 할 수 없거나, 목적물이 멸실 또는 훼손될 염려가 있는 때에는 최고없이 경매를 할 수 있다(제67조 제2항).

(다) 경매권 행사의 효과

매도인이 목적물을 경매한 때에는 지체없이 매수인에 대하여 그 통지를 발송하여야 한다(제67조 제1항 제2문). 통지는 특별한 방식을 요하지 않는다. 매도인은 경매비용의 상환을 청구할 수 있고, 매도인이 목적물을 경매한 경우에는 경매비용을 공제한 잔액을 공탁하여야 하나, 그 대금에서 경매대금의 전부나 일부를 매매대금에 충당할 수 있다(제67조 제3항). 이 점이 민법의 경우의 자조매각금의 공탁만을 인정하는 것(민 제490조)과 다르다. 그러나 경매비용을 공제하고 매매대금으로 충당한 후 잔액이 있는 때에는 이를 매수인에게 인도하거나(민 제684조 제1항) 공탁하여야 한다(제67조 제3항). 경매가 적법하게 이루어지지 않은 때에는 매수인은 그 매각을 자기의 계산으로 한 것으로 보지 않을 수 있다. 즉, 매도인은 매수인에게 경매의 효력을 주장할 수 없다.

3) 매수인의 목적물검사 · 하자통지의무

(1) 매수인의 목적물검사 · 하자통지의무의 의의

(가) 민법의 규정에 의하면 매매목적물에 하자가 있거나 수량부족이 있는 때에는 매도인은 하자담보책임을 지고, 매수인은 대금감액을 청구할 수 있으며, 또 매수인이 선의인 경우에는 계약해제와 손해배상청구도 할 수 있는데, 이러한 권리는 매수인이 악의이면 계약한 날로부터 1년 내에, 선의이면 사실을 안 날로부터 1년 또는 6월 내에 행사하여야 한다(민 제570조~제575조 · 제580조~제582조).

(나) 그러나 상인 간의 매매에 있어서는[1] 매수인은 목적물을 수령한 때에는 지체없이 이를 검사하여야 하고, 하자 또는 수량부족을 발견한 때에는 즉시 매도인에게 통지를 발송하여야 하며, 만약 이 통지를 하지 아니하면 매도인이 악의인 경우를 제외하고 그로 인한 대금감액청구 · 계약해제 또는 손해배상청구를 하지 못하게 된다.[2] 다만 그 하자가 즉시 발견할 수 없는 성질의 것인 때에는 6월 내에 이를 발견하여 즉시 통지하면 그 권리를 상실하지 아니한다(제69조). 상법 제69조 제1항은 임의규정이다.[3]

(2) 매수인의 목적물검사 · 하자통지의무의 법적 성질

매수인의 목적물검사 · 하자통지의무는 이를 해태하였을 경우에 일정한 권리를 행사할 수 없는 불이익을 받을 뿐, 그 불이행의 경우 어떤 책임이 생기는 것은 아니기 때문에 불완전의무 또는 간접의무이다. 상법 제69조 제1항은 민법상 매도인의 담보책임에 대한 특칙이라 볼 수 있다. 하자담보책임과 채무불이행책임은 서로 다른 것이므로, 채무자의 불완전이행으로 인한 손해배상을 청구할 경우에는 상법 제69조 제1항이 적용되지 않고, 민법에 따라 손해배상책임을 져야 한다.[4]

---

1) 대법원 1999. 1. 29. 98다1584.
2) 대구고등법원 1989. 6. 1. 88나4073: 목적물검사 및 통지의무를 위반한 경우 손해배상청구권을 상실한다.
3) 대법원 2008. 5. 15. 2008다3671.
4) 대법원 2015. 6. 24. 2013다522. 동지: 대법원 2004. 8. 20. 2001다70337(매도인이 은밀하게 다량의 폐기물을 매립하고 그 위에 토사를 덮은 다음 토지를 매각한 사건).

(3) 매수인의 목적물검사 · 하자통지의무의 요건

매수인의 목적물검사 · 하자통지의무는 상인 간의 매매에만 적용된다. 즉, 양당사자가 상인이고, 쌍방에 대하여 상행위로 되는 매매이어야 한다.

> ❐ 대법원 1993. 6. 11. 93다7174 · 7181
> 당사자의 일방이 상인이 아닌 경우에는 매수인은 목적물의 검사와 하자통지의무가 없다

☞ 〈사실〉

X는 Y로부터 매수한 21~22kg들이 사과 1,300상자를 해체하여 다시 포장한 사과 중 537상자의 사과에 果心이 썩은 하자가 있었다. X는 Y에 대하여 이에 따른 하자담보책임을 묻자 Y는 X가 상법 제69조에 의한 검사와 하자통지의무를 이행하지 않았다는 이유로 그러한 책임을 질 수 없다고 항변하였다. 원심은 Y가 상인이 아니라는 이유로 상법 제69조가 이에 적용될 수 없다고 하여 Y의 항변을 배척하였다. 이에 Y가 상고하게 된 것이다.

〈판결요지〉

Y는 약 5,000평의 사과나무 과수원을 경영하면서 그 중 약 2,000평 부분의 사과나무에서 사과를 수확하여 이를 대부분 대도시의 사과판매상인 X에게 위탁판매한다면, 이는 영업으로 사과를 판매하는 것으로 볼 수 없으니 Y는 상인이 아니다. … 매수인에게 즉시 목적물의 검사와 하자통지를 할 의무를 지우고 있는 상법 제69조의 규정은 상인간의 매매에 적용되는 것이며, 매수인이 상인인 한 매도인이 상인인지 여부를 불문하고 위 규정이 적용되어야 하는 것은 아니다. 따라서 상법 제69조는 X에게 적용되지 않고, 설사 Y를 상인으로 본다고 하더라도 사과의 果心이 썩은 하자는 상법 제69조 제1항 소정의 "즉시 발견할 수 없는 하자"에 해당하므로 X는 위 사과에 있는 숨은 하자를 발견하고 6월 이내에 Y에게 위 하자를 통지하였음을 알 수 있으므로 X가 그 통지의무를 해태하였음을 전제로 하는 논지는 어느 모로 보나 이유가 없다. 따라서 원심판결은 정당하고, 상고를 모두 기각한다.

상인간의 매매에만 적용되고 상인간의 계약이라 하더라도 도급계약이나 임대차계약에는 적용이 없다. 또한 농수산물 유통 및 가격안정에 관한 법률에 의한 거래의 경우에도 적용이 없다(판례).

> ❐ 대법원 1987. 7. 21. 86다카2446
> 상사매매가 아닌 도급계약인 경우에는 매수인이 목적물의 검사와 하자통지의무를 부담하지 아니한다

☞ 〈사실〉

X(상인)는 Y(상인)가 제시한 도안과 규격에 따라 자동포장지를 제작하여 공급하는 계약을 Y와 체결하고 이를 제작하여 Y에게 공급한 경우, Y는 상법 제69조에 의한 목적

물의 검사와 하자통지의무를 부담하는지 여부에 관한 것이다. 이에 대하여 원심은 이를 매매로 보아 Y에게 상법 제69조에 의한 목적물의 검사와 하자통지의무를 부담시켜 Y가 이를 이행하지 않은 이상 Y는 목적물의 하자를 이유로 이 사건 매매계약을 해제할 수 없다고 판시하였다. 이에 Y가 상고하게 된 것이다.

〈판결요지〉

X가 Y의 주문에 따라 자기소유의 재료를 사용하여 만든 물건을 공급할 것을 약정하고 이에 대하여 Y가 대가를 지급하기로 약정하는 이른바 제작물공급계약은, 그 제작의 측면에서는 도급의 성질이 있고 공급의 측면에서는 매매의 성질이 있어 이러한 계약은 대체로 매매와 도급의 성질을 함께 가지고 있는 것으로서, 그 적용법률은 계약에 의하여 제작 공급하여야 할 물건이 대체물인 경우에는 매매로 보아서 매매에 관한 규정이 적용된다고 할 것이나, 물건이 특정의 주문자의 수요를 만족시키기 위한 불대체물인 경우에는 당해 물건의 공급과 함께 그 제작이 계약의 주 목적이 되어 도급의 성질을 강하게 띠고 있다 할 것이므로 이 경우에는 매매에 관한 규정이 당연히 적용된다고 할 수 없다. 그러므로 논지는 이유있고, 원심판결을 파기환송한다. 동지: 대법원 1995. 7. 14. 94다38342: 상법 제69조(매수인의 목적물의 검사와 하자통지의무)는 상인 간의 수량을 지정한 건물의 임대차계약에는 준용되지는 않는다. 동 1991. 8. 13. 91다14970: 농수산물 거래에 관한 한 농수산물 유통 및 가격안정에 관한 법률에 특별규정이 있으므로 상법 제69조는 적용되지 않는다.

이때의 하자는 물건의 성질·형상에 관한 하자를 가리키며(민 제580조·제581조), 권리의 하자는 포함되지 않는 것으로 본다(통설). 매도인이 선의이어야 한다(제69조 제2항). 매도인이 목적물의 인도 당시에 물건의 하자 또는 수량부족을 알고 있었다면(악의) 매수인은 검사·통지의무를 부담하지 않는다.

(4) 매수인의 목적물검사·하자통지의무의 내용

(가) 검사의무

매수인은 목적물을 수령한 때에는 지체없이 이를 검사하여야 한다.[1] 그러나 목적물에 즉시 발견할 수 없는 하자가 있는 경우에는 6월 내에 검사하여야 한다.[2]

(나) 통지의무

매수인은 목적물의 하자 또는 수량부족을 발견하였을 때에는 즉시 매도인에게 그 통지를 발송하여야 한다(발신주의)(제69조 제1항 제1문).[3] 목적물에 즉시 발견

---

1) 그러나 영국물품매매법 제34조 제1항 소정의 검사를 하지 아니한 사유만으로 채무불이행으로 인한 손해의 회복이 금지되는 것은 아니다: 대법원 1988. 12. 13. 87다카2986.

2) 대법원 1993. 6. 11. 93다7174·7181(사과의 果心이 썩은 하자는 즉시 발견할 수 없는 하자에 해당한다).

3) 대구고등법원 1987. 2. 5. 86나926[확정]: 납품받은 물품에 대한 하자를 즉시 통보하지 아니하면 매매계약을 해제할 수 없다.

할 수 없는 하자가 있는 경우에는 매수인은 6월 내에 발견하여 통지하면 된다(제69조 제1항 제2문). 목적물에 즉시 또는 6월 내에 발견할 수 없는 하자 또는 수량부족이 있더라도 6월 내에는 그 통지를 하여야 한다(판례 · 다수설).

❒ 대법원 1999. 1. 29. 98다1584
하자가 6월 내에 발견할 수 없는 성질의 것이라고 하더라도 하자통지를 하지 아니하면 담보책임을 물을 수 없다.

☞ 상법 제69조는 상거래의 신속한 처리와 매도인의 보호를 위한 규정인 점에 비추어 볼 때, 상인 간의 매매에 있어서 매수인은 목적물을 수령한 때부터 지체 없이 이를 검사하여 하자 또는 수량의 부족을 발견한 경우에는 즉시 매도인에게 그 통지를 발송하여야만 그 하자로 인한 계약해제, 대금감액 또는 손해배상을 청구할 수 있고, 설령 매매의 목적물에 상인에게 통상 요구되는 객관적인 주의의무를 다하여도 즉시 발견할 수 없는 하자가 있는 경우에도 매수인은 6월 내에 그 하자를 발견하여 지체 없이 이를 통지하지 아니하면 매수인은 과실의 유무를 불문하고 매도인에게 하자담보책임을 물을 수 없다고 해석함이 상당하다. 동지: 대법원 1987. 7. 21. 86다카2446; 동 1990. 12. 21. 90다카28498 · 28504.

(다) 통지의 내용과 방법

통지의 내용은 매도인에게 하자의 종류와 범위, 수량부족의 정도를 알릴 수 있는 것이어야 한다. 통지의 방법에는 제한이 없다. 통지를 발송하였다는 증명책임은 매수인이 부담한다.[1)]

(5) 매수인의 목적물검사 · 하자통지의무 이행의 효과

(가) 매수인이 검사 · 하자통지의무를 이행하였다고 하여 매수인이 새로운 권리를 취득하는 것은 아니며, 민법의 일반원칙에 의하여 매도인에 대하여 담보책임을 물을 수 있을 뿐이다. 즉, 목적물의 하자가 있는 경우에 매수인은 계약을 해제하거나 손해배상을 청구할 수 있다(민 제580조, 제575조).

(나) 매수인이 계약을 해제한 경우 매도인의 비용으로 이미 인도받은 목적물을 보관 또는 공탁하여야 하고, 만약 목적물이 멸실 또는 훼손될 염려가 있는 때에는 법원의 허가를 얻어 경매하여 그 대가를 보관 또는 공탁하여야 한다(제70조 제1항).

1) 대법원 1990. 12. 21. 90다카28498 · 28504: 목적물의 검사와 하자통지의무를 이행하였다는 증명책임은 매수인이 이를 부담한다.

(6) 매수인의 목적물검사 · 하자통지의무 위반의 효과

매수인이 검사 · 통지의무를 해태한 때에는 매수인은 매도인에 대하여 목적물의 하자 또는 수량부족으로 인한 계약해제 · 대금감액 또는 손해배상을 청구하지 못한다(제69조 제1항, 민 제574조 · 제572조). 그러나 이 의무위반으로 매수인이 손해배상책임을 지지는 않는다(불완전의무 또는 간접의무). 대금감액청구 · 계약해제 및 손해배상청구는 물론, 대물변제, 하자보수청구 · 부족분 추가청구 등의 완전이행의 청구도 할 수 없다.

4) 매수인의 목적물보관 · 공탁의무

민법의 규정에 의하면 매매목적물의 하자 또는 수량부족으로 인하여 매수인이 계약을 해제하였을 때에는 각 당사자는 원상회복의 의무를 진다(민 제548조). 그리고 매수인에게 인도된 물건이 매매목적물과 다르거나 수량을 초과한 경우에도 그 상위 또는 초과부분을 반환하면 충분하고 보관의무를 지는 것은 아니다.

그러나 상인 간의 매매에 있어서 이른바 격지매매의 경우(제70조 제3항) 매수인이 수령한 목적물의 하자나 수량부족으로 계약을 해제한 때 또는 수량이 초과한 때에는 그 목적물을 매도인에게 반송할 것이 아니라 매도인의 비용으로 보관 또는 공탁하여야 한다(제70조 제1항 본문, 제71조). 만일 목적물이 멸실 또는 훼손될 염려가 있는 때에는 법원의 허가를 얻어 경매하여 그 대가를 보관 또는 공탁하여야 한다(제70조 제1항 단서). 이때의 경매를 긴급매각(Notverkauf)이라고 한다. 물론 이렇게 경매를 한 때에는 매수인은 지체없이 매도인에게 그 통지를 발송하여야 한다(발신주의 : 제70조 제2항). 다만, 매도인에게 악의가 없어야 한다. 즉, 매도인이 목적물의 하자 또는 수량부족으로 인한 해제사유 또는 매매의 목적물과 상위하거나 수량을 초과하여 물건을 인도한 사실을 알지 못하여야 한다(제71조, 제70조 제1항, 제69조).

매수인이 보관 · 공탁 또는 경매의무를 위반한 때에는 매도인에 대하여 손해배상책임을 부담한다. 이것은 의무를 이행하지 아니한 경우에 다만 일정한 권리를 상실하는 데 불과한 매수인의 검사 및 통지의무(제69조)와 다른 점이다.

5) 확정기매매의 해제

(1) 확정기매매의 해제의 의의

(가) 확정기매매(Fixhandelskauf)란 매매의 성질 또는 당사자의 의사표시에 의

하여 일정한 일시 또는 일정한 기간 내에 이행하지 아니하면 계약의 목적을 달성할 수 없는 매매를 말하며, 정기행위의 일종이다. 단순히 이행기간이 정하여졌다고 하여 확정기매매라고 할 수 없고,[1] 이행시기가 계약의 성패를 좌우할 정도로 매매의 본질적인 요소가 되는 경우라야 확정기매매이다.

(나) 민법상 일반적으로 채무불이행을 이유로 계약을 해제하고자 할 때에는 먼저 채무자에게 이행을 최고하고 그래도 이행하지 아니할 경우에 계약을 해제할 수 있다(민 제544조). 그러나 정기행위에 있어서는 채무자가 이행을 지체하면 채권자는 이행의 최고(민 제544조)를 하지 않고도 즉시 계약을 해제할 수 있다(민 제545조). 그러나 계약해제의 의사표시는 필요하다.

(다) 그런데 상인 간의 상행위인 확정기매매에 있어서는 당사자의 일방이 이행시기를 경과한 때에는 상대방에 대한 해제의 의사표시를 하지 않아도 계약이 해제된 것으로 본다(제68조). 만일 상대방이 그 매매계약의 존속을 원한다면 즉시 이행의 청구를 하여야 한다(제68조). 민법상의 정기행위는 채권자가 해제의 의사표시를 하여야 하나, 상법상의 정기매매는 채권자가 해제의 의사표시를 하지 않더라도 이행기가 경과하면 당연히 해제된 것으로 의제하는 점에서 차이가 있다.

민법상 일반 매매 : 불이행 → 최고 → 해제가능
민법상 확정기 매매 : 불이행 → 최고불요 → 해제가능
상법상 확정기 매매 : 불이행 → 최고불요 → 해제간주 ← 이행청구

(라) 채무자의 귀책사유에 의한 채무불이행이 있어야 하고, 채권자가 즉시 이행청구를 하지 않아야 한다. 채무불이행이 있더라도 채권자가 즉시 이행을 청구한 때에는 계약은 해제되지 않는다. 이것은 이행기를 경과한 채무의 이행이 채권자에게 이익이 되는 경우에 채권자가 이를 선택하여 이행청구를 할 수 있도록 하기 위한 것이다. 이행의 청구는 채무자에게 도달되어야 하므로(민 제111조, 제544조), 그에게 도달하지 아니한 때에는 이행의 청구가 없었던 것으로 취급되어 계약의 당연해제효과가 발생한다.

(3) 확정기매매해제의 효과

위의 요건을 구비하면 확정기매매계약은 당연히 해제된 것으로 본다. 확정기매매계약이 해제되면 민법상 계약해제에 관한 일반원칙이 적용되어, 그 계약은

---

1) 대법원 1955. 3. 30. 4287민상320.

소급하여 효력을 잃게 되어 각 당사자는 그 상대방에 대하여 원상회복의무가 있고(민 제548조, 제549조), 채무자는 상대방에 대하여 손해배상책임을 부담한다(민 제551조).

◆ **주요거래조건**

상법은 상사매매에 관하여 최소한의 규정을 두었을 뿐이므로 현실적 거래에 있어서는 상관습이나 정형적 조건 내지 보통거래약관이 발달하고 있는데, 이러한 사정은 국제매매에서 특히 두드러지고 있다. 국제매매에 있어서의 주요 거래조건을 예시하면 다음과 같다.

(1) FOB조건

(i) FOB조건이란 free on board의 약칭으로서, 우리나라에서는 보통 이것을 '本船渡' 조건으로 번역한다. 이것은 매도인이 매매계약에서 정하여진 선적항에서 매수인이 지정한 선박에 매매의 목적물을 선적하면 그때부터 물품에 대한 소유권과 멸실·훼손의 위험은 매수인에게로 이전한다는 뜻의 거래조건이다. 따라서 매수인은 이 시점부터 물품의 멸실·훼손의 위험과 운임 및 그 후에 발생한 비용을 부담하여야 하고, 매매대금을 지급하여야 할 의무를 부담한다.

(ii) FOB조건은 역사적으로는 영국의 상관습에서 발전해 온 것인데, 이러한 거래조건이 최초로 등장한 것은 영국의 1812년 Wackerbath v. Massor 사건이다. 그러나 이것이 영국뿐만 아니라 세계각국에서 널리 쓰이게 되면서 그 의미가 각각 다르게 해석되었기 때문에 그 해석의 국제적 통일이 필요하게 되었다. 여기서 국제상업회의소(International Chamber of Commerce: ICC)가 1936년에 FOB조건을 비롯한 각종의 정형적 거래조건의 해석에 관한 국제규칙을 제정하였고, 그 후 수차례의 개정·추가를 거쳐 현재는 2010년의 인코텀즈(International Rules for the Interpretation of Trade Terms: Incoterms, 2010)에 11종의 거래조건이 정의되어 있다. 이 규칙은 국제조약은 아니기 때문에 당연히 적용되는 것은 아니고, 당사자 매매계약 중에 동규칙에 따라 거래조건을 해석한다라는 뜻의 조항을 삽입함으로써 구속력을 갖게 된다.

한편 미국에서는 통일상법전(Uniform Commercial Code: UCC) 중에 FOB조건과 기타 정형적 조건에 관한 규정(§2-319 이하)이 있다.

(2) CIF조건

(i) 현대 국제물품매매에 있어 가장 널리 사용되는 정형적 거래조건은 CIF조건이다. 이것은 cost, insurance, freight의 약어로서, 우리나라에서는 일반적으로 '운임보험료포함' 조건으로 번역한다. CIF조건은 현대의 선박의 대형화, 정기선의 운항, 보험 및 은행업의 국제화 등에 따라 발달하였다.

(ii) 이 조건에 따르면 매도인이 자기의 위험과 비용으로 지정항까지의 운송계약을 체결하고, 약정기간 내에 매매의 목적물을 선적하여야 하며, 선적 후의 위험에 대하여 해상보험계약을 체결한 다음, 선적서류(선하증권·보험증권·상업송장 등)를 매수인에게 제공하여야 한다. 그리고 매수인은 선적 후의 목적물에 대한 멸실·훼손의 위험을 부담하는 한편, 선적서류와 상환으로 매매대금을 지급할 의무를 부담한다.

(iii) FOB조건은 매매의 목적물을 본선상에서 현실적으로 인도(actual delivery)하여야 하는 데 대하여, CIF조건에서는 선하증권을 중심으로 한 선적서류(shipping documents)에 의한 상징적 인도(symbolic delivery)를 한다는 점에서 특색이 있다. 그러므로 CIF조건에 의한 매매는 선적서류의 매매라고도 할 수 있다. 그러나 이때 수수되는 선하증권은 해상운송인이 운송물을 인도할 채무를 표창하는 유가증권이므로 매매의 당사자가 단순히 선하증권을 매매한다는 것은 무의미하다. 즉, 이때의 매매는 해상운송인이 인도의무를 부담한 바로 그 물품의 매매인 것이다.

(iv) 매도인은 선적서류와 함께 화환어음을 발행하여 이를 할인함으로써 매수인의 대금지급을 확보할 수 있고, 매수인으로서도 CIF조건으로 제공된 선적서류가 계약의 목적에 합치하는가를 확인한 다음 그 서류와 상환으로 대금을 지급하므로, CIF거래는 격지자 간의 거래에 있어 안전한 거래조건이다. 또 CIF거래는 언제나 선적서류가 수반되기 때문에, 이것으로써 운송 중의 목적물의 전매 기타 처분을 신속 · 간편하게 할 수 있는 장점도 있다.

(v) CIF조건에 있어서의 당사자 간의 의무라든가 위험의 이전시기 등에 대한 해석에 관하여도 앞에서 언급한 FOB조건의 경우와 마찬가지로 인코텀즈에 따라 해석한다는 뜻의 조항을 계약에 삽입함으로써 구속력을 갖는다.

제3절 유가증권에 관한 규칙

유가증권이란 사법상의 권리를 표창하는 증권으로서 권리의 행사를 위하여 증권의 점유를 필요로 하는 것을 말한다. 상법은 유가증권 중에서 화물상환증 · 창고증권 · 주권 · 사채권 · 선하증권 등에 관하여 그 기초가 되는 기업의 실질관계와 관련하여 해당하는 곳에 개별적인 규정을 두고 있다. 어음 · 수표에 관하여는 어음법 · 수표법에서 상세한 규제를 하고 있다. 따라서 상행위법 통칙에서는 유가증권일반에 관하여는 직접적인 규정을 두지 않고, 다만 상법 제65조에서 증권적 채권인 지시채권과 무기명채권에 관한 민법의 규정(민 제508조~제525조) 및 배서의 무조건성과 일부배서의 무효에 관한 어음법의 규정(어 제12조 제1항 · 제2항)을 준용하는 데 그치고 있다.

이와 같이 유가증권은 상법, 민법 및 어음법 · 수표법에 분산되어 규정되어 있고, 이들 규정 간에 서로 관련성이 없어 일관된 체계를 이루지 못하고 있다(예컨대, 배서의 자격수여적 효력에 관한 어음법 제16조 제1항 및 수표법 제19조 제1항에는 "… 적법한 소지인으로 추정한다"고 되어 있는 데 대해서 상법 제65조가 준용하는 민법 제513조 제1항에서는 "… 적법한 소지인으로 본다"고 되어 있다).

제4절 상호계산

Ⅰ. 상호계산의 의의

1) 상호계산(Kontokorrent, laufende Rechnung, current account)이란 상인 간 또는 상인·비상인 간에 상시 거래관계가 있는 경우에 일정한 기간 내의 거래에서 생기는 채권·채무의 총액을 상계하고 그 잔액을 지급할 것을 약정하는 계약(제72조)이다. 이를 분설하면,

① 적어도 당사자의 일방은 상인(소상인이어도 상관없다)이어야 하므로 이 계약은 상인이 영업을 위하여 하는 보조적 상행위가 된다. 비상인 간의 민사상호계산계약은 상법상의 상호계산계약이 아니다.

② 당사자 간에 상시 채권·채무가 발생하는 거래관계가 있어야 하므로 일방에게만 채권 또는 채무가 계속하여 발생해서는 안된다. 다만 현실로 반드시 상호 간에 채권이 있어야만 하는 것은 아니고, 서로 상대방에 대하여 채권을 취득할 것이 예상되면 충분하다.

③ 일정기간의 채권·채무의 총액을 상계하고 그 잔액을 지급할 것을 약정하여야 한다. 그 정함이 없는 경우에는 6월로 한다(제74조).

2) 상호계산의 대상이 될 수 있는 것을 상호계산능력이라 한다. ① 채권·채무는 특약(예컨대, 취급하는 영업소 또는 거래의 종류·품목에 의한 제한)이 없는 한, 계산기간 중에 거래관계에서 보통 생기는 일체의 채권·채무는 상호계산능력이 있고, 거래의 종류는 묻지 않는다. ② 그러나 거래와 관계없이 발생한 채권·채무, 즉 사무관리나 부당이득 또는 불법행위 등에 의하여 발생한 채권·채무는 상호계산능력이 없다. ③ 또한 상호계산은 집단적으로 총액을 상계하는 것이므로 금전채무에 한한다. ④ 어음 기타 증권상의 채권은 이를 행사하기 위하여는 지급제시가 필요하고 지급이 거절된 경우에는 거절증서의 작성 등 상환청구를 위한 절차가 필요하므로 상호계산능력이 없다. 그러나 어음 기타 상업증권의 수수에 따른 대가의 지급채무는 상호계산능력이 있다(제73조). ⑤ 담보부채권은 잔액채권이 성립하면 담보권이 소멸하므로 상호계산능력이 없다는 견해가 있으나, 잔액채권이 성립하더라도 담보권은 소멸하지 않으므로 담보부채권도 상호계산능력이 있다고 본다.

Ⅱ. 상호계산의 효력

상호계산의 효력은 소극적 효력과 적극적 효력으로 나눌 수 있는데, 전자는 상호계산기간 중의 효력이고, 후자는 상호계산기간 만료 후의 효력이다.

1. 소극적 효력

1) 상호계산불가분의 원칙

(1) 상호계산은 일괄하여 결제하는 제도이므로 일정한 기간 내에 생긴 일체의 채권·채무는 당연히 계산에 계입되어 그 독립성을 상실하고, 결산기에 일괄상계할 때까지 정지상태에 놓인다. 이것을 상호계산불가분의 원칙(Unteilbarkeit) 또는 상호계산의 소극적 효력이라고 한다. 물론 개개의 채권이 소멸되는 것은 아니어서 확인의 소는 가능하지만, 각 당사자는 계산기간 내에는 개개의 채권을 행사하지 못하고 이행의 소를 제기할 수 없으며 채권의 소멸시효의 진행도 정지되고, 채무의 이행지체도 되지 않는다.

(2) 당사자 간에는 상호계산 외의 다른 채권·채무와 상계하지도 못하며, 각 채권의 양도·입질·압류 등도 하지 못한다.

(3) 상호계산 불가분의 원칙의 효력은 당사자 간에만 미치므로 제3자에게 채권을 양도한 경우에는 손해배상의 문제가 생길 뿐, 선의의 양수인에게는 그 제한을 대항할 수 없다(민 제449조 제2항 단서). 또 법원에 의하여 이미 압류가 결정된 이상 이를 무효로 할 방법이 없다.

2) 상호계산불가분원칙의 예외

계산에 계입된 채권·채무는 상대방의 동의가 없는 한 임의로 계산으로부터 제거할 수 없다. 그러나 어음 기타의 상업증권을 수수한 대가로서의 채권·채무를 상호계산에 계입한 경우에는, 후에 증권채무자가 채무를 변제하지 아니하였을 경우에 한하여 예외적으로 당사자는 그 대가에 관한 항목을 계산에서 제거할 수 있다(제73조). 왜냐하면 유가증권의 경우는 그 지급이 거절된 경우에 권리보전을 위한 특별한 절차를 필요로 하기 때문이다.

2. 적극적 효력

상호계산기간이 만료되면 계산에 계입되었던 채권·채무의 총액을 일괄상계하고 잔액을 확정하며, 당사자의 일방은 잔액의 지급청구권을 행사하게 된다.

1) 잔액채권의 성립

상호계산기간이 종료하면 그 기간 중에 발생한 쌍방의 채권채무가 상계되고 그 결과로 남은 금액만큼의 잔액채권이 성립한다. 잔액채권은 '상호계산기간의 경과'로 자동적으로 성립한다. 이에 대하여 당사자의 일방이 채권·채무의 각 항목과 차계잔액을 기재한 계산서를 제출하고, 상대방이 이것을 승인함으로써 잔액이 확정된다.

2) 계산서의 승인

(1) 잔액채권의 확정

잔액채권은 채권채무의 각 항목을 기재한 계산서를 승인함으로써 확정된다.

(2) 잔액채권승인의 효력

(가) 잔액채권의 승인으로 승인 전의 유인적(유인적) 잔액채권과는 다른 무인적(무인적) 잔액채권이 성립한다.

(나) 무인적 잔액채권은 독자적인 변제기 및 시효기간의 적용을 받는데, 계산폐쇄일 다음날부터 잔액채권에 대한 시효기간이 기산한다고 본다. 상호계산계약은 보조적 상행위이므로 5년의 시효에 걸린다고 본다. 특약으로써 각 항목채권에 이자를 붙인 경우에도 잔액채권에 관하여는 계산폐쇄일 이후의 상사법정이자를 청구할 수 있다(제76조). 이때에는 이중으로 이자를 지급하게 된다.

(다) 종전의 각 항목채권위에 설정된 보증채무 기타 담보권의 소멸여부는 보증계약 및 담보설정계약에 따라야 할 것이지만, 만약에 정함이 없는 경우에는 유인적 잔액채권의 범위 내에서 유인적 잔액채권을 위하여 계속 존재한다고 본다.

(3) 계산의 부정확과 승인행위의 하자

상호계산계약의 목적이 계산관계를 신속·간명하게 처리하는 데 있으므로 계산서를 승인하면 각 당사자는 각 항목에 관하여 존재하던 하자(예컨대, 채권발생의 원인인 매매계약의 무효)를 이유로 하여 이의를 제기하지 못한다(제75조 본문). 그러나 계산상 착오나 탈루가 있는 경우에는 이의를 할 수 있다(제75조 단서). 그리고 계산서의 승인행위 자체에 허위표시나 사기·착오·강박 등 무효 또는 취소의 원인이 있는 경우에는 이러한 하자에 의하여 그 승인의 효력을 다툴 수 있음은 물론이다.

Ⅲ. 상호계산의 종료

상호계산은 그 계약의 존속기간의 만료 등 계약의 일반적 종료원인에 의하여 종료된다. 또한 상법에 의한 특별종료원인인 해지에 의하여도 종료된다. 즉, 각 당사자는 상대방의 신용에 변동이 있거나 기타 특별한 사정이 있는 경우에는 언제든지 상호계산계약을 해지할 수 있다(제77조 전단). 이 밖에 당사자 일방에 파산(채회 제343조 제1항 전단) 또는 회사회생절차의 개시(채회 제125조 제1항)가 있을 때에도 당연히 종료한다. 그러나 화의절차의 개시는 종료원인이 아니라고 본다.

2) 계약이 종료되었을 때에는 계산기간과 관계없이 당사자는 즉시 계산을 폐쇄하고, 잔액의 지급을 청구할 수 있다(제77조 후단). 파산 또는 회사회생절차가 개시되면 잔액채권은 파산채권 또는 정리채권이 된다(채회 제343조 제2항 후단·제125조 제2항).

제5절 익명조합

Ⅰ. 익명조합의 의의

익명조합(stille Gesellschaft, undisclosed association, sociétés en participation)이란 ① 당사자의 일방(익명조합원)이 상대방(영업자)의 영업을 위하여 ② 출자를 하고, ③ 상대방이 영업으로 인한 이익을 분배할 것을 약정하는 ④ 익명조합원과 영업자 간의 계약이다(제78조). 당사자의 일방이 복수라도 상관없다. 영업자만이 대외적으로 활동하므로 법률적으로는 영업자의 개인기업으로 취급된다. 익명조합은 기간이 정해져 있건 정해져 있지 않건 지속적인 영업을 위한 것이므로 1회적인 거래에 출자하는 것은 상법상의 익명조합이 아니다. 익명조합원은 영업을 위하여 금전 기타 재산의 출자를 하여야 한다. 신용·노무의 출자는 인정되지 않는다. 영업자는 익명조합원에게 영업으로 인한 '이익을 분배'하여야 한다. 이익의 분배는 공동기업의 가장 중요한 목적을 이루므로 익명조합의 가장 중요한 요소이다. 그러나 손실의 분담은 익명조합의 요건이 아니므로 이를 배제하는 특약도 가능하다.

Ⅱ. 익명조합의 내부관계

1. 익명조합원의 권리의무

1) 출자의무

익명조합원은 영업자의 영업을 위하여 계약에서 정한 대로 출자하여야 한다. 출자의 목적은 금전 기타의 재산에 한하며 신용이나 노무는 출자의 목적이 될 수 없다(제86조, 제272조). 그리고 특정재산에 대한 사용권만을 출자하거나 채권을 양도하는 것도 허용된다. 익명조합원이 출자한 금전 기타의 재산은 영업자의 재산으로 본다(제79조).[1] 출자한 재산이 영업자의 재산으로 귀속될 수 있도록 재산권 이전에 필요한 모든 절차를 취하여야 한다(제79조).[2]

2) 손실분담의무

상법이 익명조합원의 손실분담에 관한 규정을 두고는 있으나(제82조 제1항), 손실분담이 익명조합계약의 요소는 아니다. 익명조합원의 지분이 손실로 인하여 출자액 이하로 감소되면 다른 약정이 없는 한 그 손실을 보전한 후가 아니면 이익분배를 청구하지 못한다(제82조 제1항). 손실분담방법도 계산상 출자액이 감소되는 것이지 현실로 추가로 출자하는 것은 아니고, 손실이 출자액을 초과하더라도

1) 대법원 2011. 11. 24. 2010도5014: 익명조합원이 영업을 위하여 출자한 금전 기타 재산은 영업자의 재산으로 보므로 업자가 영업이익금 등을 임의로 소비한 경우 횡령죄가 성립하지 않는다. 동지: 대법원 1971. 12. 28. 71도2032; 동 2009. 4 .23. 2007도9924.

2) 대법원 1971. 12. 28. 71도2032: 익명조합원이 출자한 재산을 영업자가 처분하였더라도 횡령죄가 되지 아니한다. 대법원 1973. 1. 30. 72도2704: 익명조합원이 영업을 위하여 출자한 금전 기타의 재산은 상대방인 영업자의 재산으로 되는 것이므로, 영업자는 타인의 재물을 보관하는 자가 아니다. 배임죄의 경우도 같다: 대법원 1992. 4. 14. 91도2390.

이미 받은 이익의 반환이나 증자의 의무는 없다(제82조 제2항). 손실분담은 당사자 간에 다른 약정이 있으면 적용하지 아니한다(제82조 제3항).

3) 지위불양도의무

익명조합도 실질적으로는 인적 신뢰관계를 기초로 하므로 익명조합원은 출자의무를 이행한 후에라도 영업자의 동의가 없는 한 그 지위를 타인에게 양도·상속하지 못한다고 본다. 이 점은 영업자의 경우도 마찬가지이다.

4) 감시권

익명조합원은 영업자의 영업에 관하여 업무집행의 권리의무는 없으나(제86조, 제278조), 합자회사의 유한책임사원과 같이 감시권이 있다(제86조, 제277조). 즉, 익명조합원은 영업연도말에 있어서 영업시간 내에 한하여 영업자의 회계장부·대차대조표 기타의 서류를 열람할 수 있고, 영업자의 업무와 재산상태를 검사할 수 있으며, 중요한 사유가 있는 때에는 언제든지 법원의 허가를 얻어 그 열람과 검사를 할 수 있다.

2. 영업자의 의무

1) 영업수행의무

영업자는 계약의 정함에 따라 선량한 관리자의 주의로써 영업을 수행할 의무를 부담한다(민 제707조·제681조 참조). 따라서 영업자가 정당한 사유없이 영업을 개시하지 아니하거나 휴업·폐업한 경우에는 익명조합원은 손해배상을 청구할 수 있고, 경우에 따라서는 계약을 해지할 수 있다(제83조 제2항).

2) 이익분배의무

영업자는 영업으로 인한 이익을 분배할 의무를 부담한다(제78조). 이익의 유무를 불문하고 정기적으로 일정액을 지급하기로 한다든지, 매출액의 일부를 지급하기로 하는 것은 익명조합의 본질에 어긋나므로, 이러한 약정은 비록 익명조합의 이름을 빌렸다 하더라도 익명조합이라 할 수 없다. 그러나 반드시 모든 이익을 분배하여야 하는 것은 아니고 이익분배를 한다는 뜻과 그 최고한도를 정하면 된다. 이익분배의 비율에 관하여 특약이 없으면 출자액의 비율에 따른다(민 제711조 제1항).

> ❒ 대법원 1962. 12. 27. 62다660
> 이익의 유무를 불문하고 일정금액의 지급을 약속한 경우 익명조합관계를 부정한 판결

☞ 당사자의 일방이 상대방의 영업을 위하여 출자를 하는 경우라 할지라도 그 영업에서 이익이 난 여부를 따지지 않고 상대방이 정기적으로 일정한 금액을 지급하기로 약정한 경우는, 설사 이익이라는 명칭을 사용하였다 하더라도 익명조합계약이라 할 수 없다. 동지: 대법원 1983. 5. 10. 81다650(중국음식점의 경영을 공동사업으로 하면서 이익이 난 여부를 묻지 아니하고 매일 매상액 중 일정한 금액의 지급을 약정한 것은 가령 이익이라는 명칭을 사용하였다 하더라도 상법상의 익명조합이라고는 할 수 없다); 대법원 1957. 1. 8. 4290민상616; 동 1977. 1. 25. 77다2092.

영업자는 특약이 없는 한 매 영업연도말에 지체없이 결산을 하고 이익의 분배를 하여야 한다. 영업연도는 특약이 없으면 1년으로 본다(제30조 제2항). 익명조합원이 특약에 따라 손실을 분담하여 출자액이 감소된 경우에는 그 다음 해의 이익에 의하여 전보한 후가 아니면 이익의 분배를 하지 못한다(제82조 제1항).

3) 경업금지의무

익명조합은 실질적으로는 영업자와 익명조합원의 공동사업으로서 영업자는 선량한 관리자로서의 주의의무를 부담할 뿐만 아니라, 합자회사의 무한책임사원과 같은 지위에 있으므로 영업자는 경업금지의무를 진다. 다만, 의무위반의 경우 개입에 관한 규정이 없으므로 그 위반행위의 중지 및 손해배상청구를 할 수 있다고 본다.

Ⅲ. 익명조합의 외부관계

1. 영업자와 제3자의 관계

익명조합은 법률상은 영업자의 단독영업이므로 제3자와의 사이에 발생된 모든 권리의무는 영업자에게만 귀속된다. 영업자는 익명조합의 채무에 대하여 무한책임을 지며, 그 결과 제3자의 신뢰의 보호에는 문제가 없게 된다.

2. 익명조합원과 제3자의 관계

1) 익명조합원은 제3자와의 사이에 아무런 법률관계도 생길 수 없으며(제80조),[1] 영업자를 대리할 권한도 없다(제86조, 제278조). 따라서 제3자에 대한 책임이 생길 수 없다.

> ❒ 서울고법 1967. 2. 15. 66나400
> 익명조합원은 제3자에 대하여 아무런 권리나 의무가 없다.

☞ 원·피고 간에 공장운영 동업계약을 체결하면서 원고는 자금만 출자하고, 대외관계는 피고가 나서서 하기로 하였다면, 원고는 익명조합원으로서 피고의 제3자에 대한 행위에 관하여 그(제3자)의 선의·악의를 불문하고 아무런 권리나 의무가 없다.

2) 다만 익명조합원이 자기의 성명을 영업자의 상호 중에 사용하게 하거나, 자기의 상호를 영업자의 상호로 사용할 것을 허락한 때에는 그 사용 이후의 채무에 대하여 영업자와 연대하여 변제할 책임을 진다(제81조). 성명사용의 허락은 명시적이든 묵시적이든 불문하고, 익명조합원을 영업자로 오인함에 있어서 악의 또는 중과실이 있는 자에 대하여는 익명조합원은 책임을 지지 않는다고 본다.

Ⅳ. 익명조합의 종료

1. 익명조합의 종료원인

1) 계약의 해지

계약의 일반적인 종료원인의 발생에 따른 익명조합의 종료 외에도, 조합계약에 조합의 존속기간을 정하지 아니하거나 어느 당사자의 종신까지 존속하기로 약정한 때라도 각 당사자는 6월 전에 예고를 하고 영업연도말에 계약을 해지할 수 있다(제83조 제1항). 다만 부득이한 사정이 있는 때에는 각 당사자는 언제든지 해지할 수 있다(제83조 제2항).

익명조합원의 채권자는 민법의 규정에 의하여 채무자가 그 채권자를 해함을 알고 익명조합계약을 체결하여 자기의 재산을 영업자에게 출자하는 경우 채권자취

---

1) 서울고등법원 1967. 2. 15. 66나400.

소권(민 제406조)을 행사할 수 있다. 그 결과 익명조합계약이 사실상 해지되는 수가 있을 것이다. 다만 영업자가 선의인 경우에는 그러하지 아니하다(민 제406조 단서).

2) 법정종료사유

조합계약은 (ⅰ) 영업의 폐지 또는 양도, (ⅱ) 영업자의 사망 또는 피성년후견인 선고, (ⅲ) 영업자 또는 익명조합원의 파산으로 종료한다(제84조). 익명조합원의 사망 또는 피성년후견인 선고는 조합계약의 종료사유가 되지 아니한다.

2. 익명조합의 종료효과

익명조합계약이 종료되면 영업자는 '출자의 가액'을 익명조합원에게 반환하여야 한다(제85조 본문). 출자할 금액 중 익명조합원이 아직 이행하지 아니한 부분에 대하여는 영업자가 반환할 의무가 없고, 또 손실분담으로 인하여 출자가 감소한 때에는 그 잔액만을 반환하면 된다(제85조 단서). 익명조합원의 출자총액반환청구권은 단순한 채권으로서 익명조합원은 영업자의 다른 채권자와 동등한 지위에서 권리를 행사할 수 있을 뿐이지만, 익명조합원이 물건의 사용권을 출자한 경우 영업자가 파산한 때에는 그 물건에 관한 환취권(還取權)을 갖는다(채회 제407조).

제6절 합자조합

Ⅰ. 합자조합의 의의

합자조합은 조합의 업무집행자로서 조합의 채무에 대하여 무한책임을 지는 조합원(무한책임조합원인 업무집행조합원)과 출자가액을 한도로 하여 유한책임을 지는 조합원(유한책임조합원)이 상호출자하여 공동사업을 경영할 것을 약정함으로써 그 효력이 생긴다(제86조의 2).

최근 인적 자산의 중요성이 높아짐에 따라 인적 자산을 적절히 수용할 수 있도록 공동기업 또는 회사 형태를 취하면서 내부적으로는 조합의 실질을 갖추고 외부적으로는 사원의 유한책임이 확보되는 기업 형태에 대한 수요가 늘어나고 있다. 2011년 개정상법은 미국의 합자조합(Limited Partnership: LP), 일본의 유한책임사업조합(Limited Liability Partnership: LLP) 등을 참고하여 업무집행조합원과 유한책임조합원으로 구성된 합자조합제도를 신설하였다.

Ⅱ. 합자조합의 설립

1. 조합계약

합자조합은 조합설립을 위한 조합계약이 체결되면 별도의 등기 없이 바로 성립된다. 조합계약에는 소정의 사항을 적고 총조합원이 기명날인하거나 서명하여야 한다(제86조의 3). 합자조합은 업무집행조합원과 유한책임조합원의 공동사업이므로 1인설립은 허용되지 않는다. 합자조합의 목적은 제한이 없으므로 반드시 영리목적이 아니어도 상관없다. 조합계약에는 합자조합의 명칭을 기재하여야 하나, 법문상 반드시 "합자조합"이라는 표시를 하지 않아도 되는데, 이는 법의 흠결이다. 법인도 조합원이 될 수 있다. 무한책임조합원의 출자의 목적에는 제한이 없으므로 노무와 신용도 출자의 대상이 된다. 그러나 유한책임조합원의 경우는 조합계약에서 특별히 정하지 않으면 금전이나 재산의 출자만 할 수 있고 노무나 신용은 출자의 목적으로 할 수 없다(제86조의 8 제3항, 제272조). 합자조합에는 자본금에 관한 제한이 없다.

2. 등 기

업무집행조합원은 합자조합 설립 후 2주 내에 조합의 주된 영업소의 소재지에서 조합계약에 적은 사항 중 법률이 요구하는 사항을 등기하여야 하고(제86조의 4 제1항 제1호), 이들 사항이 변경된 경우에는 2주 내에 변경등기를 하여야 한다(제86조의 4 제2항). 또한 조합원의 출자의 목적, 재산출자의 경우에는 그 가액과 이행한 부분을 등기하여야 한다(제86조의 4 제1항 제2호). 합자조합이 본점을 이전하는 경우에는 2주간 내에 구소재지에서는 신소재지와 이전연월일을, 신소재지에서는 제86조의 4 제1항 제1호에 정한 사항을[1] 등기하여야 한다(제86조의 8 제1항, 제182조

---

1) 제86조의 8 제1항은 제182조 제1항을 준용하도록 되어 있고, 제182조 제1항은 제180조(합명회사 설립등기)의 각 호의 사항을 등기하여야 하는 것으로 되어 있으나, 합자회사에서는

제1항). 업무집행조합원, 직무대행자 또는 청산인이 이 등기를 게을리한 경우에는 500만원 이하의 과태료가 부과된다(제86조의 9).

Ⅲ. 합자조합의 내부관계

1. 합자조합의 업무집행

1) 업무집행조합원

업무집행조합원은 조합계약에 다른 규정이 없으면 각자가 합자조합의 업무를 집행할 권리와 의무가 있다(제86조의 5 제1항).

업무집행조합원은 선량한 관리자의 주의로써 그 업무를 집행하여야 한다(제86조의 5 제2항). 둘 이상의 업무집행조합원이 있는 경우에 조합계약에 다른 정함이 없으면 그 각 업무집행조합원의 업무집행에 관한 행위에 대하여 다른 업무집행조합원의 이의가 있는 경우에는 그 행위를 중지하고 업무집행조합원 과반수의 결의에 따라야 한다(제86조의 5 제3항).

업무집행조합원의 업무집행을 정지하거나 직무대행자를 선임하는 가처분을 하거나 그 가처분을 변경·취소하는 경우에는 본점 및 지점이 있는 곳의 등기소에서 이를 등기하여야 한다(제86조의 8 제2항, 제183조의2). 조합계약에 다른 규정이 없는 한 업무집행조합원은 경업거래와 자기거래가 금지된다(제86조의 8 제2항, 제198조, 제199조). 그 밖에 직무대행자의 권한(제86조의 8 제2항, 제200조의 2), 공동대리(제86조의 8 제2항, 제208조 제2항), 대표조합원의 권한(제86조의 8 제2항, 제209조)[1] 등은 합명회사의 그것을 준용하고, 청산인에 관하여는 합자회사의 그것을 준용한다(제86조의 8 제2항, 제287조).

2) 유한책임조합원

유한책임조합원의 지위는 조합계약에서 정한다. 조합계약에 달리 규정이 없으면 다음과 같다. 유한책임조합원은 원칙적으로 업무집행권이 없다(제86조의 8 제3항, 제278조)(합자회사의 경우에는 제278조에서 예외 없이 유한책임사원은 회사의 업무집

제86조의 4 제1항 제1호의 사항을 등기하여야 할 것이다. 입법의 착오이다.

1) 합자조합의 대표조합원제도의 존재에 관하여 아무런 직접적인 규정이 없다가 준용규정을 통하여 간접적으로 이를 인정하는 것은 매우 부적절한 입법방식이다.

행이나 대표행위를 하지 못한다고 규정한 점에서 서로 다르다). 유한책임조합원은 원칙적으로 업무집행권이 없지만 조합계약에서 업무집행권이 있는 것으로 정할 수 있다(제86조의 8 제3항, 제278조). 합자회사의 경우에는 제278조에서 예외 없이 유한책임사원은 회사의 업무집행이나 대표행위를 하지 못한다고 규정한 점에서 서로 다르다. 유한책임조합원은 합자회사의 유한책임사원의 경우와 같이 원칙적으로 감시권이 인정된다(제86조의 8 제3항, 제277조).

유한책임조합원에 대하여도 자기거래는 원칙적으로 금지되나(제86조의 8 제3항, 제199조), 합자회사의 유한책임사원과 같은 경업의 자유는 원칙적으로 인정된다(제86조의 8 제3항, 제275조). 유한책임조합원의 사망으로 인한 법률관계는 합자회사에 관한 규정을 준용한다(제86조의 8 제3항, 제283조). 유한책임조합원은 피성년후견인 선고를 받은 경우에도 원칙적으로 퇴사되지 아니한다(제86조의 8 제3항, 제284조).

2. 손익의 분배

합자조합의 손익의 분배에 관하여는 규정이 없으므로 조합계약에서 정하는 바에 따른다. 따라서 손익의 분배는 반드시 출자가액에 비례하여야 하는 것은 아니다.

3. 조합원의 지분의 양도

업무집행조합원은 다른 조합원 전원의 동의를 받지 아니하면 그 지분의 전부 또는 일부를 타인에게 양도하지 못한다(제86조의 7 제1항). 유한책임조합원의 지분은 조합계약에서 정하는 바에 따라 양도할 수 있다(제86조의 7 제2항)(합자회사의 경우에는 무한책임사원 전원의 동의가 있어야 하는 것(제276조)과 다르다). 유한책임조합원의 지분을 양수한 자는 양도인의 조합에 대한 권리·의무를 승계한다(제86조의 7 제3항).

Ⅳ. 합자조합의 외부관계

1. 조합업무의 대리

업무집행조합원은 조합계약에 다른 규정이 없으면 각자가 합자조합의 업무를 집행하고 대리할 권리와 의무가 있다(제86조의 5 제1항). 업무집행을 대리하는 조합원은 조합의 영업에 관하여 재판상 또는 재판 외의 모든 행위를 할 권한이 있고, 그 권한에 대한 제한은 선의의 제3자에게 대항하지 못한다(제86조의 8 제2항, 제209조). 유한책임조합원은 조합계약에 다른 규정이 없으면 합자조합을 대리할 권한이 없다(제86조의 8 제3항, 제278조).

2. 조합원의 책임

조합의 재산으로 조합의 채무를 완제할 수 없는 때에는 각 조합원이 연대하여 변제할 책임이 있다(제86조의 8 제2항, 제212조 제1항). 조합재산에 대한 강제집행이 주효하지 못한 때에도 같으나(제86조의 8 제2항, 제212조 제2항), 조합원이 조합에 변제의 자력이 있으며 집행이 용이한 것을 증명한 때에는 조합원의 연대변제책임이 없다(제86조의 8 제2항, 제212조 제3항).

업무집행조합원(무한책임조합원)은 대외적으로 조합의 채무에 대하여 무한책임을 진다. 유한책임조합원은 그 출자가액을 한도로 유한책임만을 부담함이 원칙이다. 만약 유한책임조합원이 출자의무를 아직 완전히 이행하지 않은 경우는 조합계약에서 정한 출자가액에서 이미 이행한 부분을 뺀 가액을 한도로 하여 조합채무를 변제할 책임이 있다(제86조의 6 제1항). 합자조합에 이익이 없음에도 불구하고 배당을 받은 금액은 변제책임을 정할 때에 변제책임의 한도액에 더한다(제86조의 6 제2항).

한편, 유한책임조합원이 조합계약에서의 정함에 따라 업무집행을 하는 경우(제86조의 8, 제278조)에는 그 유한책임조합원도 무한책임을 부담하여야 할 것인데 규정이 없으므로 자칭무한조합원의 책임(제281조의 유추적용)이나 표현무한책임조합원의 법리에 따라 책임을 물을 수 있을 것이다.

상법 또는 조합계약에 다른 규정이 없으면 민법 중 조합에 관한 규정을 준용하여야 하고, 유한책임조합원은 다른 조합원 채무에 대하여 변제책임이 없다(제86조의 8 제4항).

Ⅴ. 합자조합의 종료

합자조합은 조합의 존속기간의 만료나 그 밖에 조합계약에 정한 해산사유의 발생으로 종료한다. 그 밖에 무한책임조합원 또는 유한책임조합원 전원이 탈퇴

한 때에도 해산한다(제86조의 8 제1항, 제285조 제1항). 이 경우에 잔존한 무한책임조합원 또는 유한책임조합원은 전원의 동의로 새로 유한책임조합원 또는 무한책임조합원을 가입시켜서 조합을 계속할 수 있다(제86조의 8 제1항, 제285조 제2항). 조합성립 후에 가입한 조합원은 그 가입전에 생긴 조합채무에 대하여 다른 조합원과 동일한 책임을 지며, 이미 조합의 해산등기를 하였을 때에는 본점소재지에서는 2주간 내, 지점소재지에서는 3주간 내에 조합의 계속등기를 하여야 한다(제86조의 8 제1항, 제285조 제3항, 제213조와 제229조제3항).

해산 후 청산을 하는 것은 합명회사의 경우와 같다. 합자조합이 해산한 경우에는 해산등기(제86조의 8, 제228조), 청산인의 등기(제86조의 8, 제253조), 청산종결의 등기(제86조의 8, 제264조)는 합명회사의 규정을 준용한다.

제2장 상행위법 각론

제1절 대리상

Ⅰ. 대리상의 의의

대리상(Handelsvertreter)이란 일정한 상인을 위하여 상업사용인이 아니면서 상시 그 영업부류에 속하는 거래의 대리 또는 중개를 영업으로 하는 자를 말한다(제87조). 이를 분설하면 다음과 같다.

1) 대리상은 '일정한 상인'(대리상 포함)을 위하여 그 영업을 보조하는 자인데, 여기서 본인은 반드시 상인이어야 하며(소상인 포함), 그 수는 1인이든 수인이든 상관없다. 따라서 상인 이외의 자를 위하여 거래의 대리 또는 중개를 하는 자는 상법상의 대리상이 아닌 민사대리상이 된다. 특정(다수)인과 상촉관계(常囑關係)를 갖고 거래의 대리 또는 중개를 하는 점에서 불특정다수인을 위하여 상행위의 중개 또는 주선행위를 하는 중개인이나 위탁매매인과도 구별된다.

2) '상시' 그 영업을 보조하여야 한다. 常時라 함은 일정한 상인과 계속적인 거래관계에 있음을 뜻한다.

3) 대리상은 독립된 상인이므로 영업주에게 종속되는 상업사용인과 다르다.[1]

4) '영업부류에 속하는 거래의 대리 또는 중개를 영업으로'하여야 한다. 대리상의 영업은 대리 또는 중개의 인수, 즉 특정상인을 위하여 그와 대리(체약대리상, Abschlußvertreter) 또는 중개(중개대리상, Vermittelungsvertreter)를 하기로 계약하는 것이다. 대리상계약(Handelsvertretersvertrag)은 낙성 · 불요식계약으로서 그 법적 성질은 위임이다. 대리상계약에 따른 대리 또는 중개행위는 그 계약의 이행

---

1) 대법원 1962. 7. 5. 62다244: 대리상 계약을 부정한 판결: Y보험회사가 X에 대하여 매월 일정금액을 지급하는 외에 화재보험의 종류에 따라 보험료의 40% 또는 30%를 지급하고, 보험계약자의 모집에 필요한 제반경비 등은 X가 부담하기로 한 경우는, X는 Y의 상업사용인에 불과하고 이것을 대리상계약이라고 인정할 수 없다.

으로서 대리상의 보조적 상행위이다. 체약대리상은 본인(상인)의 명의로 활동하는 점에서 자기의 명의로 활동하는 위탁매매인, 운송주선인과 구별된다. 그리고 중개대리상은 특정상인에 대하여서만 의무를 부담한다는 점에서 일반상인을 위하여 수시로 중개하고 쌍방에 대하여 평등한 의무를 부담하는 중개인과 다르다.

5) 대리상인지의 여부는 대리상이라는 명칭의 사용여부와 상관없이 그 실질적인 내용에 따라 판단하여야 한다(판례).[1]

Ⅱ. 대리상과 영업주의 관계

1. 대리상의 의무

대리상은 수임인으로서 선량한 관리자로서의 주의의무를 부담하는[2] 외에 다음과 같은 특별한 의무가 있다.

1) 통지의무

대리상이 거래의 대리 또는 중개를 한 때에는 본인의 청구를 기다리지 않고(민 제683조 참조) 지체없이 본인에게 그 통지를 발송하여야 한다(제88조)(발신주의). 이 의무를 해태하여 영업주가 손해를 입은 때에는 대리상은 이를 배상하여야 한다.

2) 경업금지의무

(1) 대리상은 본인의 허락없이 자기나 제3자의 계산으로 본인의 영업부류에 속한 거래를 하거나 동종영업을 목적으로 하는 다른 회사의 무한책임사원 또는 이사가 되지 못한다(제89조 제1항). 명문의 규정은 없으나 본인의 이익을 보호하고자 하는 입법취지를 감안한다면 대리상은 다른 상인의 상업사용인이 될 수도 없다고 해석된다.

(2) 경업금지의무의 위반효과는 상업사용인의 경우와 같다(제89조 제2항, 제17조 제2항 내지 제4항). 즉, ① 대리상의 행위는 유효하나, ② 영업주는 이를 이유로 대리상계약을 해지할 수 있으며, ③ 손해배상을 청구할 수 있고, ④ 만약 그 거래

1) 대법원 1999. 2. 5. 97다26593; 동 2013. 2. 14. 2011다28342.
2) 대법원 2003. 4. 22. 2000다55775 · 55782.

가 대리상의 계산으로 한 때에는 영업주의 계산으로 한 것으로 볼 수 있고, 제3자의 계산으로 한 때에는 대리상에 대하여 그로 인한 이득의 양도를 청구할 수 있다(개입권 · 탈취권), ⑤ 그러나 겸직금지의무를 위반한 때에는 계약의 해지 또는 손해배상을 청구할 수 있을 뿐이다.

3) 영업비밀준수의무

대리상은 대리상계약이 존속하는 동안은 물론, 그 계약이 종료된 후라 할지라도 계약과 관련하여 알게 된 본인의 영업상의 비밀을 지켜야 할 의무가 있다(제92조의 3). 이 의무는 1995년 개정상법에 의하여 대리상의 보상청구권에 대한 대응으로 인정된 것이다. 수비(守秘)의무는 본인에 관하여 존재하는 적법한 권리 · 사실관계에 대하여서만 발생한다. 범죄행위, 탈세 등 위법행위는 영업비밀이 아니며, 따라서 이에 대하여는 수비의무가 없다. 또한 대리상이 영업비밀에 관한 사항을 증언하여야만 자신의 형사책임을 면할 수 있는 경우에도 수비의무가 없다.

대리상이 대리상계약의 존속 중에 비밀준수의무를 위반한 경우에는 채무불이행이므로 본인이 사전통고 없이 대리상계약을 해지할 수 있으며, 손해배상을 청구할 수 있다. 이때의 대리상계약의 종료는 대리상의 책임 있는 사유에 기한 것이므로 후술하는 보상청구권이 발생하지 않는다. 대리상계약이 종료한 후에 대리상이 비밀준수의무를 위반한 경우에도 채무불이행이므로 손해배상책임을 물을 수 있다. 이 경우 이미 발생한 보상청구권에는 영향이 없다.

계약이 존속중이든 종료후든 대리상이 비밀준수의무를 위반한 경우에는 일반적으로 불법행위가 성립할 것이므로 본인은 불법행위로 인한 손해배상책임을 선택적으로 행사할 수 있다고 본다.

2. 대리상의 권리

1) 보수청구권

대리상은 상인이므로 민법의 위임의 경우(민 제686조)와는 달리 특약이 없더라도 상당한 보수를 청구할 수 있다(제61조).

2) 유치권

(1) 대리상은 다른 특약이 없는 한 거래의 대리 또는 중개로 인한 채권이 변제

기에 있는 때에는, 본인을 위하여 점유하는 물건 또는 유가증권을 채권의 변제를 받을 때까지 유치할 수 있다(제91조). 이 유치권은 민사유치권(민 제320조)과 일반상사유치권(제58조) 외에 상법이 특별히 인정한 특별상사유치권의 하나이다. 피담보채권의 유치물과의 견련(민 제320조 참조)을 필요로 하지 아니하는 점 및 양 당사자가 모두 상인인 점은 상인 간의 유치권과 같으나, 유치의 목적물에 대한 점유취득의 원인 · 소유권의 유무를 문제삼지 않는 점이 다르다(제58조 참조).

(2) 대리상의 유치권은 당사자 사이의 특약으로 배제할 수 있다(제91조 단서).

(3) 대리상의 유치권의 효력에 관하여는 상법에 규정이 없으므로 일반민사유치권에 관한 규정(민 제321조~제328조)이 적용된다.

3) 보상청구권

대리상의 활동으로 고객이나 영업상의 거래가 현저하게 증가하여 대리상 계약이 종료된 후에도 본인이 이익을 얻고 있다면, 그 계약의 종료가 대리상의 책임있는 사유로 인한 것이 아닌 한, 대리상은 상당한 보상을 청구할 수 있는데(제92조의 2 제1항), 이를 대리상의 보상청구권(Ausgleichsanspruch)이라 한다.

대리상의 보상청구권의 성립 요건은 유효하게 성립된 대리상계약이 종료될 것, 대리상관계의 종료 후에도 본인이 이익을 얻고 있을 것, 대리상계약의 종료가 대리상의 귀책사유로 인한 경우가 아닐 것(제92조의 2 제1항 단서), 보상청구권의 배제에 관한 특약이 없을 것 등이다. 대리상이 그 의사에 기하여 청구권을 포기하는 것도 문제가 없다. 대리상과 유사하게 자기의 명의로 타인의 계산으로 영업을 보조하는 위탁매매인에 대하여도 대리상의 보상청구권에 관한 규정이 유추적용될 수 있다고 보나, 자기의 명의와 자기의 계산으로 독립된 사업을 하는 특약점의 경우에는 유추적용이 어렵다.

대리상이 위의 요건을 구비하면 본인에 대하여 상당한 보상을 청구할 수 있다(제92조의 2 제1항). 보상금은 본인의 이익, 대리상의 손해 기타 제반사정을 고려하여 상당한 금액으로 정하여야 한다. 대리상의 보상청구금액은 대리상계약의 종료 전 5년간의 평균연보수액을 초과할 수 없고, 대리상계약의 존속기간이 5년 미만인 경우에는 그 기간의 평균연보수액을 기준으로 한다(제92조의 2 제2항).

대리상의 보상청구권은 대리상계약이 종료한 날로부터 6월 이내에 행사하지 아니하면 소멸한다(제92조의 2 제3항). 6월의 기간은 제척기간이므로 법원은 이를 직권으로 고려하여야 한다.

Ⅲ. 대리상과 제3자의 관계

1. 대리상의 권리

1) 대리상은 본인을 위하여 제3자와 사이에 거래의 대리 또는 중개를 하며, 그 결과로 거래계약이 체결되면 본인과 제3자 사이에 법률관계가 성립한다. 대리상이 제3자에 대하여 어떠한 범위 내에서 본인을 위하여 행위를 할 수 있는가는 본래 대리상계약의 내용에 의한다. 체약대리상은 대리상계약에서 인정하는 범위 내에서 계약체결에 관한 대리권을 가진다. 그러나 중개대리상은 영업주와 제3자와의 중간에서 거래의 성립을 위하여 중개를 할 뿐이므로 대리권이 없다.

2) 한편 대리상계약에서 정함이 없는 경우에도 대리상은 제3자로부터의 통지수령권(수동대리권)을 갖는다. 즉, 물건의 판매나 그 중개의 위탁을 받은 대리상에 관하여 목적물의 하자·수량부족 기타 매매의 이행에 관한 통지를 받을 권한이 있다(제90조). 그러나 매매의 이행과 관계가 없는 사항(대금의 수령, 매매계약의 무효·취소의 통지의 수령 등)에 대하여는 통지를 받을 권한이 없다.[1] 중개대리상은 통지수령권한이 있다는 점에서 중개인(제93조)과 다르다.

2. 대리상의 의무·책임

체약대리상이 한 법률행위에 대하여는 본인이 의무와 책임을 지고 대리상은 아무런 의무와 책임을 지지 않는다. 중개대리상이 한 행위에 대하여도 대리상은 계약상의 당사자가 아니므로 제3자에 대하여 의무와 책임을 지지 않는다.

그러나 대리상 또는 그의 피용자가 대리행위나 중개행위 중에 고의 또는 과실로 제3자에게 손해를 입힌 경우에는 독립된 상인인 대리상만이 책임을 지고 본인은 책임을 지지 않는다.[2] 다만 보험대리상에 대해서는 보험업법 제158조 제1항에서 본인인 보험자에게 민법상의 사용자책임과 유사한 책임을 부담시키고 있다.

---

1) 대법원 1997. 3. 25. 96다51271: 오피스텔 분양중개인은 매매대금의 수령권이 없다.
2) 서울민사지방법원 1989. 6. 1. 88가합59756.

Ⅳ. 대리상관계의 종료

1. 종료원인

1) 일반적인 종료원인

(1) 대리상계약은 그 법적 성질이 위임이므로, 민법상의 위임종료원인(위임인의 파산, 수임인의 사망·파산·피성년후견인 선고)이 있으면 소멸한다(민 제690조). 다만 상인이 그 영업에 관하여 수여한 대리권은 본인의 사망으로 소멸되지 않으므로(제50조), 본인(상인·위임인)의 사망은 종료사유가 되지 아니한다.

(2) 그리고 대리상계약은 본인의 영업을 전제로 하기 때문에 영업의 폐지나 영업의 해소로 당연히 종료하게 된다. 영업양도의 경우는 영업양도계약에 다른 규정이 없으면 종료하지 않는다고 본다.

2) 계약의 해지

(1) 민법 제689조 제1항은 위임계약은 존속기간을 정한 경우를 제외하고는 당사자 쌍방이 언제든지 해지할 수 있도록 하여 "위임의 상호해지자유의 원칙"을 천명하고 있다.

(2) 상법은 위임계약에 관한 위 원칙에 대한 특칙을 두어, 계속적 영업을 전제로 하는 당사자가 계약의 존속기간을 약정하지 아니한 때에도 각 당사자는 2월 전에 예고를 하여 그 계약을 해지할 수 있도록 하였다(제92조 제1항). 그러나 부득이한 사정이 있을 때에는 각 당사자는 존속기간 약정의 유무에 관계없이 언제든지 계약을 해지할 수 있도록 하였다(제92조 제2항).

2. 종료의 효과

대리상관계가 종료하면 대리상과 영업주 사이의 잔무를 처리하고 이미 처리한 대리 또는 중개행위에 대한 보수를 지급하여야 한다. 대리상은 보상청구권을 가지며, 영업비밀준수의무를 진다.

제2절 중개업

Ⅰ. 중개인의 의의

중개인이란 타인 간의 상행위의 중개를 영업으로 하는 독립된 상인이다(제93조).

1) '중개'를 하여야 한다. 중개(仲介)란 타인 간의 법률행위를 성립시키기 위하여 진력하는 사실행위이다.

2) 중개를 '영업으로' 하여야 한다. 사실행위인 중개행위를 영업으로 한다는 뜻이 아니라, '仲介'를 인수하는 것, 즉 불특정다수인을 위하여 그와 중개를 하기로 계약하는 것을 말하며, 중개 그 자체는 그 계약의 이행행위로서 보조적 상행위이다. 중개인은 위탁매매인이나 운송주선인과는 달리 계약체결을 위한 대리권은 없다.

3) '상행위'를 중개하는 점에서 상행위 이외의 행위(예컨대, 혼인, 비상인 간의 매매)의 중개를 영업으로 하는 이른바 민사중개인과도 구별된다. 이때의 상행위는 기본적 상행위든 보조적 상행위든, 쌍방적 상행위든 일방적 상행위든 상관없다. 타인 중 일방은 반드시 상인이어야 한다.

4) '타인간'의 상행위를 중개한다. 이와 같이 타인, 즉 불특정다수인을 위하여 비계속적으로 중개하므로 특정(다수)인을 위하여 계속적으로 중개하는 중개대리상과 다르다.

Ⅱ. 중개계약

1. 중개계약의 의의

중개계약은 일종의 위임이므로 중개인은 선량한 관리자의 주의로써 중개를 하여야 한다(민 제681조). 이외에도 상법은 중개인의 중립적 지위의 특수성을 고려하여 다음과 같은 특칙을 두고 있다.

2. 중개인의 의무

1) 견품보관의무

중개인이 그 중개한 행위에 관하여 견품을 받은 때에는 그 행위가 완료될 때까지 이를 보관하여야 한다(제95조). '그 행위가 완료될 때까지'란 중개행위가 성립된 때를 의미하는 것이 아니라, 이의기간의 경과(제69조, 민 제580조 · 제575조), 계약의 해제, 소멸시효의 완성, 화해의 성립 또는 목적물 급여의 승인 등으로 계약상의 권리의무가 소멸되어 목적물의 품질에 관한 분쟁이 발생하지 아니할 것이 확실하게 될 때를 말한다.

견품보관의무가 종료된 후에는 그 견품을 소유자에게 반환하여야 하고, 다른 약정이나 관습이 없는 한 견품보관에 대한 별도의 보수를 청구할 수 없다.

중개인의 견품보관의무는 법률상 당연한 의무이므로 특약 또는 관습이 없는 한 그 보관에 대하여 보수를 청구할 수 없다. 보관은 선량한 관리자의 주의로써 하여야 하지만, 중개인이 스스로 보관하든 타인에게 보관을 시키든 상관이 없다. 중개인이 견품보관의무에 위반한 때에는 그로 인한 손해를 거래당사자에게 배상하여야 한다.

2) 결약서교부의무

당사자 간에 계약이 성립된 때에는 중개인은 지체없이 각 당사자의 성명 또는 상호, 계약연월일과 그 요령을 기재한 서면을 작성하여 기명날인 또는 서명을 한 후 각 당사자에게 교부하여야 한다(제96조 제1항). 이 서면을 결약서(結約書, Schlußnote: 계약증)라고 하는데, 이것을 작성하는 것은 계약의 성립을 명확히 하여 당사자 간의 분쟁을 예방하려는 것이다.

결약서는 당사자 간에 계약이 성립한 후에 중개인이 작성하는 것이므로, 계약서도 아니고 계약성립의 요건도 아닌 단순한 증거서면에 불과하다. 그러므로 계약의 양 당사자가 모두 이를 면제한 때와 특별한 상관습이 없는 때에는 결약서를 작성하지 않아도 되고, 결약서의 증거력은 법관의 자유심증에 의한다(민소 제202조).

결약서에는 각 당사자의 성명 또는 상호, 계약의 연월일, 계약요령, 중개인의 기명날인 또는 서명을 한다. 이 중에서 계약요령이란 계약내용의 요점으로, 목적물의 명칭 · 수량 · 품질 · 이행의 방법 · 시기 · 장소 등이다. 결약서의 기재형식에는 별다른 제한이 없다.

중개인은 당사자 간에 성립한 계약이 즉시 이행하여야 하는 것인 때에는 지체없이 결약서를 작성하여 기명날인 또는 서명한 후 각 당사자에게 교부하여야 한다(제96조 제1항). 즉시 이행되지 않아도 되는 계약인 때(예컨대, 조건부 또는 기한부 계약)에는 중개인은 각 당사자로 하여금 결약서에 기명날인 또는 서명하게 한 후 그 상대방에게 이를 교부하여야 한다(제96조 제2항). 양 당사자가 이의 없이 결약서를 수령한 때에는 결약서의 내용에 따라 계약이 성립된 것으로 추정된다(민소 제357조). 만약 이의가 있을 때에는 중개인이 아니라 계약상대방에 대해 이의를 제기해야 한다. 그러므로 만약 당사자의 일방이 결약서를 받지 아니하거나 기명날인 또는 서명을 거부하는 경우에는 중개인은 지체없이 상대방에게 그 통지를 발송하여야 한다(제96조 제3항).

3) 장부작성 · 등본교부의무

중개인은 장부, 즉 중개인일기장(Tagebuch)을 비치하고, 이에 결약서의 기재사항을 기재하여야 하며(제97조 제1항), 각 당사자가 중개행위에 관한 장부의 등본교부를 청구한 때에는 언제든지 이에 응해야 한다(제97조 제2항). 본래 중개인일기장은 당사자 간의 거래에 관한 증거를 보전하기 위한 것이고, 상인자신의 영업상의 재산 및 손익의 상황을 명백히 하기 위한 장부는 아니므로 상업장부는 아니다. 다만 중개인일기장에 수수료 등 기타 중개인 자신의 영업회계에 관한 기재를 병행시킨 때에는 상업장부라고 할 수도 있을 것이다.

한편 장부의 작성의무 및 그 등본교부청구권(제97조)으로 미루어 중개인일기장의 보존에 관하여는 상업장부의 보존에 관한 상법 제33조의 규정을 유추적용하여야 할 것이다. 따라서 일기장을 폐쇄한 날로부터 10년간 이를 보존하여야 한다.

4) 성명 · 상호묵비의무

당사자가 그 성명 또는 상호를 상대방에게 표시하지 아니하도록 중개인에게 요구한 때에는 중개인은 그 상대방에게 교부할 결약서와 중개인일기장의 등본에 이를 기재하지 못한다(제98조). 물론 중개인일기장에는 이를 기재하여야 한다. 이를 중개인의 성명 · 상호묵비의무라고 한다. 이러한 묵비의무는 중개를 위탁한 당사자뿐만 아니라 그 상대방이 요구한 경우에도 발생된다고 본다(통설). 중개인이 묵비의무를 위반하면 손해배상책임을 진다.

5) 개입의무(이행담보책임)

중개인이 임의로 또는 당사자의 묵비 요구에 따라 당사자의 일방의 성명이나 상호를 상대방에게 표시하지 아니한 때에는 상대방은 중개인에 대하여 그 이행을 청구할 수 있다(제99조). 중개인의 이행담보책임이 성립하려면 당사자의 성명·상호를 묵비하였어야 하고, 상대방이 이행을 청구할 때까지 당사자가 스스로 이행을 하지 않았어야 한다.

중개인은 개입의무를 이행하더라도 거래의 당사자로 되는 것은 아니며, 다만 묵비의 당사자에게 구상권을 행사할 수 있다고 본다.[1]

3. 중개인의 권리

1) 보수청구권

(1) 중개인은 특약이 없어도 당연히 상당한 보수(중개료, 구전)를 청구할 수 있는데(제61조),[2] 이 보수청구는 결약서의 교부 또는 교환이 끝난 후에만 할 수 있다(제100조 제1항). 중개에 의하여 계약이 성립하여야 하고, 중계행위와 계약성립 사이에 인과관계가 있어야 한다. 따라서 계약이 성립되지 아니하는 한 중개인의 노력 여하에 관계없이 보수를 청구할 수 없다.[3] 중개인이 중개행위에 착수한 이상, 당사자가 중개료의 지급의무를 면하기 위하여 중개계약을 해지하고 당사자 사이의 직접 교섭에 의하여 계약을 성립시킨 경우에도 민법 제150조를 유추적용하여 신의성실에 반하여 정지조건의 성취를 방해한 때에는 조건이 성취된 것으로 보아 중개인은 중개료를 청구할 수 있다고 본다.

(2) 중개인의 보수는 당사자 상호 간의 약정에 의하여 부담률이 결정되겠으나, 약정이 없으면 당사자 쌍방이 균등하여 부담한다(제100조 제2항). 당사자 일방이 보수를 지급하지 않더라도 타방에게 그 부분의 지급을 청구할 수는 없다. 보수액은 특약에 의하여 정할 것이나, 그 정함이 없는 경우에는 관습에 의할 것이며, 관습도 인정되고 있지 않은 경우에는 법원이 결정할 수밖에 없다.[4]

---

1) 대법원 1972. 8. 22. 72다1071·1072: 중개인의 이행담보책임을 인정한 사례.
2) 대법원 1968. 7. 24. 68다955.
3) 대법원 1956. 4. 12. 4289민상81: 부동산중개인의 경우는 중개인에 의하여 거래(매매 등)가 성립됨을 조건으로 중개료청구권이 발생하므로 그 거래가 성립되지 않은 이상 중개인이 아무리 중개의 노력을 많이 하였더라도 그 노력의 비율에 따라 상당한 보수를 청구할 수는 없다. 동지: 대법원 1991. 4. 9. 90다18968.
4) 대법원 1964. 9. 8. 64다272; 동 1976. 6. 8. 76다766; 동 2002. 9. 4. 2000다54406·54413

(3) 보수에는 중개의 비용이 당연히 포함되는 것이므로 중개인은 특약이나 관습이 없는 한 별도의 비용상환청구권을 갖지 않는다.

2) 급여수령권의 배제

중개인은 별다른 약정이나 관습이 있는 경우 외에는, 그 중개한 행위에 관하여 당사자를 위하여 지급 기타의 이행을 받지 못한다(제94조). 중개인은 계약당사자도, 그 대리인도 아니기 때문이다. 따라서 당사자의 일방이 중개인에게 지급 기타의 급여를 한 때에도 법률행위의 상대방에 대한 면책이 인정되지 않는다. 다만 당사자의 일방이 중개인에게 그 성명 또는 상호를 표시하지 아니할 것을 요구한 때에는 중개인에게 급여수령권을 수여한 것으로 볼 수 있다.

Ⅲ. 중개계약의 종료

중개계약은 기간의 종료, 해제조건의 성취 등에 의하여 종료된다. 이 밖에 위임의 종료사유인 중개인의 사망·파산·피성년후견인 선고, 위탁자의 파산에 의하여 종료되나(민 제690조), 위탁자의 사망으로 종료되지는 않는다(제50조). 위탁자는 언제든지 위탁을 취소 또는 위탁계약을 해지할 수 있다.

제3절 위탁매매업

Ⅰ. 위탁매매인의 의의

위탁매매인(Kommissionär, mercantile agent)이란 자기명의로써 타인(委託者: Kommittent)의 계산으로 물건 또는 유가증권의 매매를 하는 자를 말한다(제101조). 이를 분설하면 다음과 같다.

(부동산중개업법 소정의 상한을 초과하는 부동산중개수수료 약정은 강행법규위반으로 무효이다). 부산지방법원 1987. 9. 24. 87나516: 중개인의 보수액은 중개에 소요한 기간 및 그 노력의 정도, 계약의 성립으로 중개의뢰자가 얻게 된 이익 등의 제반사정을 참작하여 정하여야 한다.

1) '자기명의로써'란 자기가 권리의무의 주체가 되는 것을 말하고, '타인의 계산으로'란 그 거래로 인한 손익을 타인에게 귀속시킨다는 뜻인데, 이와 같은 법률적 형식과는 달리 경제적 효과가 타인에게 돌아가는 행위를 '주선'(周旋)이라고 한다.

2) '물건 또는 유가증권의 매매'를 하는 자이다. 여기서의 물건에는 부동산은 포함되지 않는 것으로 본다. 부동산은 위탁매매인이 자기명의로 매도·매수하는 경우에는 등기이전 등 복잡한 문제가 생기는 동시에 위탁자의 이익을 해할 우려가 크고, 상법의 운송업·운송주선업·창고업 등에 관한 규정(제125조, 제114조, 제155조)에서도 '물건의 운송'·'물건운송의 주선'·'물건의 보관'이라고 표현하고 있으나, 이 경우에도 부동산은 자연히 제외되기 때문이다.

3) 물건 또는 유가증권의 매매를 '영업'으로 하는 자이다. 물건 또는 유가증권의 매매는 위탁자에게는 반드시 상행위가 되는 것은 아니나, 위탁매매인에게는 보조적 상행위가 된다.

4) 위탁매매계약은 매도 또는 매수라는 법률행위를 하는 것을 위탁하는 것이므로 낙성·불요식의 위임계약의 일종이라고 보는 것이 통설, 판례이다. 따라서 위탁매매인과 위탁자 간에는 민법의 위임에 관한 규정이 적용된다(제112조).

Ⅱ. 위탁매매의 내부관계

1. 총 설

위탁매매의 내부관계란 주선계약인 위탁매매계약의 효과로서 위탁자와 위탁매매인간의 관계를 말한다.

2. 위탁매매인의 의무

1) 일반적 의무

위탁자와 위탁매매인 간의 주선계약은 위임이므로 위탁매매인은 선관주의의무(善管注意義務)가 있는 외에도, 위탁자에 대하여 매매행위의 실행의무를 짐과 동시에 그 매매의 경제적 효과를 위탁자에게 귀속시켜야 할 의무가 있다(제112조, 민 제684조).[1] 상법은 위탁매매인에게 후술하는 바와 같은 특별한 의무를 부과하

1) 대법원 1991. 5. 24. 90다14416; 동 1994. 1. 14. 93다30150 참조.

는 한편, 매수위탁을 한 위탁자가 상인인 경우에는 위탁자와 위탁매매인 간에는 상인 간의 매매에 관한 규정(제67조 내지 제71조)을 준용하고 있다(제110조).

2) 통지의무 · 계산서제출의무

위탁매매인이 위탁받은 매매를 한 때에는 지체없이 위탁자에 대하여 그 계약의 요령과 상대방의 주소·성명의 통지를 발송하여야 하며(발신주의), 또 계산서를 제출하여야 한다(제104조). 민법에 의하면 수임인은 위임인의 청구가 있는 때에 한하여 위탁사무의 처리상황을 보고하도록 규정하고 있다(민 제683조). 위탁매매인이 위 의무를 위반한 때에는 이로 인하여 위탁자가 입은 손해를 배상하여야 한다.

3) 지정가액준수의무

(1) 차액부담부 염가매도 또는 고가매수

위탁매매인이 지정가액보다 염가로 판매하거나 고가로 매수한 때에는 위탁의 취지에 반하므로, 위탁자는 그 매매의 결과를 자기를 위하여 한 것으로 인정할 필요가 없다. 그러나 위탁매매인이 그 차액을 부담하는 경우에는 위탁자로서는 손실이 없을 것이며, 또한 되도록 거래의 성립을 조장하여야 할 것이므로 상법은 이 경우의 매매는 위탁자에 대하여 효력이 있는 것으로 하였다(제106조 제1항). 만약 위탁매매인이 지정가액을 어긴 결과 차액 이외에 손해가 발생하였다면 위탁매매인은 그 손해에 대한 배상책임을 부담한다.

(2) 고가매도 또는 염가매수

위탁자가 지정한 가액보다 고가로 매도하거나 염가로 매수하는 것은 위탁자에게 손실이 없는 것이 보통이므로 당사자 간에 반대의 특약이 없는 한 그 매매의 효력을 위탁자에게 귀속시킬 수 있다. 다만 당사자 간에 다른 약정이 없으면 그 차액은 위탁자의 이익으로 한다(제106조 제2항).

4) 위탁물의 하자통지의무

위탁매매인이 위탁물의 인도를 받은 후, 그 물건의 훼손 또는 하자를 발견하거나 부패의 염려 또는 가격저락의 상황을 안 때에는 지체없이 위탁자에게 그 통지를 발송하여야 한다(제108조 제1항). 이 경우에 위탁자의 지시를 받을 수 없거나 그 지시가 지연되는 때에는, 위탁매매인은 위탁자의 이익을 위하여 적당한 처분을 할 수 있다(제108조 제2항).

5) 이행담보책임

(1) 이행담보책임의 의의

위탁매매계약에 있어서 제3자가 채무를 이행하지 아니한 경우에 위탁자는 제3자와 직접적인 법률관계가 없어서 제3자에게 손해배상을 청구할 수 없고, 이때 위탁매매인이 위탁의 본지에 따라 선량한 관리자의 주의로써 상대방을 선택하여 매매를 하였기 때문에 책임이 없는 경우에는 위탁매매인에게도 손해배상을 청구할 수 없다. 한편 위탁매매인도 제3자의 채무불이행으로 인하여 손해를 본 것이 없으므로 위탁매매인도 손해배상청구권이 없다. 이 경우에는 손익귀속의 실질을 고려하고 위탁자에게 손해가 생기는 것을 방지하기 위하여, 위탁매매인이 법률상의 매매계약의 당사자로서 자기의 명의로 제3자에 대하여 위탁자의 손해의 배상을 청구할 수 있다고 보아야 할 것이다. 이와 같은 취지에서 상법은 위탁자를 위하여 한 매매에 관하여 상대방이 채무를 이행하지 아니하는 경우에는, 다른 약정이나 관습이 없는 한 위탁자에 대하여 위탁매매인이 이를 이행할 책임을 진다고 규정하였다(제105조). 위탁매매인의 이행담보책임은 위탁자를 보호하고 위탁매매인의 신용을 확보하기 위하여 법이 특별히 인정한 무과실책임(無過失責任)이다(통설).

> ❒ 대법원 1991. 5. 24. 90다14416
> 위탁매매인의 채무불이행책임을 인정한 판결

☞ 위탁자와 증권회사 사이에 증권매매위탁약정이 성립된 경우에 증권회사가 위탁받은 주식에 관한 이익배당금의 수령이나 무상증자에 의한 신주의 인수를 이행하지 아니하였다면 이는 특단의 사정이 없는 한 위 위탁약정에 관한 채무불이행이 된다고 할 것이므로 증권회사는 위탁자에게 이로 인한 손해를 배상하여야 할 의무가 있다 할 것이다.

(2) 이행담보책임의 발생요건

(가) 위탁매매인의 위탁자에 대한 제105조의 이행담보책임을 인정하기 위하여는 상대방이 채무를 이행하지 아니하는 경우라야 한다.

(나) 위탁매매인이 부담하여야 할 이행담보책임은 성질상 대체급여가 가능한 것이라야 한다. 예컨대 판매위탁의 경우에는 금전채무가 될 것이지만, 매수위탁

의 경우에는 물품공급의무가 될 터이므로 후자의 경우에는 특히 대체성이 문제된다.

(다) 위탁자와 위탁매매인 사이의 명시 또는 묵시의 의사표시에 의하여 이 이행담보책임을 배제하지 않아야 하며, 배제의 관습도 없어야 한다(제105조 단서).

(3) 책임의 내용과 범위

위탁매매인이 부담하는 이행담보책임의 내용과 범위는 상대방이 위탁매매인에 대하여 부담하는 의무와 동일한 것이다. 따라서 위탁매매인은 매도위탁의 경우에는 대금지급채무를 부담하며, 매수위탁의 경우에는 매매목적물의 인도의무를 부담한다. 그리고 상대방이 채무를 이행한 경우에도 목적물에 하자가 있거나 수량이 부족한 경우에는 목적물의 하자로 인한 대금감액 또는 손해배상책임도 부담하여야 한다. 다만 상대방이 위탁매매인에 대하여 동시이행의 항변권 또는 불완전이행의 항변권 등을 가지는 경우에는 위탁매매인은 위탁자에 대하여 이를 대항할 수 있다.

(4) 의무이행의 효과

위탁매매인이 상대방의 채무를 이행한 경우에는 상대방이 스스로 채무를 이행한 것과 같이 위탁자에 대하여 보수나 비용을 청구할 수 있다.

(5) 책임의 소멸·면제

위탁매매인의 이행담보책임은 위탁매매인의 영업상의 책임이므로 상대방의 채무의 시효기간과는 별도로 5년의 시효로 소멸한다(제64조).[1] 전술한 바와 같이 위탁매매인의 책임은 위탁자와의 약정 또는 관습에 의하여 이를 배제할 수 있다(제105조 단서).

3. 위탁매매인의 권리

1) 보수청구권·비용상환청구권

위탁매매인은 상인이므로 특약이 없어도 거래가 이행되었을 때는 당연히 보수청구권(제61조)을 가지며, 위탁사무처리를 위하여 체당한 체당금과 그날 이후의

1) 대법원 1996. 1. 23. 95다39854: 매매 위탁으로 인한 채권은 상법 제64조 소정의 5년의 상사소멸시효의 대상이 된다.

법정이자를 비용으로 상환청구할 수 있다(제55조, 민 제687조 · 제688조). 비용상환청구권은 보수청구권과는 달리 매매계약의 실행 이전에 위임을 해지한 경우에도 인정된다.

2) 유치권

위탁매매인은 대리상과 같은 유치권을 가진다(제111조, 제91조). 즉, 위탁매매인은 당사자 간에 다른 약정이 있는 경우를 제외하고 위탁자의 계산으로 물건 또는 유가증권의 매매를 함으로써 생긴 채권에 관하여 위탁자를 위하여 점유하는 물건 또는 유가증권을 유치할 수 있다(특별상사유치권).

3) 공탁권 · 경매권

(1) 위탁매매인이 매수위탁을 받은 경우에, 위탁자가 매수한 물건의 수령을 거부하거나 이를 수령할 수 없는 때에는, 위탁매매인은 그 물건을 공탁하거나 또는 상당한 기간을 정하여 최고한 후에 이를 경매할 수 있다(제109조, 제67조). 이 경우에 위탁매매인은 지체없이 위탁자에게 그 통지를 발송하여야 한다(제67조 제1항). 위탁자에 대하여 최고를 할 수 없거나 목적물이 멸실 또는 훼손될 염려가 있는 때에는 최고 없이 경매할 수 있다(제67조 제2항).

(2) 위탁매매인이 그 목적물을 경매한 때에는 그 대금에서 경매비용을 제외한 잔액을 공탁하여야 하지만, 그 전부나 일부를 매매대금에 충당할 수 있다(제67조 제3항).

4) 개입권

(1) 개입권의 의의

위탁매매인이 거래소의 시세가 있는 물건 또는 유가증권의 매매를 위탁받은 경우에는 직접 그 매도인이나 매수인이 될 수 있는데(제107조 제1항 제1문), 이 권리를 개입권이라고 한다.

(2) 개입권행사의 요건

개입권을 행사하려면,

(가) 위탁을 받은 물건 또는 유가증권에 관하여 '거래소의 시세'가 있어야 한다. '시세'라 함은 위탁매매인이 개입권을 행사할 때의 그 물건 또는 유가증권의 거래소에서의 매매가격을 말한다.

(나) 개입권의 행사를 금하는 특약 · 법률이 없어야 한다(예컨대 자본시장법 제67조는 유가증권에 관하여 개입금지를 규정하고 있다).

(다) 위탁매매인이 상대방과의 사이에 매매의 실행행위(주선행위)를 하지 않았어야 한다. 왜냐하면 위탁매매인이 이미 매매를 하였으면 스스로 개입할 여지가 없기 때문이다.

(3) 개입권행사의 효과

(가) 위탁매매인이 개입권을 행사하면 위탁매매인과 위탁자 사이에 매매계약관계가 성립하여, 위탁매매인은 위탁자에 대하여 매도인 또는 매수인의 지위에 서게 된다. 그러나 위탁매매인이 개입권을 행사한다고 하여 위탁매매인과 위탁자사이에 매매계약 자체가 성립하는 것은 아니니다. 왜냐하면 계약의 성립에는 당사자 간의 합의가 있어야 하는데, 개입권행사는 위탁매매인의 일방적 의사표시에 의하여 그 효과가 생기고 위탁자의 의사를 묻지 않기 때문이다.

(나) 위탁매매인이 개입권을 행사하여 매도인 또는 매수인의 지위에 선다고 하여도 위탁매매계약이 매매계약으로 변경되는 것은 아니므로, 위탁매매인은 위탁매매인으로서의 지위와 매매계약의 당사자로서의 지위를 겸하게 된다. 따라서 위탁매매인은 개입권을 행사한 경우에 위탁자에게 비용의 상환과 보수를 청구할 수 있으며(제107조 제2항), 보수에 관하여 유치권을 행사할 수 있다.

(다) 개입으로 인한 매매가액은 위탁매매인이 개입의사의 통지를 발송할 때의 거래소의 시세에 의하고(제107조 제1항 제2문), 개입은 위탁매매인의 개입의사가 위탁자에게 도달하였을 때 효력을 발생한다. 개입통지를 발송한 후 그 도달 전에 가격의 등락이 있어도 매매대가에는 영향이 없다.

4. 매수위탁자가 상인인 경우의 특칙

1) 상인인 위탁자의 매수위탁으로 인하여 위탁매매인이 상대방으로부터 매수한 물건 또는 유가증권은 일단 위탁매매인에게 귀속되므로 이 경우에 매수위탁자와 위탁매매인의 관계는 상인 간의 매매와 유사하다. 따라서 상법은 이러한 경우의 위탁매매인을 보호하기 위하여 상인 간 매매에서 매수인에게 인정되는 의무를 위탁자에게 부과하고 있다(제110조).

2) 즉, ① 확정기매매에 있어서 이행시기를 경과한 때에는 원칙적으로 매수위탁계약이 해제된 것으로 의제되고(제68조), ② 위탁자는 그 물건의 검사와 하자통

지의무를 부담하며(제69조), ③ 위탁자는 위탁매매인으로부터 수령한 목적물이 매매의 목적물과 상위하거나 수량을 초과한 경우 또는 그 수령한 목적물에 하자 또는 수량의 부족이 있어서 그 통지를 발송하고 계약을 해제한 경우 위탁매매인의 비용으로 그 목적물을 보관 또는 공탁할 의무를 부담한다(제70조, 제71조).

Ⅲ. 위탁매매의 외부관계

1. 위탁자와 위탁매매인의 채권자 사이의 관계

1) 의 의

위탁자와 위탁매매인의 채권자와의 사이에는 직접적인 법률관계는 없으나, 상법은 위탁물의 귀속에 관하여 특별규정을 두고 있다.

2) 위탁자와 위탁매매인 간의 관계

여기서 위탁자와 위탁매매인 사이에서 위탁매매인이 받았거나 취득한 물건·유가증권 또는 채권은 위탁자에게 귀속함은 당연한 것이다(제103조 전문).

3) 위탁자와 위탁매매인의 채권자 간의 관계

(1) 위탁매매인이 위탁자로부터 받은 물건 또는 유가증권이나, 위탁매매로 인하여 취득한 물건·유가증권 또는 채권은 위탁자와 (위탁매매인 또는) 위탁매매인의 채권자 간의 관계에서는 이를 위탁자의 소유 또는 채권으로 본다"고 하였다(제103조 후문).[1] 이는 위탁자를 보호하기 위한 특별규정이다. 즉, 위탁매매인이 위탁자로부터 받은 권리나 물건을 위탁매매의 상대방에게 이전해 주기 전, 또는 자기의 명의로 취득한 권리나 물건을 위탁자에게 이전해 주기 전에 위탁매매인이 파산하여 그 권리나 물건이 파산재단에 귀속된 경우나, 위탁매매인의 채권자가 그에게 강제집행을 하는 경우, 위탁자는 환취권을 행사할 수 없고 제3자이의의 소(第3者異議의 訴)를 제기할 수도 없다. 따라서 제103조는 위탁매매계약의 목

1) 대법원 1982. 2. 23. 81도2619: 위탁매매에 있어서 위탁물의 소유권은 위탁자에게 속하고 그 판매대금은 특별한 사정이 없는 한 이를 수령함과 동시에 위탁자에게 귀속되므로, 위탁매매인이 이를 사용 또는 소비한 때에는 형법상 횡령죄가 성립한다. 동지: 대법원 1986. 6. 24. 86도1000.

적물이 위탁자에게 이전된 것으로 의제하여, 파산선고의 경우에는 환취권(채회 제407조 · 제409조)을, 강제집행의 경우에는 제3자이의의 소권(민집 제48조)을 인정하여 위탁자를 보호하고자 하는 것이다.[1)]

> ❒ 대법원 2011. 7. 14. 2011다31645
> 위탁매매인이 위탁매매로 취득한 채권을 자신이 제3자에게 부담하는 채무를 담보하기 위해 양도한 경우, 그 양도는 위탁자에 대하여는 효력이 없다

☞ 〈사실〉

甲("영화는 영화다"의 제작사)은 이 영화에 대한 독점적 판권을 보유하고 있고, 乙(스튜디오이쩜영)은 국내배급대행자이며, 丙(메가박스)은 극장운영자이다. 위 3자 간에는 다음과 같이 합의하였다. 丙은 영화의 총 입장요금에 약정비율을 곱한 금액(30억원)을 乙에게 지급하여야 한다(부금1). 乙은 이 금액 중 배급대행수수료를 제외한 금액(25억원)을 甲에게 지급하여야 한다(부금2). 乙은 부금1을 자신의 채권자인 丁에게 양도하고 甲에게 부금2를 지급하지 아니하였다. 甲은 채권양도의 무효를 주장한다.

〈판결요지〉

甲 주식회사가 국내에서 독점적으로 판권을 보유하고 있는 영화에 관하여 甲 회사와 국내배급대행계약을 체결한 乙 주식회사가 배급대행계약의 이행으로 극장운영자인 丙 주식회사와 영화상영계약을 체결하고 그 계약에 따라 丙 회사에 대하여 가지게 된 부금채권을 자신의 채권자인 丁에게 채권 담보를 위해 양도한 것이라면, 이 채권양도는 준위탁매매계약상 위탁자의 지위에 있는 甲 회사에 대하여는 효력이 없다(이 사건은 준위탁매매인에 관한 사건이나 법률관계는 위탁매매인의 그것과 다름이 없으므로 이 곳에서 설명한다).

(2) 위탁매매인의 채권자라 함은 위탁매매인의 보통의 채권자를 말하고, 위탁매매인과 매매계약을 체결한 상대방인 채권자는 이에 포함되지 않는다. 위탁매매인과 그 상대방은 매매계약의 당사자로서의 지위를 잃는 것은 아니기 때문이다. 따라서 위탁매매인과 매매계약을 체결한 상대방의 입장에서는 위탁매매인이 위탁자로부터 받았거나 위탁매매로 인하여 취득한 물건, 유가증권 또는 채권은 위탁매매인의 것으로 보게 된다.

---

1) 대법원 2008. 5. 29. 2005다6297: 위탁매매인이 위탁자로부터 받은 물건 또는 유가증권이나 위탁매매로 인하여 취득한 물건, 유가증권 또는 채권은 위탁자와 위탁매매인 또는 위탁매매인의 채권자 간의 관계에서는 이를 위탁자의 소유 또는 채권으로 보므로(상법 제103조), 위탁매매인이 위탁자로부터 물건 또는 유가증권을 받은 후 파산한 경우에는 위탁자는 구 파산법(2005. 3. 31. 법률 제7428호 채무자 회생 및 파산에 관한 법률 부칙 제2조로 폐지) 제79조에 의하여 위 물건 또는 유가증권을 환취할 권리가 있고, 위탁매매의 반대급부로 위탁매매인이 취득한 물건, 유가증권 또는 채권에 대하여는 구 파산법 제83조 제1항에 의하여 대상적 환취권(대체적 환취권)으로 그 이전을 구할 수 있다.

(3) 당연한 것이지만, 위탁자와 '위탁매매인의 채무자'간의 관계에서는 본조의 적용이 없다.

4) 목적물

위탁매매인이 소지하고 있는 목적물 중 위탁매매로 인하여 취득한 '채권'이란 매매대금채권과 같이 매매행위 자체에서 발생하는 채권은 물론이고, 매매행위에 부수 또는 보조하여 발생하는 채권(운송계약·보험계약상의 채권 등) 및 이들 채권이 변형된 채권(손해배상채권 등) 등을 말한다. 이들 채권은 법률형식으로 보아서는 매매당사자인 위탁매매인에게 속하지만, 상법은 이를 위탁자의 채권으로 보도록 한 것이다.

2. 위탁매매인과 제3자의 관계

위탁매매인은 타인의 계산으로 한 매매로 인하여 상대방에게 직접 권리를 취득하고 의무를 부담한다.

3. 위탁자와 제3자의 관계

위탁자와 제3자의 사이에는 아무런 직접적인 법률관계가 생기지 않는다. 다만, 위탁매매인이 위탁자의 지시에 의하여 계약을 체결한 때 등의 경우에는 민법 제116조 제2항을 유추적용하여 위탁자의 악의를 위탁매매인의 악의와 동시할 수는 있을 것이다.

Ⅳ. 위탁매매계약의 종료

위탁매매계약은 위탁매매의 목적달성으로 인하여 종료함은 당연하고, 위탁매매계약은 위임계약이기 때문에 위임의 종료사유에 의하여 종료된다. 즉, 위탁자와 위탁매매인의 사망 또는 파산, 위탁매매인의 피성년후견인 선고 등에 의하여 종료된다. 그러나 위탁매매인의 영업점포의 상호변경이나 영업장소의 변경으로 당연히 해지되는 것은 아니다.[1)]

---

1) 대법원 1995. 12. 22. 95다16660.

V. 준위탁매매인

1) 준위탁매매인이란 자기명의로써 타인의 계산으로 '매매' 이외의 행위를 영업으로 하는 자를 말하며(제113조), 운송주선인은 제외된다. 주식위탁매매,[1] 여객운송·출판·광고의 주선,[2] 임대차의 주선 등이 그 대표적인 것이다.

2) 준위탁매매인에게는 위탁매매에 관한 규정을 준용한다(제113조).[3] 다만 준위탁매매인의 주선의 목적물에는 거래소의 시세가 없을 것이므로 개입권에 관한 규정은 준용될 수 없다. 그 밖에 위탁물의 훼손·하자 등에 관한 통지·처분의무(제108조), 매수위탁의 경우 위탁물의 공탁·경매권(제109조), 매수위탁자가 상인인 경우의 특칙(제110조) 등은 그 성질상 매매를 전제로 한 규정이므로 준위탁매매인에게는 적용되지 않는다.

제4절 운송주선업

I. 운송주선인의 의의

운송주선인(Spediteur, forwarding agent)이란 자기명의로 위탁자의 계산으로 물건운송의 주선을 영업으로 하는 자를 말한다(제114조).

(1) 운송주선인은 자기명의로 타인의 계산으로 운송계약을 체결하는 자이다. 이 점에서 운송주선인은 위탁매매인이나 준위탁매매인과 같고 본인의 이름과 계산으로 법률행위를 하는 대리상 및 타인 사이의 법률행위의 성립을 위하여 중개라는 사실행위를 하는데 그치는 중개인과 다르다.

(2) 그러나 실제에 있어서는 운송주선인은 운송주선을 하면서 송하인이나 운송인의 대리인으로서 운송계약을 체결하기도 하고, 위탁자(송하인)의 이름으로 운송계약을 체결하는 일도 많다. 왜냐하면 화환어음 거래에서 은행의 신용을 얻기 위하여 위탁자를 송하인으로 하여 화물상환증이나 선하증권을 발행할 필요

1) 대법원 2007. 10. 25. 2005다15949; 동 2007. 5. 10. 2005다55299.
2) 대법원 2009. 7. 9. 2007두10389; 서울고등법원 2010. 9. 3. 2009나111601.
3) 대법원 2011. 7. 14. 2011다31645.

가 있기 때문이다. 위탁자의 이름으로 운송계약을 체결하는 경우에도 운송주선인임에는 변함이 없다.[1)]

(3) 운송주선인은 부동산을 제외한 물건의 운송을 주선한다. 이 점에서 물건 또는 유가증권의 매도나 매수를 주선하는 위탁매매인과 구별된다. 여객운송의 주선은 준위탁매매업이 된다.

(4) 운송주선은 운송계약의 체결뿐만 아니라 운송의 실현을 위하여 필요한 행위, 즉 운송물의 검사 · 포장 · 계량 · 수령 · 보관 · 인도 기타 필요한 서류의 작성, 보험계약의 체결, 통관절차의 대행 등도 포함된다.

Ⅱ. 운송주선인의 지위

1. 운송주선인의 의무

1) 일반적 의무

(1) 운송주선계약은 위임계약의 일종이므로[2)] 위탁매매인에 관한 규정을 준용할 뿐만 아니라(제123조), 민법 및 상법의 위임에 관한 규정도 보충적으로 적용된다(제112조). 따라서 운송주선인은 선량한 관리자의 주의로써 운송의 주선을 하여야 한다(제123조 · 제112조, 민 제681조).

(2) 여기서 '운송의 주선'이란 운송계약을 체결하는 것에 한하는 것이 아니라, 이에 부수되는 업무로서 상관습상 그 임무에 속하는 사항, 주선계약에서 정한 사항 및 위탁자의 지시를 받은 업무 등을 포함한다(통설).

2) 개별적 의무

(1) 통지의무 · 계산서제출의무

운송주선인은 운송인과 사이에 물건운송계약을 체결하였을 때에는 위탁자에게 그 계약의 요령과 운송인의 주소 · 성명의 통지를 발송하여야 하고, 계산서를 제출하여야 한다(제123조 · 제104조).

---

1) 대법원 1987. 10. 13. 85다카1080; 동 2007. 4. 26. 2005다5058.

2) 대법원 1987. 10. 13. 85다카1080.

(2) 지정운임준수의무

위탁자가 운송주선인에 대하여 운임을 지정한 때에는 이를 준수하여야 한다. 만일 운송주선인이 고가로 운송계약을 체결한 때에는 차액을 부담한 때에 한하여 그 운송계약은 위탁자에 대하여 효력이 있다(제123조 · 제106조).

(3) 부패가능운송물에 대한 통지 · 처분의무

운송주선인이 운송물을 인도받은 후에 그 물건이 부패할 염려가 있는 때에는 지체없이 그 통지를 발송하여야 하고, 위탁자의 지시를 받을 수 없거나 그 지시가 지연된 때에는 위탁자를 위하여 적당한 처분을 하여야 한다(제123조 · 제108조). 그러나 운송물의 훼손, 하자 또는 가격저락의 상황(商況) 등을 통지할 의무는 없다.

3) 손해배상책임

(1) 서 언

상법은 운송주선업의 특수성에 비추어 손해배상의무에 관한 특칙(민법의 위임에 대한)을 두고 있다. 즉, 운송주선인은 자기나 그 사용인이 운송물의 수령 · 인도 · 보관, 운송인이나 다른 운송주선인의 선택 기타 운송에 관하여 주의를 해태하지 아니하였음을 증명하지 아니하면, 운송물의 멸실 · 훼손 또는 연착으로 인한 손해를 배상할 책임을 면하지 못한다(제115조).

(2) 책임의 성질

운송주선인은 자기나 그 사용인이 주의를 해태하지 아니하였음을 증명하지 아니하면 손해를 배상할 책임을 면하지 못하므로 운송주선인측이 스스로 무과실을 증명하여야 책임을 면한다. 이는 과실책임주의를 취하고 있는 민법의 일반원칙을 주의적으로 규정한 것으로 본다.

(3) 책임원인

(가) 운송주선인의 손해배상책임원인 중 채무불이행의 유형은 “운송주선인 자기 또는 그 사용인이 운송물의 수령 · 인도 · 보관, 운송인이나 다른 운송주선인의 선택 기타 운송에 관하여 주의를 게을리한 것”뿐만 아니라 그밖에 선량한 관리자로서의 주의의무의 해태를 포함한다. 여기서 책임원인, 즉 “운송물의 수령 · 인도 · 보관, 운송인이나 다른 운송주선인의 선택 기타 운송에 관한 주의 해

태"는 예시적인 것으로 본다(통설).[1] 또한 여기서 사용인은 운송주선인의 피용자 · 종업원 외에 널리 운송주선을 위하여 사용한 이행보조자가 포함된다.

(나) 또한 손해의 유형에 있어서도 "운송물의 멸실 · 훼손 · 연착으로 인한 손해"에 한하지 않고 그 밖의 손해를 포함한다는 것이 다수설이나, 이와는 달리 손해의 유형은 "운송물의 멸실 · 훼손 · 연착"으로 인한 손해에 한정된다는 견해도 있다. 여기서 운송물의 멸실이란 물리적 멸실뿐만 아니라 도난 · 분실 · 무권리자에의 인도 등과 같은 인도할 수 없는 모든 경우를 포함하며, 훼손은 가격을 감소하게 하는 물질적 손상을 가리키고, 연착은 약정된 일시 또는 보통 도착한 일시보다 늦게 도착하는 경우를 말한다.

(4) 손해배상의 범위

(가) 원 칙

운송주선인은 손해배상액에 대하여는 고가물에 대한 특칙 이외에는 상법에 특별한 규정이 없으므로 민법의 일반원칙(민 제393조)에 의한다. 따라서 운송주선인은 채무불이행과 상당인과관계에 있는 모든 손해를 배상하여야 한다(민 제393조 제1항). 다만 예외적으로 특별손해는 운송주선인이 알았거나 알 수 있었을 때에 한하여 배상할 책임을 진다(민 제393조 제2항).[2] 또 상법 제115조는 임의규정이므로 운송주선인의 고의의 경우를 제외하고(민 제2조 · 제103조 · 제104조 참조) 특약에 의하여 그 책임을 면제 또는 제한하여도 상관없을 것이다.

(나) 고가물에 대한 특칙

운송주선인의 손해배상책임에도 운송인의 경우의 고가물에 관한 특칙이 준용된다(제124조, 제136조). 따라서 화폐 · 유가증권 기타의 고가물에 대하여는 송하인이 운송을 위탁할 때에 그 종류와 가액을 명시한 경우에 한하여 운송주선인이 손해를 배상할 책임이 있다(제124조, 제136조).

(5) 책임의 소멸(단기소멸시효)

(가) 상행위로 인하여 생긴 채무는 원칙적으로 5년의 소멸시효가 적용되지만(제64조), 상법은 운송주선인의 책임에 관하여 특별한 규정을 두어 "운송주선인의

---

1) 운송주선인의 운송물의 인도에 관한 주의의무해태를 이유로 손해배상책임을 인정한 판결: 대법원 1988. 12. 13. 85다카1358; 동 1987. 5. 12. 85다카2232; 동 1984. 9. 11. 83다카1661. 반대로 운송주선인의 손해배상책임을 인정하지 아니한 판결: 동 2007. 4. 27. 2007다4943.

2) 손해배상금에는 운송물의 가액 외에 이에 대한 부가가치세 상당액은 포함되지 않는다: 대법원 2008. 6. 12. 2008다19720.

책임은 악의의 경우를 제외하고 수하인이 운송물을 수령한 날로부터 1년, 운송물이 전부멸실된 경우에는 운송물을 인도할 날로부터 1년의 시효로 인하여 소멸"하도록 하였다(제121조 제1항). 1년의 단기소멸시효는 운송주선계약에 의하여 운송물이 멸실·훼손 또는 연착으로 인한 손해에 한한다(통설·판례).[1]

❐ 대법원 1991. 8. 27. 91다8012
불법행위책임에는 운송주선인의 단기시효규정이 적용되지 않는다

☞ 구상법 제812조에 의하여 준용되는 같은 법 제121조 제1항·제2항의 단기소멸시효의 규정은 운송인의 운송계약상의 채무불이행으로 인한 손해배상청구에만 적용되고, 일반 불법행위로 인한 손해배상청구에는 적용되지 아니한다.[2] 동지: 대법원 1985. 5. 28. 84다카966.

(나) 단기소멸시효는 운송주선인이나 그 사용인이 악의인 때에는 적용되지 않는다(제121조 제3항). 이때에는 일반상사소멸시효(제64조)에 따른다. 여기서 '惡意'의 의미에 관하여는, 적극적으로 운송물의 멸실·훼손·연착을 초래하거나 은폐한 경우뿐만 아니라, 소극적으로 이를 알면서 수하인에게 알리지 않고 인도한 경우를 포함한다고 보는 견해도 있다(판례).[3] 그러나 고의로 운송물의 멸실·훼손·연착을 야기하여 손해를 발생시키거나 그러한 사실을 은폐한 경우를 의미한다고 보아야 한다. 왜냐하면 악의의 개념을 손해발생사실을 단순히 인식한다는 뜻으로 이해하면 전부멸실이나 연착의 사실은 운송인이 당연히 알 것이므로 이 경우에는 단기소멸시효를 적용할 일이 전무할 것이고, 따라서 전부멸실, 연착에 관한 한 단기소멸시효에 관한 규정은 무의미해지기 때문이다.

❐ 대법원 1987. 6. 23. 86다카2107
운송주선인의 악의의 의미

☞ 구상법 제812조에 의하여 준용되는 같은 법 제121조 제3항에 규정된 운송인이나 그 사용인이 '악의인 경우'라 함은 운송인이나 그 사용인이 운송물에 훼손 또는 일부멸실이 있다는 것을 알면서 이를 수하인에게 알리지 않고 인도된 경우를 가리킨다 할 것이다.

1) 대법원 1991. 8. 27. 91다8012.
2) 이 판례는 1991. 12. 16. 개정전 해상법의 판례이다. 그러나 해상운송주선인은 해상운송인의 책임을 원용할 수 있고, 해상운송인에 대하여는 계약책임이든 불법행위책임이든 가리지 않고 상법이 적용되므로, 1년의 단기시효는 해상운송주선인의 불법행위의 경우에도 적용되는 것으로 본다.
3) 대법원 1987. 6. 23. 86다카2107.

(다) 1년의 시효기간은 원칙적으로 수하인이 운송물을 수령한 날로부터 기산하지만, 운송물이 전부멸실한 경우에는 그 운송물을 인도할 날로부터 기산한다. 여기서 '수하인'이란 반드시 운송계약상의 수하인을 가리키는 것이 아니고, 위탁자가 운송물의 수령인으로 지정한 자를 가리킨다.

(6) 불법행위책임과의 관계

운송주선인의 손해배상책임은 채무불이행으로 인한 책임이지만, 운송주선인이나 그 사용인의 고의나 과실로 인하여 운송물을 멸실·훼손한 때에는 불법행위로 인한 손해배상책임도 성립된다(민 제750조). 이 경우 위탁자는 운송주선인에 대하여 채무불이행과 불법행위를 이유로 하는 두 개의 청구권을 동시에 행사할 수 있는가에 대하여는, (i) 하나의 행위가 두 개의 법규에 저촉되는 외관을 나타내지만, 불법행위책임은 일반적인 손해배상책임으로서 계약관계가 있는 경우는 불법행위로서의 위법성이 조각(阻却)될 뿐만 아니라 계약법은 특별법으로서 일반법인 불법행위의 규정의 적용을 배제하므로 채무불이행으로 인한 손해배상책임만이 발생한다는 견해(법조경합설)도 있다. 그러나 (ii) 계약책임과 불법행위책임은 그 요건과 효과를 달리하므로 두 개의 청구권은 별개의 청구권이며, 따라서 두 청구권 중 어느 하나를 선택할 수 있게 하는 것이 피해자인 위탁자를 한층 더 보호할 수 있으므로 청구권 경합을 인정하는 견해(청구권경합설: 통설 및 판례)가 원칙적으로 타당하다고 보나,[1] 고의·중과실의 경우 외에는 불법행위책임을 별도로 물을 수 없다고 본다.[2] (iii) 고가물에 대한 특칙이나 면책약관은 불법행위책임을 묻는 경우에도 적용되어야 한다고 본다. 그리고 면책약관은 선량한 풍습 기타 사회질서에 반하지 아니하는 한 유효하다고 본다.

(7) 수하인에 대한 책임

(가) 운송주선계약의 당사자는 위탁자와 운송주선인이므로, 운송주선인과 수하인은 원칙적으로 아무런 관계가 없지만 운송물이 도착지에 도착한 때에는 운송주선계약에서 정하여진 수하인도 원칙적으로 위탁자와 동일한 권리를 취득한다(제124조, 제140조).

(나) 그러나 수하인은 위탁자와 같은 권리를 취득하는 반면에 운송주선인에 대하여 보수 기타의 비용을 지급할 의무를 부담한다(제124조, 제141조).

---

1) 대법원 1977. 12. 13. 75다107; 동 1996. 9. 6. 94다46404.
2) 대법원 1983. 3. 22. 82다카1533.

2. 운송주선인의 권리

1) 보수청구권

(1) 보수청구권의 발생

운송주선인은 상인이므로 당사자 간에 보수에 관한 특약이 없더라도 위탁자에 대하여 상당한 보수를 청구할 수 있다(제61조). 상법은 보수청구시기에 관하여 특칙을 두었으니, 즉 운송주선인은 운송물을 운송인에게 인도한 때에는 위임사무의 처리를 완료하였다고 할 수 있으므로 즉시 보수를 청구할 수 있다(제119조 제1항).

(2) 보수청구권의 배제

(가) 확정운임운송주선계약(Spedition mit fixen Spesen)

(i) 운송주선인은 운송주선계약으로 운임을 정한 경우에는 다른 약정이 없으면 따로 보수를 청구할 수 없다(제119조 제2항). 왜냐하면 운송주선계약에서 운임을 확정하였다면 당사자가 그 운임속에 보수를 포함시켰다고 볼 수 있기 때문이다.

(ii) 운송주선인의 확정운임청구권은 운송물을 단순히 운송인에게 인도한 때가 아니라 운송을 완료한 때에 발생하는 것으로 보게 된다. 그리고 운송주선인이 선정한 운송인은 운송주선인의 이행보조자가 되므로 그의 고의 · 과실에 대하여도 운송주선인은 책임을 져야 한다(제135조).

(나) 혼재운송계약(Sammelladungsspedition)

운송주선인은 다수의 위탁자로부터 동일한 운송경로를 거치는 동종의 운송물을 일괄하여 자기의 계산으로 하나의 혼재운송계약을 체결할 수 있다. 이 경우에는 운임을 확정하지 않더라도 운송주선인은 운송인으로서의 권리와 의무의 주체가 되므로, 운송주선인은 운임 이외의 비용을 청구할 수 없다고 본다. 다만 이때의 운임은 각각의 운송물을 운송할 때의 운임을 초과하여서는 안될 것이다.[1]

2) 비용상환청구권

운송주선인은 위탁자를 위하여 체결한 운송계약에 의하여 운송인에게 지급한 운

1) 독일상법 제413조 제2항 제2문 참조.

임 기타 운송을 위하여 지출한 비용(운송물의 보관, 부보(付保), 통관비용 등)에 관하여 위탁자에 대하여 그 상환을 청구할 수 있다(제123조 · 제112조, 민 제687조 · 제688조 참조).

3) 유치권

(1) 운송주선인은 운송물에 관한 운임 · 보수 기타 위탁자를 위한 체당금(替當金)이나 선대금(先貸金)에 관하여서만 그 운송물을 유치할 수 있다(제120조).

(2) 운송주선인의 유치권은 일반상사유치권(제58조), 대리상의 유치권(제91조) 및 위탁매매인의 유치권(제111조, 제91조)과는 달리 피담보채권과 목적물 간에 견련관계(牽連關係)가 있어야 한다는 점에서 민사유치권(민 제320조) 및 육상 · 해상운송인의 유치권(제147조, 제807조 제2항)과 같다.

(3) 그러나 운송주선인은 일반상사유치권과는 달리 유치목적물이 위탁자의 소유에 속하지 않더라도 유치할 수 있다. 운송주선인은 운송물을 직접점유하고 있는 경우는 물론 간접점유하고 있는 경우에도 유치권을 행사할 수 있다. 즉, 운송주선인은 자기명의로 운송계약을 체결하여 송하인으로서 운송인을 통하여 운송물을 간접점유하고 있으므로 운송물의 처분청구권에 의하여 유치권을 행사할 수 있다.

4) 개입권

(1) 개입권의 의의

(가) 운송주선인은 다른 특약이 없으면 위탁사무처리를 위하여 운송인과 운송계약을 체결하지 않고 자기가 직접 운송할 수 있는데(제116조 제1항 제1문), 이 권리를 개입권(Selbsteintrittsrecht)이라 한다. 개입한 운송주선인은 운송인과 동일한 권리 의무가 있다(제116조 제1항 제2문).

(나) 개입권의 법적 성질은 형성권으로서, 개입의 통지가 위탁자에게 도달하였을 때 그 효력이 발생한다고 보며, 운송주선인의 개입을 위탁자가 안 때에는 묵시적인 개입의 의사표시가 있었다고 보아야 할 것이다. 상법은 운송주선인이 위탁자의 청구에 의하여 화물상환증을 작성 · 교부한 경우에는 개입을 의제하고 있다(제116조 제2항).[1]

---

1) 운송주선인의 개입권을 부정한 판례: 대법원 1987. 10. 13. 85다카1080; 동 2007. 4. 26. 2005다5058.

(2) 개입권 행사의 요건

운송주선인이 개입권을 행사하려면 개입금지의 특약 또는 위탁자의 지시가 없어야 한다. 위탁매매인의 개입권과는 달리 운임에 관하여 시세가 없어도 운송주선인은 개입권을 행사할 수 있다.

(3) 개입의 방법 · 시기

(가) 개입권의 행사는 특약이 없는 한 위탁자에 대한 명시 또는 묵시의 의사표시로서 할 수 있다. 통지는 특별한 방식을 요하지 않는다. 다만 개입의 효력은 그 개입의 의사표시가 상대방에도 도달한 때에 생긴다고 본다(민 제111조 제1항). 운송주선인이 운송을 실행하면 묵시에 의한 개입의 의사표시가 있는 것으로 본다.

(나) 개입권의 행사시기에 관하여는 아무런 제한이 없으므로 운송주선인은 운송인과 운송계약을 체결하기 전에는 물론이고 체결한 후에도 위탁자에게 통지할 때까지는 개입권을 행사할 수 있다.

(4) 개입권 행사의 효과

(가) 운송주선인이 개입을 한 경우에는 운송인과 동일한 권리의무를 갖는다(제116조 제1항 제2문). 따라서 운송주선인과 위탁자 사이에 운송계약관계가 성립하고, 운송주선인은 운송인의 지위에 선다.

(나) 그러나 운송주선인의 개입은 운송주선계약을 이행하는 하나의 방법에 불과하므로 위탁자와의 위임관계가 소멸되는 것은 아니다. 따라서 운송주선인은 개입권의 행사에 의하여 운송주선인과 운송인의 지위를 겸하게 되어 운송주선인은 보수 · 비용 · 운임 등을 청구할 수 있다(제123조, 제107조 제2항).

(다) 또한 운송주선인이 개입권을 행사하더라도 수임인으로서의 의무를 면하는 것은 아니다. 따라서 개입권의 행사가 부적절하여 위탁자를 위한 선량한 관리자로서의 주의의무에 반하는 것이 되는 경우에는 손해배상책임을 지게 된다.

(5) 개입의 의제

상법은 "운송주선인이 위탁자의 청구에 의하여 화물상환증을 작성한 때에는 직접 운송하는 것으로 본다"(제116조 제2항)고 규정한다.[1] 이는 묵시적인 개입의사표시로 볼 수 있기 때문이다.

1) 대법원 2007. 4. 26. 2005다5058; 동 1987. 10. 13. 85다카1080.

5) 채권의 소멸시효

위탁자에 대한 운송주선인의 채권은 1년의 시효로 인하여 소멸한다(제122조). 그 기산점은 위탁자 또는 수하인에 대하여 채권을 행사할 수 있는 때부터이다. 이 단기시효는 운송주선인의 보수청구권과 비용상환청구권에 적용된다.

Ⅲ. 수하인 등과의 관계

1) 운송주선계약에서 수령인으로 정하여진 자, 즉 수하인 등은 운송주선계약의 당사자는 아니나, 운송물이 도착지에 도착한 때에는 위탁자와 동일한 권리자가 된다(제124조, 제140조). 그리고 수하인은 유보를 하지 아니하고 운송물을 수령하였을 때에는 운송주선인에 대하여 보수 기타 비용과 체당금을 지급할 의무를 부담한다(제124조, 제141조). 이때에는 수하인의 의무와 위탁자의 의무가 이른바 부진정연대채무로서 병존한다.

수하인에 대한 운송주선인의 채권도 1년의 시효로 인하여 소멸한다(제122조).

2) 위탁자와 운송주선인의 채권자와 같은 제3자와는 아무런 법률관계가 없다. 그러나 운송주선인에 관하여는 위탁매매에 관한 규정이 준용됨으로써(제123조), 운송주선인이 위탁자로부터 받은 위탁물이나 운송주선으로 취득한 권리는 '위탁자와 운송주선인' 또는 '위탁자와 운송주선인의 채권자'와의 사이에서는 이를 위탁자의 소유 또는 채권으로 보게 된다(제123조, 제103조). 따라서 운송주선인의 채권자는 위 물건 또는 채권을 압류하면 위탁자는 제3자이의를 할 수 있고(민집 제48조), 운송주선인이 이를 제3자에게 양도하면 이를 취소할 수 있다(민 제406조). 여기서 말하는 제3자에는 운송주선인과 운송계약을 체결한 상대방인 운송인은 포함하지 않는다고 본다.

Ⅳ. 순차운송주선

1. 순차운송주선의 형태

순차운송주선(aufeinanderfolgende Speditionsgeschäft)에는 하수운송주선 · 부분운송주선 · 중간운송주선과 같은 여러 가지 형태가 있다. 하수주선운송은 최초의 운송주선인이 전구간의 운송의 주선을 인수하고 주선업무의 전부 또는 일부를 다른 운송주선인으로 하여금 수행하게 하는 운송주선을 말한다. 이때는 최초의 운송주선인만이 주선계약의 당사자가 된다. 부분운송주선은 수인의 운송주선인이 각 구간별로 독립하여 위탁자로부터 운송주선의 위탁을 받는 경우를 말한다. 이때는 각 운송주선인과 위탁자 간에 개별적인 운송주선계약이 성립하므로, 각 운송주선인 상호 간에 아무런 법률관계도 발생하지 않는다.

상법 제117조에서 순차운송주선인이라 할 때에는 바로 이 중간(중개)운송주선인을 말하는 것인데, 이는 중계운송을 요하는 운송물에 관하여 제1의 운송주선인(원수운송주선인)이 최초의 운송주선을 인수하고, 나머지 구간에 대하여는 제1 운송주선인이 자기의 명의로 위탁자의 계산으로 제2의 운송주선인을 선임하는 경우를 중간(중계)운송주선 또는 협의의 순차운송주선이라 하고, 제2 이하의 운송주선인은 중간운송주선인이라 한다. 그러나 이러한 중간운송주선인은 송하인(위탁자)의 위탁이 아니라 제1운송주선인의 위탁을 받은 자이므로 특별한 사정이 없는 한 본래 의미의 운송주선인은 아니다.[1)]

제1의 운송주선인은 중간운송주선인의 선택에 있어 과실이 있는 때에만 책임을 지고, 중간운송주선인의 과실에 대하여는 책임을 지지 않는다(제115조). 이 점에서 하수운송주선과 다르고 순차운송형태 중 연대운송과도 다르다.

3. 순차운송주선의 법률관계

1) 전자의 권리를 행사할 의무

수인이 순차로 운송주선을 하는 경우에는 후순위 운송주선인은 전순위 운송주선인에 갈음하여 운송주선에 관한 보수청구권·유치권 등의 권리를 행사할 의무를 부담한다(제117조 제1항).

2) 전자의 권리의 취득

순차운송주선에서 후자가 전자에게 변제한 때에는 전자의 권리를 취득한다(제117조 제2항). 여기서 전자라 함은 자기의 직접의 전자뿐만 아니라 그 이전 단계의 운송주선인까지 포함한다.

1) 대법원 1987. 10. 13. 85다카1080.

3) 운송인의 권리취득

후자인 운송주선인이 운송인에게 변제를 한 때에는 전자인 운송주선인에 대하여 운송인이 가졌던 권리를 취득한다(제118조). 여기에서 운송주선인이란 도착지운송주선인을 포함한 중간운송주선인을 말하며, 운송인이란 자기가 운송계약을 체결한 운송인이 아니라, 자기 이전 구간의 운송인을 말한다. 왜냐하면 운송인과 운송계약을 체결한 운송주선인이 운송인에게 변제하는 것은 당연하고, 그가 변제로 운송인의 권리를 취득한다면 자기에 대한 권리를 취득하는 것이 되어 의미가 없기 때문이다.

제5절 운송업

Ⅰ. 운송인의 의의

운송인(Frachtführer, transporteur, carrier)이란 육상 또는 호천·항만에서 물건 또는 여객의 운송을 영업으로 하는 자를 말한다(제125조). 육상운송인은 물건운송인과 여객운송인으로 나뉜다.

1) 상법 제125조에서 운송인은 육상운송인만을 말하므로, 해상과 공중에서 운송을 하는 자는 상법상의 운송인이 아니다. 육상이란 지면과 지하를 포함하며, 호천·항만의 범위는 평수구역(平水區域)에 의하고(상시규 제3조, 대령 제11485호), 평수구역은 선박안전법시행령에 구체적으로 열거되어 있다(선안시 제2조 제9호). 따라서 하천, 호수, 항만 기타 평수구역에서의 운송은 선박을 이용하더라도 육상운송에 속한다.

2) 운송인은 물건 또는 여객을 운송하여야 한다. 물건이란 운송이 가능한 모든 동산 등의 물체를 말하며, 거래의 목적물이 될 수 없는 것이라도 상관없다. 따라서 군용물자 또는 시체 등도 물건에 포함된다.

여객이란 운송의 목적이 되는 자연인을 말하며 여객 자신이 반드시 운송계약의 상대방이 될 필요는 없다. 따라서 부모에 딸린 유아(幼兒)나 영아(嬰兒)도 여객이다.

3) 운송인은 운송을 하는 자이다. 운송이란 물건 또는 여객을 공간적으로 이동시키는 것을 말한다. 거리의 원근, 운송방법 및 운송수단 등에 대한 제한은 없다. 따라서 동일건물 내에서의 물건 · 여객의 이동, 운송수단을 사용하지 않고 인편으로 하는 물건 · 여객이동 등도 운송에 포함된다. 이러한 점에서 해상운송에서 반드시 선박이라는 운송수단을 사용하여야 하는 것과 구별된다.

4) 운송인은 운송의 인수를 영업으로 하는 자이다. 상법은 제125조에서 운송인을 '운송을 영업으로 하는 자'라고 규정하고 있으나, 운송 자체는 사실행위이므로 그로부터 운송인의 상인성이 발생하지 않으며, 운송의 인수를 영업으로 함으로써 상인이 된다(제46조 제13호). 운송의 실행행위는 반드시 본인이 스스로 할 필요는 없다.

Ⅱ. 운송계약의 법적 성질

1) 물건운송계약은 운송인이 자기의 보관하에 물건을 운송할 것을 인수하는 계약으로서 도급계약의 일종이다(민 제664조).[1] 계약당사자는 운송인과 운송의 위탁자, 즉 송하인이다.[2] 수하인은 계약당사자는 아니고, 다만 운송물이 도착지에 도착하였을 때에 송하인과 동일한 지위를 취득하는 데 그친다(제140조, 제141조).

2) 물건운송계약은 낙성 · 불요식의 계약이며, 대부분의 운송인은 운송약관을 작성하여 계약한다. 따라서 계약체결 후에 하는 송하인의 화물명세서의 교부나 운송인의 화물상환증 발행은 계약의 성립요건이 아니다.

3) 여객운송계약은 운송인이 여객, 즉 자연인을 운송할 것을 인수하는 계약으로서, 운송의 객체가 다를 뿐 물건운송계약과 같다. 계약당사자는 운송인과 운송의 위탁자인데, 보통은 여객 자신이 위탁자이겠으나 반드시 여객과 운송 위탁자가 동일인일 필요는 없다.

---

1) 대법원 1983. 4. 26. 82누92: 물품운송계약이란 당사자의 일방이 물품을 한 장소로부터 다른 장소로 이동할 것을 약속하고 상대방이 이에 대하여 일정한 보수를 지급할 것을 약속함으로써 성립하는 계약을 말하며, 이러한 운송계약은 운송이라는 일의 완성을 목적하는 것이므로 도급계약에 속한다.

2) 대법원 1995. 7. 25. 94다50878: 수출대행계약에 있어서 수출대행자가 실질적으로 물품의 수출과정에 관여하였다면 수출대행자를 운송계약의 직접당사자로 보아야 한다.

Ⅲ. 물건운송인의 의무

1. 일반적 의무

운송계약이 성립하면 운송인은 그 계약에 따라 운송물을 수령·보관·운송한 다음 수하인에게 인도하여야 할 의무를 진다.[1] 따라서 운송인은 운송물을 수령해서 인도할 때까지 선량한 관리자의 주의의무를 다하여야 한다.

2. 화물상환증교부의무

운송인은 운송물을 수령한 때에는 송하인의 청구에 의하여 화물상환증을 교부하여야 한다(제128조). 그러나 신속한 교통으로 인하여 오늘날에는 국내운송에서 화물상환증을 발행하는 사례가 거의 없다.

3. 운송물처분의무

1) 운송물처분의무의 의의

운송인은 송하인 또는 화물상환증소지인이 운송의 중지·운송물의 반환 기타의 처분을 청구한 때에는 그 처분지시에 따라야 한다(제139조 제1항 제1문). 이러한 운송인의 의무를 처분의무라고 한다. 화물상환증소지인의 처분청구권은 형성권이다.

2) 처분권자

운송물의 처분권은 화물상환증이 발행된 경우에는 그 정당한 소지인이, 화물상환증이 발행되지 않은 경우에는 송하인이 가진다.

3) 처분의무의 내용

처분의무의 내용은 운송의 중지, 운송물의 반환, 기타의 처분이다. 처분권은 운송계약의 범위 내에서 행사하는 것이므로 운송인에게 새로운 의무를 부담시키거나, 불이익을 주어서는 안된다.

---

1) 대법원 1981. 12. 22. 81다카665.

여기서 '운송의 중지'란 운송물을 현재지에서 더 이상 운송하지 아니함을 말하고, '운송물의 반환'은 발송지로의 반송을 의미하는 것이 아니라 현재지에서 인도하는 것을 말한다. '기타의 처분'도 운송인에게 부담을 주지 않는 범위 내에서 수하인의 변경, 운송노선의 변경, 적하방법의 변경 등 사실행위를 말하고, 노선연장, 추가운송, 포장의 개체(改替) 등 운송인에게 불이익을 주거나 새로운 부담을 주는 것, 또는 운송물의 양도, 입질(入質), 경매와 같은 법률상의 처분은 포함하지 않는다.

4) 운송인의 운임 등 청구권

운송인이 송하인의 지시에 따라 운송물의 처분을 한 때에는 이미 운송한 비율에 따른 운임 · 체당금 · 처분비용의 지급을 청구할 수 있다(제139조 제1항 후단). 처분비용이란 보관비, 환적비 등을 말한다.

5) 처분권의 소멸

운송물이 목적지에 도착한 후 수하인이 그 인도를 청구한 때에는 수하인의 권리가 송하인의 권리(처분권)에 우선한다(제140조 제2항). 그러나 운송물이 목적지에 도착하였더라도 수하인이 그 인도를 청구하지 않는 동안은 송하인의 처분권은 존속한다. 수하인이 인도청구를 한 후에도 운송물의 수령을 거부한 때에는 송하인의 처분권은 부활한다고 본다. 한편 송하인은 수하인이 파산하거나 회사회생절차에 들어간 경우에는 수하인이 운송물을 수령하기 전까지 환취권을 행사할 수 있다(채회 제408조 · 제71조).

4. 운송물인도의무

1) 화물상환증이 발행된 경우

(1) 증권의 상환에 의한 인도

화물상환증은 운송물의 인도청구권을 표창하는 유가증권이므로, 화물상환증 소지인은 배타적으로 운송물인도청구권을 취득하게 된다. 화물상환증이 발행되면 운송물에 관한 처분은 그 증권으로써 하여야 한다(제132조). 따라서 화물상환증이 발행된 경우에는 증권과 상환하지 않으면 운송물의 인도를 청구할 수 없다(제129조). 만일 운송인이 화물상환증을 소지하지 않은 자에게 운송물을 인도한 경우에는 후에 화물상환증의 정당한 소지인에 대하여 채무불이행 또는 불법행위에 기한 손해배상책임을 부담하여야 한다.

(2) 보증도 · 가도

운송물이 화물상환증보다 먼저 도착한 경우에 운송물의 변질과 보관비용의 증가를 방지하고 운송물을 신속히 처리하기 위하여 운송인이 수하인으로부터 상당한 담보(예컨대, 거래은행의 보증장)를 받고 운송물을 인도하는 '보증도'와 아무런 담보도 없이 인도하는 '가인도'(假渡, 空渡)의 경우가 있다.[1]

보증도는 상관습으로 되어 있어 일반적으로 유효한 행위로 인정되고 있다. 그러나 화물상환증의 정당한 소지인에 대한 책임이 면제되지는 아니한다.[2] 운송인이 화물상환증과 상환하지 않고 운송물을 인도한 경우에는, 정당한 화물상환증의 소지인으로부터 운송물 인도청구를 받은 때에는 물건을 인도할 수 없으므로 상법상 채무불이행으로 인한 손해배상책임을 지게 된다.

또한 운송인이 화물상환증과 상환하지 아니하고 운송물을 인도한 경우는 증권소지인의 권리를 위법하게 침해한 것으로서, 특별한 사정이 없는 한 그 권리의 침해의 결과를 인식한 것으로 보아야 하고, 만약 그 결과의 발생을 인식하지 못하였다면 그와 같이 인식하지 못하게 된 점에 운송인으로서의 주의의무를 현저하게 결여한 중대한 과실이 있다.[3] 따라서 운송인은 화물상환증소지인에 대하여 민법상 불법행위로 인한 손해배상책임도 지게 된다.[4] 운송인의 이 책임은 화물상환증을 양수한 정당한 소지인에 대하여도 꼭 같이 부담한다. 이는 증권의 소지인이 증권을 양수할 때 보증도 또는 가인도가 되었다는 사실을 알고 있었더라도 같다.[5]

화물상환증 소지인에 대한 이와 같은 책임은 운송인이 부담하는 것이지만, 운송인은 보증을 한 은행에 보증책임을 물을 것이므로 결국은 보증을 해 준 수하인의 거래은행이 이 책임을 부담하게 된다. 이때의 손해액은 운송물의 멸실 당시의 가액과 이에 대한 지연손해금이다.[6]

---

1) 그러나 운송인이 화물상환증의 소지인의 지시에 의하여 운송물을 제3자에게 인도하는 경우에는 가인도(공도)에 해당하지 아니한다: 대법원 1997. 6. 24. 95다40953; 동 1974. 12. 10. 74다376.
2) 대법원 1991. 12. 10. 91다14123; 동 1992. 2. 14. 91다4249; 동 1992. 2. 25. 91다30026 등.
3) 대법원 1999. 4. 23. 98다13211; 동 1989. 3. 14. 87다카1791.
4) 대법원 1992. 2. 25. 91다30026.
5) 대법원 1991. 4. 26. 90다카8098.
6) 대법원 1993. 10. 8. 92다12674.

화물상환증과 상환하지 않고 보증도, 가인도와 같은 방식으로 운송물의 인도를 받은 자는 화물상환증을 입수하지 못하는 한 운송물에 대한 소유권을 취득할 수 없다(제132조, 제133조). 보증도를 받은 수하인은 후일 화물상환증을 입수하게 되면 이를 운송인에게 교부하여야 하고, 그때 운송물의 소유권을 취득한다. 다만 이 자가 화물상환증 입수 전에 운송물을 제3자에게 인도한 때에는 제3자는 운송물의 소유권을 선의취득한다.

3) 화물상환증이 발행되지 않은 경우

화물상환증이 발행되지 않은 경우에는 운송물이 도착지에 도착하였을 때에 수하인은 운송계약에 의하여 생긴 송하인의 권리를 취득하게 되므로(제140조), 운송인은 수하인의 청구에 따라 운송물을 인도하여야 한다.[1]

5. 손해배상책임

1) 책임의 완화

상법은 운송인의 손해배상책임을 완화하는 방법으로 민법상의 채무불이행책임에 대한 특칙을 두어, (i) 운송인의 손해배상책임액을 정액으로 제한하고, (ii) 송하인이 명시하지 않은 고가의 운송물에 대해서는 손해배상책임을 면제하는 한편, (iii) 손해배상책임의 특별 소멸사유와 아울러 단기의 소멸시효를 두고 있다.

2) 손해배상책임원인

(1) 과실책임주의

상법 제135조는 과실책임주의에 입각하여 운송인의 손해배상책임원인을 규정하였다. 즉, 운송인과 이행보조자의 고의 또는 과실이 있어야 한다. 운송인은 자기 또는 운송주선인이나 사용인, 그 밖에 운송을 위하여 사용한 자가 운송물의 수령, 인도, 보관 및 운송에 관하여 주의를 게을리하지 아니하였음을 증명하지 아니하면 운송물의 멸실, 훼손 또는 연착으로 인한 손해를 배상할 책임이 있다.

---

1) 대법원 1966. 7. 26. 65다2308; 동 1993. 5. 27. 92다32180 운송인이 운송계약상의 의무에 위배하여 수하인이 아닌 수입상에게 직접 화물을 인도하여 손해가 발생하였다면 그에 대한 배상책임이 있다.

❐ 대법원 1975. 10. 7. 75다71
운송인에게 운송에 관한 주의의무 해태를 이유로 손해배상책임을 인정한 판례

☞ 철도편으로 탁송한 화물이 훼손된 경우에는 철도운송인에게 화물운송에 관하여 과실이 있다고 일응 추정되는 것이며, 운송인은 화물운송에 관하여 주의를 해태하지 아니하였음을 증명하지 아니하면 운송화물의 훼손으로 인한 손해배상책임을 면치 못한다. 본건에서 설사 한탄강의 범람을 예측할 수 없다 할지라도 침수에 대한 아무런 조치를 취한 흔적이나 또는 조치를 취할 수 없었던 사정을 엿볼 자료가 없으므로, 운송인은 운송에 관한 주의를 해태하였다고 볼 수 있다.

(2) 증명책임

무과실의 증명책임은 운송인에게 있으며, 이행보조자의 선임·감독에 과실이 없었음을 증명하는 것만으로는 책임을 면하지 못한다.

(3) 손해의 원인과 유형

(가) 운송인은 '운송물의 멸실, 훼손 또는 연착으로 인한 손해'를 배상하여야 한다.

① '멸실'이란 물리적 멸실 외에 도난, 유실, 몰수, 무권리자에 대한 인도 등 운송물의 회수가 불가능하거나, 기타 운송물이 현존하지만 인도에 법률적 장애가 있어 사회통념상 수하인 또는 화물상환증소지인에게 운송물을 인도할 수 없는 모든 경우를 말한다. ② '일부멸실'이란 잔존부분이 독립된 경제적 가치를 가질 때를 뜻하고, 중요한 부분의 멸실로 인해 사회통념상 전부가 쓸모없이 된 경우에는 전부멸실에 해당한다. ③ '훼손'이란 물건이 부패·변질되거나 불가분물의 일부가 파괴되어 경제적 가치가 손상된 경우를 말하며, 손괴나 물건의 일부의 유실·도난도 이에 해당한다. 이는 물리적 성상에 변화가 온 경우만을 뜻하고 가격변동으로 인한 가치 감소는 포함되지 아니한다. ④ '연착'이란 인도할 날에 인도하지 못하고 그 이후의 날에 인도하는 것을 의미한다. 기일 내에 도착하였더라도 운송인측의 사정으로 인도할 날에 인도하지 못하였다면 이것도 연착에 해당한다. 반대로 인도할 날 이후에 도착하였더라도 수령권자가 그 이후에 인도를 청구하여 바로 인도한다면 연착이라 볼 수 없다.

(나) 이상의 책임원인도 운송주선업자의 책임에 있어서와 같이 예시적인 것으로 본다. 따라서 예컨대 제135조에는 열거되어 있지 않지만, 운송인이 송하인의 처분권을 무시한 결과 송하인에게 손해가 생긴 경우, 운송인은 손해배상책임을 부담한다.

3) 손해배상책임의 범위

(1) 정액배상주의

(가) 운송물이 전부 멸실된 경우에는 운송물을 인도할 날의 도착지의 가격(일반시장가격)에 의하여 손해배상액을 산정한다(제137조 제1항). 여기서 '인도할 날'이란 운송계약에 의하여 인도하기로 예정된 날 또는 화물상환증이 발행된 경우에는 화물상환증에 이와 같이 기재된 날을 뜻한다. 그리고 '도착지의 가격'은 도착지에서 형성되는 시장가격을 말한다. 거래소의 시세 있는 물건이라면 거래소의 가격에 따른다.

(나) 운송물의 일부가 멸실 또는 훼손된 경우에는 인도한 날의 도착지의 가격에 의하여 손해배상액을 산정한다(제137조 제2항).

(다) 운송물의 전부 또는 일부가 연착된 경우에는 인도할 날의 도착지 가격에 의하여 손해배상액을 산정한다(제137조 제1항).

(라) 운송물의 일부가 멸실 또는 훼손되었을 뿐만 아니라 연착되기도 한 경우에는 명문의 규정이 없으나, 연착의 경우에 포함시키는 것이 운송인보호의 취지에 맞을 것이다. 연착의 경우에는 인도할 날의 도착지 가격과 인도한 날의 도착지 가격의 차액을 배상하게 되므로 연착된 기간 중에 가격변동이 없는 경우 또는 가격이 오히려 상승한 경우에는 운송인은 아무런 책임이 없게 된다. 또 연착으로 인하여 수하인은 제3자에게 계약불이행책임을 지는 경우도 있게 되는데 이에 대한 배려가 없다. 따라서 입법론으로는 연착의 경우는 민법의 채무불이행의 일반원칙에 맡기는 것이 타당할 것이다.

(2) 이중이득의 금지

이러한 배상액 중에는 운임 기타 비용이 포함되는 것이 보통이므로, 운송물의 멸실·훼손으로 인하여 그 비용을 지급하지 않는 경우에는 이중이득을 방지하기 위하여 그 배상액 중에서 그 금액을 공제하여야 한다(제137조 제4항). 기타비용이란 운송에 필요한 일체의 비용으로서 관세 등을 포함한다. 연착의 경우에는 비용의 공제가 인정되지 아니한다.

(3) 정액배상주의의 배제

운송인(이행보조자를 포함)에게 고의나 중대한 과실이 있는 때에는 일반원칙(민제393조)에 따라 모든 손해(운송인이 예견할 수 있었던 특별사정으로 인하여 생긴 손해도 포함)를 배상하여야 한다(제137조 제3항). 이때의 고의·중과실의 증명책임은 손해배상을 청구하는 자가 진다.

4) 고가물에 대한 특칙

(1) 의 의

(가) 화폐 · 유가증권 기타의 고가물에 대하여는 송하인이 운송을 위탁할 때에 그 종류와 가액을 명시하여야 하는데, 이를 명시하지 않았다가 운송물에 관하여 손해가 발생한 경우에는 운송인은 고가물로서의 책임뿐만 아니라 보통물로서의 배상책임도 지지 않는다(제136조).

(나) 여기서 고가물이란 그 용적 · 중량에 비하여 현저하게 고가인 물건을 말한다. 화폐 · 유가증권 · 귀금속 · 골동품 등이 이에 해당한다.

❒ 대법원 1963. 4. 18. 63다126
견직물은 고가물이라 볼 수 없디

☞ 견직물은 오늘날 사회 · 경제 및 거래상태로 보아 상법 제136조 소정 고가물이라 볼 수 없으므로, 그 종류와 가격을 명시하지 아니하였다 하여도 운송인은 손해배상책임을 면할 수 없다. 그러나 직지제조용 조직기 중 흡입압착롤은 고가물이다: 대법원 1991. 1. 11. 90다8947.

(2) 명시의 요건

(가) 고가물에 관하여 송하인이 명시하여야 할 사항은 그 종류와 가액이다. 그 종류에 관하여는 운송인이 고가물임을 식별할 수 있을 정도로 고지하면 되고, 가액은 진정한 가액을 고지하여야 한다.

(나) 운송인이 운송물을 위탁받을 때까지만 고가물임을 알 수 있으면 그에 상당한 주의를 할 수 있고, 또한 운임의 인상도 요구할 수 있으므로, 고가물의 의사표시는 운송인에게 운송물을 인도할 때까지 명시하면 충분하다.

(3) 명시의 효과

고가물의 종류와 가액을 명시한 경우에는 송하인 등은 운송인에 대한 손해배상청구권을 보전하게 된다. 송하인이 고가물임을 명시한 경우에는 명시한 가액이 손해배상의 기준이 되지만, 손해배상액을 확정하는 효력은 없다. 즉, 실가가 명시가보다 낮은 때에는 운송인이 이것을 증명하여 실가의 범위 내에서 배상하면 되고, 실가가 명시가보다 높은 경우에는 운송인은 명시한 가액의 범위 내에서 책임을 진다. 왜냐하면 송하인이 명시가격보다 높은 가격의 배상을 요구하는 것은 신의칙에 반하기 때문이다.

> ❒ 대법원 1991. 8. 23. 91다15409
> 운송인의 보조자는 불법행위책임만을 부담하고, 고가물 불고지로 인한 면책규정인 상법 제136조는 운송인의 채무불이행으로 인한 손해배상책임에만 적용되므로 이행보조자에게 상법 제136조가 적용될 여지가 없다

☞ 상법 제136조와 관련되는 고가물 不告知로 인한 면책규정은 일반적으로 운송인의 운송계약상의 채무불이행으로 인한 청구에만 적용되고 불법행위로 인한 손해배상청구에는 그 적용이 없으므로, 운송인의 운송이행업무를 보조하는 자가 운송과 관련하여 고의 또는 과실로 송하인에게 손해를 가한 경우 同人은 운송계약의 당사자가 아니어서 운송계약상의 채무불이행으로 인한 책임은 부담하지 아니하나, 불법행위로 인한 손해배상책임을 부담하므로 위 면책규정은 적용될 여지가 없다. 동지: 대법원 1977. 12. 13. 75다107.

(4) 불명시의 효과

(가) 송하인이 고가물임을 명시하지 않는 경우에는 그 고가물이 멸실 · 훼손되더라도 운송인은 고가물로서의 책임은 물론 보통물로서의 책임도 지지 않는다(통설). 왜냐하면 귀금속, 골동품 등 고가물은 보통물로서 가액을 정할 수 없고, 보통물도 그 가액이 여러 종류가 있어, 그 중 어느 것을 보통물로 정하기가 어려우며, 고가물 명시의무를 위반한 하주에게 제재를 가한다는 측면도 있다.

(나) 문제는 고가물의 명시를 하지 않았으나 운송인이 우연히 고가물임을 알게 된 경우에 어떻게 처리할 것인가 하는 점이다. 이에 관하여는,

① 무책임설: 고가물을 명시하지 않은 이상 운송인은 운송물에 발생한 손해로부터 면책되며, 운송인이 우연히 알게 되었다는 주관적 사유는 책임의 기준이 되지 않는다고 보는 견해이다.

② 고가물책임설: 고가물임을 알게 된 이상 운송인은 고가물에 해당하는 주의를 기울여야 하고 만약 이를 해태하여 손해가 발생했다면 고가물로서의 책임을 진다고 보는 견해이다.

③ 절충설: 운송인은 보통물로서의 주의를 기울여야 하고 만약 이를 해태한 때에는 고가물로서의 책임을 진다고 보는 견해이다.

④ 사 견: 운송인이 우연히 고가물임을 알았다는 사실 자체는 아무런 문제가 되지 않는다. 또한 운송인이 보통 기울이는 주의를 다하여 운송을 한 경우에도 문제되지 않는다. 즉, 명시하지 아니한 고가물에 대하여는 운송인은 면책된

다[아래 ①, ② 참조]. 문제는 운송인이 고가물임을 우연히 알았고, 이에 더하여 운송인이 고의·중과실로 보통물로서의 주의마저 해태하여 운송물이 멸실된 경우[아래 ③ 참조]만이 문제된다.

① 실무에서 고가물 운송의 경우 운송인이 "운송물의 가격을 명시하고 종가요금을 부담하여야 하며 만약 명시하지 아니한 경우 운송인은 면책된다"는 사실을 송하인에게 설명 또는 운송약관 등을 통하여 고지하고 있다. 그럼에도 송하인이 종가요금 등이 부담스럽기 때문에 고의로 보통물로 명시하는 경우가 흔히 있다. 이때에는 운송의 당사자 간에 고가물에 대하여 보통물로 운송하기로 합의한 것으로 볼 수 있다. 따라서 보통의 주의를 기울인 운송인은 보통물로서의 책임(명시한 가격)만 부담하면 된다. 이때 송하인이 고가물임을 주장하면 운송인은 아무런 책임도 부담하지 않는다(상법 제136조의 반대해석).

② 운송인이 위 ①에서와 같은 방법의 설명도 하지 않았고 송하인도 무심코 고가물임을 명시하지 아니한 경우, 운송인이 고가물임을 알았더라도 보통의 주의를 기울인 운송인은 보통물로서의 책임을 부담한다. 만약 송하인이 고가물임을 주장하면 운송인은 아무런 책임도 부담하지 않는다(상법 제136조의 반대해석).

③ 위 ①과 ②의 경우에 운송인이 고의·중과실로 보통의 주의마저 해태한 때[고가물임을 간파한 운송인이 고의·중과실로 운송물을 멸실시킨 경우 등]에는 보통물에 대한 책임이 아니라 고가물에 대한 책임을 부담하여야 할 것으로 생각한다. 고가물을 명시하지 아니한 송하인의 과실에 따른 책임보다 고의·중과실로 운송물을 멸실케 한 운송인의 책임이 더 무겁다고 보기 때문이다. 예컨대 보석과 같은 고가물의 경우, 운송인에게 어떤 책임을 지운다면 고가물로서의 책임을 지워야만 할 것이며, 보통물로서 책임을 지운다는 것은 모래 한 알, 조그만 돌맹이 하나의 값을 책임진다는 것이 되어 무의미하다. 이 경우에는 민법상의 불법행위책임과 형법상의 업무상 횡령죄, 배임죄, 재물손괴죄나 절도죄의 책임을 부담하는 경우도 있을 것이다. 다만 운송인의 고의·중과실은 이를 주장하는 송하인, 수하인 또는 하주가 이를 증명하여야 한다.

(다) 송하인이 고가물임을 명시하지 아니하였더라도 운송인의 불법행위를 원인으로 하여 손해배상책임을 묻는 경우에는 고가물 전액의 배상을 청구할 수 있다는 판례가 있으나,[1] 그 타당성은 의문이다.

---

1) 대법원 1991. 8. 23. 91다15409: 상법 제136조와 관련되는 고가물불고지로 인한 면책규정은 일반적으로 운송인의 운송계약상의 채무불이행으로 인한 청구에만 적용되고 불법행위로 인한 손해배상청구에는 그 적용이 없다.

5) 운송인의 계약책임과 불법행위책임의 관계

(1) 상법 제135조는 운송인의 채무불이행으로 인한 손해배상책임에 관하여 규정한 것이다. 그러나 운송물이 멸실 또는 훼손된 경우에는 운송물의 소유권에 대한 침해로서 불법행위(민 제750조 · 제756조)도 동시에 성립하는 경우가 있다. 이 때는 채무불이행으로 인한 손해배상청구권과 불법행위로 인한 손해배상청구권이 동시에 성립하게 되는데, 양청구권의 관계가 문제된다.

(2) 법조경합설에 의하면 운송계약이 존재할 때에는 계약법이 적용되고, 계약법은 불법행위법과의 관계에서는 특별법과 일반법의 관계에 있기 때문에 특별법에 의한 채무불이행으로 인한 손해배상책임이 성립하면 일반법에 의한 불법행위책임은 운송인측의 고의가 있는 경우를 제외하고는 배제되므로, 채무불이행으로 인한 손해배상청구권만 성립한다고 한다.

(3) 이에 대하여 청구권경합설에 의하면 양청구권은 그 성립요건과 효과가 각각 다르기 때문에 별개의 것이며, 따라서 청구권의 경합이 생기므로 채권자는 그 중 하나를 선택하여 행사할 수 있다고 하며, 이것이 채권자(피해자)를 두터이 보호하는 것이라고 한다.

(4) 실제로 운송인의 운송계약상의 채무불이행책임은 물건운송인의 경우 ① 정액배상주의(제137조), ② 고가물에 관한 특칙(제136조), ③ 책임의 특별소멸사유(제146조)와 단기소멸시효(제147조, 제121조) 등의 적용과, ④ 운송약관에 면책조항을 삽입시킴으로써 크게 경감 · 완화되고 있으나, 운송인의 불법행위책임을 묻는다고 할 때에는 위의 책임경감사유의 적용이 없어 운송인에게 크게 불리하고 채권자에게 매우 유리하다. 따라서 양청구권의 경합이 인정되면 손해배상청구권자인 채권자는 당연히 운송인의 불법행위책임을 묻게 된다. 그러나 양청구권의 경합을 인정하면 운송계약상의 책임을 제한하는 상법 및 약관의 규정은 무의미해지므로, 불법행위로 인한 손해배상청구권은 배제시키려는 것이 법조경합설의 입장이다.

(5) 대체로 운송계약에 있어서는 과실에 의하여 운송물이 멸실 · 훼손될 수 있다는 것을 예상하는 것이 보통이며, 이때의 불법행위책임에 대하여는 송 · 수하인이 묵시적으로 면제하고 있다고 볼 수 있다. 다만 운송인의 고의 또는 중대한 과실로 인하여 운송물이 멸실 또는 훼손된 경우와 같이 그 손해가 운송계약에서 예상한 정도를 일탈한 경우에는 불법행위책임도 경합할 수 있다고 본다.[1] 판례

1) 청구권경합문제는 과거 해상법에서 크게 논의되었다. 그러나 1991. 12. 31. 개정상법은 이

는 한결같이 청구권경합설을 지지하고 있다.[1)]

6) 면책약관

(1) 면책약관의 의의

운송계약상 운송인이 손해배상책임을 면제 또는 경감하는 특약조항을 면책약관이라 한다.

(2) 면책약관의 종류

면책약관의 종류는 다양하나, 실무에서는 다음 3종의 약관이 흔히 이용되고 있다.

(가) 과실약관(negligence clause)

운송인과 그 사용인의 과실에 대하여는 운송인이 책임을 지지 않기로 하는 약관이다.

(나) 배상액제한약관(valuation clause)

운송인이 부담할 손해배상액을 일정한 금액으로 제한하는 약관이다.

(다) 부지약관(unknown clause)

운송물의 종류·품질·무게·개수·가격 등의 내용에 대하여 확인이 없었다는 문언을 기재하여 그 문언에 따라 책임을 배제하기 위한 약관이다.

(3) 면책약관의 효력

면책약관은 선량한 풍속 기타 사회질서(민 제109조), 신의성실의 원칙(민 제2조)

문제를 입법적으로 해결하였다. 즉, ① 선박소유자의 책임과 관련하여서는 '청구원인의 여하에 불구하고' 그 책임이 제한된다고 정하고(제769조 본문), ② 해상운송인의 책임과 관련하여서도 상법 제5편 제4장의 '운송인의 책임'에 관한 규정은 운송인의 불법행위로 인한 손해배상책임에도 이를 적용한다고 정하여(제798조 제1항), 그 책임원인이 채무불이행이든 불법행위이든 그 법적 효과가 동일하도록 규정하였다. 또, ③ 운송인의 책임의 제척기간에 관하여도 '운송인의 채무는 청구원인의 여하에 불구하고' 1년 내에 재판상 청구가 없으면 소멸하되, 이 기간은 당사자의 합의에 의하여 연장할 수 있다고 정하여(제814조), 민법의 불법행위법상의 손해배상청구권의 소멸시효(3년 또는 10년: 민 제766조)를 수용할 여지를 없앴다. 그러므로 해상법에 관한 한 청구권경합론은 이제 그 논의의 실익이 크지 않다. 다만 계약불이행책임만 물을 경우 우리나라에 관할권이 없는 사건도 불법행위책임을 묻는 경우에는 우리나라가 가해행위지 또는 결과발생지에 해당하면 우리 법원에 관할권이 있으므로 이 점에서는 아직도 논의의 실익이 있다.

1) 청구권경합설에 따른 판결: 대법원 1962. 6. 21. 62다102; 동 1983. 3. 22. 82다카1533; 동 1999. 7. 13. 99다8711.

등 민법의 일반규정이나 약관의 규제에 관한 법률 제6조 이하의 무효조항에 위반되지 아니하는 한 유효한 것으로 본다. 따라서 운송인의 고의에 의한 손해에 대하여도 책임이 없다는 특약 등은 무효로 보아야 할 것이다.

(4) 불법행위책임과 면책약관

(가) 위에서 설명한 청구권경합설에 의하면 면책약관은 운송인의 불법행위책임을 묻는 경우에는 적용이 없어서 운송인은 면책약관에 불구하고 손해액 전부를 배상하여야 한다.

(나) 대법원은 청구권경합설을 유지하면서도 면책약관은 불법행위책임을 묻는 경우에도 적용되고, 다만 운송인의 고의 또는 중대한 과실로 인한 불법행위책임을 묻는 경우에는 면책약관의 적용이 없다고 판시한 바 있다.

❒ 대법원 1983. 3. 22. 82다카1533
운송인의 불법행위책임을 묻는 경우에도 면책약관은 적용되나, 다만 운송인의 고의 또는 중대한 과실로 인한 불법행위책임을 묻는 경우에는 면책약관의 적용이 없다

☞ "운송계약상의 채무불이행 책임에 관하여 법률상 면책의 특칙이 있거나 또는 운송계약에 그와 같은 면책특약을 하였다고 하여도 일반적으로 이러한 특칙이나 특약은 이를 불법행위책임에도 적용하기로 하는 명시적 또는 묵시적 합의가 없는 한 당연히는 불법행위책임에 적용되지 않는 것이나, 운송물의 권리를 양수하여 선하증권을 교부받아 그 소지인이 된 자는 운송계약상의 권리를 취득함과 동시에 목적물의 점유를 인도받은 것이 되어 운송물의 소유권을 취득하여 운송인에 대하여 채무불이행책임과 불법행위 책임을 아울러 추궁할 수 있게 되는 점에 비추어 볼 때 운송인이 선하증권에 기재한 면책약관은 채무불이행 책임만을 대상으로 한 것이고 당사자 사이에 불법행위책임은 감수할 의도였다고 볼 수 없으므로 불법행위책임에 적용키로 하는 별도의 명시적·묵시적 합의가 없더라도 당연히 불법행위 책임에도 그 효력이 미친다. 다만 선하증권에 기재된 면책약관이라 할지라도 고의 또는 중대한 과실로 인한 재산권 침해에 대한 불법행위책임에는 적용되지 않는다. 동지: 대법원 1991. 8. 27. 91다8012.

(다) 그러나 근래 대법원은 다시 청구권경합설의 입장에서 운송계약상의 면책특약이나 상법상의 면책조항은 오로지 운송계약상의 채무불이행책임에만 적용될 뿐, 당사자 사이의 명시적 또는 묵시적 합의가 없는 한 불법행위로 인한 손해배상책임에는 적용되지 않는다고 함으로써, 일관성이 없는 판단을 하고 있다.

❒ 대법원 2004. 7. 22. 2001다58269
항공운송계약상의 면책특약은 불법행위책임에는 적용되지 아니한다

☞ 항공운송계약상의 채무불이행책임과 불법행위로 인한 손해배상책임은 병존하고, 운송계약상의 면책특약은 일반적으로 이를 불법행위책임에도 적용하기로 하는 명시적 또는 묵시적 합의가 없는 한 당연히 불법행위책임에 적용되지 않는다. 동지: 대법원 1980. 11. 11. 80다1812; 동 1977. 12. 13. 75다107; 동 1987. 6. 9. 87다35 · 36.

7) 손해배상책임의 소멸

(1) 특별소멸사유

(가) 운송인의 책임은 수하인 또는 화물상환증소지인이 유보없이 운송물을 수령하고 운임 기타의 비용을 지급한 때에는 소멸한다(제146조 제1항).

(나) 운송물에 즉시 발견할 수 없는 훼손 또는 일부멸실이 있는 경우에 운송물을 수령한 날로부터 2주 내에 그 통지를 발송하면 운송인의 책임은 소멸하지 않는다(제146조 제1항 단서).

(다) 그러나 위의 어떤 경우이든 운송인 또는 그 사용인에게 악의가 있는 경우, 즉 운송물의 일부멸실 · 훼손 등으로 인한 손해의 발생사실을 알고 있는 경우에는 운송인의 책임은 소멸하지 않는다(제146조 제2항).[1] 운송인 또는 그 사용인이 중대한 과실로 인하여 일부멸실 · 훼손의 사실을 알지 못하였더라도 면책되지 않는다.

(라) 전부멸실의 경우와 연착의 경우에는 본조의 적용이 없다.

(2) 단기소멸시효

(가) 운송인의 책임은 운송인이나 그 사용인에게 악의가 없는 한 수하인이 운송물을 수령한 날로부터, 전부멸실의 경우에는 운송물을 인도할 날로부터[2] 1년을 경과하면 그 소멸시효가 완성한다(제147조, 제121조).

(나) 운송인이나 그 사용인에게 악의가 있는 경우에는 일반상사시효(제64조)에 따른다. 여기서의 악의란 상법 제146조와는 달리 운송인이 고의로 운송물을 멸실 · 훼손 · 연착시키거나 그러한 사실을 은폐하고 인도한 경우를 말한다.

---

1) 대법원 1987. 6. 23. 86다카2107.

2) 대법원 1976. 9. 14. 74다1215: 운송물이 멸실된 경우 운송인의 손해배상책임은 그 물건을 '인도한 날'로부터 소멸시효가 진행한다.

Ⅳ. 물건운송인의 권리

1. 운송물인도청구권

운송인은 운송을 실행하기 위하여 송하인에게 운송물의 인도를 청구할 수 있다. 송하인이 적시에 운송물을 인도하지 아니하면 채권자지체가 된다(민 제400조~제403조 참조).

2. 화물명세서교부청구권

1) 의 의

운송인은 송하인에 대하여 법정사항을 기재한 화물명세서의 교부를 청구할 수 있다(제126조 제1항). 화물명세서는 보통 운송장(송장) 또는 출하안내서라고도 한다. 운송인은 화물명세서를 근거로 화물상환증을 발행하게 된다. 화물명세서는 계약서도 유가증권도 아니며, 하나의 사서증서(私署證書)이다.

2) 기재사항

화물명세서에 기재할 사항은 법정되어 있다. 즉, 화물명세서에는 ① 운송물의 종류, 중량 또는 용적, 포장의 종별, 개수와 기호, ② 도착지, ③ 수하인과 운송인의 성명 또는 상호, 영업소 또는 주소, ④ 운임과 그 先給 또는 着給의 구별, ⑤ 화물명세서의 작성지와 작성연월일 등을 기재하고 송하인이 기명날인 또는 서명하여야 한다. 그러나 이와 같은 기재사항은 예시적인 것이므로 그 외의 사항을 기재하더라도 상관없다.

❐ 대법원 1988. 11. 8. 87다카1699
운송물의 가액을 고지하지 않은 것은 송하인의 과실상계사유가 아니다

☞ 송하인이 운송인에게 기계의 운송을 위탁하면서 화물명세서에 기계의 종류·용적·중량 등을 고지하였고 다만 그 기계의 '가액'을 고지하지 아니하였다 하더라도 물건운송계약에 있어서 가격을 고지하지 아니한 사실만 가지고서는 송하인에게 어떤 과실이 있다고 보기 어렵다. 그럼에도, 원심이 화물의 가격·종류 및 용적 등을 운송인에게 고지하지 아니한 것이 이 사건 사고의 한 원인이 되었다고 판단하여 과실상계를 한 것은 위법이다.

4) 부실기재의 책임

만약 송하인이 고의 또는 과실로 부실기재를 함으로써 운송인에게 손해를 주었다면 그 배상책임을 져야 한다(제127조 제1항). 다만 운송인이 악의인 경우에는 손해배상책임이 없다(제127조 제2항). 부실기재에 있어 과실 여부는 묻지 않는다.

3. 운임청구권

운송계약은 도급계약의 일종이므로 운임은 특약이 없는 한[1] 후급이 원칙이다.[2] 따라서 운송인은 운송물을 인도한 때에는 특약이 없어도 당연히 운임을 청구할 수 있다(제61조). 이때에는 송하인과 수하인의 부진정연대채무가 된다(제141조, 민 제413조). 그러나 운송물이 멸실된 경우에 관하여는 다음과 같은 특칙이 있다.

1) 운송물의 전부 또는 일부가 송하인의 책임없는 사유로 인하여 멸실된 때에는, 운송인은 그 멸실된 부분의 운임을 청구할 수 없으며, 이미 운임의 전부 또는 일부를 받은 때에는 이를 반환하여야 한다(제134조 제1항).

2) 운송물의 전부 또는 일부가 그 성질이나 하자 또는 송하인의 과실로 인하여 멸실된 때에는 운송인은 운임의 전액을 청구할 수 있다(제134조 제2항).

4. 비용상환청구권

운송인은 운송물에 관한 체당금 기타 비용의 상환과 그 체당일 이후의 법정이자의 지급을 청구할 수 있다(제141조, 제55조 제2항). 여기서 '비용'이란 통관비용·창고보관료·보험료 등과 같이 운임에 포함되지 않는 운송에 관한 비용을 말한다. '체당금'이란 송하인 등을 위하여 운송인이 채무변제로서 금전을 지출하는 것을 말한다. 이러한 비용은 운임과 달리 운송물이 불가항력으로 멸실하거나 운송 중에 운송물을 처분한 때에도 청구할 수 있다(제139조 제1항).

---

1) 대법원 1972. 2. 22. 71다2500: 운송인과 송하인은 운임에 관하여 상법 제134조, 제815조의 규정에 불구하고 다른 특약을 할 수 있고, 선하증권에 기재된 운임에 관한 특약 사항은 그 증권의 소지인에 대하여도 효력이 미친다.

2) 대법원 1993. 3. 12. 92다32906: 운임은 특약 또는 관습이 없는 한 상법이 인정하는 예외적인 경우를 제외하고는 운송을 완료함으로써 청구할 수 있는 것이고, 운송의 완료라 함은 운송물을 현실적으로 인도할 필요는 없으나 운송물을 인도할 수 있는 상태를 갖추면 충분하다.

5. 유치권

1) 운송인은 운임 기타 비용의 청구권을 확보하기 위하여 운송주선인의 경우와 같은 유치권을 행사할 수 있다(제147조, 제120조).

2) 운송인의 유치권의 피담보채권은 운임, 송하인을 위한 체당금 및 선대금에 관한 채권으로 제한된다. 따라서 운송인이 송하인에 대하여 위와 관련없는 다른 채권은 유치권에 의하여 담보되지 않는다. 운송인의 유치권의 목적물인 운송물은 채무자 소유임을 요하지 않는다는 점 및 피담보채권이 목적물과 한정된 의미에서 견련성이 있는 채권에 국한되는 점에서 민사유치권과 유사하고 일반상사유치권과 다르다.

❐ 대법원 1993. 3. 12. 92다32906
운송인의 유치권에 관한 규정의 취지 및 피담보채권과 목적물과 견련관계의 성부

☞ 상법 제147조, 제120조 소정의 운송인의 유치권에 관한 규정의 취지는, 운송실행에 의하여 생긴 운송인의 채권을 유치권의 행사를 통해 확보하도록 하는 동시에, 송하인과 수하인이 반드시 동일인은 아니므로 수하인이 수령할 운송물과 관계가 없는 운송물에 관하여 생긴 채권 기타 송하인에 대한 그 운송물과는 관계가 없는 채권을 담보하기 위하여 그 운송물이 유치됨으로써 수하인이 해를 입지 않도록 하기 위하여 피담보채권의 범위를 제한한 것이다. … 동일한 기회에 동일한 수하인에게 운송하여 줄 것을 의뢰받은 운송인이 운송물의 일부를 유치한 경우, 운송물 전체에 대한 운임청구권은 동일한 법률관계에서 발생한 채권으로서 유치목적물과 견련관계가 인정되어 피담보채권의 범위에 속한다.

6. 공탁권 · 경매권

1) 공탁권

운송인은 수하인을 알 수 없는 경우라든가 수하인이 운송물의 수령을 거부하거나 수령할 수 없는 경우에는 운송물을 공탁할 수 있다(제142조 제1항 · 제2항, 제143조). 여기서 '수하인'이란 송하인이 지정한 수하인만을 의미하는 것이 아니고 널리 운송물을 수령할 수 있는 권한이 있는 자를 의미한다. 따라서 화물상환증이 발행된 경우에는 화물상환증 소지인을 의미하고, 화물상환증이 발행되지도 않고 수하인도 별도로 지정되지 않은 경우에는 송하인을 의미한다.

위와 같은 사유가 있어서 공탁을 한 때에는 운송인은 지체없이 송하인 또는

화물상환증 소지인에게 그 통지를 발송하여야 한다(제142조 제3항, 제143조).

2) 경매권

(1) 경매권의 성립요건

운송인은 수하인을 알 수 없는 경우라든가 수하인이 운송물의 수령을 거부하거나 수령할 수 없는 경우에는 운송물을 경매할 수 있다(제142조 제1항 · 제2항, 제143조). 경매의 요건은 다음과 같다.

(가) 수하인을 알 수 없는 경우에는 운송인이 송하인에 대하여 상당한 기간을 정하여 운송물의 처분에 대한 지시를 최고하여도 그 기간 내에 송하인이 지시를 하지 아니하였어야 한다.

(나) 수하인이 운송물의 수령을 거부하거나 수령할 수 없는 때에는 송하인에 대한 최고를 하기 전에 수하인에게 상당한 기간을 정하여 운송물의 수령을 최고하여야 한다(제143조 제2항).

(다) 송하인 · 화물상환증 소지인과 수하인 전부를 알 수 없는 경우에는 운송인은 소정의 공시최고절차를 거쳐야 하는데, 운송인은 권리자에 대하여 6월 이상의 기간을 정하여 그 기간 내에 권리를 주장할 것을 공고하여야 한다(제144조 제1항). 이 공고는 관보나 일간신문에 2회 이상 하여야 한다(제144조 제2항). 공시최고기간 내에 권리를 주장하는 자가 없는 때에는 운송물을 경매할 수 있다(제144조 제3항).

(라) 송하인 등에게 최고를 할 수 없거나 운송물이 멸실 또는 훼손될 염려가 있는 경우에는 운송인은 최고하지 않고도 그 운송물을 경매할 수 있다(제145조, 제67조 제2항).

(2) 통 지

운송인이 운송물을 경매한 때에는 지체없이 송하인 또는 수하인 등에게 통지를 발송하여야 한다(제142조 제3항, 제143조). 운송인이 경매의 통지의무를 게을리한 때에는 손해배상책임을 져야 한다.

(3) 비용충당 · 공탁

운송인은 운송물을 경매한 경우에는 경매대금에서 경매비용을 공제한 잔액을 공탁하여야 하나, 그 전부 또는 일부를 운임 · 체당금 기타의 비용에 충당하여도 상관없다(제145조, 제67조 제3항).

7. 채권의 소멸시효

운송인의 송하인 또는 수하인에 대한 채권은 1년간 행사하지 아니하면 소멸시효가 완성한다(제147조, 제122조).

Ⅴ. 수하인의 지위

1. 수하인의 의의

수하인이란 운송계약상 도착지에서 운송물의 인도를 받을 자를 말한다. 수하인은 운송계약의 당사자가 아니지만 운송인에 대해서 운송물인도청구를 할 수 있고, 운임 기타 비용을 지급할 의무를 부담한다.

2. 수하인의 발전적 지위

화물상환증이 발행되면 운송물에 관한 일체의 권리, 즉 운송물인도청구권과 운송물처분권을 증권소지인만이 행사할 수 있다(제129조, 제132조). 그러나 화물상환증이 발행되지 않은 경우에는 수하인의 지위는 불확정적이고 부동적이다. 즉, 다음과 같이 운송의 실현단계에 따라 수하인의 지위도 단계적으로 발전하여 간다.

1) **운송물이 도착지에 도착하기 전**에는 수하인은 운송인에 대해서 아무런 권리도 의무도 없다. 이 단계에서는 송하인만이 운송계약상의 권리의무의 주체이므로 운송물처리권을 가지고 있다(제139조 제1항). 따라서 운송 도중에 운송물이 멸실하여도 송하인만이 손해배상청구권을 취득하고, 수하인은 아무런 권리를 취득하지 못한다.

2) **운송물이 도착지에 도착한 때**에는 수하인은 송하인과 동일한 권리를 취득한다(제140조 제1항). 따라서 수하인은 운송인에 대하여 운송물인도청구 및 처분지시를 할 수 있고, 운송물의 멸실·훼손·연착에 의한 손해배상을 청구할 수 있다. 그러나 수하인이 권리를 취득한다고 하더라도 송하인의 권리가 소멸하지는 않는다(제140조 제2항). 즉, 수하인의 권리와 송하인의 권리는 경합적으로 존속한다. 다만 송하인이 운송물처분권을 행사하면 수하인은 운송물인도청구권을 행사하

지 못하므로(제139조) 송하인의 권리가 우선하게 된다.

3) **운송물이 도착지에 도착한 후 수하인이 운송물의 인도를 청구한 때**에는 수하인의 권리가 송하인의 운송물처분권에 우선한다(제140조 제2항). 이때에 비로소 수하인은 운송물에 대한 배타적인 권리를 취득하게 된다. 이때 송하인의 권리는 완전히 소멸하는 것이 아니라 수하인의 권리보다 후순위로 후퇴하여 잠재적인 상태에 놓이게 된다는 의미이다.

4) **수하인이 운송물을 수령한 때**에는 운송인에 대하여 운임 기타 운송에 관한 비용과 체당금을 지급할 의무를 부담한다(제141조). 그러나 수하인이 운임 등의 지급의무를 부담해도 송하인의 운임 등의 지급의무는 소멸하지 않으므로, 양자의 채무는 병존하게 된다. 따라서 송하인과 수하인은 운송인에 대하여 부진정연대채무를 부담하게 된다.

Ⅵ. 순차운송

1. 순차운송의 형태

순차운송은 다음 여러 가지 형태의 운송(광의의 순차운송 또는 통운송) 중 연대운송(협의의 순차운송)만을 말한다.

1) **부분운송**이란 전운송구간의 각 부분에 대하여 수인의 운송인이 각자 독립하여 운송을 인수하는 것이다. 이 경우에는 각 운송구간마다 1개의 운송계약이 성립하므로 각 운송인 상호 간에는 아무런 법률관계가 발생하지 않는다.

2) **하수운송**이란 제1운송인이 전구간의 운송을 인수하고 제2운송인, 즉 하수운송인에게 일부 또는 전부의 운송을 맡기는 것이다. 이때에는 제2운송인은 제1운송인의 이행보조자에 불과하다. 따라서 제1운송인만이 송하인과의 계약당사자가 된다.

3) **동일운송**이란 수인의 운송인이 공동으로 전구간의 운송을 인수하고, 다만 내부적으로 구간별 운송을 분담하는 것이다. 동일운송에서는 1개의 운송계약이 성립하나, 수인의 운송인이 동시에 운송계약의 당사자가 되므로, 수인의 운송인은 전운송기간에 걸쳐 송하인에게 연대책임을 부담한다. 그런데 이러한 연대책

임은 상법 제57조(다수채무자 간의 연대책임)에 의한 것이다.

4) **연대운송**(공동운송; 순차운송)이란 수인의 운송인이 서로 운송상의 연락관계를 가지되, 송하인으로서는 최초의 운송인에게 운송을 위탁함으로써 다른 운송인도 동시에 이용할 수 있는 운송형태이다. 즉, 제1의 운송인이 전구간의 운송을 인수하지만 일부구간만의 운송을 맡고 나머지 구간의 운송은 자기의 명의로 송하인의 계산으로 제2 이하의 운송인(중간운송인)에게 위탁하는 운송형태이다. 이를 협의의 순차운송이라고 한다. 연대운송은 운송계약이 송하인과 제1의 운송인 간에 하나뿐이라는 점에서 복수의 운송계약이 병존하는 부분운송과 다르고, 수인의 운송인이 모두 송하인과 계약관계에 있는 점에서 하수운송과 다르며, 또한 송하인과 제1의 운송인이 체결한 운송계약에 그 후의 운송인이 점차로 가입하는 점에서 동일운송과 다르다.

2. 순차운송인의 책임

1) 수인이 순차로 운송할 경우에는 각 운송인은 운송물의 멸실·훼손 또는 연착으로 인한 손해를 연대하여 배상할 책임이 있다(제138조 제1항).

2) 한편 송하인 또는 수하인에 대하여 손해를 배상한 운송인은 손해의 원인이 된 행위를 한 운송인에 대하여 구상권을 행사할 수 있다(제138조 제2항). 이 경우에 손해의 원인이 된 행위를 한 운송인을 알 수 없는 때에는 특약이나 관습이 없는 한 각 운송인이 그 운임액의 비율에 따라 손해를 분담하여야 하며, 다만 그 손해가 자기의 운송구간 내에서 발생하지 아니하였음을 증명한 때에만 그 분담책임을 면할 수 있다(제138조 제3항).

3. 순차운송인의 대위

1) 수인이 순차로 운송을 하는 순차운송에서는 운송물을 다음 운송인에게 인도한 운송인은 운임 기타 채권을 행사하고자 하여도 운송물을 점유하고 있지 않으므로 유치권 등의 권리를 행사할 수 없다. 그리하여 후자인 운송인은 전자인 운송인에 갈음하여 그 권리를 행사할 의무를 부담한다(제147조, 제117조 제1항). 여기서의 권리는 유치권, 질권, 보수청구권 등을 가리킨다.

대위권의 행사는 후자의 의무이므로 이를 게을리한 때에는 전자에 대하여 손해배상책임을 진다. 그리고 후자가 전자에게 운임 기타 비용을 변제한 때에는 후자는 당연히 전자의 권리를 취득한다(제147조, 제117조 제2항).

4. 순차운송인의 권리

순차운송의 경우에는 후자인 운송인은 전자인 운송인에 갈음하여 그 권리를 행사할 의무를 부담한다(제147조, 제117조 제1항). 그리고 후자가 전자에게 운임 기타 비용을 변제한 때에는 후자는 당연히 전자의 권리를 취득한다(제147조, 제117조 제2항).

5. 복합운송

통운송 중 두 종류 이상의 운송수단(예컨대 선박+트럭, 선박+항공기 등)에 의하여 운송이 실현되는 경우를 복합운송이라 한다. 오늘날 컨테이너의 사용으로 해외 운송은 거의 복합운송이나. 1980 UNCITRAL의 국제화물복합운송협약(United Nations Convention on International Multimodal Transport of Goods, 1980)이 체결되었지만, 현재 발효되고 있지 않다. 2007년 개정상법은 해상운송과 관련된 복합운송인의 책임에 관하여 제6편 해상편에 1개의 조문(제816조)을 두고 있다.

Ⅶ. 화물상환증

1. 화물상환증의 의의

화물상환증(carriage note, Ladeschein, bulletin de chargement)이란 운송물반환청구권을 표창하는 유가증권이다. 따라서 운송인은 화물상환증에 의하여 자기가 운송물을 수령한 것이 증명되고, 목적지에서 증권소지인에게 운송물을 인도할 의무를 부담하게 된다. 화물상환증은 불완전유가증권으로서 요식증권성(제128조 제2항)·요인증권성(제128조 제1항)·지시증권성(제130조)·제시증권성(제129조)·상환증권성(제129조)·문언증권성(제131조 제2항)·처분증권성(제132조)·인도증권성(제133조)의 특성을 지니고 있다.

2. 화물상환증의 발행

1) 화물상환증은 송하인의 청구에 의하여 운송인이 작성 · 교부하여야 한다(제128조 제1항). 화물상환증은 운송물의 수령도 증명하는 것이므로 그 발행시기는 운송인이 운송물을 수령한 후이다.

2) 화물상환증은 요식증권이므로 법정사항을 기재하고 운송인이 기명날인 또는 서명하여야 한다(제128조 제2항). 화물상환증에 기재하여야 할 법정기재사항은 ① 운송물의 종류 · 중량 또는 용적, 포장의 종별, 개수와 기호, ② 도착지, ③ 수하인과 운송인의 성명 또는 상호, 영업소 또는 주소, ④ 송하인의 성명 또는 상호, 영업소 또는 주소, ⑤ 운임 기타 운송물에 관한 비용과 그 先給 또는 着給의 구별, ⑥ 화물상환증의 작성지와 작성연월일 등이다.

3) 화물상환증은 엄격한 요식증권이 아니므로 법정기재사항 중 기재의 흠결이 있는 경우에도 그 기재의 흠결이 화물상환증의 본질을 해하지 않는 한 무효로 되지 않는다고 본다. 그리고 법정기재사항 외의 임의적 기재사항에 대하여도 어음 · 수표와 같은 제한이 없으므로, 강행법규나 화물상환증의 본질에 반하지 않는 한 어떠한 사항이라도 기재할 수 있으나, 실제로는 운송약관 중 중요한 사항이 인쇄되어 사용되고 있다.

3. 화물상환증의 양도

1) 화물상환증은 법률상 당연한 지시증권이므로 기명식으로 발행한 경우에도 배서에 의하여 양도할 수 있다(제130조 본문). 이 배서에는 권리이전적 효력과 자격수여적 효력이 있으나(제65조, 민 제508조 · 제513조), 담보적 효력은 없다.

2) 화물상환증에 배서금지의 뜻을 기재한 경우에는 기명증권이 되어 기명채권 양도방법(민 제450조)에 의하여만 양도할 수 있다(제130조 단서). 즉, 당사자간에 양도의 합의를 하고, 대항요건으로서 양도인이 운송인에게 양도의 통지를 하거나 운송인으로부터 양도의 승낙을 받아야 하며, 증권을 인도하여야 한다(제129조).

3) 화물상환증을 무기명식 또는 선택무기명식으로 발행한 경우에는 증권의 교부에 의하여 양도할 수 있음은 물론이다(제65조, 민 제523조 · 제525조).

4. 화물상환증의 효력

화물상환증의 효력은 증권소지인과 운송인 사이에서 포착한 채권적 효력과 증권소지인과 그로부터 양수한 양수인 사이에서 포착한 물권적 효력으로 나누어 볼 수 있다.

1) 채권적 효력(운송관계)

(1) 의 의

화물상환증의 채권적 효력이란 증권소지인과 운송인간의 채권관계를 의미하는 것이니, 즉 증권소지인이 운송인에 대해서 운송계약상의 채무의 이행을 청구하고 그 불이행의 경우에는 손해배상청구를 할 수 있는 법적 지위를 말한다.

(2) 요인증권성과 문언증권성의 관계

(가) 화물상환증은 운송계약에 의한 운송물의 수령을 원인으로 하여 발행된 증권(요인증권)이므로 그 원인관계에 의해서 화물상환증이 표창하는 운송물반환청구권은 영향을 받는다. 한편 화물상환증은 상술한 바와 같이 문언증권이므로 "운송에 관한 사항은 운송인과 증권소지인간에 있어서는 화물상환증에 기재된 바에 의하여" 결정되고, 운송인과 송하인간의 운송계약의 내용 여하와는 상관이 없다.[1] 그러므로 운송물을 수령하지 않고 화물상환증을 발행하거나(공권의 발행), 사실상 수령한 운송물과 증권에 기재된 것이 다른 경우에는 어려운 문제가 생긴다. 이에 관해서는 요인증권성을 중시하는 견해와 문언증권성을 중시하는 견해가 대립되고 있다.

(나) 요인증권성을 중요시하는 학설에 의하면 문언성은 운송계약의 존재라는 제약을 받고, 문언증권성에 지배되는 '운송에 관한 사항'이라는 것은 운임의 기재와 같은 비교적 경미한 사항에 한한다고 한다. 따라서 空券의 경우에는 원인관계의 흠결로 인해 화물상환증은 무효로 되고(후에 운송물을 수령하더라도 무효), 운송인은 무효의 증권을 발행한 데 대하여 고의·과실이 있으면 불법행위책임을 부담한다. 불법행위책임을 부담하는 경우에도, 증권소지인이 무효의 증권을 취득한 데 과실이 있다면 손해배상액을 산정함에 있어서 이를 참작하여야 한다(민제763조·제396조). 또 사실상 수령한 운송물과 증권에 기재된 것이 다른 경우에는 사실상 수령한 물건만 반환하면 된다고 한다.[2] 이 학설은 운송인에게 유리한 것이다(요인증권성설).

---

1) 대법원 1972. 2. 22. 71다2500.

2) 공권인 선하증권에 관하여 불법행위설을 취한 판례: 대법원 1982. 9. 14. 80다1325 참조.

(다) 요인증권성보다 문언증권성을 강조하는 학설은 요인증권성을 극단적으로 형식화하여, 요인증권성이란 증권의 문언에 원인의 기재를 필요로 한다는 의미에 불과한 것이라고 해석한다. 따라서 공권이 발행된 경우나 실제로 수령한 물건이 다른 경우에도 증권의 발행행위가 적법한 이상 그 증권은 유효하므로 운송인은 증권기재사항에 따라 채무를 이행하여야 하나, 기재된 운송물을 반환할 수 없기 때문에 채무불이행책임을 져야 한다고 한다. 이 학설은 화물상환증의 유통성 보호에 치중하는 것이다. 이 학설은 증권소지인에게 유리하다(문언증권성설).

(라) 이에 대하여 화물상환증 발행당시에는 화물상환증은 실질적 운송계약의 존재를 전제로 하고 그 제약을 받는 요인증권이므로, 공권은 원인행위의 흠결로 당연 무효일 것이다(요인증권성). 다만 유통의 단계에서는 증권의 선의취득자의 보호문제를 고려하지 않을 수 없고, 증권작성자로서는 선의의 제3자에 대해서 완전한 증권기재의 외관에 따라 책임을 지고 스스로 그 무효를 주장할 수 없다(문언증권성)고 보는 절충적 견해도 있다(절충설).

(마) 상법은 화물상환증 기재의 효력에 관하여, "제128조에 따라 화물상환증이 발행된 경우에는 운송인과 송하인 사이에 화물상환증에 적힌 대로 운송계약이 체결되고 운송물을 수령한 것으로 추정한다"고 규정하고(제131조 제1항), 이어서 "화물상환증을 선의로 취득한 소지인에 대하여 운송인은 화물상환증에 적힌 대로 운송물을 수령한 것으로 보고 화물상환증에 적힌 바에 따라 운송인으로서 책임을 진다"고 규정한다(제131조 제2항). 화물상환증이 발행된 경우에는 운송인이 그 증권에 적힌 대로 운송계약이 체결되고 운송물을 수령한 것으로 추정되므로, 증권에 기재된 물건과 실제로 수령한 물건이 상위한 경우에는 운송인은 증권에 기재된 물건을 수령한 것으로 추정되므로 반증이 없는 한 운송인은 증권에 기재된 물건을 인도하여야 하고, 이를 인도하지 못하는 경우에는 채무불이행책임을 져야 한다(제131조 제1항). 다만, 화물상환증의 선의취득자에 대하여는 위와 같은 반증이 있다고 하더라도 이를 주장하는 것은 허용되지 아니한다. 즉, 화물상환증에 기재된 운송물을 수령한 것으로 간주되어 화물상환증에 적힌 바에 따라 운송물을 인도하여야 하고, 이를 인도하지 못하면 채무불이행책임을 져야 한다(제131조 제2항). 그러나 화물상환증의 소지인이 원래의 운송계약과 운송물을 증명하여 권리를 행사하는 것은 상관없다.

요컨대 상법은 화물상환증 기재의 효력을 ① 운송인과 화물상환증 선의취득자 사이에서는 운송인이 책임을 지고(제131조 제2항), ② 운송인과 선의취득자 이외의 자(악의취득자)에 대하여는 반증을 허용하는 추정적 효력을 인정하고 있다(제131조 제1항). 결국 상법은 운송인과 선의의 소지인 사이에서만 문언성을 인정하는 절충적 입장을 취하고 있다.

⑶ 채권적 효력의 한계

(가) 운송인과 송하인의 관계는 화물상환증이 발행된 경우라도 결국 운송계약에 따라서 결정되게 마련이다.

(나) 운송인과 선의의 화물상환증소지인(송하인이 아닌 제3자)과의 사이에서는 운송에 관한 채권관계가 화물상환증에 기재된 바에 의해서 결정되며(제131조 제2항)(증권적 효력), 만약 운송인이 증권에 기재된 바대로 이행하지 못할 경우 운송인은 불법행위책임을 진다. 다만 소지인이 증권취득시에 증권의 기재가 사실과 다르다는 것을 알았을 때에는 그 증권적 효력은 인정되지 않는다.

(다) 증권적 효력은 증권소지인을 '위하여' 운송인에 '대해서' 인정된 것이므로, 운송인이 증권소지인에 대해서 자기에게 유리하게 증권의 기재를 원용할 수는 없다. 예컨대 피아노를 받고 화물상환증에 풍금이라고 기재한 경우, 운송인은 자신이 허위기재한 바에 따라 풍금의 멸실에 대한 손해배상을 주장할 수는 없다. 그러나 소지인이 증권의 기재에 대해서 반대증명을 하여 피아노의 멸실에 대한 손해배상을 구하는 것은 상관없다.

(라) 운송인이 증권상에 운송물의 '내용불명' 또는 '計量未濟' 등 부지약관을 둔 경우에는 문언에 구속되지 않고 운송계약의 내용에 따라 인도할 수 있다.

(마) 화물상환증의 문언적(증권적) 효력은 운송에 관한 사항, 즉 운송계약의 계약조항에 관한 것이다. 따라서 운송인은 증권소지인에 대하여 증권작성행위에 관한 하자(오기 · 강박 · 착오), 증권의 성질로부터 생기는 사유(불가항력으로 인한 운송물의 멸실 · 훼손, 시효에 의한 운송채권의 소멸), 직접 대항할 수 있는 사유(인적항변)에 관해서는 항변권을 행사할 수 있다.

⑷ 운송물의 인도청구

화물상환증이 발행된 경우에는 이것과 상환하지 아니하면 운송물의 인도를 청구할 수 없다(제129조)(상환증권성). 그러나 실제에 있어서는 증권과 상환하지 않고 보증장에 의해서 운송물을 인도하는 보증도 또는 가도(공도)를 하기도 한다.

2) 물권적 효력(운송물의 처분관계)

(1) 의 의

화물상환증의 물권적 효력이란 운송물상의 물권의 설정 · 이전에 관하여 화물상환증이 어떠한 효력을 갖느냐 하는 문제이다. 즉, 화물상환증에 의하여 운송물을 받을 수 있는 자(화물상환증의 적법한 소지인)에게 화물상환증을 교부한 때에는 그 교부는 운송물 위에 행사하는 권리(소유권 · 질권)의 취득에 관하여 운송물을 인도한 것과 동일한 효력을 갖는데(제133조)(인도증권성), 이것이 화물상환증의 물권적 효력이다. 민법의 일반원칙에 의하면 운송 중의 물건은 운송인의 점유하에 있으므로 그 소유자가 소유권을 양도하거나 물건에 질권을 설정할 수 없기 때문에, 화물상환증의 교부만으로도 운송물에 대한 물권적 처분을 할 수 있도록 한 것이다.

(2) 발생요건

(가) 화물상환증의 물권적 효력이 발생하기 위하여는 운송인이 운송물을 수령하였어야 한다. 따라서 공권의 경우에는 물권적 효력이 발생할 여지가 없다. 그러나 운송물이 반드시 운송인의 직접점유 하에 있어야 할 필요는 없다.

(나) 화물상환증 교부시에 운송물이 실제로 존재하여야 한다. 따라서 운송물이 멸실된 경우에도 물권적 효력이 발생할 여지가 없다. 운송물이 제3자에 의하여 선의취득된 경우에도 멸실된 경우와 같이 보아야 할 것이다.

(다) 화물상환증에 의하여 '운송물을 받을 수 있는 자'에게 화물상환증이 교부되었어야 한다. 운송물을 받을 수 있는 자란 화물상환증의 정당한 소지인으로서 무기명증권의 소지인이나 지시증권의 연속된 배서의 최후의 피배서인과 같은 형식적 자격자를 말한다. 다만, 예외적으로 상속, 합병 등과 같이 법률에 의하여 실질적인 권리가 부여된 경우에는 형식적 자격이 없다고 하더라도 정당한 소지인으로 보아야 한다.

(3) 법률적 이론구성

상법은 민법상 지명채권의 양도에 관한 규정의 예외를 인정하여, 화물상환증의 교부가 운송물의 인도와 동일한 효력을 인정하고 있다. 그런데 그 이론적 근거를 설명하기 위하여 종래에는 절대설과 상대설 및 절충설로 학설이 대립되어 왔고, 상대설은 다시 엄정상대설과 대표설로 나누어졌다. 또 물권적 효력을 부정하는 견해도 있다. 사견으로는 대표설이 타당하다고 보는데, 이러한 견해는 목적물반환청구권의 양도를 동산의 인도로 의제하는 민법 제190조에서 그 법적 근거를 찾을 수 있을 것이다.

《절대설과 상대설의 차이》

<table>
<tr><th colspan="2"></th><th>운송물의 직접점유여부</th><th>점유이전방법</th><th>효 과</th></tr>
<tr><td colspan="2">절대설</td><td>운송인이 운송물을
직접점유하는지 불문</td><td>증권의 이전</td><td>운송물의
직접점유이전</td></tr>
<tr><td rowspan="2">상대설</td><td>엄정상대설</td><td rowspan="2">운송인이 운송물을
직접점유</td><td>증권의 이전 + 지시</td><td rowspan="2">운송물의
간접점유이전</td></tr>
<tr><td>대표설</td><td>증권의 이전</td></tr>
</table>

엄정상대설은 상법 제133조를 공문화(空文化)시킬 뿐 아니라, 화물상환증의 유통성을 크게 저해하므로 타당하지 못하다. 한편 절대설에 의하면 화물상환증의 유통성이 크게 조장되는 듯 하지만, 공권이 발행되거나 운송물이 멸실된 경우 또는 제3자에 의하여 선의취득된 경우에는 물권적 효력이 부정되므로 유통성 보호에 한계가 있고, 이 점에서 대표설과 큰 차이가 없다. 물권적 효력부정설은 제133조의 존재의의를 부정하는 것이 되며, 물권변동에 관하여 형식주의를 취하는 우리나라에서는 타당하지 못하다. 절충설은 제133조가 유가증권법과 물권법의 원리에 따라 특별한 양도방식을 규정하였다고 하는데, 이러한 설명은 기존의 이론으로 설명되지 않는다는 것을 확인하는 것일 뿐, 특별하다는 것만으로는 새로운 내용이 없다. 또한 자주점유이든 타주점유이든 이는 운송인의 내심의 의사를 의미하는 것이므로 실제에 있어서는 크게 중요하지 않다.

생각건대, 운송물반환청구권을 표창하는 것이 화물상환증이므로, 화물상환증 없이는 그 처분도 반환청구도 할 수 없다면, 화물상환증의 인도를 곧 운송물의 인도로 의제할 수 있을 것이다. 그리고 이러한 의제를 인정한다면 증권이 운송물을 대표한다고 보아도 무방할 것이므로 대표설에 찬성한다.

(4) 운송물의 처분과 물권적 효력

(가) 화물상환증소지인이 화물상환증에 의하여 운송물을 처분하더라도 운송물매매당사자 간에 특약 또는 관습이 없는 한 매도인의 급부의무가 완전히 면제되는 것은 아니다. 왜냐하면 화물상환증의 물권적 효력은 화물상환증을 취득함으로써 운송물 위에 행사하는 권리를 취득하고, 또 이것을 제3자에게 대항할 수 있다는 것뿐이지, 아직 현실적으로 운송물이 인도된 것이 아니므로 종국적으로

증권소지인이 운송물의 인도를 받게 될지는 불확실한 것이기 때문이다.

(나) '운송물 위에 행사하는 권리'는 증권수수자 간의 계약내용에 따라서 결정될 것이므로, 소유권 이외에 질권 · 유치권 · 위탁매매인의 처분권 등이 될 수도 있다.

(다) 화물상환증이 발행된 경우에는 운송물의 물권적 처분(제132조)과 운송인에 대한 처분권행사(제139조)는 화물상환증에 의해서만 할 수 있다(처분증권성). 그러나 운송물이 실물로서 처분되어 양수인이 동산의 선의취득요건을 구비하였다면, 화물상환증의 물권적 효력이 그 운송물 자체의 선의취득에는 영향을 미치지 못한다고 보는 것이 통설이다. 왜냐하면 증권의 유통질서보다는 실물 자체의 유통질서가 우선적으로 보호되어야 하기 때문이라는 것이다. 그러나 私見으로는 화물상환증은 운송물반환청구권을 표창하므로 화물상환증을 선의취득한 자가 실물의 선의취득자보다 우선 보호받아야 한다고 본다.

Ⅷ. 여객운송

1. 여객운송의 의의

여객운송계약은 자연인의 운송을 목적으로 하는 계약으로서, 운송의 위탁자와 운송을 인수하는 운송인 사이에서 체결된다. 여객 자신이 운송의 위탁자가 되는 것이 보통이나 반드시 그러한 것은 아니다(예컨대, 부모가 자녀의 운송을 위탁하는 경우). 여객운송계약은 그 청약과 승낙에 의하여 성립하는 낙성계약이며, 그 성립에 특별한 방식을 요하지 않는 불요식의 계약이다. 다만 오늘날 여객운송은 수많은 불특정 다수인을 상대로 하여 대량 · 반복적으로 행하여지므로 실제로는 승차권이 주로 이용된다. 보통은 승차권 발매시에 계약이 성립하는 것이나, 승차 후에 승차권을 사는 경우에는 승차시에 계약이 성립한 것이라고 본다.

승차권은 운송채권을 표창하는 유가증권이다. 무기명승차권은 양도성이 있으나, 개찰을 하면 운송인은 특정인에 대해서만 운송채무를 지므로 양도성을 잃을 뿐, 여전히 유가증권이다. 승차 후에 발행한 승차권은 개찰 후의 승차권과 같다. 정기권은 포괄적 운송채권을 표창하는 유가증권이나, 특정인을 위하여 발행한 것이므로 양도성은 없다. 회수승차권은 승차구간, 통용기간, 금액, 승차등급 등이 미리 정해져 일정한 회수를 반복하여 승차할 수 있도록 한 승차권으로서, 역시 유가증권이다.

2. 여객운송인의 의무

1) 여객의 손해에 대한 책임

(1) 책임원인

(가) 여객운송인은 자기 또는 사용인이 운송에 관한 주의를 해태하지 아니하였음을 증명하지 아니하면 여객이 운송으로 인하여 받은 손해를 배상할 책임을 면하지 못한다(제148조 제1항). 이것은 물건운송인의 경우와 같이 채무불이행으로 인한 손해배상책임을 인정한 것이며, 민법의 일반원칙을 구체화한 것이다.

◆ **여객운송인의 손해배상책임을 인정한 사례**

(i) 대법원 1970. 9. 22. 70다1850(철도를 경영하는 자는 그가 운행하는 열차에 승차하였다가 탈선사고로 인하여 중상을 입은 자들에게 상법 제148조 소정의 면책사유에 관하여 주장·증명을 하지 못하는 이상, 그 손해를 배상할 책임을 진다. 동 1971. 6. 22. 71다846); 동 1971. 1. 29. 70다2770(차량의 초만원으로 데크에 매달려 가던 승객이 전신주의 전선에 접촉되어 추락·부상한 사례. 동 1970. 5. 12. 69다378; 동 1978. 5. 23. 78다393; 동 1977. 9. 28. 77다982); 동 1973. 2. 28. 72다2404(차내에서 흡연하는 승객의 과실로 폭발사고가 발생한 사례).

(ii) 열차사고의 경우에는 승강구 추락사고가 압도적으로 많은데, 주요 사건은 다음과 같다: 대법원 1974. 11. 12. 74다997; 동 1974. 12. 10. 74다1490; 동 1975. 11. 11. 75다1879; 동 1979. 5. 8. 79다365; 동 1979. 5. 15. 79다336; 동 1979. 5. 29. 79다679; 동 1979. 8. 14. 79다1070; 동 1979. 10. 30. 79다1604; 동 1980. 1. 15. 79다1966·1967; 동 1991. 7. 23. 91다12165.

(iii) 대법원 1979. 11. 27. 79다628: 운행하던 열차의 열려진 창문의 틈 사이로 유리조각이 날아 들어와서 승객이 상해를 입은 경우, 그 유리조각이 제3자의 투척 등의 행위에 기인한 것이 아니고 열차진행에 수반해서 통상적으로 날아 들어온 것이라면, 운송인은 이에 대한 손해배상책임이 있다.

(나) 여객이 운송으로 인하여 받은 손해이므로 운송인이나 그 사용인의 운송에 관한 주의의무의 범위 내에 속하는 사항으로 인하여 사고가 발생하였으면 손해배상책임을 지는 것이며, 여객이 피해를 입기만 하면 그 원인을 묻지 않고 그 책임을 지우는 취지는 아니다. 따라서 여객이 입은 손해라도 그것이 운송인 또는 그 사용인의 운송에 관한 주의의무의 범위에 속하지 아니하는 한 운송인은 그로 인한 손해를 배상할 책임이 없다.

◆ 여객운송인의 손해배상책임을 부정한 사례

대법원 1990. 5. 25. 89다카9200(열차출발 후 갑자기 승객이 뛰어서 승강대에 올라 타려다 사고가 발생한 사례); 동 1969. 7. 29. 69다832(열차의 승객이 그 열차의 창문으로 날아들어 온, 어떤 사람이 한강 연변에서 던진 돌에 얼굴을 맞아 상해를 입은 사례); 동 1987. 10. 28. 87다카1191(여객선이 출항한지 8일 후에 승선권을 소지한 여객이 익사체로 발견된 사례); 동 1992. 3. 26. 92다46684(잠결에 하차하지 못한 피해자가 열차가 출발할 무렵 잠에서 깨어나 서서히 진행중인 열차에서 뛰어내리다 추락한 사고에 대하여 운송인의 책임을 부정한 사례).

(2) 손해의 범위

(가) 배상할 손해의 범위는 여객이 받은 모든 손해이다. 즉, 생명·신체에 대한 손해는 물론, 의복에 대한 손해, 연착으로 인한 손해도 포함된다. 적극적 손해는 물론 얻을 수 있는 이익의 상실과 같은 소극적 손해도 포함한다.

(나) 손해배상액을 산정함에 있어서 법원은 피해자와 그 가족의 정상(피해자의 연령·수입·가족수·가족의 생활상태 따위)을 참작해야 한다(제148조 제2항). 이것은 배상액의 개성화 방침을 채택한 것으로서, 첫째로 물건운송에 있어서의 정액배상주의(배상액의 정형화)에 대한 특칙이며, 둘째로 특별손해에 대한 운송인의 예견 여부를 불문하고 법원이 참작한다는 점에서 민법의 일반원칙(민 제393조 제2항)에 대한 예외이다.

(다) 정신적 손해에 대한 배상, 이른바 위자료에 관하여 운송인의 책임이 채무불이행책임일 때에는 피해자의 정신적 손해에 대한 위자료를 청구할 수 없다는 것이 판례의 태도이다. 즉, 판례는 여객이 사망한 경우 사자는 권리의무의 주체가 될 수 없으므로 위자료청구권을 취득할 수 없고, 그 상속인도 운송계약의 당사자가 아니므로 운송인의 채무불이행에 기한 위자료청구권을 행사할 수 없다고 한다.[1] 이는 채무불이행을 원인으로 한 손해배상청구의 경우에는 위자료청구를 불허하는 우리 법원의 원칙적 입장을 반영한 것이다. 그러나 판례에 의하더라도 전술한 청구권경합설의 전제 아래 운송인의 행위가 불법행위를 구성할 때에는 그 가족이 입은 정신적 손해에 대해서도 이를 청구할 수 있다.

(라) 특별사정을 참작하는 것은 여객의 생명·신체에 관한 손해의 경우이지 연착의 경우에는 적용되지 않는다.

1) 대법원 1982. 7. 13. 82다카278.

(3) 배상청구권의 상속성

여객의 손해배상청구권은 피해자가 사망한 때에는 상속인이 이를 승계한다. 위자료청구권도 피해자가 특히 포기의 의사를 밝히지 않는 한 상속성이 인정된다고 본다.

(4) 비여객이 입은 손해

여객이 아닌 사람이 입은 손해에 대하여는 본조가 적용되지 않는다. 따라서 입장권을 소지한 사람이 진행중인 열차에서 뛰어내리다 사고를 당한 경우 입장권의 발매만으로는 여객운송계약이 체결되었다고 볼 수 없어, 운송인은 손해배상책임이 없다.[1)]

3) 수하물에 대한 책임

(1) 탁송수하물

(가) 운송인은 여객으로부터 인도를 받은 수하물에 관하여는 운임을 받지 아니한 경우에도 물건운송인과 동일한 책임을 진다(제149조 제1항). 따라서 운송인이 무과실에 대한 증명책임을 부담하고, 손해배상액은 정액배상주의에 의하며(제135조, 제137조), 고가물에 대한 특칙(제136조)도 적용된다.

(나) 수하물이 도착지에 도착한 날로부터 10일 내에 여객이 그 인도를 청구하지 않는 경우에는 상인 간의 매매의 경우에 준하여 수하물을 공탁 또는 경매를 할 수 있다(제149조 제2항 본문). 이 경우에도 주소나 거소를 알지 못하는 여객에 대해서는 최고와 통지를 할 필요가 없다(제149조 제2항 단서).

(2) 휴대수하물

운송인은 여객으로부터 인도를 받지 않은 수하물의 멸실 또는 훼손에 대하여는 자기 또는 사용인의 과실이 없으면 손해를 배상할 책임이 없다(제150조). 이때는 수하물을 여객이 보관하는 것이므로 과실의 증명책임은 여객이 진다. 배상액의 산정에 있어서는 탁송수하물의 경우와 같다.

4) 순차여객운송인의 연대책임

순차여객운송인은 따로따로 손해배상책임을 지는 것이 원칙이겠으나, 연락승

---

1) 대법원 1991. 11. 8. 91다20623.

차권의 발행인이 후자의 대리인으로서 공동으로 전구간의 운송을 인수한 경우에는 상행위법의 일반원칙에 의하여 연대책임을 진다고 보아야 할 것이다(제57조). 또 그 밖의 경우에도 각 운송인의 과실이 경합하여 손해의 발생원인이 불명한 경우에는 각자 연대책임을 져야 할 것이다.

5) 책임의 소멸시효

여객에 대한 운송인의 손해배상책임의 소멸에 관하여는 물건운송인의 경우와는 달리 특별규정이 없으므로 그 청구권은 5년의 상사시효에 의하여 소멸한다(제64조).

3. 여객운송인의 권리

1) 운임청구권

여객운송인은 상인이므로, 당사자 간에 보수에 관한 약정이 없더라도 여객에 대하여 운임의 지급을 청구할 수 있다(제61조). 여객운송계약도 도급계약의 일종이므로 운송이 종료한 뒤에 운송인은 운임의 지급을 청구할 수 있다(민 제665조). 그러나 실제에 있어서는 약관 또는 상관습에 의하여 승차시 또는 승차 후 운송 종료 전에, 보통 승차권과 상환으로 운임을 지급한다.

2) 유치권

여객운송인은 수하물과 여객의 운임에 대하여 유치권을 행사할 수 있다는 명문의 규정은 없으나, 물건운송인의 유치권에 관한 규정을 적용할 수 있다고 본다.

제6절 공중접객업

Ⅰ. 공중접객업자의 의의

1) 공중접객업자란 공중이 이용하는 시설에 의한 거래를 영업으로 하는 자를 말한다(제151조).

2) 공중이 이용하는 시설은 상법이 예시한 극장·여관·음식점 외에도 목욕탕, 볼링장, 골프장, 이발소 등 그 종류가 매우 많다. 공중접객업자는 이러한 시설을 소유한 자가 아니라 이를 객에게 이용시키는 행위를 영업으로 하는 자를 말한다. 공중접객업은 다른 상행위와 달리 거래행위의 특성에 따라 정의되지 않고 그 거래행위가 이루어지는 시설에 의하여 정의되어 있기 때문에 거래행위의 내용, 즉 공중접객업자와 객과의 계약은 영업의 종류에 따라 다르다(예컨대, 여관업은 임대차, 음식점업은 매매, 이용업은 도급).

3) 위의 거래를 영업으로 하여야 한다. 공중이 이용하는 시설에 의한 거래는 기본적 상행위의 하나이므로 공중접객업자는 당연상인이 된다(제46조 제9호, 제4조).

4) 숙박업자 등 공중접객업자의 투숙객에 대한 보호의무 등에 관하여는 공법적인 규제 내지 민법에 의하여 해결되고 있고,[1] 상법은 다음과 같이 공중접객업자가 객으로부터 임치를 받거나 임치를 받지 아니한 물건에 대한 책임만을 규정하고 있다.

Ⅱ. 공중접객업자의 책임

1. 임치를 받은 물건에 대한 책임

1) 의 의

공중접객업자는 자기 또는 그 사용인이 고객으로부터 임치(任置)받은 물건의 보관에 관하여 주의를 게을리하지 아니하였음을 증명하지 아니하면 그 물건의 멸실 또는 훼손으로 인한 손해를 배상할 책임이 있다(제152조 제1항). 공중접객업자의 이러한 책임은 고객의 보호를 위하여 상법이 인정한 특별책임이다.

2) 책임요건

(ⅰ) 물건의 임치를 받았어야 한다. 임치받지 아니한 물건에 대하여는 과실책임만을 부담한다(제152조 제2항). 공중접객업자의 책임이 인정되기 위하여는 공중접객업자와 고객 사이에 물건에 관한 명시적 또는 묵시적 임치계약이 성립하

---

1) 대법원 1994. 1. 28. 93다43590(숙박업자의 투숙객에 대한 보호의무의 내용과 이를 위반한 경우의 책임); 동 1997. 10. 10. 96다47302; 동 2000. 11. 24. 2000다38718·38725.

여야 한다. 따라서 실무에서는 임치의 유무가 중요한 쟁점이 된다.

❐ 대법원 1992. 2. 11. 91다21800
임치의 성립을 부정한 사례

☞ 〈사실〉
A는 Y가 경영하는 국화장여관에 투숙하면서 위 여관 건물 정면 길(노폭 6미터) 건너편에 위치한 Y가 위 여관의 부대시설의 하나로 설치한 주차장에 자기 소유의 승용차를 주차시켜 놓았다가 도난당하였다. 그런데 A는 투숙할 때에 여관 종업원에게 주차사실을 고지하지 않았고, 위 주차장은 그 출입구가 위 여관의 계산대에서 마주 볼 수 있는 위치에 있기는 하나, 시정장치가 부착된 출입문을 설치하거나 도난방지를 위한 특별한 시설을 하지 아니한 채 그 입구에 여관 주차장이라는 간판을 세우고 그 외곽은 천으로 된 망을 쳐 놓고 차를 세울 부분에 비와 눈에 대비한 지붕을 설치하여 만든 것에 불과한 것이고, 위 주차장에 주차된 차량을 경비하는 일을 하는 종업원이 따로 있지도 아니하였다. 이에 A는 보험회사인 X로부터 도난차량에 대한 보험금을 지급받고, X가 Y에 대하여 상법 제152조 제1항에 의한 공중접객업자의 책임을 물어 구상권을 행사한 것이다. 원심은 공중접객업자인 Y의 손해배상책임을 인정하였으므로 Y가 상고한 것이다.

〈판결요지〉
(i) 상법 제152조 제1항의 규정에 의한 임치가 성립하려면 우선 공중접객업자와 객 사이에 공중접객업자가 자기의 지배영역 내에서 목적물 보관의 채무를 부담하기로 하는 명시적 또는 묵시적 합의가 있음을 필요로 한다.
(ii) 여관부설 주차장에 시정장치가 된 출입문이 설치되어 있거나 출입을 통제하는 관리인이 배치되어 있거나 기타 여관측에서 그 주차장에의 출입과 주차시설을 통제하거나 확인할 수 있는 조치가 되어 있다면, 그러한 주차장에 여관 투숙객이 주차한 차량에 관하여는 명시적인 위탁의 의사표시가 없어도 여관업자와 투숙객 사이에 임치의 합의가 있은 것으로 볼 수 있으나, 본건과 같은 주차장 출입과 주차시설을 통제하거나 확인하는 시설이나 조치가 되어 있지 않은 채 단지 주차의 장소만을 제공하는 데에 불과하여 그 주차장 출입과 주차시설을 여관측에서 통제하거나 확인하지 않고 있는 상황이라면, 부설주차장 관리자로서의 주의의무 위배 여부는 별론으로 하고 그러한 주차장에 주차한 것만으로 여관업자와 투숙객 사이에 임치의 합의가 있는 것으로 볼 수 없고, 투숙객이 여관측에 주차사실을 고지하거나 차량열쇠를 맡겨 차량의 보관을 위탁한 경우에만 임치의 성립을 인정할 수 있다. 따라서 본건의 경우 A와 Y사이에 주차차량에 관한 임치의 합의가 있었던 것으로 보기 어렵다. 그럼에도 불구하고 원심이 Y와 A사이에 주차차량에 관한 임치가 성립된 것으로 판단하였음은 상법 제152조 제1항 소정의 임치 성립에 관한 법리를 오해하여 판결에 영향을 미친 위법을 저지른 것으로서, 이 점에 관한 논지는 이유있다.

❐ 대법원 1998. 12. 8. 98다37507
공중접객업자의 주차차량 관리책임을 부정한 사례

☞ 공중접객업자가 이용객들의 차량을 주차할 수 있는 주차장을 설치하면서 그 주차장에 차량출입을 통제할 시설이나 인원을 따로 두지 않았다면, 그 주차장은 단지 이용객의 편의를 위한 주차장소로 제공된 것에 불과하고, 공중접객업자와 이용객 사이에 통상 그 주차차량에 대한 관리를 공중접객업자에게 맡긴다는 의사까지는 없다고 봄이 상당하므로, 공중접객업자에게 차량시동열쇠를 보관시키는 등의 명시적이거나 묵시적인 방법으로 주차차량의 관리를 맡겼다는 등의 특수한 사정이 없는 한, 공중접객업자에게 선량한 관리자의 주의로써 주차차량을 관리할 책임이 있다고 할 수 없다.

(ii) 고객으로부터 임치를 받아야 한다. 여기서 '고객'이란 공중접객업자의 시설을 이용하는 자(이용을 위하여 대기중인 자 포함)로서, 반드시 이용계약이 성립되어야 하는 것은 아니고 실질적으로 이용하는 자도 포함한다.

(iii) 물건의 멸실 또는 훼손으로 인하여 손해가 발생하여야 한다. 고객의 신체사상에 대하여는 본조의 적용이 없다.

3) 과실의 추정

임치받은 물선이 멸실 또는 훼손된 경우, 공중접객업자의 과실이 추정된다. 따라서 공중접객업자는 자기 또는 그 사용인이 주의를 게을리하지 아니하였음을 증명하지 아니하면 그 물건의 멸실 또는 훼손으로 인한 손해를 배상할 책임이 있다.

2. 임치를 받지 아니한 물건에 대한 책임

1) 의 의

공중접객업자는 고객으로부터 임치받지 아니한 경우에도, 그 시설 내에 휴대한 물건이 자기 또는 그 사용인의 과실로 인하여 멸실 또는 훼손되었을 때에는 그 손해를 배상할 책임이 있다(제152조 제2항). 이러한 공중접객업자의 책임도 고객의 보호를 위하여 상법이 인정한 특별책임이다.

2) 책임요건

(i) 고객이 그 시설 내에 휴대한 물건이어야 한다.

(ii) 자기 또는 그 사용인의 과실로 인한 사고이어야 한다. 여기서 공중접객업자 또는 사용인의 과실이란 선량한 관리자의 주의의무를 다하지 못한 것을 말하며, 사용인은 피용인에 한정되지 아니한다. 이 경우에는 임치를 받은 경우와는 달리

과실에 대한 증명책임은 고객에게 있다.

(iii) 물건의 멸실 또는 훼손으로 인하여 손해가 발생하여야 한다.

3. 책임의 감면과 면책의 게시

공중접객업자의 책임에 관한 규정은 임의법규이므로 당사자 간의 특약으로 감면할 수는 있다. 그러나 공중접객업자가 일방적으로 고객의 휴대물에 대하여 책임이 없음을 알린 것만으로는 면책의 특약이 있는 것으로 인정될 수 없으므로 위의 책임을 면하지 못한다(제152조 제3항).

❒ 서울민사지방법원 1991. 3. 20. 90나24290[확정]
대중골프장 이용객이 골프가방을 도난당한 경우 골프장 경영자의 손해배상책임을 인정한 사례

☞ 골프장이 많은 이용객으로 항시 붐비는 상태인데도 이용객의 소지품 도난을 방지하기 위하여 경비원 수를 늘리거나 현관에 있는 골프가방거치대에 시정장치를 하지 아니한 잘못으로 이용객이 위 거치대에 놓아 둔 골프가방을 도난당하였다면, 위 골프장이 대중골프장(퍼블릭 코스)으로서 일반골프장과 달리 이용객이 보조자(캐디)없이 스스로 운반용 카트를 골프가방을 싣고 다니도록 되어 있고 그 사용요금도 현저히 저렴하며 위 골프장의 현관 등에 골프가방의 보관, 관리는 본인이 하여야 하고 분실시 책임지지 않는다는 안내문을 게시하였다 하더라도, 위 골프장 경영자는 상법 제152조 제2항 · 제3항에 따라 위 이용객이 위 골프가방을 도난당함으로써 입게 된 손해를 배상할 책임이 있다. 동지: 대구고등법원 1977. 4. 22. 76나665[상고](대중목욕탕에서 옷장의 시정장치를 완벽하게 갖추지 못하였고 종업원들이 옷장 감시업무를 철저히 하지 아니하여 욕객의 소지품분실사고가 발생하였다면 영업주는 종업원들의 사용자로서 욕객이 입은 제반손해를 배상할 책임이 있다).

4. 고가물에 대한 특칙

1) 화폐 · 유가증권 그 밖의 고가물에 대하여는 고객이 그 종류와 가액을 명시하여 임치하지 아니하면, 공중접객업자는 그 물건의 멸실 또는 훼손으로 인한 손해를 배상할 책임이 없다(제153조). 이것은 운송주선인(제124조) 및 운송인(제136조)의 고가물에 대한 손해배상책임과 같은 취지이다.

❐ 대법원 1977. 2. 8. 75다1732
공중접객업자에 대하여 고가물에 대한 책임을 부정한 사례

☞ 결혼식장에서 선물로 교환된 물건(고급시계 · 다이아반지 · 다이아목걸이 등)을 여관에 신고를 하지 않고 그 여관에 들어 자고 있던 중 분실한 사건에서, 결혼식장에서 선물로 교환된 물건이라도 반드시 가격을 밝힐 수 없다고 할 수 없고, 본건에서 원고가 분실한 문제의 물건들은 고가물로 인정된다. 그러므로 원고가 그 물건의 종류와 가액을 밝혀 피고에게 맡긴 바 없다면 피고는 상법 제153조에 의하여 그 물건에 대한 손해배상책임이 없다. 광주고등법원 1989. 2. 15. 88나3986: 상법 제153조 소정의 고가물이라 함은 그 용적이나 중량에 비하여 그 성질 또는 가공정도 때문에 고가인 물건을 뜻하는 것이고 승용차는 이에 해당하지 아니한다.

2) 공중접객업자 또는 그 사용인이 우연히 고가물임을 안 경우에는 보통물로서의 주의의무마저 게을리한 경우에 한하여 고가물의 손해배상책임을 지며, 고의로 물건을 멸실 또는 훼손한 경우에는 고가물에 관한 명시가 없더라도 공중접객업자는 고가물로서의 일체의 손해를 배상하여야 한다.

5. 채무불이행책임과 불법행위책임의 관계

'운송인의 계약책임과 불법행위책임의 관계'에서 언급한 바와 같이 공중접객업자의 행위가 채무불이행책임의 요건을 충족하면서 동시에 민법상의 불법행위책임의 요건도 충족하는 경우가 있다. 이 경우 두 가지 책임에 기한 두 개의 손해배상청구권이 병존할 수 있는지에 관하여 법조경합설과 청구권경합설 등으로 학설이 나뉘어져 있으나, 상세한 논거는 전술한 '운송인의 계약책임과 불법행위책임의 관계' 부분을 참조하기 바란다.

6. 책임의 소멸시효

(ⅰ) 공중접객업자의 책임은 공중접객업자나 그 사용인이 악의인 경우를 제외하고는 임치물을 반환하거나 고객이 휴대물을 가져간 후 6개월이, 또는 물건이 전부 멸실한 경우에는 고객이 그 시설을 퇴거한 날로부터 6개월이 지나면 소멸시효가 완성한다(제154조). 악의인 경우에는 일반상사소멸시효(제64조)에 따라 5년의 시효에 걸린다.

(ⅱ) 여기서 '악의'란 영업자나 사용인이 고의로 고객의 물건을 멸실 · 훼손하게

하는 것을 말하며, 단지 멸실 또는 훼손을 알고 있었던 것은 포함되지 않는다(통설). 이에 대하여 소수설은 여기서 악의는 공중접객업자 또는 그 사용인의 고의에 의한 멸실 또는 훼손뿐만 아니라 멸실 또는 훼손을 알고 있었으면 충분하다고 한다.

제7절 창고업

Ⅰ. 창고업자의 의의

창고업자(Lagerhalter, exploitant de magasin, warehouseman)란 타인을 위하여 창고에 물건을 보관함을 영업으로 하는 자를 말한다(제155조). 이를 분설하면 다음과 같다.

1) 창고업자는 타인을 위하여 물건을 창고에 보관할 것을 인수하고, 이것을 '영업'으로 하는 자이다. 그러나 임치의 인수는 상인이 반드시 주업으로 할 필요는 없으며 부업으로 할 수도 있다. 따라서 운송인 또는 운송주선인이 영업의 편의를 위하여 그 영업에 부수되는 행위로서 운송물을 일시 보관한다고 하여 창고업자라고 할 수 없으나, 이들이 임치의 인수도 영업으로 하는 경우에는 창고업자의 지위도 겸하게 된다.

2) '창고'란 물건의 보관에 이용할 수 있는 설비이면 무엇이든 상관없다. 따라서 반드시 건물일 필요가 없으며, 목재 또는 석탄을 적치하는 공지도 창고로서 사용할 수 있다. 또한 창고업자는 반드시 자기소유의 창고가 있어야 하는 것은 아니므로, 타인의 창고를 임차하여 사용할 수 있다.

3) '보관'이란 물건을 창고에 장치하여 그 멸실 · 훼손을 방지하는 것이다. 자기의 점유하에 물건을 장치하고 그 물건의 현상을 보존하여야 한다. 단순히 창고의 공간을 임대하는 행위는 임대업에 속할 뿐 창고업이 아니다. 그리고 수치인이 일단 임치물의 소유권을 취득하고 후일에 동질 · 동량의 물건을 반환하기로 하는 이른바 소비임치(불규칙임치, 수량창고임치)(민 제702조)의 인수를 영업으로 하는 것은 창고업이 아니나, 곡물 · 유류 등 대체성 있는 임치물을 혼합하여 보관하는 혼합임치(混藏任置)의 인수를 영업으로 하는 것은 창고업에 속한다.

4) 보관하는 물건에는 제한이 없으나 부동산은 제외되고, 화폐 · 유가증권은

일정량의 물체로서는 창고업의 목적물이 될 것이지만, 일정한 가치의 표상물로서는 은행업자의 업무에 속할 뿐 창고업의 목적물이 되지 않는다. 또 창고업자 자신의 물건도 그 목적물이 되지 않는다.

5) '영업으로' 물건을 창고에 보관하는 자이다. 임치의 인수를 함으로써 당연상인이 된다(제46조 제14호, 제4조). 농민단체나 농업협동조합 등에서 농업창고를 운영하는 것은 영업으로 하는 것이 아니어서 창고업이 아니다.

Ⅱ. 창고업자의 의무

창고임치계약은 민법상의 임치계약(민 제693조)이다. 따라서 불요식의 낙성계약이며, 유상·쌍무계약이다. 창고업자에 관한 상법규정 외에 민법상의 임치에 관한 규정(민 제693조 이하)이 보충적으로 적용된다. 낙성계약이므로 물건의 인도는 계약의 요소가 아니다.

창고업자와 임치인 간에 임치계약이 체결되면 창고업자는 임치인에 대하여 다음과 같은 특수한 의무를 부담하게 된다.

1. 임치물보관의무

1) 창고업자는 선량한 관리자의 주의로써 임치물을 보관하고(제62조), 보관기간이 경과한 후에는 임치인이나 창고증권소지인에게 반환하여야 한다.[1]

2) 임치기간에 관한 특약이 없는 경우에는 창고업자는 임치물을 받은 날로부터 6월이 경과하면 언제든지 이를 반환할 수 있는데(제163조 제1항), 임치물을 반환하고자 할 때에는 부득이한 경우를 제외하고는(제164조) 2주 전에 예고를 하여야 한다(제163조 제2항). 부득이한 경우에는 언제든지 반환할 수 있다. '부득이한 경우'란 임치물이 부패하거나 미납보관료를 상환하기에 부족하거나, 임치물의 보관이 법령에 위반하는 경우, 창고의 대수선을 하여야 할 경우 등이 그것이다. 그러나 임치인은 임치기간에 관계없이 언제든지 임치물의 반환을 청구할 수 있다(민 제698조).

---

1) 대법원 1994. 4. 26. 93다62539 · 62546.

2. 창고증권교부의무

창고업자는 임치인의 청구에 의하여 창고증권을 교부하여야 한다(제156조).

3. 임치물의 검사 · 현품적취 · 보존행위에 응할 의무

1) 임치인 또는 창고증권소지인은 영업시간 내에는 언제든지 창고업자에 대하여 임치물의 검사 또는 견품의 적취를 요구하거나 그 보관에 필요한 처분을 할 수 있으므로(제161조), 이러한 요구가 있을 때에는 창고업자는 이에 응하여야 하며, 경우에 따라서는 협력을 하여야 한다.

2) '임치물의 검사'란 임치물의 존부 · 품질 · 수량 등을 확인하거나, 임치물의 양도나 입질을 위하여 금융업자와 함께 임치물의 상태를 점검하는 것이다. 어느 정도로 점검할 수 있는가는 창고의 상황과 소재지 및 상관습을 참작하여 결정하여야 한다.

3) '견품의 적취'란 임치인이 임치물의 양도 · 입질 등을 위하여 견품을 가져가는 것을 말한다. 적취 정도에 따라서 임치물의 수량에 변화가 생길 수 있으므로, 창고업자는 자기의 책임을 면하기 위하여 적취 수량에 관한 증명서의 교부, 또는 상당한 담보제공을 요구할 수 있다.

4) '보존에 필요한 처분'이란 임치물의 멸실 · 훼손 등을 방지하기 위한 행위로서, 이러한 처분행위는 임치물의 현상을 유지하기 위한 행위에 그쳐야 한다. 따라서 특약이 없는 한 목적물을 가공하거나 수선하는 행위는 할 수 없다.

5) 위의 각 의무는 특약에 의하여 제한할 수는 있으나 전면적으로 배제할 수는 없다고 본다.

4. 임치물의 하자통지의무

창고업자는 임치물을 받은 후에 그 물건의 훼손 또는 하자를 발견하거나 그 물건이 부패할 염려가 있는 때에는 지체없이 임치인에게 그 통지를 발송하여야 한다. 이는 위탁판매업에 관한 상법 제108조를 창고업에 준용한 결과이다(제168조). 그러나 제108조를 창고업에 준용하더라도 창고업자에게 '가격저락의 商況'에 관하여는 그 통지를 발송하여야 할 의무는 없다고 본다. 창고업자는 매매의 주선을 영업으로 하는 위탁판매업자와는 달리 물건의 보관을 영업으로 하는 자이기 때문이다. 창고업자가 임치물의 훼손·하자 등에 관하여 통지를 하였으나 임치인의 지시가 없거나 그 지시가 지연되는 때에는 창고업자는 임치인의 이익을 위하여 (위탁매매인의 경우와 같이) 적당한 처분을 할 수 있다(제168조, 제108조).

5. 임치물 반환의무

임치인의 청구가 있는 경우 창고업자는 임치기간의 약정 유무에 불구하고 임치물을 반환하여야 한다(제163조, 제164조).[1] 창고증권이 발행된 경우에는 그 소지인의 청구에 대하여만 임치물을 반환할 의무를 부담하는데, 창고증권과 상환하지 아니하면 반환할 필요가 없다(제157조, 제129조). 그러나 이때에도 화물상환증의 경우와 같이 보증도 또는 가인도(공도)가 있을 수 있다.

6. 손해배상책임

1) 책임원인

(1) 창고업자는 자기나 사용인이 임치물의 보관에 관하여 주의를 해태하지 아니하였음을 증명하지 아니하면, 임치물의 멸실 또는 훼손으로 인한 손해의 배상책임을 면하지 못한다(제160조). 이것은 창고업자에 대하여 과실책임주의를 채택하면서 그 증명책임을 전환한 것이다.

(2) 여기서 '임치물의 멸실'에는 물리적으로 멸실된 경우뿐만 아니라,[2] 임치물을 반환받을 정당한 권리자가 아닌 자에게 인도함으로써 정당한 권리자가 반환받지 못하게 된 경우도 포함된다.[3]

(3) 임치인이 수령지체에 빠진 상태에서 임치물이 멸실 또는 훼손된 경우에는 창고업자에게 고의 또는 중대한 과실이 없는 한 손해배상책임이 없다.[4]

---

1) 대법원 1967. 4. 25. 67다2: 수취인이 반환할 목적물은 특약이 없는 한 수취물 그 자체이고 전부 멸실한 때는 임치물반환의무는 이행불능이 되며 대체물임치라도 동종 회량의 물건을 인도할 의무는 없다.

2) 대법원 1968. 9. 17. 68다1402: 창고업자가 실화로 인하여 임치물을 소실한 경우에, 실화책임에 관한 법률은 불법행위로 인한 손해배상책임을 묻는 경우에만 적용되므로 창고업자는 본조에 의한 책임을 면하지 못한다. 동 1967. 10. 23. 67다1919.

3) 대법원 1978. 9. 26. 78다1376; 동 1981. 12. 22. 80다1609: 상법 제166조 제1항에서 말하는 '멸실'은 물리적 멸실뿐만 아니라, 수치인이 임치물을 권한없는 자에게 무단 출고함으로써 임치인에게 이를 반환할 수 없게 된 경우를 포함한다.

4) 대법원 1983. 11. 8. 83다카1476.

❐ 대법원 1975. 4. 8. 74다1213
창고업자의 책임을 부정한 사례

☞ 장마로 인한 침수가 65년전 또는 그보다도 오랜 햇수 이래의 최대강우에 인한 것으로서 그동안 보관장소가 침수된 일이 없었다면 장마가 시작되었다는 사실만 가지고서 창고업자가 보관물을 이적하는 등 미리 구출준비를 하여야 할 것이라고 기대하기 어렵다. … 보관장소가 침수되었다는 사실이 방송과 신문에 보도되어 보관의뢰자가 이를 알고 있었다면 창고업자가 보관물품이 완전 침수된 후에 위 보관의뢰자에게 통지하였다 하여 보관자로서의 주의의무를 해태하였다고 할 수 없다. 창고업자의 책임을 부정한 사례: 대법원 1997. 10. 14. 97다29943. 창고업자의 책임을 인정한 사례: 동 1972. 1. 31. 71다2651 · 2652.

2) 손해배상의 범위

손해배상액과 관련하여 창고업자에 대하여는 고가물의 임치나 손해배상액의 기준에 관한 규정이 없으므로, 창고업자에게 손해배상액에 관한 특칙(제137조), 고가물에 관한 특칙(제124조, 제136조, 제153조)에 관한 규정을 유추적용할 수는 없고, 민법상의 일반원칙에 의하여 상당인과관계에 있는 모든 손해를 배상하여야 한다고 본다(통설).[1]

3) 면책약관

창고업자의 책임은 당사자 간의 특약에 의하여 공서양속과 신의성실의 원칙에 반하지 않는 범위 내에서 이를 면제 또는 경감할 수 있다고 본다.

4) 불법행위책임과의 관계

임치물의 멸실 · 훼손이 동시에 임치물에 대한 소유권의 침해로서 불법행위를 구성하는 때에는 채무불이행으로 인한 손해배상책임과 불법행위로 인한 손해배상책임이 경합하여 인정된다.

5) 책임의 소멸

(1) 특별소멸사유

창고업자의 책임에 관하여는 물건운송인의 경우와 같은 특별소멸사유가 인정

---

1) 대법원 1976. 11. 9. 76다1932; 동 1993. 9. 28. 93다26892 · 26908.

된다(제168조, 제146조). 즉, 창고업자의 책임은 임치인 또는 창고증권소지인이 임치물을 유보없이 수령하고 또 보관료 기타의 비용을 지급한 때에 소멸한다. 그러나 임치물에 즉시 발견할 수 없는 훼손 또는 일부 멸실이 있는 경우에 임치인이 임치물을 수령한 날로부터 2주 내에 창고업자에게 통지를 발송한 때, 창고업자 또는 그 사용인이 악의인 때에는 소멸하지 않는다(제168조, 제146조). 이때의 악의는 단순히 임치물의 훼손 또는 일부멸실을 알고 있는 경우와[1] 임치물을 인도받을 자가 정당한 권리자가 아님을 알면서 인도한 경우[2]도 포함한다.

(2) 단기시효

창고업자 또는 그 사용인에게 악의가 있는 경우(예컨대, 창고업자나 그 사용인이 고의로 임치물을 멸실·훼손케 하거나 일부멸실 또는 훼손 사실을 은폐하고 인도한 경우)를 제외하고는, 그 물건을 출고한 날로부터 1년이 경과하거나, 임치물을 전부 멸실한 경우에는 임치인과 알고 있는 창고증권소지인에게 그 멸실통지를 발송한 날로부터 1년이 경과하면 책임의 소멸시효가 완성한다(제166조).[3]

❒ 대법원 1978. 9. 26. 78다1376
창고업자에게 상법 제166조 제3항의 악의를 인정한 사례

☞ 상법 제166조의 멸실이라 함은 임치물을 반환받을 정당한 권리자가 아닌 자에게 인도함으로써 정당한 권리자가 그의 반환을 못하게 된 경우도 이에 해당한다 할 것이고, 창고업자인 창고담당직원이 임치물에 대한 당초의 임치자의 요청에 의하여 임치자명의를 다른 사람의 명의로 변경하고서도 그 후 그 임치물을 명의자 아닌 제3자에게 전량 출고한 경우에는 다른 반증이 없는 한 창고업자 또는 그 사용인이 임치물의 멸실에 있어 악의인 경우라고 보아야 할 것이다.

Ⅲ. 창고업자의 권리

1. 임치물인도청구권

창고임치계약이 성립하면 창고업자는 임치인에 대하여 임치물의 인도를 청구

1) 대법원 1987. 6. 23. 86다카2107.
2) 대법원 1978. 9. 26. 78다1376; 동 1981. 12. 22. 80다1609.
3) 대법원 2004. 2. 13. 선고 2001다75318: 상법 제166조 소정의 창고업자의 책임에 관한 단기소멸시효는 창고업자의 계약상대방인 임치인의 청구에만 적용되며 임치물이 타인 소유의 물건인 경우에 소유권자인 타인의 청구에는 적용되지 아니한다.

할 수 있다.

2. 보관료와 비용상환청구권

1) 민법상 임치계약은 무상이 원칙인데 비하여(민 제693조), 창고업자는 보관료(보수)에 관한 특약이 없는 경우에도 이를 청구할 수 있으며(제61조), 임치물에 관한 보험료·수입세·하역료 등의 비용이나 체당금을 지출한 때에는 그 상환을 청구할 수 있다(제162조 제1항 본문). 보관료의 지급채무자는 임치인이지만, 창고증권이 발행된 때에는 그 소지인이다.[1]

2) 보관료와 체당금 등의 청구시기는 출고할 때이나, 보관기간 경과 후에는 출고 전이라도 청구할 수 있다(제162조 제1항 단서). 일부출고의 경우에는 그 비율에 따른 보관료 기타의 비용과 체당금의 지급을 청구할 수 있다(제162조 제2항).

3. 유치권

창고업자는 보관료와 비용상환청구권에 관하여 임치물 위에 민법상의 유치권(민 제320조)을, 임치인이 상인인 경우에는 상인 간의 유치권(제58조)을 행사할 수 있다.[2]

4. 공탁권과 경매권

임치인 또는 창고증권소지인이 임치물의 수령을 거부하거나 수령할 수 없는 경우에는, 창고업자는 상인 간의 매매에 있어서의 매도인과 같이 임치물을 공탁하거나 상당한 기간을 정하여 최고한 후 경매할 수 있으며, 이 경우 지체 없이 임치인 등에 대하여 그 통지를 발송하여야 한다(제165조, 제67조 제1항). 임치인 등에 대하여 최고를 할 수 없거나 임치물이 멸실 또는 훼손될 염려가 있는 때에는 최고없이 그 임치물을 경매할 수 있다(제165조, 제67조 제2항).

---

1) 대법원 1963. 5. 30. 63다188.
2) 대법원 2009. 12. 10. 2009다61803: 창고업자의 유치권 행사를 상당한 이유 없이 배제하는 약관 조항은 공정을 잃은 약관조항으로 무효이다.

5. 손해배상청구권

창고업자는 임치물의 성질 또는 하자로 인하여 생긴 손해가 있는 때에는 이를 알고 있었던 경우를 제외하고 임치인에 대하여 그 배상을 청구할 수 있다(민 제697조).

6. 채권의 소멸시효

임치인 또는 창고증권발행인에 대한 창고업자의 채권은 임치물을 출고한 날로부터 1년간 행사하지 아니하면 소멸시효가 완성한다(제167조).

Ⅳ. 창고증권

1. 창고증권의 의의

1) 창고증권(Lagerschein, récépissé warrant, warehouse receipt)이란 임치물반환청구권을 표창하는 유가증권이다. 창고증권은 화물상환증과 같은 물품증권이므로 그 특성은 화물상환증과 꼭 같다.

2) 실무에서는 창고증권 외에 하도지시서(荷渡指示書, delivery order) 또는 입고증(入庫證)이 이용되고 있다. 이것은 임치인이 창고업자에 대하여 임치물의 전부 또는 일부를 그 소지인에게 인도하는 것을 위탁하는 지시서이다. 하도지시서로서 임치인이 발행하고 창고업자가 기명날인 한 것은 창고업자에 대한 임치물 반환청구권을 표창하는 유가증권으로 볼 수 있으나, 임치인이 창고업자에게 물건의 인도를 일방적으로 지시하는 것은 창고업자가 증권의 소지인에게 물건을 인도하면 면책되는 면책증권에 불과하다.

3) 창고증권은 화물상환증과 동일한 효력이 있으므로 화물상환증에 관한 규정이 준용된다(제157조). 따라서 화물상환증은 상환증권성(제129조), 법률상 당연한 지시증권성(제130조), 문언증권성(제131조 제2항), 처분증권성(제132조), 인도증권성(제133조), 요인증권성(제156조 제1항, 제2항)을 가진다.

2. 창고증권의 발행

1) 창고업자는 임치인의 청구에 의하여 창고증권을 작성·교부하여야 한다(제

156조 제1항). 창고증권은 요식증권이므로 창고업자는 ① 임치물의 종류·품질·수량, 포장의 종류, 개수와 기호, ② 임치인의 성명 또는 상호, 영업소 또는 주소, ③ 보관장소, ④ 보관료, ⑤ 보관기간을 정한 때에는 그 기간, ⑥ 임치물을 보험에 붙인 때에는 보험금액, 보험기간과 보험자의 성명 또는 상호, ⑦ 창고증권의 작성지와 작성연월일 등을 기재하고, 기명날인 또는 서명하여야 한다(제156조 제2항).

2) 창고증권은 엄격한 요식증권이 아니므로 본질적이지 아니한 사항(예컨대, ④ 내지 ⑦의 사항)은 기재하지 아니하여도 무방하다. 또 창고증권의 소지인은 창고업자에 대하여 (舊)증권을 반환하고 임치물을 분할하여 각 부분에 대한 창고증권의 교부를 청구할 수 있는데(제158조 제1항), 그 비용은 증권소지인이 부담하여야 한다(제158조 제2항).

3. 창고증권의 유통

1) 창고증권은 화물상환증과 같이 법률상 당연한 지시증권이므로 배서에 의한 양도방법 및 그 효력 등 화물상환증의 경우와 꼭 같다. 즉, 창고증권이 작성된 경우에는 임치물반환청구권은 이 증권에 표창되어, 이 증권과 상환하지 않으면 운송물의 인도를 청구할 수 없다. 그러나 무기명식 창고증권이 발행된 경우에는 단순한 교부로써 양도할 수 있다(제65조, 민 제523조).

2) 임치에 관한 사항은 창고업자와 증권소지인 간에 있어서는 창고증권의 기재를 기준으로 하며, 창고증권에 의하여 임치물을 받을 수 있는 자에게 증권을 교부한 때에는 임치물 위에 행사하는 권리취득에 관하여 임치물을 인도한 것과 동일한 효력이 있다. 그리고 창고증권이 발행된 경우에는 이것만으로 임치물을 처분할 수 있다.

3) 창고증권에 의하여 임치물을 입질할 경우에는 질권설정계약과 동시에 창고증권을 질권자에게 인도하여야 한다(제157조, 제133조, 민 제330조). 창고증권으로 임치물을 입질한 경우에도 질권자의 승낙이 있으면 임치인은 채권의 변제기 전이라도 임치물의 일부반환을 청구할 수 있다. 이 경우에는 창고업자는 반환한 임치물의 종류, 품질과 수량을 창고증권에 기재하여야 한다(제159조).

4. 창고증권의 효력

1) 창고증권의 효력은 채권적 효력과 물권적 효력으로 나누어 볼 수 있는데,

그 내용과 문제점 등은 화물상환증의 경우와 꼭 같다(제157조, 제129조, 제131조~제133조). 임치물을 받을 자에게 창고증권을 교부한 때에는 임치물을 인도한 것과 동일한 효력이 있다.[1]

2) 창고증권에 부지약관을 기재한 경우에는 그에 따라 운송인은 책임을 면한다.

3) 창고증권소지인은 채권적 효력과 관련하여 보관료·기타 비용과 체당금을 지급할 의무가 있는가에 관한 규정이 없으나 창고증권이 발행된 경우에는 임치계약상의 임치인의 지위를 증권소지인이 갖게 되므로 보관료·기타 비용과 체당금을 지급하여야 한다고 본다(통설).

5. 창고증권에 의한 입질과 일부출고

창고증권소지인이 임치물을 입질하는 경우에는 질권설정의 계약을 체결함과 동시에 창고증권을 채권자에게 교부하여야 한다(제157조, 제133조, 민 제330조). 따라서 채무의 변제 전에는 임치물의 일부라도 반환을 청구할 수 없게 되어 매우 불편하다. 이에 상법은 질권자의 승낙이 있으면 피담보채권의 변제기 전이라도 임치인은 창고업자에 대하여 임치물의 일부반환을 청구할 수 있게 하였는데, 이 경우에는 창고업자는 반환한 임치물의 종류·품질과 수량을 창고증권에 기재하여야 한다(제159조). 이것은 구증권을 회수하고 신증권을 발행하는 번잡을 피할 수 있어 편리하다.

1) 대법원 1970. 10. 23. 70다1985.

제3장 새로운 상행위

제1절 금융리스업

Ⅰ. 리스의 개념

(1) 상법 제46조 제19호는 '기계, 시설 그 밖의 재산의 금융리스에 관한 행위', 즉 금융리스를 기본적 상행위의 하나로 규정한다. 여신전문금융업법은 이를 '시설대여'라고 하는데, 동법은 시설대여를, 리스업자(lessor)가 "대통령령으로 정하는 물건(리스물건)을 공급자(supplier)로부터 새로 취득하거나 대여받아 거래상대방(lessee, 리스이용자)에게 대통령령으로 정하는 일정 기간(리스기간) 이상 사용하게 하고, 그 사용 기간 동안 일정한 대가(리스료)를 정기적으로 나누어 지급받으며, 그 사용 기간이 끝난 후의 물건의 처분에 관하여는 당사자 간의 약정으로 정하는 방식의 금융을 말한다"고 규정한다(여신전문금융업법 제2조 제10호 참조).

Ⅱ. 금융리스와 운용리스

1) 리스는 그 기능에 따라 금융리스와 운용리스로 나눌 수 있다. 리스이용자의 목적이 금융에 있으면 금융리스이고, 물건자체의 사용에 있으면 운용리스이다.

2) 금융리스(finance lease)는 리스회사가 이용자에게 기계, 설비 등의 리스물건의 구입자금을 융자해 주는 대신에 리스물건을 구입하여 대여해 주는 리스이다. 이는 형식적으로는 물건의 임대차이나 실질적으로는 자금의 대여이므로 금융리스라 한다. 금융리스를 협의의 리스라고도 하고, 보통 리스라고 할 때에는 바로 이 금융리스를 말한다.

3) 운용리스(operating lease)는 금융리스 외의 리스를 총칭하는 것이다. 이는 물건의 사용이 주목적이므로 그 법적 성질은 임대차와 유사하다.

4) 금융리스는 리스기간이 보통 리스물건의 사용가능연수로서 장기이고, 리스기간 중에 리스이용자의 중도해지가 허용되지 아니하고, 리스물건의 유지·관리의무, 납세의 의무 및 리스물건의 멸실이나 악화(惡化)에 따른 위험은 리스이용자가 부담한다.

그러나 운용리스는 리스기간이 보통 리스물건의 사용가능연수의 일부로서 단기이고, 리스기간 중에 이용자의 중도해지가 허용되고, 리스물건의 유지, 관리 및 납세의 의무는 리스회사가 부담한다.

Ⅲ. 금융리스계약의 체결과 이행과정

금융리스계약의 체결과 이행은 다음과 같은 과정으로 이루어지고 있다.

1) 리스이용자는 자신이 필요로 하는 기계·설비 등의 제조자 기타 공급자와 상담을 벌여, 특정물건(리스물건)을 선정하여 가격·인도시기 등에 관해 실질적인 합의를 한다(①).

2) 이용자는 ①에서 합의한 내용을 토대로 리스회사에 리스를 신청하면, 리스회사가 리스이용자의 신용상태를 조사한 후 그 승낙여부를 결정하고 리스회사가 이를 승낙하는 때에는 리스이용자와 리스계약을 체결한다(②). 여기서 리스기간, 리스료, 유지·관리책임 등이 모두 약관에 따라 결정된다.

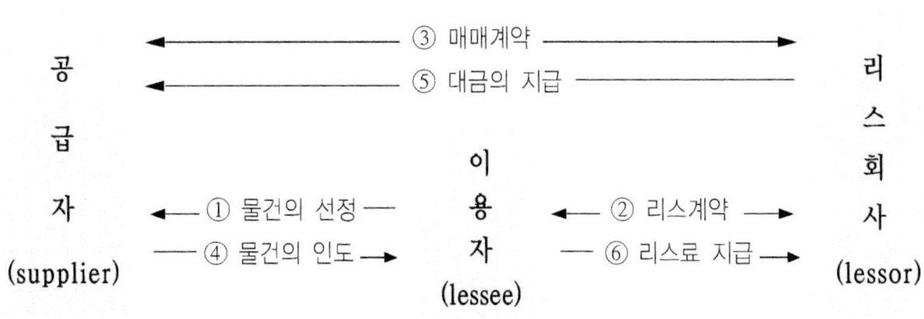

3) ②의 리스계약의 이행으로서 리스회사는 ①의 공급자와 이용자가 합의한 내용대로 매매계약을 체결한다(③). 여기서 공급자는 이용자에게 직접 이행하기로 합의한다.

4) ③에서 정한 바에 따라 공급자는 이용자에게 리스물건을 인도하고(④), 리스이용자는 리스물건수령증을 발급한다. 리스기간은 리스이용자가 이 수령증을 리스회사에 교부한 날부터 개시한다. 리스회사는 공급자에게 대금을 지급하며(⑤), 리스이용자는 리스회사에 정기적으로 리스료를 지급한다(⑥).

제2절 가맹업

Ⅰ. 가맹업의 개념

자신의 상호·상표 등(상호 등)을 제공하는 것을 영업으로 하는 자(가맹업자)로부터 그의 상호 등(영업표지: 營業標識)을 사용할 것을 허락받아 가맹업자가 지정하는 품질기준이나 영업방식에 따라 영업을 하는 자를 가맹상(加盟商)이라 한다(제168조의 6). 상인이 자기의 영업분야에서 개발한 독자적인 상호나 상표 등의 영업표지와 독특한 영업운영방식은 재산적 가치가 있다. 가맹계약(franchise agreement)은 이와 같은 재산적 가치를 타인에게 이용할 수 있게 함으로써 보다 많은 사람에게 고용의 기회를 제공하며, 나아가 상품이나 서비스의 품질을 규격화·고급화시키는 유통계약이다(제46조 제20호).

가맹계약의 당사자는 가맹업자(프랜차이즈제공자: franchisor)와 가맹상(프랜차이즈이용자: franchisee)이다.

Ⅱ. 가맹계약의 성립요건

가맹계약의 성립요건은, ① 상호·상표 등의 사용허가, ② 가맹업자의 통제·조력, ③ 가맹상의 독립적 지위, ④ 사용료(프랜차이즈 사용료)의 지급 등을 드는 것이 보통이다.

1. 상호·상표 등의 사용허락

가맹업자가 그의 상호·상표 등을 가맹상에게 사용할 것을 허락하여야 한다. 이때 양자의 영업은 실질적인 관련성이 있어야 한다. 상호·상표 등이라 함은 상호, 상표, 서비스표, 로고, 간판이나 광고탑, 광고와 기타 의장, 디자인, 조명, 색상 등 널리 가맹업자의 동일성을 표시하는 모든 표현물이나 표현방법을 포함한다. 가맹상과 가맹업자가 공통의 상호·상표 등 아래 영업활동을 하기 때문에 일반소비자에게는 양자가 외관상 동일한 기업으로 나타난다.

2. 가맹업자의 통제·조력

가맹업자는 가맹상에 대하여 일정한 지시·통제를 가하고 아울러 가맹상의 영업활동을 도와주는 관계가 설정되어야 한다. 이 경우 지시·통제는 가맹상의 영업의 주된 부분에 관련된 것이어야 하기 때문에 부수적 서비스나 다른 상품의 판매제한에 관한 조항 등은 그 자체만으로 지시·통제라고 할 수는 없다.

지시·통제의 내용은 점포의 입지, 상호의 사용, 광고, 각종 표지물, 판매대, 상품의 공급원 등에 대한 가맹업자의 허가 및 가맹점포의 시설이나 비품, 장비의 외관, 직원의 제복, 영업시간, 점포의 관리, 기타 장비의 사용 등에 관한 것이다.

3. 가맹상의 독립적 지위

가맹업자는 가맹상과는 독립적인 관계에 있다. 즉, 가맹상의 영업의 결과는 직접 자기에게 귀속된다. 따라서 가맹상의 제3자에 대한 행위에 대하여 가맹업자에게는 책임이 없는 것이 원칙이다. 다만 제3자의 신뢰보호를 위하여 이러한 원칙이 일부 수정되는 경우가 있다.

4. 사용료의 지급

가맹계약은 상사계약으로서 유상계약이다. 따라서 가맹상은 가맹업자에 대하여 사용료(프랜차이즈 사용료)를 지급하여야 한다. 이러한 성질의 요금 내지 부담금인 한 그 명칭이나 형태는 묻지 아니한다. 종래에 사용료로 인정된 것으로는 이행보증금, 예치금, 공탁금, 가입비, 개설비, 광고비, 훈련비, 강습비 등이 있다.

제3절 채권매입업

I. 채권매입업의 개념

1) 타인이 물건·유가증권의 판매, 용역의 제공 등에 의하여 취득하였거나 취득할 영업상의 채권(영업채권)을 매입하여 회수하는 것을 영업으로 하는 자를 채권매입업자라 한다(제168조의 11). 채권매입업은 팩토링(factoring)이라 한다.

2) 팩토링은 채권매입업자(팩토링회사: factor)가 채권매입계약의 채무자(거래기업: client)로부터 그 영업에서 생긴 현재 및 장래의 외상매출채권을 일괄매수하고 거래기업에 갈음하여 그 영업채권의 채무자(제3채무자: customer)로부터 매출채권을 추심하는 동시에 그 기업에 대하여 금융의 제공, 회계관리, 경영정보의 제공 등을 인수하는 것을 말한다. 이와 같이 팩토링거래는 팩토링회사(factor)와 거래기업(client), 그리고 그 기업의 고객(customer)의 3당사자 간의 법률관계이다. 3당사자관계 중에서도 factor와 client와의 관계, 즉 양당사자 간의 매출채권의 양도의 기본계약인 팩토링거래계약과 이 계약에 의거 개개의 매출채권을 양도하게 되는 채권양도행위가 중요하다.

II. 채권매입업의 구조

(채권매입업의 개념도)

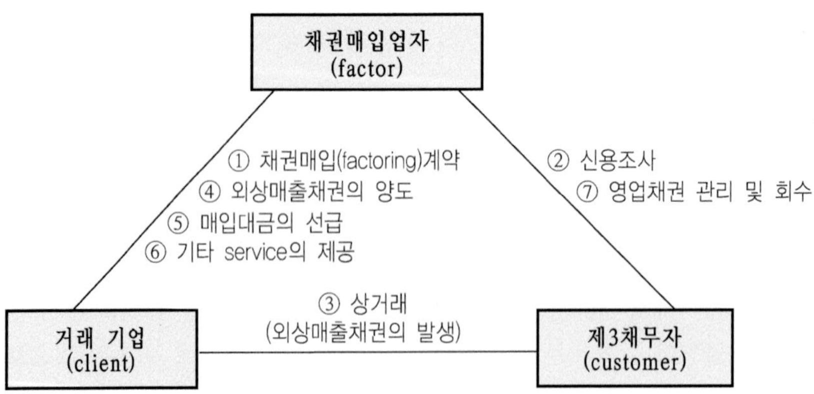

① Factor(채권매입업자)와 Client(거래기업)는 채권매입(factoring)계약을 체결한다.
② Factor는 신용위험을 피하기 위하여 client의 채무자(customer)에 대한 신용조사를 하여 client에 통지한다.
③ Client는 factor로부터 통지받은 customer의 신용을 감안하여 customer와 외상 상품거래를 한다.
④ Client는 채권매입계약에서 정한 바에 따라 외상매출채권의 변제기 전에 채권대금을 선급한다.
⑤ Factor는 client의 요청이 있으면 매출채권의 변제기 전에 채권대금을 선급한다.
⑥ Factor는 customer로부터 변제기에 외상매출채권을 지급받는다.
⑦ Factor는 외상매출채권의 회수와 관련하여 client를 위하여 회계·장부정리 및 기타 서비스를 제공한다.

제 3 편
어음 · 수표법

제1장 서 론 / 258
제2장 어음법 총론 / 301
제3장 어음법 각론 / 414
제4장 수표법 / 531
제5장 전자어음법 / 569

제1장 서 론

제1절 유가증권법

Ⅰ. 유가증권제도의 본질

유가증권이란 무형의 권리를 증권에 결합(화체)시킨 것이다. 현대의 경제생활에서는 권리도 하나의 가치물로서 거래의 목적물이 된다. 그런데 무형의 추상적인 권리를 거래할 경우 그 권리가 언제 발생되고 언제 소멸되는지, 누구에게서 발생되고 누구를 거쳐 누구에게 귀속되는지, 그 권리의 내용은 무엇인지 모든 것이 불분명하다. 이러한 불분명하고 추상적인 권리를 분명하고 구체적인 권리로 만드는 것이 유가증권이다. 이와 같이 추상적인 권리를 구체화된 권리로 만드는 이유는 권리의 거래, 즉 양도를 편리하게 하기 위한 것이다. 양도를 편리하게 하려면 권리가 안전하고 확실하게 유통될 수 있어야 하고, 그 권리의 행사가 용이하여야 한다. 이와 같이 권리의 유통성을 높이기 위한 법기술적 제도가 바로 유가증권제도이다. 즉, 유가증권제도는 권리와 증권을 결합시키고 그 증권에 독립된 법적 의미를 주어, 일체의 권리의무관계를 증권을 기준으로 하여 신속·정확하게 결정하고 처리함으로써 그 '유통성'을 확보하려는 제도이다.

무형의 권리를 증권에 구체화하는 것을 '화체한다'(embody; verkörpern)고 한다. 화체(化體)된 권리를 증권이 나타내는 것을 증권이 '표창한다'고 한다. 이와 같이 권리가 증권과 결합됨으로써 유가증권이 되는데, 결합의 정도는 소지, 즉 점유만으로도 충분하고 반드시 그 증권을 소유할 필요는 없다. 따라서 5,000만원짜리 Piccaso의 그림 뒷면에 액면 100만원의 약속어음을 작성한 경우, 그 어음상의 권리를 행사하기 위하여 반드시 그림 자체를 소유할 필요는 없고, 그 권리를 행사하는 동안 잠시 점유하면 충분한 것이다.

현재의 대표적인 유가증권제도는 어음과 수표 같은 '지급 및 신용거래의 유가증권', 주권이나 사채와 같은 '자본시장의 유가증권', 화물상환증 · 선하증권 · 창고증권과 같은 '재화유통의 유가증권'이 있다. 그러나 주권과 사채권과 같은 자본시장의 유가증권은 증권보관전문기관에 의한 증권의 혼장임치(Sammelverwahrung)의 경향으로 인하여 점차 그 기능이 상실되어 가고 있다. 따라서 증권상의 권리를 양도함에 있어 증권의 제시나 소지조차도 필요 없게 되었고, 증권으로 권리를 화체한다는 관념도 희박해졌다. 적어도 자본시장의 증권에 관한 한 권리의 행사와 양도를 편리하게 하여 거래의 안전을 꾀하려던 유가증권제도 본래의 기능은 상당히 퇴색하게 되었다.

나아가 2005년 1월 1일부터는 "전자어음의 발행 및 유통에 관한 법률"(전자어음법)이 시행되어, 약속어음이 전자적 형태로 발행, 유통될 수 있게 되고 어음의 거래가 매우 편리하게 되는 한편 기존의 종이에 표창하는 어음의 유통과 사용은 크게 줄어들고 있다.

Ⅱ. 유가증권의 개념

1. 유가증권개념의 다양성

'유가증권'이란 용어는 독일어의 Wertpapier에서 온 것으로서, 우리나라에서는 법전상의 용어로 널리 쓰이고 있다. 이 밖에 상거래의 목적으로 주로 상인 사이에서 쓰인다는 뜻에서 '상업증권'(commercial paper)이란 용어를 쓰기도 한다(상 제73조).

유가증권이란 용어는 상법뿐만 아니라 민사소송법 · 채무자 회생 및 파산에 관한 법률 · 형법 · 증권거래법 등 여러 법률에서 쓰이고 있으나, 그 정의 규정은 없어서 입법목적에 따라 달리 쓰이고 있다. 따라서 유가증권의 본질을 통찰하여 학문상의 개념을 먼저 정립하고, 그것을 기초로 하여 구체적인 법규정에 대한 해석을 하여야 할 것이다.

2. 유가증권에 관한 학설

유가증권의 정의에 관하여는 1882년 Heinrich Brunner가 "증권의 소지를 조건으로 그 권리의 행사가 가능한 사권(私權)이 표창된 증권"(Ein Wertpapier ist eine Urkunde, die ein privates Recht in der Weise verbrieft, dass die Innehabung der Urkunde zur Geltendmachung des Rechts notwendig ist.)이라고 정의한 이래 여러 가지로 견해가 나뉘어져 왔지만, "사법상의 권리를 표창하는 증권으로서 권리의 행사를 위하여 증권의 점유를 필요로 하는 것"이라 정의할 수 있다.[1)]

3. 유가증권개념의 분석

(1) '재산적 가치가 있는 사권을 표창(表彰)하는' 증권이어야 한다. 그 재산권은 채권이든, 물권이든(현행법상 순수한 물권증권은 없다.), 사원권이든 상관없다(그러나 순수한 인격권이나 신분권과 같이 재산적 가치가 없거나 경제적 거래의 대상이 될 수 없는 권리는 이에 포함될 수 없다.). '표창한다'는 것은 권리와 증권의 결합관계를 말하는 것이다. 즉, 유형적인 증권의 점유가 무형적인 권리를 행사하는 조건이 되어 있는 상태를 말하며, 권리가 증권에 화체(embody, verkörpern)되었다고도 한다.

(2) 표창된 권리의 행사에 '증권의 소지'를 필요로 한다. 그러나 유가증권에 있어서 본체를 이루는 것은 실질적 권리이므로 증권의 소지를 필요로 하지 않는 예외적인 경우도 있는 것이며, 또한 증권의 소지는 권리의 행사에 필요한 최소한의 요건일 뿐이고 다른 요건이 첨가되어도 유가증권의 효력에는 상관이 없다. 즉, 그 부가요건의 내용에 따라 무기명증권 · 제시증권 · 기명증권으로 유형을 달리하게 될 뿐이다.

(3) 권리의 '행사'에 증권을 필요로 한다. 권리의 행사(와 이전)에만 증권의 점유를 필요로 하는 증권을 불완전(상대적) 유가증권(화물상환증 · 선하증권 · 창고증권 · 무기명주식 등), 권리의 발생 · 행사 · 이전 전부에 증권의 점유를 필요로 하는 증권을 완전(절대적) 유가증권(어음 · 수표 등)이라고도 한다.

4. 유사개념과의 구별

1) 증거증권(증명증서)

증거증권(Beweisurkunde)은 실질적인 법률관계의 유무나 내용을 증명하는 자료

---

1) Hueck/Canaris, *Recht der Wertpapiere*, 11. Aufl., 1977, S. 2 ff.; W. Zöllner, *Wertpapierrecht*, 13. Aufl., 1982, S. 17; Baumbach-Hefermehl, *Wechselgesetz und Scheckgesetz*, 15. Aufl., 1986, Rdn. 6.

로서 의미가 있는 증서이지, 그 법률관계의 유무나 내용 자체와 서면의 유무와는 관계가 없는 것이다(예컨대, 차용증서, 매매계약서, 임대차증서, 영수증서). 예컨대 학생증이 없어도 학생은 학생이다. 어떤 종류의 유가증권이든 일정한 법률관계를 증명하는 기능이 있다는 의미에서 증거증권으로서의 성질도 가지고 있으나, 반대로 모든 증거증권이 유가증권인 것은 아니다. 증거증권과 유가증권의 구별 표준은 증권과 사권이 결합되어 있는지의 여부이다.

2) 면책증권(자격증권)

면책증권(Legitimationspapiere, Ausweispapiere)이란 채무자가 악의 또는 중대한 과실없이 증권의 소지인에게 채무를 이행하면, 그 소지인이 비록 정당한 권리자가 아닌 경우에도 채무를 면하는 증권을 말한다. 면책증권은 면책력이 부여된 증거증권으로서 기본적으로는 증거증권이다. 면책증권은 동종의 불특정 다수의 권리자가 집단적으로 권리행사를 하는 경우에 의무자가 권리자를 식별하기가 곤란하므로 의무자의 의무이행을 안전·원활하게 하기 위하여(즉, 채무자의 선의의 변제를 보호하기 위하여) 발행하는 것이다.

증권의 소지인은 일응 권리를 행사할 수 있는 자격자라고 할 수 있기 때문에 면책증권은 본질적으로는 증거증권이지 권리를 표창하는 증권이 아니므로 그 증권의 양도에 의하여 권리 자체를 양도할 수는 없다. 따라서 일단 문제가 생긴 경우에는 권리자는 증권을 소지하였다는 한 가지 사실만으로는 권리를 행사할 수 없고, 또한 권리를 증명할 수 있으면 증권 없이도 권리를 행사할 수 있다(예컨대, 각종의 예치표, 철도수하물상환증, 예금증서 등).

많은 유가증권은 동시에 면책증권이다. 그러나 예컨대 기명식화물상환증이나 기명식선하증권은 유가증권이지만 면책증권은 아니다. 왜냐하면 증서에 기명되어 있는 자 이외의 자에게 선의로 화물을 인도하였다고 하더라도 면책은 되지 않기 때문이다. 반대로 면책증권이지만 유가증권이 아닌 것도 있다. 예컨대, 신발표나 보관증, 예금증서 같은 것이 이에 속한다. 왜냐하면 권리자는 증권이 없어도 자기가 정당한 권리자임을 증명하면 권리를 행사할 수 있기 때문이다.

3) 금(액)권

금(액)권이란 그 자체가 법률상 특정한 가치를 보유하는 증권을 말한다(예컨대, 우표, 수입인지, 지폐 등). 이것은 발행자에 대한 청구권을 표창하는 것이 아니므로 유가증권이 아니고 그 자체가 금전에 갈음하는 효력이 있다. 즉, 금권은 재산적 가치를 표창하는 것이 아니라 금전적 가치를 표창한다. 따라서 이것은 유가증권의 경우와는 달리 그 자체의 물리적 멸실에 의하여 그 가치가 소멸하고, 제권판결절차에 의하여 권리행사의 가능성을 회복할 수는 없다.

4) 상품권 등

상품권은 물품을 판매하는 상인이 소지인에 대하여 그 상인이 취급하는 상품의 일정량을 급여한다는 약속을 기재하여 발행한 일람출급의 무기명유가증권이다. 왜냐하면 상품권은 상품소지인이 상품권발행인으로부터 상품의 인도를 받을 권리를 나타내고 있기 때문이다. 문화상품권도 같다.

그 밖에 각종 시설 입장권, 연극 · 영화 관람권, 전화카드, 교통카드, 학생식당의 식권 등도 유가증권이다. 식권을 위조하면 유가증권 위조범이 된다. 좌석이 지정되어 있는 고속버스 차표, 승선권, 항공권, 전자항공권도 일정 서비스를 요구할 수 있는 것으로서 일정한 권리가 표창되어 있으므로 일람출급의 유가증권이다. 다만, 유가증권의 사명은 권리행사의 원활과 안전 및 권리의 유통성 확보에 있는데, 위에 열거한 것들은 거래상의 편의를 위한 것일 뿐, 유통을 목적으로 발행하는 것이 아니므로 유가증권법정주의의 제한을 받지 않는다. 상품권법도 1999. 2. 5. 폐지되었다.

Ⅲ. 유가증권의 종류 및 속성

1. 유가증권법정주의

1) 유가증권법정주의의 의의

유가증권제도가 남용될 염려가 크기 때문에 유가증권의 종류와 내용에 일정한 제한을 두어 법이 인정하는 경우에만 유가증권으로 보게 되는데, 이 제도를 유가증권법정주의(Der Numerus clausus der Wertpapiere)라고 한다. 이것은 마치 민법상의 물권법정주의와 같은 것이다.

2) 제한의 내용

(1) 증권상의 권리의 성립에 관한 제한

(가) 권리의 종류에 관한 제한

증권에 화체될 권리는 재산권에 한한다. 즉, 채권 · 사원권 등이며, 신분권 · 명예권 등은 유가증권화될 수 없고, 사원권 중에도 유한회사의 사원의 지분은 지시식 · 무기명식으로 유가증권화되는 것을 금지한다(상 제555조).

(나) 방식에 관한 제한

유가증권은 그 유통성으로 인하여 방식이 법정되어 일정한 증권기재사항이 요구되고 있다(요식증권성).

(다) 내용에 관한 제한

증권상의 권리의 내용은 증권의 문언만으로 정하여지고, 당사자는 증권에 기재되지 않은 사항으로써 그 문언의 뜻을 변경하거나 보충하지 못한다(문언증권성).

(2) 증권상의 권리자에 관한 제한

(가) 지정방법의 제한

증권상의 권리자의 지정방법으로는 기명식 이외에 무기명식, 지시식, 선택무기명식만이 인정된다.

(나) 권리자 추정

무기명증권의 소지인, 배서가 연속된 지시증권의 소지인은 적법한 권리자로 추정됨으로써 비록 무권리자로부터 취득하였더라도 무권리자임을 몰랐거나 모른 데 대하여 중대한 과실이 없으면 선의취득자로서 보호를 받게 된다.

(3) 권리의 양도방법에 관한 제한

무기명식의 유가증권은 교부의 방법으로, 지시식의 유가증권은 증권의 배서나 교부의 방법으로 양도할 수 있다(어 제12조 · 제13조, 수 제15조 · 제16조, 상 제65조, 민 제510조).

(4) 권리의 행사에 관한 제한

(가) 제시 및 상환의 강제

지시채권 또는 무기명채권의 채무자는 그 이행에 관하여 기한의 정함이 있는 때에는 그 기한이 도래한 후 소지인이 그 증권을 제시하여 이행의 청구를 한 때부터 지체의 책임을 진다(상 제65조, 민 제517조)(제시증권성). 그리고 증권채무를 변제하는 경우 채무자는 증권과 상환하지 아니하고는 채무의 이행을 할 필요가 없다(상환증권성).

(나) 권리행사의 장소에 관한 제한

지시채권 및 무기명채권의 이행은 채무자의 현영업소에서, 만일 영업소가 없으면 그 주소에서 하여야 한다.

또 어음에 지급장소를 기재한 경우, 즉 제3자방지급문구를 기재한 경우에는 그 지급장소가 제시장소인 동시에 이행장소가 된다. 어음 · 수표의 경우에는 어음교환소에서의 제시도 유효하다.

(다) 항변의 제한

유가증권은 유통성을 보호하기 위하여 채무자가 증권양도인에게 대항할 수 있는 항변을 증권의 선의취득자에게 대항할 수 없게 하고 있다(인적 항변의 절단).

(5) 변제에 관한 제한

(가) 면책력의 강화

본래 채무자는 변제수령자격이 없는 자에게는 변제하더라도 그 채무를 면할 수 없으므로(민 제472조) 변제수령의 자격에 관하여 조사할 필요가 있다. 그러나 지시증권에 관하여는 증권의 유통성을 강화하기 위하여 채무자는 배서의 연속 여부를 조사할 의무가 있기는 하나, 이 경우에도 배서인의 기명날인 또는 서명의 진위나 소지인의 진위를 조사할 권리는 있지만 의무는 없다고 하여 채무자를 보호하고 있다(민 제518조). 또 채무자는 소지인이 권리자가 아님을 알았거나 중대한 과실로 알지 못한 경우를 제외하고 부진정한 채권자에게 변제하였더라도 그 변제는 유효한 것으로 하고 있다(민 제518조 단서). 이것은 무기명채권 · 지명소지인출급채권에 있어서도 같다(민 제524조 · 제525조). 다만 어음에 관하여는 특별규정이 있어 무권리자에게 지급한 경우라도 사기 또는 중대한 과실이 없는 한 채무자는 면책이 된다(어 제40조 제3항 · 제77조). 수표에는 이에 관한 규정이 없으나 같게 해석하여야 할 것이다.

(나) 단기시효

유가증권의 종류에 따라 단기시효의 규정이 있어 채무자에게 유리하게 되어 있다(어 제70조, 수 제51조 등).

2. 유가증권의 종류

유가증권은 그 분류기준에 따라 여러 가지로 나눌 수 있다.

1) 양도(유통)의 방식에 의한 분류

증권을 양도할 때 권리자를 어떻게 지정하느냐에 따른 분류방식으로서, 다음과 같이 네 가지로 나뉜다.

(1) 기명(지명)증권(Rektapapiere, Namenspapiere)

기명증권이란 증권상에 특정인을 권리자로 기재한 증권을 말한다. 증권상에 기재된 특정인 및 그로부터 보통의 지명채권양도의 방법으로 증권을 양수한 자만이 권리를 행사할 수 있을 뿐, 단순교부에 의한 양도[1] 및 배서양도가 허용되지 않는다.

이와 같이 기명증권은 유통성이 부족하므로 유가증권으로서의 효용이 적다. 다만 권리의 행사에는 증권을 필요로 하고, 그 결과 권리의 이전에도 원칙적으로 증권을 인도하여야 하는 점에서 권리와 증권이 결합되어 있을 뿐이다. 따라서 기명증권에는 배서를 전제로 하는 선의취득이나 인적 항변의 절단 등이 인정되지 않으며, 또한 공시최고에 의한 제권판결의 대상이 되지 않는다.

기명채권(상 제479조), 배서금지된 어음(어 제11조 제2항 · 제77조 제1항 제1호), 배서가 금지된 화물상환증 · 창고증권 · 선하증권 등이 이에 속한다.

(2) 지시증권(Oderpapiere)

지시증권이란 증권상에 기재된 자 또는 그가 지시하는 자를 권리자로 하는 증권을 말한다. 이 지시는 보통 배서에 의하여 행해지므로 이를 배서증권이라고도 한다.

지시증권이 되기 위하여는 원칙적으로 증권상에 지시문언(지시문구)이 있어야 하지만 그러한 문구가 없이도 법률상 당연히 배서에 의하여 양도할 수 있는 증권도 있다. 전자를 선택적 지시증권(gekorene Oderpapiere), 후자를 법률상 당연한 지시증권(geborene Oderpapiere)이라고 한다. 어음, 수표, 화물상환증, 창고증권, 선하증권, 주권 등(어 제11조 제1항 · 제77조 제1항 제1호, 수 제14조 제1항, 상 제130조 · 제157조 · 제852조 · 제336조)은 법률상 당연한 지시증권이다.

(3) 무기명증권(Inhaberpapiere)

무기명증권이란 증권상에 권리자로서의 특정인을 지정하지 아니하고 증권의 정당한 소지인을 권리자로 취급하는 증권을 말하고, 소지인출급식증권이라고도

1) 대법원 1997. 7. 22. 96다12757: 수취인이 기명식인 어음은 교부만으로 양도할 수 없다.

한다. 무기명증권은 단순한 교부에 의하여 이전이 가능하고(민 제523조) 증권의 선의취득도 인정되므로(민 제524조 · 제514조), 증권의 진정한 권리자는 도난 기타 상실의 사실로써 대항할 수 없게 된다(민 제250조 단서 유추적용). 실제로 많이 이용되는 것은 수표(수 제5조 제1항 제3호), 사채권(상 제478조 제2항 제2호), 상품권(상품 제6조) 등이고, 환어음(어 제1조 제6호)과 약속어음(어 제75조 제5호)은 무기명식이 인정되지 않는다. 배서에 의하지 않는 어음의 유통을 금지함으로써 어음의 신용을 높일 수 있기 때문이다.

상법상의 기명주식의 경우에는 권리행사의 면에서는 기명증권으로서의 성질을 가지고 있으나(상 제337조), 그 권리의 이전에 있어서는 주권의 교부만으로 이루어지므로 무기명증권과 같이 처리되고 있다.

(4) 선택무기명식증권(alternative Inhaberpapiere)

선택무기명식증권이란 증권상에 특정인을 권리자로 지정하고 있으면서 동시에 증권의 정당한 소지인도 권리자로 인정하는 증권을 말한다. 이를 지명소지인출급증권 또는 선택소지인출급증권이라고도 한다. 이것은 무기명증권과 동일한 효력이 있으므로(수 제5조 제2항, 민 제525조) 역시 어음에는 인정되지 않는다.

2) 증권에 화체된 권리의 성질에 의한 분류

증권이 어떤 권리를 표창하느냐에 따른 분류방식으로서, 다음 세 가지가 있다.

(1) 채권증권(schuldrechtliche Wertpapiere od. forderungsrechtliche Wertpapiere)

채권증권이란 채권을 표창하는 유가증권이다. 채권 중에서도 금전지급청구권을 표창하는 것을 금전증권(예컨대, 어음 · 수표), 물건인도청구권을 표창하는 것을 물품증권(예컨대, 화물상환증, 창고증권, 선하증권)이라고도 한다.

(2) 물권증권(sachenrechtliche Wertpapiere)

물권증권이란 물권을 표창하는 유가증권으로서, 우리나라에는 예가 없다. 독일의 저당증권(Hypothekenbrief), 토지채무증권(Grundschuldbrief), 정기토지채무증권(Rentenschuldbrief) 등이 이에 속한다.

(3) 사원권증권(Mitgliedschaftspapiere, Mitgliedspapiere od. mitgliedschaftsrechtliche Papiere)

사원권증권이란 사단에 있어서의 사원의 지위, 즉 사원권을 표창하는 유가증권으로서 주권이 그 대표적인 예이다. 유한회사는 물적 회사이기는 하지만 사원의 지분에 대하여는 주식회사의 경우와 달리 지시식 또는 무기명식증권을 발행하지 못한다(상 제555조).

3) 그 밖의 분류

위에 든 분류 외에도 (i) 유가증권의 경제적 목적에 따라 수표나 어음과 같은 '지급 및 신용거래의 유가증권'(금전증권), 주권이나 사채와 같은 '자본시장의 유가증권', 화물상환증 · 선하증권 · 창고증권과 같은 '재화유통의 유가증권'으로 분류하기도 하고, (ii) 증권상의 권리가 발생하려면 증권의 발행행위 외에 원인관계가 필요한가에 따라서 무인증권(abstrakte Papiere)(불요인증권, 추상증권이라고도 하며, 어음 · 수표가 그 대표적인 예이다.)과 유인증권(kausale Wertpapiere)(요인증권이라고도 하며, 어음 · 수표를 제외한 대부분의 유가증권이 이에 속한다.)으로, (iii) 증권상의 권리관계가 증권기재의 문언에 의하여 결정되는가에 따라서 형식권적 유가증권(skripturrechtliche od. schriftrechtliche Wertpapiere)(문언증권, 예컨대 어음 · 수표, 화물상환증, 선하증권, 창고증권)과 실질권적 유가증권(nichtskripturrechtliche Wertpapiere)(비문언증권, 예컨대 주권)으로, (iv) 증권의 작성으로 인하여 비로소 그 증권에 표창되어 있는 권리가 창설되는가, 또는 기존의 권리가 증권화되는데 그치는가에 따라서 설권증권(konstitutive Wertpapiere)(예컨대, 어음 · 수표)과 비설권증권(선언증권)(deklaratorische Wertpapiere)으로 구분되기도 한다.

3. 유가증권의 속성

1) 요식증권성

요식증권성이란 증권의 형식이 법정되어 일정한 증권기재사항이 요구되는 것을 말한다.[1] 주권(상 제356조) · 화물상환증(상 제128조 제2항) · 창고증권(상 제156조 제2항) · 선하증권(상 제853조 제1항) · 환어음(어 제1조) · 약속어음(어 제75조) · 수표(수 제1조)는 모두 요식증권이며, 특히 어음 · 수표는 '엄격한 요식증권'(절대적 요식증권)이다. 그러나 예외적으로 백지어음(어 제10조)이나 어음법상 보충규정이 있는 경우(어 제2조)에는 요건의 흠결이 있더라도 유효하게 된다.

---

1) 대법원 2000. 4. 25. 98다59682.

2) 문언증권성

문언증권성이란 증권상의 권리의 내용이 증권의 문언에 따라 정하여지는 것을 말한다(상 제131조 · 제157조). 이것은 증권의 의무자는 증권의 취득자에 대하여 증권의 문언으로부터 알 수 없는 사항, 즉 증권에 기재되지 아니한 사항을 가지고 대항할 수 없다는 뜻이다. 다만 주권에 관하여는 이러한 성질이 인정되지 아니한다. 주권은 비문언증권이기 때문이다. 비문언증권이란 증권상의 권리의 내용이 항상 실질적 관계에 의하여 결정되고, 실질과 다른 증권의 기재문언에 의하여 좌우되지 아니하는 증권을 말한다.

> ❐ 대법원 2000. 4. 25. 98다59682
> 어음은 요식증권이며 문언증권이다

☞ 약속어음금 청구에 대하여 어음의 요식증권 내지 문언증권으로서의 성질상 어음요건의 성립 여부는 어음상의 기재만에 의하여 판단하여야 한다.

3) 제시증권성

제시증권성이란 증권상의 권리를 행사하는 데 증권을 제시하여야 하는 것을 말한다. 따라서 증권의 제시가 없는 한 채무자는 이행지체의 책임을 지지 않는 것이 원칙이다(어 제38조 · 제77조 제1항 제3호, 수 제28조, 민 제517조 · 제524조). 어음 · 수표는 물론 그 밖의 지시식 또는 무기명식의 유가증권(화물상환증 · 창고증권 · 선하증권)은 보통 이 성질을 가지나, 기명주권은 그러하지 아니하다.

4) 상환증권성(환수증권성)

상환증권성이란 증권과 상환하지 않고는 채무의 변제를 할 필요가 없는 것을 말한다(상 제129조 · 제157조 · 제861조, 어 제39조 · 제77조 제1항 제3호, 수 제34조). 어음 · 수표, 화물상환증 · 창고증권 · 선하증권은 모두 이 성질을 가지나, 주권은 상환증권이 아니다. 다만 화물상환증 · 창고증권 · 선하증권은 증권과 상환하지 않고서도 화물을 인도하는 상관습(보증도 · 공도)이 있다.

5) 면책증권성

면책증권성이란 채무자가 악의 또는 중대한 과실없이 증권의 소지인에게 채무를 이행하면 그 소지인이 비록 정당한 권리자가 아닌 경우에도 채무를 면하는 것을 말한다.

6) 법률상 당연한 지시증권성

법률상 당연한 지시증권성이란 증권상의 지시에 의하여 권리자를 지정할 수 있다는 문구가 없더라도 법률상 당연히 증권상에 권리자를 지시할 수 있는 것을 말한다.

7) 설권증권성

설권증권성이란 증권상의 권리가 증권의 작성에 의하여 비로소 발생하는 것을 말한다. 어음·수표 이외의 유가증권은 이미 발생한 권리를 증권에 표창하는데 불과하므로 설권증권이 아니다.

8) 무인증권성·요인증권성

무인증권성(추상증권성)이란 증권상의 권리가 원인관계로부터 분리되어 증권취득자의 권리가 확보되는 것을 말하며, 요인증권성(유인증권성)이란 증권상의 권리가 원인관계와 견련되어 원인관계의 하자로 인해 영향을 받는 것을 말한다. 어음·수표는 무인증권이다(후술).

❐ 대법원 1989. 10. 24. 89다카1398
어음은 무인증권이다

☞ 채무자를 해할 것을 알지 못하고 어음을 취득한 자에 대하여는 그에게 중대한 과실이 있었는지 여부를 묻지 아니하고, 어음채무자는 소지인의 전자에 대한 인적 항변을 가지고 대항할 수 없는 것이고, 한편 어음행위는 무인행위로서 어음수수의 원인관계로부터 분리하여 다루어져야 하고, 어음은 원인관계와 상관없이 일정한 어음상의 권리를 표창하는 증권이라 할 것이므로, 이 사건 어음이 피고 주장과 같이 소외 신영찬에게 광업소 근로자들에게 대한 노임체불사실이 있을 때에만 권리를 행사하기로 한 약정하에 발행되었다 하더라도 이와 같은 사정은 어음의 원인관계에 기한 인적 항변사유에 불과하고 어음상의 권리는 일단 유효하게 성립하였다고 보아야 할 것이다. 동지: 대법원 1984. 1. 24. 82다카1405.

❐ 대법원 1998. 5. 22. 96다52205
수표는 무인증권이다

☞ 수표행위는 무인행위로서 수표 수수의 원인관계로부터 분리하여 다루어져야 하고 수표는 원인관계와는 상관없이 일정한 수표상의 권리를 표창하는 증권이므로, 수표의 소지인은 소지인이라는 사실만으로 수표상의 권리를 행사할 수 있고 그가 어떠한 실제적 이익을 가지는지 증명하여야 하는 것은 아니다.

9) 처분증권성

처분증권성이란 증권상의 권리를 처분하려면 반드시 증권으로써 하여야 하는 것을 말한다.

Ⅳ. 유가증권법과 그 특성

1. 유가증권법의 의의

유가증권제도는 재화의 경제적 가치를 이용함에 있어 그 공간적·시간적 장해를 극복하고 자본의 조달·지급의 편의확실화·자본의 환원 등의 여러 요청을 만족시켜 주기 위한 제도인 것이며, 이 유가증권으로 하여금 유통성이 확보되어 그 기능을 다하도록 규제하는 데 필요한 모든 법규를 유가증권법이라 한다.

2. 유가증권법의 특성

'유통성의 확보'란 기본이념을 구현하기 위하여 유가증권법은 다음과 같은 특이성을 나타내게 된다.

1) 강행법적 성질

증권 자체가 형식적으로 정형화되어 있을 뿐만 아니라, 모든 법률관계가 강행법규에 의하여 엄격하게 규제되어 있어 당사자의 사적 자치의 여지가 극히 적다.

2) 기술적 성질

유가증권제도는 합리적 고려하에 안출해 낸 법기술적 제도이므로 유가증권법의 여러 규정은 비윤리적·기술적 성격을 띠고 있다.

3) 형식적 성질

실질적 법률관계의 해결수단인 유가증권의 법률관계는 증권을 중심으로 하여 형식적으로 해결해야 하므로 유가증권법도 형식적인 특색을 지니게 된다.

4) 통일적 성질

유가증권의 법률관계는 형식적 · 기술적인 해결을 필요로 할 뿐만 아니라 국가 간의 거래관계에서 유가증권이 이용될 때에는 그 법적 규제의 통일성도 필요하다. 그러므로 유가증권법은 어느 법 분야보다도 통일적 성격이 뚜렷하게 된다.

제2절 어음법 · 수표법

Ⅰ. 어음 · 수표의 의의

1. 환어음

1) 환어음의 의의

환어음이란 어음의 작성자(발행인)가 제3자(지급인)에 대하여 증권상에 기재된 금액을 일정일에 증권상의 권리자(수취인 또는 그 지시인)에게 지급할 것을 무조건으로 위탁하는 증권, 즉 금전지급위탁증권이다. 즉, 환어음은 발행인이 직접 금전을 지급하지 않고 제3자에게 그 지급을 의뢰하기 위한 증권이다. 따라서 환어음의 법률관계는 발행인 · 수취인 · 지급인 등 기본적으로 3자관계가 생긴다. 이 경우 지급인은 어음상에 지급이 위탁된 것만으로는 지급의무를 부담하지 않고, '인수'라는 어음행위를 한 때에 비로소 확정적으로 지급의무를 부담하여 주된 어음채무자가 된다.

2) 환어음의 특질

환어음은 증권과 권리의 결합관계가 밀접하여 그 권리의 발생 · 행사 · 이전의 전부에 증권을 필요로 하는 완전유가증권으로서, 다음과 같은 특질을 지니고 있다. 즉, 금전채권증권성 · 설권증권성 · 무인증권성 · 문언증권성 · 절대적 요식증권성 · 법률상 당연한 지시증권성 · 제시증권성 · 환수증권성(상환증권성) · 처분증권성을 들 수 있는데, 설권증권성 · 무인증권성 · 절대적 요식증권성은 어음과 수표에서만 찾아볼 수 있는 특질이다.

2. 약속어음

1) 약속어음의 의의

약속어음이란 발행인 자신이 일정일에 일정 금액을 수취인 또는 그 지시인에게 지급할 것을 무조건으로 약속하는 증권, 즉 금전지급약속증권이다.

2) 약속어음의 특질

약속어음도 완전유가증권으로서 환어음과 똑같은 특질을 지니고 있다. 신용기능을 주된 기능으로 하는 경제적 기능도 똑같고, 다만 법적 형식이 환어음은 3당사자간의 지급위탁임에 대하여, 약속어음은 양당사자간의 지급약속이란 점이 다를 뿐이다. 따라서 약속어음에는 인수 · 참가인수란 어음행위가 없다.

3. 수 표

1) 수표의 의의

수표란 발행인이 지급인(은행)에 대하여 수취인 또는 그 밖의 정당한 소지인에게 일정한 금액을 지급할 것을 위탁하는 증권, 즉 금전지급위탁증권이다.

2) 수표의 특질

수표는 금전지급위탁증권이란 점에서 약속어음과는 다르나, 환어음과는 똑같은 법적 형식과 특질을 지니고 있다. 다만 수표는 본질적인 기능이 신용기능이 아니라 지급기능(지급수단)이란 점에서 지급인을 은행에 한정하고, 일람출급성으로 하는 등 수표법에 의해 특수한 규제를 받게 된다.

4. 환어음 · 약속어음 · 수표의 비교

1) 환어음 · 약속어음 · 수표의 공통점

환어음 · 약속어음 · 수표는 일정한 금액의 지급을 목적으로 하는 유가증권이며, 화폐제도로는 이루지 못하는 경제적 기능을 수행하기 위하여 안출된 기술적 제도이므로, 3자는 다 같이 지급증권으로서의 성질을 갖는다. 또 이 3자에 공통된 법률적 성질로서는 유가증권 일반이 갖는 성질 외에 금전채권증권성, 설권증권성, 무인증권성, 절대적 요식증권성 등의 특질이 있다.

우리나라에서는 어음법과 수표법을 따로 제정하였으나, 적용법규에 있어서 다음과 같은 공통점이 있다. 즉, (i) 어음 · 수표행위 독립의 원칙(어 제7조 · 제77조 제2항, 수 제10조), (ii) 어음 · 수표의 위조 · 변조(어 제7조 · 제69조 · 제77조 제1항 제7호 · 제77조 제2항, 수 제10조 · 제50조), (iii) 어음 · 수표행위의 대리(어 제8조 · 제77조 제2항, 수 제11조), (iv) 백지어음 · 백지수표(어 제10조 · 제77조 제2항, 수 제13조), (v) 어음 · 수표의 선의취득(어 제16조 · 제77조 제1항 제1호, 수 제21조)과 어음 · 수표항변의 절단(어 제17조 · 제77조 제1항 제1호, 수 제22조), (vi) 시효중단의 효력(어 제71조 · 제77조 제1항 제8호, 수 제52조), (vii) 기간의 계산(어 제72조 · 제77조 제1항 제9호, 수 제60조), (viii) 은혜일의 불허(어 제74조 · 제77조 제1항 제9호, 수 제62조), (ix) 이득상환청구권(어 제79조, 수 제63조) 등이다.

2) 환어음 · 약속어음 · 수표의 차이점

(1) 경제적 기능의 차이

환어음은 송금수단, 추심수단 및 신용이용수단으로서 이용되고, 약속어음은 주로 신용이용수단으로서 사용되는 데 대하여, 수표는 신용이용수단으로서의 기능은 없고 송금수단 및 지급수단으로만 이용된다. 그러므로 어음을 발행하는 자는 '금전을 필요로 하는 자'이고, 수표를 발행하는 자는 '금전을 가지고 있는 자'이다.

(2) 지급형식의 차이

지급형식의 차이란 법적 성질상의 차이로서, 환어음과 수표는 제3자인 지급인에 대하여 지급을 위탁하는 위탁증권이다. 이에 대하여 약속어음은 발행인 자신이 지급을 약속하는 약속증권이다.

(3) 주채무자의 차이

환어음은 지급인이 인수를 하기 전에는 가정적인 채무자에 불과하므로 채권자의 지위가 불안하다. 이를 보완하기 위한 제도가 인수인데, 지급인이 인수를 하면 비로소 이 지급인이 주채무자로 확정된다(어 제28조).

이에 대하여 약속어음은 발행인이 처음부터 주채무자로 된다(어 제78조 제1항).

수표의 경우에는 주채무자가 없다. 따라서 소지인의 지위가 불안한데, 이를 보완하기 위한 제도가 지급보증이다. 그러나 지급인이 지급보증을 한 경우에도 지급보증인이 주채무자로 되지 아니하고, 다만 상환(소구)의무자에 불과하다. 수표의 지급보증인은 지급제시기간 내에 제시될 것을 조건으로 지급을 담보하는 조건부 채무자가 될 뿐, 수표의 소멸시효기간까지 채무를 부담하는 것은 아니다. 현재에는 지급보증제도가 이용되지 않고, 대신 은행이 자기앞수표를 발행함으로써 지급보증에 갈음한다.

(4) 당사자의 차이

환어음은 증권상 발행인 · 수취인 · 지급인의 3 당사자가 예정되어 있으나, 약속어음은 발행인 · 수취인의 2당사자뿐이다(어 제1조 · 제75조).

수표는 기명식 · 지시식의 경우에는 3당사자로 되지만, 소지인출급식의 경우에는 발행인 · 지급인의 2당사자의 기재만이 요건이고, 수취인의 기재는 요건이 아니다(수 제1조 · 제5조).

(5) 상환의무자의 차이

상환(償還)청구제도는 3자에 공통하지만, 환어음과 수표에 있어서는 발행인이 상환의무자임에 대하여, 약속어음의 경우에는 발행인은 주채무자이지 상환의무자가 아니다. 따라서 그 책임이 권리보전절차의 흠결로 인하여 소멸되지 아니한다. 수표의 지급보증인은 수표의 주채무자가 아니고 최후의 상환의무자에 불과하다(수 제39조 · 제55조 제1항).

(6) 만기의 차이

어음에는 만기제도가 있어 어음이 신용기능을 갖게 된다. 어음의 만기는 일람출급 · 일람후정기출급 · 확정일출급 · 발행일자후정기출급의 4종이 있다(어 제33조 · 제77조 제1항 제2호).

그러나 약속어음에 있어서는 그 성질에 비추어 실제상 일람출급은 거의 없다.

또 일람후정기출급의 경우 일람의 의의도 환어음의 그것과 다르다. 즉, 환어음의 일람은 인수제시를 가리키는 데 대하여, 약속어음의 일람은 인수제도가 없으므로 만기를 정하기 위한 제시를 의미할 뿐이다.

수표는 지급증권인 본질상 신용증권화를 방지하기 위하여 오직 일람출급만을 인정한다(수 제28조). 따라서 수표에는 만기가 없고 지급제시기간만이 있다.

(7) 증권행위의 차이

발행 · 배서 · 보증 등의 행위는 3자에 공통되지만, 인수와 참가인수는 환어음에서만 인정된다(어 제21조 이하 · 제77조 제1항 제5호). 다만 참가인수는 학설상 약속어음에서도 인정된다. 지급보증은 수표에서만 인정된다(수 제55조 제1항).

(8) 지급인의 자격에 관한 차이

환어음은 지급인의 신용을 이용하는 신용증권이므로 누구든지 신용있는 자를 지급인으로 할 수 있다. 그러나 수표는 지급증권으로서의 성질상 전문적인 금융기관을 지급인으로 하는 것이 적당하므로 수표의 지급인은 은행 또는 이와 동시할 수 있는 자에 한하여 인정한다(수 제3조 · 제8조 · 제59조). 지급인이 없는 약속어음에는 문제될 것이 없다.

(9) 자금관계의 중요성의 차이

수표는 지급증권으로서의 성질상 자금이 중요시된다. 즉, 발행인이 처분할 수 있는 수표자금이 지급인인 은행에 있어야 하며, 그 자금을 수표에 의하여 처분할 때에는 수표계약에 의한다. 이에 위반하여도 수표의 효력에는 영향이 없으나(수 제3조), 과태료의 제재가 있다(수 제67조). 이에 대하여 어음은 신용증권이므로 만기에 가서 자금이 마련되면 충분하고, 환어음의 경우에는 지급인이 지급한 후 발행인이 보상할 수도 있다(보상관계). 또 어음은 어음예약에 따라서만 발행할 수 있는 것도 아니다.

(10) 소지인출급식발행에 관한 차이

환어음 · 약속어음은 신용증권의 성질상 수취인의 기재를 요건으로 하므로 소지인출급식의 발행을 인정하지 않는다(어 제1조 제6호 · 제75조 제5호). 이에 대하여 수표는 지급기능을 강화하기 위하여 소지인출급식 · 지명소지인출급식의 발행을 인정하고 있다(수 제5조). 실제로 소지인출급식수표가 보통이다.

(11) 복제제도에 관한 차이

복본이란 원본과 대등한 효력이 있는 증권을 말한다. 환어음의 경우에는 장기간의 유통중 분실에 대비하기 위하여(안전을 위한 효용), 혹은 다른 복본으로써 원격지에 있는 지급인의 인수를 얻기 위하여(편리를 위한 효용) 이를 인정하고 있다.

약속어음에 있어서는 등본제도가 있을 뿐이다. 이는 약속어음에 있어서는 원격지까지 인수를 위한 송부의 필요가 없고, 만일 이를 인정한다면 발행인은 각 통에 대하여 각각 어음상의 책임을 지게 되는 위험이 있다(어 제65조 제1항 단서). 등본도 실제로 필요한 경우가 드물다.

반대로 수표에는 등본제도는 없고 복본만이 인정된다(수 제48조 이하). 그리고 인수제도가 없으므로 인수를 위한 복본도 필요 없다. 단지 발행지와 지급지가 원거리인 경우, 특히 국제간인 경우에 수표의 분실에 대비하기 위하여 이용될 뿐이다. 또한 소지인출급식수표의 경우에는 복본이 인정되지 아니한다(수 제48조). 즉, 지시 또는 지시금지의 수표에 한하여 복본이 인정된다. 왜냐하면 만일 소지인출급식수표에 복본을 인정하면 각 복본이 별도로 양도된 때에 수표상에 양도인이 표시되지 아니하므로 그 책임이 모두 발행인에게 돌아가는 부당한 결과가 생기기 때문이다.

(12) 제시기간 · 시효기간에 관한 차이

수표의 지급증권성에 비추어 어음의 경우보다 각종 기간이 단축된다. 즉, 일람출급의 환어음 · 약속어음은 그 지급제시기간이 원칙상 1년임에 대하여(어 제34조 · 제77조 제1항 제2호), 수표는 국내수표일 경우에는 10일, 지급지인 국가와 다른 국가에서 발행하는 수표일 경우에는 발행지와 지급지가 동일한 대륙(洲)이면 20일, 다른 대륙이면 70일이다(수 제29조). 소멸시효기간에 있어서도 어음의 경우에는 6월 이상 3년까지로 되어 있으나(어 제70조 · 제77조 제1항 제8호), 수표의 경우에는 6월이다(수 제51조 제1항 · 제2항).

(13) 거절증명의 방법에 관한 차이

지급거절로 인한 상환청구에 있어서 거절증명의 방법으로 어음의 경우에는 공정증서가 인정될 뿐이나(어 제44조 · 제77조 제1항 제4호), 수표의 경우에는 공정증서 외에, 지급인의 선언과 교환소의 선언의 방법을 인정하였다(수 제39조). 이는 수표의 지급증권성에 비추어 지급거절의 증명방법을 가능한 한 간편하게 하려는 취지이다.

(14) 기타 수표에만 특유한 제도

지급증권인 수표는 현금과 같이 다루어지므로 수표의 도난·분실 기타 부정하게 사용될 위험이 크다. 따라서 수표법은 수표의 부정을 미리 방지하기 위하여 횡선수표제도(수 제37조 제1항·제2항, 제38조)를 두는 동시에, 그 사후대책으로서 지급위탁취소의 제도(수 제32조)를 두었다.

수표의 경우에는 인수제도가 없으므로 만기전 상환청구제도(어 제43조)가 없으며, 또한 어음에서 인정되는 것과 같은 역어음(상환청구권자가 상환의무자를 지급인으로 하여 발행한 환어음: 어 제52조·제77조 제1항 제4호)에 의한 복잡한 상환청구방법을 인정하지 않는다.

어음에 있어서는 일람출급·일람후정기출급의 경우에 한하여 이자문구의 기재를 인정하는 데 대하여(어 제5조·제77조 제2항), 수표의 경우에는 이자약정을 인정하지 않는다(수 제7조).

어음에서는 지급인 기타 어음채무자가 하는 환배서가 인정되는 데 대하여, 수표의 지급인이 한 배서는 무효이다(수 제15조 제3항).

그리고 수표에서는 입질배서와 인수무담보배서 등이 없으므로 배서에 있어 어음과 많은 차이가 있다.

5. 어음·수표의 예시

어음·수표를 예시하면 다음과 같다. 당좌수표는 은행과 발행인 간의 당좌계정약정에 따라 은행이 그 용지를 교부하며, 어음의 경우도 지급장소가 은행으로 되어 있는 것은 은행이 당좌거래자에게 교부한다.

1) 환어음의 앞면

No. 123⑯ **환 어 음①a**

서울특별시 강남구 삼성동 1 ⑬
병 ⑩ 귀하

인수⑰ 2017년 9월 9일⑱
丙 印⑲

금일백만원정②a
1,000,000②b

위의 금액을 이 환어음①b과 상환하여 乙⑧ 또는
그 지시인에게 ⑮a 지급하여 주십시오⑨a

거절증서 작성 불요⑭

지급기일 2017년 11월 11일 ③
지 급 지 서울특별시 강남구④
지급장소 A은행 강남지점⑪

발행일 2017년 8월 8일⑤
발행지 명륜동 ⑥
주 소 서울특별시 종로구 명륜동 1⑫
발행인 甲印⑦

2) 약속어음의 앞면

No. 123⑯ **약 속 어 음①a**

서울특별시 종로구 명륜동 1
乙 ⑧ 귀하

금 일백만원정②a 1,000,000②b

위의 금액을 귀하 또는 귀하의 지시인에게 ⑮a
이 약속어음 ①b과 상환하여 지급하겠습니다⑨b

지급기일 2017년 12월 12일③
지 급 지 서울특별시 강남구④
지급장소 A은행 강남지점⑪

발행일 2017년 8월 8일②
발행지 강남구⑥
주 소 서울특별시 강남구 삼성동 1⑫
발행인 丙印⑦

3) 환어음 · 약속어음의 뒷면

<table>
<tr><td>앞면에 적은 금액을 丁㉑ 또는 그 지시인 ⑮b에게 지급하여 주십시오㉒
(목적 또는 부기)
거절증서의 작성의무를 면제함⑭
印
2017년 9월 9일㉓
주소 서울특별시 종로구 가회동 1가 1㉔
성명 乙 印⑳</td></tr>
<tr><td>앞면에 적은 금액을 戊㉕ 또는 그 지시인 ⑮b에게 지급하여 주십시오
(목적 또는 부기)
거절증서의 작성의무를 면제함⑭
2017년 10월 10일㉓
주소
성명 丁 印㉖</td></tr>
<tr><td>앞면에 적은 금액을 ㉗ 또는 그 지시인 ⑮b에게 지급하여 주십시오
(목적 또는 부기)
거절증서의 작성의무를 면제함⑭
2017년 11월 11일㉓
주소
성명 戊 印㉘</td></tr>
<tr><td>앞면에 적은 금액을 틀림없이 받았음
년 월 일
주소
성명 印</td></tr>
</table>

①ab는 어음문구, ②ab는 어음금액, ③은 만기, ④는 지급지, ⑤는 발행일, ⑥은 발행지, ⑦은 발행인의 기명날인, ⑧은 수취인, ⑨a는 지급위탁문구, ⑨b는 지급약속문구이며, ⑩은 지급인인데, 이것들은 기본어음으로서 갖추어야 할 요건, 즉 필요적 기재사항이다(약속어음에는 ⑩은 없다.).

⑪은 지급장소(제3자방지급문구), ⑫는 발행인의 명칭에 부기한 地(견서지), ⑬은 지급인의 명칭에 부기한 地(肩書地), ⑭는 무비용상환문구인데, 이것들은 유익적 기재사항이다.

⑮ab는 지시문구, ⑯은 어음번호인데, 이것들은 무익적 기재사항이다.

⑰은 인수문구, ⑱은 인수일자, ⑲는 인수인의 기명날인이고, ⑳은 제1배서의 배서인의 기명날인, ㉑은 제1배서의 피배서인, ㉒는 배서문구, ㉓은 배서일자, ㉔는 배서인의 주소, ㉕는 제2배서의 피배서인, ㉖은 제2배서의 배서인의 기명날인, ㉗은 제3배서의 피배서인난(백지식배서의 경우), ㉘은 제3배서의 배서인의 기명날인이다.

약속어음
서울 01
191249
상영사 귀하 파가00231789
KB
금 ₩6,680,000
위의 금액을 귀하 또는 귀하의 지시인에게 이 약속어음과 상환하여 지급하겠습니다.
지급기일 2007년 4월 10일
지급지
지급장소 주식회사 국민은행
발행일 2007
발행지
주소
발행인
아래의 앞뒷면은 전산처리 부분이오니 글씨를 쓰거나 더럽히지 마십시오.
00231789 19 1249:00 0004 06

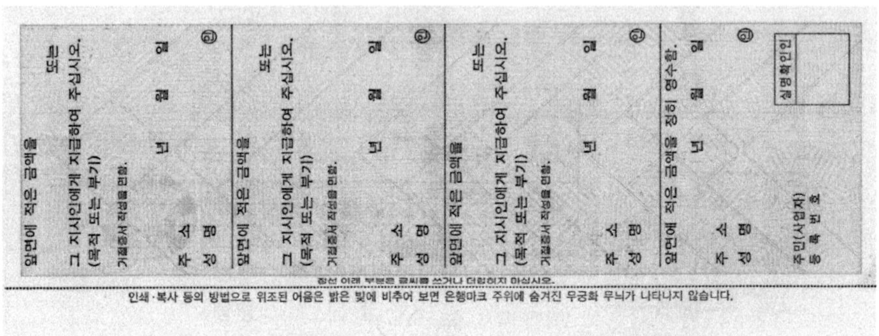
앞면에 적은 금액을 나 또는 그 지시인에게 지급하여 주십시오.
(목적 또는 부기)
거절증서 작성을 면함.
년 월 일
주소
성명
앞면에 적은 금액을 정히 영수함.
주민(사업자)등록번호
실명확인인
점선 아래 부분은 글씨를 쓰거나 더럽히지 마십시오.
인쇄·복사 등의 방법으로 위조된 어음은 밝은 빛에 비추어 보면 은행마크 주위에 숨겨진 무궁화 무늬가 나타나지 않습니다.

자기앞수표
서울 01
065333
지급지
주식회사 국민은행
라가08733405
KB
₩ 1,000,000. (금일백만원정)
이 수표 금액을 소지인에게 지급하여 주십시오.
거절증서 작성을 면제함
년 월 일
2007. 02. 06
발행지
주식회사 국민은행
金容甲
아래의 앞뒷면은 전산처리 부분이오니 글씨를 쓰거나 더럽히지 마십시오.
08733405 06 5333:00 2172 16 0001000000

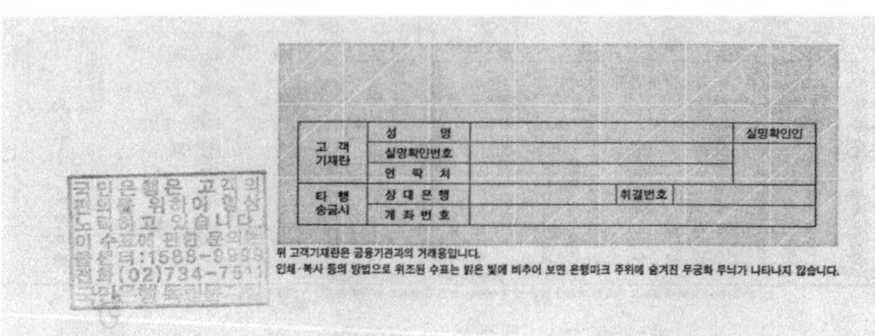
고객기재란
성명
실명확인번호
연락처
실명확인인
타행송금시
상대은행
취결번호
계좌번호
위 고객기재란은 금융기관과의 거래용입니다.
인쇄·복사 등의 방법으로 위조된 수표는 밝은 빛에 비추어 보면 은행마크 주위에 숨겨진 무궁화 무늬가 나타나지 않습니다.

4) 수표의 앞면

No.⑩　　　　　　　　**당 좌 수 표** ①a

서울특별시

주식
회사　A은행 강남지점 앞⑨

금 일백만원정②a　　　　1,000,000②b

위의 금액을 이 수표 ①b와 상환하여 소지인에게③ 지급하여 주십시오④
2017년　8월　8일 ⑤

발행지　서울특별시 종로구 명륜동 1⑥
발행인　甲　　　　　　　印⑦

5) 수표의 뒷면

서울특별시 종로구 가회동 1⑪
乙　　　印 (xii)

①ab는 수표문구, ②ab는 수표금액, ③은 소지인출급문구, ④는 지급위탁문구, ⑤는 발행일, ⑥은 발행지, ⑦은 발행인의 기명날인, ⑧은 지급지, ⑨는 지급인인데, 이것들은 수표의 필요적 기재사항이다.

⑩은 수표번호, ⑪은 배서인의 주소, (xii)는 배서인의 기명날인이다.

Ⅱ. 어음·수표의 남용

1. 어음·수표의 유용성

어음은 지급기능, 신용기능, 송금기능, 추심기능, 담보기능 등의 기능이 있고, 수표도 간편한 지급용구로 널리 애용되고 있다. 또한 차용증보다는 약속어음 공정증서 혹은 금전소비대차 공정증서를 공증인가 법무법인에서 작성하면 집행력이 부여되어(공증인법 제56조의 2 제1항), 추후 판결을 받지 않고 채무자의 재산에 즉시 집행이 가능하다. 따라서 판결을 받아내기 위한 시간과 변호사 비용 등 법적 절차 진행비용을 절약할 수 있다. 공증된 약속어음은 일반 배서양도에 의하여 양도되지 않고 공증된 양수도계약에 따라 유통된다(공증인법 제56조의 2 제4항·제5항). 공정증서의 소멸시효는 3년이다.

2. 어음·수표의 남용

'어음은 강자에게 유리하고 약자에게 불리한 것'이라고 비난할 만큼 남용되기도 한다. 그러나 어음·수표의 병리현상 때문에 그 효용성을 부정할 수 없음은 물론이다. 그 남용의 구체적 예를 들어보면 다음과 같다.

1) 어음엄정의 남용

(1) 어음엄정

어음엄정은 형식적 엄정과 실질적 엄정으로 나누어 볼 수 있다.

형식적 엄정은 세 가지의 내용을 포함하는데, (ⅰ) 어음의 형식요건이 엄격하게 준수되어야 하고 흠결된 요건은 어음 외의 사정에 의하여 보충되어서도 안된다는 것(이를 어음·수표 외관해석의 원칙이라 한다), (ⅱ) 기간 및 법률행위의 엄정으로서 상환청구권 행사를 위해서는 지급제시기간 및 거절증서에 관한 규정을 준수하여야 한다는 것, (ⅲ) 어음에 특유한 간이·신속한 소송절차, 즉 어음소송제도를 마련하여 어음상의 권리를 쉽게 행사하도록 하는 것 등이다. 우리나라에서는 어음소송제도는 없으나, 민사소송법에서 어음소송에 관하여 약간의 특칙을 두고 있고(민소 제213조), 공증인법에 의하여 공증된 어음(수표)은 그 채무자에 대하여는 집행권원으로 보게 되어(공증 제56조의 2 제4항) 집행증서가 된다(민소 제56조 제4호, 동법 부칙 제6조 제8항 참조). 어음채무의 경우 채무자가 지급의무가 없음을 증명하여야 하므로 증명책임이 전환된다.

한편 실질적 엄정이란 어음채무의 내용은 어음증권의 문언에 따라 결정되어야 하며, 그 해결 내지 보충을 위하여 어음 외의 사정, 즉 어음증권으로부터 알 수 없는 사정이 고려되어서는 안된다는 것이다. 이것은 어음채무의 추상성 및 어음항변의 제한 등으로 나타난다.

(2) 추상성의 남용

어음소지인은 원인관계에 구애됨이 없이 권리행사를 할 수 있으므로, 불법적인 목적을 달성하기 위하여 어음을 발행하는 경우에도 어음상의 권리는 보호받을 수 있다. 예컨대, 도박, 고리대금, 폭리행위로 인한 대금지급의 경우, 어음의 무인증권성을 이용하여 어음을 작성시켜서 수취한 후 제3자에게 양도하여 그 자로 하여금 청구를 하게 하면, 어음채무자는 어음발행원인이 공서양속에 위반하여 무효가 된다는 항변(민 제103조)을 주장할 수 없게 되어 위법행위가 합리화된다. 이러한 폐해는 배서 등의 경우에도 생길 수 있다. 즉, 어음과 수표의 지식이 없는 자를 배서에 이용한 후 부도로 인한 상환책임을 강요하는 경우이다. 배서인은 담보책임이 없다고 주장하여도 무담보문구를 어음과 수표상에 기재하지 아니한 이상 이는 인적 항변사유에 불과하므로 이로써 소지인에게 대항할 수 없다. 어음소지인이 악의인 경우에는 인적 항변사유가 되나, 실제로는 악의의 증명이 쉽지 않으므로 이러한 병폐로 피해를 입는다.

(3) 요식성의 남용

어음과 수표는 가장 엄격한 절대적 요식증권이므로 그 요식이 흠결되면 무효가 되는 것이 원칙이다(어 제2조, 수 제2조). 이러한 점을 기화로 어음과 수표에 대한 지식이 부족한 자에게 고의로 어음요건이 흠결된 어음이나 수표를 발행·교부한 후 어음소지인의 청구가 있을 때 어음요건의 흠결을 이유로 지급을 거절할 수 있다. 예컨대, 법정 만기(일람출급·일람후정기출급·확정일출급·발행일자후정기출급) 이외의 방법(예컨대 분할출급 또는 상품도착시 지급 등)으로 만기를 정한 어음은 효력이 없음(어 제33조)을 이용하여 고의로 어음을 발행하고 이러한 어음에 대한 청구가 있으면 무효를 주장하는 경우이다. 또 회사가 어음을 발행하는 경우 법인명을 표시하고 대표자가 기명날인 또는 서명을 하여야 하는데, 법인명을 기재하고 법인 도장만 찍은 어음을 발행하고 후에 어음청구를 무효로 주장하는 경우이다. 또한 '100만원 또는 200만원'과 같이 금액을 선택적으로 기재하거나 '200만원 이하' 또는 '200만원 이상'과 같은 최고액 또는 최저액의 기재, 분할지급문구 또는 금전 이외의 물건이나 유가증권으로 변제할 것을 기재하는 등 유해적 기재사항을 기재한 후 사후에 무효를 주장하는 경우도 있다.

(4) 항변절단의 남용

어음법과 수표법은 어음과 수표의 소지인을 일반채권자보다(민 제450조) 두터이 보호하기 위하여 원인관계를 비롯한 여러 가지 항변사유가 있더라도 그것을 선의의 소지인에게 대항하지 못하게 항변을 절단하고 있다(어 제17조 · 제77조 제1호, 수 제33조). 다만 소지인이 악의인 경우에는 대항할 수 있으나, 실제로 악의를 증명하기는 매우 어려우므로 채무자가 이를 증명하지 못하면 결국은 어음소지인은 선의로 추정되어 악의자를 법률상 보호하는 병폐가 생긴다. 예컨대, 남에게 보이기만 하고 행사를 하지 않겠다는 조건으로 어음을 발행하게 한 수취인이 이러한 약속을 위반하고 어음할인을 받아 유통시켜 만기에 어음소지인으로부터 지급청구를 받게 한다면, 발행인이 수취인과의 약속을 이유로 지급거절의 항변을 하여도 이를 알지 못한 선의의 어음소지인에게는 항변절단이 생긴다. 이러한 경우 설사 어음소지인이 그 사실을 알고 있는 악의의 어음소지인이라고 하더라도 발행인이 이러한 악의를 증명하지 못하는 한 발행인은 그 책임을 면하지 못한다. 또한 매매에 있어 매수인이 대금을 지급하기 위하여 어음이나 수표를 발행하였으나 후에 매매계약이 해제된 경우라도, 매도인이 그 어음이나 수표를 제3자에게 배서양도하였다면 매수인은 어음소지인의 지급청구에 대하여 원인관계에 관한 항변으로써 대항하지 못한다.

어음과 수표의 요건 중 어느 것을 공백으로 하고 후에 이것을 보충하기로 한 백지어음의 경우도 또한 동일하다. 예컨대, 어음소지인이 300만원을 보충하기로 한 약속을 어기고 3,000만원을 보충한 후 이 어음을 선의의 제3자에게 양도한 경우, 발행인은 어음소지인의 보충권남용을 이유로 항변을 할 수 없다.

어음과 수표의 위조, 변조, 무권대리, 무능력 등에 관하여도 꼭 같은 문제가 있다.

2) 신용기능의 남용

(1) 융통어음

융통어음(Kredit-oder Finanzwechsel)이란 광의로는 상업어음에 대응하는 개념으로서 어음수수당사자 사이에 어음수수 이외에 어음수수의 원인이 되는 별도의 상거래가 없는 모든 어음을 말한다. 협의로는 어음수수당사자 사이에 현실적으로 아무런 거래가 존재하지 않음에도 불구하고 상대방에게 '신용을 공여하고 상대방이 이를 이용하여 자금을 융통'할 수 있도록 하기 위하여 제공되는 어음만을 말한다.[1] 융통어음은 법전상의 용어는 아니다. 융통어음은 약속어음이 보통이다. 발행인과 수취인이 동일인으로 되는 환어음도 있을 수 있으나 융통환어음은 실무상 찾아보기 어렵다.

융통어음은 무자력한 상인 甲과 乙이 운전자금을 얻기 위해 공모하여 거래없이 공어음 또는 공수표를 남발하는 경우라든가, 자금난에 빠진 기업 상호간에 융통어음을 교환(교환어음: 융통의 목적으로 약속어음을 발행하여 상호 교환하는 어음)한다든가, 만기일이 도래한 융통어음을 결제하기 위하여 다시 융통어음을 발행하는 등 악순환이 계속되고, 결국에는 부도를 내면, 어음소지인을 해할 뿐만 아니라 경제질서를 문란케 한다.[2] 또 약속어음에 의하여 융통어음을 발행하는 경우 발행인이 수취인으로 하여금 제3자인 피배서인으로부터 할인을 받아서 융통을 얻도록 하는 것이 대부분인데, 그 약속어음은 제3자에게 교부되게 마련이고, 그 제3자는 그 어음이 상업어음이 아니고 융통어음이란 것을 알면서 이를 취득한 경우에도 어음발행인은 이것을 항변사유로 지급을 거절할 수 없다. 실무에서는 금융기관은 융통어음을 할인할 수 없도록 하고, 진성어음임을 확인하기 위하여 어음할인시에 세금계산서 등 증빙서류를 징구한다.

(2) 허무어음(Kellerwechsel)

허무어음은 발행인이나 지급인·인수인 또는 배서인을 가설인으로 한 어음을 말한다. 이러한 실재하지 아니하는 자를 발행인이나 지급인 또는 배서인 등으로 한 어음은, 결국 어음소지인에게 손해를 주게 되어 어음의 신용기능을 저해한다.

(3) 기승어음(Reitwechsel)

기승(騎乘)어음은 두 사람이 각각 상대방을 지급인으로 한 환어음을 발행하고 서로 인수한 후 이것을 가지고 거래은행에서 할인을 받거나 제3자에게 양도하는 어음이다. 영국에서는 이를 kite(연)라 한다. 예컨대, 자금을 필요로 하는 甲이 역시 자금을 필요로 하는 乙과 합의하여 甲을 발행인, 乙을 지급인으로 한 환어

1) 대법원 1996. 5. 14. 96다3449.

2) 그러나 어음의 발행인들이 각자 자력이 부족한 상태에서 자금을 편법으로 확보하기 위하여 서로 동액의 융통어음을 발행하여 교환한 경우, 쌍방은 그 상대방의 부실한 자력상태를 용인한 것이므로, 사기죄가 성립하지는 않는다: 대법원 2002. 4. 23. 2001도6570.

음을 발행하여 乙로 하여금 인수시킨 후 이를 은행에 할인하여 자금을 얻고, 또 乙이 甲을 지급인으로 한 환어음을 발행한 후 甲의 인수를 받고 할인한 다음 그 자금을 만기일까지 활용한 후 만기일에 그 어음을 결제하는 순으로 되풀이하는 어음이다.

Ⅲ. 어음 · 수표의 경제적인 분류

1. 어음의 종류

어음이 발행되는 경제적 목적에 따라 또는 어음이 사용되는 경제적 관계와 관련하여, 다음과 같이 여러 가지 명칭으로 불리기도 한다. 그러나 어음으로서의 법률적 성질은 변하지 아니한다.

1) 위탁어음

위탁어음이란 발행인이 타인(위탁자)의 계산으로 발행한 어음이다.

2) 연기어음

연기어음이란 이미 발행된 어음의 만기가 도래하였을 때, 당사자의 합의하에 그 지급을 연기하기 위하여 발행한 어음으로, 개서어음(Prolongations wechsel)이라고도 한다. 그리고 이러한 행위를 어음의 개서라고 한다.

3) 대부어음

대부어음이란 금전소비대차에 있어 그 지급을 확보하고 또 차용증서로 대용하기 위하여 차주가 대주에게 교부하는 어음이다.

4) 상업어음(Handelswechsel)

상업어음이란 실제상거래가 원인이 되어 발행되는 어음이다. 진정어음 또는 실어음이라고도 하는데, 그 배후에 상품의 수수가 있으므로 '상품어음'(Warenwechsel)이라고도 한다. 이것은 융통어음에 대응하는 명칭이다.

5) 단명어음

단명어음이란 어음상의 채무자의 수가 한명뿐인 어음이며, 보통 어음대부의 경우처럼 담보 없이 자금을 융통하는 수단으로 이용된다. 약속어음의 경우는 발행인 한 사람만이 어음채무자이고 수취인은 은행이며 배서가 없는 경우를 가리키고, 환어음의 경우는 발행인이 동시에 지급인이면서 인수인인 어음으로서 은행이 수취인인 경우이다. 이에 대하여 어음채무자가 다수인 어음을 복명(複名)어음이라 한다.

6) 담보어음(Kautionswechsel od. Depotwechsel)

담보어음이란 현재의 채무 또는 장래 발생할지도 모르는 채무의 이행을 담보하기 위하여 발행되는 어음이며, 공탁어음이라고도 한다. 보통 배서금지의 기재를 하고 수취인에게 교부한다. 이것과 어음금지급을 확보하기 위하여 물적 담보가 있는 '담보부어음'은 구별하여야 한다.

7) 부도어음

부도어음이란 환어음의 인수인, 지급인 또는 약속어음의 발행인이 지급을 거절한 어음이다.

8) 융통어음(Gefälligkeitswechsel od. Finanzwechsel)

융통어음의 의미는 광의·협의 두 가지 의미가 있다. 광의의 융통어음이란 어음수수당사자 사이에 어음수수 이외에 어음을 수수하게 되는 원인이 되는 별도의 상거래가 없는 모든 어음을 말한다. 이는 어음발행과 원인행위와의 관계에 의한 분류이다. 협의의 융통어음이라 함은 광의의 융통어음 중에서도 상대방에게 신용을 공여하고 상대방이 이를 이용하여 자금을 융통할 수 있도록 하기 위하여 제공되는 어음만을 말한다. 판례는 "융통어음이라 함은 타인으로 하여금 어음에 의하여 제3자로부터 금융을 얻게 할 목적으로 수수되는 어음을 말한다."고 하여,[1] 협의의 융통어음을 정의하고 있다.

융통어음은 구채를 메우기 위하여 또는 자금의 일시 융통을 위하여 어음이 발행되는 일이 많다. 이것을 재정어음이라고도 하고, '빈어음'·'대어음'·'차어음'

---

1) 대법원 1996. 5. 14. 96다3449.

이라 하기도 한다.

또 타인에게 신용을 줄 목적으로 발행·배서·인수 등의 행위를 한 경우, 예컨대 은행이나 친족·친지 등이 호의인수(Gefälligkeitsakzept)·호의배서를 하거나 위탁어음을 발행하는 경우, 이 어음을 신용어음(Kreditwechsel)이라고 부르기도 하는데, 이것도 융통어음이다.

광의의 융통어음, 즉 '원인관계 없이 교부된 어음'은 주로 발행인 또는 배서인이 자기 자신의 자금융통(어음할인)을 위하여 발행 또는 배서한 것으로, 협의의 융통어음과는 항변에서 차이가 있다. 융통어음의 항변의 경우에는 융통어음임을 알고 취득하더라도 악의의 항변이 성립하지 않고 발행인 또는 배서인이 지급하여야 할 책임이 있으나, '원인관계 없이 교부된 어음'의 경우는 원인관계 없이 취득한 자가 어음금의 지급을 구하는 것은 권리남용이 된다. 그리고 융통어음에 해당하는지 여부는 당사자의 주장만에 의할 것은 아니고 구체적 사실관계에 따라 판단하여야 한다. 이 책에서 융통어음이라 함은 '협의의 융통어음'만을 의미하고 광의의 융통어음은 '원인관계 없이 교부된 어음'으로 칭한다.

❐ 대법원 1996. 5. 14. 96다3449
(1) 융통어음의 의의
(2) 제3자가 융통어음이란 것을 알면서 이를 취득한 경우에도 어음발행인은 이것을 항변사유로 지급을 거절할 수 없고, 융통어음인지 여부는 구체적 사실관계에 따라 판단하여야 한다
(3) '융통어음'이 아닌 '원인관계 없이 교부된 어음'에 불과하다고 본 사례

☞ 융통어음이라 함은 타인으로 하여금 어음에 의하여 제3자로부터 금융을 얻게 할 목적으로 수수되는 어음을 말하는 것이고, 이러한 융통어음에 관한 항변은 그 어음을 양수한 제3자에 대하여는 선의·악의를 불문하고 대항할 수 없는 것이므로 어떠한 어음이 위에서 말하는 융통어음에 해당하는지 여부는 당사자의 주장만에 의할 것은 아니고 구체적 사실관계에 따라 판단하여야 하는데, 어음의 발행인이 할인을 의뢰하면서 어음을 교부한 경우, 이는 '원인관계 없이 교부된 어음'에 불과할 뿐이고, 악의의 항변에 의한 대항을 인정하지 아니하는 이른바 융통어음이라고 할 수는 없다. 동지: 대법원 2001. 8. 24. 2001다28176; 동 2003. 1. 10. 2002다46508; 동 2012. 11. 15. 2012다60015 참조.

❐ 대법원 1999. 10. 22. 98다51398
융통어음은 피융통자가 만기 이전에 융통자에게 어음을 반환하거나 결제자금을 지급하기로 한 약정이 있었던 것으로 보아야 한다

☞ 융통어음은 융통자와 피융통자 사이의 내부관계에 있어서 피융통자가 어음금의 결제를 책임지는 것을 당연한 전제로 하여 수수되는 것이므로, 융통어음의 수수 당시 당사자 사이에서는 어음의 만기가 도래하기 이전에 피융통자가 어음을 회수하여 융통자에게 반환하거나, 융통어음의 결제자금으로 그 액면금에 상당한 금액을 융통자에게 지급하기로 하는 약정이 있었던 것으로 보아야 할 것이다.

9) 할인어음

할인어음이란 할인받은 어음이다. 할인이라 함은 만기미도래어음의 소지인이 어음금액에서 할인료를 공제한 금액을 지급받고 그 권리를 양도하는 거래를 말한다. 양수인은 보통 은행이 된다. 일단 할인한 어음을 다시 할인하는 경우, 이 어음을 '재할인어음'이라고 하며, 중앙은행에 의하여 재할인받을 수 있는 어음을 '적격어음'이라고 한다.

10) 예금어음

예금어음은 어음이라는 문자를 사용하고 있기는 하나, 어음법상의 어음은 아니다. 주로 은행에서 예금을 찾아 그 현금을 타인에게 교부하고자 할 때, 이에 따르는 위험과 번잡을 덜기 위하여, 예금상당금액의 증서를 받는데 이를 예금어음이라 한다.

11) CP어음(commercial paper)

CP어음이란 기업자금의 조달을 위하여 발행되는 약속어음으로서 상거래의 뒷받침이 없는 융통어음이기 때문에 상업어음이라 하지 않고, 속칭 기업어음 또는 신종기업어음이라 한다. 이것은 은행·증권회사 및 종합금융회사 등의 금융기관에서 기업의 신용을 조사하여 우량적격업체로 선정된 기업의 어음을 매입하여 고객에게 매출한 것이기 때문에 이들 금융기관의 신용으로 유통된다고 볼 수 있다. 그러나 금융기관이 무담보배서를 한 경우에는 부도가 나도 금융기관의 책임은 없으므로[1] 주의할 필요가 있다.[2] 신종기업어음은 액면이 3천만원 이상,

---

1) 대법원 1989. 6. 27. 88다카27652: 단기금융회사는 기업어음발행적격업체 발행의 무담보기업어음을 매매함에 있어서 발행기업의 신용상태와 건전성 등에 관하여 별도로 조사를 할 필요는 없다.

2) 대법원 1977. 9. 13. 77다1136은 어음상의 책임이 아니라, 발행인의 신용도에 대한 조사에 과실이 있을 경우의 손해배상책임의 발생가능성을 시사하고 있으며, 동 2006. 6. 29. 2005다49799에서는 기업어음의 신용등급을 제대로 고지하지 아니한 경우 고객보호의무위반으로 인한 손해배상책임을 인정한다.

지급기일이 91일 이상 180일 이내, 중도해약불가조건하에 실세금리에 따른 선이자 및 모든 세금을 공제한 가격으로 매출한다는 특색이 있다.

12) 양도성예금증서(C.D.)

양도성예금증서(certificate of deposit: C.D.)는 금융통화운영위원회가 제정한 "양도성예금증서 발행업무와 수신이율 및 부대조건"에 의거하여 발행되는데, 최고이율은 각 금융기관이 자율적으로 정할 수 있고, 만기는 30일 이상이며, 발행형식은 무기명 할인식이다. 양도성예금증서는 권리의 이전 · 행사에 증서가 필요하고, 은행이 지급을 약속한 증서로서 약속어음과 유사한 유가증권이다. 양도성예금증서는 교부만으로 양도가 가능하다.[1)]

13) 표지어음

표지어음이란 금융기관이 보유하고 있는 할인어음(이를 '원어음'이라고 한다.)의 일정범위 내에서 할인어음을 분할하거나 통합하여 은행을 지급인으로 하는 새로운 어음을 발행, 고객에게 판매하는 약속어음이다. 표지어음은 기존의 할인어음(원어음)과는 전혀 별개의 어음으로서 은행이 지급인이 된다. 따라서 원어음의 부도 등에 상관없이 그 지급이 보장되고, 일반 어음과 꼭 같이 배서에 의하여 양도할 수 있다. 표지어음은 은행이 보유어음의 금액과 기간 내에서 고객의 투자여건에 맞추어 수신으로 유치할 수 있는 장점이 있다.

❒ 대법원 2014. 6. 26. 2014다13167
표지어음의 법적 성격(=약속어음)

☞ 표지어음은 약속어음임을 표시하는 문구를 비롯하여 만기, 발행일, 발행인의 기명날인 등을 비롯한 어음법 제75조 소정의 주요한 어음요건을 갖추고 있고, 하단에는 표지어음이 어음에 해당함을 다시 확인하여 주는 문구, 즉 "발행지, 발행일, 수취인 등이 누락된 상태에서 지급제시하는 경우 지급거절로 선의의 피해를 입을 수 있으니 누락됨이 없도록 주의하시기 바랍니다."라고 찍혀 있는 것이 보통이며, 그 기재가 계약서가 아닌 약속어음 표면에 존재하는 이상 이를 예문에 해당하는 것으로 볼 수 없다는 점에서 법적 성격은 어음법 소정의 약속어음에 해당한다.

---

1) 대법원 2000. 5. 16. 99다71573; 동 2002. 5. 28. 2001다10021.

14) 중개어음

중개어음은 우량적격업체가 발행한 어음을 종합금융회사의 중개로 고객이 직접 매입하는 경우의 어음을 말한다. 종합금융회사가 우량적격업체와 수취인인 고객 사이에서 매매의 중개를 할 뿐이라는 점에서 기업어음의 경우 우량적격업체가 발행한 어음을 종합금융회사가 일단 매입하였다가 이를 다시 고객에게 매출하는 것과 다르다. 중개어음의 발행금액은 1,000만원 이상이고, 만기는 30일 이상 180일 이내에서 정한다. 중도해약은 불가하고 재중개에 의하여만 처분할 수 있다.

15) 무역어음

무역어음은 해외금융기관(수입상의 거래은행)이 개설한 취소불능 화환신용장 또는 이에 근거한 내국신용장을 받은 수출업체가 소요자금을 조달할 목적으로 수출상품을 선적하기 전에 수출대금인 신용장상의 금액의 범위 내에서 인수기관(매입은행: negotiating bank)을 지급인으로 하여 발행한 자기지시의 환어음을 가리킨다. 발행인 겸 수취인인 수출업자는 인수기관으로부터 인수를 받은 뒤에 이를 은행에서 어음할인의 방법으로 현금을 취득한다. 수출업체는 선적을 끝내면 즉시 신용장조건에 따라 환어음을 발행하여 이를 선적서류와 함께 인수기관(매입은행)에 양도하고 인수기관은 환어음과 선적서류를 신용장개설은행에 송부하여 수출대금을 받아 무역어음의 만기결제자금을 상환하고 나머지를 수출업체에 지급한다. 무역어음의 발행금액은 500만원 이상 10만원 단위로 발행되며, 만기는 발행일로부터 180일 이내이다.

16) 화환어음

화환(貨換)어음이란 운송중의 화물을 담보로 하여 발행된 어음으로서 일종의 담보부어음이다. 이에 대하여 물적 담보 없는 어음을 clean bill이라고 하여 화환어음과 구별한다. 이것은 격지자 사이의 매매거래에 있어서 매도인이 신속하게 자금을 회수할 수 있기 때문에 많이 이용되고 있다. 화환어음에는 화물을 대표하는 서류만이 첨부된 것과, 이것에 상업신용장과 같은 인적 담보를 부여하는 증권이 첨부된 것의 두 가지가 있다.

◆ **화환어음과 상업신용장**

1. 화환어음

(1) 화환어음의 의의

화환어음(Dokumentenwechsel, traite documentaire, documentary draft)이란 어음상의 권리가 운송중의 물건에 의해서 담보되어 있는 환어음을 말한다. 이를 하환어음이라고도 한다.

(2) 화환어음의 법적 성질

화환어음의 법적 성질은 보통의 환어음과 다를 바 없다. 그것은 특별한 환어음의 일종이 아니라, 다만 그 권리가 운송물(화물상환증 또는 선하증권)에 의하여 담보되어 있으므로 그 어음이 이용되는 경제적 목적에 착안하여 거래상 화환어음이라고 부르는 데 불과하다.

(3) 화환어음의 이용관계

(가) 경제적 기능: 화환어음을 이용함으로써 격지매매의 원활화를 도모할 수 있다. (i) 격지매매거래에 있어서 대금지급에 따르는 현금수송의 위험성 · 번잡성이 없어지고, 매매당사자 간에 급여의 동시이행이 실현될 뿐만 아니라, (ii) 매도인은 매매대금을 즉시 받는 결과가 되어 시간적 장벽을 극복하는 데 도움이 되고, (iii) 매수인으로서도 트러스트 리시트(trust receipt: 수입화물담보보관증, 수입화물대도신청서)를 은행에 차입함으로써 환어음의 인수만을 하고 운송증권을 교부받아 어음금액(매매대금) 지급 전에 운송물을 매도할 수도 있게 된다.

(나) 화환어음의 종류: 화환어음은 그 이용방법에 따라 할인화환어음과 추심화환어음으로 나눌 수 있다.

(a) 할인화환어음: 할인화환어음은 발행인이 환어음을 은행에 배서양도하여 할인을 받는 어음이고, 어음의 수취인이 은행이 된다. 할인화환어음이 이용되는 가장 전형적인 절차는 다음과 같다. 즉, (i) 매도인은 매수인을 지급인으로 하고 자기 또는 자기의 거래은행을 수취인으로 한(매매대금에 상당하는 금액의) 환어음을 발행하고, (ii) 매매목적물을 운송위탁하여 운송인으로부터 자기 또는 매수인을 수취인으로 하는 선하증권이나 화물상환증을 교부받아서, (iii) 거래은행에 교부한다. 이때 환어음의 수취인이 매도인이면 거래은행에 배서양도하고, 거래은행이 수취인이면 그대로 교부하며, 이와 함께 담보로 첨부되는 선하증권이나 화물상환증은 그 수취인이 매도인이면 백지식배서를 하고, 수취인이 매수인이면 그대로 은행에 교부함으로써(이 운송증권은 발행인의 상환의무의 담보가 된다.), 할인을 받아 매매대금을 지급받게 된다. (i) 거래은행은 이 화환어음을 매수인소재지의 지점(또는 거래은행)에 보내고, (ii) 그 지점은 매수인에게 환어음을 제시하여 인수를 받거나 지급을 받고서 선하증권이나 화물상환증을 매수인에게 교부한다. (iii) 매수인은 그 증권을 운송인에게 제시하여 운송물을 인도받음으로써 매매 및 대금의 결제가 끝난다. (iv) 만약 매수인이 환어음의 인수나 지급을 거절하면 은행은 어음에 의해서 발행인인 매도인에게 상환청구권을 행사하여 어음할인대금을 회수하든가, 직접 그 선하증권이나 화물상환증을 처분하든가, 혹은 그 증권으로 운송물을 인도받아 처분하든가 하여 어음할인대금의 회수에 충당한다. 상술한 바 이용관계는 은행으로부터 할인받아 지급기일 전에 대금을 회수하므로 그 경우를 할인화환어음이라고 한다.

(b) 추심화환어음: 어음발행인이 매수인으로부터 대금추심을 확실하게 할 목적으로 거래은행에 대하여 환어음에(양도배서를 하지 않고) 추심위임배서(또는 숨은 추심위임배서)를 하는 경우에는 이를 추심화환어음이라고 한다. 추심화환어음의 경우는 수취인은 매도인 자신이고 은행은 다만 어음채무를 행사할 대리권만을 수여받아, 추심료만 취득한다. 어음이 부도되면 어음과 선적서류 등을 매도인에게 돌려주면 되고 상환청구권을 행사할 여지가 없다.

(4) 화환어음의 법률관계

(가) 매도인과 은행의 관계: 매도인과 은행의 관계는 대체로 화환약정서 또는 담보차증명에 의하여 결정되는 것인데, 이를 환어음을 중심으로 한 법률관계와 운송증권(화물상환증 또는 선하증권)을 중심으로 한 법률관계로 나누어 볼 수 있다.

(a) 어음관계: 화환어음을 은행에 교부하고 할인을 받은 경우에는, 은행은 어음상의 권리자가 되고, 매수인에게 제시를 하여 지급을 받으면 그 (지급) 수령금액은 은행에 귀속되고, 만약 인수 또는 지급이 거절되면 매도인에 대하여 상환청구권을 행사하게 된다.

매도인이 할인을 받지 않은 경우에는 은행은 추심위임배서의 피배서인에 불과하므로 매수인으로부터 어음금액을 지급받으면 이를 발행인에게 교부하고 추심에 따른 비용 및 수수료를 받는 데 그친다. 따라서 매수인이 거절하더라도 상환청구권이 생기지 않고, 화환어음을 매도인에게 반환하고 그 동안의 비용 및 수수료를 청구하게 된다.

(b) 운송증권관계: 할인화환어음의 경우 매도인을 수취인으로 한 운송증권을 배서교부받은 은행은 환어음이 지급거절되는 경우의 상환청구권의 담보로서 운송물을 목적으로 한 질권을 취득하거나(질권설정설), 운송물의 신탁적 양도를 받는다(신탁적 양도설). 은행은 운송증권을 매수인에게 제공할 채무를 부담하나 어음이 지급거절된 경우에는 증권에 의해서 운송물을 처분할 수 있다. 그러나 운송증권상 매수인이 수취인으로 되어 있는 경우에는 은행은 운송물 위에 질권을 취득할 수 없고, 다만 그 운송증권을 유치하여 매수인의 어음금액지급을 간접적으로 강제할 수 있을 뿐이다.

추심화환어음의 경우에는 은행은 증권상의 권리를 취득하지 못함은 물론 매도인과의 위임관계에 따라서 운송증권을 매수인에게 교부하여야 하고, 어음이 지급거절되면 그 어음과 운송증권을 매도인에게 반환하지 않으면 안된다.

(나) 매도인과 매수인의 관계

(a) 매매대금 지급채무의 소멸시기: 매도인이 거래은행으로부터 할인에 의하여 매매대금 상당액을 지급받았다 하더라도 매수인의 대금지급채무는 소멸하지 않는다. 또한 매수인이 어음의 인수를 하는 데 그친 경우도 같다. 따라서 대금지급채무는 매수인이 어음금액을 지급한 때에 소멸한다.

(b) 운송물의 소유권의 이전시기: 운송물의 소유권은 매수인이 어음의 지급과 상환하여 운송증권을 취득한 때에 매수인에게 이전된다. 따라서 그 소유권은 매수인에게 이전될 때까지는 할인은행에 의한 운송증권의 취득이 동산질의 취득인 경우에는 매도인에게 귀속되고, 신탁적 양도인 경우에는 할인은행에 귀속된다.

은행은 전자의 경우에는 매도인의 위탁 취지에 따라 그의 대리인 또는 기관으로서 운송증권에 의하여 대표된 매도인의 물건을 가지고 매수인에 대하여 매매계약의 이행을 하는 셈이고, 후자의 경우에는 자기의 소유에 속하는 물건을 가지고 매도인의 매수인에 대한 채무(인도)를 이행하는 것이다.

(다) 화환어음과 동시이행: 화환어음부매매에 있어서는 매도인은 거래은행을 통해서 화환어음과 운송증권을 매수인에게 제공하고, 매수인은 이를 대금지급과 상환으로 수령하게 된다. 따라서 특별한 합의 또는 관습이 없는 한 매도인이 먼저 매매의 목적물을 발송하고 운송증권을 첨부한 화환어음을 발행·지급제시할 의무를 가지는 것이므로 대금지급의무는 운송증권의 교부의무와 동시에 이행하여야 한다.

2. 상업신용장

(1) 상업신용장의 의의

상업신용장(commercial letter of credit)은 매수인(신용장발행의뢰인)의 위탁에 의하여 그 거래은행(신용장발행은행, issuing bank)이 일정한 조건하에 매도인(수익자, beneficiary)이 발행한 환어음을 인수·지급 또는 매입할 것을 약정하는 증서로서, 실무에서는 L/C로 약칭, 관용되고 있다. 상업신용장 중에서 환어음에 선하증권·보험증권·상업송장 등의 선적서류가 첨부되어 있는 것을 화환신용장(documentary credit)이라 하는데, 가장 전형적인 것으로서 보통 신용장이라고 하면 이것을 말한다. 이에 관한 국제상업회의소(ICC)가 제정한 국제규칙으로서 "화환신용장 통일규칙 및 관례"(Uniform Customs and Practice for Documentary Credits, 2007 Revision: 이를 신용장통일규칙(UCP 600)이라 통칭한다.)가 있다.

(2) 상업신용장의 기능

국제물품매매에 있어서는 대체로 은행신용을 이용하는 상업신용장에 의하여 대금의 결제를 하도록 약정되어 있다. 따라서 상업신용장의 개입없이 선하증권(또는 화물상환증)과 상환으로 환어음의 인수 또는 지급이 이루어진다는 것은 오늘날의 국제거래에 있어서는 예외적인 경우로 되어 있다. 국제매매의 결제수단으로서 운송증권(선하증권 또는 화물상환증)에 의하여 지급이 담보되는 화환어음이 이용되기도 하나, 화환어음의 단점은 운송증권이 요인증권이므로 그 담보가 확실하지 않다는 것이다. 즉, 매도인의 거래은행으로서는 환어음의 지급인인 외국 매수인의 신용상태를 알 수 없어 어음금의 지급이 불안하므로 매도인의 어음할인의 의뢰에 쉽게 응할 수 없는 폐단이 있다. 그러나 매수인의 거래은행이 매도인이 발행한 환어음의 인수·지급을 확약하면, 매도인의 거래은행이 매도인에게 안심하고 어음할인을 할 수 있어 무역대금을 안전·신속·확실하게 결제할 수 있게 된다. 이러한 기능을 하는 것이 상업신용장이다.

(3) 신용장거래의 특징

(가) 독립추상성의 원칙: 신용장은 매매계약에 근거를 두고 개설되지만 신용장거래는 신용장 발행의 근거가 되는 매매계약 및 상품 자체와 무관하다.[1] 이를 신용장거래의 독립추상성이라 한다(UCP 600 제4조·제5조 참조). 신용장거래에 매매계약을 연결시키게 되면 은행이 일일이 매매계약의 내용을 검사하여야 하는 문제를 발생시킨다. 따라서 은행은 신용장개설시에는 개설의뢰인이 제출하는 신용장 개설신청서만을 기준으로 하여 신용장을 개설하고 선적서류 매입시에도 신용장의 조건만을 보고 선적서류를 매입한다. 여기서 신용장의 독립성이 요구된다(UCP 600 제4조 제a항). UCP 600 제4조 제b항도 발행은행은 신용장의

필수적인 부분으로서, 근거계약의 사본, 견적송장 등을 포함시키고자 하는 어떠한 시도도 저지하여야 한다고 규정한다. 또한 상품거래를 신용장거래와 관련시키면 은행이 상품을 일일이 검사하여야 하는 문제가 생긴다. 상품에 대한 지식은 단시간 내에 습득되는 것이 아니며 오랜 경험으로 얻어지는 것이므로 은행으로서는 신용장거래와 상품거래를 분리시킬 필요가 있다. 여기서 신용장의 추상성이 요구된다(UCP 600 제5조).

(나) 서류에 의한 거래와 엄격일치의 원칙: 신용장거래는 매매계약과도 무관하고 상품 자체와도 무관하다. 결국 신용장거래는 서류에 의한 거래이다. UCP 600 제5조는 "은행은 서류상의 거래를 행하는 것이지 그러한 서류가 관계될 수도 있는 상품, 용역 또는 기타 의무이행상의 거래를 행하는 것은 아니다."라고 규정하여 이를 명시하고 있다. 따라서 은행은 선적서류를 매입하거나 선적서류를 인도하는 경우 사실이 서류의 내용에 부합하는가의 여부는 심사하지 않으며 제시된 서류가 신용장조건을 충족하기만 하면 대금을 지급한다.[2)] 반대로, 서류에 하자가 있으면 은행은 신용장 대금의 지급을 거절하여야 하고, 만약 은행이 지급하였다면 신용장개설의뢰인은 그 상환을 거절할 수 있다.[3)]

신용장거래는 서류의 거래라는 것에서부터 서류심사에 있어 '엄격일치의 원칙'(doctrine of strict compliance)이 파생된다. 상품이 아무리 계약내용과 일치하더라도 제시된 서류가 문면상 신용장조건과 엄밀히 일치하지 않으면 대금을 지급할 의무가 없다. 이에 관하여 신용장통일규칙은 "은행은 서류만을 근거로, 서류가 문면상 일치하는 제시를 구성하는지 여부를 결정하기 위하여 제시를 심사하여야 한다"고 규정하면서(UCP 600 제14조 제a항), 다시 "상업송장(commercial invoice)의 물품, 용역 기타 이행에 관한 명세는 신용장의 명세와 일치(correspond with)하여야 한다"고 규정하여(UCP 600 제18조 제c항), 상품 · 용역 · 이행의 명세에 관한 한 신용장과 서류와의 일치 여부는 상업송장만을 기준으로 결정하도록 하고 있다.

그러나 신용장거래의 성질과 은행의 서류점검의무의 내용에 비추어 볼 때 이들 규정의 의미는 모든 서류가 자구 하나도 틀림이 없이 신용장과 완전히 일치하여야 한다는 뜻은 아니다. 이를 수정엄격일치의 원칙 또는 상당일치의 원칙(doctrine of substantial compliance)이라 한다.

❒ 대법원 1979. 5. 8. 78다2006

은행은 제시된 서류가 문면상 신용장조건에 합치하는가를 형식적으로 심사할 의무만 있고 그 내용에 관하여 실질적으로 심사할 의무가 없다

☞ 은행이 신용장에 의하여 환어음을 매수함에 있어서 관계당사자 · 관계서류에 관하여 단지 외관상으로 신용장조건의 문면과 서류의 문면이 완전히 합치하는지의 여부에 관하여 신중한 조사를 할 책임이 있고, 그 밖의 서류의 형식 · 충분성 · 진정성 · 위조 또는 법적 효력 등에 관하여는 아무런 의무나 책임을 지지 아니하며, 또 서류상에 표시된 물품의 수량 · 중량 · 품질 · 상태나 상품의 인도, 관계자의 성실성 · 이행능력 등에 관하여서는 아무런 의무나 책임을 지지 아니한다. 동지: 대법원 1980. 1. 15. 78다1015; 동 1993. 12. 24. 93다15632; 동 1997. 8. 29. 96다37879; 동 2002. 5. 28. 2000다50299.

❐ 대법원 2002. 5. 28. 2000다50299
은행의 조사의무의 범위

☞ 화환어음 매입은행은 그 매입서류를 조사함에 있어서 실질적 조사의무가 면책되어 있는 것이지만 제시된 서류가 신용장에 기재된 사항과 문면상으로 일치되는지 여부 혹은 관계서류가 상태성과 정규성을 갖추었는지 여부를 조사할 의무까지 면제되는 것은 아니다.

❐ 대법원 1985. 5. 28. 84다카696 · 697
신용장조건의 엄격일치의 원칙에 대한 해석

☞ 신용장거래의 성질과 은행의 서류점검의무의 내용에 비추어 볼 때, 신용장통일규칙이 규정한 합치(accordance) 및 일치(correspondence)의 각 개념의 의미에는 별다른 차이가 없다고 보는 것이 타당하고, 이는 자구 하나도 틀리지 않게 완전히 일치하여야 한다는 뜻이 아니며, 자구에 약간의 차이가 있다 하더라도 은행이 상당한 주의(reasonable care)를 기울일 경우 그 차이가 경미한 것으로서 문언의 의미에 차이를 가져오는 것이 아니고 신용장조건을 전혀 해하는 것이 아님을 문면상 알아차릴 수 있는 때에는 그 서류와 신용장이 합치 또는 일치하는 것으로 보아야 할 것이다(이 사건에서는 packing list상에는 "Sketch paper, origin Japan"으로 되어 있는 경우에, invoice에는 "Sketch paper 55cm×40cm"로 기재되어 있었는데, '55cm×40cm'의 규격표시는 상관이 없으나 'origin Japan'이 누락된 것은 신용장조건에 불일치하는 것으로 보아야 한다고 하였다.). 동지: 대법원 1992. 2. 25. 91다30026; 동 2002. 6. 28. 2000다63691; 동 2003. 3. 14. 2002다56178; 동 2003. 5. 13. 2001다58283; 동 2003. 11. 14. 2002다7770; 동 2004. 6. 11. 2003다63883; 동 2006. 4. 28. 2005다6327; 동 2006. 5. 12. 2004다34158.

(4) 상업신용장의 법적 성질

상업신용장은 국제간의 대금결제의 확실을 도모하기 위하여 창안된 제도로서 관계당사자가 다각적으로 연결되어 있고 그 내용이 다양하여 그 법적 성질을 일률적으로 정의하기가 용이하지 아니하다. 신용장의 법적 성질에 관한 학설은 보증설, 계약설, 지시설, 특수법률관계설 등이 있다. 그러나 신용장 거래의 법률관계를 보면 매수인이 발행은행에 대하여 신용장의 발행 및 매수인을 위하여 신용장사무를 처리해 줄 것을 위임하는 것이므로 신용장은 지시와 위임계약이 병존하는 법률관계라고 보는 것이 타당하다고 본다.

(5) 신용장당사자간의 법률관계

신용장거래에는 최소한 세 개의 법률관계가 포함된다. 첫째는 매수인(신용장개설의뢰인, applicant)과 개설은행(opening bank, issuing bank) 사이의 계약이다. 이 계약에 의하여 개설은행은 매수인을 위하여 매도인(수익자)에 대하여 신용장을 개설하기로 약정한다. 둘째는 매수인(개설의뢰인)과 매도인(수익자, beneficiary) 사이의 매매계약(기본계약)이며, 이 계약에서 매매당사자는 신용장에 의하여 매매대금을 결제하기로 약정한다. 셋째는 개설은행과 매도인(수익자) 사이에서 개설은행은 신용장에 의거하여 수익자가 발행한 환어음을 지급한다.

❐ 대법원 2000. 1. 21. 97다41516
신용장에 기한 법률관계와 어음법에 의한 법률관계는 별도로 병존한다

☞ [1] 화환신용장 거래에서 수익자가 개설의뢰인을 지급인으로 하여 발행한 화환어음의 법률상 성질은 보통의 환어음과 다를 바가 없으므로, 이 경우에는 신용장에 기한 법률관계와는 별도로 어음법에 의한 법률관계가 병존하고, 따라서 선적서류 및 환어음을 매입한 매입은행은 개설은행에 의한 신용장금액의 상환이 거절되고 또한 환어음상 지급인에 의한 지급도 거절된 경우에는, 특별한 사정이 없는 한, 개설은행의 상환거절이 정당한지 여부와 상관없이 어음법에 따라 그 환어음의 발행인이나 배서인에 대한 상환청구권을 행사할 수 있다.

[2] 화환신용장 거래에서 선적서류 및 개설의뢰인을 지급인으로 한 환어음이 함께 발행·교부되었다고 하더라도, 그 선적서류의 제시가 어음법상 지급제시나 상환청구의 법정요건은 아니므로, 그 환어음의 소지인인 매입은행이 환어음상의 지급인에 대하여 환어음을 제시하였을 뿐 선적서류를 제시하지 않았다는 사유만으로 그 지급제시가 부적법하다거나 어음법상 상환청구의 요건을 갖추지 못한 것이라고 볼 수는 없다.

(가) 매수인과 매도인의 관계: 매수인과 매도인과의 관계는 기본계약 외에 매수인이 신용장개설의무를 부담하며, 이것은 매수인의 선이행의무이므로 개설의무불이행의 경우에는 매도인은 매매계약을 해제할 수 있다(민 제544조). 그리고 매수인이 신용장을 개설한 것만으로는 대금지급채무가 소멸되는 것은 아니다.

(나) 매수인(개설의뢰인)과 개설은행(신용장발행은행)과의 관계: 매수인과 개설은행과의 관계는 사무처리를 목적으로 하는 도급계약이며, 유상·쌍무계약이다. 이 계약에 따라 개설은행은 신용장을 개설하여야 할 뿐만 아니라 신용장의 조건에 따라 지급할 의무를 부담한다. 나아가 개설은행은 선량한 관리자의 주의로써 매도인이 제출한 서류와 신용장조건과의 외견상의 일치 여부를 조사하여야 한다. 그러나 개설은행은 그 신용장 개설의 원인인 상품거래가 계약에 따라 이행되었는가에 대한 조사의무는 없다(신용장거래의 독립추상성).

(다) 매도인(수익자)과 개설은행과의 관계: 개설은행은 신용장의 조건에 따라 매도인(수익자)에게 매도인이 발행한 환어음에 대한 지급의무를 부담한다. 이 지급의무의 법적 성질은 추상적인 채무약속으로 풀이하는 것이 보통이다. 개설은행은 매수인과 개설은행 사이(자금관계) 또는 매수인과 매도인 사이(원인관계)에 기한 항변으로써 매도인에게 대항하지 못한다. 발행은행이 신용장을 개설함으로써 독립된 채무약속을 한 것이기 때문이다. 개설은행이 매도인에 대한 자기의 항변을 주장할 수는 있다.

⑹ 신용장의 지급거절

신용장 개설은행은 제출된 서류가 신용장의 조건에 합치하면 대금을 지급하여야 하나, 다음의 사유가 있을 때에는 대금의 지급을 거절할 수 있다.

첫째는 제출된 서류가 신용장의 조건에 합치되지 않는 경우이다. 신용장거래는 물품거래로부터 독립된 서류의 거래이므로 신용장이 요구하는 서류는 신용장조건에 엄격하게 합치하여야 한다. 은행이 서류의 합치 여부를 심사함에 있어서는 상당한 주의를 하여야 한다. 그러나 제출된 서류가 정상의 조건에 합치되지 아니함에도 불구하고 개설은행이 계속하여 대금을 지급하여 온 관행을 믿고 신용장을 취득한 자에 대하여는 개설은행은 신의칙상 지급의무가 인정된다.[4)]

둘째는 제출된 서류가 위조된 경우이다. 이 경우에는 개설은행은 선의의 신용장소지자에 대하여도 지급을 거절할 수 있다.

2. 수표의 종류

(1) 위탁수표

위탁수표란 발행인이 제3자의 계산으로 발행한 수표이다(수 제6조 제2항).

(2) 선일자수표(延수표)

선일자수표란 실제 발행된 일자보다 후의 날을 발행일자로 한 수표이다. 연수표라고도 하며, 수표에는 만기의 표시를 하지 못하므로 그 불편을 덜기 위하여 거래상 많이 이용되기는 하나 수표를 신용증권화할 위험성도 있다. 선일자수표라도 기재된 발행일자의 도래 전에 지급을 위한 제시를 한 경우 지급인은 이를 지급하여야 한다.

(3) 당좌수표

당좌수표란 개인수표라고도 하며 자기앞수표, 즉 속칭 보증수표에 대비되는 것이다. 은행과 당좌거래가 있는 사람이 은행에 예탁한 수표자금의 범위 내에서 은행에서 교부된 수표용지에 발행인으로 기명날인 또는 서명을 한다.

(4) 보증수표

보증수표란 '자기앞수표'를 말하는데, 발행인 자신을 지급인으로 하여 발행한 수표이다. 은행이 발행인과 지급인을 겸하고 있어 지급이 확실하기 때문에 이러한 명칭이 생긴 것이다. '보수'라고 약칭하기도 한다.

---

1) 대법원 2003. 10. 9. 2002다2249.
2) 대법원 2003. 11. 28. 2001다49302; 동 2005. 5. 27. 2002다3754.
3) 대법원 2002. 2. 21. 99다49750.
4) 대법원 1985. 5. 28. 84다카697.

(5) 송금수표

송금수표란 은행이 그 본·지점 간 또는 그 거래은행을 상대로 발행하는 수표이다. 송금의 구실을 하기 때문에 이러한 명칭이 생겼으나, 이것은 법률상의 용어는 아니다. 그러나 오늘날 국내에서의 송금에는 온라인예금과 같은 전자자금이체제도의 발달로 거의 이용되지 않는다. 국가간의 송금에는 아직도 송금수표가 이용되나, 이것도 크게 감소하는 추세이다.

(6) 가계수표

가계수표란 은행에 가계당좌예금계좌를 개설하고 있는 개인이 발행하는 수표로서, 당좌예금을 하고 있는 자가 발행하는 당좌수표와 흡사하다. 다만 개인이 발행하고 수표금액에 제한이 있으며, 은행이 일정한 금액까지 지급을 보증하는 점에 그 특색이 있다.

(7) 우편대체수표(Postscheck)

우편대체수표란 우편대체계좌의 가입자가 지급행위로서 발행하는 수표를 말하며, 우편대체법에 규정된 것을 제외하고는 수표법의 규정이 적용되기는 하나(우편대체법 제14조 제4항), 수표법에 의한 수표는 아니다. 그러나 그 성질은 일반수표와 같으므로 수표의 일종으로 보아야 할 것이다.

(8) 쿠폰(coupont)

쿠폰이란 소액의 정액 자기앞수표를 한 묶음으로 한 수표철을 말한다. 이것 자체가 수표의 종류는 아니다.

(9) 국고수표(Schatzscheck)

국고수표란 정부재정지출의 방법으로서 한국은행이 발행한 자기앞수표이다. 정부 각 중앙관서의 장이나 지출원인행위의 위탁을 받은 자(재무관)가 그 소관세출예산에 의하여 지출을 하고자 할 때에는 그가 임명한 지출관이 이를 한다(국고금관리법 제22조 제1항). 지출관이 지출을 할 때에는 계좌이체의 방법으로 하여야 하는데(국고금관리법 제22조 제3항), 정보통신장애 그 밖의 불가피한 사유가 있는 때에는 현금 등을 직접 지급할 수 있다. 이때 현금의 교부에 갈음하여 한국은행을 지급인으로 하는 수표를 발행하여 지급할 수 있는데(동법 시행령 제30조 제1항), 이를 국고수표라 한다. 국고수표를 발행하는 때에는 소지인출급식으로 하여야 한다(동법 시행규칙 제47조 제1항).

(10) 여행자수표

(가) 여행자수표의 의의

여행자수표(traveler's check: T/C)란 해외여행자가 현금의 휴대로 인한 분실·도난 등의 위험을 피하기 위하여 고안된 수표로서, 여행자로 하여금 여행지에서 이 수표와 상환하여 여행지의 화폐로 현금화할 수 있게 하는 자기앞수표와 유사한 유가증권이다.

여행자수표는 수표라는 명칭을 사용하기는 하나, 수표의 표면에 (i) 지급위탁문구가 아니라 지급약속문구가 기재되어 있는 점, (ii) 발행일과 지급지의 기재가 없는 점, (iii) 발행인의 기명날인이나 서명이 없고 은행장의 복사서명이 있는 점, (iv) 여행자가 수표를 발행받았을 때에 그 상단에 서명하고 현금화할 때 그 하단에 부서(副署)하여야 하는 점에서 수표법상의 보통의 수표와 구별된다.

(나) 여행자수표의 양도

여행자가 발매은행으로부터 여행자수표를 매입한 때에는 수표의 상단에 서명을 한다. 이 서명은 여행자가 자기를 수취인으로 지정하는 행위로서, 이때부터 여행자수표가 기명식수표로 된다.

소지인은 여행자수표를 배서에 의하여 양도할 수 있다. 또한 여행자수표는 대부분 선택무기명식으로 발행되므로 단순한 교부에 의하여 양도할 수 있다.

부서를 받지 않고 여행자수표를 취득한 자는 발매은행으로부터 수표금을 지급받을 수 있는가가 문제된다. 왜냐하면 여행자수표에는 부서를 받고 취득하여야만 지급한다는 조건이 기재되어 있기 때문이다.

생각건대, 이 조건은 그 발생이 불확실한 증권 외의 조건과는 성질이 다르고, 소지인의 인적사항을 확인하여 부정사용을 방지함으로써 여행자수표의 유통성을 강화하려는 목적을 가지고 있으므로, 이를 무효로 볼 것이 아니라 유익적 기재사항으로 보는 것이 타당하다고 본다.

제 2 장 어음법 총론

◆ 어음의 유래

조선시대에는 '客主'라는 것이 있었다. 객주는 '객상의 주인'이라는 뜻이다. 객주의 역할은 매우 다양하였던 것으로 알려져 있다. 그 기본적인 업무는 전국 각처에서 모여드는 객상들의 거처를 제공하고 물건을 위탁매매하는 것이었다. 그러나 이 외에도 물건을 창고에 보관하는 일이나, 다른 곳으로 보내는 일, 나아가 위탁매매와 관련된 각종의 금융서비스를 제공하기도 하였다. 요즈음에도 흔히 사용되는 각종의 상사제도들도 이 시기에 이들에 의하여 성립되어 발달되었다. 일례로 지금의 선하증권과 비슷한 것으로 '船之證'이라는 것이 있었고, 공동으로 투자를 할 때 주권과 유사한 기능을 하는 '出次表' 또는 '고본'(股本)이라는 것이 작성된 것이다. 오늘날의 어음도 이들에 의하여 만들어졌다. 일본어로 어음은 手形, 수표는 小切手라고 하는데, 우리 어음·수표법은 우리 고유의 명칭인 어음·수표를 그대로 사용하고 있다.

어음은 조선시대에도 흔히 사용되었다. 주화는 무겁고 부피도 커서 도둑맞을 위험성도 컸기 때문에 큰 거래에는 적합한 지급수단이 아니었다. 그러므로 대략 가로 1촌 5푼, 세로 4촌 5푼 정도의 韓紙 중앙에 금액을 쓰고, 그 좌우에 작성한 날자와 채무자를 적어 소지인에게 지급하도록 하였으니, 이것이 어음이다. 이 어음의 중앙을 세로로 잘라 채무자의 이름이 기재되어 있는 쪽은 채권자가 보관하고 다른 한 쪽은 채무자가 보관하였다. 채무자의 이름은 어음의 오른쪽에 적는 것이 보통이었는데, 채권자가 갖게 되는 이 부분을 수쪽·우계(右契) 또는 男表라 하였고, 다른 한 쪽을 암쪽·좌계(左契) 또는 女表라고 불렀다. 수쪽을 가진 사람이 채무자를 찾아가 지급을 요구하면 보관해 둔 암쪽과 맞추어 본 뒤 들어맞으면 즉시 액면금액에 해당되는 금전을 지급하였다. 당시의 어음의 지급기일은 요즈음보다 훨씬 짧았다. 대체로 다음 장날이나 그 다음 장날, 즉 5일 내지 10일 후가 일반적이었고 1 내지 2개월짜리는 매우 특별한 경우였다.

한편 어음과 유사한 것으로 환간(換簡)이라는 것이 있었다. 환간은 편지모양으로 상대방에게 금전의 지급을 위탁하는 증서인데, 만일 받은 사람이 지급을 거절할 때에는 '退'자를 써서 소지인에게 반환하여 주었다. 마치 지급거절증서를 작성하는 형국이다.

이 밖에 保音紙라는 것도 있었다. 이것은 물건을 구입하고 그 대금으로 발행하는 증서였다.

제1절 어음의 실질관계

Ⅰ. 서 설

(1) 어음관계 이외의 법률관계로서 어음관계와 밀접한 연관성이 있는 것을 어음의 실질관계라고 한다.

어음의 실질관계는 어음수수(교부)의 당사자간에서 어음수수의 원인이 되는 원인관계, 발행인 · 지급인 간에서 지급이나 인수의 기초가 되는 자금관계, 어음수수의 당사자간에서 어음관계의 준비단계를 이루는 어음예약의 세 가지로 나뉜다. 이하에서는 이 세 가지 및 이와 관련이 있는 문제(화환어음, 상업신용장, 어음개서, 어음할인, 어음대부)를 다루기로 한다.

(2) 어음이 사용되는 원인을 보면, ① 이미 생긴 채무, 즉 원인채무의 '지급을 위하여'(원인채무 변제의 수단으로) 타인이 발행한 어음을 채권자에게 배서 · 교부하거나, ② 이미 생긴 채무의 '지급을 담보하기 위하여'(원인채무가 변제되지 않을 경우를 대비하여) 스스로 어음을 발행하여 교부한다. ③ 타인의 채무에 관하여 제3자가 채무자를 위하여 어음이나 수표를 발행하여 채권자에게 교부한 경우에는 특별한 사정이 없는 한 동일한 채무를 면책적 또는 중첩적으로 인수한 것으로 본다.[1] 이 경우 제3자가 민사상 보증을 한 것으로 보고 보증책임을 물을 수 있는 것으로 해석될 가능성도 있으나, 판례는 대체로 이를 부정한다.[2] 자기앞수표의 경우에는 '지급을 갈음하여'(원인채무의 변제를 대신하여) 교부될 것이나, 당좌수표의 경우에는 '지급을 위하여' 또는 '지급을 담보하기 위하여' 교부된다.[3]

어음을 받은 사람, 즉 어음소지인은 그 어음의 주채무자인 발행인(약속어음의 경우) 또는 인수인(환어음의 경우)에게 제시하여 지급을 받아야 한다. 주채무자에 대하여는 반드시 지급일(만기일)에 지급제시하지 아니하더라도 상관없다. 주채무자는 소멸시효기간 내(만기일로부터 3년)에는 무조건 책임을 부담하기 때문이다.[4]

---

1) 대법원 1989. 9. 12. 88다카13806; 동 1997. 5. 7. 97다4517; 동 1998. 3. 13. 97다52493.

2) 대법원 1988. 3. 8. 87다446; 동 2003. 4. 22. 2000다63950; 동 2007. 9. 7. 2006다17928; 동 2009. 10. 29. 2009다44884; 동 2015. 5. 14. 2013다49152.

3) 대법원 2001. 7. 13. 2000다57771; 동 2003. 5. 30. 2003다13512.

4) 약속어음의 발행인은 어음금을 절대적으로 지급할 의무를 부담하는 것이므로 어음소지인이 발행인에 대하여 지급을 위한 제시를 하지 아니하였다 해도 발행인에게 어음금액을 청

다만 상환청구권을 행사하려면 반드시 지급제시기간 내(확정일출급어음 · 발행일자후정기출급어음 · 일람후정기출급어음의 경우는 지급을 할 날 이후의 2거래일 내, 일람출급어음의 경우는 발행일로부터 1년 내: 어 제44조 제3항)에 제시하여야 한다. 지급제시에 대하여 주채무자가 여러 가지 이유로 지급을 거절하면 소지인은 자신에게 어음을 교부하여 준 앞사람들에게 상환청구권을 행사할 수 있다. 상환청구권을 행사하려면, (ⅰ) 지급제시를 할 때에 어음의 백지부분이 완전히 보충되었어야 하고, (ⅱ) 지급제시기간 내에 지급제시하였어야만 하며, (ⅲ) 그 기간 내에 지급거절증서를 작성받았어야 한다. 이러한 절차를 권리보전절차라고 한다. 이와 같은 조건을 갖추지 못하여 상환청구권을 행사할 수 없는 경우에도 주채무자인 발행인이나 인수인에 대하여는 만기로부터 3년까지는 지급을 받을 수 있다.

(3) 주채무자가 지급도 하지 않고, 상환청구권을 행사할 수 없는 경우에도 모든 것이 끝나는 것이 아니다. 어음은 지급을 위하여 또는 지급을 담보(확보)하기 위하여 교부되는 것이기 때문에, 어음의 소지인은 자신에게 어음을 교부하여 준 앞사람에게 원인관계상의 채권(민 · 상법상의 채권)을 행사할 수 있다.

(4) 이 밖에 어음의 정당한 소지인은 어음상 채권이 권리보전절차의 흠결 또는 소멸시효의 완성으로 어음상의 권리가 소멸된 경우에도 이로 인하여 이득을 입은 자에 대하여 (적어도 이론상) 이득상환청구권을 행사할 수 있다(그러나 실제로 어음의 경우 이득상환청구권이 인정된 사례가 없다).

(5) 요컨대 어음은 기존채무의 지급을 위하여 또는 지급을 담보하기 위하여 발행 · 교부되는데, 만기일에 지급되지 아니하면 상환청구요건을 갖추어 상환청구할 수 있고, 이와는 별도로 원인채권을 행사할 수 있으며, 이 밖에도 이득상환청구권을 행사할 수도 있다.

(6) 어음법은 은행의 개입없는 자연인 사이의 어음관계인 이른바 문방구어음의 발행 · 유통 · 소멸을 기본적인 어음관계인 것처럼 규정하고 있으나, 실제 상거래에서는 이와 같은 어음은 거의 유통되지 않고 금전소비대차를 하는 개인들이 차용증 대용으로 사용하는 정도이다. 실무상으로는 어음발행인이 은행과 당좌계정을 개설하고 은행에 지급사무를 위탁하여 은행을 지급인으로 하는 이른바 은행도어음이 주종을 이룬다. 문방구어음이든 은행도어음이든 효력에 있어서는 아무런 차이가 없으나, 은행도어음의 경우 그 어음이 지급되지 아니한 때에

구할 수 있는 것이며 발행인을 위한 어음보증인은 보증된 자와 동일한 책임을 지는 것이므로 이러한 어음보증인에게도 소지인은 지급을 위한 제시 없이도 어음금청구권을 행사할 수 있다: 대법원 1988. 8. 9. 86다카1858.

는 어음교환소가 발행인에 대하여 거래정지처분 등의 제재를 가하므로 채무자의 지급이 사실상 강제된다(수표의 경우에는 부정수표단속법에 의하여 지급이 강제된다).

(7) 또한 현행 어음법은 환어음을 중심으로 구성되어 있으나, 실무에서는 환어음은 외국환거래에서나 사용될 뿐 국내에서는 거의 이용되고 있지 않고 약속어음이 대부분이다. 그러나 약속어음이든 환어음이든 규정 내용은 거의 같으므로 강의에 큰 문제는 없으나, 본서에 소개된 판례는 약속어음에 관한 것이 대부분이다.

◆ **어음의 부도와 소지인의 구제**

(ⅰ) 위에서 설명한 바와 같이 어음이 지급거절되면 어음소지인은 주채무자에 대하여 일반적인 소송절차인 어음금청구의 소를 제기할 수 있고(어음소송제도), 어음수수의 직접 상대방에 대하여 원인관계상의 채권을 행사할 수도 있다. 이 외에도 이득상환청구제도, 상환청구제도, 은행의 거래정지처분제도 등의 방안이 마련되어 있다.

(ⅱ) 은행거래정지처분(부도처분)은 어음의 부도를 예방하고 어음의 건전한 유통을 확보하기 위하여 어음교환소에 의한 제재이다. 교환에 돌린 어음이 지급되지 아니한 때에는 어음에 예금부족 또는 무거래 등 부도사유를 기재하여 제시은행에 반환하고 不渡代錢을 수취하는 한편, 어음교환소에 부도어음신고서를 제출한다(어규 제65조, 제70조, 제73조). 예금부족으로 인한 부도로서 입금통보서가 없을 때 등에는 거래정지처분이 행하여진다(어규 제78조). 거래정지처분을 받은 자에 대하여는 어음교환소 가맹은행이 2년간 당좌예금 및 가계종합예금거래를 할 수 없게 된다(어규 제79조).

(ⅲ) 어음을 분실 · 도난 · 사기당한 경우에는 약속어음의 발행인은 사고신고서를 제출할 때 어음금 상당액을 사고신고담보금으로 예탁하여야 한다. 사고신고담보금은 어음지급대금의 부족을 은폐하거나 거래정지처분을 면탈하기 위한 허위의 사고신고가 아님을 보장하고, 정당한 어음권리자로 판명된 자에 대한 어음금지급을 담보하기 위한 것이다. 사고어음을 소지한 자가 정당한 권리자임이 판명된 경우에는 소지인이 지급청구권을 가지며, 어음소지인이 정당한 권리자가 아님이 판명된 경우에는 담보금을 예탁한 사고신고인이 그 반환청구권을 가진다(어규 제75조의 2).

(ⅳ) 어음금청구사건을 단독판사의 사물관할로 하고 있고, 이에 관하여는 담보 없이 가집행선고를 하여야 하도록 규정하여(민소 제213조 제1항 단서), 어음소송에 관하여 약간의 특칙이 있다. 일본과 독일 등 외국의 경우에는 증거방법을 서증 또는 당사자본인신문 등 쉽게 조사할 수 있도록 하여 심리의 신속을 꾀하고, 승소판결에는 반드시 가집행선고를 붙여 권리의 실현을 강화하고, 원칙적으로 상소를 허용하지 않는 것 등 독특한 어음소송제도를 두고 있다.

◆ 은행도어음과 문방구어음

은행도어음의 경우 당좌거래를 개시함에 있어 그 거래처에 대한 신용조사를 철저히 하고, 어음이 부도된 경우 어음교환소가 발행인에 대하여 거래정지처분을 하고 당좌계정을 강제해지하며, 향후 2년간 새로운 당좌계정 개설을 금지하기 때문에 지급이 보장되고, 은행을 지급장소로 하기 때문에 어음금의 청구 및 추심도 편리하다. 따라서 실무에서 어음이라고 하면 바로 은행도어음을 말한다.

한편 문방구어음은 지급장소를 은행이 아닌 발행인의 영업소 또는 자택으로 정한 어음을 말한다. 이때 사용하는 어음용지는 대개 문방구에서 판매하는 용지를 사용하기 때문에 이와 같은 이름을 얻었으나, 문방구에서 구입하지 아니하고 사제 용지를 사용하더라도 문방구어음이 되므로, 실무상 은행도어음이 아닌 어음은 모두 문방구어음이 된다. 지급장소가 은행이 아닌 자택인 점에서 自宅(渡) 어음이라고 할 수 있다. 문방구어음은 지급의 확실성이 담보되지 않으므로 유통성이 약하지만 효력에 있어서는 은행도어음과 차이가 없으므로 차용금증서 또는 외상매출증서 대용으로 이용된다.

Ⅱ. 어음의 원인관계

1. 어음의 원인관계의 의의

어음의 원인관계(Kausalverhältnis)란 어음수수의 원인이 되는 법률관계를 말한다. 어음의 수수에는 반대급부, 즉 대가가 있는 것이 보통이므로(다만 융통어음의 경우는 예외임) 이것을 대가관계(Valutaverhältnis)라고도 한다. 원인관계는 채무의 변제·채권의 추심·채무의 담보·증여·어음상의 권리의 매매(어음할인)·신용의 부여(융통어음)·어음채무의 지급연기(연기어음)·어음개서 등 여러 가지 경우가 있을 수 있다.

2. 어음관계와 원인관계의 관계

1) 어음관계의 추상성(무인성)과 그 한계

(1) 무인성의 의의

어음상의 권리는 추상적(무인적) 권리이다. 즉, 어음관계는 매매, 금전소비대차 등과 같은 원인관계로부터 분리하여 취급된다. 이것은 곧 어음상의 권리의 발생은 원인행위의 존부 · 유효 · 무효 · 취소 등에 의하여 영향을 받지 않으며, 원인관계와 어음관계는 각각 독자적인 법률관계를 이룬다는 것(따라서 각각 독자적으로 양도될 수 있다는 것)을 의미한다.[1] 예컨대, 어음행위의 무인성으로 인하여, 어음수수의 원인이 되는 실질관계인 매매 · 대차 등이 무효가 되더라도 어음행위의 효력에는 영향이 없다. 다만 이 경우에는 그 원인관계가 직접적인 당사자간 또는 악의의 취득자에 대한 관계에서만 인적 항변사유가 되는 데 불과하다(어 제17조 · 제77조 제1항, 수 제22조).

(2) 무인성의 한계

어음행위의 무인성은 어음거래의 안전을 꾀하고 어음의 유통성을 확보해 주는 한편 어음수수의 직접 당사자 사이에서 증명책임의 전환을 가져와, 어음채무자 측에서 원인관계에 하자가 있다는 것을 주장 · 증명하여야만 원인관계에 기한 항변이 가능하게 된다. 그러나 어음관계와 원인관계를 엄격히 분리시키는 것은 어음의 유통성을 조장 · 확보하려는 데 그 목적이 있는 것이지 어음 자체의 수단적 성격을 부인하는 것은 아니므로 어음의 유통성을 저해하지 않는 범위 내에서는 어음관계와 원인관계의 견련성을 고려하여 어음의 추상성과 수단성을 조화할 수 있는 법적 조치가 필요하다.

2) 원인관계가 어음관계에 미치는 영향

원인관계를 고려하여 인정한 어음법상의 조치는 다음과 같다.

(1) 인적 항변의 허용

원인관계의 당사자가 어음상의 채권자 · 채무자인 경우에는 원인관계상의 사유를 항변으로 주장할 수 있다(어 제17조 · 제77조 제1항 제1호). 왜냐하면 이를 인정하여도 어음의 유통성확보에 아무런 지장을 주지 않고 도리어 당사자간의 구체적 형평에 합치하기 때문이다. 따라서 당사자간에 있어서는 어음관계의 추상성이란 결국 증명책임의 전환을 의미하게 된다. 즉, 어음채권자는 형식상 유효한 어음을 소지하기만 하면 되고, 그 원인을 증명할 필요가 없으나, 채무자는 원인관계에서 생기는 항변사유를 증명하여야만 채권자의 청구에 대항할 수 있게 된다.

---

1) 대법원 1989. 10. 24. 89다카1398; 동 1997. 7. 25. 96다52649; 동 1998. 5. 22. 96다52205; 동 2007. 9. 20. 2007다36407.

(2) 상환청구권(遡求權)

어음의 소지인은 만기에 지급이 거절되거나 만기 전이라도 지급의 가능성이 현저하게 적어진 때에는, 전자(상환의무자)에 대하여 일정한 금액의 상환청구를 할 수 있다(어 제43조 이하 · 제77조 제1항 제4호). 이를 소구권이라고도 하는데 이것은 어음수수의 원인관계에 의거한 담보책임이 어음법상의 제도로 엄격화된 것이다.

(3) 이득상환청구권

어음상의 권리가 보전절차의 흠결 또는 시효로 인하여 소멸한 경우에도 어음 소지인은 이득자[발행인 · 배서인 · 인수인(수표의 경우 지급보증을 한 지급인도 포함)]에 대하여 그 받은 이익의 범위 내에서 상환청구를 할 수 있다(어 제79조, 수 제63조). 이 이득상환청구권도 형평의 관념에 입각하여 원인관계 또는 자금관계를 고려한 어음법상의 어음소지인 보호조치이다.

3) 어음관계가 원인관계에 미치는 영향

어음관계는 전부 원인관계에 영향을 미치는 것이 원칙이다. 어음수수가 이루어지는 원인은 어음 자체, 즉 어음상의 권리 자체의 매매를 목적으로 하는 경우(예컨대, 어음할인)와 기존채무의 지급을 목적으로 하는 경우가 있다.[1] 전자의 경우에는 어음관계의 성립에 의하여 바로 원인관계상의 목적을 달성할 수 있어서 하자담보책임의 문제를 제외하면 특별히 문제될 것이 없으므로 후자의 경우에 어음의 수수가 기존채무에 미치는 영향만을 검토하여 본다.

(1) 기존채무가 소멸하지 않는 경우

(가) 지급을 위하여 어음이 수여되는 경우

(i) 기존채무를 결제하기 위하여 어음이 수수된 경우에는, 당사자간의 특약이 없는 한 지급에 갈음하여(원인채무의 변제를 대신하여) 어음이 수수되었다고 해석할 수는 없으므로 '지급을 위하여'(원인채무 변제의 수단으로) 또는 '지급을 담보하기 위하여'(원인채무가 변제되지 않을 경우를 대비하여) 수수되었다고 추정한다.[2] 적어도 '지급을 갈음하여'(원인채무의 변제를 대신하여) 어음을 교부한 것으로 보지는 않는다(그러나 예외적으로 지급을 갈음하여 어음이 교부된 것으로 보는 판례가 있다: 후술).[3]

---

1) 그 기존채무가 어음채무인 경우에는 어음의 발행은 '어음의 개서'가 되고, 발행된 신어음을 '연기어음'이라고 한다.

2) 대법원 1993. 11. 9. 93다11203 · 11210; 동 1995. 10. 13. 93다12213; 동 2001. 7. 13. 2000다57771.

3) 대법원 2010. 12. 23. 2010다44019.

왜냐하면 어음은 통화와 같은 강제통용력이 없으므로 어음을 취득하여도 반드시 지급된다고 할 수 없을 뿐만 아니라, 어음의 교부에 의하여 기존채무가 당연히 소멸한다고 하면 채권자는 어음의 수수에 의하여 기존의 원인채권에 존재하던 담보권을 모두 상실하게 되는데, 이것도 통상 당사자의 의사에 합치된다고 보기 어렵기 때문이다.

❒ 대법원 1976. 11. 23. 76다1391
채무자가 발행한 약속어음은 특별한 사정이 없는 한 그 채무의 지급확보 또는 그 지급을 위하여 발행한 것이라 할 수 있다

☞ 이미 존재하는 금전대차 등 채권채무에 관하여 그 채무자가 발행한 약속어음은 특별한 사정이 없는 한 그 채무의 지급확보 또는 그 지급을 위하여 발행한 것이라 할 수 있고 그 경우 채권자는 수표상의 권리와 일반채권의 그 어느 것이나 행사할 수 있는 것이라 할 것인 바 수표상의 권리가 시효 따위로 인하여 소멸하였다 하여 다른 일반채권도 당연히 소멸하는 것이 아니다. 동지: 대법원 1964. 6. 2. 63다856; 동 1969. 2. 4. 68다567; 동 1970. 6. 30, 70다517; 동 1976. 11. 23. 76다1391; 동 1990. 5. 22. 89다카13322; 동 2001. 7. 13. 2000다57771; 동 2003. 5. 30. 2003다13512.

(ii) 지급을 위하여 교부하는 경우와 담보를 위하여 교부하는 경우의 구별에 관하여는, "어음상의 주채무자가 원인관계상의 채무자와 동일하지 아니한 때에는 제3자인 어음상의 주채무자에 의한 지급이 예정되고 있으므로, 이는 '지급을 위하여' 교부된 것으로 추정된다".[1] 즉, 제3자가 발행한 어음을 배서 · 교부하는 경우에는 지급을 위하여 배서 · 교부한 것으로 추정되고, 채무자가 직접 어음을 발행하여 채권자에게 교부하는 경우에는 기존채무를 담보하기 위하여 배서 · 교부한 것으로 추정한다. 다만 채무자가 직접 어음을 발행하여 채권자에게 교부하였다고 하더라도 제3자방 어음의 경우나 인수되지 아니한 환어음을 발행 · 교부한 경우에는 예외적으로 '지급을 위하여' 교부된 것으로 추정하여야 할 것이다. 이들 경우에는 발행인의 자금으로 제3자가 지급을 담당하기 때문이다.

기존채무의 지급을 위하여 어음이 수수되었다고 보는 경우에는 기존채무와 어음채무는 병존하고,[2] 어느 한 채무를 이행함으로써 양자가 함께 소멸한다.[3]

---

1) 동지: 대법원 1993. 11. 9. 93다11203 · 11210; 동 1995. 10. 13. 93다12213; 동 1996. 11. 8. 95다25060; 동 1997. 3. 28. 97다126 · 133 참조.

2) 대법원 1992. 2. 25. 91다14192: 기존채무의 지급을 위하여 어음이 수수된 경우에는 기존채무는 소멸하지 아니한다. 동지: 대법원 2003. 5. 30. 2003다13512.

3) 대법원 2000. 2. 11. 99다56437: 기존 채무의 지급을 위하여 또는 지급확보를 위하여 어음

(iii) 지급을 위하여 어음이 수수된 경우 양채권 행사의 순서가 문제이다. 이 경우 어음채권과 기존채권이 병존하더라도, 당사자간의 특약이 없으면 어음채권자는 먼저 어음상의 권리를 행사하고, 그것으로써 만족을 얻지 못할 때에 비로소 기존채권을 행사하여야 한다. 왜냐하면 이 경우에 채권자는 채무자 이외의 자로부터 지급을 받는 수단을 채무자로부터 제공받았기 때문이다. 또한 이 경우에는 '어음을 지급함으로써 원인채무를 변제하기로 한다'는 당사자간의 (묵시적) 합의가 있었다고 볼 수 있으므로, 이 합의를 어기고 먼저 원인채권을 행사하는 것은 계약위반이 된다. 따라서 채권자가 원인채권을 먼저 행사하는 때에는 채무자는 어음채권의 선행사를 요구하면서 변제를 거절할 수 있다. 어음의 지급제시가 없는 한 채무자는 원인채무에 대한 이행지체가 되지 않고 채권자도 계약을 해제할 수 없다.

어음의 만기일이 기존채무의 이행기보다 후일인 경우, 기존채무의 이행기가 어음의 만기일까지로 유예된다고 보아야 한다.[1] 이 경우에는 당사자간에 기한유예의 묵시적 합의가 있었다고 볼 것이다.

그러나 기존채부가 이미 채무불이행상태에 빠진 다음에 기존 채무의 지급을 위하여 어음을 발행한 경우, 기존채무의 변제기가 어음에 기재된 만기일로 변경되지는 않는다는 것이 판례의 태도이다.[2]

한편 어음금지급청구의 소를 제기하는 경우 기존채무의 소멸시효도 중단된다고 본다. 왜냐하면 지급을 위하여 어음을 교부한 경우 어음채권과 원인채권은 법률상 별개의 채권이기는 하지만 경제적으로는 동일한 급부를 목적으로 하면서, 어음채권은 원인채권의 지급수단에 지나지 않으므로 어음금을 청구하는 것 자체가 기존채권에 대한 권리행사의 의사를 객관적으로 표명한 것이기 때문이다. 또한 어음채권을 행사하여 확정판결을 받은 경우에는 어음채권의 시효도 10년으로 연장되지만 이 밖에 원인채권의 시효기간도 민법 제165조에 의하여 위 확정의 때로부터 10년간 연장된다. 그러나 반대로 기존채권에 관한 소를 제기한 경우 어음채권에 관한 소멸시효 중단사유인 재판상의 청구에는 해당하지 않는다.[3]

이 교부되어 기존 채권과 어음채권이 병존하는 경우 어음채권이 변제나 상계 등에 의하여 소멸하면 기존 채권 또한 그 목적이 달성되어 소멸하는 것이고, 이러한 법리는 채권자가 어음을 제3자에게 배서·양도한 후 그 어음소지인과 채무자 사이에서 어음채권의 변제나 상계 등이 이루어진 경우에도 마찬가지이다. 동지: 대법원 2000. 3. 24. 99다1154.

1) 대법원 1990. 6. 26. 89다카32606; 동 1998. 11. 27. 97다54512 · 54529; 동 1999. 8. 24. 99다24508; 동 1999. 9. 7. 98다47283; 동 2000. 7. 28. 2000다16367; 동 2000. 9. 5. 2000다26333; 동 2001. 2. 13. 2000다5961; 동 2001. 7. 13. 2000다57771.

2) 대법원 2000. 7. 28. 2000다16367; 동 2001. 3. 23. 2000다11560.

3) 대법원 1994. 12. 2. 93다59922.

(iv) 채권자가 어음의 주채무자·수표발행인의 무자력 가능성을 알았거나 알 수 있었음에도 불구하고 어음상의 권리보전절차를 해태하여 어음상의 권리(상환청구권)를 상실하고, 이 때문에 채무자가 손해를 입었다면 채무자는 그 손해배상 채권으로써 자신의 채무를 상계할 수 있다. 그러나 채권자가 어음의 주채무자·수표발행인의 무자력 가능성을 알았거나 알 수 있었다는 사정이 없는 경우에는 채무자의 손해는 특별사정으로 인한 손해로서(민 제393조 제2항) 그 손해배상청구권은 채권자의 기존채권과 상계할 수 없다.[1]

❒ 대법원 2001. 7. 13. 2000다55324
수표의 소지인이 상환청구권보전절차를 취하지 아니하여 채무자가 손해를 입었다고 한 사례

☞ 지급을 위하여 제3자 발행의 수표를 교부받은 채권자가 수표의 발행일 이후 수표발행인의 자력이 악화될 것임을 알았거나 적어도 이를 알 수 있었으면서도 수표를 지급기일에 지급제시하지 않아 발행인에 대한 상환청구권을 상실하는 한편, 그와 같은 사정을 채무자에게 고지하지도 않아 그로 하여금 적절한 시기에 발행인에 대해 수표발행의 원인이 된 채권을 행사하거나 그 채권을 보전할 기회조차 가지지 못하게 하여 채권의 만족을 얻지 못하게 하는 손해를 입게 하였다고 할 것이므로 채무자는 그 손해배상채권으로 이 사건 채무를 상계할 수 있다고 할 것이다.

❒ 대법원 2003. 1. 24. 2000다37937
상환청구권의 상실과 보증인의 면책

☞ 어음채권자의 고의나 과실로 상환청구권이 상실되면 특별한 사정이 없는 한 그로 인하여 상환받을 수 없는 한도에서 민사상 보증인은 보증책임을 면하게 된다.

(v) 어음채권을 먼저 행사하여야 하는 경우에는 이를 어떠한 방법으로 행사하여야 하는가가 문제된다. 어음채권자는 만기를 기다려 지급제시를 하는 대신 만기 전에 어음을 할인받아 채무의 변제에 충당할 수도 있으나, 이 경우에도 채권자가 어음상의 상환채무를 면할 때까지는 기존채무는 소멸하지 아니한다.

(vi) 어음채권을 행사하지 아니하고 원인채권을 행사하는 경우 반드시 어음을 반환하여야 한다(어음의 반환문제에 관한 아래의 설명은 기존채무의 담보를 위하여

---

1) 대법원 1995. 10. 13. 93다12213; 채무자의 손해는 특별사정으로 인한 손해로서 그 손해배상청구권은 채권자의 기존채권과 상계할 수 없다.

어음이 수수되는 경우에도 같다.[1] 채무자는 어음의 반환 없는 원인채무만의 이행을 거절할 수 있는 항변권을 가진다(판례 1).[2] 어음의 반환이 없어서 변제하지 못하더라도 채무자는 이행지체의 책임을 져야 한다(판례 2). 채무자가 어음을 반환받았다면 기존채권이 변제된 것으로 추정되며,[3] 반대로 채권자가 어음을 소지하고 있다면 원인채권이 아직 변제되지 아니한 것으로 추정된다.[4] 다만 어음채권이 시효로 소멸하거나[5] 상환청구권보전절차의 흠결로 소멸하고 또 채무자가 이득상환청구권의 상환의무를 지지 않는 경우, 혹은 어음이 훼멸된 경우 등 채무자가 이중지급의 위험이 없는 경우에는 어음반환을 요구할 수 없다고 한다.[6]

❐ 판례 1: 대법원 1989. 5. 9. 88다카7733
어음의 반환 없이 기존채권의 지급청구를 하는 경우 채무자는 어음의 반환 없는 원인채무만의 이행을 거절할 수 있는 항변권을 가진다

☞ 채무자가 기존채무의 지급을 위하여 채권자에게 약속어음을 교부하였는데 채권자가 그 어음과 분리하여 기존채권만을 제3자에게 양도한 경우에는, 채무자는 이중으로 채무를 지급하게 될 위험을 피하기 위하여 채권양수인의 어음의 반환없는 기존채권의 지급청구를 거절할 수 있고, 그와 같은 경우 원인채권의 양도통지 후 그 어음금이 지급되었다고 하더라도 채무자는 양도통지를 받기 이전에 이미 어음의 반환 없는 원인채무만의 이행을 거절할 수 있는 항변권을 가지고 있었으므로 그 후 원인채권을 양수한 자에 대하여 그 항변권을 행사할 수 있다. 동지: 대법원 2003. 5. 30. 2003다13512.

❐ 판례 2: 대법원 1999. 7. 9. 98다47542・47559
어음의 반환과 동시이행의 항변과의 관계

☞ 채무자가 어음의 반환이 없음을 이유로 원인채무의 변제를 거절할 수 있는 것은 채무자로 하여금 무조건적인 원인채무의 이행으로 인한 이중지급의 위험을 면하게 하려는 데에 그 목적이 있는 것이지, 기존의 원인채권에 터잡은 이행청구권과 상대방의 어음 반환청구권이 민법 제536조에 정하는 쌍무계약상의 채권채무관계나 그와 유사한

---

1) 지급을 위하여 어음이 수수된 경우: 대법원 1989. 5. 9. 88다카7733; 동 2003. 5. 30. 2003다13512. 지급을 담보하기 위하여 어음이 수수된 경우: 대법원 1993. 11. 9. 93다11203・11210; 동 1999. 7. 9. 98다47542・47559.

2) 대법원 1964. 12. 25. 64다1030; 동 1989. 5. 9. 88다카7733; 동 1995. 10. 13. 93다12213; 동 1996. 12. 20. 96다41588.

3) 대법원 1996. 3. 22. 96다1153.

4) 대법원 1992. 6. 23. 92다886.

5) 대법원 1974. 12. 24. 74다1296.

6) 대법원 1989. 5. 9. 88다카7733; 동 1969. 12. 30. 69다1934; 동 1970. 10. 23. 70다2042; 동 1976. 4. 13. 75다649.

대가관계가 있어서 그러는 것은 아니므로, 원인채무 이행의무와 어음 반환의무가 동시 이행의 관계에 있다 하더라도 이는 어음의 반환과 상환으로 하지 아니하면 지급을 할 필요가 없으므로 이를 거절할 수 있다는 것을 의미하는 것에 지나지 아니하는 것이며, 따라서 채무자가 어음의 반환이 없음을 이유로 원인채무의 변제를 거절할 수 있는 권능을 가진다고 하여 채권자가 어음의 반환을 제공하지 아니하면 채무자에게 적법한 이행의 최고를 할 수 없다고 할 수는 없고, 채무자는 원인채무의 이행기를 도과하면 원칙적으로 이행지체의 책임을 진다. 동지: 대법원 1993. 11. 9. 93다11203·11210(반소): 채권자로부터 어음, 수표의 반환을 받지 아니하였다 하더라도 이 어음, 수표를 반환하지 않음을 이유로 위와 같은 항변권을 행사하여 그 지급을 거절하고 있는 것이 아닌 한 이행지체의 책임을 면할 수 없다.

원인채권을 먼저 행사하려고 할 때에는 어음(수표)을 채무자에게 반환하지 않으면 원인채권의 변제를 받은 채권자가 어음(수표)을 제3자에게 양도해버리면 그 어음(수표)의 선의취득자에게 채무자가 이중지급하여야 하는 위험이 있다. 또한 어음증권을 소지하지 못하게 됨으로써 전자에게 상환청구권을 행사할 수 없게 되어 부당하다. 다만, 이중지급의 위험이 없는 경우, 예컨대 어음채무자의 전자가 존재하지 않고 어음이 물리적으로 멸실되었으며, 멸실 당시에 채권자가 어음을 소지하고 있었던 경우에는 채무자의 어음상환의 항변은 인정되지 않는다고 본다.

❒ 대법원 1995. 10. 13. 93다12213
약속어음에 대한 제권판결이 선고된 경우에는 어음상환의 항변은 인정되지 않는다

☞ 일반적으로 약속어음을 교부하고 돈을 차용한 채무자는 채권자의 차용금 반환청구에 대하여 약속어음의 반환과 상환으로만 그 반환의무를 이행하겠다는 주장을 할 수 있으나, 그 약속어음에 대한 제권판결이 선고되어 약속어음의 효력이 상실된 경우에는 그러한 상환이행의 주장을 할 수는 없다고 보아야 할 것이다.

(vii) 어음채권과 원인채권이 병존하는 경우에는 일방의 채권의 만족에 의하여 타방의 채권도 소멸한다.[1] 그러므로 어음금이 환어음의 인수인이나 지급인 또는 약속어음의 발행인에 의하여 지급된 때에는 원칙적으로 원인채권도 소멸한다.[2] 어음채권자가 어음을 제3자에게 배서양도하여 어음채무자가 제3자에게 어음금을 지급한 경우에도 원인채권은 소멸한다.[3]

1) 대법원 1960. 8. 18. 4292민상864.
2) 대법원 1960. 8. 18. 4292민상864.
3) 대법원 1994. 3. 25. 94다2374.

❒ 대법원 1994. 3. 25. 94다2374
어음채권자가 어음을 제3자에게 배서양도하여 어음채무자가 제3자에게 어음금을 지급한 경우에도 원인채권은 소멸한다

☞ 원인채권에 대한 압류의 효력이 발생하기 전에 원인채권의 지급을 위하여 약속어음을 발행하고 그것이 제3자에게 배서양도된 경우에 그 어음의 소지인에 대한 어음금의 지급이 원인채권에 대한 압류의 효력이 발생한 후에 이루어졌다 하더라도 그 어음을 발행하거나 배서양도한 원인채무자는 그 어음금의 지급에 의하여 원인채권이 소멸하였다는 것을 압류채권자에게 대항할 수 있다.

또한 채권자가 어음의 양도에 의하여 만족을 얻은 경우에는 후에 어음금이 지급되지 아니한 때에도 원인채권이 소멸되는 수가 있다.

(ⅷ) 어음채권과 원인채권이 병존하는 경우에는 일방의 채권의 만족에 의하여 타방의 채권도 소멸하므로, 상사채무인 원인채권이 5년의 상사시효로 소멸한 경우에는 원인채무의 지급을 위하여 약속어음을 발행한 발행인은 위 사유를 들어 약속어음의 수취인에 대하여 약속어음금의 지급을 거절할 수 있다.[1] 다만 이것은 인적 항변일 뿐이다 함은 전술하였다.

(나) 기존채무의 담보를 위하여 어음이 수수되는 경우

지급의 담보를 위하여 어음이 수수된 때에는, 기존채무는 소멸하지 않고[2] 양 채무가 병존하므로 채권자는 어음상의 권리와 기존채권 중 어느 것이나 먼저 행사할 수 있다.[3] 왜냐하면 이 경우에는 채무자로서는 어음상의 권리가 먼저 행사된다고 하더라도 어떠한 불이익도 받지 않기 때문이다. 그러나 기존채권을 먼저 행사하는 경우에는 채권자는 채무자에게 어음을 반환하여야 한다.[4] 그렇다고 하여 채무자가 이행지체에 빠지지 않는 것은 아니다.[5] 어음을 반환받지 않은 채무자는 이중지급의 위험을 부담하므로 어음채무의 이행을 거절할 수 있다.[6]

기존채무를 담보하기 위하여 어음을 교부한 경우, 기존채권의 소멸은 어음채

---

1) 대법원 1993. 11. 9. 93다16390; 서울지방법원 1996. 7. 9. 95나41276[확정].
2) 대법원 2002. 12. 24. 2001다3917.
3) 대법원 1993. 11. 9. 93다11203 · 11210; 동 1999. 6. 11. 99다16378.
4) 대법원 1992. 12. 22. 92다8712; 동 2001. 5. 8. 2000다58880(원인채권은 어음과 상환하여서만 행사할 수 있다); 동 1999. 7. 9. 98다47542 · 47559.
5) 대법원 1999. 7. 9. 98다47542 · 47559; 동 1993. 11. 9. 93다11203 · 11210(반소).
6) 담보를 위하여 배서한 경우 민법상의 보증채무도 부담하는지의 여부. 부정: 대법원 1964. 10. 20. 64다865; 동 1987. 12. 8. 87다카1105; 동 1993. 11. 23. 93다23459. 긍정: 대법원 1986. 7. 22. 86다카783; 동 1989. 7. 25. 88다카19460.

권의 운명에 영향을 미친다.[1] 채권자는 기존채권이나 어음채권을 제3자에게 양도할 수 있지만, 어음이 유통되어 제3자가 이를 소지하고 있는 경우에는 기존채무의 소멸은 인적 항변사유가 될 뿐이다.[2] 반대로 어음(수표)채권의 소멸은 기존채권에 영향을 미치지 아니함이 원칙이다.

원인채권의 지급을 확보하기 위한 방법으로 어음이 수수된 경우, 채권자가 기존채권과 어음채권 중에서 임의로 선택하여 행사할 수 있으므로, 기존채권과 어음채권의 소멸시효는 그 변제기·지급시기가 도래한 때로부터 진행된다. 이때 원인채권에 기하여 청구를 한 것만으로는 어음채권 그 자체를 행사한 것으로 볼 수 없어 어음채권의 소멸시효를 중단시키지 못하나, 어음채권에 기하여 청구를 하는 경우에는 원인채권의 소멸시효를 중단시키는 효력이 있다.[3] 본래 원인채권과 어음채권은 서로 독립된 채권임에도 불구하고 어음채권을 청구하면 원인채권의 시효도 중단하는 효력을 인정하는 이유는, (i) 이때의 어음은 경제적으로 동일한 급부를 위하여 원인채권의 지급수단으로 수수된 것으로서 그 어음채권의 행사는 원인채권을 실현하기 위한 것인 점, (ii) 어음수수 당사자 사이에서 원인채권의 시효소멸은 어음금 청구에 대하여 어음채무자가 대항할 수 있는 인적 항변 사유에 해당하므로, 채권자가 어음채권의 소멸시효를 중단하여 두어도 원인채권의 시효소멸로 인한 인적 항변에 따라 그 권리를 실현할 수 없게 되는 불합리한 결과가 발생하게 되기 때문이다. 그러나 이미 시효로 소멸한 어음채권을 피보전권리로 하여 가압류 결정을 하더라도 그 원인채권의 소멸시효가 중단되지는 않는다.[4] 이때는 어음채권은 이미 소멸하여 권리행사가 불가능하고, 원인채권의 소멸시효의 중단 여부가 더 이상 어음채권의 권리 실현에 영향을 주지 못하기 때문이다.

---

1) 대법원 1996. 11. 8. 95다25060.

2) 대법원 1996. 6. 11. 95다16378.

3) 대법원 1999. 6. 11. 99다16378; 동 2002. 2. 26. 2000다25484(원인채권의 지급을 확보하기 위하여 어음이 수수된 당사자 사이에 채권자가 어음채권에 관한 집행력 있는 집행권원(채무명의) 정본에 기하여 한 배당요구는 그 원인채권의 소멸시효를 중단시키는 효력이 있다); 동 2007. 9. 20. 2006다68902: 원래 원인채권과 어음채권은 서로 독립된 채권임에도 불구하고 어음채권을 청구하면 원인채권의 시효도 중단하는 효력을 인정하는 이유는, ① 이때의 어음은 경제적으로 동일한 급부를 위하여 원인채권의 지급수단으로 수수된 것으로서 그 어음채권의 행사는 원인채권을 실현하기 위한 것인 점, ② 어음수수 당사자 사이에서 원인채권의 시효소멸은 어음금 청구에 대하여 어음채무자가 대항할 수 있는 인적 항변사유에 해당하므로, 채권자가 어음채권의 소멸시효를 중단하여 두어도 원인채권의 시효소멸로 인한 인적 항변에 따라 그 권리를 실현할 수 없게 되는 불합리한 결과가 발생하게 되기 때문이다.

4) 대법원 2007. 9. 20. 2006다68902.

또한 채권의 지급을 확보하기 위하여 어음이 발행된 경우, 어음채권이 시효로 인하여 소멸하였다고 하더라도 이득상환청구권이 발생하지 않는다.[1]

❐ 대법원 1976. 11. 23. 76다1391
채무자가 발행한 약속어음은 특별한 사정이 없는 한 그 채무의 지급확보 또는 그 지급을 위하여 발행한 것이라 할 수 있다

☞ 이미 존재하는 금전대차 등 채권채무에 관하여 그 채무자가 발행한 약속어음은 특별한 사정이 없는 한 그 채무의 지급확보 또는 그 지급을 위하여 발행한 것이라 할 수 있고 그 경우 채권자는 수표상의 권리와 일반채권의 그 어느 것이나 행사할 수 있는 것이라 할 것인 바 수표상의 권리가 시효 따위로 인하여 소멸하였다 하여 다른 일반채권도 당연히 소멸하는 것이 아니다.

❐ 대법원 1988. 4. 12. 87다카541
금원을 차용하면서 차용증서에 갈음한 약속어음 발행은 그 채무의 지급의 담보를 확보하기 위하여 이루어진 것이다

☞회사가 금원을 차용하면서 약속어음을 차용증서에 갈음하여 발행한 것이라면, 이러한 약속어음의 발행은 어음매매의 성질을 가진 어음할인이라기보다는 그 차용금채무의 지급의 담보 내지 확보를 위하여 이루어진 것이라고 할 것이다. 동지: 대법원 1985. 9. 24. 85다카504; 동 1990. 3. 27. 89다카14110; 동 1998. 3. 13. 97다52493; 동 2002. 4. 12, 2001다55598.

❐ 대법원 1999. 12. 7. 99다39371
원인채무를 담보하기 위하여 어음이 발행된 경우 담보권이 미치는 범위

☞ 일반적으로 타인의 물품대금을 담보하기 위하여 어음을 발행교부하는 경우, 담보권의 불가분성에 의하여 그 어음은 특별한 사정이 없는 한 액면금액 범위 내에서 물품대금 전부를 담보하는 것으로 보아야 할 것이고, 따라서 물품대금의 일부가 변제되었다고 하더라도 나머지 일부가 잔존하는 한 어음발행인은 어음금액의 범위 내에서 잔존하는 물품대금 전액을 지급할 의무가 있다(대법원 1999. 8. 24. 99다22281 · 22298 참조).

(2) 기존채무가 소멸하는 경우

당사자의 특약에 의하여 '지급을 갈음하여' 어음이 수수된 때에는 기존채권은 소멸한다.[2] 따라서 특약이 없는 한 기존채권을 위하여 설정된 담보권 · 보증 등은

1) 대법원 1993. 10. 22. 93다26991.
2) 대법원 2010. 12. 23. 2010다44019: 약속어음을 교부한 것이 매매대금의 '지급에 갈음하여'

그 효력을 잃게 되며, 채권자는 어음에 의하지 않고는 그 권리를 행사할 수 없다. '지급을 갈음하여' 어음을 교부하는 것은 물건(어음)으로서 대금지급을 갈음(대신)한 것으로 보는 것이다. 따라서 지급이 완료되었고, 더 이상 다툴 수 없게 된다. 따라서 기존채권이 소멸된 후에 그 어음이 부도되어도 기존채권은 부활하지 않는다. 채무자가 기존채무의 이행에 관하여 은행의 자기앞수표나 은행의 지급보증이 있는 당좌수표와 같이 지급이 확실한 수표를 수수한 경우에는 이러한 수표는 일반 거래상 현금과 같이 취급되므로 기존채무의 지급을 갈음하여 수표를 수수한 것으로 본다.[1)]

기존채무의 지급을 갈음하여 어음을 수수한 경우에는 기존채무의 소멸을 주장하는 자가 당사자 간에 이러한 의사가 존재하였다는 것을 증명하여야 한다.

Ⅲ. 어음의 자금관계

어음의 자금관계(Deckungsverhältnis, Provision)(수표에도 자금관계는 있으나, 약속어음에는 없다.)란 발행인과 지급인(또는 위탁어음의 경우에는 자금의무자인 제3자) 사이의 관계, 즉 지급인이 어음의 인수 또는 지급을 하는 원인이 되는 실질관계를 말한다. 자금관계는 발행인이 미리 자금을 지급인에게 교부하여 지급하게 하는 것이 보통이겠으나(자금의 교부없이 채무를 소멸시킬 수도 있다.), 자금의 교부없이 지급한 자금을 사후에 보상청구하는 경우도 있다(보상관계).

어음관계와 자금관계는 분리되어, 어음관계는 자금관계에 영향을 받지 않는 것이 원칙이다. 따라서 발행인은 지급인에게 자금을 교부하지 않고도 어음을 발행할 수 있으며, 자금을 교부했다고 하여 발행인으로서의 상환의무를 면하는 것도 아니다. 또 지급인도 인수를 한 이상 자금을 받지 못했다고 지급을 거절할 수 없으며, 자금을 받았다고 하여 인수를 하여야 할 어음상의 의무가 있는 것도 아니다.

어음관계와 자금관계는 전혀 별개의 것이나, 후자는 전자의 기초가 되는 것이므로 자금관계의 존재를 전제로 한 어음법상의 제도가 있다. 예를 들면, 어음관계의 직접 당사자간의 인적 항변의 허용(어 제17조), 발행인의 인수인에 대한 상환청구권(어 제28조 제2항 제2문), 발행인의 인수인에 대한 이득상환청구권(어 제79조)이 있다.

이루어진 것이라고 볼 여지가 많다고 본 사례.

1) 대법원 1960. 5. 19. 4292민상784.

인수인 또는 약속어음의 발행인과 지급담당자, 보증인과 주채무자, 참가지급인 또는 참가인수인과 피참가인 사이에도 자금관계와 비슷한 관계가 생기는데, 이를 준자금관계라 한다.

Ⅳ. 어음예약

어음예약(Wechselschluβ, Wechselvorvertrag)이란 어음관계가 발생하도록 준비하는 계약(예컨대, 어음의 종류・금액・만기 등 어음행위의 내용을 미리 정하는 합의)을 말한다. 특히 서면화한 어음예약을 '假어음'(Interimwechsel)이라고 한다.

어음예약은 원인관계와 어음관계의 중간에 위치하는 것이라고 할 수 있다. 어음예약에 의해서 당사자의 일방이 어음행위를 할 의무가 발생하지만 이것은 어음관계로부터 독립된 것이다. 반드시 어음예약이 있어야만 어음이 발행되는 것도 아니며, 또 어음예약을 위반하고 발행한 어음이라도 유효하고, 다만 당사자간의 인적 항변사유가 될 뿐이다.

제2절 어음행위

제1관 어음행위의 의의 및 종류

Ⅰ. 어음행위의 정의

어음행위란 "어음상의 채무의 발생원인이 되는 법률행위"라고 정의할 수 있다. 물론 배서나 환어음의 발행은 채무부담을 직접적인 목적으로 하는 것은 아니지만 제2차적인 효과로서 상환의무를 부담하게 되므로 모든 어음행위가 채무의 발생원인이 된다고 할 수 있다.

Ⅱ. 어음행위의 종류

어음행위의 종류는 약속어음에는 발행 · 배서 · 보증의 3종(학설상 참가인수까지 4종), 환어음에는 발행 · 배서 · 보증 · 인수 · 참가인수의 5종(수표에는 발행 · 배서 · 보증 · 지급보증의 4종)이 있으며, 이 중에서 발행은 기본어음을 창조하는 행위이므로 기본적 어음행위(Hauptwechselakt)라 하고, 다른 행위는 부속적 어음행위(akzessorischer Wechselakt)라고 한다. 부속적 어음행위는 기본어음행위를 그 자체의 요건으로 하므로 기본어음이 그 요건의 흠결로 인하여 무효가 되면, 그 행위 위에 행하여진 부속적 어음행위도 모두 무효가 된다.

실무상으로는 참가인수제도의 이용은 전무한 실정이고, 수표의 지급보증제도는 지급보증이 자기앞수표의 발행으로 대체되기 때문에 역시 이용되지 않는다.

제 2 관 어음행위의 성립요건

어음행위의 성립요건은 형식적 요건, 실질적 요건, 절차적 요건 등 3요건이 있다. 형식적 요건이란 증권의 작성을 말하며, 증권의 작성은 법정사항을 기재하되 기명날인 또는 서명이 필수적이다. 실질적 요건이란 어음능력자가 의사표시의 하자 없이 어음행위를 하여야 하는 것을 말한다. 어음능력자란 어음행위능력자만이 유효한 어음행위를 할 수 있다는 것으로서, 민법상의 행위능력자는 유효한 어음행위를 할 수 있다. 어음행위능력자의 어음행위라고 하더라도 그 의사표시에 흠결이나 하자가 있어서는 아니된다. 그리고 절차적 요건이란 증권의 교부행위가 있어야 한다는 것을 말한다.

Ⅰ. 어음행위의 형식적 요건(증권의 작성)

어음행위가 유효하게 성립하려면, 우선 어음상[배서나 보증은 어음 자체뿐만 아니라 보충지(補箋)나 등본에 기재하여도 된다(어 제13조 제1항 · 제31조 · 제67조 제3항 · 제77조)]에 법정사항을 기재하고 기명날인 또는 서명을 하여 증권적 법률행위로서의 형식을 갖추어야 한다.

1. 어음행위의 방식

각 어음행위에는 고유한 방식이 정해져 있다(어 제1조 · 제13조 · 제25조 · 제31조 · 제57조 · 제75조 · 제77조). 그러나 한 어음행위가 다른 어음행위를 전제로 하는 경우에는 그 고유한 방식 외에 전제가 되는 행위의 방식도 갖추어져 있어야 하며, 그 중 어느 하나가 갖추어지지 않아도 그 어음행위는 무효가 된다. 모든 어음행위에 공통된 요건은 어음행위자를 표시하는 방식인 기명날인 또는 서명이다.

2. 어음의 기명날인 또는 서명

1) 기명날인 또는 서명의 의의

기명날인이란 행위자의 명칭을 직접 쓰거나 어떠한 방법(예컨대, 타이프, 인쇄, 고무인)으로 기재하고, 행위자의 의사에 의하여 그의 인장을 찍는 것을 말한다. 기명민 있고 날인이 없거나, 날인만 있고 기명이 없는 어음 · 수표행위는 무효이다.

서명이란 어음수표행위자가 자서(自署)하는 것을 말한다. 1995년 개정전의 어음법 · 수표법에서는 외국인의 경우를 제외하고[외국인의 서명날인에 관한 법률(1958. 7. 12, 법률 제488호)] 자서는 인정하지 않았는데, 상거래의 국제화 추세에 맞추어, 1995년 상법개정시에 어음법 및 수표법도 함께 개정하여 기명날인과 서명을 선택적으로 사용할 수 있게 하였다.

기명날인을 요구하는 이유로는 (i) 어음행위자로 하여금 어음상의 책임을 질 것을 자각하게 하려는 주관적 이유와, (ii) 어음행위자의 고유한 필적이나 印影을 어음면에 나타내어 어음취득자로 하여금 어음행위자가 누구임을 분명히 알게 하는 한편, (iii) 어음행위의 위조를 방지하려는 객관적 이유를 들 수 있다.

2) 자연인의 기명날인 또는 서명

자연인의 기명날인 또는 서명은 행위자의 의사에 의한 것인 한 타인에게 대행시킬 수 있다.[1] 행위자를 표시하는 명칭은 성명 · 상호 · 아호 · 통칭 등 거래계에서 누구인지 알 수 있는 것이면 상관없다.[2] 인장은 기명자의 명칭과 일치할 필

---

1) 대법원 1964. 6. 9. 63다1070; 동 1969. 9. 30. 69다964; 동 1971. 5. 24. 76다2191; 동 1981. 3. 24. 81다4.

2) 우리나라 대법원도 약속어음의 발행에 있어 발행인의 기명의 명의와 날인의 명의가 반드시 일치하여야 하는 것은 아니라고 한다. 대법원 1969. 7. 22. 69다742.

요는 없고, 기명자의 '동일성'이 감별될 수 있는 것이면 무엇이든 상관없다. 그리고 '날인'에 의한 인영상의 문자가 기명과 일치하여야 하는가에 대하여 통설 · 판례는 어음상의 기명날인이란 반드시 기명과 날인이 일치하여야 한다고 볼 근거가 없으며, 어음행위자의 의사에 기하여 기명 및 날인이 되면 충분하고 인장의 종류 · 명의 · 압날의 방법을 불문한다는 점에서 유효한 날인으로 본다. 날인부분에서 알 수 있는 이름이 기명과 일치하지 않은 경우, 어음행위는 기명부분에 표시된 자가 한 것으로 보아야 한다.

❐ 대법원 1978. 2. 28. 77다2489
어음상의 기명날인이란 반드시 기명과 날인이 일치하여야 한다고 볼 근거가 없다

☞ 〈사실〉
소외 유판수가 약속어음을 발행하면서 어음표면의 발행인란에 그의 처 황택임의 이름을 기재하고 날인은 서상길이라는 이름의 도장을 찍어서 소외 문인숙에게 교부하였다. 문인숙은 이 어음을 원고 신원실에게 배서양도하였고, 신원실은 만기에 이르러 약속어음의 발행인인 피고 황택임에게 그 지급을 구하였다. 황택임은 이 어음은 자신의 날인이 없으므로 어음으로서의 요건이 흠결되어 무효인 어음이라고 주장하면서 지급을 거절하였다.

〈판결요지〉
어음법상의 기명날인이라는 것은 기명된 자와 여기에 압날된 印影이 반드시 합치됨을 요구한다고 볼 근거는 없으므로 위 약속어음에 피고 황택임의 기명이 되고 거기에 어떤 인장이 압날되어 있는 이상 그 인영이 서상길로 되어 있어 비록 그 기명과 일치되지 않는다 할지라도 이 약속어음의 문면상으로는 기명과 날인이 있는 것이 되어 외관상 날인이 전연 없는 경우와는 구별되어야 한다.
그렇다면 원심이 본건 어음에 날인이 없어 어음으로서의 요건이 흠결된 것이라고 판단하였음은 결국 어음의 법정 요건의 구비여부에 관하여 어음의 문면 자체에 의하여 판단하지 않음으로써 본원의 판례에 위반하였다고 할 것이므로 원심판결을 파기 · 환송한다.

서명은 행위자의 자필이면 충분하고 성명을 기재할 필요도 없고, 판독이 가능할 필요도 없다. 스탬프나 타이프라이터 등 기계화된 서명도 인정하는 나라도 있지만 우리나라에서는 이를 허용하지 않고, 기계화된 서명을 하려면 기명날인 방식을 이용하여야 한다고 본다.

이 외에 자연인의 기명날인 또는 서명과 관련하여 문제가 되는 것은 다음과 같다.

(i) 어음행위자의 기명만 있고 날인이 없는 경우에는 그 어음행위는 무효이

나, 날인만 하고 기명이 없는 경우도 무효이다.[1] 다만 기명이 흠결된 어음행위에서 소지인이 이를 보충할 수 있다고 보는 것이 판례의 태도이다.[2] 기명이 서명으로 인정될 경우에는 날인이 별도로 필요없다.

(ⅱ) 무인(拇印)에 관하여는 대체로 학설은 그 진부에 대해 육안으로 식별되지 않고 특수한 기구와 특별한 기능에 의하지 않고는 이를 식별할 수 없어서, 어음의 신속한 유통을 방해하므로 무효이다.[3]

3) 법인의 기명날인 또는 서명

법인의 기명날인 또는 서명은 법인의 명칭과 대표관계를 표시하고 대표자가 기명날인 또는 서명을 하여야 한다.[4] 따라서 (ⅰ) 본인(회사명)의 표시를 결한 경우는 본인의 책임이 없다.[5] (ⅱ) 대표관계를 표시하지 않은 경우에도 본인의 어음행위로서는 무효이나,[6] 판례는 'Y주식회사A'라고 표시하고 등록된 '대표이사 A印'이라는 직인을 사용한 경우 회사에 책임이 있다고 한다.[7] 이와 관련하여 대표이사 대신에 '이사'로만 쓴 경우, 이것이 대표기관에 의한 어음행위는 아니지만 회사의 대리관계의 표시로서 적법하다고 하며,[8] 재단법인의 '간사'로 표시된

---

1) 대법원 1961. 1. 31. 4294민상200.
2) 대법원 1980. 3. 11. 79다1999.
3) 대법원 1962. 11. 1. 62다604; 동 1959. 11. 12. 4292민상581; 동 1956. 4. 26. 1955민상424.
4) 대법원 1978. 12. 13. 78다1567: 상사회사의 어음행위에 있어 그 대표자 또는 대리인의 표시방법에는 특별한 규정이 없으므로 어음상 대표자 또는 대리인 자신을 위한 어음행위가 아니고 본인을 위하여 어음행위를 한다는 취지를 인식할 수 있을 정도의 표시가 있으면 대표 또는 대리관계의 표시로서 적법하다.
5) 대법원 1979. 3. 27. 78다2477: 원래 본건 약속어음의 발행인 명의가 단순히 '홍경민'으로만 되어 있고, 동인이 피고 회사를 위하여 발행하였다는 뜻이 표시되어 있지 아니한 이상, 그 명의하에 날인된 인영이 회사의 대표이사 직인이라고 할지라도 그 어음은 동인이 회사를 대표하여 발행한 것이라고 볼 수 없다.
6) 대법원 1959. 8. 27. 4291민상287. 그러나 1979년의 대법원 판례를 보면, "이 약속어음이 Y회사에 의하여 발행된 것이라는 원고의 주장사실을 자백한 바가 있었던 사실과, 이 어음이 Y회사의 대표이사 A에 의하여 그 재직 중 피고회사명칭인 Y주식회사 A로 발행되었고 또 지급장소도 피고회사로 되어 있는 점 등을 종합하여, 이 어음에 대표이사자격표시가 없고 또 A의 개인도장이 찍혀있다 하더라도, 이는 Y회사 대표이사인 A 개인이 발행한 것이 아니고 그가 Y회사 대표이사자격에서 이를 발행한 것이라고 인정한 원심판단은 정당하다."고 판시하여 Y회사의 책임을 인정하였다(대법원 1979. 3. 13. 79다15).
7) 대법원 1969. 9. 23. 69다930.
8) 대법원 1973. 12. 26. 73다1436. 그러나 회사부사장, 전무이사, 상무이사 등의 표시는 상법 제395조에 의하여 대표자격의 표시로서 적법하다는 견해가 있다(박태범, 전게논문, 164면). 판례를 보면, 대표이사 이외의 직명이 기재된 경우, 예컨대 '연합실업주식회사 이사'로만 기재한 경우, 이것이 대표기관에 의한 어음행위는 아니지만 회사의 대리관계의 표시로서 적법하다고 하며(대법원 1973. 12. 26. 73다1436), '재단법인 우암재단 간사'(대법원 1968.

어음행위도 법인의 어음행위로 인정된다고 한다.[1] (iii) 회사인만 날인되고 대표기관의 기명날인 또는 서명이 없는 경우도 법인의 어음행위로서는 원칙적으로 무효이다.[2] 이 경우는 대표이사의 기명날인 또는 서명이 없으므로 개인적으로도 책임이 없게 되어 이 어음행위에 대하여는 아무도 책임을 부담하지 않게 된다.

❐ 대법원 2000. 2. 11. 99다58877
법인의 어음행위로 인정하지 아니한 사례

☞ 법인의 어음행위는 어음행위의 서면성 · 문언성에 비추어 법인의 대표자 또는 대리인이 그 법인의 대표자 또는 대리권자임을 어음면상에 표시하고 기명날인하는 대리방식에 의하든가, 법인의 대표자로부터 대리권을 수여받고 직접 법인의 대표자 명의로 서명할 수 있는 권한이 주어져 있는 자의 대행방식에 의하여 이루어져야 할 것이므로, 법인의 대리인이 법인 명의의 배서를 함에 있어 행위자인 대리인의 기명이 누락된 경우에는 그 요건을 갖추지 못한 무효의 배서라고 하여야 한다. 동지: 대법원 1999. 3. 9. 97다7745 참조.

❐ 대법원 1969. 9. 23. 69다930
대표이사의 어음행위로서 유효성을 인정한 사례

☞ 소외 전명형은 피고 회사의 대표이사로 재직하는 동안에 어음을 발행함에 있어서 명의표시와 날인형식의 예에 따라 피고 회사 대표이사 자격으로 '화성건설주식회사 전명형'이라고 표시하고 등록된 '대표이사 전명형 인'이라고 된 회사 대표이사 직인을 날인하여 이 사건 어음을 발행하였다는 것이므로 피고 회사는 어음상의 의무가 있다.

❐ 대법원 1994. 10. 11. 94다24626
법인의 어음행위로서 유효한 것으로 인정한 사례

☞ 〈사실〉
소외 이석기는 피고 삼양제지공업주식회사의 대표이사로 재직하던 중 문제된 수표에 배서를 함에 있어 피고 회사의 대표이사의 자격으로 '삼양제지공업주식회사 이석기'라고만 기재하고, 그 기명 옆에는 '삼양제지공업주식회사의 대표이사'라고 조각된 인장을 날인하였다. 이 어음의 소지인 원고 윤환수는 위 수표의 피고 회사명의의 배서는 소외 이석기가 회사를 대표한다는 뜻이 표시되어 있으므로 회사가 이 수표에 대한 소구의무

---

5. 28. 68다480), '범한해상화재보험주식회사 부산영업소장'(대법원 1978. 12. 13. 78다1567), '해동화재해상보험주식회사 대구영업소장'(대법원 1984. 4. 10. 83다카316) 등의 명의로 한 어음행위도 적법한 대표자격을 표시한 어음행위로 보고 있다.

1) 대법원 1968. 5. 28. 68다480.
2) 대법원 1964. 10. 30. 63다1168.

를 부담하여야 한다고 주장하였다. 이에 대하여 피고 회사는 위 각 수표의 피고 회사명의의 배서에는 대표자격의 표시가 없으므로 피고에 대하여 수표상의 책임을 물을 수 없는 것이라고 항변하였다.

〈판결요지〉

삼양제지공업주식회사의 대표이사인 이석기가 그 재직기간 중 수표에 배서함에 있어서 회사의 대표이사의 자격으로 '삼양제지공업주식회사 이석기'라고만 기재하고, 그 기명 옆에 '삼양제지공업주식회사의 대표이사'라고 조각된 인장을 날인하였다면 그 수표의 회사 명의의 배서는 이석기가 삼양제지공업주식회사를 대표한다는 뜻이 표시되어 있다고 판단함이 정당하다.

❒ 대법원 1979. 3. 13. 79다15
법인의 어음행위로 인정한 사례

☞ 원심판결이유는 다소 애매모호한 점이 없지 않으나 결국 그 결론에서 피고 회사에 대하여 본 건 약속어음 발행자로서의 책임을 지움으로써, 이 약속어음이 피고 회사에 의하여 발행된 것이라는 원고의 주장사실을 자백한 바가 있었던 사실과 이 어음이 피고 회사의 대표이사 강상일에 의하여 그 재직중 피고 회사의 명칭인 '이연합성약품공업주식회사 강상일'로 발행되었고, 또 지급장소도 피고 회사로 되어 있는 점 등을 종합하여, 이 어음에 대표이사 자격표시가 없고, 또 강상일 개인 도장이 찍혀있다 하더라도 이는 피고 회사 대표이사인 강상일 개인이 발행한 것이 아니라 그가 피고 회사의 대표이사 자격에서 이를 발행한 것으로 인정한 취지로서 원심에 의한 이러한 판단은 기록상 정당하다.

❒ 대법원 1964. 10. 30. 63다1168
법인의 어음행위로 인정하지 아니한 사례

☞ '주식회사 국민은행 중부지점'이라는 표시하에 회사인만 날인되어 배서양도된 경우에, 법인의 행위는 대표기관에 의하여서만 실현될 수 있는 것이므로 법인이 어음행위를 함에 있어 이 점을 증권상 명확하게 하기 위하여 대표기관이 법인을 위하여 하는 것이라는 취지, 즉 대표자격이 있다는 것을 표시하고 그 사람이 기명날인하여야 하므로 이러한 배서는 무효이다.

❒ 대법원 1999. 10. 8. 99다30367
법인의 어음행위로서의 방식을 갖추지 못하여 법인의 어음행위로서 무효라고 하더라도 피용자의 불법행위에 대한 사용자책임을 물을 수는 있다

❒ 대법원 1990. 3. 13. 89다카24360
회사의 대표이사가 개인적 이익을 위하여 회사대표이사 명의의 약속어음을 발행한 경우의 효력

☞ '주식회사의 대표이사가 회사의 영리목적과 관계없이 자기의 개인적인 채무변제를 위하여 회사대표이사 명의로 약속어음을 발행교부한 경우에는 그 권한을 남용한 것에 불과할 뿐 어음발행의 원인관계가 없는 것이라고 할 수는 없고, 다만 이 경우 상대방이 대표이사의 진의를 알았거나 알 수 있었을 때에는 그로 인하여 취득한 권리를 회사에 대하여 주장하는 것은 신의칙에 반하는 것이므로 회사는 상대방의 악의를 증명하여 그 행위의 효력을 부인할 수 있다. 동지: 대법원 1987. 10. 13. 86다카1522; 동 1988. 8. 9. 86다카1858.

4) 법인격 없는 단체의 기명날인 또는 서명

조합이 어음행위를 할 때에는 이론상으로는 조합원 전원이 기명날인 또는 서명하여야 하나, 실제의 관행은 대표조합원이 대표자격을 표시하고 전조합원을 대리하여 기명날인 또는 서명을 한다.[1] 권리능력 없는 사단과 재단의 경우도 같다.

Ⅱ. 어음행위의 실질적 요건

어음행위가 유효하게 성립하려면 어음능력자의 하자 없는 의사에 의하여 한 것이어야 한다.

1. 어음능력(Wechselfähigkeit)

1) 어음권리능력(Wechselrechtsfähigkeit)

(1) 사법상의 권리능력자는 모두 어음권리능력자이다.

(2) 자연인은 모두 권리능력이 있으므로(민 제3조) 당연히 어음권리능력을 가진다.

(3) 법인의 어음행위는 모두 법인의 목적범위 내의 행위로 풀이되지만(민 제34조), 어음행위가 법인의 목적범위 외의 행위라고 하더라도 어음행위의 추상성 때문에 원인관계인 실질적 행위에 의거하여 인적 항변의 문제가 생길 뿐이지 어음행위 자체의 효력에는 영향이 없다. 요컨대 영리회사는 목적여하에 불문하고 어음상의 권리능력이 있다고 해야 한다.

(4) 특수법인의 경우는 그 설립근거법에서 차입행위 기타 어음행위를 제한하는 경우가 대부분이다. 이를 위반한 어음행위는 무효이다.[2] 판례는 특별법에 의

---

1) 대법원 1970. 8. 31. 70다1360.

2) 대법원 1985. 2. 26. 84다카527: 이사장이 개인으로부터 자금을 차입하면서 이사회 결의를

해 설립된 비영리법인의 어음행위에 대해서는 엄격한 입장을 취하고 있다.[1)]

(5) 권리능력 없는 사단의 어음권리능력을 인정할 수 있느냐에 관하여, 권리능력 없는 사단은 부동산등기능력, 소송능력 등 제한적인 권리에 한해 능력이 인정되므로 어음상의 권리능력은 없다고 보는 견해도 있다. 그러나 권리능력 없는 사단도 대표자 명의의 어음행위를 통하여 총사원이 총유적으로 어음채무자가 되고 또 그 사단의 재산에 대해 강제집행을 할 수 있으며, 제한적 범위내에서 권리능력이 인정되고 있으므로 어음권리능력을 인정하는 것이 타당하다고 본다. (사단책임설)(판례)[2)]

> ❒ 대법원 1992. 7. 10. 92다2431
> 권리능력 없는 사단의 어음권리능력을 긍정한 사례

그러나 사립학교의 어음행위에 관하여 판례는 사립학교는 사립학교법에 의해 설립된 학교법인이 운영하는 사업에 지나지 않고, 그 자체가 권리능력이 있는 단체는 아니므로, 이러한 어음은 권리능력 없는 자가 발행한 어음으로서 무효이거나 상황에 따라 학교장 개인의 발행으로 보아야 한다고 한다.[3)] 따라서 학교법인의 명의가 아닌 대학장 명의의 기명날인 또는 서명은 학교법인의 어음행위로서는 효력이 없다.[4)]

> ❒ 대법원 1956. 9. 22. 56다276
> 학교법인의 명의가 아닌 대학장 명의의 수표발행은 학교법인의 수표행위로서는 효력이 없다

> ❒ 대법원 1971. 2. 23. 70다2981
> 학교법인의 명의가 아닌 대학장 명의의 약속어음발행은 대학장 개인의 어음발행으로 보아야 한다. 동지: 대법원 1975. 10. 23. 75다1222.

거치지 아니하고 새마을금고명의의 약속어음을 발행한 것은 무효이다.

1) 대법원 1985. 2. 26. 84다카527; 동 1974. 11. 26. 74다993.

2) 대법원 1992. 7. 10. 92다2431.

3) 대법원 1971. 2. 23. 70다2981.

4) 대법원 1975. 10. 23. 75다1222. 동지: 대법원 1971. 2. 23. 70다2981.

(6) 민법상의 조합은 법인격이 없을 뿐만 아니라 사단과 같은 실체도 갖추지 못하고 있으므로 어음권리능력은 없다는 것이 통설이다. 따라서 조합이 어음행위를 함에 있어서는 조합원 전원이 기명날인 또는 서명을 하여야 함이 원칙이다. 그러나 조합원 전원이 언제나 어음상에 기명날인 또는 서명을 하여야 한다는 것은 신속한 어음거래의 요청에도 맞지 않으며 또 실무상으로도 불편하다. 따라서 조합의 어음행위에는 조합원 전원이 기명날인을 하지 않고 대표조합원이 그 대표자격을 표시하여 기명날인 또는 서명을 하는 것이 실무상의 관례이며, 또 판례도 "조합의 어음행위는 전조합원의 어음상의 기명날인에 의할 것은 물론, 대표조합원이 그 대표자격을 밝히고 어음상에 서명을 하는 경우에는 그 조합의 대표자격을 밝히기만 하면 유효한 것이며 반드시 어음행위의 본인이 되는 전조합원을 구체적으로 표시할 필요는 없다."고 하여 조합의 대표자를 통한 어음행위를 유효한 것으로 보고 있다.[1] 이와 같은 형식에 의하여 이루어진 어음행위는 결국 조합원 전원이 어음행위를 한 것과 같은 효력이 있으므로, 전조합원이 공동으로 합동책임을 진다(조합원공동책임설).[2]

2) 어음행위능력

어음행위능력이 없는 의사무능력자의 어음행위는 무효이고, 피성년후견인의 어음행위는 별다른 규정이 없는 한 언제나 취소할 수 있다. 법정대리인의 동의를 얻지 아니하고 한 미성년자와 피한정후견인의 어음행위는 취소할 수 있다. 동의는 원인행위뿐만 아니라 어음행위에도 필요하다. 미성년자나 피한정후견인이 권리만을 얻거나 의무를 면하는 행위에 관하여는 법정대리인의 동의가 필요 없지만(민 제5조 제1항 단서 · 제10조), 어음행위는 항상 채무부담 또는 채권양도를 내용으로 하므로 이 단서에 해당하지 않는다고 본다. 영업의 허가를 얻은 미성년자나 피한정후견인(민 제8조 · 제10조)은 그 영업에 관한 한 어음행위능력도 가지는 것으로 해석된다. 또한 특정재산의 처분을 허락받은 미성년자는 그 재산에 관하여 어음행위능력을 가진다고 보는 것이 통설이다.

어음행위가 처음부터 무효인 경우는 물론, 행위자의 무능력을 이유로 어음행위가 취소된 경우에도 취소의 효과는 소급하여 처음부터 무효이고(민 제141조), 무능력자는 어음상의 책임을 지지 아니한다. 무능력을 이유로 한 어음행위의 무효 또는 취소의 효과는 절대적이므로 어음취득자의 선의 · 악의를 묻지 않는, 이른

1) 대법원 1970. 8. 31. 70다1360.
2) 대법원 1982. 6. 8. 82다150; 동 1991. 11. 22. 91다30705.

바 물적 항변사유에 속한다.

어음행위능력의 유무는 어음행위시(기명날인 또는 서명 후 교부시)를 기준으로 하여 결정한다. 무능력으로 인하여 취소될 어음행위는 법정대리인 또는 행위능력을 취득한 본인이 추인할 수 있다(민 제143조 · 제144조). 추인 후에는 다시 취소할 수 없다.

취소 또는 추인의 상대방은 직접 상대방은 물론(민 제142조 · 제143조 제2항), 중간소지인도 어음행위의 취소 또는 추인에 관하여 이해관계를 가지므로 중간소지인 등 누구에 대하여도 이를 할 수 있다.

어떠한 어음행위가 무능력을 이유로 하여 무효 또는 취소된 경우에도, 그 어음에 기명날인 또는 서명을 한 다른 사람의 어음상의 채무에는 아무런 영향이 없다(어음행위 독립의 원칙)(어 제7조).

2. 의사표시의 하자

법률행위의 일종인 어음 · 수표행위를 함에 있어서 의사표시의 하자에 관하여는 어음법 · 수표법에 아무런 규정이 없을 뿐 아니라 다른 특별법도 없으므로 민법의 의사표시에 관한 규정인 민법 제2조, 제107조부터 제110조까지의 규정이 적용될 수밖에 없다. 다만 어음은 유통증권이므로 선의의 제3자 보호라는 요청에 의해서 약간의 수정을 받아야 한다.

비진의표시(민 제107조), 허위표시(민 제108조), 착오로 인한 의사표시(민 제109조), 사기 · 강박에 의한 의사표시(민 제110조)에 관한 규정은 모두 어음행위에 적용된다. 그러나 공서양속 기타 사회질서에 반하는 법률행위를 무효로 하는 민법 제103조와 불공정한 법률행위를 무효로 하는 민법 제104조는 어음행위에 적용될 여지가 없다.

1) 신의성실 및 권리남용금지

민법 제2조가 정한 신의성실 및 권리남용금지의 원칙은 사법의 일반원칙으로서 어음 · 수표행위에도 적용된다.

판례를 보면, "약속어음은 무인증권으로서 어음의 발행인은 발행에 따른 책임을 진다고 하여야 하나, 약속어음은 어디까지나 원인관계의 결제를 위한 수단에 불과한 것으로 배서의 원인관계가 소멸하여 어음소지인에게 어음금의 지급을 구할 경제적 이익이 없는 경우에는 그 어음을 보유할 정당한 권한은 없어졌다고 보아야 하므로, 이러한 어음소지인에게는 어음상의 권리를 행사할 실질적 이유가 없는 바, 어음소지인의 배서인에 대한 원인채권이 모두 소멸된 이상 어음금채권도 소멸하여 어음소지인이 그 어음상의 권리를 행사할 실질적 이유는 없음에도 불구하고 어음소지인이 단순히 어음을 보유하고 있음을 이유로 발행인에게 그 어음금의 지급을 청구하는 것은 어음소지인이 가지는 권리를 남용한 것으로서 신의성실의 원칙에 반한다"고 한다.[1] 이때 발행인의 항변을 후자의 항변이라고도 한다. 또한 채권의 지급확보를 위하여 약속어음을 배서받은 어음소지인이 채권을 변제받고서도 그 어음을 배서인에게 반환하지 아니하고 발행인에게 어음금의 지급을 청구한 경우도 자기의 형식적 권리를 이용하여 발행인에게 어음금의 지급을 구하는 것으로서 권리의 남용에 해당한다.

또 어음보증의 원인관계가 발생하지 않기로 확정된 후에 어음금을 청구한 경우와, 배서의 원인관계가 무효임에도 어음금을 청구한 경우도 모두 권리남용에 해당한다고 한다. 또한 어음소지인이 어음을 발행한 원인관계상의 채무가 존속하지 않기로 확정되었음에도 어음이 자기의 수중에 있음을 기화로 어음보증인으로부터 어음금을 받으려고 하는 것은 권리의 남용에 속한다고 판결하였다.[2]

반대로 원인채무가 변제된 백지약속어음을 소지하고 있음을 기화로 이를 부당보충하여 실질적 원인과 관계 없이 배서양도하였다 하더라도 무인성의 법리에 비추어 그 양수인의 약속어음금 청구가 바로 신의성실의 원칙에 어긋나는 것으로서 권리남용에 해당한다고 볼 수 없다는 것이 있다.[3] 이 판례는 권리의 남용이 아니라는 취지로 판단하였으나, 이중무권의 항변이 성립할 수 있으므로 그 타당성에 의문이 있다.

2) 진의 아닌 의사표시

어음·수표행위자가 진의가 아님을 알고서 한 어음·수표행위도 유효하다(민 제107조 제1항 본문)(즉, 장난으로 어음을 발행하거나 배서하더라도 그 어음행위는 유효하다). 그러나 상대방이 어음·수표행위자의 진의가 아님(즉, 장난임)을 알았거나 알

---

1) 서울지방법원 1996. 7. 9. 95나41276[확정].

2) 대법원 1988. 8. 9. 86다카1858.

3) 대법원 1984. 1. 24. 82다카1405; 동 1997. 7. 25. 96다52649; 동 1998. 5. 22. 96다52205; 동 1998. 7. 10. 98다6763; 동 1999. 8. 24. 99다22281; 동 1999. 8. 24. 99다26481; 동 2000. 12. 8. 2000다51339; 동 2007. 9. 20. 2007다36407.

수 있었을 때에는 그 어음·수표행위는 무효가 된다(민 제107조 제1항 단서). 그러나 무효로써 선의의 제3취득자에게 대항할 수는 없다(민 제107조 제2항).

3) 허위표시

허위표시에 관한 민법의 규정도 어음·수표행위에 그대로 적용된다. 즉, 상대방과 통정한 허위의 어음·수표행위는 무효이지만(민 제108조 제1항),[1] 그 무효로써 선의의 제3자에게는 대항하지 못한다(민 제108조 제2항).

4) 착 오

어음·수표행위의 내용에 관하여 중요부분에 착오가 있는 때에는 행위자에게 중대한 과실이 없는 한 그 의사표시는 취소할 수 있지만(민 제109조 제1항), 그 취소는 선의의 제3자에게 대항하지 못한다(민 제109조 제2항). 중요부분에 착오가 있는 경우란 예컨대 배서행위인 줄 모르고 배서한 경우와 같이 어음·수표행위인 줄 모르고 기명날인 또는 서명을 하였거나 채무가 없음에도 있는 것으로 오인하고 어음·수표행위를 한 때 등을 말한다.

5) 사기 또는 강박

사기 또는 강박에 관한 민법의 규정은 그대로 어음·수표행위에도 적용된다. 사기 또는 강박에 의한 어음·수표행위는 취소할 수 있다(민 제110조 제1항).[2]

이 취소의 상대방은 직접의 상대방뿐만 아니라 중간 당사자를 포함하여 현재의 어음소지인에게도 할 수 있다(통설). 다만 의사표시의 취소는 선의의 제3자에게 대항하지 못한다(민 제110조 제3항).

여기서 선의란 인적 항변의 절단에 관한 어음법 제17조 단서가 규정한 바와 같이 "어음채무자를 해할 것을 알지 못하는"으로 해석하는 것이 타당하다.

한편 예컨대 총기나 기타 흉기에 의한 기명날인 또는 서명과 같이 절대강박에 의한 경우에는 강박에 의한 의사표시가 아니라 의사표시 자체가 없는 경우로 보아야 하고, 권리외관이론에 의하더라도 어음행위자의 귀책사유를 인정할 수 없

---

1) 대법원 2005. 4. 15. 2004다70024: 실제로 어음상의 권리를 취득하게 할 의사는 없이 단지 채권자들에 의한 채권의 추심이나 강제집행을 피하기 위한 약속어음 발행행위는 통정허위표시로서 무효이다. 동지: 대법원 1996. 8. 23. 96다18076.

2) 대법원 1970. 7. 28. 70다1295; 동 1996. 7. 30. 95다6861.

다. 절대적 강박의 경우에는 모든 어음 · 수표소지인에게 대항할 수 있는 물적 항변이 된다.[1)]

6) 반사회질서의 법률행위 · 불공정한 법률행위

통설에 의하면 선량한 풍속 기타 사회질서에 반하는 법률행위를 무효로 하는 민법 제103조와 현저하게 불공정한 법률행위를 무효로 하는 민법 제104조의 규정은 어음 · 수표행위에 적용될 수 없다고 본다. 왜냐하면 어음 · 수표행위는 무인행위이며 정형적 행위이기 때문에 반사회적 · 불공정한 어음 · 수표행위를 하였더라도 그것은 인적 항변사유가 될 뿐이고, 어음 · 수표행위 자체는 무효로 되지 않기 때문이다.

Ⅲ. 어음증권의 교부

1. 어음학설

어음학설(Wertpapierrechtstheorie) 내지 어음이론이란 어음채무의 발생원인에 관한 종합적인 이론구성을 말한다. 따라서 어음학설의 중심 문제는 어음채무(어음상의 권리)가 언제 성립하느냐 하는 성립시기를 밝혀내는데 있으며, 이것은 곧 어음행위의 성립요건으로서 증권의 교부가 필요한가 아니한가의 문제와도 관련된다.

1) 계약설과 창조설

계약설은 어음채무도 일반채무와 같이 당사자간의 계약에 의하여 발생하고, 이 계약은 어음의 수수가 따르는 요식행위라고 한다. Thöl의 교부계약설 이래의 전통적인 견해이다. 이 계약설과 더불어 어음이론의 2대 주류를 이루고 있는 창조설은 어음상의 채무의 발생원인을 상대방의 협력을 요하지 않는 채무자의 일방적 행위에 돌리는 학설이다. 이것은 Kuntze가 주창한 것으로서 어음행위는 채무자가 방식을 갖춘 증권에 서명함으로써 성립한다고 한다. 이 학설은 현재에도 독일과 일본의 유력설이다.

---

1) 대법원 1974. 2. 26. 73다1143.

요컨대, 계약설은 어음행위가 성립하는데 계약의 상대방인 수취인에 대한 증권의 교부가 필요하다고 본다. 이에 대하여 창조설은 증권의 교부가 필요하지 않고, 증권의 작성시에 불특정다수인에 대한 의사의 도달이 있다고 본다. 그러므로 가령 완성된 어음이 작성자의 의사에 반하여 유통된 경우(예컨대, 훔친 어음을 교부하거나, 보관하고 있는 타인의 어음을 함부로 교부한 경우)에는 계약설에 의하면 작성자의 교부가 없어서 어음채무가 성립하지 않고, 따라서 제3취득자가 보호받지 못한다는 결점이 있으나, 창조설에 의하면 어음채무가 성립하였으므로 제3취득자는 보호를 받지만 거래의 안전을 보호하는 나머지 작성자의 책임이 가혹하게 무거워진다는 결점이 있다.

2) 권리외관설과 발행설

계약설과 창조설을 수정하여 서로 접근시킨 학설 중 가장 유력한 것이 Jacobi의 권리외관설과 Stobbe, Jolly 등의 발행설이다. 권리외관설은 계약설과 외관이론을 결부시켜, 어음행위의 성립에는 교부계약이 필요하지만 교부계약이 없더라도 어음채무를 부담하는 듯한 외관(증권의 작성행위)을 나타낸 경우에는 그 표현적 사실을 믿은 제3자에게 외관대로의 책임을 져야 한다고 한다.

이에 대하여 발행설은 어음행위의 성립에 교부계약은 필요하지 않으나, 어음을 상대방('누구에게든'으로 표시하는 견해도 있음)에게 교부한 때('어음증권의 점유를 이전한 때'로 설명하는 견해도 있음)에 어음채무가 발생한다고 하므로 창조설을 교부계약설에 접근시킨 것이다. 발행설에 의하면 어음을 수수하는 당사자 사이에 계약적인 요소가 있는 것은 분명하나, 이때의 계약적인 요소인 "채무의 변제방법에 관해 어음으로 지급하자는 합의"는 원인관계에 있어서의 지급수단에 관한 합의의 일부이므로 무인증권성을 갖는 어음행위의 영역에 흡수시켜 이해할 것은 아니라고 하면서, 발행설은 우선 단독행위설에 입각함으로써 계약설이 갖는 오류를 피하는 동시에 어음거래의 안전을 기하는 이론이라고 한다.

3) 각 학설에 대한 검토

여기서 각 학설의 장·단점을 살펴보기로 한다.

먼저 창조설은 거래의 안전보호에는 가장 우수한 학설이다. 그러나 창조설은 다음과 같은 이론적·실제적 난점이 있다.

(1) 창조행위의 순간에 누가 화체된 권리(어음상의 권리)의 귀속자인가가 불분

명하다. 즉, 어음이 수취인에게 교부되기 전에는 작성자 자신에 대한 채권, 권리자 미정의 어음채무 또는 休止하고 있는 채권이 생긴다고 하는데 이는 논리상 근거가 궁색하다.

(2) 어음의 작성이라는 서면행위(Skripturakt)를 일방적 법률행위라고 보는 점도 문제이지만, 이와 같은 단독행위에 의해 채무가 성립한다는 것은 법률행위에 의한 채무는 계약에 의하여 성립한다는 일반원칙에 반한다.

(3) 단독행위에 대한 추인은 그 행위자만이 할 수 있기 때문에 행위무능력자나 무권대리인에 의한 증권의 발행은 추인할 수도 없게 된다(민 제136조, 독민 제111조 · 제180조 참조).

(4) 발행인이 증권의 점유를 잃은 경우 증권의 습득자나 악의의 취득자까지도 보호된다.

(5) 단독행위인 창조행위 자체에 하자가 있는 경우는 발행행위 자체가 취소되어 선의취득자조차도 보호되지 못한다.

다음, 발행설은 창조설의 아류로서 창조설에 대한 비판이 그대로 적용되고 있다.

① 증권이 수취인에게 도달하기 전(예컨대, 우송의 경우)에는 창조설과 마찬가지로 자기 자신에 대한 채권, 권리자 미정의 어음채무 또는 휴지하고 있는 채권 등을 인정하여야 한다.

② 증권이 기명날인자 또는 서명자의 의사에 기하여 점유를 이전하면 그 단계에서 어음상의 채권 · 채무가 발생하는 근거가 명백하지 못하다.

③ 점유이전 전에 어음을 상실한 경우 선의의 제3취득자가 보호받지 못한다.

④ 발행행위 자체에 하자가 있는 경우에도 선의의 제3취득자는 보호받지 못한다는 결점이 있다.

그리고 권리외관설은 (ⅰ) 기명날인자 또는 서명자에게 어느 정도의 귀책사유가 있으면 책임이 발생하는가가 불분명하고, (ⅱ) 선의자 보호의 주관적 요건은 무엇인지, (ⅲ) 선의에 관한 증명책임은 누구에게 있는지 등이 불명확하다는 비판을 받고 있다.

그리고 계약설은 어음을 취득하는 자의 의사의 흠결 또는 상대방의 무능력 등의 경우에는 계약의 일반이론에 따라 계약의 효력이 생기지 않게 되어 문제이다는 비판을 받는다. 또한 교부의 흠결이 있게 되면 이는 절대적으로 무효이고, 따라서 물적 항변이 되어 선의취득자에게도 대항할 수도 있다고 해석되기 때문에 교부계약설을 취하게 되면 선의취득자 보호가 도외시된다는 것이다.

4) 판례의 태도

대법원의 판례를 종합하면, 원칙적으로 교부계약설을 취하되,[1] 다만 선의의 어음취득자와의 관계에서 선의의 취득자를 보호하는 방향으로 해석하고[2] 있다고 생각된다. 그리고 어음보증은 단독행위로 보아[3] 발행과는 성질이 다른 어음행위로 해석하는 것처럼 보여서 일관성을 상실하고 있다.

❐ 대법원 1989. 10. 24. 88다카24776
교부계약설을 취한 사례

☞ 〈사실〉
이 사건에는 3매의 약속어음이 관련되어 있다. 제1어음과 제2어음은 피고가 원고에게 1984. 11. 16. 발행해 준 것으로 액면금이 각각 29,000,000원 및 25,000,000원이다. 피고는 이들 어음을 발행하면서 위 각 어음금의 지급을 지체할 때에는 즉시 강제집행할 것을 수락한다는 취지의 공정증서를 작성하여 원고에게 교부하였다. 피고가 지급을 지체하자 원고는 1985. 4. 11. 위 약속어음 공정증서에 기하여 피고 소유의 부동산을 가압류하였다. 이에 피고는 같은 달 26. 원고에게 위 약속어음을 가지고 나오라고 한 다음 폭력배 3명을 동원하여 위 약속어음들을 강제로 탈취하였다.
한편 피고는 1984. 11. 19. 액면금 55,000,000원의 제3어음을 작성하여 원고와 함께 공증인가 합동법률사무소의 직원에게 이에 관한 공정증서의 작성을 촉탁하였으나, 원고가 잠시 자리를 비운 사이 제3약속어음의 원본이 첨부된 공정증서정본을 회수하여 가버리고, 원고는 1985. 4. 29.에 이르러 위 법률사무소로부터 위 제3약속어음 공정증서 등본만을 교부받았다. 원고는 피고에게 위 제1, 제2, 제3 약속어음의 지급을 청구하였다. 피고는 위 어음들의 지급을 거부하여 소가 제기되었다.

〈판결요지〉
위 제1, 제2어음에 관하여는 원고가 피고에게 어음을 탈취당하였기 때문에 어음을 제시하거나 어음과 상환으로 어음금의 지급을 청구할 수 없게 되었다. 본래 어음은 제시증권이고 상환증권인데, 제시 · 상환없이도 어음금지급을 청구할 수 있는지 의문이다. 원심(서울고등법원 1988. 8. 31. 87나912)은 피고가 원고에게 발행한 다음 이를 탈취하여 소지하고 있는 것이므로 어음의 이중지급의 위험이 없고 어음상의 채권자를 확실히 알 수가 있어서 어음을 제시할 필요가 없으므로, 원고가 위 각 어음을 소지하지 아니한 상태에서 위 어음상의 권리를 행사할 수 있다는 이유로 원고의 청구원인 사실을 인정하였다(다만 제2어음은 피고에게 원인관계에 관한 항변이 있음을 인정하여 원고의 어음금청구를 배척하였다.). 그리고 위 제3어음에 관하여는 (ⅰ) 피고가 위 제3어음을 작성한 것은 사실이나 실제로 원고에게 그 어음을 교부한 것은 아니기 때문에 위 제3어

1) 대법원 1989. 10. 24. 88다카24776; 서울민사지방법원 1981. 12. 22. 81가소4723.
2) 대법원 1987. 4. 14. 85다카1189; 동 1999. 11. 26. 99다34307; 부산지방법원 1987. 2. 6. 86가단3186.
3) 대법원 2002. 12. 10. 2001다58443.

음은 발행되었다고는 볼 수 없고, (ii) 또 어음의 작성경위 등을 살펴보더라도 원고의 어음금청구권은 이유가 없다고 하였다. 결국 원고는 제1어음은 지급을 받고 제2, 제3 어음에 대하여는 지급받지 못하게 되었다.

대법원은 위 제1, 제2어음에 관하여는 이론이 없었고, 제3어음에 관한 위 (i)과 (ii)에 대하여 다른 견해를 보였다. 즉, (i) 발행이란 약속어음의 작성자가 어음요건을 갖추어 유통시킬 의사로 그 어음에 자기의 이름을 서명날인하여 상대방에게 교부하는 단독행위를 일컫는 것으로서, 이 사건에서도 어음은 정당하게 발행되었다. 공정증서를 작성하기 위하여 촉탁을 받아 어음을 접수한 경우에는 비록 그 어음발행인이 작성된 어음을 수취인에게 교부하지 않았더라도 그 접수시에 공증인이 수취인의 기관으로서 교부받은 것으로 보는 것이 옳으므로 그 어음은 발행된 것으로 보아야 하기 때문이다. (ii) 다만 이 사건에서는 제3어음의 작성경위 등을 살펴볼 때 피고의 원인관계상의 항변이 인정되므로 피고는 제3어음의 어음금지급의무가 없다.

결국 대법원 판결에 의하면 결과는 원심과 같으나, 어음발행인이 약속어음의 원본이 첨부된 공정증서정본을 회수하여 가버린 경우, 원심은 어음 자체가 발행되지 않았다고 보는 데 비하여 대법원은 이때에도 어음은 발행되었다고 본 점이 다르다.

참고로 회사법에서의 주권의 효력발생 시기에 관한 문제도 여기에서의 논의와 비슷하게 작성시설, 발행시설, 교부시설로 대립하는데, 이에 대하여 다수설과 판례는[1] 교부시설을 취하므로, 판례의 원칙론(88다카24776)에 따르면 회사법과 어음·수표법의 각 해석이 일치된다.

5) 사 견

(1) 서 언

교부 흠결문제는 어음만의 문제가 아니라 회사법상 주권발행의 효력발생시기에서도[2] 같은 문제를 안고 있다. 이들은 다 같이 유가증권으로서 동일한 법리에 의하여 해결되어야 할 터이다.

그런데 종래 어음학설은 어음행위의 성립에 관한 이론과 선의의 제3자 보호에 관한 이론이 혼돈된 가운데 통일된 원칙을 발견하려 노력하였다. 양자는 엄연히 분리될 수 있는 사항임에도 혼합되어 논의되었으므로, 해결이 어려웠고, 그 결과 어느 견해에 의하더라도 만족스럽지 못한 결론에 이르게 되었다. 본서에서는 어음행위의 성립에 관한 이론과 선의의 제3자 보호에 관한 이론을 분리하여 고찰하고자 한다.

---

1) 대법원 1977. 4. 12. 76다2766; 동 1987. 5. 25. 86다카982·983.

2) 회사법에서 주권의 효력발생 시기에 관한 문제도 어음법상의 논의와 비슷하게 작성시설, 발행시설, 교부시설로 대립하는데, 이에 대하여 다수설과 판례는 교부시설을 취한다.

(2) 어음행위의 성립

(ⅰ) 첫째 문제, 즉 어음행위는 언제 성립하는가에 관하여 살핀다. 우리는 증권 작성만으로 제3자에게 권리가 곧바로 발생한다는 일은 상상할 수 없다. 어음행위란 발행·배서·보증·인수·참가인수 등 어음채무발생의 원인이 되는 행위인데, 어음의 작성(기재사항의 기재와 기명날인 또는 서명)만으로는 아직 어음행위가 완료되어 어음채무가 발생된 것이라고 할 수는 없다. 국어적 의미에서 서적을 발행한다고 할 때에도 인쇄소에서 인쇄만 한 경우는 아직 발행이 아니다. 세상에 널리 퍼뜨려야 발행이 된다. "발행"이라는 단어는 당연히 유통에 제공하는 것까지를 포함한다. 어음의 유통 전에 파기하면 그 어음은 발행될 수 없으며, 작성 자체가 수포로 돌아가고, 작성자는 아무런 책임도 없다.

(ⅱ) 유가증권의 작성을 완료하면 스스로 채권자로도 되고 채무자로도 된다는 이론구성은 아무래도 우리 사법 하에서는 무리이다. 우리의 사법체계 내에서는 작성된 유가증권을 그 권리자에게 교부하는 행위가 완료되어야만 그때 비로소 어음채무가 성립된다고 보는 것이 타당하다. 즉, 교부계약설이 권리의 설정을 위해서는 계약(당사자 간의 합의)이 필요하다는 일반적 원칙에 가장 합치된다. 주권의 경우 주주가 아닌 자에게 주권이 교부된 경우 그 주권을 무효로 처리하여 교부시설을 취한 판례의[1] 태도는 어음법상의 계약설을 취한 것과 같으므로, 어음법과 회사법의 이론이 통일된 것이다.

(ⅲ) 판례도 어음행위의 성립에 관한 판례와 선의의 제3자 보호에 관한 판례로 나누어서 고찰하여야 한다. 위에서 본 바와 같이 어음행위의 성립과 관련하여 판례는 계약설을 취한다.[2] 다만 보증과 관련하여서는 종래의 다수설인 단독행위설을 취한다.[3]

(3) 선의취득자의 보호

둘째 문제, 즉 선의취득자 보호문제를 본다(여기서 말하는 선의취득이란 어음법 제16조 제2항에서 말하는 선의취득뿐만 아니라, "어음의 교부가 흠결된 것을 알지 못하고서" 동 어음을 취득하는 것도 포함한다). 유가증권을 서랍에 보관 중에 분실한 경우는 어떤가? 이는 증권을 잘못 교부한 것과 본질적으로 같다. 보관자에게 과실이 인정되는 경우가 대부분일 것이며, 증권을 분실한 증권작성자는, 그 작성 및 분

1) 대법원 1977. 4. 12. 76다2766; 동 1987. 5. 26. 86다카982·983; 동 2000. 3. 23. 99다67529.
2) 서울민사지방법원 1981. 12. 22. 81가소4723; 대법원 1989. 10. 24. 88다카24776.
3) 대법원 2002. 12. 10. 2001다58443.

실로 인하여 그 증권과 이해관계를 맺게 된 제3자에 대하여 민법상 불법행위책임을 부담한다는 것은 당연하다. 화물상환증이나 선하증권의 경우도 이미 작성한 후 그 작성자의 진정한 의도와는 상관없이 유통되고, 이를 선의취득한 제3자에 대하여 그 작성자는 불법행위책임을 부담하여야 한다.

(4) 결 언

(i) 교부계약설이 옳다고 본다. 선의취득자는 어느 학설에 의하여도 마찬가지의 보호를 받는다. 교부가 없었던 어음을 선의로 취득한 자는 어음행위자에 대하여 불법행위책임을 물을 수 있다.

(ii) 판례 역시도 원칙적으로 교부계약설을 취하되, 다만 선의의 어음취득자와의 관계에서 선의의 취득자를 보호하는 방향으로 해석하고 있다고 생각된다. 그러나 선의취득과 관련하여 판례가 발행설을 취한 듯한 태도를 보인 것은 옳지 못하다고 본다. 불법행위책임으로 정리되어야 할 것이다. 그리고 발행과 보증을 각각 성질이 다른 어음행위로 해석하는 것처럼 보여서 일관성을 상실하고 있는 것은 시정되어야 한다.

(iii) 어음행위를 성립시킨 듯한 외관을 작출한 자는 그 증권의 선의의 소지인에 대하여, 어음행위 자체, 즉 어음채무 부담의 원인이 되는 행위 자체가 없었기 때문에 어음상 책임은 없으나, 불법행위책임을 부담하여야 한다고 본다.

A ―――――――――〉 B ―――――――――-〉 C
(어음 작성) (어음절취 후 배서) 선의취득

A ↔ B : 어음발행 무효, C는 선의취득, A는 C에 대하여 불법행위 책임
B ↔ C : 어음배서 무효, C가 선의취득하였으므로 B는 어음행위 독립의 원칙상 스스로 행한 어음행위에 대하여 C에 대하여 책임을 져야 함.

제 3 관 어음행위독립의 원칙

Ⅰ. 어음행위독립원칙의 의의

어음행위독립의 원칙(Grundsatz der Selbständigkeit od. Unabhängigkeit der

Wechselerklärungen)이란 동일한 어음 위에 한 각개의 행위는 각각 독립하여 그 효력을 발생하고, 그 전제가 되는 다른 행위의 실질적 효력의 유무에 따라서 영향을 받지 아니하는 원칙을 말한다. 바꾸어 말하면, 어음행위독립의 원칙이란 수개의 어음행위 중에 선행행위의 형식적 무효(예컨대 기재요건의 흠결)는 후속행위에 영향을 미치나 선행행위의 실질적 무효(예컨대 위조, 변조, 미성년자의 어음행위)는 후속행위에 영향을 미치지 아니하고 각 어음행위는 독립하여 효력이 발생한다는 원칙이다. 이 원칙은 어음의 유통성 확보를 위한 것이다.

어떤 어음행위가 다른 후속행위의 논리적 전제가 된다는 것은 (ⅰ) 배서는 발행 또는 전자의 배서를, (ⅱ) 보증은 주채무자의 어음행위를, (ⅲ) 참가인수는 피참가인의 어음행위를 각각 전제로 하는 것을 말한다.

어음행위의 무인성은 동일당사자간에서 원인행위가 무효가 되더라도 어음행위는 유효인 것을 말하는 것으로서, 원인관계는 어음관계에 영향을 미치지 않는다는 것이다. 이에 대하여 어음행위 독립의 원칙은 각 어음행위 사이의 문제로서, 각 어음행위는 서로 영향이 없다는 것을 설명하는 원칙이다.

Ⅱ. 어음행위독립원칙의 구체적 내용

1. 어음채무부담의 독립성

모든 어음행위가 어음채무의 부담을 직접적인 목적으로 하는 것은 아니지만, 의사표시의 내용 또는 법률상의 효과로서 어음상의 채무가 발생하게 되므로 어음상의 채무부담의 원인인 행위가 된다는 점에서 볼 때, 어음행위독립의 원칙의 내용은 곧 '어음채무(부담)독립의 원칙'이라고 할 수 있다.

2. 구체적 규정

어음법상 어음행위독립의 원칙을 표현한 규정으로는 다음의 규정을 들 수 있다.

1) 어음법 제7조

환어음에 무능력자의 기명날인 또는 서명(어 제7조 제1호), 위조의 기명날인 또는 서명(어 제7조 제2호), 가공인물의 기명날인 또는 서명(어 제7조 제3호), 그리고 기타의 사유로 인하여 환어음의 기명날인자 또는 서명자 자신이나 그 본인에게 의무를 부담하게 할 수 없는 기명날인 또는 서명(의사무능력자의 기명날인 또는 서명, 무권대리인의 기명날인 또는 서명)(어 제7조 제4호)이 있는 경우에도 그 환어음에 기명날인 또는 서명을 한 자의 채무는 그 효력에 영향을 받지 않는다(어 제77조 제2항, 수 제10조).

2) 어음법 제32조 제2항

어음보증은 담보된 채무가 그 방식에 흠이 있는 경우 외에는 어떠한 사유로 무효가 되더라도 그 효력을 가진다(어 제32조 제2항, 수 제27조 제2항).

3) 어음법 제65조 · 제69조의 문제

어음법 제65조 · 제69조도 어음행위독립의 원칙을 표현한 규정이 아니고, 이들 조문은 어음행위독립의 원칙과 관계가 없다.

(i) 복본 각통에 인수를 하거나 배서를 한 자가 반환받지 아니한 각통에 대해서 책임을 진다는 것은(어 제65조), 어음행위자는 자기가 기명날인 또는 서명한 이상 어음상의 문구에 따라 책임을 짐으로써 선의의 양수인(소지인)을 보호하자는 취지이기 때문이다. 복본 각통의 어음행위 사이에 선행행위 · 후속행위라는 논리적 전제관계가 있기 때문에 각통에 대해서 책임을 지는 것은 아니므로 어음행위독립의 원칙과는 관계가 없다고 본다.

(ii) 어음법 제69조에 있어서도 어음이 변조된 경우에 변조 전에 기명날인 또는 서명한 자가 원래문구에 따라 책임을 지는 것은 일단 생긴 어음채무의 내용이 제3자가 후에 문구를 변경했다고 하여 변경되거나 소멸될 수 없는 것이기 때문에 당연한 것이고, 변조 후에 기명날인 또는 서명을 한 자가 변조된 문구에 따라서 책임을 지는 것은 그 문구가 자기의 어음행위의 내용을 이루는 것이기 때문에 당연한 것이다. 변조 전의 어음행위와 변조 후의 어음행위 사이에 논리적 전제관계가 있다 하더라도 선행행위나 후속행위가 각각 실질적으로나 형식적으로나 하자가 없는 행위이므로, 변조 후의 어음행위가 어음행위독립의 원칙에 따라서 유효한 것은 아니라고 생각한다.

Ⅲ. 어음행위독립원칙의 적용범위

1. 어음채무의 소멸과 독립원칙

어음행위독립의 원칙은 어음행위의 효력의 발생에 관한 원칙이므로 일단 유효하게 성립한 어음채무가 소멸한 때에는 적용되지 않는다. 따라서 주채무자가 변제 · 공탁 · 상계 · 혼동 · 경개 · 소멸시효 등으로 그 책임을 면한 때에는 상환의무자도 전부 책임을 면한다.

2. 선행행위의 형식적 무효와 독립원칙

선행행위가 형식적 무효인 때(예컨대, 무인(拇印)한 어음상의 배서 또는 보증)에는 어음행위독립의 원칙은 당연히 적용되지 않고, 어음취득자는 보호받을 수 없다. 왜냐하면 선행행위의 형식적 하자는 후속행위 그 자체의 형식적 하자라 할 수 있기 때문이다. 다시 말하면, 후속행위를 한 자는 선행행위자의 의사표시의 내용을 자기의 의사표시의 내용으로 한 것이므로 선행행위의 형식적 하자가 후속행위에 영향을 미치지 않는다는 것은 어음행위의 요식성과 모순되기 때문이다.

3. 어음행위간의 연관성과 독립원칙

수개의 어음행위 중 어떠한 어음행위가 다른 행위의 전제로 되지 않을 때에는, 어음행위독립의 원칙은 적용될 여지가 없으므로 그 어음행위의 실질적 · 형식적 무효가 다른 행위의 효력에 영향을 미치지 아니한다(예컨대, 인수가 형식적 무효라도 발행인과 배서인의 책임에는 영향이 없다.).

4. 악의의 취득자에 대한 적용여부

어음행위독립의 원칙은 선행하는 어음행위의 실질적 하자에도 불구하고 형식상 완전한 어음에 한 어음행위에 대하여 독립적인 어음채무를 부담시키는 점에서 채무부담의 면이므로, 권리귀속의 면인 선의취득과는 명백히 구별된다. 따라서 어음행위독립의 원칙은 어음의 취득자가 악의인 경우에도 적용된다. 그 결과 예컨대 甲의 명의로 위조된 어음을 乙이 배서교부받아, 이러한 사정을 알고 있는 丙에게 배서교부한 경우, 甲이 어음금을 지급하지 않으면 丙은 乙에게 어음행위 독립의 원칙을 주장하여 상환청구권을 행사할 수 있을 것이다.

악의의 취득자에 대한 적용례

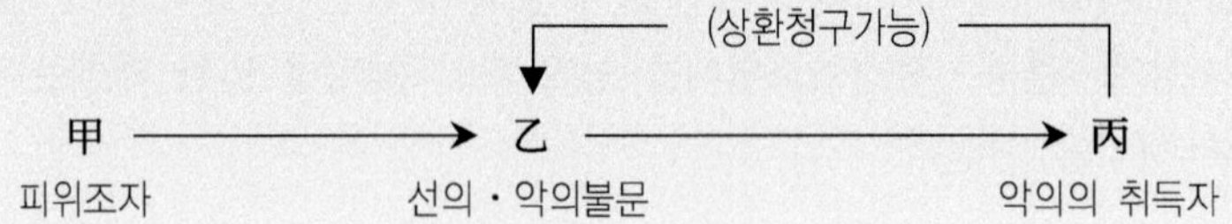

* 점유를 잃은 자가 없어서 어음법 제16조 제2항이 적용되지 않으므로 丙은 이 어음을 누구에게도 반환할 필요는 없다.

선의취득의 두 얼굴

민상법 및 유가증권법에서 선의취득이라는 용어가 널리 사용되고 있으나 그 정확한 의미는 경우에 따라 다르다.

(ⅰ) 보통, 그리고 전형적으로 "어음의 선의취득"이라고 하면 어음법 제16조 제2항의 선의취득을 말한다. 그 요건은 ① 어음법적 유통방법에 의한 어음의 취득(배서에 의한 취득일 것), ② 형식적 자격자로부터의 취득(배서가 연속되어 있을 것), ③ 배서에 실질적 하자가 있을 것, ④ 취득자에게 악의 · 중과실이 없을 것, ⑤ 어음취득자에게 독립된 경제적 이익이 있을 것 등이다. 여기서의 선의취득은 특히 취득자(양수인)의 직접적인 전자(양도인)가 무권리, 무처분권 등 배서에 실질적 하자가 있는 경우에 한정된다.

(ⅱ) 그 밖에 선의의 어음취득자란 직접적인 전자를 포함한, 모든 전자의 권리에 하자가 있음을 "알지 못하고서" 취득한 자를 말한다. 예컨대 ① 어음학설에서 "교부흠결이 있었던 것을 알지 못하고" (즉, 교부가 없었던 것을 모르고) 취득한 자, ② 백지어음의 "보충권의 남용을 알지 못하고" 취득한 자(어 제10조). ③ 인적 항변의 절단(어 제17조)에서 "채무자를 해할 것을 알지 못하고" 취득한 자, ④ 어음행위의 독립의 원칙이 악의의 취득자에게 적용되는가 하는 문제와 관련하여, 어음행위에 "실질적 하자(발행의 위조 등)가 있음을 알지 못하고" 취득한 자, ⑤ 제권판결과 선의취득자의 보호에서 "제권판결이 있은 사실을 알지 못하고" 취득한 자 등이 그것이다. 이들 경우에 어음의 취득자는 모두 선의취득자이기는 하지만 고유의 의미의 선의취득, 즉 어음법 제16조 제2항에서 말하는 직접 전자가 무권리자이고, 그 무권리자로부터 어음을 취득한 자와는 구분하여야 한다.

5. 배서에의 적용여부

배서야말로 어음행위독립의 원칙을 가장 필요로 하는 행위이고, 어음법 제16조 제2항은 배서행위의 유효를 전제로 하여 어음취득자의 권리취득을 인정한 것으로서 배서에 있어서 선의취득이 어음행위독립의 원칙에 갈음하는 것은 아니므로 어음행위독립의 원칙은 배서의 경우에도 적용된다.[1) 배서가 실질적으로 무효임에도 피배서인이 어음상의 각 채무자에 대하여 어음상 권리를 행사할 수 있는 것은 바로 어음행위독립의 원칙이 적용되기 때문이다.

결국 어음행위독립의 원칙은 어음거래의 안전과 어음의 유통보호를 위하여 법이 특히 인정한 원칙이므로 배서의 경우에도 당연히 적용된다고 본다. 어음거래의 실제에 있어서 발행과 인수 이외의 어음행위는 거의 모두 배서라는 것을 생각하면, 배서에 대한 그 적용을 부인하면서 어음행위독립의 원칙에 관하여 논의하는 것은 사실상 그 실익이 없다는 점도 유의할 필요가 있다.

제 4 관 타인에 의한 어음행위

Ⅰ. 어음행위의 대리

1. 서 설

어음행위는 재산법적 법률행위로서 대리인에 의하여 할 수 있음은 물론이다. 어음법도 어음행위의 대리의 가능성(적합성)을 전제로 하였으나, 무권대리인의 책임(어 제8조 · 제77조 제2항)과 추심위임배서(어 제18조 · 제77조 제1항)에 관한 규정만을 두었을 뿐이므로 그 방법 · 효력 등에 관하여는 민법의 일반원칙에 의하여 해결하되, 어음의 문언성 때문에 약간의 수정을 받게 된다.

한편 법인의 대표관계는 그 본질이 대리관계와 다름이 없고, 대표에 관하여는 대리에 관한 규정이 준용되므로(민 제59조 제2항), 어음행위의 대리에 관한 설명은 법인의 대표에 관한 설명에도 해당된다.

---

1) 대법원 1977. 12. 13. 77다1753.

2. 어음행위대리의 방법

어음행위의 대리가 효력을 발생하려면 그 형식적 요건으로서, 대리인이 본인을 위하여 하는 것임을 어음 위에 표시하고 기명날인 또는 서명을 하여야 한다.

1) 본인의 표시

(1) 현명주의(顯名主義)

어음행위의 효과를 본인에게 귀속시키려면 그 본인을 어음 위에 밝혀야 한다.[1] 이러한 현명주의의 요청은 상행위법상의 비현명주의에 대한 예외로서, 민법상의 일반원칙과 같다. 그러나 어음행위의 대리에 있어서의 현명주의는 민법규정(민법 제114조·제115조)을 적용한 결과는 아니고, 어음행위의 증권적 행위로서의 특질, 즉 어음행위의 서면성·문언성에 근거를 둔 것이다. 따라서 어음법상의 현명주의는 민법의 경우보다 더 엄격하게 적용되어야 한다.

민법상의 현명주의는 상대적 현명주의로서 거래상대방 보호를 위하여 예외를 인정한다. 즉, 민법에서는 본인의 이름을 표시하지 않고 대리행위를 한 경우에도, 상대방이 대리인으로서 한 것임을 알거나 알 수 있었을 때에는 그 행위의 효력이 본인에 대하여 미친다(민법 제115조 단서). 이에 대하여 어음법상의 현명주의는 절대적 현명주의라 할 수 있다. 어음법에서는 본인의 이름을 표시하지 않고 대리행위를 한 경우, 어음행위의 문언성으로 인하여 민법 제115조 단서가 적용되지 않으며, 상대방이 대리인으로서 한 것임을 알거나 알 수 있었더라도 본인이 스스로 대리권 수여를 인정하지 않는 한 본인은 어음상의 책임을 부담하지 않는 것이 원칙이다(후술). 이는 물론 어음의 유통성을 확보하기 위한 조치이다. 상사대리의 경우에는 익명주의를 취하나(상법 제48조), 상사대리라고 하더라도 어음행위를 할 때만은 현명주의에 의한다.

(2) 본인의 표시방법

본인의 표시는 특정인(본인의 동일성)을 인식할 수 있는 정도의 기재가 되어 있으면 된다. 따라서 본인의 명칭은 정식명칭(가족관계등록부상 또는 등기부상의 명칭)이 아닌 상호·통칭·약칭·아호·필명이라도 상관없다. 표시된 본인은 자연인이든, 법인이든, 조합이든 상관없고, 실재하지 않는 자라도 어음행위 자체의

---

1) 대법원 1976. 12. 14. 76다2191.

효력에는 차이가 없다(자칭대리인의 책임이 문제될 뿐이다.). 복대리인이 어음행위를 하는 경우에는 자기에 대하여 대리권을 수여한 대리인을 표시할 필요는 없고, 본인만을 표시하면 된다.

(3) 본인표시의 흠결

본인의 표시가 없으면 실제로는 본인이 대리인으로서 기명날인 또는 서명한 자에게 대리권을 주었다 하더라도 본인은 어음상의 책임을 지지 않는다. 즉, 어음행위의 대리에는 엄격한 현명주의가 적용되어 상법 제48조 또는 민법 제115조 단서와 같은 현명주의의 예외가 인정되지 않으므로, 본인의 표시가 없는 한 본인은 어음상 책임이 없다.

(가) 이 경우 상대방이 대리인으로 하는 것임을 알지 못한 경우에는 기명날인 또는 서명을 한 대리인은 스스로 어음상의 책임을 진다.

(나) 어음행위의 상대방이 대리인으로서 한 것임을 알았거나 알 수 있었을 때가 문제이다.

(ⅰ) 본인: 어음의 문언성에 따라 본인은 어음상의 책임을 지지는 않는다. 다만, 이 경우 대리의 상대방은 어음 외에서 본인에 대하여 민법상 사실상의 대리관계에 기한 채무이행을 주장하는 것은 상관없다. 즉, 사실상의 대리관계는 인적항변에 불과하다고 본다. 인적 항변은 주장하는 측에서 증명하여야 한다. 결국 본인은 대리권수여 사실을 부인하면 대리인은 사실상의 대리관계를 증명하여야 한다. 대리인이 사실상의 대리관계를 증명하지 못하면 대리인만이 책임을 진다.

(ⅱ) 대리인: 대리의 상대방은 대리인 자신의 어음행위를 하지 않는다는 사정을 알고 있었으므로, 대리인이 그 상대방에게 책임을 질 필요가 없는 것이 원칙이다. 그리고 이때에는 당연히 본인이 어음상 책임을 져야 한다. 다만, 본인이 대리권수여 사실을 부인하는 경우가 문제이다. 이때 대리인이 수권 사실을 증명하지 못하면 어음의 문언성에 따라 어음에 기명날인 한 대리인이 어음상의 책임을 져야할 수밖에 없다. 대리인은 본인의 대리로써 어음행위를 하였음을 증명하지 못한 것과 같은 결과가 되므로 그 책임을 부담하는 것이 당연하기 때문이다. 결국 어음행위의 상대방이 대리인으로서 한 것임을 알았거나 알 수 있었을 때는 본인이 대리권수여 사실을 부인할 때가 문제이며, 이때는 대리인의 수권 사실의 증명이 문제되고, 증명에 실패하면 대리인이 책임을 진다. 이 어음이 제3자에게 양도된 때에는 어음의 문언증권성에 따라 대리인이 어음상의 채무자가 된다.

2) 대리관계의 표시

(1) 표시방법

대리관계가 증권면에 명백하게 표시되어야 한다. 그 표시방법은 '甲(의) 대리인 乙'이라고 표시하는 것이 보통이겠으나, 반드시 대리라는 용어를 사용하여야 하는 것은 아니고, 지배인 · 지점장 · 영업부장 · 이사 · 친권자 등 일반적으로 대리인의 자격으로 그 행위를 하는 것이라고 인정할 수 있는 기재가 있으면 된다. 그리하여 판례는 주식회사와 이사의 대리관계를 단순히 '이사'라고만 표시한 경우 "회사 기타 법인이 어음행위를 하는 경우에는 대표기관이 법인을 위하여 하는 것임을 표시하고 자기의 성명을 기재하여야 하나, 어음행위의 대리의 경우의 대리관계의 표시는 대리인이 본인을 위하여 어음행위를 한다는 취지를 인식할 수 있는 정도이면 되므로 'A주식회사 이사 甲'이라는 표시는 위 회사의 대리관계의 표시로서 적법하다"고 한다.[1] 또한 '해동화재해상보험주식회사 대구영업소장 박모'라는 표시도 동 회사의 대리관계의 표시로서 적법한 것으로 인정하여야 한다고 한다.[2]

대리관계를 표시하는 곳도 대개 대리인의 명칭 위나 옆에 부기하는 것이 보통이겠으나, 명칭 아래의 직인(예컨대, '甲 주식회사 지점장 乙의 인')에 의하여 표시되어도 상관없다는 견해도 있다.

(2) 대리관계표시의 흠결

대리관계를 표시하지 아니하고 대리인이 기명날인 또는 서명을 하면 대리인의 의사와는 관계없이 대리인 자신의 어음행위로 된다(민 제115조 본문, 물론 동조 단서가 적용되지 않는다.).

3) 대리인의 기명날인 또는 서명

(1) 기명날인 또는 서명

어음행위는 기명날인 또는 서명을 요건으로 하므로 대리의 경우에도 대리인이 기명날인 또는 서명을 하여야 한다. 복대리인의 경우에는 복대리인 자신의 대리자격을 표시하고 기명날인 또는 서명하면 된다. 대리인이 기명날인 또는 서명을 하지 않으면 어음행위로서는 무효이기 때문에, 대리인은 물론 본인도 책임

---

1) 대법원 1973. 12. 26. 73다1436.
2) 대법원 1984. 4. 10. 83다카316.

을 지지 않는다.

(2) 기명날인의 대행

기명날인의 대행은 대리인이 직접 본인을 위하여 본인의 이름을 기재하고 본인의 날인을 하는 것을 말하는데 다음 두 가지로 구분될 수 있다.

하나는 자신의 재량으로 어음행위를 할 권한은 없이 본인이 지시하는 대로 어음행위를 하는 경우인데(고유의 대행), 이 경우는 당연히 본인의 행위로 보아야 할 것이다.

다른 하나는 본인이 권한을 부여한 범위 내에서 대리인이 자기의 의사결정에 따라 본인의 명의로 기명날인하는 경우인데(대리적 대행), 이것은 실질적으로는 어음행위의 대리이지만 어음면상 대리인의 표시가 없으므로 역시 본인의 기명날인으로 보아야 할 것이다.

서명의 대행은 인정되지 않는다고 본다.

권한 없는 기명날인의 대행(무권대행)은 바로 어음의 위조가 된다.

3. 어음행위의 대리권의 범위

1) 대리권의 존재

어음행위의 대리가 효력을 발생하려면 그 실질적 요건으로서 본인을 위하여 어음행위를 할 수 있는 권한, 즉 대리권이 존재하여야 하고, 그 대리권의 범위를 벗어나지 않아야 한다. 대리권은 본인이 수여하는 것이 보통이나(임의대리권), 법규에 의해서, 또는 법원의 지정·선임행위에 의해서 발생하는 경우도 있다(법정대리권).

2) 법정대리권의 범위

재산관리에 관한 법정대리권이 인정되는 경우에는, 어음행위도 재산관리의 한 수단이기 때문에 그 재산관리권의 범위 내에서는 어음행위의 대리권도 인정된다.

3) 임의대리권의 범위

임의대리권의 범위는 수권행위에 의해서 구체적으로 결정된다. 본인은 특정된 어음행위에 한정한 개별대리권을 수여할 수도 있고, 일정한 범위 내의 일체의 어음행위를 포함하는 포괄적 대리권을 수여할 수도 있다. 또 명백한 수권행위에 의하지 않고 다른 법률행위의 대리권에 부수해서 어음행위의 대리권이 수여될 수도 있다. 대리권을 수여한 사실은 본인이 이것을 어음상에 기재할 필요도 없고, 어음 외의 어떠한 자료에 의하여 판단할 수 있으면 된다.

4. 어음행위의 대리권의 제한

형식적으로는 대리권의 범위 내의 행위이지만 특별한 이유로 인하여 금지 · 제한되는 경우가 있다.

1) 민법 제124조

동일한 법률행위에 있어서 상대방의 대리인이 되거나 당사자 쌍방의 대리인이 될 수 없다는, 이른바 자기거래 또는 쌍방대리의 금지규정이 어음행위의 대리에도 적용된다. 어음행위를 증권작성행위와 증권의 교부행위로 나누어 본다면, 전자는 불특정의 상대방에 대한 단독행위이기 때문에 이해상반의 여지가 없고, 따라서 민법 제124조가 적용되지 않으나, 후자 즉 어음의 교부행위가 이루어지면 특정인에 대한 어음채무가 발생하기 때문에 당사자간의 이익은 충돌된다. 즉, 어음행위에 의한 어음채무에 대하여는 (ⅰ) 항변의 절단이 인정되고, (ⅱ) 증명책임이 경감되어 있으며, (ⅲ) 특히 은행도어음의 경우에는 부도처분의 제재를 받을 염려가 있고, (ⅳ) 어음채무에 대하여는 담보의 제공 없이 가집행을 할 수 있음을 선고하게 되어 있는 점(민소 제213조 제1항 단서) 등 어음행위는 그 원인관계상의 채무에 비하여 행위자에게 많은 불이익을 가져다 주기 때문이다. 따라서 민법 제124조는 어음행위에도 적용된다. 다만, 동조위반의 어음행위의 효력이 문제이나, 상법 제398조 위반의 경우와 마찬가지로 상대적 무효설이 타당하다고 생각한다.

2) 상법 제199조 · 제398조

회사의 무한책임사원 또는 이사가 자기 또는 제3자의 계산으로 회사와 거래를 함에는 다른 사원의 과반수의 결의 또는 이사회의 승인을 얻어야 한다는 자기거래의 금지규정이 어음행위의 대리에 적용된다(판례).[1] 본조위반의 경우의 효력

---

1) 대법원 1965. 6. 22. 65다734; 동 1966. 9. 6. 66다1146; 동 1978. 3. 28. 78다4.

에 관하여는 무효설, 유효설, 상대적 무효설 등이 대립하고 있으나 상대적 무효설이 타당하다.[1] 이에 의하면 이사회의 승인을 받지 아니한 회사와 이사 간의 어음거래는 이들 두 당사자간에는 무효를 주장할 수 있지만, 이 어음이 일단 제3자에게 양도된 경우에는 어음거래의 안전을 위하여 회사가 어음행위에 관하여 이사회의 승인이 없었던 점 및 그 제3자가 이에 관하여 악의였음을 주장·증명하여야만 제3자에 대하여 그 어음행위의 무효를 주장할 수 있게 된다.[2]

5. 어음행위의 무권대리

1) 무권대리의 의의

어음행위의 대리는 형식적 요건이 갖추어졌다 하더라도 실질적으로 대리권이 없다면 이른바 무권대리가 되어 본인에게 직접 그 효과가 귀속되지 않는다. 무권대리는 대리권이 없어 본인이 책임을 지지 않는 '협의의 무권대리'와 대리권은 없지만 본인이 표현책임을 지는 '표현대리'로 나눌 수 있다.

먼저 협의의 무권대리의 경우는 무권대리행위에 관하여 본인의 추인이 없는 한 무권대리인(자칭대리인) 스스로 어음상의 책임을 진다(어 제8조, 수 제11조). 이는 어음의 선의취득자를 보호함으로써 어음의 신용을 높이고 그 유통을 보호하기 위한 것으로서, 이 책임의 성질은 대리권이 있다는 뜻의 표시에 기하여 법률상 부담하는 담보책임이다.

표현대리의 대리인 역시 무권대리인임에는 틀림없으므로 어음법 제8조에 의하여 책임을 진다. 따라서 어느 경우이든 대리인은 어음법 제8조에 의하여 무권대리로서 책임을 진다.

2) 협의의 무권대리

(1) 무권대리인의 책임요건

(가) 자칭대리인(무권대리인)이 대리의 방식을 갖추어 자신의 기명날인 또는 서명을 했어야 한다. 따라서 대리관계의 표시가 없으면 무권대리인이 될 수 없고, 타인의 기명날인 또는 서명을 권한없이 대행했으면 어음의 위조가 된다.

(나) 자칭대리인이 대리권을 증명할 수 없어야 하며, 무권대리행위에 관한

1) 대법원 1984. 12. 11. 84다카1591; 동 1981. 9. 8, 80다1834; 동 1978. 12. 26. 77다907.
2) 대법원 1978. 3. 28. 78다4.

본인의 추인도 받을 수 없어야 한다. 대리권의 흠결에 관한 증명책임은 어음 소지인이 지지 않지만, 본인의 지급거절 또는 추인거절의 사실은 증명하여야 한다. 대리권의 흠결은 전부의 흠결일 수도 있고 일부의 흠결(월권대리의 경우)일 수도 있다. 본인이 추인을 한 경우에도 그 추인의 효력에 관하여는 견해가 달라질 수 있다.

(ⅰ) 해제조건설: 어음법 제8조에 의하여 어음행위시에 무권대리인의 어음상의 책임이 일단 발생하는데, 그 효력은 어음행위시까지 소급하게 되므로(민 제133조) 협의의 무권대리인의 어음상의 책임은 본인의 추인을 해제조건으로 소멸한다. 즉, 그 추인이 이미 발생한 무권대리인의 책임의 소멸원인이 된다(다수설).

(ⅱ) 정지조건설: 어음법 제8조는 어음소지인의 신뢰이익을 보호하는 규정인 만큼 협의의 무권대리인의 책임은 어음소지인의 신뢰가 배반당하였을 때인 추인이 거절되었을 때부터, 즉 추인거절을 정지조건으로 발생한다. 추인은 무권대리인의 책임이 발생하지 않았음을 확인하는 것이고, 따라서 추인을 거절한 때에 그 책임이 발생한다고 본다(소수설).

(ⅲ) 생각건대, 대리권 없이 한 어음행위에 대해 무권대리인의 책임이 발생하지 아니하다가 본인의 추인거절에 의해 비로소 발생한다는 것은 비논리적이다. 또한 어음법 제8조가 특칙으로서 "그 어음에 의하여 의무를 부담한다."라고 하여, 무권대리인에게 상대방의 선택에 좇아 이행 또는 손해배상의 책임을 지우는 민법 제135조 제1항을 배제한다고 보면 본인의 추인이나 추인거절 전에 이미 무권대리인의 책임이 성립했다고 보아야 하고, 따라서 어음소지인은 무권대리의 사실을 증명하여 처음부터 무권대리인의 책임을 추궁할 수 있다고 본다. 다만 본인이 추인을 한 경우에는 상대방의 신뢰이익은 충분히 보호되고 또 추인의 효력은 원칙적으로 소급하므로 협의의 무권대리인의 책임은 원칙적으로 어음행위시에 소급하여 소멸한다고 보는 것이 타당하다. 해제조건설이 타당하다.

(다) 상대방 또는 어음취득자가 선의이어야 한다. 어음취득자가 악의인 경우에는 보호할 필요가 없으므로 선의로 취득한 때에만 무권대리인이 책임을 진다. 어음취득자가 선의인 한 과실이 있어도 보호를 받는다.

(라) 대리행위 자체에는 하자가 없어야 한다. 본인이 실재하지 않거나 어음능력을 결한 경우에도 무권대리인은 어음법 제8조의 책임을 져야 하지만, 대리인 자신이 무능력자인 경우에는 자칭대리인은 책임을 지지 않는다고 본다.

(마) 만약 본인에게 표현책임이 있으면 후술하는 표현대리가 된다.

(2) 무권대리인의 책임내용

첫째, 무권대리인은 “그 어음에 의하여 의무를 부담한다”(어 제8조). 이것은 만일 대리권이 있었더라면 본인이 부담하게 되었을 책임과 ‘동일한 책임’이다. 무권대리인에게 상대방의 선택에 좇아 이행 또는 손해배상의 책임을 지우는 민법 제135조 제1항은 배제되므로 무권대리인은 당연히 어음상의 책임(이행책임)을 진다.

둘째, 무권대리인이 책임을 지는 경우에는, 유권대리이어서 본인이 책임을 지는 경우라면 행사할 수 있었을 항변권을 무권대리인이 대신 행사할 수 있다. 그러나 그 어음행위 또는 그 실질관계 이외의 사정으로 본인이 주장할 수 있었던 항변사유까지도 무권대리인이 주장할 수 있는 것은 아니다. 무권대리인은 본인의 항변사유 이외에 자기 자신의 항변권으로 대항할 수 있음은 물론이다.

(3) 무권대리인의 책임의 보전

무권대리인이 약속어음의 발행이나 환어음의 인수를 무권대리로 한 경우에는, 그 책임이 절대적 책임(주채무)이므로 3년의 소멸시효기간 내에 무권대리인의 책임을 추궁하거나 시효중단의 절차를 밟으면 된다. 무권대리인이 배서나 환어음의 발행을 무권대리하였다면, 그 책임은 상환의무이므로 어음소지인은 지급거절증서의 작성 등 소정의 권리보전절차를 밟아야 한다.

(4) 책임이행한 무권대리인의 지위

어음법 제8조에 의하면 무권대리인이 어음금액을 지급한 때에는 본인과 동일한 권리를 가진다. 이것은 본인이 그 전자에 대하여 가지는 어음상의 권리이다. 즉, 재상환청구권을 갖는다. 따라서 재상환청구권이 문제되지 않는 약속어음의 발행이나 환어음의 인수를 무권대리한 경우에는 그 규정이 적용될 여지가 없고, 배서나 보증의 경우와 같이 책임을 이행한 후 전자에 대한 권리가 잔존하는 어음행위의 무권대리에만 적용된다.

책임을 이행한 무권대리인이 전자에 대한 권리를 행사하는 경우에 어음채무자는 당해 어음행위와 관련하여 본인에 대하여 가지고 있는 항변권으로 대항할 수 있다. 그리고 무권대리인에 대한 항변사유는 무엇이든지 주장할 수 있다.

(5) 본인의 무책임

무권대리인이 권한이 없으면서도 대리행위를 한 경우, 본인은 아무런 책임이 없는 것이 원칙이다. 누구든 자신이 하지 아니한 행위에 대하여 책임을 질 수는 없기 때문이다(거래의 정적안전보호). 즉, 본인에게 책임을 지울 귀책원인이 없다.

따라서 무권대리라는 항변은 누구에 대하여든 주장할 수 있는 물적 항변에 속한다.

그러나 다음의 세 가지 경우에는 예외적으로 본인이 어음·수표법 또는 민법상의 책임을 부담한다.

(i) 본인이 무권대리행위를 추인하는 경우로서,[1] 이 경우에는 무권대리행위는 처음부터 유효한 대리행위로 되어 본인에 대하여 효력이 있다.

(ii) 본인이 표현대리 내지 표현대행의 표현책임을 지는 경우이다.

(iii) 본인이 무권대리행위에 대하여 민법 제35조(법인의 불법행위 능력) 또는 제756조(사용자의 배상책임)에 의한 책임 등 민법상의 손해배상책임을 지는 경우이다. 이 손해배상책임은 어음상의 책임이 아니므로, 책임액은 손해액이고 과실상계도 허용된다.

(6) 본인의 무권대리인에 대한 권리

본인이 어음상의 권리를 갖지 않는 경우, 예컨대 인수의 무권대리의 경우에는 본인은 아무런 손해도 없고 후일 무권대리인이 어음상의 의무를 이행하여 어음상의 권리자가 되더라도 본인과는 아무런 관계가 없다. 그러나 무권대리인이 배서를 무권대리한 경우에는 본인은 어음의 소지를 상실하는 까닭에, 후일 무권대리인이 어음상의 의무를 이행하여 어음상의 권리자가 되었을 때에는, 본인은 전에 가졌었던 자기의 권리에 의거하여 무권대리인에 대한 어음의 반환청구권을 가지게 된다.

3) 표현대리

(1) 표현대리의 의의 및 성립요건

(가) 어음행위의 표현대리(表見代理)에 관한 어음법상의 규정은 없으나, 어음행위의 문언성·서면성에 비추어 보아 당연히 민법상의 규정을 적용 또는 유추적용하여 본인의 표현책임을 인정하여야 한다.[2]

(나) 무권대리인이 어음행위의 대리를 한 경우에 제3자가 어음행위자에게 대

---

1) 대법원 1995. 11. 14. 95다28090(무권대리행위의 추인은 무권대리행위가 있음을 알고 그 행위의 효과를 자기에게 귀속시키도록 하는 단독행위이다); 동 2000. 9. 8. 99다58471; 동 1998. 2. 10. 97다31113(무권대리행위가 범죄가 되는 경우에 그 사실을 알고도 장기간 형사고소를 하지 아니하였다는 사실만으로 무권대리행위에 대한 묵시적 추인이 있었다고 할 수 없다).

2) 표현대리의 성립을 인정한 사례: 대법원 1989. 5. 23. 88다카22626; 동 2003. 4. 11. 2003다7173·7183.

리권이 있다고 믿었고, 그 믿을 만한 사정이 생긴 데에 본인에게 귀책사유가 있는 경우[민법에 의하면 대리권수여의 표시에 의한 경우(민 제125조), 권한을 넘은 경우(민 제126조), 대리권소멸후의 경우(민 제129조)]에는 표현대리관계가 성립한다.

◆무권대행 = 위조 = 표현대리 유추적용

타인이 본인의 어음행위를 대행하는 경우에 본인의 지시 또는 수권에 의한 경우에는 본인의 행위로 인정하여 당연히 본인이 책임을 진다. 그리고 권한없이 대행을 한 경우는 곧 어음행위의 '위조'가 되어 피위조자인 본인은 책임을 지지 않는다. 그러나 어음행위의 무권대행이라도 제3자가 권한이 있다고 믿고(혹은 대행자를 본인 자신이라고 믿고), 제3자가 그렇게 믿은 데 본인(피위조자)의 귀책사유가 있다면, 실질적으로 표현대리의 경우와 유사한 관계가 생기므로 표현대리의 규정을 유추적용하여 본인의 표현책임을 인정함이 제3자의 신뢰를 보호하는 길일 것이다.[1] 대법원은 일찍부터 타인이 권한없이 직접 본인명의로 기명날인 또는 서명을 하여 어음행위를 한 경우에 표현대리의 법리를 유추적용하고 있다.[2]

(다) 상법의 표현지배인(상 제14조), 또는 부실등기된 지배인의 어음행위에 대한 영업주의 책임(상 제39조), 표현대표이사(상 제395조)의 어음행위에 대한 회사의 책임 등도 제3자의 외관신뢰를 보호하기 위한 표현책임제도이기는 하나, 이것은 영업주만의 절대적 책임을 인정한 것으로서, 역시 구별하는 것이 옳다고 생각한다. 따라서 이들 경우에는 상법만이 적용되고 어음법은 적용되지 아니하고 영업주만이 책임을 진다.

(라) 어음행위의 대리권자가 그 권한을 남용한 경우(예컨대, 본인의 매매대금결제를 위하여 발행할 어음을 대리인 자신의 가구를 사기 위하여 발행하는 경우)는 본인이 제3자에 대하여 악의라는 항변(인적 항변)을 제기할 수는 있어도, 본인이 당연히 어음상의 책임을 지므로 무권대리 또는 표현대리의 문제가 생기지 않는다.

(2) 표현대리의 효과

(가) 표현대리가 성립하면 본인은 당연히 어음상의 책임을 져야 한다. 이때의 책임은 민법상(민 제125조)의 책임이다. 본인이 민법에 따라 표현책임을 진다고

1) 대법원 1964. 6. 9. 63다1070; 동 1969. 9. 30. 69다964; 동 1971. 5. 24. 71다471; 동 1976. 1. 27. 75다1488.

2) 대법원 2000. 3. 23. 99다50385; 동 1969. 9. 30. 69다964; 동 1971. 5. 24. 71다471; 동 1989. 3. 28. 87다카2152 · 2153.

하더라도, 표현대리인은 무권대리인임에 틀림이 없으므로 어음법상의 책임을 진다(어 제8조). 이와 같이 본인 외에 무권대리인도 책임을 져야 할 경우 어음소지인은 본인과 무권대리인에 대하여 동시에 중첩적 또는 선택적으로 어음상의 권리를 행사할 수 있다고 본다. 물론 중첩적인 권리행사를 한다고 해서 2중의 변제를 받을 수 있는 것은 아니다.

(나) 표현대리가 성립하는 경우에, 민법 제125조의 '제3자'는 표현대리인의 직접 상대방뿐만 아니라 그 후의 어음소지인 전부를 포함하는지, 그리고 민법 제126조의 '권한이 있다고 믿을 만한 정당한 이유'도 반드시 표현대리인의 직접 상대방에게 있어야만 하는 것은 아니고 그 후의 어음소지인에게 있으면 되는지에 관하여는 학설이 갈린다. 직접상대방 한정설은 어음행위의 표현대리에 있어서 보호되는 제3자는 민법의 해석과 마찬가지로 직접의 상대방에 한하고, 그 이후의 제3취득자는 포함되지 않는다고 하는 입장이다. 제3취득자 포함설은 어음행위의 표현대리에 있어서 제3자는 대리행위의 직접의 상대방뿐 아니라 제3취득자도 포함한다고 한다. 과거의 판례는 제3취득자 포함설을 취한 것도 있으나,[1] 그 후에는 직접상대방 한정설을 취하고 있다.[2]

(다) 민법 제126조에서 본인 · 대리인에 대한 제3자라는 문언상 이 규정을 어음행위에 적용하면 제3자란 어음행위의 직접상대방을 지칭하는 것은 당연한 것이다. 즉, 본인과 어음행위를 한 직접상대방 사이에 표현대리가 성립하는 때에는 본인은 직접상대방 및 그 후의 어음취득자에 대하여 어음상의 책임을 부담하나, 본인과 직접상대방 사이에 표현대리가 성립하지 아니하면 본인은 직접상대방에 대하여는 물론 그 후의 어음취득자에 대하여도 어음상 책임을 지지 않는다. 특히 표현대리는 상대방이 대리권의 흠결에 관하여 선의인 경우에만 성립한다고 해석되므로 어음행위의 직접상대방이 악의인 경우에는 본인은 그 후의 어음취득자에 대하여도 어음상의 책임을 부담하지 아니한다. 따라서 어음의 제3취득자로서는 본인에 대하여 어음상의 책임을 물을 수 있는지의 여부는 본인의 어음행위의 직접상대방의 선의 · 악의에 달려 있어서 제3취득자의 지위는 매우 불안하게 된다. 여기서 민법 제126조의 제3자는 표현대리인의 직접의 상대방뿐만 아니라, 어음의 제3취득자도 포함되어 제3취득자에게 표현대리의 성립요건이 갖추어지면 이때에도 표현대리인의 본인에게 책임을 인정하여야 한다는 주장이 나타

---

1) 대법원 1962. 7. 12. 62다255.

2) 대법원 1986. 9. 9. 84다카2310; 동 1991. 6. 11. 91다3994; 동 1994. 5. 27. 93다21521; 동 1999. 1. 29. 98다27470; 동 1999. 12. 24. 99다13201; 동 2002. 12. 10. 2001다58443.

나게 되었다. 이것은 어음의 유통성을 보호하기 위한 것으로서 민법의 이론을 어음법에 수정적용하여야 한다는 것이다.

(라) 사견으로는 민법상의 표현대리이론을 어음행위에 유추적용하는 한 민법의 해석론에 충실한 직접상대방한정설이 옳다고 본다. 민법 제126조의 표현대리의 성립요건은 첫째, 대리인에게 기본적인 대리권이 있으나 그 권한을 넘은 대리행위가 있을 것, 둘째, (직접상대방이) 권한이 있다고 믿을만한 정당한 사유가 있을 것(본인의 귀책사유가 있을 것)이다. 본래 표현책임은 표현대리와 그 상대방 사이에 구체적인 사정을 참작함으로써 성립될 수 있는 것이므로, 표현대리와 직접 거래하지 아니하였던 제3자가 본인에게 표현책임을 물을 수 있다고 하는 것은 의사표시이론의 한계를 벗어나는 것이라 본다.

❒ 대법원 1994. 5. 27. 93다21521
권한을 넘은 표현대리에 관한 민법 제126조의 규정에서 제3자라 함은 당해 표현대리행위의 직접 상대방이 된 자만을 지칭한다

☞ 〈사 실〉
피고 조선무약합자회사(이하 조선무약이라 한다.)의 총무담당 상무이사인 소외 김동춘은 소외 태양피알주식회사(이하 태양피알이라 한다.)의 대표이사인 소외 양태양과 공모하여 액면 35,200,000원의 약속어음에 그가 보관하고 있던 문서수발용 "조선무약합자회사"로 된 명판과 그 대표사원(박대규)의 직인을 사용하여 소외 태양피알을 피배서인으로 하는 피고 회사 명의의 배서를 하였고, 또 피배서인인 소외 회사는 위 약속어음을 원고 주식회사 건국상호신용금고(이하 건국상호금고라 한다.)에 할인・배서양도하였다. 위 약속어음의 소지인인 원고가 어음의 지급제시기간 내에 지급제시를 하였으나 지급이 거절되자 피고 조선무약에 상환청구권을 행사하려 하였다. 원고는 소외 김동춘이 민법 제126조의 권한을 넘은 표현대리로서 피고 회사가 어음금의 지급책임이 있다고 주장하였다. 이에 대하여 피고는 민법 제126조의 권한을 넘은 표현대리는 표현대리인의 직접 상대방(태양피알)만이 제3자로서 주장할 수 있는 것이지, 이 사건에서처럼 그 직접상대방으로부터 다시 배서를 받은 피배서인(피고인 건국상호금고)은 이를 주장할 수 없다고 다투었다.

〈판결요지〉
권한을 넘은 표현대리에 관한 민법 제126조의 규정에서 제3자라 함은 당해 표현대리행위의 직접 상대방이 된 자만을 지칭하는 것이고, 이는 위 규정을 배서와 같은 어음행위에 적용 또는 유추적용할 경우에 있어서도 마찬가지로 보아야 하는 것이다(대법원 1986. 9. 9. 84다카2310 참조). 따라서 약속어음의 배서행위의 직접 상대방은 그 배서에 의하여 어음을 양도받은 피배서인만을 가리키고 그 피배서인으로부터 다시 어음을 취득한 자는 민법 제126조 소정의 제3자에는 해당하지 아니한다. 다만 배서행위가 직접 상대방인 피배서인에 대한 관계에서 표현대리의 요건을 충족한 경우에 그 후의 어음취득자가

이를 원용하는 것은 이와는 별개로 허용될 수 있다(대법원 1991. 6. 11. 91다3994 참조) (즉, 태양피알이 민법 제126조의 표현대리에 해당한다면 건국상호신용금고는 이를 원용할 수는 있으나, 건국상호신용금고 스스로가 민법 제126조의 표현대리에 해당하지는 않는다 – 필자 주)(동지: 대법원 1997. 11. 28. 96다21751).

4) 월권대리의 경우의 책임의 범위

(1) 종래 학설은 권한을 넘은 표현대리를 두 가지로 나누어 설명하고 있다. 첫째, 대리권이 있으나 어음행위까지 할 권한이 없음에도 그 권한을 넘겨 어음행위를 한 경우이다. 이 경우는 민법 제126조의 권한을 넘은 표현대리에 해당하고, 이때에는 전술한 바와 같이 본인은 민법 제126조에 의하여, 그리고 대리인은 어음법 제8조에 의하여 각자가 전액(700만원)에 대하여 책임을 부담한다.

(2) 둘째, 예컨대 어음을 발행할 수 있는 권한을 수여하면서 다만 그 한도를 500만원 범위 내로 제한하였는데, 대리인이 그 제한을 무시하고 액면 700만원의 어음을 발행한 경우에는 어음행위 자체를 할 수 있는 권한은 수여하였으되, 다만 그 범위만을 넘긴 것이다. 학설은 이를 특히 월권대리라고 한다. 이와 같은 경우, 본인과 대리인의 책임의 범위와 관련하여 학설은 다음과 같이 갈린다. 제1설(본인무책임설)은 어음의 문언증권성을 중시하여 대리인만이 어음금 전액에 대하여 책임을 진다고 한다. 제2설(전액책임설: 통설 · 판례)은 어음金額不可分의 원칙과 권리행사의 간편성을 고려하여 대리인은 어음금 전액(700만원)에 대해서 책임을 지고 본인도 대리권을 수여한 범위(500만원) 내에서는 책임을 진다고 한다.[1] 제3설(월권부분설)은 일부인수 · 일부보증 및 변조의 경우와 동일하게 생각하여 본인은 대리권을 수여한 범위 내(500만원)에서 책임을 지고, 대리인은 월권부분(200만원)에 대해서만 책임을 부담하면 된다고 한다.

생각건대 어음은 문언증권인 점과 어음금액불가분의 원칙을 고려한다면, 어음의 유통보호를 위하여 대리인에게 어음금 전액(700만원)에 대한 책임을 지우고, 본인에게는 그 수권의 범위 내(500만원)에서 책임을 지도록 하는 제2설이 가장 타당한 견해라고 생각한다. 이러한 해석이 어음법 제8조 제1문의 문언과 부합한다.

(3) 한편 법률의 규정에 의하여 대외적으로 포괄적인 대리권(대표권)을 가진 자(법인의 이사, 지배인, 부분적 포괄대리권을 가진 상업사용인, 회사의 대표, 선장 등)가 내부적인 대리권 또는 대표권의 제한에 반하여 어음행위를 한 경우에는 그 제한으로 선의의 제3자에게 대항할 수 없으므로(민 제60조, 상 제11조 제3항, 제15조 제

1) 대법원 2001. 2. 23. 2000다45303 · 45310.

2항, 제209조 제2항, 제269조, 제389조 제3항, 제567조, 제775조) 본인은 어음금액 전액에 대하여 책임을 부담한다.

월권대리인이 어음금액을 지급한 경우에는 본인과 같은 권리를 가진다(어 제8조 제2문·제3문)

◆ 어음금액불가분의 원칙

어음금액불가분의 원칙이란 분할출급식 기재는 유해적 기재사항으로서 어음 자체가 무효로 되는 것과 같이 어음금액은 분할할 수 없다는 원칙이다. 그러나 이 원칙에는 세 가지의 예외가 있으니, 첫째, 일부지급을 거절할 수 없고, 이를 거절하면 상환청구권을 상실한다. 둘째, 일부인수가 인정되며, 셋째, 일부보증이 인정된다.

Ⅱ. 어음행위와 명의대여

명의대여에는 첫째, 영업에 관하여 명의대여가 있고, 그 영업과 관련하여 어음행위를 한 경우와, 둘째, 영업에 관하여서가 아니라 어음행위에 관하여만 명의대여가 있는 경우의 두 가지가 있다.

1. 영업을 위한 명의대여

타인에게 자기의 성명 또는 상호를 사용하여 영업을 할 것을 허락한 자는 자기를 영업주로 오인하여 거래한 제3자에 대하여 그 타인과 연대하여 변제할 책임이 있다(상 제24조). 타인에게 영업 전반에 관하여 명의를 대여한 자는 그 타인의 어음행위에 대하여도 당연히 책임을 져야 할 것이다.[1] 즉, 영업을 위한 명의차용자가 어음행위까지 한 경우 명의대여자는 그 어음행위에 대하여까지 책임을 부담하여야 한다. 이때 명의차용자와 명의대여자의 책임관계는 상법 제24조에 따른 연대책임으로 본다. 명의대여자는 명의차용자의 어음행위에 대하여 명의대여를 하였기 때문에 책임을 지는 것이고, 스스로 어음행위를 한 일이 없으므로, 복수의 어음행위가 있음을 전제로 하는 합동책임이 아니다.

---

1) 대법원 1970. 9. 28. 70다1703; 동 1969. 3. 31. 68다2270; 동 1997. 4. 11. 97다386(비의료인에게 고용된 의사가 자신 명의의 사업자등록을 한 후 그 비의료인이 수표에 의사 명의의 배서를 위조하여 제3자로부터 할인받는 것을 방치한 경우, 의사의 피해자에 대한 책임이 있다).

2. 어음행위를 위한 명의대여

단순히 어음행위만을 위한 명의대여의 경우에는 상법 제24조가 적용되지 않고 명의대여자만이 어음의 문언성 및 표현법리(금반언의 법리 또는 외관이론)에 따라 책임을 져야 하는 것이 원칙이다. 어음행위 자체만 가지고는 상법 제24조에서 말하는 '영업'이라고 하기는 어려운 점 및 어음의 문언성에 비추어 명의차용자에게 어음상의 채무를 부담시키기는 어렵다. 다만, 어음행위자가 자기를 표시하기 위하여 타인의 명의를 사용한 경우는 그 어음행위자, 즉 명의차용자도 책임을 져야 할 것이다. 이때 명의대여자와 명의차용자의 책임관계는 연대책임이라고 본다.

Ⅲ. 어음의 위조

1. 어음 위조의 개념

1) 어음 위조의 의의

어음의 위조란 권한 없이 타인의 기명날인 또는 서명을 위작하여 어음행위를 하는 것을 말한다. 위조의 방법은 인장을 위조하여 어음행위를 하든, 진정한 인장을 도용하여 어음행위를 하든, 혹은 타인의 기명날인 또는 서명이 되어 있는 지편을 이용하여 어음행위를 하든 상관없다. 어음의 위조는 어음행위가 아니고 사실행위이므로 위조자의 고의·과실을 요하지 않는다.

권한 없이 어음면에 타인의 기명날인 또는 서명을 하는 이상 발행, 인수, 배서, 보증 등 어떠한 어음행위에 대해서도 위조가 가능하다. 그러나 최후의 배서가 백지식으로 된 어음을 절취한 자가 자기를 피배서인으로 기재하는 행위는 타인의 기명날인 또는 서명을 어음면에 나타내는 것이 아니어서 어음의 위조가 아니다.

2) 구별개념

(1) 어음의 위조와 변조의 차이

어음의 위조와 변조는 허위의 기재라는 점에서는 같으나, 위조는 어음채무의 성립(어음채무자의 명의)에 관한 허위인 데 대하여, 변조는 어음채무의 내용에 관한 허위이다(그러므로 피변조자란 개념도 없다.). 따라서 위조란 특정된 피위조자만의 문제이나, 변조는(객관적인 어음의 내용이 변경되므로) 그 어음상의 기명날인 또는 서명을 한 모든 자의 책임에 관계되는 문제이다. 또 기명날인 또는 서명의 변경에 관하여는 진정한 기명날인 또는 서명에 대하여는 변조가 되고, 새로 변경된 기명날인 또는 서명에 대하여는 위조가 된다(위조 · 변조설).

(2) 어음의 위조와 무권대리의 차이

위조와 무권대리는 권한없이 어음행위를 한다는 점에서는 같다. 그러나 어음의 위조는 타인의 기명날인 또는 서명을 대행하는 방식으로 어음(수표)행위를 하는 것이나, 어음의 무권대리는 자신의 기명날인 또는 서명으로 어음행위를 하는 것이다.

(3) 어음 · 수표법상의 위조와 형법상의 위조

어음 · 수표법상의 위조의 개념과 형법상의 위조의 개념은 일치하지 않는다. 어음 · 수표법상의 위조는 권한없이 타인의 기명날인 또는 서명을 하고 상대방과의 교부행위가 있어야 하나, 형법상의 위조는 상대방과의 교부행위를 요하지 아니한다. 또한 어음 · 수표법상의 위조는 고의 · 과실을 요하지 아니하나, 형법상의 위조는 고의 · 과실을 요한다.

2. 어음 위조의 효과

1) 위조자의 책임

(1) 민법 및 형법상의 책임

어음의 위조자는 민법상의 불법행위책임(민 제750조) 및 형법상의 유가증권위조죄(형 제214조)의 형벌을 면할 수는 없다.

(2) 어음법상의 책임

다음으로 중요한 것은 위조자가 어음상의 책임을 지느냐 하는 것이다. 어음 · 수표의 위조의 경우에 위조자가 어음상에 자기 자신의 기명날인 또는 서명을 하지 않았으므로 증권상에 전혀 이름이 나타나 있지 않는다. 따라서 어음 · 수표의 문언증권성에 비추어 어음상 책임이 없다고 하여야 하는 것이 올바른 해석이라 할 것이다. 어음 · 수표에 위조자의 기명날인 또는 서명이 없어 위조자가 어음(수표)상의 책임을 질 기초가 없고 또 위조자를 신뢰한 제3자의 보호라는 문제도 없으므로 위조자는 어음 · 수표상의 책임을 지지 않는다.

2) 피위조자의 책임

피위조자는 스스로 기명날인 또는 서명을 한 것이 아니므로 원칙적으로 누구에 대해서도 어음상의 책임을 지지 않는다. 즉, 위조의 항변은 물적 항변이다(통설). 따라서 피위조자는 어음소지인의 선의, 악의를 불문하고 위조를 가지고 대항할 수 있으며, 피위조자에게 중과실이 있는 경우에도 이러한 중과실이 피위조자에게 표현책임 등의 책임을 생기게 하는 정도에 이르지 않은 경우에는 피위조자는 어음상의 책임을 지지 아니한다.

❒ 대법원 1965. 10. 19. 65다1726
피위조자는 위조어음에 대하여 책임이 없다

☞ 약속어음을 다른 사람이 기명날인을 위조하여 발행한 경우에 있어서는 이 약속어음에 발행인으로서 표시된 사람은 그 약속어음의 발행인으로서의 의무를 부담하지 않는다. 또한 이 약속어음을 선의로 배서에 의하여 양수받은 제3자에 대하여서도 발행인으로서의 의무를 부담하지 않는다.

그러나 위조의 경우라도 제3자가 위조자에게 권한이 있다고 믿을 만하고, 그 신뢰에 피위조자의 귀책사유를 인정할 수 있는 다음과 같은 경우에는 피위조자에게 책임을 인정하는 것이 옳을 것이다.

(1) 위조의 추인에 의한 책임

먼저, 위조된 어음 · 수표에 대해서 무권대리의 경우와 같이 피위조자가 추인할 수 있다고 본다. 어음 · 수표의 무권대리와 위조는 대리방식을 취하였는가 대행방식을 취하였는가의 차이밖에 없다. 또 행위자의 의사에 비추어 볼 때에도 무권대리의 경우도 반드시 본인을 위한다고 할 수는 없고, 오히려 어음상의 표시에서 보면 위조의 경우 무권대리보다도 더욱 명료하게 본인(피위조자)을 위한 것으로 되어 있다. 그리고 윤리적인 면에서 보더라도 무권대리라고 비난의 여지가 없는 것은 아니므로 위조의 추인을 인정하는 긍정설이 타당하다고 본다. 그리고 추인은 명시적으로 뿐만 아니라 묵시적으로도 가능하며, 추인하는 의사표시의 상대방은 무권대리인이나 그 상대방이다.[1] 추인을 하면 소급적으로 어음

1) 대법원 1990. 4. 27. 89다카2100; 청주지방법원 2006. 6. 2. 2004가합1735[항소].

상 책임을 부담한다.

(2) 피위조자의 지급

(가) 피위조자가 어음이 위조된 것을 알고서도 어음금액을 지급한 때에는 어떠한 학설에 의하든 간에 위조의 추인이 되어 그 지급은 유효하게 된다.

(나) 피위조자가 위조어음인 줄 모르고 어음금을 지급한 경우에는 그 반환을 청구할 수 있다. 그러나 이 경우에 지급이 있었기 때문에 소지인이 권리보전절차를 취하지 아니하여 어음상의 권리를 상실한 때에는 피위조자의 지급은 민법 제744조의 도의관념에 적합한 비채변제(非債辨濟)로 되어 그 반환을 청구할 수 없으므로 결국 책임을 부담하게 된다.[1]

(3) 표현책임

(가) 의 의

어음·수표의 경우에 위조자와 피위조자 사이에 특수한 관계가 있어 위조자와 거래한 제3자가 위조자에게 그러한 어음행위를 할 권한이 있다고 믿을만 하고, 그 신뢰에 피위조자의 귀책사유를 인정할 수 있는 경우에는 피위조자가 표현대리에 준하여 그 어음·수표상의 책임을 져야 한다.

(나) 근 거

피위조자의 표현책임의 근거는 민·상법의 표현대리의 규정(민 제125조·제126조·제129조, 상 제14조·제395조)을 어음의 위조에도 유추적용하여 피위조자의 어음상의 책임을 인정하는 것이다(판례·다수설).[2] 예컨대 어음을 발행할 권한이 없는 경리담당 상무이사가 대표이사의 인장을 도용하여 대표이사의 명의로 약속어음을 발행한 경우에 관하여 피위조자의 표현책임을 인정하고 그 근거를 표현대리의 규정의 유추적용에서 구하였다.[3] 그러나 위조어음이 진정한 것이라고 믿은 데에 정당한 사유가 없는 경우에는 피위조자에게 표현책임이 인정되지 않는다.[4]

---

1) 대법원 1992. 7. 28. 92다18535: 자신의 배서가 위조된 사실을 알지 못한 채 그 약속어음금의 지급을 위하여 수표를 발행한 후, 약속어음 배서의 위조사실을 알았지만 수표의 부도로 인한 형사책임을 우려하여 수표금을 지급하였다면 그로부터 수표금을 지급받은 자는 부당이득반환의무가 있다.

2) 대법원 1968. 7. 30. 68다127; 동 1979. 2. 13. 77다2436; 동 1988. 10. 25. 86다카1228; 동 1993. 9. 24. 93다32118; 동 1994. 5. 27. 93다21521; 동 1999. 12. 24. 99다13201; 동 2002. 12. 10. 2001다58443(어음보증을 위조한 경우).

3) 대법원 1969. 9. 30. 69다964; 동 1968. 7. 8. 68다334·335; 동 1991. 6. 11. 91다3994.

4) 대법원 1999. 1. 29. 98다27470; 동 2000. 2. 11. 99다47525.

(4) 신의칙에 의한 책임

피위조자의 위조라는 항변이 신의칙에 반하는 경우에는 피위조자가 어음 · 수표상의 책임을 져야 한다. 예컨대, 피위조자의 책임있는 사유로 위조어음 · 수표 제작의 원인을 제공하였는데 제3자가 대가를 지급하고 과실없이 그 어음 · 수표를 취득하였을 경우라든지, 피위조자가 위조의 情을 알면서 동일한 위조자에 의한 위조어음의 어음금을 지급하여 계속적인 어음의 위조를 가능하게 한 경우에는 선행행위와 모순되는 행위의 금지 및 신의성실의 원칙에 위배되므로 어음상의 책임을 져야 한다.[1)]

(5) 사용자책임

(가) 어음의 위조는 피위조자와 전혀 무관한 자가 행하는 수도 있으나 실제는 피위조자와 특별한 관계, 특히 고용관계에 있는 자가 사익을 위하여 행하는 경우가 대부분이다. 위조자(피용자)의 위조행위는 예외 없이 불법행위가 될 것이므로 피위조자가 사용자배상책임을 져야 할 경우가 있다.

(나) 사용자에게 책임을 지우기 위해서는, ① 피위조자와 위조자 간에 사용자와 피용자의 관계가 있어야 한다. 피용자는 반드시 고용계약관계가 있어야 하는 것은 아니고 사실상 지휘 · 감독을 받는 관계이면 충분하고,[2)] 보수의 유무나 계속성은 문제되지 않는다.[3)] ② 위조자가 피위조자의 사용인으로서 사무의 집행에 관하여 어음 · 수표를 위조하였어야 한다. 즉, 사용인의 직무와 밀접한 관련이 있거나 상당한 관련성이 있는 경우이어야 한다.[4)] 어음행위와 전혀 무관한 직무에 종사하는 피용자의 위조에 대하여는 피위조자의 사용자책임은 인정되지 않는다.[5)] ③ 제3자에게 손해가 생겨야 한다. 여기에서 제3자는 어음 · 수표의 직접의 상대방뿐만 아니라 제3취득자도 포함된다(민법상의 불법행위책임이므로 위조행위와 상당인과관계가 있는 모든 손해가 포함되기 때문이다). ④ 제3자에게 악의 또는 중대한 과실이 없어야 한다.[6)] 어음의 위조의 경우에는 민법상의 사용자책임의 규정(민 제756조)과는 달리 제3자가 악의인 경우에는 피위조자의 사용자책임이

---

1) 대법원 1972. 11. 28. 72다36.
2) 대법원 1968. 12. 8. 67다2644.
3) 대법원 1960. 12. 8. 4292민상977.
4) 대법원 1982. 10. 26. 81다509; 동 1988. 11. 22. 86다카1923; 동 1997. 9. 26. 97다21499.
5) 대법원 1996. 1. 26. 95다46890.
6) 대법원 1983. 6. 28. 83다카217; 동 1999. 1. 26. 98다39930; 동 1999. 10. 8. 99다30367; 동 2003. 2. 11. 2002다62029; 동 2004. 2. 13. 2003다63333; 동 2005. 2. 25. 2003다36133.

성립되지 않는다.

(다) 한편 과거의 판례는 어음소지인이 피위조자에게 사용자배상책임을 묻기 위해서는 위조어음이 아니라고 가정하면 어음소지인이 (예컨대 상환청구권 보전절차를 취하는 등의 요건을 갖추어) 피위조자의 어음상의 책임을 물을 수 있었어야 한다고 보았으나,[1)] 최근 판례를 변경하여 어음상의 권리유무에 관계없이 사용자배상책임을 물을 수 있다고 한다.

> ❐ 대법원 1994. 11. 8. 93다21514
> 어음배서가 위조된 경우, 소지인의 적법한 지급제시가 배서위조로 인한 사용자책임을 묻기 위한 요건인 것은 아니다

☞ 민법 제756조 소정의 사용자책임을 논함에 있어서는 어음소지인이 어음법상 상환청구권을 가지고 있느냐는 등 어음법상 권리 유무를 따질 필요가 없으므로, 어음소지인이 현실적으로 지급제시를 하여 지급거절을 당하였는지의 여부가 어음배서의 위조로 인한 손해배상책임을 묻기 위하여 필요한 요건이라고 할 수 없고, 어음소지인이 적법한 지급제시기간 내에 지급제시를 하지 아니하여 상환청구권보전의 절차를 밟지 않았다고 하더라도 이는 어음소지인이 이미 발생한 위조자의 사용자에 대한 불법행위책임을 묻는 것에 장애가 되는 사유라고 할 수 없다. 동지: 대법원 1994. 11. 22. 94다20709; 동 1993. 8. 24. 93다6164 · 6171; 동 1999. 1. 29. 98다27470.

(라) 손해배상액의 산정기준

피위조자가 사용자책임을 지는 경우 손해배상액은 어음상 액면금액(액면금 전액설)이 아니라 소지인이 그 어음을 취득하기 위하여 출연한(할인한) 금액(출연액한도설)이다.[2)] 나아가 위조어음을 취득함에 있어 어음소지인에게 과실이 있었다면 피위조자는 이를 이유로 과실상계를 하여 손해배상액을 경감할 수도 있을 것이다.

3) 위조어음 위에 기명날인 또는 서명을 한 자의 책임

위조어음 위에 기명날인 또는 서명을 한 자는 어음문언에 따라 책임을 지고(어 제7조 제2호: 어음행위독립의 원칙), 위조자라도 소지인이 되면 진정하게 기명날인 또는 서명을 한 전자에 대해서 어음상의 권리를 행사할 수 있다.

---

1) 대법원 1990. 4. 10. 89다카17331; 동 1974. 12. 24. 74다808.

2) 대법원 1992. 6. 23. 91다43848; 동 1994. 11. 8. 93다21514; 동 1999. 1. 29. 98다27470; 동 2003. 1. 10. 2001다37071. 어음 · 수표의 할인에 의한 사기죄에서 피고인이 취득한 재산상의 이익액 역시 액면금이 아니라 실제 수령한 현금액이다: 대법원 2009. 7. 23. 2009도2384.

4) 증명책임

위조의 증명책임에 관하여 종래에는 학설이 나뉘었고, 판례는 위조의 증명책임은 피위조자가 부담하여야 한다고 하였다.[1] 그러나 대법원은 1993. 8. 24. 선고, 93다4151 판결에서 종래의 태도를 변경하여 소지인이 위조 아님을 증명하여야 한다고 한다.

> ❐ 대법원 1993. 8. 24. 93다4151(다수의견)
> 배서위조의 증명책임은 소지인에게 있다

☞ 〈사실〉

소외 한미건산주식회사는 1992년 1월 20일 액면 2천만원, 지급기일 1992년 4월 20일, 지급장소는 주택은행 갈월동 지점으로 된 약속어음 1매를 발행하여, 소외 홍호조에게 교부하였고, 홍호조는 이를 소외 전도일에게, 전도일은 소외 이장숙에게, 이장숙은 이 사건의 피고인 안종옥에게, 안종옥은 이 사건의 원고인 정갑채에게 각각 순차 배서하였다. 정갑채는 발행인인 한미건산이 거래정지처분된 사실을 알고 만기 전인 1992년 2월 25일 어음의 지급을 구하기 위하여 어음을 은행에 지급제시하였으나 은행은 위 한미건산의 거래정지처분으로 인한 무거래를 이유로 지급을 거절하였다. 따라서 원고 정갑채는 피고 안종옥에게 상환청구하였다. 피고는 위 어음채무는 피고가 경영하는 백광금속의 종전 경영주인 소외 주구석과 원고 정갑채와의 거래상의 채무일 뿐 피고와 무관한데도 피고의 경리사원 소외 김태염이 피고의 지시 · 승낙 없이 피고의 명판을 사용하여 배서해 준 것이므로 위조된 배서라 주장하면서 원고의 청구는 부당하고, 피고로서는 책임이 없다고 항변하였다.

〈판결요지〉

어음에 어음채무자로 기재되어 있는 사람이 자신의 기명날인이 위조된 것이라고 주장하는 경우에는 그 사람에 대하여 어음채무의 이행을 청구하는 어음의 소지인이 그 기명날인이 진정한 것임을 증명하지 않으면 안된다. 또한 배서의 자격수여적 효력에 관하여 규정한 어음법 제16조 제1항은 어음상의 권리가 적법하게 발생한 것을 전제로 그 권리의 귀속을 추정할 따름이고 그 권리의 발생 자체를 추정하는 것이 아니라고 해석되므로, 위 법조항의 '적법한 소지인으로 추정한다'는 취지는 피위조자를 제외한 어음채무자에 대하여 어음상의 권리를 행사할 수 있는 권리자로 추정한다는 의미에 불과하고 자신의 기명날인이 위조되었다고 주장하는 자에 대하여까지 어음채무의 발생을 추정하는 것은 아니다. 그렇다면 어음에 어음채무자로 기재된 자가 자기 자신의 기명날인이 위조된 것이라고 주장하는 경우에는 그에 대하여 어음상의 권리를 행사하는 어음소지인이 그 기명날인이 진정하다는 것을 증명하지 않으면 안되는 것이다. 동지: 대법원 1998. 2. 10. 97다31113.

---

1) 대법원 1966. 5. 31. 66다633; 동 1976. 2. 24. 75다918; 동 1987. 7. 7. 86다카2154.

Ⅳ. 어음의 변조

1. 어음 변조의 개념

어음의 변조란 권한없이 기명날인 또는 서명 이외의 기재사항을 변경하는 것을 말한다. 변경은 어음요건뿐 아니라 유익적 기재사항의 변경도 포함된다. 변조의 방법은 기존문구의 변개이든, 말소이든, 새로운 문구의 기입이든 상관없다. 새로운 문구의 기입이더라도 그것이 무익적 기재사항인 경우에는 어음의 내용과 효력에 아무런 변동이 생기지 않으므로 변조가 아니다. 말소의 방법에도 제한이 없으니, 예컨대 어음의 유익적 기재사항 위에 인지를 붙여 이를 보이지 않게 한 것도 말소가 된다. 그러나 변조 후에도 기본어음으로서의 형식적 요건은 구비하여야 한다. 만약 어음내용의 변경 후 어음요건이 흠결되어 어음으로서의 효력이 상실되었다면 이는 변조가 아니라 어음의 훼멸에 해당한다. 보충권을 가지고 있는 자가 수취인을 착오 기재하였다가 이를 정정한 것은 어음 변조에 해당하지 않는다.[1] 또한 약속어음의 발행인이 어음의 문언을 어음행위자들의 당초의 어음행위의 목적에 부합되게 정정한 것도 어음의 변조에 해당하지 않는다.[2]

이와 같이 변조의 개념을 '권한 없이 어음기재사항을 변경한 경우'라고 할 때 '권한 없이'라는 부분의 해석이 다소 문제된다. 예컨대 발행인이 자기가 기재한 만기를 변경한 경우 설령 발행인에 의한 변경이라고 하더라도 이로 인해 다른 배서인의 상환의무에 영향을 미치게 되면 이는 권한 없는 변경, 즉 변조에 해당된다고 할 것이다. 판례도 "어음발행인이라 하더라도 어음상에 권리의무를 가진 자가 있는 경우에는 이러한 자의 동의를 받지 아니하고 어음의 기재내용에 변경을 가하였다면 이는 변조에 해당할 것"이라고 한다.[3] 그러나 무권리자라고 하더라도 수표 발행인란의 기명 부분을 발행 회사의 구상호에서 신상호로 임의 변경한 것은 수표의 위조 또는 변조에 해당되지 않는다.[4]

어음의 위조와 변조는 허위의 기재라는 점에서는 같으나, 위조는 어음채무의 성립(어음채무자의 명의, 즉 기명날인)에 관한 허위인 데 대하여, 변조는 어음채무의 내용에 관한 허위이다(그러므로 피변조자라는 개념도 없다). 기명날인(서명)도 변

1) 대법원 1995. 5. 9. 94다40659.
2) 대법원 1993. 7. 13. 93다753.
3) 대법원 1987. 3. 24. 86다카37.
4) 대법원 1996. 10. 11. 94다55163.

조의 대상이 될 수 있으니, 진정한 기명날인에 대하여는 변조가 되고, 새로 변경된 기명날인에 대하여는 위조가 된다고 본다.

2. 어음 변조의 효과

1) 변조자의 책임

(1) 어음상의 책임

(가) 변조자가 변조 후 기명날인 또는 서명을 한 경우

변조자가 변조 후에 어음에 기명날인 또는 서명을 한 경우에는 변조자는 변조 후의 어음문구에 따라 어음상의 책임을 진다(어 제69조, 제77조 제1항 제7호).

(나) 변조자가 변조 후 기명날인 또는 서명을 하지 아니한 경우

변조자가 변조 후 기명날인 또는 서명을 하지 아니한 경우에(예컨대 백지식배서를 통해 어음을 취득한 피배서인이 어음을 변조한 다음 이를 제3자에게 교부하여 양도한 경우)는 위조자의 어음상의 책임과 마찬가지로 이러한 변조자는 어음의 문언증권성에서 어음상 아무런 책임을 부담하지 않는다.

(2) 변조자의 민사상 책임

변조자가 어음을 변조한 경우에 그 변조로 인하여 제3자가 손해를 입은 때에는 불법행위로 인한 손해배상책임을 지고(민 제750조), 이 경우에 피용자가 변조하였다면 사용자책임을 진다(민 제756조).

(3) 변조자의 형사상 책임

변조자는 형사상 유가증권 변조죄의 책임을 져야 한다. 물론 어음법상의 변조와 형법상 유가증권 변조의 개념은 항상 일치하는 것은 아니지만 어음의 변조가 형법상의 유가증권 변조죄에 해당하면 형벌의 제재(10년 이하의 징역)를 받는다(형 제214조 제1항). 그리고 어음을 변조하여 재물의 교부를 받거나 재산상의 이익을 취득한 자는 사기죄로 처벌된다(형 제347조).[1]

(4) 변조자의 어음상의 권리의 취득

변조자가 변조에 의하여 변조된 내용의 권리를 취득할 수 없는 것은 물론이나, 그가 어음소지인인 경우에는 변조전의 문구에 따른 어음상의 권리를 상실하

---

1) 대법원 2007. 3. 30. 2005도5972; 동 2007. 4. 12. 2007도1033.

지 않으므로, 변조 전의 기명날인자 또는 서명자에 대하여 변조 전 원래 문구에 따른 권리를 행사할 수 있다.

2) 변조 전에 기명날인 또는 서명을 한 자의 책임

어음의 변조 전에 기명날인 또는 서명을 한 자는 원래 문구, 즉 기명 또는 서명당시의 문구에 따라 책임을 진다(어 제69조 · 제77조 제1항 제7호).[1] 변조 전에 기명날인 또는 서명을 한 자가 변조 후의 문구에 따라서 책임을 질 이유가 없는 것은 물론이지만, 변조로 인하여 일단 발생한 책임이 면제될 이유도 없기 때문이다.

❐ 대법원 1987. 3. 24. 86다카37
어음의 변조 전에 기명날인 또는 서명을 한 자는 기명 또는 서명당시의 문구에 따라 책임을 진다

☞ 어음발행인이라 하더라도 어음상의 권리의무를 가진 자가 있는 경우에 이러한 자의 동의를 받지 아니하고 어음의 기재내용에 변경을 가하였다면 이는 변조에 해당할 것이고 약속어음에 배서인이 있는 경우 배서인은 어음행위를 할 당시의 문언에 따라 어음상의 책임을 지는 것이고 그 변조된 문언에 의한 책임을 지울 수는 없는 것이다.

그러나 변조 전에 기명날인 또는 서명한 자가 변조하기 쉽도록 부주의하게 기재를 한 경우, 예컨대 어음금액을 기재함에 있어 "금壹百萬원정" 또는 "금일백만원정"이라고 하지 않고 "금一百萬원정"이라고 기재하였는데 "일"에 두 획이 추가되어 어음금액이 "금三百萬원정"으로 변조되었거나, 혹은 "금일백만원정"이라고 기재했더라도 "금"과 "일백만원정" 사이에 상당한 간격을 두어 어음의 취득자가 "금일천일백만원정"으로 변조한 경우에는 변조 전에 기명날인을 한 발행인도 원래 문구인 100만원이 아니라 변조된 문구에 따라 300만원 또는 1,100만원을 지급할 책임을 질 수 있다. 변조 전에 기명날인 또는 서명을 한 자가 변조를 추인한 경우에는 변조 후의 문구에 따라 책임을 진다.

3) 변조 후에 기명날인 또는 서명을 한 자의 책임

변조 후에 기명날인 또는 서명을 한 자는 변조된 문구에 따라서 책임을 진다(어 제69조 · 제77조 제1항 제7호). 이는 변조 후의 문구를 자기 의사표시의 내용으로

---
1) 대법원 1996. 2. 23. 95다49936.

어음행위를 한 당연한 결과로서, 그 문구가 자기의 어음행위의 내용을 이루는 것이기 때문이다. 따라서 변조 후의 기명날인자는 변조의 사실을 알았든 몰랐든 간에, 변조어음의 취득자의 선의·악의를 불문하고 책임을 진다. 그러나 변조로 인하여 어음요건이 결여된 후에 이에 기명날인을 한 자는 어음상 아무런 책임도 지지 아니한다. 왜냐하면 형식적으로 무효인 어음이 유통되는 결과가 되기 때문이다. 그러나 이 경우에도 변조 전에 그 어음상에 기명날인한 자는 원래의 문구에 따라 어음상의 책임을 부담한다.

❒ 대법원 1992. 4. 28. 92다4802
변조된 약속어음에 의하여 지급을 받은 자의 부당이득 성립 여부

☞ 〈사실〉
원고 동부제강 주식회사는 1990년 6월 29일 소외 소영호에게 지급일을 1990. 10. 2.로, 지급지 및 발행지를 서울특별시, 지급장소를 주식회사 상업은행으로 각각 기재한 액면 1,529,000원의 약속어음 1매를 발행·교부하였다. 그런데 소영호는 위 어음의 금액을 71,529,000원으로 변조한 다음 1990. 6. 30. 일부는 채무변제조로, 나머지 금액은 약속어음을 교부받고 피고인 변준택에게 배서양도하였다. 피고는 지급기일(1990. 10. 2.)에 위 변조된 어음을 지급제시하였고, 위 상업은행은 같은 해 10월 5일 원고의 자금으로 피고에게 변조된 액면금 71,529,000원을 지급하였다. 이에 원고는 피고에게 70,000,000원의 부당이득반환을 청구하였다.

〈판결요지〉
약속어음 발행 후 액면금액이 변조된 경우 발행인은 발행 당시의 액면금액의 범위 내에서만 채무를 부담하고, 그 액면금액이 변조된 뒤에 위 어음을 취득한 자는 발행인에 대하여 변조 전의 액면금액의 범위 내에서만 어음상의 권리를 취득하고 이를 초과하는 부분에 관하여는 아무런 권리를 취득하지 못한다. … 발행인은 이 사건에서 은행이 어음금을 지급하기 전에 그 액면금이 변조되었는지의 여부를 조사하였더라면 쉽게 변조사실을 알 수 있었을 터인데 이를 소홀히 한 과실을 이유로 은행에 대하여 초과지급된 부분에 대한 배상을 구할 수 있지만, 그렇다고 하더라도 발행인이 어음금 수령인에게 부당이득금의 반환을 청구하는 것은 별개의 문제로서 지장이 없다.

4) 증명책임

(1) 다수설

다수설은 변조의 흔적이 분명한 경우와 그렇지 않은 경우를 나누어 설명한다.

(가) 외관상 변조의 흔적이 분명한 경우에는 어음소지인이 기명날인 또는 서명을 한 자에 대하여 변조 후의 문언에 의한 책임을 추궁하려면 변조 후에 기명날인 또는 서명을 한 것임을 증명하여야 한다(통설·판례).[1]

판례는 한때 변조를 주장하는 자가 그 어음의 변조된 사실, 즉 자신이 어음에 기명날인 또는 서명을 할 당시의 어음문언에 관하여 증명책임을 진다는 입장을 취하였다.[1] 그러나 이후에는 태도를 바꾸어, 위 통설과 같이 어음문언의 변경이 명백한 경우에 어음채무자에게 변경 후의 문언에 따라 책임을 지우려면 변경 후에 어음채무자가 기명날인 또는 서명을 하였음을 어음소지인이 증명하여야 한다고 하였다.

❒ 대법원 1987. 3. 24. 86다카37
어음문언의 변경이 명백한 경우 변조 후에 어음채무자의 기명날인 또는 서명이 있은 것을 어음소지인이 증명하여야 한다

(나) 외형상 변조의 사실이 명백하지 아니한 경우에는 어음채무자가 변조된 문구에 따른 책임을 면하려면 어음채무자 스스로 변조 전에 기명날인 또는 서명을 하였다는 사실, 즉 자신이 기명날인 또는 서명을 한 후에 변조된 어음임을 증명하여야 한다.[2]

❒ 대법원 1990. 2. 9. 89다카14165
외형상 변조의 사실이 명백하지 아니한 경우 변조 전의 기명날인자 또는 서명을 한 자가 변조된 어음임을 증명하여야 한다

(2) 소수설

이에 대하여 소수설은 어음채무자가 소지인에 대하여 어음이 변조된 것이라고 주장하는 것은 소송법상 채무분담의 간접부인이므로, 변조의 사실이 어음면상 명백한가 아닌가에 관계없이 채무자가 부담할 채무의 내용에 관한 증명책임은 항상 소지인에게 있다고 한다. 필자의 견해로는 소수설이 옳다고 본다.

5) 추 인

위조어음의 추인에 관한 이론은 변조어음에 관하여도 그대로 적용될 것이다.

---

1) 대법원 1987. 3. 24. 86다카37.
1) 대법원 1985. 11. 22. 85다카131.
2) 대법원 1985. 11. 22. 85다카131.

6) 만기의 변조

어음의 만기를 변조한 경우에는 변조 전에 기명날인 또는 서명을 한 자에 대하여는 원래의 만기를 기준으로 하여, 변조 후에 기명날인 또는 서명을 한 자에 대하여는 변경된 만기를 기준으로 하여, 각각 보전절차를 이행하여야 한다. 따라서 예컨대 2017. 3. 3. 만기를 2017. 3. 31.로 변조한 경우 어음소지인이 2017. 3. 31.을 기준으로 하여 어음을 지급제시하고 보전절차를 취하였다고 하더라도, 변경 전에 기명날인 또는 서명한 자에 대한 지급제시기간은 이미 도과하였으므로, 그 자에 대하여는 상환청구권을 상실한다.

7) 수취인란의 변조

(1) 수취인의 이름을 말소하여 마치 수취인란이 백지인 것처럼 변경하거나 수취인의 이름 甲을 乙로 변경하는 것이 변조에 해당하는가가 문제된다. 이에 관하여 수취인란의 기재는 권리의 귀속에 관한 것이고 어음상의 권리관계의 내용이 아니므로, 그 기재의 변경은 변조에 해당하지 아니한다는 견해도 있다. 그러나 변조는 기명날인 또는 서명 이외의 어음의 내용을 권한없이 변경하는 것을 의미하므로, 수취인 이름의 말소나 변경도 이를 변조라고 보아야 할 것이다(다수설, 판례).

(2) 수취인명이 변조된 경우, 어음의 발행인이 선의의 취득자에 대하여 지급거절의 항변을 할 수 있는지 의문이다. 변조의 항변은 물적 항변이므로 채무자는 선의의 소지인에 대하여도 수취인명의 변조를 대항할 수 있고, 따라서 소지인은 원래의 수취인으로부터 어음을 취득한 경로를 증명하지 않는 한 발행인에 대하여 어음금을 청구할 수 없다고 본다. 이에 대하여 수취인명은 배서의 연속에 있어서 1요소에 불과하고, 배서의 연속은 형식적으로 존재하면 충분하므로, 수취인명의 변조가 있더라도 배서의 형식적 연속이 인정되는 한 어음법 제16조 제1항(배서의 자격수여적 효력)에 기하여 소지인의 형식적 자격이 인정되고, 따라서 소지인의 채무자에 대한 청구가 인용되어야 한다는 견해가 있다.

(3) 어음보증인이 특정한 수취인에 대한 관계에서 발행인을 위하여 보증을 한 경우, 후에 발행인이 수취인란을 지우고 다른 사람을 수취인으로 기재하여 그에게 어음을 교부한 때에는 보증인은 변조 전의 문언에 따라 책임을 지므로 변조 후의 수취인에 대한 관계에서는 어음보증인으로서 책임을 지지 않는다.

3. 어음의 위조자와 변조자의 어음상의 권리

본래 위조자나 변조자는 위조·변조의 사실에 의하여는 어음상 아무런 권리를 취득하지 못하나, 어음상의 의무를 이행하고 어음을 환수한 위조자나 변조자도 어음법 제8조를 유추적용하여, 지급을 한 무권대리인에게 본인과 동일한 권리를 주는 경우에 준하여 어음상의 권리를 취득한다고 본다.

제3절 어음상의 권리

제1관 어음상의 권리와 증권의 관계

Ⅰ. 어음상의 권리의 의의

1. 어음상의 권리

어음상의 권리란 일정한 금액의 지급이라는 어음의 목적을 달성하기 위하여 부여된 권리와 이것에 갈음할 권리를 말한다. 전자는 어음금지급청구권(어 제28조 제1항·제78조 제1항)이고, 후자는 상환청구권(소구권)(어 제9조·제15조·제77조 제1항 제1호)·보증인이나 참가인수인에 대한 권리(어 제32조·제58조·제77조 제3항)·어음금을 지급한 보증인이나 참가지급인이 갖는 권리(어 제32조 제3항·제63조 제1항·제77조 제1항 제5호·제77조 제3항) 등이다.

어음법에서는 어음상의 권리라는 말을 쓰지 않고, '환어음에서 생기는 모든 권리'(어 제14조 제1항·제18조 제1항·제19조 제1항), '어음으로부터 생기는 권리'(어 제32조 제3항·제63조 제1항), '환어음 또는 약속어음에서 생긴 권리'(어 제79조), '어음상의 청구권'(어 제70조 제1항)이라고 표현하고 있다.

이에 대하여 '어음채무'(어 제7조), '어음상의 채무'(어 제32조 제3항·제63조 제1항)는 이에 대응하는 의무이다.

어음상의 권리는 어음증권에 표창되어 있기 때문에 그 권리의 발생·이전·행사에는 증권의 작성·교부·소지를 필요로 한다. 또 어음상의 다른 권리에 비하여 보다 강한 보호를 받는 반면, 단기시효가 적용되고(어 제70조·제77조 제1항 제8호) 절차의 흠결에 의하여 소멸된다(어 제53조·제77조 제1항 제4호)는 특징이 있다.

2. 어음법상의 권리

'어음법상의 권리'란 어음금액의 지급을 직접적인 목적으로 하지 않고, 다만 어음법이 어음관계의 원만한 진전을 위하여 보조적·부수적으로 인정한 권리로서, '어음상의 권리'와는 구별하여야 한다. 어음법상의 권리는 어음증권에 표창한 권리가 아니므로 그 행사에는 어음증권을 필요로 하지 않는다.

어음법상의 권리에는 (i) 악의 또는 중과실로 인한 어음취득자에 대한 어음반환청구권(어 제16조 제2항·제77조 제1항 제1호), (ii) 이득상환청구권(어 제79조), (iii) 상환청구통지 해태로 인한 손해배상청구권(어 제45조 제6항·제77조 제1항 제4호), (iv) 복본교부청구권(어 제64조 제3항), (v) 복본 또는 원본반환청구권(어 제66조 제1항·제68조 제1항) 등이 있다.

Ⅱ. 어음상의 권리와 증권의 관계

1. 어음상의 권리의 발생

어음은 무형의 금전채권을 어음이라는 종잇장(증권)으로 바꾸어 놓은 가장 완전한 유가증권이다. 어음상의 권리는 어음을 작성함으로써 비로소 발생한다(설권증권성). 어음상의 권리는 증권의 작성에 의해서 창조된 권리이기 때문에 그 증권을 작성하는 원인이 된 실질관계와는 아무런 관계가 없다(무인증권성). 어음이 표창하는 권리는 증권 외에 존재하는 실질적 법률관계와는 상관없이 증권 자체의 작성에 의해서 창조된 것이기 때문에 그 권리의 내용은 당연히 증권상의 기재에 의해서 결정된다(문언증권성).

다만, 어음에 특수한 효력을 인정하여 어음상의 권리의 유무 및 내용을 어음증권을 기준으로 하여 결정하는 데는 일정한 한계가 있다. 즉, 어음의 특수한 증권적 효력은 어음 자체가 유효하게 작성된 경우에만 인정되는 것이므로 가령 어음이 위조된 것이거나 무능력자에 의해서 작성된 것과 같이 물적 항변이 부착된 어음이면 외관상 유효한 증권이 존재하여도 어음의 소지인은 어음상의 권리를 취득하지 못한다(어 제7조 · 제77조 제2항)(물적 항변). 또한 어음상의 권리는 어음증권 외의 실질관계에 의해서 영향을 받는 경우가 있는데, 어음상의 채무자는 실질관계상의 사유를 들어 권리의 행사에 대항할 수 있다(어 제17조 · 제77조 제1항 제1호)(인적 항변 또는 악의의 항변).

2. 어음상 권리의 행사 · 이전

어음상의 권리가 누구에게 귀속되느냐 하는 문제도 오로지 증권을 기준으로 하여 결정하게 된다.

권리와 증권이 결합되어 있으므로, 곧 증권의 소지인을 권리자로 추정하고(증권의 적극적 작용), 증권을 소지하지 않으면 권리자로 인정하지 않는다(증권의 소극적 작용)(권리의 추정). 따라서 어음증권만을 소지하면 자기가 권리자라는 것을 증명할 필요도 없이 어음금액을 청구할 수 있고, 반면에 어음을 제시하지 않고는 권리자라도 어음금액을 청구할 수 없게 된다(민 제517조, 제65조). 어음채무자도 어음의 소지인에게 지급한 이상 그가 진정한 권리자가 아니었다 하더라도 채무를 면하고 이중변제를 할 염려가 없다.

어음상의 권리의 행사에 있어서 어음의 소지인이 권리자로 추정되는 것은 적법한 소지의 경우에 한한다. 적법한 소지란 어음상의 권리의 이전에 있어 배서가 연속된 경우에 한한다(어 제16조 제1항 참조)(배서의 연속). 배서의 연속이 된 어음의 소지인으로부터 어음을 양수받은 경우에 악의 또는 중대한 과실이 없는 한 그 양도인이 무권리자라 하더라도 어음상의 권리를 취득한다(어 제16조 제2항 · 제77조 제1항 제1호)(선의취득).

그러나 어음의 소지인에 대해서라도 그가 진정한 권리자가 아니라는 반증을 들면 어음채무자는 그 권리의 행사에 대항할 수 있으며, 만약 어음채무자가 사기 또는 중대한 과실로 인하여 진정한 권리자가 아닌 어음소지인에게 지급을 한 경우에는 어음채무를 면하지 못한다(어 제40조 제3항). 또 배서가 연속되지 않았다 하더라도 자기가 어음상의 권리자라는 것을 증명하면 어음상의 권리를 행사할 수 있다. 또한 어음을 상실하였다 하더라도 제권판결을 받은 경우에는 증권 없이 권리를 행사할 수 있는 것도 당연하다(민소 제446조 이하). 기재사항의 일부가 말소되거나 혹은 증권의 일부가 훼손된 경우에는 증권적 효력은 발생할 수 없게 된다. 그러므로 그 소지인은 말소 또는 훼손 전의 문언을 증명하여야만 권리를 행사할 수 있게 된다.

제 2 관 어음상의 권리의 취득

Ⅰ. 서 설

어음법은 어음상의 권리의 취득방법으로서 배서(어 제11조 제1항·제77조 제1항 제1호), 지명채권양도의 방식(어 제11조 제2항·제77조 제1항 제1호), 단순한 교부(어 제14조 제2항 제3호·제77조 제1항 제1호), 선의취득(어 제16조 제2항·제77조 제1항 제1호), 어음보증인의 보증채무이행에 의한 취득(어 제32조 제3항·제77조 제3항), 참가지급에 의한 취득(어 제63조 제1항·제77조 제1항 제5호)의 6종을 규정하고 있으나, 이 밖에 상속·회사의 합병·전부명령·제3자의 변제 등 여러 가지 경우가 있다. 그러나 여기서는 선의취득에 관하여서만 설명하기로 한다.

Ⅱ. 어음의 선의취득

1. 어음선의취득의 의의

어음의 선의취득(Gutglaubenserwerb)이란 형식적 자격자로부터 배서받은 어음의 양수인이 악의 또는 중과실이 없는 한 그 양도인의 행위가 실질적으로 무효라 하더라도 어음상의 권리를 취득하게 되는 효과를 말한다. 어음법 제16조 제2항은 민법 제249조보다도 선의취득의 요건을 완화하여 어음거래의 안전을 도모하고 있다.

2. 민법상의 선의취득과의 차이

민법 제249조에는 동산의 선의취득이 규정되어 있다. (i) 민법에서는 경과실만 있어도 선의취득이 인정되지 않지만 어음법에서는 악의 또는 중과실이 없으면 선의취득이 인정되어 선의취득의 요건이 완화된다. (ii) 민법에는 도품 및 유실품에 대한 특칙(제250조·제251조: 도품·유실품의 경우에는 금전을 제외하고 2년 내에 무상반환을 청구할 수 있다. 다만 경매나 공개시장에서 매수한 경우에는 대가를 지급하여야 한다. 다만 고물상이나 전당포의 경우에는 1년 내이면 무상으로 반환받을 수 있다)이 있다. 어음법에는 이와 같은 특칙이 없다. (iii) 민법에서는 무권리자로부터의 선의취득을 인정하는 데 비하여 어음법 제16조에서는 "어떤 사유로든"이라는 표현의 해석의 차이로 인하여 선의취득이 인정되는 범위가 매우 넓다고 보는 것이 일반적이다. (iv) 어음법에는 "평온·공연"에 관한 언급이 없다. 그러나 사회질서에 반하는 선의취득은 인정할 수 없으므로 이 요건은 어음법에 언급이 없더라도 당연한 요건으로 인정한다. 다만 소수설은 강제로 몰래 취득할 경우에도 선의취득이 인정된다는 이유로 이 점에서 민법과 차이가 있다고 주장한다.

3. 어음선의취득의 요건

1) 어음법적 유통방법에 의한 취득

현재의 어음소지인이 배서에 의해서(최후의 배서가 백지식배서이면 인도) 어음을 양수하였어야 한다. 왜냐하면 배서에 의한 양수가 아니면 소지인까지의 배서의 연속을 인정할 수 없기 때문이다. 따라서 어음법적 유통방법(배서) 이외의 권리이전방법, 즉 채권양도·상속·합병·전부명령 등에 의하여 어음을 취득한 경우에는 선의취득은 인정되지 아니한다. 또한 배서에 의한 경우이더라도 기한후배서(기한후교부)는 지명채권양도의 효력밖에 없고, 추심위임배서도 추심위임을 목적으로 하므로 선의취득이 인정되지 않는다고 본다. 배서금지어음을 취득한 경우에도 선의취득이 인정되지 않는다고 본다.

2) 형식적 자격자로부터의 취득

형식적 자격자라 함은 배서가 연속되어 있는 어음의 마지막 피배서인을 말한다. 양도인의 실질적 권리 여하는 불문한다. 오히려 실질적 무권리자로부터 선의취득이 가능한 것이다.

현재의 소지인은 배서에 의하여 양수하였으나 그 전의 배서가 단절된 경우에는, 그 단절부분에 관하여 권리이전관계(채권양도·상속·합병·전부명령 등)를 증명하면 배서의 단절은 가교된다고 본다. 즉, 단절부분의 권리승계사실을 증명한 경우(예컨대, 상속을 증명하는 가족관계증명서나 채권양도를 증명하는 양도증서와 통지서를 제시한 경우)에, 이를 믿고 실질적으로는 무권리자인 양도인으로부터 어음을 배서 또는 교부받은 자도 선의취득에 의해 보호된다고 본다.[1)]

3) 배서의 실질적 하자

선의취득은 형식적 자격자로부터 배서에 의하여 어음을 양수하였으나 어음의 양도인이 무권리자로서 '그 배서의 효력이 발생할 수 없는 하자'가 있어야 한다. 그러나 양도인이 무권리자 이외의 경우에도 선의취득이 인정되는지에 관하여는 학설이 갈리고 있다. 민법에서는 "양도인이 정당한 소유자가 아닌 때"에도 즉시 그 동산의 소유권을 취득한다라고 되어 있어서(민 제249조) 무권리자로부터 동산을 선의취득할 수 있음을 명문화하고 있다. 그런데 어음법 제16조는 "어떤 사유로든" 어음의 점유를 잃은 자가 있는 경우에 소지인은 배서의 연속을 증명하여 그 어음을 반환할 의무가 없다고 되어 있다.

민법과는 달리 어음법에서는 ① 대리권 · 처분권 등에 흠결이 있는 경우, ② 배서인의 인적 동일성이 흠결된 경우, ③ 배서위조의 경우에는 선의취득이 인정되고, ① 양도인이 무능력자인 경우, ② 양도인에게 의사표시의 하자가 있는 경우(양도인에게 착오가 있는 경우에는 인정됨)에는 선의취득이 인정되지 않는다고 본다.

❒ 대법원 1995. 2. 10. 94다55217
대리권의 흠결의 경우에도 선의취득이 인정된다. 동지: 대법원 1997. 12. 12. 95다49646 (주권의 선의취득은 양도인이 무권리자인 경우뿐만 아니라 무권대리인인 경우에도 인정된다)

4) 악의 또는 중과실이 없을 것

어음취득자에게 악의 또는 중과실이 없어야 한다.

❒ 대법원 1993. 9. 24. 93다32118
어음의 취득자에게 중과실이 있어서 선의취득을 인정하지 아니한 사례

회사의 직원이 약속어음의 회사명의의 배서를 위조함에 있어 날인한 회사의 인장이 그 대표자의 직인이 아니라 그 대표자 개인의 목도장이고, 그 어음금액이 상당히 고액인 점 등에 비추어, 위 약속어음을 할인의 방법으로 취득한 자에게 배서의 진정 여부를 확인하지 아니한 중대한 과실이 있다.

1) 대법원 1995. 9. 15. 95다7024.

◆ 중과실의 의미에 관한 대법원 판례

중과실의 인정 여부에 관한 대법원의 판례를 보면 다음과 같다.

(1) 중과실의 인정기준

과실이 무권리자임을 모른 데 대한 주의를 해태한 것이라면 중과실이란 주의의 해태 정도가 현저한 것을 말한다. 판례는 어음을 취득함에 있어서 양도인의 실질적 무권리성을 의심하게 할 만한 사정이 있는 경우, 이에 대하여 조사를 하지 아니하고 양수한 것은 중대한 과실에 해당한다고 한다.[1] 그런데 어느 경우에 중과실이 인정되고 어떤 경우에는 이것이 인정되지 않는지는 구체적인 사실관계에 따라 다르다.

주의의무는 크게 (ⅰ) 양도인에 관한 것, (ⅱ) 어음·수표 자체에 관한 것 및 (ⅲ) 양도행위에 관련된 것 등으로 나누어 볼 수 있다.

(ⅰ) 양도인에 관한 것으로는 계속적인 거래가 없었던 경우, 주민등록증을 소지하지 않은 경우, 신분증이 있으나 첨부된 사진이 남의 것인지 의심스럽거나 변조의 흔적이 있는 경우 등에 있어서 이에 상응한 조치를 취할 의무를 말한다.

(ⅱ) 어음·수표 자체에 관한 것으로는 양도인의 신분 또는 회사규모에 비추어 어음금액이 지나치게 고액인 경우, 증권의 위조 또는 변조의 의심이 있는 경우, 날인이나 서명을 지운 흔적이 있거나 조잡하여 알아보기 어렵거나, 서로 다른 사람의 필적이 있는 경우 및 동일인의 印影이 서로 다르게 찍혀 있거나 대표이사 아닌 자가 회사를 대표한 것임을 용이하게 알 수 있는 경우 등에서 이에 상응한 조치를 취할 의무를 의미한다.

(ⅲ) 양도행위에 관련된 것으로는, 취득시점이 은행 마감시간 이후이거나 늦은 밤인 경우, 만기 직전인 경우, 물건값의 몇배에 상당한 현금을 거슬러 줄 경우, 과도한 할인률을 감수하면서도 할인을 요구하는 경우 등에서 이에 상응한 조치를 취할 의무를 의미한다.

(2) 상당한 조사

선의취득이 인정되려면 상당한 조사를 하였어야 한다. 상당한 조사를 하고도 이상을 발견하지 못하였다면(비록 경과실이더라도 과실에 의한 취득인 이상) 선의취득이 인정된다.

상당한 조사란, 구체적으로 개인의 경우, 양도인의 신분증을 확인하고 그 내용을 어음 등 증권 자체에 기재하는 방법은 초보적인 것이다. 그 외에 발행인 또는 배서인 등에게 전화 등을 이용하여 직접 조회하여야 한다.

특히 취득자가 법인이거나, 어음할인 경험이 많거나, 어음거래에 관하여 상당한 지식이 있는 등의 경우에는 특히 고도의 주의를 요한다고 본다. 취득자가 전문적 어음할인기관인 금융기관인 경우에는 내부의 대출규정을 준수하여 그에 상응하는 서류를 빠짐없이 제출받아야 하고, 특히 상업어음만을 할인하게 되어 있는 금융기관의 내규의 준수 여부도 과실 또는 중과실을 가리는 참고자료가 될 것이다.

(3) 중과실을 인정한 경우

(ⅰ) 어음금액이 백지로 된 백지어음을 취득한 자가 그 어음의 발행인에게 보충권의 내용에 관하여 직접 조회하지 않았다면 특별한 사정이 없는 한 취득자에게 중대한 과실이 있는 것이라고 보아야 한다(대법원 1978. 3. 14. 77다2020).

(ii) 수표의 절취범으로부터 일요일에 시계를 팔고 100만원 액면의 수표를 받으면서 수표의 이면에 기재된 전화번호에 전화를 걸어 확인하였더라면 절취품이라는 사실을 쉽게 알 수 있었을 것인데 이를 확인하지 않고 수표를 취득한 것은 중대한 과실이 있다고 본다(대법원 1980. 2. 12. 79다2108; 동 1984. 11. 27. 84다466).

(iii) 자칭 남원 거주의 면식없는 사람으로부터 이리에서 발행한 자기앞수표를 서울에서 취득하면서 그 소지인의 인적 사항을 확인하지 아니하였음은 일반 거래상의 중대한 과실이 있으므로 선의취득을 인정할 수 없다(대법원 1981. 6. 23. 81다167).

(iv) 어음·수표를 취득함에 있어서 통상적인 거래기준으로 판단하여 볼 때 양도인이나 그 어음·수표 자체에 의하여 양도인의 실질적 무권리성을 의심하게 할 만한 사정이 있는데도 불구하고 이에 대하여 상당하다고 인정될 만한 조사를 하지 않고 어음금액이 1억원이 넘는 약속어음을 만연히 양수한 경우에는 중대한 과실이 있다고 하여야 한다(대법원 1988. 10. 25. 86다카2026).

(v) 금은방 경영자가 손님으로부터 금 199돈의 십자가상의 제작을 주문받고 선금으로 받은 액면 금 1백만원의 자기앞수표가 결제되자 그 손님을 신임하게 되어 5일 후 21 : 20경 그로부터 잔대금조로 액면 금 7백 30만원의 자기앞수표를 교부받으면서도 아무런 의심없이 주민등록증도 확인하지 아니한 채 수표의 뒷면에 전화번호와 서명만을 기재하도록 하고는 다음날 19: 30경에야 위 전화번호로 전화를 걸어보고 불통임을 알게 되었으며, 한편 위 수표에는 상단에 검은색 스탬프로 발행일자가 'APR. 13. 89.'로 날인되어 있고, 중간부분에는 붉은색 스탬프로 발행일자가 '1989. 5. 24.'로 중복날인되어 있었는데도 수표취득자가 이를 유의하지 않은 채 위 수표를 취득한 것이라면 위 수표를 취득함에 있어 중대한 과실이 있었다 할 것이다(대법원 1990. 11. 13. 90다카23394).

(vi) 수표의 양수인이 수표거래가 처음인 잡화상인 양도인에게 시계를 판매하고 자기앞 수표 2장 액면 합계 8백만원을 교부받음에 있어 이미 발행은행에 도난신고가 되어 있어 수표의 진정여부에 대하여 전화확인 등 간단한 방법으로 이를 확인할 수 있었음에도 불구하고 이를 하지 않았고 수표 뒷면에 양도인의 명판만을 압날해 받았는데 양도인의 사업자등록이 그 다음날 직권말소된 것으로 밝혀진 경우 수표의 양수인은 위 수표를 취득함에 있어 중대한 과실이 있었다 할 것이다(대법원 1990. 12. 21. 90다카28023).

(vii) 어음금액이 백지로 된 백지어음을 취득한 자가 그 어음의 발행인에게 보충권의 내용에 관하여 직접 조회하지 않았다면 특별한 사정이 없는 한 취득자에게 중대한 과실이 있는 것이라고 보아야 하고, 이와 같은 법리는 백지수표에 관하여도 그대로 적용되어야 할 것이다(대법원 1995. 8. 22. 95다10945).

(viii) 수표의 권면액은 수표에서 가장 중요한 부분으로서 그것이 백지로 되어 있는 경우란 그리 흔한 것이 아니고, 더욱이 가계수표의 경우에는 통상 수표 표면에 발행한도액이 기재되어 있는데다가 그 이면에는 그 한도액을 넘는 수표는 발행인이 직접 은행에 제시하지 아니하는 한 지급은행으로부터 지급을 받을 수 없다는 취지가 기재되어 있으며, 나아가 그 한도액을 넘는 발행의 경우에는 발행인으로서도 거래은행으로부터 거래정지처분을 당하는 등의 불이익을 받게 되어 있으므로, 그 수표의 취득자가 발행인 아닌 제3자에 의하여 그 액면이 표면에 기재된 한도액인 2백만원을 초과하는 824만원으로 보충된 점을 알면서 이를 취득한 경우에는 그 취득자로서는 발행인에게 조회하는 등의 방법으로 그 제3자에게

그러한 보충권한이 있는지 여부를 확인함이 마땅하고, 만약 이를 확인하지 아니한 채 수표를 취득하였다면 이는 특별한 사정이 없는 한 중대한 과실에 의한 취득이라고 보지 아니할 수 없다(대법원 1995. 12. 8. 94다18959).

(ix) 인정 사실에 의하면 별다른 재산이 없는 소외 장선호가 7 내지 8개월 만에 피고 임태식의 사무소를 갑자기 찾아와, 액면금이 2억원을 상회하며 그 매수도 29매에 이르는 어음에 대하여 한꺼번에 할인을 요구하였다. 이 사건에서 문제된 어음들을 포함한 약속어음 29매의 발행인은 서울에 있는 신용있는 회사들인데 위 어음이 분실되어 장선호가 서울이 아닌 목포에서 위 약속어음들의 할인을 요구하였고, 할인율도 통상의 경우보다 고율일 뿐만 아니라, 만기를 고려함이 없이 일률적으로 월 3푼으로 하였다. 이외에 여러 사정을 종합하면, 피고가 이 사건 약속어음들을 할인, 취득함에 있어 양도인의 실질적인 무권리성을 의심하게 할 만한 사정이 있다고 할 것이다.

또한 피고는 경찰공무원, 변호사 사무소 사무장 경력이 있어 어음의 할인거래에 관하여 잘 알고 있는 자로서 이 사건 어음들을 포함한 위 약속어음 29매를 할인함에 있어, 위 약속어음들의 발행회사 및 최후배서인 내지 지급은행에 사고유무를 확인하여야 할 것임에도 불구하고 이에 이르지 아니한 채 어음취득 경위에 관하여 선뜻 믿기 어려운 위 장선호의 말만을 믿고 동인으로 하여금 인감증명서와 주민등록등본을 제시하게 하는 한편 동인의 배서만을 하게 한 다음 이 사건 어음늘을 포함한 위 약속어음들을 할인, 취득한 것에는 중과실이 있다(대법원 1995. 8. 22. 95다19980).

(x) 은행 마감시간이 훨씬 지난 한밤중에 호텔 나이트클럽에 찾아와 술값 30,000원이 없어 액면 500,000원짜리 자기앞수표를 내어 놓는 생면부지의 사람에게 그 사람의 신분을 정확히 확인하지도 아니한 채 만연히 즉석에서 술값의 무려 15배 이상에 해당하는 돈 470,000원의 거스름돈을 내어주고 위 수표를 취득한 것은 수표의 취득에 중대한 과실이 있는 경우에 해당한다(대구지방법원 1988. 2. 24. 87나589).

(4) 중과실을 인정하지 않은 경우

(i) 최후의 배서가 백지식으로 된 어음은 단순한 교부만으로 양도가 가능한 것이므로 어음소지인이 어음할인의 방법으로 이를 취득함에 있어서는 양도인의 실질적 무권리성을 의심하게 할 만한 특별한 사정이 존재하지 않는 이상, 어음문면상의 최후의 배서인에게 연락을 취하여 누구에게 양도하였는지를 알아보는 등 그 유통과정을 조사·확인하지 않았다 하여 이를 가지고 어음취득시에 있어서 중대한 과실이 있다고는 할 수 없다(대법원 1985. 5. 28. 85다카192).

(ii) 어음의 최종 소지인이 외관상 연속된 배서에 의하여 어음상의 권리를 취득하였고, 어음의 발행인은 누구나 신용을 인정할 만한 회사이며 할인의뢰인은 취득자와 오랫동안 어음할인거래를 해오던 사이라면, 어음취득자가 어음을 취득함에 있어 발행인 및 배서인 내지 지급은행에 확인조회를 하지 아니하였다고 하여 중과실이 있었다고는 볼 수 없다(대법원 1987. 6. 9. 86다카2079).

(iii) 귀금속상점 주인이 상품구입자로부터 상품대금으로 제시받은 자기앞수표에 관하여 그 자리에서 발행은행에 전화를 하여 진정한 수표인 동시에 사고수표가 아니라는 점을 확인하였다면, 주민등록증에 의하여 수표소지인의 신분을 더 이상 묻지 아니하였다 하여도 수표취득에 있어 중대한 과실이 있다고 볼 수는 없다(대법원 1987. 8. 18. 86다카2502).

(iv) 피고가 발행한 액면 금 8,620만원과 액면 금 2,516만원의 약속어음을 교부받은 소외 회사의 총무부장이 회사명의의 배서를 위조한 것을 원고가 어음할인의 방법으로 취득함에 있어, 어음문면상의 제1배서인인 소외회사에게 연락을 하여 위 총무부장의 신분을 확인하였고, 피고회사에 대하여도 사고어음인지 여부를 조회하였다면 이로써 충분하고, 원고로서는 회사명의의 배서가 진정한 것인지의 여부를 알아보는 등 그 유통과정을 조사·확인하여야 할 주의의무까지는 있다고 할 수 없으므로, 어음금액이 다소 고액이라는 점과 원고와 소외 회사 사이에 이전에 어음거래를 한 사실이 없었던 사정을 덧붙인다 해도 어음취득자인 원고에게 중대한 과실을 인정하기 어렵다(대법원 1995. 2. 10. 94다55217).

(v) 양도성예금증서란 원래 단순한 교부만으로써 양도가 가능하고 담보 제공이 가능하며 질권의 목적물이 될 수도 있으므로, 양도성예금증서에 대하여 질권을 설정받음에 있어 담보 제공자가 무권리자임을 알지 못한 데 중대한 과실이 있다고 할 수 없다(대법원 2000. 5. 16. 99다71573; 동 2002. 5. 28. 2001다10021(질권설정의 경우)).

◆ 금액에 관한 혼선

대법원은 1988. 10. 25. 86다카2026 판결에서 1억원을 "월등히 큰 액수"라고 하면서 중과실을 인정하였으며, 1993. 9. 24. 93다32118 판결에서는 1,500만원을 "상당히 고액"이라고 하면서 역시 중과실을 인정하였다. 그러나 1995. 2. 20. 90다55217 판결에서는 8,600만원과 2,500만원이 문제된 사건인데 "다소고액"이라고 하면서 중과실을 인정하지 아니하였다.

5) 어음취득자에게 독립된 경제적 이익이 있을 것

어음취득자인 피배서인에게 대리권밖에 없는 추심위임배서의 경우에는 피배서인이 독립된 경제적 이익을 갖지 못하므로 선의취득의 규정이 적용될 여지가 없다. 숨은추심위임배서의 경우에도 같다. 그러나 입질배서의 경우에는 피배서인이 독립된 경제적 이익을 가지므로 선의취득이 인정된다. 다만 이 경우에 선의취득되는 것은 어음상의 권리에 대한 질권이고, 어음상의 권리 자체는 아니다.

4. 어음선의취득의 효과

1) 권리의 원시취득

어음의 양수인은 양도인이 무권리자이거나 대리권의 흠결, 무처분권, 인적 동

1) 대법원 1997. 5. 28. 97다7936.

일성의 흠결 등의 사정이 있더라도 어음상의 권리를 원시적으로 취득한다. 따라서 그 누구에게도 '어음을 반환할 의무가 없다'(어 제16조 제2항 본문 · 제77조 제1항 제1호). 도난 · 유실 기타의 사유로 인하여 자기의 의사에 반하여 어음의 점유를 잃은 어음상의 권리자는 그 권리를 상실하게 된다.

어음이 선의취득된 경우라도 피위조자 · 어음행위를 취소한 무능력자 · 무권대리의 본인 등은 누구에 대하여도 어음상의 책임을 지지 않는다.

나아가 선의취득자로부터 어음상 권리를 승계받은 자는 설령 선의취득자의 전자가 어음상의 권리 또는 대리권한 · 처분권한이 없는 자라는 사실에 관하여 악의 또는 중대한 과실이 있었더라도 어음상 권리를 승계취득할 수 있는데, 영미법에서는 이를 '엄폐물(掩蔽物)의 법칙'(shelter rule)이라 한다.

2) 어음항변과의 관계

선의취득이 인정된다고 하여 어음채무자가 무조건 책임을 부담하지는 않는다. 항변사유가 있는 경우에는 그 항변을 원용하여 채무의 이행을 거절할 수 있음은 당연하다.

3) 제권판결과의 관계

어음수표를 도난 또는 분실하여 제권판결을 받았지만, 그 어음수표를 선의취득한 자가 있고, 그 자가 공시최고기간 중에 이의를 신청하지 아니하여 제권판결이 선고된 경우 제권판결취득자가 우선한다.

5. 어음선의취득의 적용범위

숨은 추심위임배서를 받은 피배서인은 악의 · 중과실이 없어도 선의취득은 할 수 없다. 기한후배서는 담보적 효력도 없고 항변의 절단효력도 없으므로 유통성을 보호하려는 선의취득제도는 적용되지 않는다고 본다. 입질배서의 피배서인도 보호를 받아야 할 것이므로 질권의 선의취득은 인정된다. 백지어음도 배서에 의한 양도가 인정되는 한 선의취득이 인정되어야 할 것이다.

제3관 어음항변

Ⅰ. 어음항변의 의의

어음항변(Einwendung, Einrede, exception, defence)이란 어음상의 청구를 받은 자가 그 청구를 거부할 수 있는 모든 사유 또는 그 사유의 주장을 말한다. 이 어음항변은 실체법상의 항변에 속하지만 일반적인 실체법상의 항변[예컨대, 최고의 항변(민 제437조), 검색의 항변(민 제437조), 동시이행의 항변(민 제536조)]과 같이 상대방의 권리를 시인하면서 그 채무의 이행을 거절하는 것(협의의 항변, 권리항변)뿐만 아니라, 상대방의 권리의 불성립 또는 소멸을 이유로 하여 권리 자체를 부정하는 광의의 항변까지도 포함한다. 어음항변은 '어음채무자'가 제출하는 것으로서 주채무자 또는 상환의무자(발행인, 배서인, 보증인 등)가 어음에 의해 청구를 하는 자에 대하여 갖는 권리이다. 그러므로 어음채무자가 아닌 환어음의 지급인 · 지급담당자 · 수표의 지급은행이 소지인에게 형식적 자격 또는 실질적 권리가 없다는 것을 이유로 또는 어음 자금이 없다는 것을 이유로 지급을 거절하는 것은 어음항변이 아니다. 어음항변권은 형성권의 일종이다.

Ⅱ. 어음항변의 분류

어음항변은 항변의 효력에 따라 인적 항변(상대적 항변)과 물적 항변(절대적 항변)으로 분류한다.

1. 물적 항변

물적 항변이란 피청구자가 모든 청구자에 대하여 대항할 수 있는 항변이다. 물적 항변은 당연히 어음의 양도와 함께 승계된다. 따라서 물적 항변이 부착되어 있는 어음을 취득한 소지인은 선의 · 악의를 불문하고 어음채무자로부터 그 항변을 받는다.

물적 항변은 어음의 유통을 해하므로, 어음상의 권리의 객관적 존재에 관한 다음 세 가지의 경우에만 아주 제한적으로 인정한다.

1) 어음의 기재로부터 생기는 항변

이 항변은 증권상에 명백히 나타나는 것으로서 문제성이 없고 논의의 여지가 없다. 유통성을 해하지 않으므로 취득자를 해치지 않는다. 예컨대, (ⅰ) 어음요건흠결의 항변(어 제2조 · 제76조), (ⅱ) 만기미도래의 항변(어 제38조 · 제40조 제2항 · 제77조 제1항 제3호), (ⅲ) 어음면상 명료한 지급필 · 일부지급(어 제39조 제1항 · 제3항, 제77조 제1항 제3호) · 면제 · 상계의 항변, (ⅳ) 지급장소의 약정을 지키지 않았다는 항변 따위이다.

2) 어음행위의 유효한 성립을 부정하는 항변

이 항변은 외관상 어음에 나타나지 않는 항변이면서도 모든 자에게 주장할 수 있는 항변이다. 어음의 기재상으로는 명백하지 않기 때문에 어음취득자에게는 불리하므로 유통보호보다 당사자 보호를 우선시킬 필요가 있는 예외적인 경우에만 인정한다. 예컨대, (ⅰ) 교부흠결의 항변, (ⅱ) 어음의 위조(어 제7조 제2호 · 제77조 제2항) · 변조(어 제69조 · 제77조 제1항 제7호)의 항변, (ⅲ) 무권대리의 항변(어 제8조 · 제77조 제2항), (ⅳ) 무능력으로 인한 무효 · 취소의 항변(어 제7조 제1호 · 제77조 제2항) 따위이다. 그 밖에 효력규정인 강행법규를 위반한 어음행위는 무효이다.[1)]

3) 어음채무의 소멸 또는 어음의 실효에 관한 항변

이 항변은 어음상의 기재와 관계없는 항변이다. 예컨대, (ⅰ) 공탁의 항변(어 제42조 · 제77조 제1항 제3호), (ⅱ) 제권판결에 의한 어음실효의 항변(민소 제446조 이하), (ⅲ) 시효소멸의 항변(어 제70조 · 제77조 제1항 제8호),[2)] (ⅳ) 권리보전절차흠결의 항변(어 제53조 · 제56조 제2항 · 제60조 제1항 · 제66조 제2항 · 제68조 제2항 · 제77조 제1항 제4호) 따위이다.

---

1) 대법원 1965. 7. 20. 65다992(토지개량조합이 도지사의 승인없이, 적법하게 부담한 채무의 이행 이외의 목적을 위하여 발행한 수표는 무효이다); 동 1969. 7. 8. 69다362; 동 1973. 2. 28. 72다2489; 동 1982. 3. 23. 81다540; 동 1985. 2. 26. 84다카527; 동 1985. 11. 26. 85다카122; 동 2002. 4. 9. 2000다42625(상호신용금고가 자기자본을 초과하여 차입을 하는 것을 금지하는 구 상호신용금고법(1998. 1. 13. 법률 제5501호로 개정되기 전의 것) 제17조 제1항의 규정은 이른바 단속규정에 불과한 것이 아니라 효력규정이라 할 것이므로 이에 위반한 채무부담행위는 무효라고 보아야 한다).
2) 대법원 1962. 10. 11. 62다446.

2. 인적 항변

인적 항변이란 피청구자가 특정한 청구자에 대하여서만 대항할 수 있는 항변이다. 이것은 어음상의 권리의 객관적 존재와는 관계없고, 어음채무자와 특정 소지인과의 특수한 인적 관계에서 발생하는 항변이다. 이 항변은 유통성 확보를 위하여 배서에 의하여 절단된다.

1) 실질관계에 기인한 항변

실질관계에 기인한 항변은 (i) 원인관계의 무효 · 취소 또는 해제의 항변,[1] (ii) 불법원인에 의거한 어음행위라는 항변, (iii) 할인금불교부의 항변, (iv) 추심의 목적으로 배서하였다는 항변,[2] (v) 어음 외의 특약에 의한 항변,[3] (vi) 융통어음이라는 항변 따위이다.

2) 어음행위성립의 하자로 인한 항변

이 항변은 (i) 의사표시의 흠결 또는 하자로 인한 항변[4](민법상 사기 · 강박 · 착오는 법률행위의 취소의 원인이 되고 무능력도 같다. 그러나 어음법상 무능력의 경우는 물적 항변으로 분류된다. 이는 무능력자를 보호하기 위한 정책적인 배려이다), (ii) 백지보충권남용의 항변, (iii) 자기거래 · 쌍방대리라는 항변[5] 따위이다.

3) 어음上의 권리가 소멸하였다는 항변

이 항변은 (i) 어음과 상환하지 아니한 지급, (ii) 채무의 면제 · 상계 따위로 인한 권리소멸의 항변이다.

4) 무권리의 항변

무권리의 항변은 (i) 어음의 습득 또는 도취, (ii) 배서연속의 흠결, (iii) 2중

---

1) 대법원 1984. 1. 24. 82다1405; 동 1992. 8. 18. 92다22053.
2) 대법원 1960. 8. 18. 4292민상864.
3) 예컨대 담보로만 사용하기로 하는 특약하에 발행된 약속어음이 피담보채무 소멸 후에 유통된 경우 발행인은 선의취득자에 대하여 그 특약을 이유로 지급을 거절할 수 없다: 대법원 1992. 4. 24. 91다25444.
4) 대법원 1970. 7. 28. 70다1295; 동 1997. 5. 16. 96다49513.
5) 대법원 1965. 6. 22. 65다734.

무권의 항변, (iv) 어음소지인과 청구자가 동일인이 아니라는 항변, (v) 청구자가 무능력자이거나 파산자인 경우와 같이 변제수령능력이 없다는 항변 따위로 인한 권리부정의 항변이다.

Ⅲ. 어음항변의 제한

1. 인적 항변의 제한

어음법 제17조 본문은 "환어음에 의하여 청구를 받은 자는 발행인 또는 종전의 소지인에 대한 인적 관계로 인한 항변으로써 소지인에게 대항하지 못한다."고 규정하여 '인적 관계로 인한 항변', 즉 인적 항변을 제한하고 있다. 예컨대 甲이 乙로부터 물건을 매수하고 그 대금의 지급을 위하여 어음을 발행하였고 乙은 이를 丙에게 배서한 경우에, 만약 甲이 乙과의 매매계약을 매도인 乙의 사기를 이유로 취소했다고 하더라도 이로써 제3자 丙에게는 대항할 수 없게 되는데, 이를 어음항변의 제한(특히 인적 항변의 절단: 어 제17조 참조)이라 한다.

인적 항변이 제한되지 않는 예외적인 경우로는, (i) 악의의 항변이 있는 경우, (ii) 비어음법적 유통방법에 의한 취득의 경우, (iii) 기한후배서의 경우 및 (iv) 권리이전이 없는 추심위임배서의 경우 등 4가지이다.

2. 인적 항변의 대항력

인적 항변은 특정한 소지인에 대한 항변이므로 그 소지인으로부터 어음을 양수한 자에 대해서는 대항하지 못하나, 일단 유통되었다가 후일에 환배서(어 제11조 제3항 · 제77조 제1항 제1호)나 상환환수(어 제46조 · 제50조 · 제77조 제1항 제4호) 등에 의하여 다시 어음소지인이 된 경우에는 대항할 수 있다.

Ⅳ. 어음항변제한의 적용범위

인적 항변을 제한하여 당사자 이외의 자에 대하여 대항할 수 없게 한 것은 어음의 유통보호를 위한 것이므로 어음의 유통보호와 관계가 없는 다음과 같은 경우에는 어음항변제한의 법리가 적용될 여지가 없다.

1. 악의의 항변(해의의 취득자)

1) 의 의

악의의 항변이란 '채무자를 해할 것을 알고 어음을 취득한' 소지인에 대한 인적 항변을 말한다(어 제17조 단서 · 제77조 제1항 제1호). 따라서 여기서의 악의란 실은 '해의'를 말한다. 항변의 절단을 인정하여 피배서인을 보호할 필요가 있는 것은 피배서인이 선의인 경우에 한한다. 따라서 이미 항변이 부착되어 있는 줄 알고 채무자를 해할 것도 알면서 어음을 취득한 자, 즉 해의의 취득자에 대해서는 어음항변제한의 법리(어 제17조 본문)를 적용하지 않고, 전자에 대한 항변사유를 승계시키려는 것이 악의의 항변을 인정한 사유이다.

2) 악의의 내용

악의의 내용은 항변사유의 인식만으로는 부족하고, 그 밖에 자기가 어음을 취득함으로써 항변이 절단되고, 그 결과 '채무자가 해를 입는다는 것을 알면서'(knowingly to the detriment of the debtor) 구태여 취득하는 것이라고 한다(이중인식설: 통설 · 판례).[1)]

❐ 대법원 1996. 5. 14. 96다3449
악의의 항변의 의의에 관하여 이중인식설을 취한 판례

☞ 이른바 악의의 항변이라 함은 항변사유의 존재를 인식하는 것만으로는 부족하고 자기가 어음을 취득함으로써 항변이 절단되고 채무자가 해를 입는다는 사실까지도 알아야 한다. 갑이 을에게 할인의 목적으로 어음을 교부하고 병이 그 사실을 알면서 을의 어음할인 부탁에 따라 그 어음을 취득한 후 을의 대출금채무에 대한 담보로 처리한 경우, 그 어음은 아무런 원인관계 없이 병에게 교부된 것이므로 갑으로서는 이러한 원인관계에 대한 인적 항변으로 병에게 대항할 수 있다.

우리 어음법 제17조 단서는 이중인식설의 입장을 취하여 "소지인이 그 채무자를 해할 것을 알고 어음을 취득한 때에는 그러하지 아니하다."라고 규정하고 있다.

소지인의 이러한 주관적 요소를 해의(害意)라 한다. 그런데 어음이 제3자에게

---

1) 대법원 1984. 4. 12. 97다카1113; 동 1988. 1. 19. 86다카1954; 동 1989. 10. 24. 89다카1398; 동 1995. 1. 20. 94다50489; 동 1995. 9. 15. 94다54856; 동 1996. 5. 14. 96다3449; 동 1996. 5. 28. 96다7120.

양도되면 그에 대한 관계에서는 항변이 제한되어 채무자가 손해를 입는 것이 원칙이므로, 소지인이 인적 항변의 존재를 알면서 어음을 취득했다면 특별한 사정이 없는 이상 해의가 인정된다고 할 것이다. 다만 소지인이 자신의 전자에게 어떠한 인적 항변사유가 있음을 알았더라도, 전자가 채무자에게 손해를 배상하여 원만히 해결될 것이라 믿고 어음을 취득했다는 등의 사정이 있었다면, 악의는 있으나 손해의 인식이 없어 해의가 인정되지 않는 예외적인 경우가 생길 수 있다.[1)]

◆ 어음법상 어음수수당사자의 주관적 의사가 문제되는 경우

어음법상 어음수수당사자의 주관적 의사가 문제되는 경우는 다음 4가지 경우밖에 없고, 각각의 요건은 다음과 같다.

(ⅰ) 어음법 제10조 백지어음의 부당보충: 악의・중과실
(ⅱ) 어음법 제16조 제2항 어음의 선의취득: 악의・중과실
(ⅲ) 어음법 제17조 단서 악의의 항변: 해의
(ⅳ) 어음법 제40조 선의지급: 사기・중과실

3) 악의의 존재시기

악의의 유무를 결정하는 시기는 어음(또는 백지어음)을 취득한 때이다. 따라서 어음소지인이 이미 발생한 항변사유에 대하여 어음취득시에는 몰랐으나(선의) 그 후에 안 경우에는(악의) 어음채무자는 그러한 어음소지인에 대하여 악의의 항변을 주장할 수 없다. 그러나 항변사유의 존재시기는 어음을 취득한 때가 아니고, 만기 또는 어음상의 권리를 행사하는 때이다. 따라서 어음취득시에는 항변사유가 존재하지 않았으나 만기 또는 권리행사의 시기에 그 항변사유가 성립할 것을 예견할 수 있는 때(예컨대, 편취된 어음임을 알면서 이를 취득하고, 후에 사기를 이유로 계약이 취소된 경우)에는 악의의 항변이 성립할 수 있다. 여기서 말하는 취득에는 역배서(환배서)에 의한 취득은 포함되지 않는다.

4) 악의항변의 적용범위

통설과 판례에 의하면[2)] 악의의 항변으로 대항을 받는 것은 취득자가 직접 전

1) 대법원 1996. 3. 22. 95다56033; 동 1997. 5. 16. 96다49513: 어음 채무자는 소지인이 그 채무자를 해할 것을 알고 어음을 취득한 경우가 아닌 한, 소지인이 중대한 과실로 그러한 사실을 몰랐다고 하더라도 종전 소지인에 대한 인적 항변으로써 소지인에게 대항할 수 없다.
2) 대법원 1990. 4. 25. 89다카20740; 동 1994. 5. 10. 93다58721; 동 1995. 1. 20. 94다50489;

자인 배서인에 대한 인적 항변사유를 알고 있는 경우에 한한다고 한다. 따라서 그 전의 배서인(전전자: A)에 대한 인적 항변사유를 알고 있는 경우에는 악의의 항변은 성립하지 않는다. 왜냐하면 소지인(C)의 전자(B)가 선의취득을 하여 그 항변은 제한받기 때문이라고 한다. 직접의 전자(B)가 선의이면 전전자(A)의 항변은 제한되고, 소지인(C)은 깨끗한 권리를 취득한다고 한다. 영미에서는 이 경우 선의인 전자가 엄폐물의 역할을 하기 때문에 이 원칙을 엄폐물의 법칙(shelter rule)이라 한다.

어음취득자에게 선의에 관하여 중과실이 있느냐의 여부는 문제되지 않는다. 따라서 중과실이 있는 경우에도 소지인은 항변의 대항을 받지 않는다. 또 융통어음 · 개서어음이라는 사실을 알고 어음을 취득하더라도 악의의 항변은 성립되지 않는다.

5) 악의항변의 증명책임

소지인의 악의에 관한 증명책임은 어음채무자가 이를 부담한다는 것이 통설 · 판례이다.[1)]

2. 기타의 경우

1) 비어음법적 유통방법에 의한 취득자

어음 본래의 유통방법(배서)에 의하지 않고 어음을 취득한 자(예컨대, 상속 · 합병 · 전부명령 · 지명채권양도방법에 의한 취득자)에 대해서는 전자, 즉 양도인에 대한 인적 항변사유로써 대항할 수 있다.

2) 기한후배서

기한후배서(어 제20조 · 제77조 제1항 제1호: 지급거절증서가 작성된 후에 한 배서 또는 지급거절증서 작성기간이 지난 후에 한 배서로서 지명채권양도의 효력만 있음)에도 인적 항변의 절단 효력은 인정되지 않는다. 이것은 어음이 유통증권으로서의 기능을 발휘하는 본래의 유통기간을 경과한 후의 배서이기 때문이다.

동 2001. 4. 24. 2001다5272.

1) 대법원 1962. 9. 20. 62다383.

3) 독립된 경제적 이익을 갖지 않는 취득자

인적 항변의 절단은 취득자의 이익의 보호를 목적으로 하는 것이므로, 독립된 경제적 이익을 갖지 않는 어음취득자(예컨대, 추심위임배서의 피배서인)에 대하여는 그 선의·악의를 불문하고 전자(추심위임배서인)에 대한 인적 항변사유를 가지고 대항할 수 있다. 추심위임배서는 권리이전을 위한 배서가 아니라 피배서인에게 추심자격, 즉 대리권만을 부여하는 배서이기 때문이다.

V. 특수한 항변

1. 융통어음의 항변

1) 융통어음의 항변의 의의

융통어음을 발행한 경우, 융통자가 피융통자로부터 지급청구를 받는 경우에는 당해 어음은 융통어음이라는 주장, 즉 융통어음의 항변을 제기함으로써 지급을 거절할 수 있음은 당연하다. 다시 말하면 융통어음의 항변은 피융통자에 대하여는 언제든지 이를 대항할 수 있는 것이 원칙이다. 그러나 융통어음이 수취인의 손을 떠나 제3자에게 배서양도된 경우에는 사정은 달라진다.

(가) 제3취득자가 융통어음임을 몰랐을 경우에는 발행인은 융통어음임을 이유로 하여 어음금의 지급을 거절할 수 없다.

(나) 제3자가 융통어음임을 알고 이를 취득한 경우에 관하여도 발행인은 지급하여야 한다. 즉, 융통어음의 항변이 성립되지 않는다. 본래 융통어음은 그 발행인이 수취인으로 하여금 이것을 이용하여 금전의 융통을 받을 수 있도록 하기 위한 것이므로, 이것은 수취인으로부터 타인의 수중에 넘어가는 것을 당연한 운명으로 하고 있기 때문이다.

❒ 대법원 1979. 10. 30. 79다479
제3자가 융통어음임을 알고 이를 취득한 경우에도 발행인은 항변을 제기할 수 없다

☞ 타인의 금융 또는 채무담보를 위하여 약속어음(이른바 융통어음)을 발행한 자는 피융통자에 대하여 어음상의 책임을 부담하지 아니하나, 그 어음을 양수한 제3자에 대하여는 선의이거나 악의이거나 또한 그 취득이 기한후배서이었다 하더라도 대가없이 발

행된 융통어음이었다는 항변으로 대항할 수 없다(참조: 대법원 1988. 1. 19. 86다카1954; 동 1995. 1. 20. 94다50489; 동 1995. 9. 15. 94다54856).

❐ 대법원 2001. 8. 24. 2001다28176
융통어음행위자는 제3자에 대하여 융통어음의 항변을 주장할 수 없다

☞ 융통어음의 발행자는 피융통자로부터 그 어음을 양수한 제3자에 대하여는 선의이거나 악의이거나, 또한 그 취득이 기한후배서에 의한 것이라 하더라도 대가 없이 발행된 융통어음이라는 항변으로 대항할 수 없으나, 피융통자에 대하여는 어음상의 책임을 부담하지 아니한다 할 것이고, 약속어음금 청구에 있어 어음의 발행인이 그 어음이 융통어음이므로 피융통자에 대하여 어음상의 책임을 부담하지 아니한다고 항변하는 경우 융통어음이라는 점에 대한 증명책임은 어음의 발행자가 부담한다.

융통어음의 항변이 성립하지 아니하는 근거는, 융통어음의 항변은 어음법 제17조에 해당하는 인적 항변으로 볼 수 있지만, 융통어음이 제3자에게 양도된 경우에는 제3자가 융통어음임을 알았다고 하더라도 그것은 어음법 제17조 단서의 '어음채무자를 해할 것을 알고' 취득한 것이라고 볼 수 없으므로 채무자는 지급을 거절할 수 없기 때문이다. 융통어음은 어음이 제3자에게 양도되어 피융통자(직접 상대방)가 자금을 융통할 수 있도록 하기 위하여 발행되는 것이므로 처음부터 어음채무자에게 어음채무 부담의 의사가 있다고 할 수 있다. 본래 융통어음은 피융통자로 하여금 금전을 융통케 하자는 것이므로 처음부터 피융통자로부터 제3자에게 양도될 운명이다. 따라서 제3자가 융통어음이라는 것을 알고 어음을 취득한 경우라도 융통자는 반드시 지급하여야 하는 것이 원칙이다. 이는 의사표시상의 효력이다. 융통어음을 발행함에 있어 당사자(융통자와 피융통자) 간의 합의의 내용을 살펴보면 피융통자는 융통자에 대하여 직접적으로 권리를 행사하지는 못하나, 피융통자로부터 그 어음(수표)을 취득한 제3자에 대하여는 그의 지 · 부지를 불문하고 융통자에 대하여 권리행사를 하도록 허용하고, 이때 융통자는 융통어음의 항변을 제기하지 않는다는 합의가 있었다고 볼 수 있다. 결국 융통어음의 항변은 인적 항변에 해당하나 어음법 제17조 단서(해의가 있으면 대항할 수 있다)는 적용되지 않는다는 통설이 이중인식설과도 일치하여 타당하다고 본다.

판례는 "타인의 금융 또는 채무부담을 위하여 약속어음(이른바 융통어음)을 발행한 자는 피융통자에 대하여 어음상의 책임을 부담하지 아니함은 명백하나, 이러한 사유는 피융통자에 대하여서만 대항할 수 있는 것이라 할 것이고, 그 어음을 양수한 제3자에 대하여는 어음상의 채무를 담보할 의사로써 발행한 것이므

로, 그 제3자가 선의이건 또는 악의이건 간에 그 취득이 기한후배서에 의한 것이었다 하더라도 대가관계 없이 발행된 융통어음이었다는 항변(인적 항변)으로 대항할 수 없다"고 하여[1] 통설과 같은 입장을 취한다.

2) 교환어음의 경우

자금의 융통을 받는 자가 융통어음을 교부받는 대가(융통한 자금의 상환을 담보할 목적)로 자신이 소지하고 있던 어음을 자금을 융통하는 자에게 교부하는 경우, 이 어음을 교환어음이라 한다. 교환어음이 부도된 것을 알면서도 융통어음을 취득한 자는 악의취득자인 경우가 많을 것이다. 이와 같이 융통어음을 취득한 자가 그에 상응하는 대가적 원인관계를 갖고 있지 못한 경우에는 융통어음의 발행인은 인적 항변으로써 대항할 수 있다.

❐ 대법원 1994. 5. 10. 93다58721
교환어음이 부도된 것을 알면서도 융통어음을 취득한 자에 대하여는 악의의 항변이 가능하다

☞ 융통어음을 양수한 제3자가 그 어음이 융통어음으로 발행되었고 이와 교환으로 교부된 담보어음이 지급거절되었다는 사정을 알고 있었다면 융통어음의 발행자는 그 제3자에 대하여 융통어음의 항변으로 대항할 수 있다.

또한 융통어음을 사용하여 금융의 목적을 달성한 후에도 이를 반환하지 아니하고 다시 제3자에게 재유통시키는 경우 제3자가 이를 알고 있다면 융통인은 융통어음 재도사용의 항변으로 제3자에 대하여 대항할 수 있다.[2]

❐ 대법원 1995. 1. 20. 94다50489
현재의 어음소지인에게 어음을 양도한 자가 어음취득 당시 선의였기 때문에 그에게 대항할 수 없었던 사유에 대하여는 현재의 어음소지인이 비록 어음취득 당시 그 사유를 알고 있었다고 하여 그것으로써 현재의 어음소지인에게 대항할 수는 없다

☞ 〈사실〉
피고 유재흔은 소외 경민섬유주식회사 대표이사 이칠수의 자금융통을 위하여 이른바 융통어음을 발행·교부하고, 이에 대한 담보로서 이칠수는 위 주식회사의 명의로 어

1) 대법원 1957. 3. 21. 4290민상20; 동 1968. 8. 31. 65다1217; 동 1969. 9. 30. 69다975 · 976; 동 1979. 10. 30. 79다479; RGZ 117, 76.
2) 대법원 2001. 12. 11. 2000다38596.

음 · 수표 7매를 발행하여 피고에게 교부하였다. 이칠수는 위 융통어음을 소외 경민섬유주식회사(從叔)에게, 경민섬유주식회사는 주식회사 신양상호신용금고에게, 금고는 이칠수의 종숙인 원고 이종완에게 각각 순차 배서 · 양도하였으나, 현재 어음상에 금고의 배서는 말소되어 있다. 한편 이칠수가 피고에게 발행 · 교부한 담보어음 · 수표는 부도처리되었다. 원고는 지급기일 2, 3일 후에 이를 피고에게 지급제시하였으나 피고는 융통어음임을 이유로 그 지급을 거절하였다.

〈판결요지〉
어음의 양도 전에 배서를 하였다가 이를 말소한 채로 다시 어음을 양도한 자도 배서인으로서의 상환의무를 부담하는 것은 아니나 현재의 어음소지자의 전자로서의 권리를 양도한 어음상의 권리자였다는 점에는 변함이 없다 할 것이고, 현재의 어음소지인에게 어음을 양도한 자가 어음취득 당시 선의였기 때문에 그에게 대항할 수 없었던 사유에 대하여는 현재의 어음소지인이 비록 어음취득 당시 그 사유를 알고 있었다고 하여 그것으로써 현재의 어음소지인에게 대항할 수는 없다. 따라서 이와 견해를 달리하여 원고가 이와 같은 사정을 알고 있었다는 이유만으로 피고의 원고에 대한 융통어음의 항변을 받아들인 것은 융통어음 및 그 인적 항변의 절단에 관한 법리를 오해하여 판결결과에 영향을 미친 위법을 저지른 것이라 아니할 수 없고, … 원심판결을 파기하고 사건을 대구지방법원 본원 합의부에 환송한다. 동지: 2001. 4. 24. 2001다5272.

❒ 대법원 1990. 4. 25. 89다카20740
융통어음의 경우에도 취득자가 채무자를 해할 것을 알고 취득한 때에는 악의의 항변이 성립된다

3) 융통인의 민사보증책임유무

융통어음의 발행인은 융통어음수취인이 어음을 타에 담보로 제공하고 금원을 차용한 채무에 대한 보증책임까지 지는 것은 아니다. 즉, 융통자는 피융통자 이외의 제3자에 대하여 어음금지급의무를 부담하는 이외에 당연히 피융통자의 보증인이 되는 것은 아니다.

❒ 대법원 1987. 4. 28. 86다카2630
융통어음의 발행인은 융통어음수취인이 어음을 타에 담보로 제공하고 금원을 차용한 채무에 대한 보증책임까지 지는 것은 아니다. 동지: 대법원 1994. 12. 9. 94다38106; 동 1999. 10. 22. 98다51398.

4) 원인관계 없이 교부된 어음과의 구별

융통어음은 피융통자에게 자금조달의 편의를 제공하기 위하여 융통자가 어음

행위를 하는 것이나, '원인관계 없이 교부된 어음'은 주로 발행인 또는 배서인이 자기 자신의 자금융통(어음할인)을 위하여 발행 또는 배서한 것이다. 어느 것에 해당하는지 여부는 당사자의 주장에만 의할 것은 아니고 구체적 사실관계에 따라 판단하여야 하는데, 양자는 항변에서 차이가 있다. 융통어음의 항변의 경우에는 융통어음임을 알고 취득하더라도 악의의 항변이 성립하지 않고 발행인 또는 배서인은 지급하여야 할 책임이 있으나, '원인관계 없이 교부된 어음'의 경우는 원인관계 없이 취득한 자가 어음금의 지급을 구하는 것은 권리남용이 된다.

❐ 대법원 1996. 5. 14. 96다3449
'융통어음'이 아닌 '원인관계 없이 교부된 어음'에 불과하다고 본 사례

☞ 융통어음이라 함은 타인으로 하여금 어음에 의하여 제3자로부터 금융을 얻게 할 목적으로 수수되는 어음을 말하는 것이고, 이러한 융통어음에 관한 항변은 그 어음을 양수한 제3자에 대하여는 선의·악의를 불문하고 대항할 수 없는 것이므로 어떠한 어음이 위에서 말하는 융통어음에 해당하는지 여부는 당사자의 주장만에 의할 것은 아니고 구체적 사실관계에 따라 판단하여야 하는데, 어음의 발행인이 할인을 의뢰하면서 어음을 교부한 경우, 이는 원인관계 없이 교부된 어음에 불과할 뿐이고, 악의의 항변에 의한 대항을 인정하지 아니하는 이른바 융통어음이라고 할 수는 없다. 동지: 대법원 2001. 8. 24. 2001다28176; 동 2003. 1. 10. 2002다46508; 동 2012. 11. 15. 2012다60015 참조.

2. 제3자의 항변(후자의 항변과 전자의 항변)

1) 후자의 항변

후자의 항변은 어음채무자가 자기의 후자와 어음소지인 사이의 항변사유를 원용하여 어음소지인의 청구를 배척하는 것이다. 예컨대 甲이 乙에게 약속어음을 발행하고, 乙이 매매계약의 이행을 위하여 이를 丙에게 배서양도하였는데, 乙이 매매계약을 적법하게 취소하여 배서의 원인관계가 소멸하였다고 하자. 이 경우에 丙이 어음을 소지하고 있음을 기화로 하여 어음발행인 甲에게 어음금 청구를 하여 온다면, 甲은 자기의 후자인 乙이 丙에 대한 항변사유(원인채무의 소멸)를 주장하여 丙의 청구를 배척하는 것이다. 후자의 항변이 인정되는 근거는 이중무권에 관한 논의에서 설명하는 바와 같이 권리남용에서 구하는 해결방법이 가장 타당하다.

후자의 항변은 어음소지인에 대한 배서의 원인관계가 소멸하거나 부존재하는

경우, 위 배서의 원인관계가 불법하거나 위법한 경우 및 어음을 환수하지 않고 지급 또는 상계를 한 경우 등에 인정된다.

❐ 대법원 1987. 12. 22. 86다카2769
후자의 항변이 인정된 사례

☞ 특정채권담보용으로만 사용한다는 조건으로 甲이 乙에게 약속어음을 발행하고 어음소지인인 丙 역시 그러한 사정을 알면서 특정채무의 담보용으로만 사용한다는 조건으로 수취인인 乙로부터 위 약속어음을 배서양도 받았다가 위 약속어음으로 담보된 채무가 모두 이행되어 피담보채권이 모두 소멸되었다면 丙은 특단의 사정이 없는 한 乙에게 그 어음을 반환할 의무가 있을 뿐, 甲에게 어음상의 권리를 행사할 수 없다 할 것이므로 이러한 사유는 甲도 丙에게 대항할 수 있는 항변사유가 된다고 할 것이다.

2) 전자의 항변

전자의 항변은 어음채무자가 자기의 전자와 어음소지인 사이의 항변사유를 원용하여 어음소지인에게 대항하는 것을 말한다. 예컨대 어음보증인이 피보증인의 항변사유(어음채무의 소멸·부존재·무효·취소)를 원용하거나, 주채무자에 대한 어음채무가 지급으로 인하여 소멸되었거나 지급유예의 특약이 있을 때에 상환의무자가 이를 원용하는 경우 등에 인정된다. 보통은 어음피보증인의 어음소지인에 대한 원인관계상의 채무가 소멸되었음에도 불구하고 어음소지인이 어음을 소지하고 있음을 기화로 어음보증인에게 지급을 구하는 경우 그 보증인이 전자의 항변을 원용한다.

3. 이중무권의 항변

1) 의 의

어음행위의 무인성을 철저히 강조한다면 피고는 원고의 어음금 청구에 대항할 수 없다. 그러나 이는 형평상 부당하므로 이른바 이중무권의 항변을 인정할 것인가의 여부가 문제된다. 이중무권(Doppelmangel)의 항변이란 어음소지인과 그 전자 사이의 원인관계 및 그 전자와 전전자(어음채무자) 사이의 원인관계가 모두 흠결되어 있는 경우에 어음채무자인 전전자가 어음소지인의 어음금 청구에 대하여 대항할 수 있는 항변을 가리킨다. 이중무권의 항변은 소지인과 전자 및 전자와 전전자 사이의 원인관계가 무효 또는 취소되거나 소멸된 경우에 인정된다. 예컨대 甲이 약속어음을 발행하여 수취인 乙에게 교부하고 乙이 丙에게 배서양도한 경우 甲·乙 사이의 발행의 원인관계 및 乙·丙 사이의 배서의 원인관계가 각 당초부터 부존재 또는 무효이었거나 사후에 그 원인관계가 소멸하였음에도 丙이 위 어음을 乙에게 반환하지 아니하고 소지하고 있음을 기화로 甲에 대하여 어음금 청구를 하였을 경우, 甲은 甲과 乙간 및 乙과 丙간의 원인관계의 흠결, 즉 원인관계의 2중적 흠결을 내세워 丙의 어음금 청구를 거절할 수 있는 것을 말한다.[1)]

후자의 항변은 어음채무자가 제3자(후자)의 항변을 원용하여 어음소지인에게 대항하는 것임에 비하여, 이중무권의 항변은 어음채무자가 어음소지인이 독립된 경제적 이익을 가지고 있지 않다는 항변, 즉 어음채무자 자신이 가지는 항변을 주장하는 점에서 차이가 있다.

이중무권의 항변을 인정하는 근거로서, 이들 경우 소지인의 청구는 권리남용에 해당하는 것으로 본다(권리남용론). 어음행위의 무인성의 취지는 어음거래의 유통성 확보에 의해 거래안전을 보호하려는데 있으므로, 실질적인 경제적 이익 없이 형식적인 권리만에 의한 어음금청구를 인용하는 것은 무인성을 인정한 취지에 반하는 권리남용으로서 이를 인정할 수 없다.[2)] 어음행위의 무인성을 이유로 어음금의 지급을 구할 아무런 경제적 이익도 가지지 아니하여 위와 같은 인적 항변제한의 이익을 향수할 만한 지위에 있지 아니한 소지인까지 보호되어서는 곤란하다. 원인관계상 어음금 상당을 그에게 귀속시킬 수 없는 소지인이 원인관계상 어음금 상당을 지급할 의무가 없는 채무자에 대하여 그 어음금의 지급을 구하는 것은 권리남용에 해당한다고 보아야 할 것이고, 채무자는 이중무권의 항변으로써 어음소지인에게 대항할 수 있다고 함이 타당하다고 할 것이다.[3)]

판례[4)]는 이중무권의 항변을 부인하고 권리남용 항변을 배척한 바 있는데, 이는 어음행위의 무인성만을 강조한 나머지 당사자의 권리구제를 소홀히 한 것이 아닌가 하는 비판을 면하기 어렵다. 대법원은 후속판결에서 계속 위의 입장을 보이다가,[5)] 다만 근래의 판결에서[6)] "배서의 원인관계가 흠결됨으로써 어음소지인이 그 어음을 소지할 정당한 권원이 없어지고 어음금의 지급을 구할 경제적

1) 대법원 2003. 1. 10. 2002다46508; 동 2012. 11. 15. 2012다60015.
2) 일최판 1968. 12. 25. 민집 22. 13. 3548; 동 1970. 3. 31. 민집 24. 3. 182. 어음보증과 관련하여 이 학설을 취한 판례로 대법원 1988. 8. 9. 86다카1858 참조.
3) 동지: 대법원 1984. 1. 24. 82다카1405; 일최판 1970. 7. 16. 민집 24. 7. 1077 참조.
4) 대법원 1984. 1. 24. 82다카1405.
5) 대법원 1989. 10. 24. 89다카1398; 동 1997. 7. 25. 96다52649.
6) 대법원 2003. 1. 10. 2002다46508; 동 2012. 11. 15. 2012다60015.

이익이 없게 된 경우에는 인적 항변의 절단의 이익을 향유할 지위에 있지 아니하다고 보아야 할 것이다"라고 하면서, 원인관계 없이 어음이 교부된 경우 이중무권의 항변을 인정하고 있다.

이중무권의 항변은 당연히 악의의 항변과 후자의 항변을 포섭한다.

제 4 관 어음상 권리의 소멸

Ⅰ. 서 설

어음상의 권리는 채권일반의 소멸원인인 변제(지급)·공탁(어 제42조·제77조 제1항 제3호)·대물변제·상계·경개·면제 등으로 인하여 소멸하나, 환배서가 인정되므로(어 제11조 제3항·제77조 제1항 제1호) 혼동에 의해서는 소멸하지 않는다. 어음상의 권리는 증권화한 권리이므로 증권을 회수하거나 증권상에 기재하여 두지 않으면 위의 원인으로 소멸하더라도 그것은 인적 항변사유가 될 뿐 선의의 취득자에게 대하여는 책임을 면하지 못한다(어 제39조·제77조 제1항 제3호).

또한 어음상의 권리는 어음법상 규정된 특별소멸원인으로 인하여도 소멸한다. 즉, (ⅰ) 권리보전절차의 흠결(어 제53조·제25조 제2항·제56조 제2항·제60조 제2항·제77조 제1항 제4호·제5호), (ⅱ) 일부지급의 거절(어 제39조 제2항·제77조 제1항 제1호), (ⅲ) 참가지급의 거절(어 제61조·제77조 제1항 제5호), (ⅳ) 거절할 수 있는 참가인수의 승낙(어 제56조 제3항: 예비지급인이 있는 경우에는 거절할 수 없으나 다른 경우에는 거절할 수 있다), (ⅴ) 참가지급의 경합이 있는 경우 자기에게 우선하는 참가지급인이 있는 것을 알면서 한 참가지급(어 제63조 제3항·제77조 제1항 제5호), (ⅵ) 단기소멸시효(어 제70조·제77조 제1항 제8호) 등이 있다.

그리고 어음의 말소·훼손·상실의 경우 어음상의 권리가 소멸되는 수가 있다. 또 어음·수표의 소지인이 상환청구권보전절차의 흠결 또는 시효기간의 경과로 말미암아 어음·수표상의 권리가 소멸한 경우의 구제수단으로서 이득상환청구권을 인정한다.

위의 각 소멸사유는 각기 해당되는 곳에서 설명하기로 하고, 여기서는 소멸시효, 어음의 말소·훼손·상실, 이득상환청구권에 대하여만 설명한다.

Ⅱ. 어음상 권리의 소멸시효

1. 시효기간

1) 어음금액청구권

주채무자에 대한 청구권(환어음의 인수인 및 약속어음의 발행인, 이들의 보증인 · 참가인수인 및 무권대리인에 대한 권리)은 만기일로부터 3년의 시효로 인하여 소멸한다(어 제70조 제1항 · 제77조 제1항 제8호). 만기일이 휴일인가 아닌가, 만기일에 지급제시를 하였는가 아니하였는가를 묻지 않는다. 어음의 개서 또는 어음관계자 전원의 합의에 의한 만기변경의 경우에는 새로운 만기일이 시효의 기산점이 된다. 다만 만기의 변경에 동의하지 않은 자가 있는 경우에는, 그 자에 대하여는 어음의 변조로 되므로 그 자에 대한 어음상의 권리의 시효기간은 원래의 만기부터 기산한다.

2) 상환청구권

상환의무자(배서인, 환어음의 발행인 및 이들의 보증인 · 무권대리인)에 대한 상환청구권은 거절증서작성일로부터, 또는 그 작성이 면제된 때에는 만기일로부터 1년의 시효로 인하여 소멸한다(어 제70조 제2항 · 제77조 제1항 제8호). 이중으로 거절증서를 작성할 필요가 있는 경우(참가지급거절증서의 경우: 어 제60조, 복본의 경우: 제65조 제2항)에는 후에 작성한 거절증서의 일자를 표준으로 한다.

3) 재상환청구권

재상환의무자에 대한 재상환청구권은 상환을 한 배서인(보증인 · 참가지급인도 같다.)이 어음을 환수한 날로부터, 또는 제소된 날로부터 6월의 시효로 인하여 소멸한다(어 제70조 제3항 · 제77조 제1항 제8호).

2. 시효기간의 계산

초일은 시효기간에 산입하지 않으며(어 제73조 · 제77조 제1항 제9호), 기간의 말일은 소정기간 후의 초일의 대응일이다.

3. 확정판결에 의한 시효

어음(수표)상의 권리가 확정판결에 의하여 확정된 때에는 위의 시효기간에 관계없이 일률적으로 그때부터 다시 10년이 경과되어야만 소멸시효가 완성한다(민 제165조 제1항).

4. 시효의 중단

시효의 중단사유에 관하여 어음법은 '소송의 고지'(어 제80조)만을 규정하고 있으나, 민법상의 사유, 즉 청구·승인(민 제168조)에 의하여도 시효가 중단된다.

청구는 재판상의 청구와 재판외의 청구 두 가지가 있다. 재판상의 청구에는 어음의 제시를 요하지 않지만,[1] 재판외의 청구에는 어음의 제시를 요한다.[2] 시효중단사유인 청구는 채권자가 권리 위에 잠자고 있지 않다는 것을 나타내는 것으로서 청구 그 자체로도 충분하며, 또 예컨대 어음이 압류된 경우에는 이를 제시하거나 소지할 수도 없기 때문이다. 어음채무의 승인에 의한 시효의 중단에도 어음의 제시는 필요치 않다.[3]

다른 배서인 및 환어음의 발행인에 대한 배서인의 청구권, 즉 재상환청구권은 그 자가 제소된 때에는 그 전자에 대하여 소송고지를 함으로써 시효중단의 효력이 발생한다(어 제80조).

어음채무는 각각 독립된 것으로서 각 채무에 대한 소멸시효도 독립하여 진행하고 완성하므로 시효중단의 효력도 중단사유가 생긴 자에 대하여서만 발생하며, 그 이외의 자에 대해서는 중단의 효력이 미치지 아니한다(어 제71조·제77조 제1항 제8호).

5. 각 시효 간의 관계

(1) 시효기간이 경과하면 어음상 권리는 시효로 인해 소멸한다. 어음채무자가

1) 대법원 1962. 1. 31. 4294민상110·111.
2) 대법원 1962. 12. 20. 62다680.
3) 대법원 1990. 11. 27. 90다카21541: 어음시효 중단사유로서의 승인은 시효이익을 받을 당사자인 어음채무자가 시효의 완성으로 권리를 상실하게 될 자에 대하여 그 권리가 존재함을 인식하고 있다는 뜻을 표시함으로써 족하고 반드시 기존 어음에 개서하거나 새로운 어음을 발행, 교부함을 요하지 아니하며, 또 채무승인에 관한 문서가 작성되어 있지 않다고 하여 채무승인을 인정할 수 없는 것은 아니다.

수인이 있는 경우 어음행위독립의 원칙상 각 시효는 독립적으로 진행하고, 채무자 1인에 대한 권리가 소멸하더라도 다른 채무자에 대한 권리는 이로부터 영향을 받지 않는다. 또한 상환의무자(소구의무자)에 대한 권리가 먼저 시효로 소멸하더라도 주채무자에 대한 권리는 소멸하지 않는 것이 원칙이다.

(2) 문제는 주채무자에 대한 권리의 소멸시효가 완성되면 상환청구권도 소멸하는지 여부이다. 이에 대하여 어음채무의 독립성을 강조하면서 상환청구권은 소멸하지 않는다고 보는 견해(부정설)가 있다. 그러나 주채무자에 대한 어음금지급청구권이 변화한 것이 상환청구권이므로 양자는 주종관계에 있다고 할 수 있으며, 또한 상환청구권을 행사하려면 상환의무자에게 어음을 반환해야 하는데(어 제50조 · 제77조 제1항 제4호) 주채무자에 대한 권리가 시효로 소멸한 이상 상환의무자가 이를 반환받더라도 주채무자에게 권리를 행사할 수 없다는 점을 생각할 때, 주채무자에 대한 어음상 권리가 시효로 소멸하면 상환청구권도 역시 소멸하는 것으로 봄이 타당할 것이다(긍정설 · 판례).

❒ 대전지방법원 2001. 10. 23. 2001가단3092
약속어음의 발행인에 대한 약속어음금 채권이 소멸시효의 완성으로 소멸한 경우에 소지인의 그 배서인에 대한 상환청구권도 같이 소멸한다

Ⅲ. 어음의 말소 · 훼손

1. 어음의 말소

1) 어음말소의 의의

어음의 말소(Ausstreichen, Streichung)란 어음요건의 기재사항을 도말 · 삭제 · 화학적 부식 · 첩부 등의 방법으로 제거하는 것을 말한다(협의의 말소)(이에 대하여 광의의 말소는 어음상의 기재사항을 제거하는 것을 의미하나, 어음요건 이외의 기재사항을 권한없이 말소하는 것은 '어음의 변조'가 된다.). 어음의 말소방법에는 제한이 없으며, 어음의 동일성을 해칠 정도의 말소는 '어음의 상실'이 된다.

2) 어음말소의 효과

(1) 유통 후의 말소

(가) 어음요건의 말소

어음상의 권리가 일단 유효하게 성립한 후에는 어음요건을 말소하더라도 어음상의 권리는 소멸하지 않는다. 어음의 요식증권성을 강조할 때는 말소에 의하여 권리가 소멸될 것도 같으나, 어음의 요식성은 어음상의 권리가 발생하는 데 필요한 것이지, 그 존속에 필요한 것은 아니다. 이것은 어음이 변조된 경우에도 변조 전에 기명날인 또는 서명을 한 자가 변조 전의 문구에 따라 책임을 지는 것(어 제69조), 또 어음을 상실한 소지인이 제권판결을 얻어 그 권리를 행사할 수 있는 것(민소 제463조 이하)으로도 알 수 있다. 그러나 어음의 정당한 소지인(어음상의 권리자)이 고의로 어음요건을 말소한 때에는, 그것은 채무의 면제 또는 권리의 포기라고 보아야 할 것이므로 어음상의 권리는 소멸한다고 본다. 따라서 어음이 말소된 경우에 어음상의 권리를 행사하려는 자는, 그것이 소지인의 고의적인 말소가 아니라는 것을 증명하여야 하고, 말소 전의 문구가 불명한 경우에는 그 문구의 내용도 증명하여야 한다.

(나) 어음요건 아닌 기재사항의 말소

어음요건 이외의 기재사항(예컨대, 제3자방지급의 기재)이 말소된 경우에는, 어음채무자의 책임내용이 변경될 것이다. 그러나 그 말소가 어음채무자의 동의없이 무권한자에 의하여 된 경우에는, 그것은 어음의 변조가 되므로 말소 전에 기명날인 또는 서명을 한 자의 책임에는 영향이 없고, 말소 후의 기명날인 또는 서명을 한 자만 문구에 따라 책임을 지게 된다(어 제69조).

(2) 유통 전의 말소

어음행위자가 기명날인 또는 서명을 한 후 어음을 교부하기 전에 말소한 경우에는 말소된 기재사항이 어음요건이면 어음상의 권리가 발생하지 않거나 소멸하게 될 것이며, 그것이 어음요건 이외의 기재사항이면 처음부터 기재가 없었던 것으로 되어 어음채무의 내용에 변경이 생기지 않는다.

3) 어음배서의 말소

(1) 의 의

배서의 말소란 배서의 요건이 도말 또는 삭제 등의 방법에 의하여 소멸되는 것을 말한다.

배서의 말소는 정당한 권리자에 의한 것이냐 아니냐, 또는 고의로 한 것이냐 과실로 한 것이냐를 불문하고, 배서의 연속에 관하여는 배서의 기재가 없는 것으로 본다(어 제16조 제1항 제3문 · 제77조 제1항 제1호).

(2) 말소할 수 있는 경우

(가) 어음을 환수한 배서인의 배서말소권

상환의무를 이행하고 어음을 환수한 배서인은 자기 및 후자의 배서를 말소할 수 있다(어 제50조 제2항 · 제77조 제1항 제4호).

(나) 환배서를 할 배서인의 배서말소권

어음소지인이 어음채무자에 대하여 어음을 양도하는 경우 환배서를 하는 대신 피배서인이 될 자에 이르기까지의 전자의 배서를 말소하여 상대방에게 교부할 수 있다(소극적 배서).

2. 어음훼손의 의의 · 효과

어음의 훼손(Abreiβ ung)이란 절단 · 마멸 기타의 방법에 의하여 어음증권의 일부에 물리적 손상을 일으키는 것을 말하며, 어음의 동일성을 해칠 정도의 훼손은 '어음의 상실'이 된다. 훼손의 효과는 말소의 경우와 같다(다만 배서의 훼손에 관한 특별규정은 없으므로 말소의 경우의 일반원칙에 따른다.).

Ⅳ. 어음의 상실

1. 어음상실의 의의

어음의 상실이란 어음증권의 물리적 멸실뿐만 아니라, 소지인의 점유이탈(도난 · 유실의 경우) 또는 말소 · 훼손으로 증권의 동일성을 잃은 경우 등을 말한다.

2. 공시최고에 의한 제권판결

어음을 상실한 경우, 어음의 최후의 피배서인 또는 소지인은 민사소송법상의 공시최고절차에 따라 제권판결(Ausschlußurteil)을 받을 수 있다(민소 제446조 이하).

상실된 백지어음에 관하여도 공시최고 · 제권판결의 제도가 적용된다고 본다. 다만 백지어음의 소지인은 백지를 보충하기 전에는 어음상의 권리를 행사할 수 없으므로 백지어음에 관하여 제권판결을 얻어도 곧 어음상의 권리를 행사할 수는 없고, 백지어음의 재발행을 청구하여 여기에 백지보충을 한 다음에 어음상의 권리를 행사할 수 있을 것이다. 이에 대해서는 백지어음에 관하여 제권판결을 얻은 자가 어음 외의 의사표시에 의하여 백지를 보충하는 것도 인정된다.[1)]

1) 공시최고

공시최고(Aufgebot)라 함은 불특정 또는 행방불명된 상대방에 대하여 일정한 기간 내(3개월 이상: 민소 제481조)에 신고를 하지 않으면 실권한다는 경고를 하면서 그 권리의 신고를 최고하는 법원의 공고를 말한다(민소 제475조).

공고는 법원의 게시판에 게시하거나 관보 · 공보 또는 신문에 게재하거나 전자매체를 이용한 공고 등으로 하게 된다(민소 제480조, 민소규 제142조 제1항). 어음(수표)을 상실한 경우 공시최고기간 내에 아무런 신고가 없으면 그 어음(수표)은 제권판결을 받아 무효가 된다.

공시최고의 신청권자는 어음(수표)을 상실한 자이며, 만약 어음(수표)을 상실하지 않고 소지하고 있었더라면 어음(수표)의 소지 혹은 배서의 연속에 의하여 적법한 권리자로서의 추정을 받음으로써 그 어음(수표)상의 권리를 행사할 수 있었을 형식적 자격자이다. 어음의 발행인도 공시최고를 신청할 수 있다. 어음의 발행인은 어음상의 권리자는 아니지만 그 작성 후 교부 전에 어음을 상실한 경우에는 선의취득자에 대하여 의무를 부담하게 되기 때문이다.[2)] 그러나 약속어음을 사취 또는 사기를 당한 사유는 공시최고의 대상이 되지 아니한다.[3)]

2) 제권판결

(1) 제권판결의 의의

공시최고기간내에 권리의 신고가 없는 때에는 법원은 제권판결을 선고한다. 제권판결(Ausschlußurteil)은 증권을 무효화하여 증권과 권리의 결합을 분리하는 절차이다. 즉, 어음 · 수표를 상실한 경우에 공시최고절차를 통하여 상실된 어

---

1) 대법원 1998. 9. 4. 97다57573.
2) 대법원 1990. 4. 27. 89다카16215 참조.
3) 대법원 1991. 2. 26. 90다17620.

음·수표의 효력을 박탈하는 동시에 어음·수표를 상실한 어음·수표상의 권리자로 하여금 어음·수표증권 없이 그 권리를 행사할 수 있도록 하는 제도이다.

(2) 제권판결의 효력

제권판결에는 소극적 효력과 적극적 효력이 있다.

(가) 소극적 효력

민사소송법 제496조는 "제권판결에서는 증권 또는 증서의 무효를 선고하여야 한다"고 규정하고 있다. 제권판결이 있으면 그 선고와 동시에 형식적으로 확정력이 생겨 그 증권은 증권으로서의 효력을 상실한다.[1] 이를 제권판결의 소극적 효력이라 한다. 이것은 증권만을 무효로 하는 것이고 어음상의 권리 자체를 무효로 하는 것이 아니다. 일단 제권판결이 선고된 이상 약속어음상의 실질적 권리자는 제권판결의 효력을 소멸시키기 위하여 불복의 소를 제기하여 취소판결을 얻지 않는 한 약속어음상의 권리를 주장할 수 없다.[2]

제권판결 선고 후 무효가 된 어음을 취득한 자는 선의취득의 여지가 없고, 그 어음으로써 발행인이나 배서인 등 누구에 대하여도 어음상의 권리를 행사할 수 없다. 이미 증권이 절대적으로 멸실된 경우에는 별문제가 없으나, 만일 누군가의 수중에 있을 때에도 그 증권은 이미 무효가 되었으므로, 무효인 증권을 제시하여도 그 소지인은 권리자로 확정되지 아니하고 채무자가 그 소지인에게 변제하더라도 면책되지 않는다(면책적 효력의 상실). 다만 채무자가 제권판결이 선고된 사실을 모르고 무권리자인 증권소지인에게 변제한 경우에 채권의 준점유자에 대한 변제에 해당하여 보호받는 경우는 있을 수 있다. 제권판결에 의하여 증권이 무효로 되는 결과 적법한 증권의 소지인임을 전제로 한 이득상환청구권도 발생할 수 없다.[3]

(나) 적극적 효력

적극적 효력이란 제권판결의 소극적 효력에 의하여 증권에서 분리된 금전지급청구권이 누구에게 귀속되는가의 문제이다. 민사소송법 제497조는 "제권판결이 내려진 때에는 신청인은 증권 또는 증서에 따라 의무를 지는 사람에게 증권 또는 증서에 따른 권리를 주장할 수 있다"고 규정하고 있다. 즉, 공시최고 신청인은 제권판결을 받음으로써 증권을 소지하는 것과 동일한 지위를 회복하고, 증

1) 대법원 1982. 10. 26. 82다298; 동 1969. 12. 23. 68다2186; 동 1990. 4. 27. 89다카16215.
2) 대법원 1982. 10. 26. 82다298; 동 1969. 12. 23. 68다2186; 동 1990. 4. 27. 89다카16215.
3) 대법원 1967. 6. 13. 67다541·542.

권이 없이도 증권상의 권리를 행사할 수 있게 되며, 법률상 권리자로서의 형식적 자격을 인정받는다. 이것이 제권판결의 적극적 효력이다.

제권판결 신청인은 제권판결의 정본에 의하여 의무를 부담하는 자(채무자)에 대하여 권리를 행사할 수 있다. 다만 청구를 받은 채무자는 종전부터 가지고 있던 각종 항변권으로 대항할 수 있을 것이다. 채무자는 이러한 형식적 자격을 가진 자에게 권리행사를 인정하고 의무를 이행하면 고의 또는 중과실이 없는 한 면책된다.

그러나 제권판결은 그 신청인에게 실질적 권리를 부여하거나 신청인이 실질상의 권리자임을 확정하는 것은 아니다.[1] 이것은 제권판결절차 자체가 소송절차가 아닌 비송사건절차로서 실질적인 권리자를 확정하는 절차가 아니기 때문이다. 따라서 처음부터 증권을 소지하고 있지 아니하였던 자, 한때 권리자였으나 타인에게 권리를 양도한 자, 어음을 절취하였다가 멸실한 절도범은 본래 무권리자이므로 법원을 기망하여 제권판결을 얻었다 하더라도 그것으로 권리자가 되지는 않는다.

이와 같이 제권판결을 얻은 자가 반드시 실질적 권리자인 것은 아니므로 채무자는 제권판결을 얻은 자가 무권리자임을 증명하여 권리행사를 거부할 수 있고, 무권리자임을 알았거나 중대한 과실로 인하여 이를 알지 못하고 채무를 이행하면 면책되지 아니한다.

(3) 어음의 재발행

제권판결신청인이 제권판결을 받은 후에 어음의 재발행을 청구할 수 있다. 어음 · 수표가 비교적 단기간에 종료하는 권리관계를 표창하는 증권이기는 하지만, 그 재발행을 인정하여도 특별히 불합리한 것도 아니고 도리어 편리하므로 이를 긍정하는 것이 타당하다고 하겠다. 주권의 재발행을 명문으로 인정한 상법 제360조는 예외규정이 아니라 예시규정으로 보아야 할 것이다.

(4) 제권판결과 선의취득과의 관계

공시최고기간 중에도 제3자가 어음을 선의취득하는 것은 가능하고, 어음의 제시자에게 어음채무자가 선의로 지급하면 그 지급은 유효하다. 다만 공시최고신청인은 채무자로 하여금 어음금액을 공탁하게 할 수 있고, 또는 상당한 담보를 제공하고 지급을 받을 수도 있다(민 제522조, 제65조). 제권판결은 증권을 무효화하여 증

1) 대법원 1965. 7. 27. 65다1002.

권과 권리의 결합을 분리하는 절차이지, 현재의 증권소지인이 가진 권리를 무효화하거나 박탈하여 그것을 증권의 상실자에게 돌려주는 제도는 아니기 때문이다.

이와 같이 분실된 어음에 관하여 공시최고가 있어도 그 공시최고기간 중에 제3자가 어음을 선의취득하는 것은 가능한데, 선의취득자가 공시최고기간 중에 권리의 신고를 하지 아니하여 제권판결이 선고된 경우에는 제권판결을 취득한 자는 권리를 상실하지 않는다. 선의취득자라고 하더라도 공시최고기간에 권리의 신고를 하지 아니하면 선의취득자는 그 증권이 무효가 될 뿐만 아니라 그 증권상의 권리를 상실하므로 제권판결 신청인이 권리를 행사한다. 이것이 판례의 태도이다.[1] 제권판결 신청인의 권리가 우선하지 않으면 비용과 시간을 소비하여 공시최고를 하고 제권판결을 받은 것이 무효가 되므로, 제권판결제도의 취지가 상실된다.

판례는 선의취득자의 '권리의 신고'도 곧이 곧대로 해석하여, 위의 사건에서와 같이 "수표의 정당한 소지인이 지급은행에 지급제시를 하거나, 그 수표금 지급청구소송을 제기하였다고 하더라도, 이것은 공시최고법원에 대한 권리의 신고나 청구로 볼 수 없다"고 판결한다.[2] 또한 이 사건에서와 같이 "제권판결 신청인이 수표의 정당한 소지인이 따로 있음을 알면서도 그 신청을 하였다고 하더라도 일단 제권판결이 선고된 이상 동 제권판결은 당연히 무효가 되는 것은 아니고, 취소되지 않는 한 정당한 소지인은 그 수표상의 권리를 행사하여 그 수표금을 청구하지 못한다"고 판시하여[3] 선의취득자의 보호보다는 제권판결제도를 고수하는 방향으로 나아가고 있다.

❐ 대법원 1994. 10. 11. 94다18614
결과적으로 제권판결을 받은 자가 우선한다는 취지의 판결

☞ 〈사실〉
원고 대동마보스주식회사는 피고 오석근이 1992년 9월 30일 발행한 약속어음을 소외 김인식으로부터 배서양도받아 소지하고 있다가 그 지급기일인 1993년 1월 5일 이를 피고에게 지급제시하였으나 지급거절된 바 있다. 한편 피고 오석근은 동 어음에 대하여 서울민사지방법원에 공시최고 및 제권판결신청을 하여 1993년 6월 5일 제권판결이 선고되었다. 원고는 문제의 어음을 선의취득하였으므로 정당한 권리자라고 주장하여

1) 대법원 1965. 7. 27. 65다1002; 동 1994. 10. 11. 94다18614; 동 1967. 6. 13. 67다541 · 542; 동 1969. 12. 23. 68다2186; 동 1976. 6. 22. 75다1010; 동 1979. 3. 13. 79다4; 동 1982. 10. 26. 82다298; 동 1983. 11. 8. 83다508 · 83다카1705; 동 1993. 11. 9. 93다32934 등.
2) 대법원 1976. 6. 22. 75다1010; 동 1980. 3. 10. 80다1665; 동 1983. 11. 8. 83다508 · 83다카1705.
3) 대법원 1967. 9. 26. 67다1731; 동 1976. 6. 22. 75다1010 참조.

어음금지급청구의 소를 제기하였으나, 피고는 동어음은 제권판결의 선고로 인하여 무효가 되었으므로 지급할 수 없다고 다투었다. 원고는 특히 공시최고를 신청한 자가 어음상의 권리자인 소지인이 아닌, 문제된 어음의 최종채무자인 발행인인 경우에는 제권판결의 효력이 없다고 주장하는 한편, 원고가 공시최고 및 제권판결 이전에 어음을 선의취득하였으므로, 동 어음이 제권판결에 의하여 무효가 되는 것도 아니라고 주장하였다.

〈판결요지〉
약속어음에 관한 제권판결의 효력은 공시최고 신청인에게 어음을 소지한 것과 같은 지위를 회복시키는 것에 그치는 것이고, 공시최고 신청인이 실질상의 권리자임을 확정하는 것은 아니다. 그러나 제권판결은 동시에 소극적 효과로서 그 판결 이후에 있어서 당해 어음을 무효로 하므로, 취득자가 소지하고 있는 약속어음은 기실 약속어음으로서의 효력이 없게 된다. 따라서 소지인은 무효로 된 어음을 유효한 어음이라고 주장하여 어음금을 청구할 수는 없다. … 이와 같은 이치는 공시최고의 신청인이 발행인이라고 하여 달라지는 것이 아니다. 즉, 공시최고의 신청인이 발행인이거나 발행인이 아닌 소지인(어음상의 권리자)이거나 차이가 없다. … 또한 어음소지인이 공시최고기간 개시 전에 선의취득하였다고 하더라도 결론은 같다.

(바) 선의취득자의 보호

증권의 양수인이 아무리 그 증권을 선의취득하였다고 하더라도 제권판결로 인하여 무효가 된 증권을 가지고서는 아무런 권리를 행사할 수 없다. 따라서 선의취득자를 보호할 수 있는 별도의 법적 구제수단을 강구할 필요가 있다. 이와 관련하여 학설은 다음 다섯 가지의 구제수단을 고려할 수 있다.

(i) 선의취득자의 권리를 증명하여 이를 행사할 수 있다는 견해: 이 견해에 의하면 제권판결이 있으면 증권 자체는 제권판결의 소극적 효력에 의하여 무효가 되더라도 선의취득자의 권리가 소멸하는 것은 아니므로 선의취득자는 자기의 실질적 권리를 증명하여 이를 행사하면 된다는 것이다. 생각건대 어음 외에서 자신의 실질적 권리를 주장하는 것은 어느 누구도 막을 수 없는 것으로, 이와 같은 주장은 당연한 것이다.

(ii) 제권판결정본 인도청구: 실질적 권리자인 선의취득자는 제권판결취득자에 대하여 그 자가 제권판결을 받음으로써 법률의 규정에 의하여 가지는 권리를 양도하거나 또는 제권판결의 정본의 인도를 청구할 수 있다.

(iii) 부당이득반환청구: 제권판결취득자가 어음(수표)금액의 지급을 받은 때에는 부당이득의 반환을 청구할 수 있다는 견해가 있다.

(iv) 불복의 소 제기: 제권판결은 선고와 동시에 확정되고 상소가 금지되어있다(민소 제490조 제1항). 다만 제권판결에 대한 불복소송이라는 별도의 불복방법이 허용되고 있다. 제권판결에 대한 불복의 사유는 민사소송법 제490조 제2항

에 8개 항목으로 열거되어 있다. 제7호는 "거짓 또는 부정한 방법으로 제권판결을 받은 때" 최고법원에 불복의 소를 제기할 수 있도록 규정하고 있으므로, 제권판결법원을 기망하여 제권판결을 받은 경우에는 선의취득자는 불복의 소를 제기하고 그 결과 제권판결을 취소하는 내용의 판결이 확정되면 어음소지인(선의취득자)은 당연히 어음법상의 권리를 행사하여 자신의 권리를 보호할 수 있다.[1] 그러나 불복의 소는 제권판결이 있음을 안 날로부터 또는 불복사유가 있음을 안 날로부터 기산하여 1월의 불변기간 내에 제기하여야 하는데(민소 제491조 제1항 · 제2항), 이 기간 내에 불복의 소를 제기하지 아니하여 법이 마련한 구제수단을 상실하는 경우가 많다는 것이 문제이다. 제권판결의 취소판결이 확정되면 제권판결의 효력은 소급하여 소멸한다.

❒ 대법원 2004. 11. 11. 2004다4645
증권 등의 전 소지인이 그 증권 등의 현 소지인을 알면서도 그 소재를 모르는 것처럼 공시최고법원을 기망하여 제권판결을 받은 경우, 민사소송법 제490조 제2항 제7호에 정한 '거짓 또는 부정한 방법으로 제권판결을 받은 때'에 해당한다. 동지: 대법원 1997. 7. 25. 97다16985.

(v) 불법행위에 의한 손해배상청구: 법원을 기망하여 제권판결을 얻은 행위는 민법 제750조의 고의에 의한 위법행위에 해당한다. 일단 제권판결이 선고되면 진실한 권리자는 권리를 행사하지 못하고, 권리상실 당시의 적법한 소지인에게 주어지는 이득상환청구권도 발생하지 아니하여 결국 선의취득자가 손해를 보게 되는 경우가 있고, 불법행위의 성립을 인정할 수 있다.[2] 따라서 선의취득자는 제권판결취득자를 상대로 손해배상청구를 할 수 있다고 본다.[3]

❒ 대법원 1989. 6. 13. 88다카7962
법원을 기망하여 제권판결을 얻은 경우 불법행위의 성립을 인정한 사례

☞ 피고는 위 수표를 자기의 의사에 기하여 편취당하였으므로 수표의 무효선고를 청구하는 공시최고신청을 할 수 없음에도 불구하고 이를 분실하였다는 허위의 주장사실을

1) 대법원 1991. 11. 12. 91다25727.
2) 대법원 1989. 6. 13. 88다카7962.
3) 대법원 1967. 9. 26. 선고, 67다1731; 동 1989. 6. 13. 88다카7962; 서울고등법원 1987. 8. 18. 87다461.

내세워 법원에 공시최고의 신청을 하고 나아가 원고가 수표의 소지인이라는 것을 알면서도 그 소재를 모르는 것처럼 공시최고일에 출석하여 그 신청의 원인과 제권판결을 구하는 취지를 진술(민소 제457조)하여 공시최고법원을 기망하고 이에 속은 공시법원으로부터 선고와 동시에 형식적 확정력이 생기는 이 사건 제권판결을 얻었으며 그로 말미암아 제권판결의 소극적 효과로서 원고가 소지하고 있는 수표는 무효가 되어 원고는 그 수표상의 권리를 행사할 수 없게 되었고 적법한 수표소지인임을 전제로 한 이득상환청구권도 발생하지 않게 된(당원 1965. 4. 20. 선고, 64다1883 판결; 1967. 6. 13. 선고, 67다541, 542 판결; 1982. 10. 26. 선고, 82다298 판결; 1983. 11. 8. 선고, 83다508, 83다카1705 판결 참조) 손해를 입게 되었다고 할 것이다. 따라서 피고는 원고에게 불법행위로 인한 손해를 배상할 책임이 있다.[1]

V. 이득상환청구권

1. 이득상환청구권의 의의

이득상환청구권(Bereicherungsanspruch)이란 어음 · 수표의 소지인이 상환청구권보전절차의 흠결(인수 · 지급거절증서의 작성) 또는 시효기간의 경과로 말미암아 어음 · 수표상의 권리를 상실한 경우, 그 소지인이 증권상의 채무자(발행인, 인수인, 배서인, 수표의 지급보증인)가 지급을 면함으로써 받는 이득의 반환을 청구할 수 있는 어음법 · 수표법상의 특수한 청구권이다(어 제79조, 수 제63조)(이하 어음을 중심으로 설명한다.).

이득상환청구권은 형평의 관념에 입각해서 어음법의 기술적 · 형식적 해결에 대한 상식적 · 실질적 수정을 시도한 것으로써 독법계(독일, 한국, 일본) 어음법에 특유한 제도이고, 제네바 통일어음조약 및 영미법에는 없는 제도이다. 따라서 이득상환청구권은 어음상의 권리가 아닌 어음법상의 권리라고 할 수 있다.

이득상환청구권의 법적 성질은 어음상 권리는 아니라는 견지에서, 다만 실질관계상의 형평을 기하기 위하여 어음법이 특별히 인정한 일종의 지명채권이라고 본다(지명채권설: 통설). 판례는 일관하여 지명채권설의 입장을 취하고 있는바, 예컨대 이득상환청구권은 지명채권양도의 방법에 의해 양도할 수 있을 뿐이며 어음상의 권리가 소멸된 이후에 어음을 배서양도하는 것만으로는 동 청구권이 양도되지 않는다고 판시하고 있다.[2]

---

1) 동지: 대법원 1995. 2. 3. 93다52334; 동 1999. 5. 14. 99다6463.
2) 대법원 1970. 3. 10. 69다1370; 동 1972. 5. 9. 70다2994; 동 1981. 6. 23. 81다167; 동 1983. 3. 8. 83다40.

지명채권설은 이득상환청구권을 지명채권으로 보는데, 어음채권이 소멸시효 등으로 소멸하게 되면 어음은 휴지로 변하면서 어음상에 존재하였던 권리는 어음증권과 상관없는 민법상 지명채권으로 변한다는 것이다. 지명채권은 당연히 지명채권 양도방법에 따라 양도하여야 하고,[1] 10년의 시효에 걸리며, 휴지화된 어음증권을 상실하였더라도 제권판결이 인정되지 않는다.

2. 이득상환청구권의 당사자

1) 권리자

이득상환청구권자는 어음상의 권리가 소멸한 당시의 정당한 어음소지인이다.[2] 소지인인 한 최후의 피배서인뿐만 아니라, 상환의무를 이행하고 어음을 환수한 소지인(발행인이나 소지인 등)도 포함하며, 상속 · 합병 · 지명채권양도 · 전부명령 · 경락 등에 의하여 권리를 취득한 자도 포함한다. 다만 지명채권양도의 방법에 의하는 경우에는 그 대항요건 등 양도의 절차를 밟아야 한다.[3]

2) 의무자

이득상환의무자는 발행인 · 인수인 · 배서인 · 지급보증인이다(어 제79조). 보통은 환어음의 인수인과 약속어음의 발행인이 이득상환의무자로 된다. 배서인이 의무자로 되는 일은 드물지만, 예컨대 발행인을 보증한다는 취지로 발행인으로부터 대가를 받고 배서를 하였는데, 상환의무를 면하게 된 경우는 이득이 있을 것이다.

보증인 · 참가인수인 · 지급인 · 지급담당자는 의무자가 되지 않는다.

3. 이득상환청구권의 성립요건

1) 어음상의 권리의 존재

어음상의 권리가 유효하게 존재하였어야 한다. 백지어음은 미완성어음으로서 권리행사를 할 수 없기 때문에 이득상환청구권이 생기지 않는다는 것이 다수설이다.

---

1) 이득상환청구권은 '지명채권 양도'의 방법에 의하여서만 양도할 수 있다: 대법원 1970. 3. 10. 69다1370.

2) 대법원 1964. 7. 14. 64다63: 이득상환청구권이 있는 수표소지인은 그 수표상의 권리가 소멸할 당시의 소지인으로서 그 수표상의 권리를 행사할 수 있었던 자를 가리킨다.

3) 대법원 1970. 3. 10. 69다1379.

2) 어음상의 권리의 소멸

유효하게 존재하고 있던 어음상의 권리가 보전절차의 흠결 또는 시효로 인하여 소멸하였어야 한다. 이 두 가지 사유 이외의 사유로 소멸한 경우에는 이득상환청구권이 인정되지 않는다. 소지인의 과실의 유무는 묻지 아니한다.

여기서 문제가 되는 것은 어음상의 권리가 소멸할 당시에 이득상환청구권자가 어음증권을 소지하고 있어야 할 필요는 없다.

3) 어음소지인이 다른 구제수단을 갖지 아니할 것

핀례에 따르면 어음소지인이 이득상환청구권 외의 다른 민법상 · 어음법상의 다른 구제방법이 없어야 한다고 한다.[1] 판례는 일관하여 ① 어음상의 권리가 소멸된 뒤에도 원인채무가 존속하는 경우에는 이득상환청구권이 인정되지 않는다고 한다.[2]

4) 지급을 담보하기 위하여 발행된 어음이 아닐 것

그런데 판례는 더 나아가 아래에서 보는 바와 같이, ② "원인관계상의 채무를 확보 또는 담보하기 위하여 어음이 발행되거나 배서된 경우에는 어음채권이 시효로 소멸되었다고 하여도 발행인 또는 배서인에 대하여 이득상환청구권은 발생하지 않는다고 한다.[3] 여기서 '지급을 담보하기 위하여'와[4] '지급을 확보하기 위하여'는[5] 의미상 차이가 없다. 판례는 이와 같이 이득상환청구권의 발생을 어

---

1) 대법원 1959. 9. 10. 4291민상717: 동 1993. 3. 23. 92다50942; 동 대법원 1963. 5. 15. 63다155; 동 1970. 3. 10. 69다1370.

2) 대법원 1959. 9. 10. 4291민상717: 이득상환청구권이 발생하려면 모든 '어음상' 또는 '민법상'의 채무자에 대하여 각 권리가 소멸되었음을 요한다. 대법원 1993. 3. 23. 92다50942: 어음법에 의한 이득상환청구권이 발생하기 위하여는 모든 어음상 또는 민법상의 채무자에 대하여 각 권리가 소멸되어야 하는 것인바, 원인관계에 있는 채권의 지급을 확보하기 위하여 발행된 약속어음이 전전양도되어 최후의 소지인이 어음상의 권리를 상실한 경우라도 원인채무는 그대로 존속하는 것이므로 발행인이 바로 어음금액 상당의 이득을 얻고 있다고는 할 수 없다. 동지: 대법원 1963. 5. 15. 63다155; 동 1970. 3. 10. 69다1370; 동 1993. 3. 23. 92다50942.

3) 대법원 1963. 5. 15. 63다155; 동 1977. 2. 22. 77다19; 동1992. 3. 31. 91다40443; 동 1993. 10. 22. 93다26991; 동 2000. 5. 26. 2000다10376; 동 2000. 5. 26. 2000다10376.

4) 대법원 1963. 5. 15. 63다155; 동 1992. 3. 31. 91다40443; 동 1993. 10. 22. 93다26991; 동 2000. 5. 26, 2000다10376: 원인관계상의 채무를 담보하기 위하여 어음이 발행된 경우, 이득상환청구권은 발생하지 아니한다.

5) 대법원 1974. 7. 23. 74다131: 채무의 변제확보를 위하여 발행된 약속어음이 전전양도 되어

음교부의 원인관계에 강하게 결부시킴으로써 이득상환청구권제도를 사실상 사문화시키고 있다. 그 결과 실제로 우리나라에서 이득상환청구권이 인정된 사례는 수표의 경우 외에는 전혀 없다.[1]

5) 어음채무자의 이득

이득이란 어음상의 권리가 소멸하여 그 지급을 면하게 된 것 자체를 의미하는 것이 아니라, 어음수수의 원인관계에서 그 대가로 재산상의 이익을 얻은 것을 말한다.[2] 그 이득의 형태는 적극적으로 금전의 교부를 받는 경우이든, 소극적으로 기존채무를 면제받는(채무이행에 갈음하여 어음을 발행함으로써) 경우이든 상관없다(그러나 증여의 목적으로 발행 또는 인수한 어음의 채무를 면한 경우에는 이득이 있다고 볼 수 없다.). 또 이득이 현존하여야 할 필요도 없고, 소지인의 손실로 인한 이득일 필요도 없다.

환어음의 발행인이 대가를 받고 또는 지급에 갈음하여 어음을 발행하였는데 인수 전에 어음상의 권리가 소멸한 경우, 환어음의 발행인이 인수인에게 자금을 공급하였으나 그 자금의 반환청구권이 있는 경우에는 이득이 있다(환어음의 발행인이 인수인에게 자금을 공급하지 않았더라도 인수인이 발행인에 대한 채무의 지급에 갈음하여 또는 지급을 위하여 인수를 했다면 발행인의 이득은 없다.). 약속어음의 발행인이 지급에 갈음하여 어음을 교부한 경우에는 이득이 있다.

인수인이 자금을 공급받은 경우, 인수인이 발행인에 대한 채무의 지급에 갈음하여 또는 지급을 위하여 인수를 한 경우에는 이득이 있다. 또한 수표 발행의뢰인이 수표대금을 입금하는 자금관계에 의하여 자기앞 수표의 발행인이 수표대금을 보유하고 있는 이상, 자기앞 수표의 발행인은 수표대금 상당의 이득을 보유하고 있는 것으로 추정된다.[3]

이득의 유무는 이득상환청구자가 이를 주장 증명하여야 한다.[4]

최후의 배서인이 어음상의 권리를 상실한 경우라도 원인채무는 그대로 존속하므로 발행인이 바로 어음액면상당의 이득을 얻고 있다고는 할 수 없다; 대법원 1993. 10. 22. 93다26991: 원인관계에 있는 채권의 지급을 확보하기 위하여 어음이 발행된 경우에는 어음채권이 시효로 인하여 소멸하였다 하더라도 이득상환청구권이 발생하지 않는다. 동지: 대법원 1993. 3. 23. 92다50942; 동 2000. 5. 26. 2000다10376.

1) 수표에서 이득상환청구권이 인정된 사례: 대법원 1961. 12. 21. 4294민상324; 동 1981. 3. 10. 81다220.

2) 대법원 1993. 7. 13. 93다10897.

3) 대법원 1961. 7. 31. 4293민상841; 동 2008. 5. 15. 2006다8481.

4) 대법원 1994. 2. 25. 93다50147: 어음채무자에게 어음법 제79조 소정의 '받은 이익'이 있음

4. 이득상환청구권의 행사

이득상환청구권을 행사하는 데 증권의 소지는 필요 없다고 본다. 이득상환채무는 추심채무로 보아 상환의무자의 영업소 또는 주소를 이행장소로 할 것이다(민제516조). 이득상환의무자는 어음상의 권리자에 대하여 가지고 있던 항변권을 이득상환청구권자에게도 행사할 수 있다. 이득상환청구권은 어음상의 권리도 아니고 상행위로 인하여 발행한 채권도 아니므로 그 소멸시효기간은 10년이다. 시효기간은 어음상의 권리가 소멸한 때, 즉 이득상환청구권을 행사할 수 있을 때로부터 기산한다. 따라서 어음의 시효기간만료일의 익일 또는 상환청구의 경우에는 거절증서작성기간 만료일의 익일부터 진행한다. 이득상환채무는 추심채무이므로 그 청구가 있는 때로부터 이행지체에 빠진다. 이득상환청구권의 성질상 지연이율은 민사법정이율인 연 5%로 본다. 이득상환청구권은 어음상의 권리가 아닌 어음법상의 권리이므로 어음상의 권리를 위하여 설정된 질권 · 저당권 · 보증 등의 담보권이 있더라도 그것은 이득상환청구권 위에 당연히 이전하지는 않는다.

5. 이득상환청구권의 양도

이득상환청구권은 지명채권이므로 지명채권의 양도방법에 의해서만 양도할 수 있으며, 단순한 증권의 배서만으로는 양도의 효력이 없다는 것이 통설 · 판례의 입장이다.[1] 따라서 이득상환청구권은 (i) 어음 · 수표상의 권리가 소멸할 당시의 정당한 소지인으로부터,[2] (ii) 배서에 의하지 아니하고 지명채권양도의 방법에 의하여 양도하여야 한다.[3] (iii) 대항요건도 갖추어야 한다. 다만 수표의 경우 자기앞수표는 은행에 제시하면 양도의 통지를 한 것이 되어 대항요건을 갖춘 것으로 본다.[4] 이득상환청구권은 지명채권양도방법에 의하여 양도되므로, 그 당연한 결과로서 이에 관하여는 선의취득이 인정되지 아니한다.

이득상환청구권의 행사에 증권의 소지가 필요 없으므로 그 양도에도 증권의 교부는 필요하지 않다고 본다.

과 그 한도에 관하여는 어음소지인인 이득상환청구자가 이를 주장 증명하여야 한다.

1) 대법원 1970. 3. 10. 69다1370.
2) 대법원 1978. 3. 28. 77다2497; 동 1981. 9. 23. 81다167.
3) 대법원 1983. 3. 8. 83다40.
4) 대법원 1976. 1. 13. 70다2462.

Ⅵ. 어음개서

어음의 개서(Wechselprolongation)란 법문상의 용어가 아닌 실무상의 용어인데 광·협 두 가지 뜻으로 쓰인다. 광의의 어음의 개서는 이미 발행한 어음(구어음)에 관하여 그 지급을 하지 아니하고 구어음상의 어음요건 중 일부를 변경(개서)하여 새로운 어음(신어음)을 발행하는 것을 말한다. 예컨대, 파손 또는 오기된 어음을 새 어음으로 교체발행한 경우, 어음의 병합 또는 분할을 위하여 새 어음이 발행된 경우 등 구어음의 지급 전에 그 어음과 관련하여 발행된 신어음은 모두 광의의 개서어음이라고 할 수 있다. 그러나 협의의 일반적인 용례로서의 어음의 개서는 어음금의 지급을 유예하기 위하여 그 어음을 지급하는 대신 만기를 변경하여 새 어음을 발행하는 것을 말하고, 이 경우의 새 어음을 연기어음(Prolongationswechsel)이라고도 말한다. 협의의 개서어음은 주로 어음금의 지급연기를 목적으로 하여 발행되지만, 이 외에도 채무의 분할변제, 신용기간의 연장, 시효의 중단 및 부도처분의 회피 등을 위하여 이용되기도 한다.

개서어음은 민사계약인 개서계약에 따라 발행하는 것이 보통이다. 개서어음을 발행하는 경우에는 신·구어음이 실질적으로 동일한 것이므로 상법 제398조의 이사의 자기거래에 관한 규정이 적용되는가 하는 문제가 있으나, 이 경우에도 이사와 회사간에 이해충돌의 소지가 있기 때문에 이사회의 승인은 필요하다고 본다.

개서어음이 유효하게 발행되면 이 개서어음과 구어음 사이에는 어음채무 또는 어음상의 권리관계가 동일성을 유지한다.[1] 구어음채무에 대한 담보나 보증은 신어음상의 채무에 그대로 존속한다고 본다.[2] 따라서 명백한 반대의 특약이 없는 한 구어음채무에 대하여 제3자가 어음 외에서 제공한 저당권이나 질권과 같은 물적 담보나 보증 또는 연대보증과 같은 인적 담보는 구어음채무의 목적(채무액)의 한도 내에서 개서어음채무를 위하여 존속한다.[3] 그러나 발행인으로부터 금융기관이 어음할인방식으로 어음을 취득하여 타인에게 이를 양도하고, 후에 그 지급자금을 발행인에게 대여하면서 발행인으로부터 새로운 어음을 발행받았다면 이는 구어음과 무관한 새로운 어음거래이므로 구어음에 대한 담보·보증은 구어음과 함께 소멸한다.[4]

---

1) 대법원 1967. 12. 19. 67다935.
2) 대법원 2003. 10. 24. 2001다61456.
3) 대법원 2003. 10. 24. 2001다61456.
4) 대법원 1987. 7. 7. 86다카1308.

구어음을 회수하지 않는 경우에는 신 · 구 양어음은 법률상 별개의 존재이기 때문에, 구어음의 배서인이 개서어음에 다시 배서하지 아니하는 한 개서어음에 대한 담보책임은 없으나, 채권자가 구어음으로써 권리를 행사하는 경우에는 담보책임을 면하지 못한다.

구어음을 회수하는 경우에는 구어음에 관하여 대항할 수 있는 인적 항변은 개서어음에 대하여도 개서의 직접 당사자간에 이로써 대항할 수 있다. 구어음을 회수하지 않는 경우에도 개서어음은 구어음채무를 원인으로 그 지급을 위해 발행한 것이므로 구어음에 부착된 항변을 개서어음의 원인관계상의 항변으로 대항할 수 있다. 다만 구어음에 대해 존재하는 항변이 어음시효의 항변인 경우에는 항변의 승계는 인정되지 않는다고 본다.

그리고 구어음을 회수하든 아니하든 불문하고 구어음을 취득함에 있어 인적 항변사유를 알지 못하였던 자에 대하여는 그 후 그 사정을 알면서 개서어음을 취득하였다고 할지라도 악의의 항변을 주장할 수는 없다.

Ⅶ. 어음할인

어음할인(Diskontogeschäft, discount)이란 어음소지인이 어음의 만기 전에 이를 환가하기 위하여 금융기관에 그 어음을 양도하고 어음금액에서 만기일까지의 이자(할인료) 및 기타비용을 공제한 금액을 받는 것을 말한다.[1] 즉, 만기가 도래하지 않은 어음을 대가로 지급하고 매수하는 것을 말한다. 실제에 있어서는 금융기관이 거래처에 금전을 교부할 때에 거래처가 권리자로서 소지하고 있는 어음을 양수하고, 이에 대하여 어음금액에서 만기까지의 이자를 공제한 금액을 거래처에 교부한 후 어음의 만기일에 어음을 추심한다. 이 경우에 금융기관은 거래처에 교부한 금액을 할인어음이란 항목으로 장부에 기재하고 어음금을 추심한 때에는 할인어음의 수입으로 처리하는 것이 보통이다. 그리고 금융기관은 할인한 어음을 만기에 추심하거나 또는 만기 전에 이를 다른 금융기관에 양도하여(재할인) 자금을 회수할 수도 있다. 위와 같은 전형적인 경우뿐만 아니라, 새로 약속어음을 발행한다든가 또는 발행한 어음에 인수를 하여 이를 수취인에 교부하는 등의 방법에 의하여 자금을 융통하는 경우에도 어음할인이라 하기도 한다. 대출의 방법으로 어음할인을 취한 경우에는 어음을 담보로 대출한 것으로 본다.[2]

1) 대법원 2002. 4. 12. 2001다55598.

어음할인의 대상이 되는 어음은 상업어음, 은행인수어음, 화환어음 등이 있으나, 상업어음의 할인이 대부분이다.

어음이 부도가 된 경우에는 할인의뢰인이 어음을 환매할 것을 약정하는 것이 보통이다.

Ⅷ. 어음대부(어음대출)

어음대부란 금전을 대부함에 있어서 차주로부터 차용증서를 받는 대신 또는 이것과 함께 채권을 확보하기 위하여 어음을 담보로 받고 행하는 대부를 말하는데, 이때 교부되는 어음을 대부어음이라고 하며, 보통 약속어음이 발행된다. 또 어음대부에 있어서는 대부금의 일부를 금융기관이 정기예금으로 묶어두는 경우가 있는데, 이를 양건예금이라 한다.

2) 대법원 2002. 9. 24. 2000다49374.

제3장 어음법 각론

제1절 환어음

제1관 환어음의 발행

환어음의 발행(Ausstellung, issue)이란 환어음으로서의 법정요건(어음요건)을 갖춘 증권을 작성하여 수취인에게 교부함으로써 성립하는 어음행위이다.

Ⅰ. 기본어음의 작성

1. 어음의 작성방법

어음은 증권에 어음요건을 기재하고 발행인이 기명날인 또는 서명을 함으로써 작성된다. 어음증권의 재료 · 기재방법(기재재료 · 용어와 문자 · 기재체제 등)에는 아무런 제한이 없으므로 법정요건을 갖춘 의사표시가 나타나기만 하면 된다. 어음요건의 하나라도 결하면 '불완전어음'으로서 무효가 된다.

어음의 작성에 사용되는 소재에 대하여는 제한이 없어서, 종이뿐 아니라 목판, 돌, 천 또는 그림의 뒷면에 작성하더라도 상관이 없다. 그러나 은행도어음의 경우는 어음교환에서 전자시스템에 의한 일괄결제가 필수적이므로 모든 은행은 컴퓨터가 인식할 수 있도록 한국조폐공사가 제작한 통일된 용지를 사용하여야만 한다.

2. (기본)어음요건(필요적 기재사항)

기본어음요건이란 기본어음으로서 반드시 기재하여야 할 사항이며(어 제1조 각호), 보충규정(어 제2조 제1호 · 제2호 · 제3호)이 없는 한 그 사항 중 하나라도 기재하지 아니하면 어음으로서의 효력이 발생하지 않는다(어 제2조).

1) 어음문구(어 제1조 제1호)

'증권의 본문 중에 그 증권의 작성에 사용하는 국어로 환어음임을 표시하는 문자'를 기재하여야 한다. '증권의 본문'이란 지급위탁문구를 말하며, '환어음임'을 표시하는 문자란 환 · 환증서 · 환어음증서이든, bill of exchange, lettre de change, gezogener Wechsel 등 무엇이든 상관없으나, 증권이 작성되는 국어로 기재하여야 한다.

2) 일정금액의 지급위탁(어 제1조 제2호)

어음금액은 일정하여야 하므로 선택적 기재(예컨대, 100만원 또는 200만원)나 부동적 기재(예컨대, 만기에 있어서의 환시세에 의한 미화 2,000달러 상당의 한화액, 100만원 이상 500만원 이하)는 무효이다. 일정한 금액이어야 하므로 예컨대 '쌀 100가마'와 같이 물건을 기재할 수는 없으며, 금액인 한 표시되는 통화에는 제한이 없다(어 제41조 참조). 원본과 이자를 미리 합산하지 않고 원본과 이자를 나누어서 기재하는 것(예컨대, '100만원 + 연 50%의 이자' 따위)은 허용되지 않고, 이러한 기재는 기재하지 않은 것으로 본다(어 제5조 제1항 제2문). 다만 일람출급 또는 일람후정기출급어음의 경우에는 이율을 기재하고 이자의 약정을 할 수 있다(어 제5조). 이때 이율이 적혀 있지 아니하면 이자를 약정한다는 내용이 적혀 있더라도 이자를 약정하지 아니한 것으로 본다(어 제5조 제2항).

지급위탁은 무조건이어야 한다. 따라서 지급의 방법 · 시기 · 자금 등에 조건이나 제한을 가하면 무효가 된다. 예컨대 '목적물을 수취한 때' 또는 '공사가 완공된 때'에 지급한다는 등의 문구나, '쌀 100가마와 상환하여' 지급한다는 등 지급위탁의 효력을 어음외적 조건에 의존시키는 조건부지급위탁의 문구가 있는 경우에는 그 어음 자체가 무효가 된다.[1] 또한 어음상의 효력을 원인관계와 관련시

---

1) 대법원 1994. 6. 14. 94다6598: 약속어음 뒷면에 "甲 어음발행 중 현금 지불되었을 때 즉시 지불함"이라고 기재된 것이 어음금의 지급을 제한하는 조건이 아니라고 본 원심을 파기한 사례.

키는 문구, 예컨대 '매매대금으로 지급하시기 바랍니다'라는 등의 문구가 있으면 어음 자체가 무효가 된다. 또한 '백미 100가마와 교환하여 지급하여 주십시요'와 같은 반대급여문구 또는 '갑은행 발행의 자기앞수표로 지급하여 주십시요'와 같은 지급방법한정문구 등이 있으면 역시 어음 자체가 무효로 된다.

금액은 문자이든 아라비아 숫자이든 상관이 없으나, 중복기재한 어음금액이 일치하지 않는 경우에, 문자에 숫자로 병기한 경우에는 문자로 기재한 금액을 표준으로 하고, 문자와 문자, 숫자와 숫자로 중복기재한 경우에는 최소금액을 어음금액으로 한다(어 제6조). 당좌예금거래약관 또는 입출금이 자유로운 예금약관에서 금액에 상위가 있을 경우, 어음용지상의 주금액난에 기재된 금액을 어음금액으로 본다. 일본 판례를 보면, 어음금액이 '壹百円'과 1,000,000엔으로 중복기재되어 있고, 100엔의 수입인지가 첩부된 어음의 금액을 다투었던 사건에서, 거래관행상 '100엔'은 지나치게 소액이고 100엔의 인지가 어음금 1,000,000엔에 해당하는 것이라고 하더라도 그 어음금액은 '壹百円'이라고 보아야 한다고 한다.[1)]

문자와 문자, 숫자와 숫자라도 1,000,000원과 1,000,000엔처럼 화폐의 종류가 서로 다른 때에는 그 어음은 무효라 본다. 그리고 '一, 二, 三 · · ·' 등은 숫자로 보아야 한다. '壹, 貳, 參' 등은 문자로 본다.

3) 지급인의 명칭(어 제1조 제3호)

지급인(Bezogener, drawee)의 명칭은 환어음과 수표에만 필요한 요건으로서 이것이 기재되지 않은 환어음과 수표는 무효이다. 약속어음의 경우에는 발행인이 지급인이 되므로 지급인이라는 것이 없으며, 수표의 경우에는 은행만이 지급인이 될 수 있다.

지급인이 허무인인 경우에는 그 환어음을 허무어음이라 하고 무거래를 이유로 부도반환되지만(어규 제66조 제1항 제2호), 무효는 아니다. 인수인이 없으므로 발행인이나 배서인은 담보책임을 진다. 지급인의 명칭은 통칭 · 아호 · 예명 · 별명 등 어떠한 것이든 동일성을 인식할 수 있는 한 기재방법에 제한이 없고, 회사의 경우에는 반드시 그 대표자명까지 표시할 필요는 없다.

지급인의 복수적 기재에 관하여는 중첩적 기재(예컨대, 甲과 乙)와 순차적 기재(예컨대, 제1지급인 甲, 제2지급인 乙)는 허용하나, 선택적 기재(예컨대, 甲 또는 乙)만은 지급인이 확정될 수 없어 허용하지 않는다. 중첩적 기재의 경우에는 그 지급

---

1) 일본최고재판소 1986. 7. 10. 판결.

인 전부가 지급을 거절하여야만 지급거절로 인한 상환청구를 할 수 있다.

당사자자격의 겸병이 인정되므로 지급인자격과 발행인자격의 겸병(어 제3조 제2항)(자기앞 환어음)뿐만 아니라 지급인자격과 수취인자격의 겸병, 발행인자격과 수취인자격의 겸병(어 제3조 제1항)(자기지시어음), 3자격의 겸병(단명어음)도 무방하다.

4) 만기(어 제1조 제4호)

만기란 어음금액이 '지급되어야 할 날'로 어음상에 기재된 일자를 말하며, 만기의 날(어 제70조 제1항), 또는 지급기일이라고도 한다. 만기는 '지급을 할 날'(어 제38조 제1항 · 제44조 제3항) 또는 '지급하는 날'(어 제41조 제1항)과는 다르다. '지급을 할 날'은 만기일이 법정 휴일인 때에는 실제로 지급제시를 할 수가 없으므로 '지급을 할 날'은 법정 휴일 이후의 제1거래일이 된다(어 제72조 제2항). 또한 '지급하는 날'은 어음의 지급제시기간 중 현실적으로 지급이 이루어진 날을 말한다.

만기와 관련하여 지급준비를 위한 기간, 즉 은혜일은 인정되지 않는다(어 제74조). 다만 1일간의 고려기간은 인정된다(어 제24조 제1항).

만기는 단일하여야 하므로 어음금액의 일부마다 각별로 수개의 만기를 정하는 분할출급어음은 허용되지 않는다(어 제33조 제2항). 만기는 확정될 수 있는 날이어야 하고.[1] 지급이 가능한 날이어야 한다. 따라서 선일자를 만기로 하는 어음은 무효이다.[2] 또한 각기 다른 복수의 만기를 기재한 것도 무효로 본다. 확정일출급 약속어음의 경우 만기일이 발행일보다 앞선 일자로 기재되어 있다면 그 약속어음은 무효이다.[3]

◆ 만기 관련 네 가지 유의점

(1) 만기는 확정일 또는 확정할 수 있는 날이어야 하는데, 만기법정주의에 의하여 4종의 만기만이 인정된다. 이를 위반하면 유해적 기재가 되어 어음 자체가 무효로 된다. 만기는 (i) 확정일출급, (ii) 발행일자후정기출급, (iii) 일람출급, (iv) 일람후정기출급의 어음만을 인정한다.

(2) 만기에 따라 이자문구의 효력이 달라진다. 확정일출급과 발행일자후정기출급의 경우에는 이자문구는 무익적 기재사항이 된다. 이자가 이미 어음금에 포함된 것으로 보기 때문이다. 일람출급과 일람후정기출급의 경우에는 유익적 기재가 된다.

1) 대법원 1997. 5. 7. 97다4517.
2) 서울민사지방법원 1975. 12. 24. 75가5759.
3) 대법원 2000. 4. 25. 98다59682.

(3) 부존재일, 즉 달력에 없는 날, 예컨대 2월 30일, 4월 31일 등으로 만기를 표시한 경우는 무효가 아니라 2월 말일 및 4월 말일을 만기로 한 것으로 보아야 할 것이다.[1] 다만 불능일(예컨대 3월 35일과 같은 기재나 발행일보다 앞선 일자를 만기로 하는 등)로서 해당 월의 말일이라고 볼 수 없는 경우는 무효로 보아야 한다.

(4) 본래 만기의 기재가 없는 어음은 다음 2가지의 경우로 볼 수 있다. 첫째, 만기를 백지로 하여 발행한 백지어음으로 볼 수 있다. 둘째, 만기의 기재가 흠결된 어음으로서 일람출급어음으로 볼 수 있다(어 제2조 제1호). 따라서 만기 백지어음을 보충 없이 지급제시하면 일람출급어음으로 보게 된다. 다만, 판례는 만기가 없는 어음은 특별한 사정이 없는 한 일람출급의 어음으로 볼 것이 아니라 백지어음으로 추정하여야 하고, 소지인이 이를 보충할 수 있다고 풀이하고 있다.[2] 따라서 백지어음이 아니라고 인정할 특별한 사정이 있는 경우에만 일람출급어음으로 보게 된다. 수표에서는 만기가 필요 없다.

(1) 확정일출급

확정일출급은 확정된 날을 만기로 하는 어음으로서(예컨대, 2027년 9월 1일, 2027년 한글날)(어 제33조 제1항 제4호) 가장 널리 쓰이는 만기이다. 만기의 표시로서 월일만 기재하고 연도를 누락한 때에도 어음상의 다른 기재로부터 연도를 추정할 수 있으면 유효한 기재로 본다. 반대로 연호만 기재되어 있는 경우에는 월·일을 보충시킬 의사로써 발행된 백지어음이라고 보아야 할 것이다. 또 월초, 월중, 월말로 만기를 표시한 경우에는 그 달의 1일, 15일 및 말일을 말한다(어 제36조 제3항).

발행지와 지급지의 달력이 다른 경우에는 지급지의 달력에 따른다(어 제37조 제1항).

(2) 발행일자후정기출급

발행일자후정기출급은 발행일자로부터 일정기간이 경과한 날을 만기로 하는 방법으로서(어 제33조 제1항 제3호)(예컨대, 발행일자후 3월 등), 주로 어음채무자에게 자금을 준비하는 기간을 주기 위하여 이용된다. 기간의 계산에 관하여는 민법의 규정(민 제156조 이하) 외에 어음법이 상세히 규정하고 있다. 즉, 기간이 날(일)로써 정하여진 때에는 초일은 산입하지 아니하나(어 제73조), 기간중의 휴일은 산입한다(어 제72조 제2항). 발행일자후 1개월 또는 수개월에 지급할 어음은 지급할 달의 대응일을 만기로 하고, 대응일이 없는 때에는 그 달의 말일을 만기로 한다(어 제36조 제1항). 또한 기간이 월과 일로 정해진 때에는 먼저 전월을 계산한 후 여기에 날을

---

1) 대법원 1981. 7. 28. 80다1295.

2) 대법원 1960. 12. 25. 4293민상176; 동 1964. 10. 20. 64다661; 동 1965. 5. 25. 64다1657; 동 1966. 10. 11. 66다1646; 동 1976. 3. 9. 75다984; 동 2003. 5. 30. 2003다16214.

가산한 말일이 만기가 된다(어 제36조 제2항). 반월이란 15일간을 의미하고(어 제36조 제5항), 8일 또는 15일이라 함은 1주 또는 2주가 아니라 만 8일 또는 만 15일을 의미한다(어 제36조 제4항). 발행지와 지급지의 세력이 다른 경우에는 어음의 문구 기타의 기재사항에 의하여 다른 의사를 알 수 있는 경우가 아니면 발행일을 지급지의 세력의 대응일로 환산하고, 그에 따라 만기를 정한다(어 제37조 제2항 · 제4항).

(3) 일람출급

일람출급은 어음의 소지인이 지급을 받기 위하여 어음을 제시한 날을 만기로 하는 것이다(어 제34조 제1항 제1문). 보통 '어음제시즉시' 또는 '일람즉시(또는 청구즉시)' 지급하여 주십시오 등으로 표시한다.

일람출급어음의 제시기간은 원칙적으로 발행일로부터 1년으로 정하고(어 제34조 제1항 제2문), 발행인은 이 기간을 단축 또는 연장할 수 있지만, 배서인은 단축만 할 수 있도록 하였다(어 제34조 제1항 제3문). 발행인이 정한 제시기간은 모든 어음관계자에 대하여 그 효력이 있으나, 배서인이 정한 기간은 그 배서인만이 이를 원용할 수 있다(어 제53조 제3항).

일람출급어음은 발행일자로부터 언제든지 지급을 청구할 수 있지만, 발행인은 일정한 기일까지 지급제시를 금할 수 있고, 이때 지급제시기간은 그 기일로부터 개시한다(어 제34조 제2항). 발행지와 지급지의 세력이 다른 경우에는 지급지의 세력이 기준이 된다(어 제37조 제3항 · 제4항).

(4) 일람후정기출급

일람후정기출급은 일람후 일정기간을 경과한 날을 만기로 하는 것으로서(어 제33조 제1항 제2호), 예컨대 '일람후 2월' '어음제시후 8일이 경과한 날' 등으로 표시한다. 환어음의 경우에는 일람을 위한 제시란 인수를 위하여 제시가 있었던 날을 의미한다(어 제22조 제1항 · 제2항 단서 참조)[약속어음에 있어서는 인수제도가 없으므로 만기를 정하기 위하여 제시한 날, 즉 일람을 위하여 제시한 날을 의미한다(어 제78조 제2항)]. 그러므로 일람후정기출급어음의 만기는 일람까지의 기간, 즉 인수제시까지의 기간과 일람후의 일정기간에 의하여 결정된다. 일람을 위한 제시기간은 발행일자로부터 1년간이지만 발행인은 이를 단축 또는 연장할 수 있다. 그러나 배서인은 단축만 할 수 있는데(어 제23조), 이 경우에는 그 배서인에 대하여서만 효력이 미치므로 소지인이 이 기간을 경과하였을 때에는 그 배서인에 대하여만은 상환청구권을 잃는다.

일람후의 기간의 계산은 (ⅰ) 지급인이 인수를 하고 일자를 기재한 때에는 그 일자를 기준으로 하고, 수인의 인수인이 서로 다른 인수일자를 기재한 때에는 가장 빨리 도래하는 일자, (ⅱ) 일자를 기재하지 않고 인수한 때에는 인수일자기입거절증서의 일자, (ⅲ) 인수거절의 경우에는 인수거절증서의 일자(어 제35조 제1항), 거절증서의 작성이 면제된 경우에 인수를 하고 일자를 기재하지 아니한 때에는 인수인에 대한 관계에 있어서는 제시기간의 말일을 초일로 하여 일람후의 기간을 계산하여 만기를 정한다(어 제35조 제2항). 제시의 장소는 지급인의 주소이며, 제시는 어음의 소지인이나 단순한 점유자도 할 수 있다(어 제21조). 제시를 절대적으로 금할 수는 없으나, 일정기일까지 금지하는 것은 가능하다(어 제22조 제2항 · 제3항).

5) 지급지(어 제1조 제5호)

지급지란 어음금액이 지급될 일정한 지역을 말하며, 지급이 행하여질 지점인 지급장소(어 제4조 · 제27조 제2항)와는 구별된다.

지급지는 지급을 위한 제시, 전자에 대한 상환청구권보전절차, 약속어음의 발행인, 환어음의 발행인 또는 환어음의 인수인의 채무이행의 지역으로서 어음상의 중요한 의미를 가진다. 또한 민사소송법상 어음의 특별재판적이 되므로(민소 제17조), 어음법은 이를 어음요건의 하나로 규정하고 있다.

지급장소는 지급지내에 있어서 지급이 행하여질 특정한 장소(지점)를 의미한다(어 제4조 · 제27조 제2항). 그러나 지급지(부산시) 외의 장소를 지급장소(서울시)로 기재한 경우에는 그 지급장소는 무효가 되나, 지급장소는 어음요건이 아니므로 그 어음은 무효가 되지 아니한다.[1)]

지급지의 표시는 최소행정구역을 기재하는 것이 보통이겠으나, 사회적으로 통용되는 지역명(예컨대, 종로, 여주)이라도 상관없다. 서울특별시의 경우는 "서울"이라고 기재하면 되고 반드시 그 구까지를 표시하여야 하는 것은 아니다.[2)] 그러나 지나치게 광범위한 지역, 예컨대 영남 · 호남 등의 기재는 어음을 무효로 하고, 반대로 지급지의 번지까지 기재한 경우, 동 · 리 · 번지는 무익적 기재사항으로 본다. 지급지로서 실재하지 않는 지명을 기재한 경우는 어음상의 권리행사가 불가능하므로 그 어음은 무효라고 본다. 지급지의 기재는 단일적 · 확정적이어야 하므로 선택적 또는 중첩적 기재는 무효이다.

---

1) 동지: 대법원 1970. 7. 24. 70다965.
2) 대법원 1981. 12. 8. 80다863.

지급지의 흠결에 관하여도 보충규정이 있어서 지급인의 명칭에 부기한 곳을 지급지 및 지급인의 주소지로 본다(어 제2조 제2호). 또한 지급장소의 기재만 있고 지급지의 기재가 없는 경우에도 지급장소가 있는 곳을 지급지로 보아야 할 것이다.[1)]

지급지와 발행지가 같은 어음을 '동지어음', 다른 어음을 '타지어음'이라 하고, 지급지가 지급인의 주소지와 같은 어음을 '동지출급어음', 다른 어음을 '타지출급어음'이라고 한다. 지급지는 채권자의 동의가 있는 경우에 한하여 변경할 수 있다.

6) 수취인의 명칭(어 제1조 제6호)

수취인이란 지급을 받을 자 또는 지급을 받을 자를 지시할 자를 말한다. 수취인의 기재를 결한 어음은 무효이고,[2)] 수취인이 백지인 상태로 지급된 어음은 '형식불비'로 부도반환됨이 원칙이다(어규 제66조 제1항 제3호 참조).[3)]

수취인의 명칭도 동일성을 인식할 수 있는 한 기재방법에 제한이 없고, 실재하지 않는 자를 기재하여도 어음 자체는 유효하며, 법인격 없는 사단이나 조합도 수취인이 될 수 있고, 성명·통칭·아호라고 하더라도 누구를 지칭하는지를 특정할 수 있으면 상관없다. 법인의 수취인의 기재는 그 대표자 또는 대리인을 표시하여야 하는 것은 아니다.[4)] 성명에 오자·탈자가 있더라도 전체로서 수취인을 특정할 수 있으면 유효하다. 수취인의 명칭은 백지어음을 제외하고 반드시 기재되어야 하므로 수취인의 기재가 없는 무기명식(소지인출급식)어음이나 선택무기명식어음은 인정되지 않는다(수 제5조 제1항 제3호·제3항 참조).

수취인은 중첩적이든 선택적 또는 순차적이든 허용된다. 다만 수취인을 중첩적으로 기재한 때에는 모든 수취인은 공동수취인으로서 전원이 공동으로 권리를 행사하여야 하며, 배서를 함에 있어서도 전원의 명의로 하여야 할 것이다.

수취인의 기재가 없는 어음은 일응 백지어음으로 추정된다.[5)] 그러나 이는 유통과정에서 백지어음으로 유효하다는 의미이고, 지급제시시에는 완성어음으로 되어야만 상환청구권이 보전된다.[6)]

---

1) 대법원 2001. 11. 30. 2000다7387.
2) 대법원 1992. 3. 10. 91다28313; 동 1970. 3. 10. 69다2184.
3) 헌법재판소 2000. 2. 24. 97헌바41: 수취인과 발행일을 어음의 필요적 기재요건으로 규정한 것이 헌법 제23조 제1항이 보장하는 재산권을 침해하지는 않는다.
4) 대법원 1978. 12. 13. 78다1567.
5) 대법원 1966. 10. 11. 66다1646.
6) 대법원 1986. 9. 9. 85다카2011.

수취인명의 말소나 변경은 어음의 변조가 된다고 본다(전술한 '어음의 변조' 중 '수취인난의 변조' 참조).[1]

7) 발행일(어 제1조 제7호)

발행일이란 어음이 발행된 날로서 어음에 기재된 일자를 말한다. 발행일의 기재가 없는 어음은 무효이다.[2] 발행일은 실제로 발행한 날과 반드시 일치하여야 하는 것도 아니고, 선일자 또는 후일자의 기재라도 유효하다. 어음에 발행일의 기재가 있는 경우에는 그 발행일에 어음이 사실상 발행된 것으로 추정할 수 있을 것이다. 발행인이 무능력자인가 또 발행인의 대리인에게 대리권이 있는가는 사실상 어음이 발행된 날을 기준으로 결정하여야 하고 어음에 기재된 발행일을 기준으로 결정할 것이 아니지만, 실제 발행일이 증명되지 않으면 어음에 기재된 날을 기준으로 할 수밖에 없다. 그리고 앞에서 본 바와 같이 발행일이 만기보다 뒤인 경우에는 불가능한 어음으로서 무효라고 본다.

발행일은 발행일자후정기출급어음의 만기(어 제36조 제1항 · 제2항), 일람출급어음의 지급제시기간(어 제34조 제1항), 일람후정기출급어음의 인수제시기간(어 제23조) 등을 산정하는 기초가 되므로 단일 · 확정적이어야 한다. 발행일은 가능한 날이어야 하므로 달력에 없는 날을 기재하면 무효가 되나, 4월 31일이나 2월 30일과 같은 것은 각각 그 달의 말일로 보아야 할 것이다.[3] 확정일출급어음에 있어서도 발행일은 필요불가결한 어음요건이다.[4]

8) 발행지(어 제1조 제7호)

발행지란 어음이 발행된 곳으로서 어음에 기재된 지역을 말하며, 실제로 발행된 곳을 의미하는 것은 아니다.

---

1) 대법원 1981. 10. 13. 81다726 · 81다카90: 어음의 발행인(A)이 특정인(B)을 수취인으로 기재하여 작성한 약속어음에 보증인(C)으로부터 발행인을 위한 어음보증을 받은 다음, 보증인의 동의없이 멋대로 수취인란의 기재를 삭제하고 제3자(D)에게 이를 교부하여 제3자가 그 수취인란에 자신의 이름을 써넣었다면 이와 같은 약속어음의 수취인란 기재변경은 보증인에 대한 관계에 있어서 어음의 변조에 해당하고, 위 어음보증의 주된 채무는 발행인의 본래의 수취인에 대한 채무이며 제3자에 대한 채무가 아니므로 변조된 수취인인 제3자(D)에 대하여서까지 어음보증의 책임을 지는 것이 아니다. 동지: 대법원 1981. 11. 10. 80다2689; 동 1981. 11. 24. 80다2345 등.

2) 대법원 1994. 9. 9. 94다12098.

3) 대법원 1981. 7. 28. 80다1295; 서울민사지방법원 1975. 10. 24. 75가단5759.

4) 대법원 1979. 8. 14. 79다1189.

발행지의 표시는 (ⅰ) 발행지와 지급지의 세력이 다른 경우에 만기 및 지급제시기간은 이에 관한 다른 의사표시가 없으면 지급지의 세력에 따르며(어 제37조), (ⅱ) 발행국과 지급국에서 명칭은 같으나 가치가 다른 통화로써 어음금액을 정한 경우 지급지의 통화로 정한 것으로 추정하며(어 제41조 제4항), (ⅲ) 발행지는 국제사법에 의하여 어음행위의 방식을 정하는 법의 기준이 되며(국사 제53조 제1항 · 제2항), (ⅳ) 환어음의 발행인의 어음채무의 효력을 정하는 법의 기준이 되며, (ⅴ) 약속어음의 지급지 또는 발행인의 주소지가 없는 경우의 보충(발행지를 지급지, 발행인의 주소지로 봄)(어 제76조 제2호), (ⅵ) 수표에 지급지, 지급인의 명칭에 부기한 곳이 없는 경우의 기준(발행지를 지급지로 봄)(수 제2조 제2호) 등에 필요하다. 발행지도 절대적 기재사항이므로 이를 기재하지 아니한 어음은 불완전어음 또는 미완성어음으로서 효력이 없다는 것이 종래의 판결이었다.[1] 그런데 대법원 1998. 4. 23. 선고, 95다36466 판결에서 국내어음의 경우 발행지의 기재를 결하였더라도 이를 무효인 어음으로 볼 수 없다고 판시함으로써 종래의 판결을 변경하였다.

발행지는 발행행위의 준거법을 정하는 기초가 될 뿐이므로(국사 제53조 제1항 · 제2항), 지급지의 경우와 같이 최소독립행정구역을 기재하지 않아도 상관없다. 발행인의 명칭에 "신라체인 점촌지점" 또는 "한남체인 상주수퍼"라는 상호가 부기되어 있다면 그 "점촌" 또는 "상주"의 표시를 발행지의 기재로 볼 수 있다.[2] 발행지의 복수기재도 허용된다. 또한 실제와 다른 발행지를 기재하더라도 상관이 없다. 그러나 '대한민국'과 같은 기재는 발행지로서 적법한 기재라고 할 수 없다는 판례가 있다.[3]

발행지에 관하여도 보충규정이 있어서, 발행인의 명칭에 부기한 곳을 발행지로 본다(어 제2조 제3호).[4] 발행인의 명칭에 부기한 곳도 없는 경우에는 지급지나 지급장소 등의 기재가 있더라도 발행지 흠결이 보충되지 않는다.[5]

---

1) 대법원 1967. 9. 5. 67다1471; 동 1976. 11. 23. 76다214; 동 1979. 8. 14. 79다1189; 동 1985. 8. 13. 85다카123; 동 1988. 8. 9. 86다카1858; 동 1991. 4. 23. 90다카7958; 동 1992. 10. 27. 91다24724; 동 1995. 9. 15. 95다23071. 수표에 관하여 동지: 대법원 1999. 8. 19. 99다23383 참조; 동 1983. 5. 10. 83도340.

2) 대법원 1984. 7. 10. 84다카424.

3) 서울민사지방법원 1986. 7. 8. 85나1642; 동 1986. 6. 3. 85나2517.

4) 대법원 1991. 7. 23. 91다8975.

5) 대법원 1976. 11. 23. 76다214; 동 1967. 9. 5. 67다1471; 동 1979. 8. 14. 79다1189; 동 1985. 8. 13. 85다카123.

9) 발행인의 기명날인 또는 서명(어 제1조 제8호)

'기명날인 또는 서명'에 관하여는 앞에서 설명한 바와 같으나, 발행인의 기명날인 또는 서명은 진정한 것이어야만 하는 것은 아니고, 실재하지 않는 자의 기명날인 또는 서명이어도 상관없으며, 기명날인이 위조된 것이라도 무방하다. 발행인의 기명날인 또는 서명 앞에 '보증인으로서' 또는 '증인으로서' 등의 부가어를 기재한 어음은 무효이고, 환어음의 발행인이 지급을 담보하지 아니한다는 뜻을 기재한 것은 이를 기재하지 아니한 것으로 본다(어 제9조 제2항 제2문).

발행인의 기명날인 또는 서명은 보충지 또는 등본에는 할 수 없고 어음 자체에 하여야 한다.

◆ 어음의 공동발행

어음은 수인이 공동발행할 수도 있다. 공동발행의 유형은 중첩적 · 선택적 · 순차적 발행 등이 있으나, 선택적 · 순차적 발행은 어음관계의 확정성과 상환청구조건의 일정성에 반하므로 무효라고 본다. 공동발행의 경우, 발행인 각자가 발행인임을 표시하고 어음면에 각각 기명날인 또는 서명을 하여야 하나 1인의 대리인에게 위임하여 어음을 발행하게 할 수도 있다.

3. 유익적 기재사항

유익적 기재사항이란 필요적 기재사항은 아니나, 어음에 기재하면 어음상의 효력이 발생하는 사항을 말한다. 어음법에 규정되어 있는 유익적 기재사항은 다음과 같다.

1) 지급인 또는 발행인의 명칭에 부기한 지(어 제2조 제2호 · 제3호)

지급지가 적혀 있지 아니한 경우, 지급인의 명칭에 부기(附記)한 지(地)(肩書地)를 지급지 및 지급인의 주소지로 본다. 또한 발행지가 적혀 있지 아니한 경우에는 발행인의 명칭에 부기한 지(地)를 발행지로 본다(어 제2조 제3호).

2) 제3자방지급문구(어 제4조 · 제27조)

제3자방지급문구는 ① 지급담당자와 ② 지급장소 두 가지의 의미가 있다. 지급담당자를 의미할 때에는 제3자가 지급한다는 것을 의미하고, 이를 '제3자방출급어음'이라고 한다. 지급장소를 의미할 때에는 제3자의 주소에서 지급한다는 의미이고, 이를 '타소출급어음'이라고 한다. 그런데 실제로 양자를 구별하여 쓰는 경우가 거의 없다. 예컨대 "甲은행 A지점"이라고 기재하면 甲은행은 지급담당자가 되고, A지점은 지급장소가 된다. 어음법에서 '제3자방'(어 제4조 · 제22조 제2항 · 제27조 제1항) 또는 '지급장소'(어 제27조 제2항)라고 할 때에는 지급담당자와 지급장소의 양자를 함께 의미한다.

한편 수표의 경우에는 그 지급인은 은행에 한하므로 본질적으로 제3자방일 수 밖에 없다(수 제8조). 따라서 제3자방 지급문구는 수표의 경우 필요적 기재사항이 되나, 다만 수표법은 이를 수표요건으로 규정하지 않고 있을 뿐이다.

환어음에 있어서는 발행인이 제3자방지급문구를 기재할 수 있고, 발행인이 기재하지 아니한 경우에는 지급인이 인수를 함에 있어 이를 기재할 수 있다(어 제27조). 그러나 약속어음과 수표에서는 인수제시가 없으므로 발행인만이 기재할 수 있다. 배서인은 제3자방지급문구를 기재할 수 없는데, 기재권한 없는 자가 제3자방지급문구를 기재하면 어음의 변조가 된다.

제3자방은 지급담당자와 지급장소를 포함하는 개념이고, 실제로는 은행이 지급담당자 겸 지급장소가 된다. 보통은 '서울은행 종로지점' 등으로 표시한다.

지급장소는 지급지 내에 있어야 하므로 이를 위반한 기재(예컨대, 지급지: 포항시, 지급장소: 서울특별시)는 무효이고 지급장소의 기재가 없는 것으로 본다.[1]

제3자방출급어음의 인수제시는 반드시 지급인에게 하여야 하나, 그 지급제시 및 지급거절증서의 작성은 반드시 제3자방에서 하여야 한다. 지급담당자는 어음 · 수표상의 채무자는 아니기 때문에 지급의무자는 아니고, 발행인과의 당좌거래약정에 따라 발행인에게 계약상의 의무를 부담하는 것 뿐이다.[2]

3) 이자문구(어 제5조)

일람출급어음 또는 일람후정기출급어음에만 이자약정의 기재를 할 수 있는데(어 제5조 제1항, 제77조 제2항), 이때는 어음에 반드시 이율을 기재하여야 한다(어 제5조 제2항, 제77조 제2항). 이율을 기재하지 아니하면 이자액을 확정할 수 없으므로 이자문구를 기재하지 아니한 것으로 본다. 이자계산의 기산일에 관하여 기재가 없는 경우에는 어음상에 기재된 발행일로부터 기산하며, 이때 발행일도 포함되고, 그 계산의 종료일은 만기의 전일이다. 그리고 지급제시기간 내에 제시된 이

---

1) 대법원 1970. 7. 24. 70다965.
2) 대법원 1993. 8. 24. 92다35424.

상 만기일 이후에는 연 6%의 이율에 의한 법정이자(어 제48조 제1항 제2호)가 발생하며, 어음상 약정이율이 적용되는 것은 아니다.

이자지급문구가 있는 어음을 만기전에 상환청구하는 경우, 현실적인 지급일 이후의 약정이자를 가산하지 않음으로써 채무자는 경과하지 아니한 기간동안의 이자의 지급을 면할 수 있다고 본다.

4) 기타 기재사항

위에 설명한 것 이외의 유익적 기재사항을 들어보면 (i) 인수무담보문구(어 제9조 제2항 본문), (ii) 배서(지시)금지문구(어 제11조 제2항), (iii) 인수제시의 명령문구(어 제22조 제1항), (iv) 인수제시금지문구(어 제22조 제2항 · 제3항), (v) 일람후정기출급어음의 인수를 위한 제시기간의 단축 또는 연장의 문구(어 제23조 제2항), (vi) 일람출급어음의 지급제시기간의 단축 또는 연장의 문구(어 제34조 제1항), (vii) 일정기일 전의 지급제시금지문구(어 제34조 제2항), (viii) 준거할 세력지정문구(어 제37조 제4항), (ix) 외국통화환산율지정문구(어 제41조 제2항), (x) 외국통화현실지급문구(어 제41조 제3항), (xi) 거절증서작성면제(무비용상환)문구(어 제46조), (xii) 역어음(상환의무자를 지급인으로 하는 환어음)발행금지문구(어 제52조 제1항), (xiii) 예비지급인의 기재(어 제55조 제1항), (xiv) 복본의 번호(어 제64조 제2항), (xv) 복본불발행문구(어 제64조 제3항) 등이다.

◆ 어음법에만 규정되어 있는 유익적 기재사항

위에서 설명한 유익적 기재사항은 대부분 어음법과 수표법에 동시에 규정되어 있는 것이지만, 다음 사항은 어음법에만 규정되어 있다.

(i) 지급제시기간의 단축 또는 연장의 기재(어 제34조 제1항, 제77조 제1항 제2호)
(ii) 일정기일 전의 지급제시 금지문구(어 제34조 제2항, 제77조 제1항 제2호)
(iii) 준거세력의 지정문구(어 제37조 제4항, 제77조 제1항 제2호)
(iv) 예비지급인의 지정문구(어 제55조 제1항, 제77조 제1항 제5호)

◆ 환어음에 특유한 유익적 기재사항

(i) 인수무담보문구(어 제9조 제2항 제1호)
(ii) 인수제시명령 또는 금지문구(어 제22조)
(iii) 인수제시기간의 단축 또는 연장문구(어 제23조 제2항)
(iv) 지급제시기간의 단축 또는 연장문구(어 제34조 제1항)

◆ 수표법에만 규정되어 있는 유익적 기재사항

(i) 수취인의 기재(수 제5조)
(ii) 횡선수표(수 제3조 제1항)

5) 법률에 규정되어 있지 않은 유익적 기재사항의 인정여부

어음·수표법은 실제로 중요한 사항만을 유익적 기재사항으로 열거한 것이므로 법률에 규정되어 있지 않은 유익적 기재사항도 인정할 수 있다고 본다. 따라서 예컨대 어음채권을 위하여 담보를 설정한다는 기재 등은 인정될 수 있다고 본다.

4. 무익적 기재사항

무익적 기재사항이란 어음에 기재하든 아니하든 어음의 효력에 영향을 미치지 아니하는 사항을 말한다.

어음법상 규정이 있는 사항으로는 (ⅰ) 일람출급 또는 일람후정기출급어음에 있어서 이율의 기재가 없는 이자의 약정(어 제5조 제1항 제1문·제5조 제2항 제2문)과 그 외의 환어음에 있어서의 이자의 약정(어 제5조 제1항 제2문), (ⅱ) 발행인의 지급무담보문구(어 제9조 제2항 제2문)(다만 약속어음의 발행인이 지급책임을 지지 않는다는 지급무담보문구를 기재한 때에는 어음자체가 무효로 되는 유해적 기재사항이 된다. 지급약속문구는 약속어음의 본질적인 요소이기 때문이다), (ⅲ) 지시문구(어 제11조 제1항), (ⅳ) 파훼문구(복본이 발행된 경우 그 1통에 대하여 지급이 있으면 나머지 복본은 무효가 된다는 문구: 어 제65조 제1항), (ⅴ) 위탁어음문구(제3자에게 어음금의 지급을 위탁하는 문구)(어 제3조 제3항)가 있다.

어음법상 규정이 없는 사항으로는 (ⅰ) 대가문구(예컨대, '대가현금수령'이란 기재), (ⅱ) 자금문구(예컨대, 본인의 '계산으로 지급하여 주시압'이라는 기재), (ⅲ) 통지문구(예컨대, '본인의 통지에 따라' 또는 '본인의 통지가 없더라도' 지급한다는 뜻의 기재), (ⅳ) 제시문구(예컨대, '제시가 있을 때' 지급하라는 뜻의 기재), (ⅴ) 상환문구(예컨대, '어음과 상환으로 지급하시압'이라는 기재), (ⅵ) 번호, (ⅶ) 위약금문구 등을 들 수 있다. 이 밖에 합의관할문구, 어음개서에 관한 특약문구, 상환청구통지 면제문구 등은 어음수수 당사자 사이에서는 효력이 있는 것은 별론으로 하고, 제3취득자에 대하여는 효력이 없는 무익적 기재사항이다.

5. 유해적 기재사항

유해적 기재사항은 어음에 기재하면 어음 자체가 무효가 되는 사항을 말한다.

어음법상 규정이 있는 사항으로는 (ⅰ) 법정만기(어 제33조 제1항)와 다른 만기의 기재(어 제33조 제2항), (ⅱ) 분할출급문구(어 제33조 제2항)가 있다.

어음법상 규정이 없는 사항으로는 (ⅰ) 어음상의 효력을 원인관계와 관련시키는 문구(예컨대, '매매대금으로 지급하시압'), (ⅱ) 조건부지급위탁의 문구(예컨대, '화물이 도착한 때에 지급하시압'), (ⅲ) 반대급여문구(예컨대, '백미 100가마와 교환하여 지급하시압'), (ⅳ) 지급방법이나 지급자금을 한정하는 문구(예컨대, '甲은행 발행의 자기앞수표로 지급하시압') 등이 있다.

Ⅱ. 백지어음

1. 백지어음의 의의

백지어음(Blankowechsel; incomplete or inchoate instrument)이란 '후일 그 소지인으로 하여금 어음요건의 전부 또는 일부를 보충시킬 의사로써, 이를 기재하지 않고 백지 그대로 기명날인 또는 서명을 하여 교부한 미완성어음'을 말한다. 이와 같이 어음요건을 갖추지 않은 '미완성어음'이란 점에서 무효인 '불완전어음'과 구별된다. 미완성어음은 조건부 유효어음인데 비하여, 불완전어음은 무의식적으로 요건을 기재하지 아니한 어음으로서 무효인 어음이다. 따라서 미완성어음과 불완전어음의 구별은 보충권 유무에 있다.

백지어음은 어음행위의 종류에 따라, 어음행위자의 기명날인 또는 서명만 있는 백지발행, 백지인수, 백지배서, 백지보증 등으로 나눌 수 있고, 또 백지로 되어 있는 어음요건을 기준으로 하여 기명날인 또는 서명 이외의 어음요건 전부가 백지로 되어 있는 것, 그 일부가 백지로 되어 있는 것, 요건 중 하나만이 백지로 되어 있는 것, 그리고 하나의 요건 중의 일부가 백지로 되어 있는 것 등 태양이 다양하다.

2. 백지어음의 요건

1) 백지어음 행위자의 기명날인 또는 서명

백지어음이 되려면 적어도 한 개의 기명날인 또는 서명이 있어야 한다. 한 개의 기명날인은 발행인의 그것은 물론, 배서인 · 보증인 · 인수인의 그것이라도 상관없다. 즉, 백지어음은 발행인이 미완성어음을 발행하는 경우(백지발행, 협의의 백지어음)가 보통이겠으나(어음법 제10조에서는 '미완성으로 발행한'이라고 규정하였으나 반드시 백지발행의 경우에 한하는 것은 아니다.), 배서인의 기명날인 또는 서명만 있는 경우(백지배서), 인수인의 기명날인 또는 서명만 있는 경우(백지인수), 보증인의 기명날인 또는 서명만 있는 경우(백지보증)도 포함한다.

날인만 되어 있고 기명이 없는 백지어음도 가능하다고 본다.[1]

2) 어음요건의 흠결

어음요건의 전부 또는 일부의 기재가 없어야 한다(어 제1조 참조). 그 요건흠결의 정도에는 아무런 제한이 없다. 어음금액, 어음문구, 수취인, 만기, 발행지 등도 백지로 할 수 있고, 은행이 교부한 어음용지에 단순히 인수의 기명날인 또는 서명만 하더라도 백지어음이 된다.

흠결된 어음요건이 어음법 제2조 각호의 규정에 의하여 구제될 수 있는 것이라도 상관없다. 만기의 기재에 관하여도 보충권이 수여되면 백지어음이 될 수 있으나, 판례가 만기의 기재가 없는 어음을 일람출급어음으로 보는 것이 아니라 일단 백지어음으로 추정하므로(통설 · 판례),[2] 어음채무자가 만기에 관하여 보충권 수여한 사실 또는 수여의사가 없었음을 증명하여야만 어음법 제2조 제1호에 의한 일람출급어음이 된다. 일람출급어음의 경우에는 만기가 기재되지 않은 채로 어음을 제시하여도 유효하게 권리행사를 할 수 있다. 만기를 백지로 하는 경우 연월일 모두를 백지로 할 수도 있고, 그 중 하나를 백지로 할 수도 있다.

3) 백지보충권의 존재

흠결된 어음요건을 보충할 권리(백지보충권)를 타인에게 수여하여야 한다. 이 보충권의 수여 여부에 따라서 백지어음과 불완전어음이 구별된다. 그러나 이 백지보충권은 어음관계 외의 당사자간의 계약에 의해서 수여되는 것이므로 실제로는 보충권이 수여된 미완성의 백지어음이냐 아니냐를 구별하는 것은 어렵다. 그러나 판례는 이미 부동문자로 인쇄된 어음 · 수표 용지에 어음 · 수표요건의 일부를 적지 아니하고 발행하거나 유통시킨 때에는 백지어음 · 수표로 추정하고,[3] 만약에 백지어음 · 수표가 아니라 불완전어음 · 수표로서 무효라는 주장을 하려

---

1) 대법원 1969. 7. 8. 69다666.

2) 대법원 1960. 12. 25. 4293민상176; 동 1964. 10. 20. 64다661; 동 1965. 5. 25. 64다1657; 동 1966. 10. 11. 66다1646; 동 1976. 3. 9. 75다984; 동 2003. 5. 30. 2003다16214.

3) 대법원 1960. 12. 25. 4293민상176; 동 1964. 10. 20. 64다661; 동 1965. 5. 25. 64다1657; 동 1966. 10. 11. 66다1646; 동 1976. 3. 9. 75다984; 동 2003. 5. 30. 2003다16214.

는 자가 있다면 불완전어음·수표라는 사실을 스스로 증명하여야 한다라고 판시한다.[1)] 특히 만기가 백지인 경우에도 (어음법 제2조를 적용하여 일람출급어음으로 보지 않고) 백지어음으로 추정한다.[2)]

4) 미완성인 채로 유통되었을 것

백지어음의 성립도 완성어음의 성립과 마찬가지로 교부계약이 필요하다고 본다(교부계약설). 다만 교부계약이 흠결된 경우라도 선의취득자는 보호받는다.[3)]

3. 백지어음의 유통

백지어음은 경제적 수요에 따라 인정되는 것이기는 하지만 본래 어음요건을 완전히 구비한 것이 아니므로 엄격한 의미에서 어음이라 할 수 없다. 따라서 어음에 근사한 특수한 유가증권이라고 본다. 따라서 어음상의 권리행사를 제외한 나머지의 법리, 특히 권리이전에 관해서는 어음의 법리가 적용된다고 본다.

백지어음은 상속·회사합병·채권양도 등 일반사법상의 이전방법에 의해서 유통될 수 있음은 물론이다. 뿐만 아니라 백지어음은 미완성어음이므로 완전한 어음에 고유한 규정(예컨대, 지급제시·지급거절에 관한 규정)은 적용되지 않으나, 백지어음은 유통상 어음과 같이 취급되므로 유통에 관한 규정(예컨대, 배서·인적항변의 절단·선의취득·제권판결에 관한 규정)이 적용된다. 따라서 수취인이 기재되어 있는 백지어음은 배서의 방법에 의하여 양도할 수 있고, 수취인이 백지로 되어 있는 경우에는 자기를 수취인으로 보충하여 배서하거나 또는 보충하지 않고 교부하여 양도할 수도 있다.

4. 백지어음에 의한 권리행사

1) 백지어음에 의한 지급제시의 효력

백지어음은 후일 그 소지인으로 하여금 어음요건의 전부 또는 일부를 보충시

---

1) 대법원 1967. 2. 28. 66다2351; 동 1984. 5. 22. 83다카1585; 동 2001. 4. 24. 2001다6718.
2) 대법원 1960. 12. 25. 4293민상176; 동 1964. 10. 20. 64다661; 동 1965. 5. 25. 64다1657; 동 1966. 10. 11. 66다1646; 동 1976. 3. 9. 75다984; 동 2003. 5. 30. 2003다16214.
3) 대법원 1987. 4. 14. 85다카1189.

킬 의사로써, 이를 기재하지 않고 백지 그대로 기명날인 또는 서명을 하여 교부한 미완성어음이다. 그런데 백지어음은 백지를 보충하기 전에는 어음이 아닌 특수한 유가증권이므로 완전어음으로 취급되지 아니한다. 따라서 흠결된 어음요건이 보충될 때까지는 미완성어음의 상태로서 미보충의 어음 그대로는 어음상의 권리를 행사할 수 없다. 즉, 어음상의 권리를 행사하려면 먼저 백지를 보충하여야 하며, 미보충의 백지어음으로 한 지급제시는 무효이다.[1] 따라서 백지를 보충하기 전에는 권리의 행사 및 보전이 인정되지 않는다.[2] 백지가 보충되지 아니한 상태에서 어음이 교환제시된 경우에는 어음요건을 구비하지 못한 제시로서 형식불비를 이유로 부도반환하여야 한다(어규 제66조 제1항 제3호).

다만 발행지의 기재가 흠결된 국내어음에 관하여는 "어음면의 기재 자체로 보아 국내어음으로 인정되는 경우에는 발행지의 기재가 없는 경우라 할지라도 무효의 어음이라고 볼 수 없다"고 한다.[3]

백지인 상태에서의 지급제시는 적법한 지급제시가 아니므로 만기에 어음을 지급제시받은 발행인이나 인수인은 이행지체에 빠지지 아니하고 연체이자도 부담하지 아니한다.[4] 기존채무의 지급과 관련하여 만기를 백지로 하여 약속어음이 발행된 경우에는 기존채무의 변제기는 그보다 뒤의 날짜로 보충된 백지어음의 만기로 유예한 것으로 볼 수 있다.[5]

2) 지급제시후 요건보충의 소급효

지급제시후에 어음요건을 보충하더라도 소급효는 없다. 백지어음에 의하여 소를 제기하더라도 백지를 보충하지 않으면 승소할 수 없으나, 소송중이라고 하더라도 사실심 변론종결시까지는 유효하게 보충할 수 있고,[6] 이를 보충하면 그때부터 이행지체에 빠지고 지연이자가 발생한다.

---

1) 대법원 1976. 11. 23. 76다214; 동 1979. 8. 14. 79다1189; 동 1988. 8. 9. 86다카1858; 동 1992. 10. 27. 91다24724; 동 1994. 9. 9. 94다12098 등.

2) 대법원 1976. 11. 23. 76다214; 동 1979. 8. 14. 79다1189; 동 1986. 9. 9. 85다카2011; 동 1988. 8. 9. 86다카1858; 동 1991. 4. 23. 90다카7958; 동 1992. 2. 28. 91다42579; 동 1992. 10. 27. 91다24724; 동 1993. 11. 23. 93다27765; 동 1994. 9. 30. 94다8754; 동 1995. 9. 15. 95다23071; 동 2000. 7. 28. 2000다16367.

3) 대법원 1998. 4. 23. 95다36466.

4) 대법원 1970. 3. 10. 69다2184.

5) 대법원 1990. 6. 26. 89다카32606.

6) 대법원 2008. 11. 27. 2008다59230. 동지: 日最判 1982. 3. 30. 1979(才) 第110号 판결; 동 1995. 6. 9. 94다41812.

3) 시효중단의 효력

백지를 보충하지 아니한 상태, 즉 지급제시할 수 없는 상태에서 소를 제기한 경우 시효중단의 효력이 있다. 권리 위에 잠자고 있는 자가 아니기 때문이다.

대법원은 "백지부분을 보충하지 않은 상태에서도 어음상의 청구권에 대한 시효진행을 중단시킬 수 있는 조치를 취할 수 있다"는 취지로 판결하다.[1] 따라서 앞으로는 채무자의 승인이나 채무자에 대한 청구(당연히 재판상의 청구를 의미하지만 이 외에도 어음상의 청구권에 관하여 잠자는 자가 아님을 객관적으로 표명하는 방법으로서 파산절차 및 회생절차 참가, 지급명령, 화해를 위한 소환, 임의출석, 재판 외의 최고, 재판상의 최고 등이 포함된다)의 경우에도 시효중단의 효력이 인정될 것으로 본다.

4) 백지어음의 선의취득과 항변의 절단 등

백지어음도 유통상 완전어음과 같이 취급되므로 어음의 양도방법에 의한 백지어음의 선의취득도 인정된다(어 제16조 제2항·제77조 제1항 제1호 참조).[2] 다만 선의취득의 요건을 갖추어야 함은 당연하다.[3]

백지어음에 관하여 어음의 양도방법에 의한 양도가 인정되므로, 백지어음을 선의로 취득한 자에 대하여도 어음항변의 절단이 인정된다.[4]

백지어음의 소지인은 적법한 기간 내에 백지를 보충하지 않는 한 원칙적으로 이득상환청구권(어 제79조)을 취득하지 못한다.

백지어음을 상실한 경우에도 완전어음과 마찬가지로 공시최고절차에 의한 제권판결이 가능하다고 본다. 백지어음의 상실로 인하여 제권판결을 받은 경우 소극적 효력이 있음은 물론이다. 백지어음에 대한 제권판결을 받은 자는 어음 외의 의사표시로 백지를 보충하여 발행인에 대한 어음상의 권리를 행사할 수 있다.[5]

---

1) 대법원 2010. 5. 20. 2009다48312(전원합의체 판결).
2) 대법원 1985. 5. 28. 85다카192; 동 1987. 6. 9. 86다카2079.
3) 대법원 1999. 2. 9. 98다37736.
4) 대법원 1994. 11. 18. 94다23098.
5) 대법원 1998. 9. 4. 97다57573.

5. 백지어음의 완성

1) 보충권의 의의와 성질

미완성어음인 백지어음은 보충에 의하여 완성된다. 백지어음의 흠결된 요건을 보충하여 완전한 어음으로 할 수 있는 권리를 보충권이라 한다. 백지보충은 어음의 본지에 이를 하여야 하고, 어음이 아닌 별지나 어음의 사본에 기재하더라도 이는 백지어음의 보충이 아니다.[1] 보충권은 어음외의 계약으로서 일종의 형성권이다. 따라서 소멸시효가 아닌 제척기간에 걸리는 권리이다.

2) 보충권의 성립시기 · 철회 · 보정

(1) 보충권은 백지어음에 기명날인하여 상대방에게 교부한 때에 성립한다. 일단 보충권이 성립한 이상 백지어음행위자가 사망 또는 무능력자가 되거나 대리권을 상실하더라도 보충권의 효력에는 영향이 없다.

(2) 보충권을 일단 수여한 자는 백지어음 실물 자체를 회수하지 못하는 이상 이를 일방적으로 철회하지 못한다. 판례는 백지어음이 일단 선의의 제3자에게 양도된 후에는 어음의 단체법적 성격상 백지보충권부여계약을 해제할 수 없다고 해석된다고 한다.[2]

(3) 백지를 보충한 후라도 그 권리의 내용과 관계가 없는 부분은 정정할 수 있음은 물론이다. 권리의 내용과 관련이 있다고 할지라도 어음이 유통되기 전 또는 권리행사 전에는 이를 정정할 수 있다. 그러나 일단 타인이 보충권을 행사한 이상 이를 함부로 정정하면 어음의 변조가 된다.

3) 백지보충권자

(1) 백지보충권자는 백지어음행위자로부터 직접 보충권을 수여받은 자이다. 그러나 발행인이 보충권자를 지정하였다고 하더라도 수취인이 자서(自署)하여 보충하거나 타인으로 하여금 자기의 이름을 기재하여 보충하게 할 수도 있다.[3]

(2) 소송대리인은 소송에 관한 일체의 공격방어수단을 강구할 권한이 있으므로 백지어음을 보충할 권한이 있다.[4]

---

1) 대법원 2002. 2. 26. 2000다48265.
2) 대법원 1960. 12. 25. 4293민상176.
3) 대법원 1962. 2. 8. 4294민상547; 동 1966. 4. 6. 66다276 참조.
4) 대법원 1959. 8. 6. 4291민상382.

4) 보충권의 내용과 범위

(1) 보충권의 내용은 어음행위자와 수취인간의 합의(보충권수여계약)에 의하여 결정된다. 그러나 범위가 모호한 때에는 어음을 수수하게 된 원인관계와 어음거래의 관습 및 신의성실의 원칙에 따라 그 범위를 정하여야 한다.[1)]

(2) 약속어음 발행인의 어음반환청구권을 피보전권리로 하여 약속어음의 배서양도 점유이전 기타 일체의 처분을 금지하는 가처분이 있다고 하더라도 약속어음의 백지보충과 지급제시 등 상환청구권 보전을 위한 조치는, 위 가처분에서 금지하는 처분행위에 해당하지 않으므로, 이를 하여야 한다.[2)]

5) 보충권의 이전

보충권은 백지어음과 같이 이것을 타인에게 양도할 수 있다. 보충권은 조건부 어음금 지급청구권과 함께 백지어음에 체화되어 있으므로 백지어음의 이전과 함께 보충권도 당연히 이전한다. 백지어음을 정당하게 취득한 자는 어음의 취득과 동시에 보충권도 이를 취득하는 것으로 본다.[3)]

6) 백지보충권의 남용

(1) 부당보충된 어음의 취득자 보호

(가) 선의취득자에 대한 책임

어음 외의 관계인 보충권수여계약에 의하여 한정된 범위를 넘어서 소지인이 부당보충을 한 경우(예컨대, 50만원 이하의 보충권을 가진 자가 100만원으로 기입한 경우. 이 경우 백지어음행위자는 인적 항변을 제기할 수 있다.) 그 보충된 어음(완성어음)을 다른 사람이 선의이고 또 중과실 없이 양수하였다면 그 선의의 취득자는 어음거래의 안전을 위해서 당연히 보호를 받아야 한다.[4)]

(나) 어음취득자에게 악의 또는 중과실이 있는 경우

부당보충에 관하여 어음취득자에게 악의 또는 중과실이 있었다는 것을 백지어음행위자가 증명한 경우에는 백지어음행위자는 문구대로 책임을 지지 않는다. 여기서 '악의 또는 중대한 과실로 어음을 취득한 때'란, "소지인이 백지어음의

---

1) 대법원 2006. 3. 10. 2005다24349.
2) 대법원 2002. 6. 25. 2002다13720.
3) 대법원 1960. 7. 21. 4293민상113.
4) 대법원 1966. 4. 6. 66다276.

부당보충사실을 알고 있고, 이를 취득할 경우 어음채무자를 해하게 된다는 것을 인식하면서도 어음을 양수하거나, 조금만 주의를 기울였어도 백지어음의 부당보충사실을 알 수 있었음에도 불구하고, 만연히 부당보충된 어음을 취득하는 것을 말한다."[1]

(다) 악의·중과실의 존재시기와 증명책임

악의·중과실은 백지어음의 취득시에만 없으면 되고, 보충시에는 보충권남용을 알았더라도 상관이 없다고 본다. 악의·중과실의 증명책임 및 백지어음의 보충권 남용의 사실은 그것을 주장하는 어음행위자에게 있다.

(마) 부당보충자의 책임

형법상 보충권의 남용은 유가증권위조죄를 구성하며,[2] 보충권의 범위 내에서는 부정수표 단속법 위반죄를 구성한다.[3] 부당보충을 한 자는 어음행위자에게 초래된 손해에 대하여 불법행위로 인한 책임을 부담하여야 한다.

(2) 보충권의 범위에 관한 선의자의 보호

어음법 제10조는 일단 부당하게 보충된 어음을 선의취득한 자에 대한 항변제한 규정이다. 따라서 보충되지 않은 백지어음을 선의·무중과실로 취득한 자에게도 어음법 제10조가 적용되느냐에 관해서는 조문상으로는 분명하지 않다. 즉, 중대한 과실 없이 일정범위의 보충권이 있는 줄로 믿고 백지어음을 취득한 자가 스스로 그 범위 내에서 보충을 하였으나 사실은 객관적으로는 보충권의 범위를 벗어났다고 하는 경우에, 백지어음 행위자가 부당보충의 항변을 할 수 있는가 하는 점은 의문이다.

대법원은 백지어음행위자의 직접 상대방이 이를 백지인 채로 제3자에게 양도하여 제3자로 하여금 보충권을 남용하게 한 경우에도 어음법 제10조(수 제13조)를 적용하는 긍정설(제1설)을 취하면서, 동시에 (어 제10조 단서, 수 제13조 단서를 적용하여) 금액이 백지인 경우에는 취득자에게 중대한 과실이 있어 발행인은 취득자에게 부당보충을 대항할 수 있다고 한다.[4] 대법원은 백지어음의 백지부분을

1) 대법원 1999. 2. 9. 98다37736; 동 1995. 8. 22. 95다19980; 동 1995. 6. 30. 95다10600; 동 1978. 3. 14. 77다2020.

2) 대법원 1982. 6. 22. 82도677; 동 1972. 6. 13. 72도897. 참조판례: 대법원 1989. 12. 12. 89도1264(백지어음 보충권의 한도가 특정되어 있지 아니한 경우).

3) 대법원 1999. 6. 11. 99도1201.

4) 대법원 1978. 3. 14. 77다2020; 동 1995. 8. 22. 95다10945; 동 1995. 12. 8. 94다18959; 동 1999. 2. 9. 98다37736.

두 가지 유형으로 나눈다. 하나는 가장 중요한 사항인 어음금액에 관하여 또는 그 범위가 한정되는 것이 통상적인 사항이 백지로 된 경우이다. 다른 하나는 그다지 중요하지 아니한 사항으로서 그 범위가 한정되지 않는 것이 통상적인 그 밖의 사항, 특히 수취인이 백지로 된 경우이다. 전자의 경우 금액이 백지인 가계수표를 취득한 자는 악의·중과실에 의한 취득이 된다는 것이다. 이와 같이 금액이 백지인 어음(수표)을 그 발행인에게 보충권의 범위를 확인하지 아니하고 취득한 것은 취득자에게 (어 제10조 단서, 수 제13조 단서의) “중대한 과실”이 있다고 보는 것이 우리 판례의 태도이자, 일본의 다수설의 입장이다.

그러나 판례는 최후의 배서가 백지인 어음을 최후의 배서인에게 조회·확인하지 아니하고 단순한 교부만으로 양수한 양수인의 선의취득을 인정한다.[1]

7) 보충권의 행사기간

백지보충시기에 관하여 특약이 없는 경우에는(특약이 있는데 이를 위반하면 보충권의 부당행사가 된다.) 다음과 같은 기간 내에 보충하여야 한다.

(1) 만기 이외의 요건이 백지인 경우

(가) 주채무자에 대한 관계

만기 이외의 요건이 백지인 경우에는 주채무자, 즉 인수인(또는 약속어음의 발행인)에 대한 관계에서는 만기부터 3년 내(소멸시효기간 내)에 백지를 보충하여야 한다(어 제70조 제1항·제78조 제1항·제77조 제1항 제8호). 일람출급어음의 경우에는 1년의 지급제시기간이 경과한 후 3년 내에 보충하여야 한다. 소멸시효기간이 만료되기 전이라면 지급기일 후에 백지를 보충하여도 상관없다.

(나) 상환의무자에 대한 관계

상환의무자에 대한 관계에서는 지급거절증서작성기간 내, 즉 확정일출급어음·발행일자후 정기출급어음·일람후정기출급어음의 경우에는 지급하여야 할 날 또는 그 이후의 2거래일 내에 보충하여야 하고, 일람출급어음의 경우에는 발행일자로부터 1년 내에 백지를 보충하여야 한다(어 제44조 제3항). 소멸시효기간 내가 아님을 주의하여야 한다.

(2) 만기가 백지인 경우

만기가 백지인 어음의 백지보충권의 행사기간에 관하여 당사자 간에 합의가

---

1) 대법원 1987. 6. 9. 86다카2079.

없는 경우 학설은 대체로 어음채권의 시효와는 구별되는 보충권 독자의 소멸시효를 인정하는데(다만 아래 3년설의 경우는 그러하지 않다), 20년설, 10년설, 10년 또는 5년설, 5년설, 4년설, 3년설, 신3년설(수정3년설), 3년의 제척기간설, 1년설 등이 있다. 생각건대, 보충권은 형성권이어서 소멸시효가 아닌 제척기간에 걸리는 권리이고, 또한 형성권의 제척기간은 원인채권에 따라 결정되는 것이 통설이다. 백지어음과 관련된 보충권의 경우, 원인채권은 바로 어음채권인데, 이 어음채권의 소멸시효는 만기로부터 3년이다. 만기 이외의 요건이 백지인 경우는 만기로부터 3년 내에 보충권을 행사하여야 할 것이나, 만기가 백지인 경우는 보충권의 행사가 법률상 가능한 때로부터 기산하여야 한다. 결국 발행일이 있든 없든 보충권은 그 행사가 법률상 가능한 때로부터 3년의 제척기간에 걸린다고 보는 것이 타당하다(보충권의 행사가 법률상 가능한 때로부터 3년의 제척기간에 걸린다고 보는 견해).[1] 다만, 실무상으로는 만기가 백지인 어음이 지급제시되면 형식불비로 부도반환된다.

(3) 소송상 청구의 경우

어느 경우이든 소송으로 청구할 경우에는 사실심의 변론종결전까지 보충하여야 한다.[2]

8) 보충권행사의 효과

보충권자가 보충권을 행사하면 흠결된 어음요건이 보충되어 백지어음은 완전한 어음으로 되고 백지어음상의 모든 어음행위의 효력이 보충된 문언에 따라 발생한다.

백지어음행위는 정지조건부행위이므로 민법 제147조의 준용을 받아, 보충의 효과는 조건성취시(보충한 때)부터 장래에 향하여 발생하며, 행위시에 소급하지

---

1) 대법원 2003. 5. 30. 2003다16214: 백지보충권의 소멸시효의 기산점은 권리를 행사할 수 있는 것이 법률적으로 가능하게 된 때부터이다. 동지: 대법원 동 1997. 5. 28. 96다25050; 동 2001. 10. 23. 99다64018; 동 2002. 1. 11. 2001도206; 동 2002. 2. 22. 2001다71507; 동 2007. 6. 29. 2007도2250('백지보충권을 행사할 수 있는 때'에 관하여는 당사자가 명시적 또는 묵시적으로 합의할 수 있고, 그 합의된 때를 연기하거나 변경할 수도 있다).

2) 대법원 1964. 12. 29. 64다1025; 동 1972. 12. 12. 72다1576; 동 1974. 7. 26. 73다1922; 동 1979. 8. 14. 79다1189; 동 1981. 4. 14. 80다2695; 동 1988. 8. 9. 86다카1858; 동 1992. 10. 27. 91다24724; 동 1994. 9. 9. 94다12098; 동 1995. 6. 9. 94다41812; 동 2008. 11. 27. 2008다59230: 백지어음 소지인이 어음금 청구소송의 사실심 변론종결일까지 백지 부분을 보충하지 않아 패소판결을 받고 그 판결이 확정된 경우, 백지보충권을 행사하여 완성한 어음에 기하여 전소의 피고를 상대로 다시 동일한 어음금을 청구할 수는 없다.

않는다고 본다.[1)]

백지어음이 보충시부터 완전한 어음으로서의 효력이 발생한다고 하더라도, 백지어음상에 한 어음행위의 성립시기는 어음행위를 한 때이지, 보충한 때가 아니다.[2)] 따라서 어음행위자의 능력의 유무, 대리권의 존부 등은 당해 백지어음행위시를 기준으로 결정되고, 어음의 발행일자 · 배서일자 · 만기 등도 그 기재시를 기준으로 하여 그 법률효과를 결정하여야 한다. 즉, 어음행위는 행위시에 이미 성립하지만 보충의 효과는 보충시부터 발생하므로, 그 어음행위의 효력은 보충시까지 정지되어 있다가 보충에 의하여 발생된다.[3)]

6. 준백지어음

어음요건(필요적 기재사항)은 발행인이 전부 기재하였으나 유익적 기재사항(예컨대, 이자문구 · 제3자방지급문구)의 기재만을 장래의 소지인으로 하여금 보충시킬 의사로써 완성어음을 발행할 수도 있다. 이러한 어음은 백지어음은 아니다. 그러나 기재사항의 보충권을 인정한다는 점에서 백지어음과 공통된 성질을 가지고 있으므로 이러한 어음을 준백지어음이라 하여 어음법 제10조를 준용한다.

제 2 관 어음의 배서

I. 어음배서의 의의

배서(Indossament, indorsement)란 어음상의 권리의 양도를 목적으로 하는 어음행위이다. 이것은 어음의 유통성을 조장하기 위하여 법이 특별히 인정한 양도방법이다. 배서에 의하여 인적 항변이 절단되고, 배서인은 담보책임을 부담하며(어

---

1) 대법원 1965. 8. 31. 65다1217; 동 1976. 7. 13. 75다1751; 동 1971. 8. 31. 68다1176 참조.
2) 대법원 1980. 3. 11. 79다1999: 어음행위의 성립시기는 그 어음행위 자체의 성립시기로 결정하여야 한다
3) 동지: 대법원 1969. 3. 25. 69다122(만기 전에 어음을 취득하였으나 만기 후에 백지를 보충한 경우 기한후배서가 아니다); 동 1971. 8. 31. 68다1176(만기가 1966. 1. 20.인 이 사건 어음의 보충은 1967. 8. 24.에 이루어졌다고 하더라도 1966. 1. 10.에 이루어진 본 건 배서를 만기후배서로 보지 아니한 원판결은 실로 정당하다); 동 1980. 3. 11. 79다1999; 동 1994. 2. 8. 93다54927.

제15조 제1항), 피배서인은 강한 선의취득의 보호를 받는다(어 제16조).

어음상의 권리는 배서 이외의 방법, 즉 지명채권의 양도방법 · 상속 · 회사의 합병 · 경매 또는 전부명령에 의하여서도 이전할 수 있다. 특히 어음상의 권리는 지명채권양도방법에 의하여서도 이전할 수 있다(배서연속이 흠결된 어음이라 할지라도 같다),[1] 다만 이때에는 반드시 어음을 교부하여야 하고,[2] 민법 소정(제450조)의 대항요건을 갖추어야 한다.[3] 제3자에 대한 대항요건으로서 채무자에 대한 통지 또는 채무자의 승낙이 필요한데 이는 법원서기나 공증인이 작성한 확정일자 있는 증서에 의한다. 본래 채무자에 대한 통지는 양도인이 하여야 하고, 양수인이 이를 대위할 수 없다. 그러나 어음의 경우 증권의 양도로 명백히 채권의 양도가 증명되므로, 양수인에 의한 통지도 가능하다고 보아야 한다. 이 경우 항변은 절단되지 않는다. 대항요건으로서의 통지는 모든 어음채무자에 대하여 할 필요는 없고 어음청구의 상대방인 당해 어음채무자에 대하여만 갖추면 충분하다. 그리고 보증채무의 수반성에 비추어 주채무자에 대하여 대항요건을 갖추면 보증인에 대하여 별도의 대항요건을 갖추지 아니하였어도 보증인에 대하여 채권양도의 효력을 주장할 수 있다.[4] 어음상의 권리를 지명채권양도의 방법에 의하여 이전한 경우 그 양도의 효력도 일반 지명채권양도에 관한 법칙에 따른다. 즉, 양수인은 양도인이 가진 어음상의 모든 권리를 취득하므로 어음금지급청구권과 상환의무자에 대한 상환청구권을 취득한다. 다만 지명채권양도방법은 배서와는 달리 어음법적 유통방법이 아니기 때문에 담보적 효력(어 제15조), 자격수여적 효력(어 제16조)은 없고, 인적 항변의 절단(어 제17조) 및 선의취득(어 제16조 제2항)도 인정되지 않는다. 다만 어음의 지시증권성은 상실되지 아니하므로 이를 다시 배서에 의하여 양도할 수 있다.

그리고 배서 이외의 방법에 의하여 취득한 어음상의 권리를 다시 배서에 의하여 양도할 수도 있다. 백지식 배서에 의하여 어음을 취득한 소지인은 단순한 교부에 의하여 어음을 양도할 수도 있다(어 제14조 제2항 제3호). 그러나 수취인이 기

1) 대법원 1989. 10. 24. 88다카20774; 동 1996. 4. 26. 94다9764; 동 2000. 2. 11. 99다58877; 동 2000. 12. 8. 2000다33737.

2) 대법원 1989. 10. 24. 88다카20774; 동 2000. 2. 11. 99다58877(배서금지어음의 경우에도 이를 지명채권양도방법으로 양도할 경우 대항요건을 갖추는 외에 어음을 교부하여야 한다). BGH. 1957. 12. 12; BGH NJW 1958. 302; WM 1970. 245.

3) 대법원 1969. 12. 9. 69다995; 동 1989. 10. 24. 88다카20774; 동 2000. 2. 11. 99다58877; 동 2000. 12. 8. 2000다33737.

4) 대법원 1989. 10. 24. 88다카20774; 동 1976. 4. 13. 75다1100.

명식인 어음은 교부만으로 양도할 수 없다.[1)]

지시식 어음은 당연히 지시(배서)에 의하여 양도할 수 있음은 당연하나, 어음금을 특정인에게 지급하도록 하고 있는 기명식 어음의 경우에도 소지인은 이를 배서에 의하여 양도할 수 있다. 어음과 수표는 법률상 당연한 지시증권이기 때문이다.

배서의 종류

- 양도배서
  - 보통의 양도배서
  - 특수한 양도배서
    - 무담보배서
    - 환배서
    - 배서금지배서
    - 기한후배서
- 특수배서
  - 추심위임배서
    - 공연한 추심위임배서
    - 숨은 추심위임배서
  - 입질배서
    - 공연한 입질배서
    - 숨은 입질배서

Ⅱ. 지시금지(배서금지)어음

1. 지시금지어음의 의의

지시금지어음(배서금지어음 또는 금전(禁轉)어음)이란 발행인이 '지시금지' 또는 이것과 같은 뜻이 있는 문구를 기재한 어음을 말한다(어 제11조 제2항). 지시금지어음은 어음의 지시성을 배제한 것이므로 지명채권의 양도에 관한 방법에 따라서만, 그리고 그 효력으로써만 양도할 수 있다(어 제11조 제2항). 이는 후술하는 바와 같이 어음의 배서성을 박탈하지 않는 배서금지배서(어 제15조 제2항·제77조 제1항 제1호)와는 구별하여야 한다.

지시금지어음은 발행인이 수취인에 대한 항변의 유보를 원하거나 배서가 계속되어 상환금액이 증대되는 것을 막기 위하여 이용되는데,[2)] 담보어음(특히 근담보어음)에 많이 이용된다.

---

1) 대법원 1997. 7. 22. 96다12757.

2) 대법원 1989. 10. 24. 88다카20774.

배서금지어음과 후술하는 배서금지배서의 차이는 전자는 발행인이 이를 작성하나, 후자는 배서인이 작성한다는 점, 전자는 배서양도를 할 수 없으나, 후자는 배서양도를 할 수 있되 다만 배서금지배서인에게 담보책임이 없다는 점에 차이가 있다.

2. 지시금지문구의 기재방법

1) 기재의 명료성

지시금지문구는 어음표면에 기재하여야 하고, 어음의 등본·부전에 기재하는 것은 문언의 중요성에 비추어 허용되지 않는다. 그리고 그 문구는 반드시 어음의 표면에 기재하여야 한다. 표면에 기재하지 아니한 어음은 보통의 지시증권으로 처리한다.

또한 어음 외에서 발행인과 수취인 간에 배서양도 않기로 특약을 하였다고 하더라도 그 어음은 배서양도할 수 있으며, 피배서인이 그러한 특약을 알고 배서에 의하여 어음을 취득하더라도 배서양도의 효력에는 영향이 없다.[1)]

❒ 대법원 1965. 5. 18. 65다478
배서금지 특약은 배서양도의 효력에는 아무런 영향을 미치지 않는다

☞ 약속어음에 배서금지의 특약이 있다 하여도, 발행인이 약속어음에 그 기재를 아니한 이상, 약속어음의 지시증권으로서의 성질에는 변동이 없는 것이고, 배서인도를 받은 사람이 이와 같은 특약이 있음을 알았다 할지라도 배서양도의 효력에는 아무런 소장도 있을 수 없다.

2) 기재방법

지시금지문구의 기재는 '지시금지', '배서금지', '양도금지' 또는 '金모에 대하여서만 등으로 수취인을 지정하는 경우와 같이 지시금지의 뜻이 어음상의 문언에 나타나 있어야 한다. 또한 배서금지문구는 적극적으로 지시금지의 문구를 기재하여야 하며, 단지 인쇄된 어음용지에서 지시문구를 말소하는 것만으로는 배서금지라 할 수 없다(후술).[2)] 그리고 배서금지의 문구는 명료하여 발행인의 뜻을

1) 대법원 1965. 5. 18. 65다478.
2) 대법원 1987. 4. 28. 86다카2630.

분명히 알 수 있어야 하며, 보통의 주의로는 알아보기 어려운 상태로 배서금지문구를 기재한 것은 지시문구에 우선한다고 할 수 없다. 어음의 표면에 "보관용"이라고 기재된 것만으로는 어음법 소정의 지시금지어음이라고 볼 수 없다.[1] 그러나 발행인란과 발행지란 사이에 2cm×1.2cm의 크기로 "배서양도금지"라고 고무인이 찍혀진 경우에도 지시금지의 효력이 인정된다.

3. 어음면상 지시문구와 지시금지문구가 병존하는 경우

어음면상 지시문구와 지시금지문구가 병존하는 경우, 예컨대 어음용지에 지시문구를 말소하지 않고 지시금지문구를 기재한 경우는 지시금지어음이 된다.[2] 지시문구는 인쇄된 일반적인 것이고 지시금지문구는 개별적인 특약이라고 볼 수 있기 때문이다. 지시문구만을 말소하고 지시금지문구를 기재하지 아니한 경우는 지시금지어음이 아니다. 어음은 법률상 당연한 지시증권이므로 지시문구는 원래 없어도 되는 것이기 때문이다.

4. 지시금지어음의 효력

1) 배서에 의한 양도 금지

지시금지어음은 어음의 지시성을 배제한 것이므로 배서에 의하여 어음상의 권리를 양도할 수 없다(어 제11조 제2항 · 제77조 제1항 제1호). 만약 지시금지어음을 그 수취인이 배서양도하였다고 하더라도 그 피배서인은 상환청구권을 배서인(수취인)에게 상환청구권을 행사할 수 없다고 본다. 증권의 소지인에게 자격수여적 효력(어 제16조 제1항)이 인정되지 아니하며, 선의취득(어 제16조 제2항), 어음항변제한의 법리(어 제17조) 등 어음법적 보호가 인정되지 아니한다. 그러나 지시금지어음도 하나의 어음(유가증권)이므로 그 양도에 있어서는 지명채권양도의 대항요건(민 제450조)을 구비하는 외에 어음을 인도하여야 한다.[3] 뿐만 아니라 어음의 제시증권성(어 제38조), 상환증권성(어 제39조)이 인정됨은 당연하고, 추심위임배서(어 제18조),

---

1) 대법원 1993. 11. 12. 93다39102. 대법원 1994. 10. 21. 94다9948: 약속어음 뒷면에 '견질용'이라고 기재한 것만으로는 지시금지어음이라고 볼 수 없다
2) 대법원 1987. 4. 28. 86다카2630.
3) 대법원 1989. 10. 24. 88다카20774.

입질배서(어 제19조), 기한후배서(어 제20조), 발행인의 담보책임(어 제9조) 등도 인정된다.

2) 지명채권 양도방법의 인정

지시금지어음은 배서에 의한 양도성만 박탈한 것이지 어음상의 권리 자체의 양도성까지 부인되는 것은 아니므로, 배서의 방식이 아닌 일반 지명채권의 양도방식(민 제450조)에 의한 양도는 허용된다(어 제11조 제2항 · 제77조 제1항 제1호).

지시금지어음을 지명채권양도방법에 따라 양도한 경우에는 지명채권양도의 효력만이 인정되고 배서양도 고유의 효력은 인정되지 아니한다. 따라서 항변절단의 효력(어 제17조 · 제77조 제1항, 수 제19조)이 인정되지 아니하므로 양수인은 발행인이 수취인에 대하여 가지는 모든 항변으로 대항받는다. 양도인에게 담보책임(어 제15조 제1항 · 제77조 제1항, 수 제18조 제1항)도 없다. 지시금지어음의 경우 배서자체가 무의미하고, 배서를 하였다고 하더라도 자격수여적 효력(어 제16조 제1항 · 제77조 제1항, 수 제22조)이 인정되지 않는다. 그러나 지시금지는 어음의 양도를 절대로 금하는 것은 아니고 다만 배서양도를 금할 따름이어서 어음면에 배서금지문구가 기재되어 있는 사실만 가지고 그 소지인을 악의취득자라고 할 수는 없다는 판결이 있다.[1)]

3) 지시금지어음과 제권판결

지시금지어음도 배서성이 박탈되었을 뿐 여전히 어음이므로 제권판결이 인정된다고 본다.

Ⅲ. 어음배서의 방식

1. 어음배서의 방식

(1) 어음에 배서를 하려면 민법상의 일반지시채권의 배서와 같이 어음의 본지(앞면이든 뒷면이든 상관이 없으나, 간략백지식배서는 앞면에 할 수 없다)나 이에 결합된 보충지(보전, 부전) 또는 등본에 일정한 사항을 기재하고, 배서인이 기명날인

1) 대법원 1960. 12. 25. 4293민상176.

또는 서명하여 교부하여야 한다(어 제13조 제1항·제67조 제3항). 보충지(補充紙)란 어음면에 종이를 붙이고 그 연장된 종이를 말한다. 어음의 보충지에 배서를 하는 경우 본지와 보충지가 서로 분리하는 것이 용이하지 않을 정도로 결합되어 있으면 충분하고, 반드시 그 결합부분에 계인을 할 필요는 없다.

보충지에 할 수 있는 어음행위는 배서와 보증뿐이다. 보충지에 배서를 하더라도 그 배서는 보충지의 뒷면에 이를 하여야 한다. 그런데 보충지의 표면에 단순히 기명날인한 경우, 이를 간략백지식배서로 보아야 하는지 보증으로 보아야 하는지 의문이나, 보증으로 보아야 할 것이다.

(2) 배서는 어음의 앞면에도 할 수 있는데, 이 경우에는 반드시 배서임을 명시하여야 하고, 그렇지 않으면 어음보증(어 제31조 제3항) 또는 인수(어 제25조 제1항 제3문)로 보게 된다. 즉, 어음 앞면에의 배서는 정식배서에 한하고 약식배서는 인정되지 않는다. 그러나 어음배서란에 있는 단순한 기명날인 또는 서명은 백지식배서로 본다(어 제13조 제2항 후문). 배서의 연속, 배서의 일자 등은 배서의 요건이 아니다.

(3) 수인의 수취인이 중첩적으로 기재된 때에는 모든 수취인이 배서인으로서 기명날인 또는 서명을 하여야 하나, 그 중 1인 또는 제3자가 대리관계를 표시하고 대리인으로서 배서할 수 있다. 수인의 수취인이 선택적인 때에는 그 중 1인이 기명날인 또는 서명을 하면 된다.

2. 어음배서의 형식

1) 기명식배서

기명식배서(Namensindossament)는 배서인의 기명날인 또는 서명 외에 피배서인의 명칭을 기재하는 배서이며, 정식배서 또는 완전배서라고도 한다. 실제에 있어서는 부동문자로 인쇄된 어음용지를 사용하는 것이 보통이므로 그 양면에 있는 배서란의 "앞면에 적은 금액을 ○○○ 또는 그 지시인에게 지급하여 주십시오"라는 배서문구 중의 공백부분에 피배서인의 이름을 기입한다.

피배서인의 표시에 관하여는 어음요건 중 수취인의 기재에 관하여 설명한 것이 대체로 그대로 적용된다. 즉, 피배서인의 기재는 권리자를 지정하기 위한 것이므로 거래통념상 누구를 지칭하는지 알 수 있으면 충분하다. 자연인의 경우 본명뿐 아니라, 별명·아호·예명을 기재하여도 무방하다. 법인의 경우에도 반드시 등기부상의 명칭을 그대로 기재하여야 하는 것은 아니며, 법인 또는 어느 회사인지 알 수 있을 정도이면 충분하다.[1] 법인의 대표자나 대리인을 기재할 필요도 없다.

동일인격간의 배서, 예컨대 본점으로부터 지점으로의 배서도 무효는 아니고, 그 지점 스스로 어음행위를 할 능력이 있는 때에는 이를 유효로 해석함이 타당하다.

배서인의 기명날인 또는 서명도 어음발행의 경우에 발행인에 관해 설명한 것이 대체로 그대로 적용된다. 따라서 자연인의 경우 拇印으로 한 날인은 허용되지 아니하며,[2] 법인의 경우에는 법인명과 대표자명을 기재하고 그 대표자가 기명날인하여야 한다. 따라서 예컨대 주식회사 국민은행 중앙지점이라고만 기재하여 회사인을 날인하고 그 대표자의 기명날인이 없다면 그 배서는 무효이다.[3]

2) 백지식배서

백지식배서(Blankoindossament)는 피배서인의 명칭을 기재하지 않는 배서이며, 약식배서 또는 무기명배서라고도 한다. 이것은 다시 (i) 배서문구의 기재는 있어도 피배서인의 기재가 없는 것과, (ii) 배서문구조차도 기재하지 않고 배서인의 기명날인 또는 서명만 있는 경우로 나뉘는데, 특히 후자의 경우를 간략백지식배서라고 한다. 간략백지식배서는 인수 또는 보증과의 혼동을 피하기 위하여 어음의 뒷면(이면) 또는 등본의 뒷면이나 보충지에만 할 수 있게 하였다(어 제13조 제2항 · 제67조 제3항). 즉, 어음의 앞면에는 이를 할 수 없다.

정식배서	피배서인 + 배서문구 + 배서인의 기명날인(서명)
백지식 배서	배서문구 + 기명날인(서명)만 있는 경우
	기명날인(서명)만 있는 경우(간략백지식배서)

◆ **백지배서**

백지식 배서와 구별되는 것으로서 백지배서가 있다. 백지배서는 백지어음행위의 일종으로서 배서인의 기명날인 또는 서명만 있는 미완성어음이다(백지인수, 백지보증도 이와 유사하게 인수인 또는 보증인의 기명날인 또는 서명만이 있는 미완성어음이다). 따라서 백지배서는 후에 어음요건이 완성되어야 피배서인이

---

1) 대법원 1973. 7. 10. 72다2551: 주식회사 경남은행이라는 정식명칭 중 주식회사를 생략하여 단지 경남은행이라고 썼다고 하여 약속어음으로서의 미비점은 없다고 할 것이다.

2) 대법원 1962. 1. 31. 4294민상200.

3) 대법원 1964. 10. 30. 63다1168; 동 1999. 3. 9. 97다7745: 은행 지점장이 수취인이 은행인 약속어음의 배서인란에 지점의 명판을 찍고 기명을 생략한 채 자신의 사인(私印)을 날인한 경우, 이를 유효한 배서로 볼 수 없다.

완전한 권리를 행사할 수 있다. 이에 대하여 백지식 배서는 완성어음에 하는 것인데, 그 자체가 완전히 유효한 배서이며, 따라서 백지식 배서에 의하여 어음을 취득한 자는 후에 자기의 이름을 기재하지 않더라도 완전한 어음상의 권리자가 된다. 즉, 백지식 배서에 있어서는 피배서인이 그 권리를 행사함에 있어서 반드시 백지부분을 완성하여야 할 필요가 없다.

백지식배서에 의하여 어음을 취득한 소지인은 (ⅰ) 자기의 명의로 백지를 보충할 수도 있고, (ⅱ) 타인의 명의로 백지를 보충할 수도 있으며(어 제14조 제2항 제1호), (ⅲ) 백지의 보충없이 다시 배서할 수도 있고(어 제14조 제2항 제2호), (ⅳ) 백지의 보충이나 배서도 하지 않고 단순히 제3자에게 교부하여 어음을 양도할 수도 있다(어 제14조 제2항 제3호).

◆ 소지인 B가 C에게 양도할 경우

(ⅰ) A → B
　　　B → C
(ⅱ) A → C
(ⅲ) A → ○
　　　B → C
(ⅳ) A → ○

백지식 배서의 효력도 일반배서와 그 효력은 다를 바 없어, 권리이전적 효력, 자격수여적 효력 및 담보적 효력이 있으나, 백지식 배서에 의하여 어음을 취득한 자가 제3자의 이름으로 피배서인을 보충하거나(위 (ⅱ)의 경우) 아무런 보충도 하지 않은 채(위 (ⅳ)의 경우) 제3자에게 그 어음을 양도하면 그는 배서에 따른 담보책임을 부담하지 않는다는 차이가 있다.

백지식으로 배서를 받은 소지인은 자기의 이름을 보충하지 아니한 채 발행인에게 어음금 청구를 하더라도 적법하다.[1] 어음의 점유자가 배서의 연속에 의하여 그 권리를 증명한 때에는 적법한 소지인으로 추정되고, 이는 최후의 배서가 백지인 때에도 같기 때문이다(어 제16조 제1항 제1문·제2문).

백지식 배서의 경우에도 기명식 배서의 경우와 마찬가지로 선의취득과 인적항변의 절단이 인정된다.[2]

1) 대법원 1968. 12. 24. 68다2050.
2) 대법원 1985. 5. 28. 85다카192.

3) 소지인출급식배서

소지인출급식배서란 어음의 소지인에게 어음상의 권리를 양도한다는 뜻의 기재가 있는 배서를 말한다. 이 배서는 효용성에 있어서 백지식배서와 같고, 피배서인의 기재가 없는 점에서도 같으므로 어음법은 이에 백지식배서와 같은 효력을 인정하였다(어 제12조 제3항).

4) 지명소지인출급식배서(선택무기명식배서)

지명소지인출급식배서란 "甲 또는 소지인에게 지급하여 주시압"이라는 뜻을 기재한 배서인데, 어음법에는 규정이 없다. 수표법 제5조 제2항의 취지에 따라 소지인출급식배서로 보아야 할 것이다.

3. 어음배서의 기재사항

1) 유익적 기재사항

배서는 무조건이어야 하고, 배서에 붙인 조건은 기재하지 아니한 것으로 보나(어 제12조 제1항), 다음 사항의 기재는 유익적 기재사항으로서 그 효력이 인정된다. 즉, (i) 소지인출급식배서문구(어 제12조 제3항), (ii) 무담보문구(어 제15조 제1항), (iii) 배서금지문구(어 제15조 제2항), (iv) 추심위임문구(어 제18조 제1항), (v) 입질문구(어 제19조), (vi) 배서일자(어 제20조 제2항), (vii) 인수제시명령문구(어 제22조 제4항), (viii) 인수제시기간단축문구(어 제23조 제3항 · 제53조 제3항), (ix) 지급제시기간단축문구(어 제34조 제1항), (x) 배서인의 처소(어 제45조 제3항), (xi) 거절증서작성면제문구(어 제46조 제1항), (xii) 예비지급인(어 제55조 제1항), (xiii) 등본에만 배서하라는 문구(어 제68조 제3항)를 들 수 있다.

특히 배서일자는 배서의 요건이 아니므로 배서일자가 실제 배서일보다 선일자이든 후일자이든 상관없고,[1] 달력에 없는 날짜라도 상관없다. 배서인의 능력, 대리권의 유무, 기한후배서인지의 여부 등은 실제 배서일을 기준으로 하되, 어음상에 배서일이 기재되어 있다면 배서인이 그 날에 배서한 것으로 추정된다. 어음법 · 수표법은 일자의 기재가 없는 배서는 제시기간 경과전 또는 지급거절증서 작성전에 배서한 것으로 추정하고 있다(어 제20조 제2항, 제77조 제1항 제1호, 수 제24조 제2항).

1) 대법원 1968. 6. 25. 68다243.

2) 무익적 기재사항

무익적 기재사항은 기재만이 무효이고 배서 자체의 효력에는 영향이 없는 사항을 말한다. (i) 배서에 붙인 조건(어 제12조 제1항 제2문), (ii) 대가문구, (iii) 제시문구 등을 들 수 있으며, 이를 기재하여도 어음법상의 효력이 생기지 않는다.

3) 유해적 기재사항

유해적 기재사항이란 그 기재로 인하여 배서 전체의 무효를 초래하는 기재사항을 말한다. 어음금액의 일부에 대한 배서문구(어 제12조 제2항)는 어음의 단일성을 해하기 때문에 배서 자체를 무효로 만드나, 일부지급이 있은 후(어 제39조 제2항) 그 잔액에 대한 배서는 상관없다. 따라서 어음채권의 일부를 지명채권 방법에 의하여 양도하는 것이나, 어음금의 일부에 대한 할인도 허용되지 않는다.

Ⅳ. 어음배서의 효력

1. 권리이전적 효력

1) 권리이전적 효력의 의의

권리이전적 효력(Übertragungswirkung)이란 어음상의 모든 권리가 피배서인에게 이전하는 것을 말한다(어 제14조 제1항). 따라서 배서인에 갈음하여 어음상의 권리자로 되는데, 피배서인은 스스로 어음상의 권리를 행사할 수 있음은 물론, 다시 배서에 의하여 타인에게 어음을 양도할 수도 있다. 이 효력은 배서인의 의사표시로 인하여 생기는 것으로서, 배서의 본질적 효력이다.

2) 권리이전적 효력의 내용

배서에 의하여 이전하는 권리는 어음이 표창하는 모든 권리이다. 즉, 지급인으로부터 지급을 받을 권리는 물론 어음보증인에 대한 권리 등 모든 권리이다. 다만 환어음의 발행인이나 배서인에 대한 상환청구권(소구권)은 배서에 의하여 이전되는 것이 아니라, 배서인의 담보책임의 반사적 효과로서 인정된다.

배서에 의하여 피배서인은 어음 외의 사유로부터 절단된 어음상의 권리 그 자체를 취득한다. 즉, 피배서인은 전자에 대한 인적 관계에 기인한 항변으로써 대항받지 아니하며(항변의 절단, 배서의 권리강화적 또는 권리정화적 효력), 다만 피배서인이 채무자를 해칠 것을 알고 취득하였을 때만 악의의 항변으로써 대항받게 될 뿐이다(어 제17조).

어음상의 권리가 아니고 어음에 부속된 권리, 즉 배서인을 위해서 설정된 질권·저당권 같은 담보권, 보증계약상의 권리, 위약금청구권, 배서인이 가지는 원인관계·자금관계상의 권리 등도 이전하는가는 문제되고 있으나, 이것은 어음상의 권리는 아니므로 당연히 이전하지는 않는다고 본다. 배서에는 어떠한 조건도 붙일 수 없기 때문이다.

선의취득은 배서의 자격수여적 효력에 속하는 것이며, 권리이전적 효력과는 무관하다고 본다.

2. 담보적 효력

1) 담보적 효력의 의의

배서인은 배서에 의하여 피배서인과 그 후자 전원에 대하여 어음의 인수와 지급을 담보하는 의무를 지는데(어 제15조 제1항), 이것을 배서의 담보적 효력이라고 한다. 담보적 효력에 의하여 배서인이 부담하게 되는 어음상의 채무를 상환의무 또는 소구의무라 한다.

2) 담보적 효력의 내용

담보책임의 구체적 내용은 어음의 종류에 따라 다르다. 약속어음과 수표의 배서인은 지급을 담보하나(어 제77조 제1항 제1호·제15조 제1항, 수 제18조 제1항), 환어음의 배서인은 지급 외에도 인수까지 담보한다(어 제15조 제1항).

공동배서의 경우에 수인의 배서인은 각각 어음금 전액에 대하여 책임을 지는데, 이것은 연대책임이 아니라 합동책임이다.

3) 담보적 효력의 배제·제한

담보적 효력은 정책적으로 특별히 인정한 효과이며, 양도배서의 본질적 효력이 아니므로 특별한 의사표시(기재)에 의해서 그 효력의 전부 또는 일부를 배제할 수 있다.

(1) 환어음의 발행인은 인수무담보만을 기재할 수 있고, 약속어음·수표의 배

서인은 지급무담보를 기재할 수 있다.

(2) 지급거절증서가 작성된 후에 한 배서 또는 지급거절증서 작성기간이 지난 후에 한 배서를 말하는 기한후배서(어 제20조)의 경우에는 담보적 효력이 없고, 추심위임배서(어 제18조)의 경우에도 담보적 효력이 인정될 여지가 없다.

(3) 무담보배서의 배서인은 그 후자 전원에 대하여(어 제15조 제1항), 배서금지배서의 배서인은 그 피배서인을 제외한 후자에 대하여(어 제15조 제2항) 담보책임을 지지 않는다. 배서금지배서가 있다고 하더라도 다시 배서할 수 있지만, 그 경우 배서금지배서인은 자신의 직접 피배서인에 대하여는 담보책임을 부담하지만, 그 후자에 대하여는 담보책임이 없다. 따라서 무담보배서와 배서금지배서의 차이는 한 사람 차이이다.

4) 담보배서의 효력

(1) 담보배서의 의의

담보배서(Garantieindossament)란 어음을 양도한다는 목적은 없이 오직 배서인으로서의 담보책임(어 제15조)만을 부담할 목적으로 어음에 배서의 기명날인 또는 서명을 하는 것을 말한다.

이와 같은 목적은 어음보증에 의하여서도 달성될 수 있으나, 어음보증은 어음채무자의 지급능력이 불완전한 듯한 인상을 주기 때문에 담보배서제도가 이용된다. 어음보증과 다른 점은, 담보배서의 배서인은 자기의 후자에 대하여서만 담보책임을 부담하는 데 반하여, 어음보증에 있어서는 원칙적으로 전자를 위하여도 효력을 미칠 수 있다는 점(피보증인의 표시가 없으면 발행인을 위한 보증으로 본다: 어 제32조 제1항 · 제31조 제4항 제2문 참조)이다. 그리고 어음의 뒷면에 한 단순한 기명날인 또는 서명은 보증으로 볼 수 없다(어 제31조 제2항 · 제3항).

◆ 담보배서와 숨은 어음보증의 차이

담보배서는 배서의 관념 없이 담보만을 목적으로 배서하는 것으로서, 외관상 배서의 연속이 없어서 담보배서로 볼 수밖에 없는 경우가 많다. 이에 비하여 숨은 어음보증은 보증행위 대신 발행 또는 배서함으로써 보증과 같은 효과를 누리는 것인데, 배서의 경우는 배서가 연속되는 경우가 많아서 오히려 일반 배서와 구분이 되지 않는 경우가 많다. 담보배서와 숨은어음보증으로서의 배서는 효과면에서는 동일하나, 담보발행이라는 것은 없는데 비하여 숨은 어음보증을 위하여는 발행을 할 수도 있다는 차이가 있다.

(2) 담보배서의 효력

담보배서는 배서인의 의도에 따라 담보적 효력은 있으나 권리이전적 효력은 없는 특수한 배서이다. 그 이유는 권리이전적 효력은 담보적 효력의 필수전제조건이라고 할 수 없기 때문이다. 다만 소지인출급식수표는 권리의 이전을 위하여 배서가 필요 없으나 이러한 수표에 배서한 자는 담보책임을 진다(수 제20조). 그러나 이것은 수표법 제20조에 의한 법정의 특별책임이다.[1] 또 담보배서의 배서인에게는 그 전자에 대하여 어음법 제47조 제3항 및 제49조에 의한 상환청구권도 인정된다고 본다.[2]

◆ 호의배서

어음의 배서는 권리의 이전을 목적으로 하는 것이 주목적이나, 실무상 보증이나 담보를 목적으로 배서하는 경우가 흔히 있다. 이를 호의배서라 한다. 그러나 호의배서도 유효한 양도배서가 되고, 이에 따라 담보적 효력이 발생한다. 담보배서는 바로 호의배서이다. 호의배서의 경우 배서인은 담보책임 외에 민사상의 보증책임까지 부담하지는 않는다. 다만 민사상의 채무까지 보증하겠다는 의사를 가지고 배서하였다면 민사상의 채무에 대하여까지 보증책임을 부담한다.

3. 자격수여적 효력

1) 자격수여적 효력의 의의

배서가 연속된 어음의 소지인은 실질적인 권리관계를 불문하고 어음상의 권리자로 추정되는데(어 제16조 제1항), 이것을 배서의 자격수여적 효력(Legitimations-wirkung)이라고 한다. 배서가 연속된 어음의 소지인에게 자격수여적 효력을 인정함으로써 증명책임이 전환되어 소지인의 권리행사를 용이하게 하고, 선의지급인을 면책케 하면서 선의취득이 폭넓게 인정되게 된다. 권리이전적 효력이나 담보적 효력과는 달리, 자격수여적 효력은 모든 배서에 공통적으로 인정되는 효력이다.

---

1) 대법원 1995. 9. 29. 94다58377. 그러나 대법원 1998. 12. 8. 98다39923 참조: 액면금이 다액인 약속어음의 소지인의 의뢰에 의하여 이에 자신 명의의 배서를 하여 액면금이 소액인 수매의 약속어음으로 등가교환을 하도록 주선하였다는 사실만으로는 이를 주선한 자에게, 교환된 액면금 소액의 약속어음의 지급에 관한 보증의사가 있었다고는 볼 수 없다.

2) 대법원 1995. 9. 29. 94다58377.

2) 자격수여적 효력의 내용

(1) 적법성의 추정

배서가 연속되면 어음소지인은 적법한 소지인, 정당한 권리자로 추정을 받는다(어 제16조 제1항).[1] 따라서 어음의 소지인은 자기가 유효하게 권리를 취득한 사실을 증명할 필요없이 당연히 권리를 행사할 수 있다. 그러나 소지인이 무권리자임을 채무자가 증명할 수 있으면 그 권리행사를 거부할 수 있다[자격수여적 효력이라면 보통 적법성의 추정을 의미하지만, 다음에 드는 (2), (3)의 효과까지를 포함한 광의로 쓰기도 한다.].

(2) 선의지급(지급의 면책력)

연속된 배서의 효과로서 소지의 적법성이 추정되는 결과, 지급인도 사기 또는 중대한 과실 없이 만기에 어음소지인에게 지급을 하면 소지인이 진정한 권리자가 아니었다 하더라도 책임을 면한다(어 제40조 제3항).

(3) 선의취득

배서가 연속된 어음의 소지인은 적법한 소지인으로 추정되므로 그로부터 배서에 의하여 어음을 취득한 피배서인은 그 배서인이 무권리자이었다 하더라도 악의 또는 중대한 과실이 없는 한 어음상의 권리를 취득한다(어 제16조 제2항)(어음의 선의취득).

3) 배서의 연속

(1) 배서연속의 의의

자격수여적 효력은 배서의 연속을 전제로 한다. 배서의 연속이란 어음의 수취인이 제1배서인이 되고, 제1배서의 피배서인이 제2배서의 배서인이 되는 것과 같이 어음이 수취인으로부터 최후의 피배서인인 현재의 소지인에 이르기까지 차례로 배서가 중단됨이 없이 연속되고 있는 것을 말한다.

(2) 형식적 연속

배서의 연속은 어음의 기재상(외관상) 형식적으로 연속되어 있어야 하고 또 이것으로 충분하고 실질상 유효한 것임을 요하지 않는다.[2] 따라서 수취인과 제1배

---

1) 대법원 1971. 5. 24. 71다570; 동 1973. 6. 22. 72다2026.

2) 대법원 1971. 4. 30. 71다455; 동 1971. 5. 24. 71다570; 동 1973. 12. 26. 73다1436; 동

서인이 실질적으로 동일인이라고 하더라도, 예컨대 성명으로 어음을 교부받은 자가 상호로써 배서한 때에는 배서의 연속이 인정되지 않는다. 물론 배서의 불연속을 가교하여 권리를 행사할 수는 있으나 이는 별개의 문제이다. 배서 중에 가설인의 배서,[1] 위조의 배서,[2] 무권대리인의 배서, 취소에 의하여 무효가 된 배서가 있거나 수취인과 제1배서인이 다르더라도 기재에서 볼 때 연속에 흠결이 없다면 배서의 연속은 인정된다. 또한 수취인 또는 전의 배서의 피배서인과 후의 배서의 배서인의 명칭의 동일성여부는 사회통념상 동일인의 명칭이라고 판단될 정도이면 충분하고 반드시 완전히 일치하여야 하는 것은 아니라고 본다.[3]

회사의 본지점간의 배서도 배서의 연속에 있어서는 유효한 배서가 된다. 그러나 예컨대 '제갈량'으로 배서를 받아 '제갈공명'으로 배서한 경우와 같이 배서인과 그 직전 피배서인이 실질적으로 동일인이라 하더라도 어음상 별개의 명칭으로 기재되어 있다면 배서가 연속되지 않는다. 또한 '김영삼'을 '김삼영'으로 개명을 하고 '김삼영'의 명의로 배서한 경우 김삼영 아래에 구명 김영삼이라고 부기하였더라도 배서의 연속으로 인정할 수 없다. 이를 인정하면 구명임을 내세워 배서의 연속을 조작할 우려가 크기 때문이다. 그러나 한글로 배서를 받아 한자로 배서한 경우는 배서의 연속이 인정된다.

이 밖에,

(ⅰ) 피배서인 'A주식회사' → 배서인 'A주식회사 대표이사 甲'

(ⅱ) 피배서인 'A주식회사 甲' → 배서인 'A주식회사 대표이사 甲'

(ⅲ) 피배서인 '甲' → 배서인 'A주식회사 대표이사 甲'

(ⅳ) 피배서인 'A주식회사 부산지점' → 배서인 'A주식회사 대구지점'의 각 경우, (ⅰ)과 (ⅱ)의 경우는 배서의 연속이 인정되나, (ⅲ)의 경우는 배서의 연속이 단절된다. 그러나 이 경우에도 실질적 관계를 증명하면 배서의 실질적 연속이 인정될 수 있다.[4] (ⅳ)의 경우는 법인의 본지점간 또는 지점과 지점 사이에 배서가 없는 것이나 마찬가지이므로 배서는 연속된다.

1974. 9. 24. 74다902; 동 1976. 6. 8. 76다677; 동 1978. 12. 13. 78다1567; 동 1995. 6. 9. 94다33156; 동 1999. 3. 9. 97다7745.

1) 대법원 1995. 9. 15. 94다54856; 동 1993. 12. 10. 93다35261.

2) 대법원 1974. 9. 24. 74다902; 동 1976. 6. 22. 76다668; 동 1987. 7. 7. 86다카2154.

3) 대구고등법원 1975. 10. 29. 73나703: 약속어음의 수취인란에는 "부산상공회의소 조정수"라 기재되어 있고, 배서란에는 주소란에 "부산상공회의소", 성명란에 "조정수"라 기재되어 있어서 그 기재가 정확하게 일치하지는 아니하여도 사회통념상 동일인이라고 인정할 수 있을 정도라 할 것이므로 배서의 연속이 있다.

4) 대법원 1995. 9. 15. 95다7024.

(3) 배서의 형식적 유효성

(가) 개개의 배서가 형식상 유효한 것이어야 하고, 배서의 방식에 불비가 있는 경우에는 배서연속이 인정되지 아니한다.[1] 따라서 기명무인배서는 배서의 연속에 관하여 무효로 본다. 말소한 배서는 배서의 연속에 관하여는 배서를 하지 아니한 것으로 본다(어 제16조 제1항 제3문). 그 밖에 공동수취인 중 1인만이 배서한 경우, 일부배서(어 제12조 제2항, 제77조 제1항 제1호), 배서인의 날인만 있고 기명이 없는 배서는 무효이다.[2]

(나) 숨은 추심위임배서의 경우에는 보통의 양도배서와 구별이 되지 아니하여 보통의 양도배서와 같이 취급하면 된다. 그러나 공연한 추심위임배서를 받은 자가 양도배서를 한 경우에는 숨은 재추심위임배서를 한 것으로 보는 것이 통설이므로, 수취인으로부터 최초의 추심위임배서인까지만 배서의 연속 여부를 파악하면 충분하다. 숨은추심위임배서의 경우 배서인이 피배서인으로부터 어음을 회수한 경우에는 다시 어음상의 권리를 취득하지만, 공연한 추심위임배서의 경우와는 달리, 피배서인으로부터 다시 배서를 받거나 그 배서를 말소하지 않는 이상 배서는 연속하지 않는 것으로 된다.

(다) 약속어음 발행인이 수취인에게 제1의 배서를 한 것은 어음법상 아무런 의미가 없는 것으로, 배서의 연속을 판단함에 있어서 그 기재가 없는 것으로 본다.[3] 따라서 수취인이 제2배서인으로서 배서를 하였다면 아무런 문제가 없다.

(4) 백지식배서의 경우

백지식배서 이후에 다른 배서가 있는 경우(예컨대, 甲→乙, 乙→◎, 丙→丁)에는 그 배서의 배서인(丙)은 백지식배서의 피배서인으로 볼 수 있고(어 제16조 제1항 제4문), 최후의 배서가 백지식인 때(예컨대, 甲→乙, 乙→丙, 丙→◎, 소지인 丁)에는 배서가 연속된 경우와 마찬가지로 형식적 자격이 인정되어 어음소지인(丁)이 권리자로 추정되어(어 제16조 제1항 제2문) 어음상의 권리를 행사할 수 있다.[4] 그러나 백지식배서를 한 배서인 자신(丙)도 어음을 회수하면 소지인으로서 권리를 행사할 수도 있다.

---

1) 대법원 1996. 12. 20. 96다43393.
2) 대법원 1962. 1. 31. 4294민상200.
3) 대법원 1965. 9. 7. 65다1387.
4) 대법원 1968. 12. 24. 68다2050.

(5) 배서연속의 판정기준

(가) 배서의 연속여부를 판단함에 있어서 어느 것이 제1의 배서이고 어느 것이 제2의 배서인지를 확정하여야 한다. 이를 판단함에는 배서의 장소적 순서가 가장 중요하다. 그러나 배서는 보충지에도 할 수 있는 것이어서(어 제13조) 시간적 순서가 불분명한 경우도 많다. 따라서 배서의 명칭적인 연속도 고려하여야 한다. 예컨대 장소적 순서에 있어서는 다음과 같이 배서의 연속이 인정될 수 없다고 하더라도 전체적인 순서를 고려하면 유비에서 조자룡으로의 명칭적 연속이 인정되고, 최후의 피배서인 조자룡이 권리자로 추정된다.

〈제1배서난〉 배서인 유비 — 피배서인 관우
〈제2배서난〉 배서인 장비 — 피배서인 조자룡
〈제3배서난〉 배서인 관우 — 피배서인 장비

(나) 배서연속 여부를 판정하는 시점은 어떠한 효력이 문제되어 있는가에 따라 다르다. 예컨대, 어음의 주채무자에 대한 권리행사의 경우에는 구두변론종결시에 배서의 연속이 있으면 된다. 그러므로 소제기시에는 배서의 연속이 없더라도 이후에 배서의 말소 등에 의하여 배서의 연속이 이루어지면 어음소지인은 권리행사를 위한 형식적 자격이 인정된다. 상환청구권행사를 위하여는 지급제시 시점까지 배서의 연속이 이루어져야 한다. 상환청구의 실질적 요건은 만기에 적법한 제시를 하여야 한다는 것이다. 그러나 배서가 불연속된 어음을 지급제시하여서는 적법한 지급제시가 있었다고 할 수 없어 지급제시로서 효력이 없기 때문이다. 다만 형식적 배서불연속이 있다고 하더라도 실질적 권리승계(합병·상속 등)를 증명하면 유효한 지급제시가 있었다고 볼 수 있다.

(다) 선의취득에 관하여는 어음의 취득시점이, 또 지급인의 지급의 면책에 관하여는 만기에 지급하는 시점이 각각 기준이 된다(어 제16조 제2항·제77조 제1항 제1호·제40조 제3항·제77조 제1항 제3호).

(라) 배서에 부기된 일자는 배서의 요건이 아니므로 중요한 의미는 없고, 그 일자에 배서가 이루어진 것으로 추정될 뿐이다.

4) 배서의 불연속

(1) 배서의 연속이 흠결된 경우에는 어음의 정당한 소지인이라고 하더라도 권리자로 추정받지 못한다. 따라서 배서의 연속이 단절된 부분에 관하여 자격수여적

효력은 소멸된다. 은행은 형식불비를 이유로 부도반환한다(어규 제66조 제1항 제3호).

(2) 다만 그 흠결된 부분에 관하여 실질적 권리승계의 존재를 증명하여 가교하면 어음소지인이 어음상의 권리를 행사할 수 있다.[1] 또 배서의 연속이 흠결된 부분에 대하여 실질적 권리를 증명한 때에는 권리이전적 효력도 생기고 선의취득이나 인적 항변의 절단도 가능하다고 본다.[2]

(3) 배서의 불연속이 실질적 권리에 의하여 가교된 경우 자격수여적 효력과 권리이전적 효력이 인정되는 이상 담보적 효력도 긍정하여야 할 것이다.[3] 양도배서의 경우에는 양도의 효과로서 법정의 담보책임을 지는 것이므로 배서의 연속이 단절되어 형식적 자격도 없을 뿐만 아니라 실질적 권리도 증명할 수 없는 자의 배서에 대하여는 원칙적으로 담보책임을 인정할 수 없다. 다만 그 배서가 순수한 담보배서인 경우에는 담보적 효력이 있다고 본다.

5) 배서의 말소

(1) 배서말소의 의의

배서의 말소란 어음의 기재 중에서 배서를 제거하는 것을 말한다. 말소의 방법에는 제한이 없으므로 도말·삭제 등 어느 것이라도 무방하다. 또 배서 전부의 말소이든 그 일부의 말소이든 불문하며, 배서의 말소는 기재상 착오 또는 오류가 있는 경우나 상환의무를 이행한 배서인이 자기 이후의 배서를 말소하는 것과 같이 그 권한이 있는 자가 이를 할 수도 있고, 권한이 없는 자가 이를 말소할 수도 있다. 또한 고의로 인한 것이든 과실로 인한 것이든 불문한다.

(2) 배서말소의 효력

배서의 말소가 있으면 말소권의 유무나 그 방법·시기(거절증서작성기간의 전·후를 불문한다.)와[4] 관계없이 배서의 연속에 있어서는 그 배서를 하지 아니한 것으로 본다(어 제16조 제1항 제3문).[5] 원래 말소권자가 아닌 자에 의한 말소는 어음의 변조가 되지만, 거래의 안전과 원활을 위하여 배서의 연속에 관하여는 모두 권

---

1) 대법원 1969. 12. 9. 69다995; 동 1995. 9. 15. 95다7024 참조.

2) 대법원 1969. 12. 9. 69다995: 약속어음에 있어 배서의 연속이 끊긴 경우에 딴 방법으로 그 중단된 부분에 관한 실질적 관계가 있음을 증명한 소지인이 한 어음상의 권리행사는 적법하다.

3) 대법원 1996. 4. 26. 94다9764; 동 1995. 9. 29. 94다58377; 동 1995. 9. 15. 95다7024; 동 1995. 6. 9. 94다33156; 동 1973. 6. 22. 72다2026.

4) 대법원 1964. 5. 12. 63아55.

5) 대법원 1995. 2. 24. 94다41973.

한이 있는 자에 의한 적법한 말소가 있는 것으로 의제하는 것이다. 그 결과 배서가 말소됨으로써 연속이 절단되기도 하고, 배서의 연속이 회복 또는 지속되기도 한다. 배서의 말소는 배서의 자격수여적 효력의 전제인 배서의 연속, 즉 형식적 자격에 관하여 배서의 기재가 없는 것으로 볼 뿐이므로 어음에 대한 실질적 권리에는 영향을 미치지 않는다. 그러므로 과실로 인하여 배서가 말소되어 연속이 중단된 경우에도 어음소지인은 실질적 권리를 증명하여 배서의 중단을 가교시킴으로써 권리를 행사할 수 있다.

(3) 일부말소

피배서인의 성명이나 상호만이 말소된 경우, 배서일자만이 말소된 때, 추심위임문구를 말소한 경우와 같이 배서의 기재 중의 일부가 말소된 때에는 배서의 기재의 효력은 어떠한지 의문이다. 그러나 배서일자가 말소된 경우에는 일자는 배서의 요건이 아니기 때문에 아무런 지장이 없다.

(가) 기명식배서의 배서인의 기명날인을 말소한 경우에는 배서 전체가 말소된 것으로 보아야 한다.

(나) 기명식배서의 피배서인의 성명이나 상호만이 말소된 경우에는 배서의 연속에 관하여 말소권의 유무와 관계없이 말소된 부분만 기재가 없는 것으로 보아 백지식배서로 인정한다(백지식배서설).

(다) 한편 추심위임문구만이 말소된 경우에는 단순한 배서로 인정된다. 즉, 기명식배서로 본다. 그리고 추심위임문구와 피배서인을 말소한 때에는 배서전부의 말소로 본다.

Ⅴ. 특수배서

특수배서는 권리이전적 효력 또는 담보적 효력에 제한이 있는 배서를 말한다. 모든 배서에는 자격수여적 효력만은 반드시 인정된다.

1. 무담보배서

1) 무담보배서의 의의

무담보배서(qualified indorsement, Indossament ohne Oblige)란 배서인이 누구

에 대하여도 어음상의 책임을 지지 않는다는 뜻을 기재한 배서이다. 배서인은 인수담보책임과 지급담보책임을 지는데, 발행인의 경우(어 제9조 제2항)와는 달리 종국적 의무자가 아니므로 인수무담보뿐만 아니라 지급무담보의 뜻을 기재할 수도 있다(어 제15조 제1항). 그리고 그 책임을 어음금액의 일부로 제한하는 기재 또는 지급담보만을 제한하는 기재도 할 수 있음은 물론이다. 환어음상에 단순히 '무담보'라고 기재된 때에는 인수무담보로 해석하여야 한다.

배서인이 인수·지급무담보문구를 기재한 경우는 유익적 기재사항이다.
발행인이 인수무담보문구를 기재한 경우는 유익적 기재사항이다.
발행인이 지급무담보문구를 기재한 경우는 무익적 기재사항이다.

2) 무담보배서의 효력

(1) 무담보배서를 한 배서인은 인수 또는 지급이 없는 경우에도 무담보문구에 따라서 상환의무를 지지 않는다.[1] 피배서인에게 뿐만 아니라 그 후자 전원에 대하여 담보책임을 지지 않는다. 담보책임배제의 효력은 무담보문구를 기재한 배서인에 대해서만 생긴다. 무담보배서도 담보적 효력 외의 효력은 보통의 배서에 있어서와 같다. 그러나 무담보배서는 어음의 지급이 불확실하다는 것을 공표하는 결과가 되기 때문에 실제로는 잘 쓰이지 않고, 먼저 백지식배서를 받아 어음을 취득한 후 아무런 기재없이 이를 다시 양도함으로써 무담보배서와 같은 효과를 얻고 있다.

(2) 배서란에 "지급을 책임지지 않음"이라는 문구를 기재한 경우에는 배서인으로서의 담보책임뿐만 아니라 매매계약상의 채무불이행책임이나 하자담보책임까지 지지 않는다고 보아야 한다.[2]

(3) 무담보배서도 양도배서이므로 담보적 효력만 없을 뿐, 자격수여적 효력이나 권리이전적 효력은 있다. 따라서 무담보배서에 불구하고 인적 항변은 제한되고 선의취득은 인정된다.

---

1) 대법원 1977. 9. 13. 77다1136.
2) 대법원 1984. 11. 15. 84다카1227.

2. 배서금지배서

1) 배서금지배서의 의의

배서금지배서(restrictive indorsement, Rektaindossament)란 자기의 배서 이후에 새로 하는 배서를 금지하는 뜻을 기재한 배서이다(禁轉背書)(어 제15조 제2항). 백지식배서를 할 때에도 금전문구를 기재할 수 있다. 배서금지배서는 주로 상환청구통지비용이 증가하는 것을 방지하고, 인적 항변이 절단되는 것을 저지할 목적으로 이용된다.

지시금지어음과 배서금지배서의 차이는, 전자는 발행인이 이를 작성할 수 있는데 비하여 후자는 배서인이 이를 한다. 전자의 경우는 다시 배서할 수 없는데 비하여 후자의 경우는 다시 배서할 수 있다.

2) 배서금지배서의 방식

배서금지배서는 '배서금지', '지시금지', '양도금지' 등으로 기재한다. 배서금지배서는 정식배서의 방식으로 이를 하여야 한다. 배서금지배서는 자기의 직접 피배서인에 대하여만 담보책임을 부담한다는 것이므로 그 피배서인의 기재가 필수적이기 때문이다.

3) 배서금지배서의 효력

(1) 배서금지배서를 하면 배서인의 담보책임이 제한된다. 그러나 어음의 지시증권성은 유지되므로 피배서인이 다시 배서할 수는 있다. 이를 자세히 설명하면 다음과 같다.

(2) 금전배서를 하여도 피배서인이 다시 배서양도할 수는 있다. 이 점에서 발행인이 배서를 금지한 '배서금지어음'의 경우 어음 자체의 배서성이 박탈되어 지명채권으로 변하는 것(어 제11조 제2항)과 다르다. 다만 금전배서의 배서인은 자기의 직접적인 피배서인을 제외한 그 후의 피배서인에 대하여 담보책임을 지지 않을 뿐이다(어 제15조 제2항 제2문). 이와 같이 담보책임을 지지 않는 배서인은 배서금지문구를 기재한 배서인에 한한다. 배서인(A)의 금전배서에도 불구하고 피배서인(B)이 다시 배서양도한 경우에는 그 후의 피배서인(C)은 배서인(A)에 대하여 상환청구할 수 있는가 의문이다. 어음법 제15조 제2항의 "배서인은 자기의 배서 이후에 새로 하는 배서를 금지할 수 있다. 이 경우 그 배서인은 어음의 그

후의 피배서인에 대하여 담보의 책임을 지지 아니한다."는 문구에 따라 A는 B를 제외한 후자 전원에 대하여 상환의무를 부담하지 않는다.

(3) 금전배서의 피배서인이 자기의 후자로부터 어음을 환수하여 재상환청구를 하는 경우에는 그 피배서인이 배서를 한 결과 생긴 통지비 및 그 밖의 비용(어 제48조 · 제49조)은 당연히 상환금액으로부터 공제하여야 한다. 금전배서도 배서이므로 담보적 효력에 제한이 있을 뿐이고, 권리이전적 효력과 자격수여적 효력은 보통의 배서에 있어서와 같다.

(4) 인적 항변은 절단되지 않는다. 예컨대 A가 약속어음을 발행하여 수취인 B에게 교부하고, B가 C에 대하여 항변사유가 있어 금전배서의 방식으로 C에게 교부하였다고 하자. C는 B에게 상환청구를 할 수는 있으되 인적 항변의 대항을 받는다. 이 점은 금전배서가 아닌 정상적인 양도배서의 경우라 하더라도 마찬가지이다. 만약 C가 금전배서를 무시하고 다시 D에게 배서양도한 경우, 앞에서 본 바와 같이 D는 B에 대하여 상환청구 자체를 할 수 없다(주채무자인 A에 대하여는 아무런 항변 없이 지급청구할 수 있다). D가 C에 대하여 상환청구를 할 경우, C가 가진 항변에 대하여는 대항을 받지만 B가 가진 항변에 대하여는 대항을 받지 않고 지급받을 수 있다. C 이하의 자들 사이에서는 정상적으로 배서되어 유통된다.

3. 환배서

1) 환배서의 의의

환배서(Rückindossament, reindorsement)란 어음상의 채무자(인수인 · 발행인 · 배서인 · 보증인 · 참가인수인)를 피배서인으로 하는 배서이다(逆背書)(어 제11조 제3항 제1호~제4호). 인수하지 아니한 지급인은 채무자가 아니므로, 이에 대한 배서양도는 환배서가 되지 않지만, 편의상 어음법은 이것도 환배서에 관한 규정에서 같이 규정하고 있다(어 제11조 제3항).

2) 환배서의 경제적 효용

환배서를 받은 어음소지인은 다시 그 어음을 타인에게 양도배서함으로써 전자의 담보책임을 활용하여 어음의 신용을 높일 수 있고, 한편 자기가 새로 어음을 발행하여야 할 수고를 덜 수 있는 편의를 얻게 된다.

3) 환배서의 효력

환배서의 피배서인은 어음상의 권리자이면서 동시에 의무자이므로 자기자신에 대하여 어음상의 권리를 행사할 수 없을 뿐만 아니라, 의무자로서의 자기와 권리자로서의 자기와의 중간에 존재하는 의무자에 대하여는 원칙적으로 어음상의 권리를 행사할 수 없다. 환배서의 피배서인의 지위는 구체적으로 다음과 같다.

(1) 환어음의 발행인이 환배서에 의하여 어음을 취득하였을 때에는(약속어음의 발행인은 주채무자이므로 인수인의 경우 참조) 인수인에 대하여서만 권리를 행사할 수 있다.

(2) 인수인 또는 약속어음 발행인이 피배서인이 되었을 때에는 누구에게도 권리를 행사하지 못한다. 그러나 어음상의 권리는 소멸하지 아니하므로 인수인이 다시 어음에 배서양도한 때에는 그 피배서인은 모든 전자에 대하여 아무런 반대채권의 대항을 받지 않는 완전한 권리를 취득한다. 다만 어음의 주된 채무자가 환배서에 의해 어음을 취득하고서도 거절증서작성후 또는 작성기간경과후까지 어음을 그대로 보유하고 있거나 혹은 거절증서작성후 또는 그 작성기간경과후에 환배서를 받은 경우에는 어음상의 권리는 예외적으로 혼동에 의하여 소멸한 것으로 본다.

(3) 배서인은 환배서에 의하여 어음을 취득하였을 때에는 인수인·발행인 및 전자(전에 한 자기의 배서를 표준으로 하여)인 배서인에 대하여는 반대채권의 대항을 받지 않고 어음상의 권리를 행사할 수 있다.

환배서에 갈음하는 배서의 말소를 소극적 배서라 한다. 소극적 배서는 명문의 규정은 없으나 제3자에게 아무런 피해가 없으므로 적법하다고 본다. 예컨대 A → B → H → T → B로 환배서 할 것을 A → B → H → T로 H와 T의 배서를 삭제하는 것이다.

(4) 참가인수인 또는 보증인이 환배서에 의하여 어음을 취득하였을 때에는 각각 피참가인 또는 주채무자에 대한 환배서와 같이 피참가인 또는 주채무자의 후자에 대하여는 어음상의 권리를 행사할 수 없다.

(5) 인수를 하지 아니한 지급인에 대하여 배서를 하였다면 그것은 환배서가 아니므로 어음법 제11조 제3항 제2호는 당연한 사유를 규정한 것이다.

(6) 특정한 자에 대한 어음항변은 개인적·속인적인 것이므로 환배서를 받은 피배서인이 전의 배서를 하기 전에 특정한 어음채무자로부터 항변의 대항을 받고 있었으면 선의의 제3자에 배서양도하여 일단 항변의 절단이 생겼더라도, 환

배서에 의하여 다시 어음을 취득한 때에는 그 특정채무자에 대하여는 항변절단의 효과는 없고, 종전의 어음항변의 대항을 받는다.[1)]

4. 기한후배서

1) 기한후배서의 의의

기한후배서(Nachindossament)란 지급거절증서가 작성된 후에 한 배서 또는 지급거절증서 작성기간이 지난 후에 한 배서이다(後背書)(어 제20조 제1항·제77조 제1항 제1호). 수표의 경우는 지급거절증서나 이와 동일한 효력이 있는 선언(지급거절선언)의 작성 후 또는 지급제시기간경과 후의 배서를 말하며(수 제24조 제1항), 단순한 만기 후의 배서를 말하는 것이 아니다. 즉, 만기 후에 배서가 이루어지더라도 지급거절증서작성전 또는 지급거절증서작성기간경과 전에 행하여진 배서는 만기전의 배서와 동일한 효력을 가진다.[2)] 기한후배서는 이미 상환청구단계에 들어간 어음에 한 배서이므로 보통의 배서와 같이 어음·수표의 유통성의 확보를 위한 강력한 효력을 인정할 필요가 없다. 따라서 어음법은 이에 관한 특별규정을 두어, 기한후배서에는 지명채권양도의 효력만을 인정한다(어 제20조 제1항·제77조 제1항, 수 제24조).

한편 만기후배서는 지급거절증서 작성 전 또는 지급거절증서작성기간 경과 전(보통 만기 이후의 2거래일 내)에 한 배서를 말하는데, 이러한 배서는 만기 전의 배서와 동일한 효력이 있다(어 제20조 제1항 본문·제77조 제1항 제1호). 따라서 배서의 권리이전적 효력, 담보적 효력 및 자격수여적 효력이 있고 또 인적 항변의 절단과 선의취득이 인정된다.

2) 기한후배서 여부의 결정기준

(1) 배서의 일자와 기한후배서

기한후배서인가의 여부는 어음에 기재된 날짜가 아니라 실제로 배서 또는 교부한 날을 기준으로 하여 결정한다.[3)] 배서에 날짜가 기재되어 있으면 그 날에 배서한 것으로 추정되지만, 날짜의 기재가 없으면 기한 전의 배서로 추정된다(어 제20조 제2항·제77조 제1항 제1호, 수 제24조 제2항). 여기서 배서한 날이란 배서가 완성

1) 대법원 2002. 4. 26. 2000다42915.
2) 대법원 1987. 8. 25. 87다카152; 동 2000. 1. 28. 99다44250.
3) 대법원 1964. 5. 26. 63다967; 동 1965. 4. 13. 64다1726; 동 1968. 7. 23. 68다911.

된 날을 말하므로, 배서를 기재한 후 수일을 경과하여 어음을 교부한 경우에는 그 교부한 날이 기준이 된다. 지급거절증서는 어음의 뒷면에 기재한 사항에 계속하여 기재하므로(거절증서령 제4조 제2항), 지급거절증서 작성 후에 기재된 배서는 기한후배서로 추정된다.

(2) 지급거절증서가 작성되지 않은 경우

지급이 거절되더라도 지급거절증서를 작성하지 아니하면 동증서작성기간 내의 배서는 기한후배서가 아니다. 이러한 경우에는 어음취득자가 지급거절의 사실을 알 수 없으므로 기한후배서제도의 취지상 그 적용대상으로 볼 수 없기 때문이다.

(3) 지급거절증서작성이 면제된 경우

거절증서의 작성이 면제되어 있는 어음(무비용상환어음: 어 제46조 제1항)은 이를 지급제시하고 지급이 거절되더라도 거절증서의 작성이 필요없다. 따라서 이를 지급제시하고 지급이 거절되더라도 거절증서작성기간이 경과하기 전에 배서한다면 취득자의 입장에서는 지급이 거절된 어음인지 아직 지급제시가 안된 어음인지 알 수 없다. 그러므로 거절증서의 작성이 면제된 어음의 경우에는 거절증서작성기간 경과 후의 배서만이 기한후배서가 된다고 본다.

(4) 인수거절과 기한후배서

인수거절증서(어 제44조) 작성 후의 배서에 관하여도 명문의 규정은 없으나, 이러한 어음도 어음면상 상환청구권을 행사할 수 있는 어음이 명백하고 또 그 신용의 정도도 지급거절증서작성 후의 어음과 다를 바 없으므로 역시 기한후배서로 보아야 한다는 것이 통설이다.

인수의 일부거절이 있어서 인수거절증서를 작성한 경우에도 기한후배서로 보아야 할 것이다.

(5) 지급거절의 사실이 어음면상 명백하게 된 경우

지급거절의 사실이 어음면상 명백하게 된 후의 배서(예컨대 어음의 표면에 어음교환소에 돌린 스탬프인이 찍히고, 예금부족 등의 이유로 지급거절되었다는 취지의 지급은행의 부전이 첨부되어 있는 경우)는 기한후배서가 아닌 만기후배서로 보아야 한다. 은행의 부도선언을 지급거절증서와 동일시할 수 없기 때문이다.[1]) 또한 수표

1) 대법원 1987. 8. 25. 87다카152; 동 2000. 1. 28. 99다44250; 일최판 1980. 12. 18. 민집 34. 7. 942.

법 제39조 제2호 및 제3호에서는 은행이나 어음교환소의 지급거절선언에 지급거절증서와 같은 효력을 인정하여 지급거절선언 후의 배서를 기한후배서로 규정하고 있다. 그러나 어음법 제20조 제1항에는 이러한 규정이 없을 뿐 아니라, 오히려 기한후배서를 '지급거절 후의 배서'라고 규정하지 않고 '지급거절증서 작성 후 또는 지급거절증서작성기간 경과 후의 배서'라고 명백하게 규정하고 있다. 이는 기한후배서의 기준시점을 형식적으로 명확히 하려는 취지인 것으로 생각된다. 따라서 은행이나 어음교환소의 지급거절선언이 있어 지급거절되었다는 것이 명백하더라도 지급거절증서 작성 전 또는 지급거절증서작성기간 경과 전의 배서는 기한후배서가 아니라고 보아야 한다.

다만 수표의 경우에는 지급거절증서의 작성뿐 아니라 지급은행 또는 어음교환소의 선언(수 제39조 제2호 · 제3호)만으로도 상환청구권이 발생하므로 이와 같은 선언 이후의 배서도 기한후배서가 된다.[1]

(6) 기타 지급거절이 확실한 경우

인수거절뿐 아니라 어음법상 상환청구권 발생 여부를 기준으로 그 후의 배서는 어음취득자가 그 사실을 아는 한 기한후배서로 보아야 한다. 인수인이나 지급인이 파산한 경우에는 만기 전의 상환청구는 가능하지만 파산개시의 사실이 어음면상에 명료하지 않으므로 이러한 어음의 배서는 기한후배서라고 할 수 없다. 또 일람출급어음에 있어서는 어음법 제34조 소정의 제시기간 내(발행일로부터 1년 내)에 배서되면 역시 기한후배서가 아니다.

환어음의 지급인이나 인수인과 약속어음의 발행인이 지급정지되었거나 강제집행이 주효하지 아니한 경우에는 만기 전에도 상환청구할 수 있다(어 제43조 제2호, 제77조 제1항 제4호). 이러한 어음에 한 배서도 기한후배서로 보아야 할 것이다.

(7) 백지식배서의 경우

백지식배서의 경우 실제로 배서는 기한 전에 이루어졌는데, 백지보충은 기한후에 이루어진 경우, 기한후배서가 아니다.[2] 백지어음에 있어서 백지의 보충시와 어음행위 자체의 성립시기와는 엄격히 구별하여야 할 문제로서, 백지의 보충없이는 어음상의 권리를 행사할 수 없으나, 어음행위의 성립시기는 그 어음행위 자체의 성립시기로 결정하여야 할 것이므로 배서가 기한 전에 이루어진 경우(백

---

1) 대법원 1965. 11. 30. 65다1996.
2) 대법원 1971. 8. 31. 68다1176.

지보충이 기한 후에 이루어졌다 하더라도) 기한후배서로 볼 수 없다.[1] 따라서 백지보충을 한 때가 아니라 백지어음행위를 한 때(예컨대 배서행위시), 즉 어음행위 성립시를 기한후배서 판단의 기준으로 삼고 있다.

(8) 기한후배서와 증명책임

기한후배서인가의 여부는 어음에 기재된 배서일자에 의할 것이 아니고, 실제로 배서가 행해진 때를 표준으로 하여 정한다. 그러나 어음법은 어음상에 일자의 기재가 없는 배서는 지급거절증서작성기간경과 전에 한 것으로 추정한다(어 제20조 제2항 · 제77조 제1항 제1호). 따라서 기한후배서라고 주장하는 자가 그 사실을 증명하여야 한다.

3) 기한후배서의 방식

기한후배서도 배서의 일종이므로 기한후배서의 방식은 보통의 배서의 경우와 같다.[2] 즉, 날짜의 기재는 요건이 아니고, 기명식 또는 백지식의 어느 방법으로도 가능하다. 기한후배서는 배서의 기재를 하여 어음을 교부함으로써 성립하는 것으로서 지명채권양도의 경우에 필요한 채무자에 대한 대항요건을 구비할 필요는 없다.[3] 그리고 지급거절증서작성 후 또는 지급거절증서작성기간경과 후의 어음의 양도는 배서에 의해서만 할 수 있는 것은 아니고 지명채권양도의 방법으로도 가능하다고 본다.

4) 기한후배서의 효력

기한후배서는 지명채권양도의 효력만이 있다(어 제20조 제1항 단서 · 제77조 제1항, 수 제24조 제1항). 즉, 기한후배서에는 유통성을 강화하기 위하여 인정되는 특별한 효력을 인정할 필요가 없으므로 권리이전적 효력 · 자격수여적 효력은 있어도 담보적 효력은 없고, 또 선의취득 · 항변제한 등 선의자의 보호제도가 인정되지 않는다(통설). 따라서 기한후배서의 피배서인은 배서인이 가졌던 권리만을 취득한다.

---

1) 동지: 대법원 1980. 3. 11. 79다1999; 동 1994. 2. 8. 93다54927.
2) 대법원 1997. 11. 14. 97다38145; 동 2012. 3. 29. 2010다106290 · 106306 · 106313.
3) 대법원 1962. 3. 15. 4294민상1257; 동 1963. 12. 12. 63다739; 동 1964. 5. 26. 63다967; 동 1972. 9. 12. 72다1252.

(1) 권리이전적 효력

(가) 기한후배서를 한 경우에는 배서인이 가지고 있던 모든 어음상의 권리가 피배서인에게 이전된다. 피배서인에게 이전되는 권리는 배서인이 가지고 있던 어음상의 권리이므로, 어음이 인수되어 있는 때에는 인수인에 대한 권리를 취득하고, 거절증서가 작성되어 있는 때에는 전자에 대한 상환청구권을 취득한다. 그러나 이때 배서인의 권리에 부착된 하자는 전부 승계된다.

(나) 기한후배서는 지명채권양도의 효력만을 가지므로, 피배서인은 배서인이 가지고 있는 것과 동일한 권리만을 취득한다. 따라서 배서인에 대한 항변이 그대로 피배서인에게 승계되어 인적 항변의 절단이 생기지 않는다.[1] 그리고 기한전 배서에 의하여 일단 절단된 항변으로는 기한후 피배서인에게 대항할 수 없다.[2] 따라서 甲 → 乙 — 항변절단 → 丙 — 기한후배서 → 丁의 경우 甲과 乙간의 항변사유가 존재하더라도 乙과 丙 사이에서 이미 항변이 절단되었으므로 丁이 기한후배서를 받았다고 하더라도 甲은 丁에 대하여 그 항변을 원용할 수 없다. 그리고 기한후배서를 한 다음에 비로소 발생한 배서인에 대한 항변으로는 피배서인에게 대항하지 못한다.[3]

(2) 자격수여적 효력

기한후배서는 권리이전적 효력이 있으므로 당연히 자격수여적 효력도 인정된다. 따라서 배서가 연속된 경우에는 어음소지인은 적법한 소지인으로 추정되어 (추정력: 어 제16조 제1항 · 제77조 제1항 제1호) 자기가 진실한 권리자라는 것을 증명하지 않고도 어음상의 권리를 행사할 수 있고, 또 어음채무자가 사기 또는 중대한 과실 없이 소지인에게 어음금을 지급한 때에는 그 소지인이 권리자가 아니더라도 책임을 면한다(선의지급의 면책: 어 제40조 제3항 · 제77조 제1항 제3호).

그러나 기한후배서에 의하여 선의취득이 가능한가 의문이다. 기한후배서도 배서임에 틀림이 없고, 자격수여적 효력도 인정되므로 선의취득이 가능하다고 볼 여지도 있다. 그러나 자격수여적 효력은 권리의 증명의 문제이고 선의취득은 권리의 유통과 취득의 문제이므로 자격수여적 효력이 인정된다고 하여 당연히 선의취득이 인정되는 것은 아니다. 또한 선의취득은 외형상 정상적인 거래를 통하

---

1) 대법원 1960. 7. 28. 4292민상941; 동 1963. 8. 22. 63다331; 동 1983. 9. 27. 81다카1293; 동 1997. 7. 22. 96다12757; 동 2002. 4. 26. 2000다42915.
2) 대법원 1990. 4. 25. 89다카20740; 동 1972. 4. 11. 71다1002.
3) 대법원 1994. 1. 25. 93다50543; 동 1982. 4. 13. 81다카353.

여 어음이 양도될 때 인정된다. 기한후배서에 의하여 어음을 취득하면서 상대방이 무권리자임을 알지 못하였다면 중과실이 의제되어야 한다고 보면, 기한후배서에 의해서는 선의취득은 불가능하다고 본다.

(3) 담보적 효력

기한후배서에는 지명채권양도의 효력밖에 없으므로 그 배서인은 피배서인에 대해 담보책임을 지지 않는다.

5. 추심위임배서(위임배서 · 대리배서 · 권한배서)

1) 추심위임배서의 의의

추심위임배서란 배서인이 피배서인에게 어음상의 권리를 행사하는 대리권, 즉 추심자격 내지 추심대리권만을 부여할 목적으로 하는 배서이다. 이와 같이 어음에 추심위임문구를 기재하여 배시하는 것을 '공연한 추심위임배서'(어 제18조 제1항)라 하고, 추심위임의 목적으로 보통의 양도배서의 형식을 취한 배서를 '숨은 추심위임배서'라 한다. 보통 추심위임배서라고 하면 공연한 추심위임배서를 말한다.

추심위임배서는 피배서인의 성명을 기재하지 않고 할 수도 있으나, '회수하기 위하여', '추심하기 위하여', '대리를 위하여', 그 밖에 단순히 대리권을 준다는 내용의 추심위임문구는 반드시 기재하여야 하므로 이른바 간략백지식배서(어 제13조 제2항)는 하지 못한다. 추심위임배서에는 권리이전적 효력이 없으므로 지시금지어음(어 제11조 제2항)에 대하여도 이를 할 수 있다(통설).

2) 추심위임배서의 효력

(1) 자격수여적 효력

추심위임배서는 그 성질상 권리이전적 효력, 담보적 효력은 없으나, 대리권수여적 효력, 즉 자격수여적 효력만이 있다. 따라서 그 피배서인은 양도배서는 할 수 없고, 단지 추심위임배서만을 다시 할 수 있을 뿐이다(어 제18조 제1항 단서).

(2) 피배서인의 권리행사

추심위임배서에는 자격수여적 효력이 있으므로 당연히 추심대리권의 범위 내에서 권리를 행사할 수 있다. 그러나 피배서인은 어음상의 권리자가 아니므로 면제·화해 등 권리의 처분을 하지 못한다. 그리고 피배서인은 배서인의 권리를 행사하는 것이므로 어음채무자는 배서인에 대한 항변으로 피배서인에게 대항할 수 있고, 이와 반대로 피배서인에 대한 인적 항변사유로써 대항할 수 없다(어 제18조 제2항). 즉, 추심위임배서에는 인적 항변의 절단은 인정되지 않는다. 그리고 선의취득도 인정되지 않는다.

(3) 배서인의 권리회복

배서인은 그 배서를 말소하거나 환배서를 받지 않더라도 그 어음을 회수하여 권리를 행사할 수 있고, 양도배서를 하면 배서가 연속된다.

(4) 재추심위임배서

추심위임배서의 피배서인이 어음을 다시 배서양도한 경우에는 이를 재추심위임배서로 본다. 재추심위임배서의 법적 성질은 복대리인의 선임이라 본다. 다만 민법상의 복대리인은 본인의 허락이 필요하나(민 제120조 참조), 재추심위임배서의 경우에는 본인(배서인)의 허락이 필요 없는 점에서 민법상의 복대리인과 다르다.

(5) 배서인과 피배서인과의 관계

추심위임배서의 배서인과 피배서인 간의 내부관계는 일반사법상의 위임이지만,[1] 어음법은 어음거래의 안전을 보호하기 위하여 위임자인 배서인의 사망 또는 무능력에 의하여 추심의 대리권은 소멸하지 않는 것으로 규정하였다(어 제18조 제3항·제77조 제1항 제1호). 그러나 대리권의 제한, 철회 등은 추심위임배서의 말소에 의하여 어음상에 표시되지 않는 한 선의의 제3자에게 대항할 수 없다.

3) 숨은 추심위임배서

(1) 숨은 추심위임배서의 의의

숨은 추심위임배서란 추심위임(실질)을 목적으로 한 양도배서(형식)를 말한다. 실제 거래에 있어서는 공연한 추심위임배서보다는 숨은 추심위임배서를 더 많이 이용한다.[2] 왜냐하면 공연한 추심위임배서의 추심위임문구가 피배서인에 대한 불신임을 표명하는 듯이 생각되는 것을 피하기 위한 것이다. 그 외에도 공연한 추심위임배서제도를 모르고 있는 경우, 특수한 배서의 번잡함을 피하고자 하

1) 대법원 2005. 9. 28. 2003다61931; 동 1985. 5. 28. 84다카2451.
2) 대법원 1990. 4. 13. 89다카1084.

는 경우, 어음소지인이 자기의 일신에 생기는 항변을 절단할 목적이 있는 경우, 외국인이 내국인에게 숨은 추심위임배서를 함으로써 소송상의 불이익을 면하고자 하는 경우 등에 이용된다. 그러나 소송행위를 하게 하는 것을 목적으로 하는 숨은 추심위임배서는 신탁법 제6조(소송을 목적으로 하는 신탁의 금지)의 규정에 의하여 무효이며,[1] 소송을 주목적으로 한 신탁인가 아닌가의 여부는 수탁자가 직접 소송을 수행함을 필요로 하지 아니하고, 변호사에게 소송을 위임한 경우에도 이를 인정할 수 있는 법리이다.[2]

(2) 숨은 추심위임배서의 성질

숨은 추심위임배서는 그 실질(추심위임)과 형식(양도배서)이 일치하지 않는다. 그러나 숨은 추심위임배서는 그 형식을 중요시하여 어음상의 권리는 피배서인에게 완전히 이전하고, 피배서인은 배서인에 대하여 추심의 목적을 위하여만 권리를 행사할 대인적 채무를 부담하는 데 불과하다고 보아야 한다(신탁적 양도설). 어음관계에 있어서는 외관주의의 원칙상 형식과 표시를 존중하여야 하기 때문이다.[3]

(3) 숨은 추심위임배서의 효력

숨은 추심위임배서는 권리이전적 효력과 자격수여적 효력이 있음은 당연하나, 담보적 효력은 없다. 다만 피배서인은 배서인으로부터 추심의 대리권을 위임받은 것이 되므로 배서인에 대하여 추심의 목적을 위하여만 권리를 행사할 의무를 부담한다. 담보적 효력은 없으므로 피배서인은 배서인에 대하여 상환청구권을 행사하지는 못한다. 그리고 배서인이 피배서인으로부터 어음을 회수한 경우에는 다시 어음상의 권리를 취득하지만, 공연한 추심위임배서의 경우와는 달리, 피배서인으로부터 다시 배서를 받거나 그 배서를 말소하지 않는 이상 배서는 연속하지 않는 것으로 된다. 또 피배서인에게 선의취득의 문제는 생길 여지가 없게 된다.

어음채무자는 피배서인 자신에 대한 항변사유만을 가지고 피배서인에게 대항할 수 있고, 배서인에게 대항할 수 있는 항변으로 피배서인에게 대항할 수 없지만, 채무자가 숨은 추심위임배서임을 증명하는 경우에는 대항할 수 있다.[4] 어음

---

1) 대법원 1969. 7. 8. 69다362; 동 2007. 12. 13. 2007다53464.
2) 대법원 1973. 2. 28. 72다2489; 동 1982. 3. 23. 81다540.
3) 대법원 1973. 2. 28. 72다2489; 동 1982. 3. 23. 81다540.
4) 대법원 1994. 11. 22. 94다30201: 채무자(乙)가 어음할인 의뢰시 행한 양도배서는 추심위임을 위한 배서로 유용되어 은행(丙)은 숨은 추심위임배서의 피배서인의 지위에 서게 되므

채무자는 피배서인이 파산선고를 받은 때에는 그 어음은 파산재단에 속하고 배서인은 환취권을 행사하지 못하게 되고(채회 제407조 참조), 반대로 배서인이 파산한 경우에는 그 어음은 파산재단에 들어가지 않는다. 피배서인이 추심위임의 취지에 반하여 어음을 배서양도한 경우 양수인은 선의·악의를 불문하고 당연히 어음상의 권리를 취득하나, 다만 악의의 양수인에 대하여는 악의의 항변으로써 대항할 수 있다(어 제17조).[1]

6. 입질배서

1) 입질배서의 의의

입질배서(入質背書, Pfandindossament)란 어음소지인이 자기 또는 타인의 기존 채무를 담보할 목적으로 어음상의 권리에 질권을 설정한다는 취지를 기재하는 배서이다(어 제19조). 어음법은 '공연한 입질배서'에 관하여서만 규정을 두었으나(어 제19조), 실무상으로는 숨은 입질배서로 어음을 담보화하는 경우가 대부분이다.

2) 입질배서의 방식

입질배서는 배서 중에 '담보하기 위하여', '입질하기 위하여' 등의 문구나 그 밖에 질권설정을 표시하는 문구를 부기함으로써 한다(어 제19조 제1항).

3) 지시금지어음의 경우

지시(배서)금지어음은 어음법적 방법(배서)에 의한 유통이 금지된 어음인데, 입질배서를 하면 역시 어음법적 방법에 의한 어음의 유통이므로 이를 허용할 수 없으며, 또한 입질배서에 의하여 항변이 절단되므로(어 제19조 제2항) 지시금지된 어음의 입질배서는 허용되지 않는다고 본다.

4) 입질배서의 효력

입질배서에는 자격수여적 효력과 담보적 효력이 있으나, 권리이전적 효력은 없다.

로, 어음채무자(甲)는 배서인(즉 채무자: 乙)에 대한 인적 항변사유로서 은행(丙)에 대항할 수 있다고 보아야 한다.

1) 서울고등법원 1972. 2. 18. 68나2170.

(1) 질권설정의 효력

입질배서의 피배서인은 어음상의 권리 위에 질권을 취득한다. 이것은 입질배서의 본질적 효력이다. 피배서인은 이에 따라 피담보채권에 관하여 다른 채권자에 대하여 우선변제를 받을 권리를 취득한다. 피배서인은 질권취득의 결과로 어음상의 채무자에 대한 일체의 어음상의 권리를 자기의 이름으로 할 수 있다.

(2) 어음항변의 절단과 선의취득

입질배서의 피배서인은 독립된 경제적 이익을 가지고 있어서 자기 고유의 권리를 근거로 하여 어음상의 권리를 행사하는 것이므로 어음채무자는 피배서인에게 악의가 없는 한 배서인에 대한 항변으로써 이에 대항하지 못하는 동시에, 피배서인에 대한 인적 항변은 모두 이에 대항할 수 있다(어 제19조 제2항).

마찬가지로 배서인이 무권리자, 무권대리인 등의 경우에도 악의 또는 중대한 과실 없이 입질배서를 받은 피배서인은 어음상의 권리 위에 질권을 선의취득한다.

(3) 권리이전적 효력

피배서인은 어음상의 권리에 질권만을 취득하므로 어음상의 권리 자체를 처분할 수는 없다. 즉, 입질배서에는 권리이전적 효력은 없다. 따라서 추심위임배서는 할 수 있어도 양도배서나 입질배서(전질배서)는 할 수 없다(어 제19조 제1항 단서). 입질배서의 피배서인이 양도배서를 하여도 그것은 추심위임배서로서의 효력밖에 생기지 않는다(어 제19조 제1항, 제77조 제1항 제1호).

(4) 자격수여적 효력

입질배서에는 자격수여적 효력이 있으므로, 입질배서가 있는 어음을 소지하고 있는 피배서인은 형식적 자격자, 즉 적법한 어음소지인으로 추정된다. 따라서 어음소지인은 자기가 진실한 질권자라는 것을 증명하지 않고도 어음상의 권리를 행사할 수 있고, 어음채무자는 배서가 연속되어 있는 이상 배서의 진부를 조사하지 아니하고 소지인에 대하여 지급할 수 있다(어 제40조 제3항). 또한 피배서인이 배서인을 정당한 권리자로 믿고 또 그렇게 믿는데 중대한 과실 없이 어음을 질취한 경우, 그 배서인이 무권리자일지라도 어음상의 권리에 대한 질권을 선의취득한다.[1]

---

1) 강위두 · 임재호(하) 388면.

(5) 담보적 효력

배서인은 반대의 문구가 없으면 인수와 지급을 담보하는 것이므로(어 제15조 제1항), 입질배서에도 담보책임이 인정된다. 입질배서에 담보적 효력을 인정하면 특히 배서인이 피담보채무(원인채무)의 채무자가 아닌 경우에 실익이 크다.[1]

5) 숨은 입질배서

숨은 입질배서란 보통의 양도배서의 형식을 취하면서 실질적으로는 입질을 목적으로 하는 배서를 말한다. 어음법상으로는 권리이전적 효력이 생기고, 입질관계는 인적 항변사유가 될 뿐이다. 이 경우에는 숨은 입질피배서인이 실질관계상 독자적·경제적 이익을 가지고 있으므로 실질과 형식의 상위로 인한 법률상의 곤란한 문제는 생기지 않는다. 즉, 피배서인은 배서인에 대한 항변사유로 대항받지 않으며, 또 배서인파산의 경우에도 당연히 별제권을 가지나(채회 제411조), 피배서인이 파산한 경우에는 배서인은 환취권을 갖지 못한다(채회 제407조).

《각종 배서의 효력》

효력 / 배서의 종류		권리이전적 효력	자격수여적 효력	담보적 효력	인적 항변의 절단	선의취득
양 도 배 서						
보통의 양도배서		있음	있음	있음	절단	인정
특수한 양도배서	무담보배서	〃	〃	없음	〃	〃
	배서금지 배서	〃	〃	△	비절단	〃
	환 배서	〃	〃	△	△	〃
	기한후 배서	〃	〃	없음	비절단	부인
특 수 배 서						
추심위임배서	공연한	없음	있음	없음	비절단	부인
	숨은	있음	〃	△	△	△
입질배서	공연한	없음	〃	있음	절단	인정
	숨은	있음	〃	〃	〃	인정

※ △는 경우에 따라 다름.

1) 정동윤(하) 306면.

제3관 환어음의 인수

Ⅰ. 인수의 의의 및 성질

1. 인수의 의의

어음의 인수(引受, Annahme, Akzept, acceptation, acceptance)란 지급인이 어음금액의 지급의무를 부담할 것을 목적으로 하는 환어음 특유의 어음행위를 말한다. 환어음에서는 지급인이 인수를 함으로써 비로소 주채무자가 확정되고 어음금지급청구권이 확정적으로 발생한다. 인수가 되기 전의 환어음에는 단지 금전지급수령권한 또는 지급거절이나 인수거절이 발생하지 않을 것을 조건으로 한 금전채권이 화체되어 있을 뿐이다.

2. 인수의 성질

인수를 하면 인수인이 책임을 부담한다. 이 채무부담의 효력은 인수인의 의사표시상의 효력이므로 인수도 계약이라고 본다. 따라서 인수의 효력이 발생하기 위하여는 인수인이 어음상의 인수의 의사표시를 할 뿐만 아니라, 어음소지인(발행인, 수취인, 배서인 등)에게 어음을 반환하고, 이를 상대방이 승낙할 의사를 가지고 수령하여야 한다(어 제29조 제1항).

Ⅱ. 인수의 말소

어음의 지급인은 인수의 기재와 기명날인 또는 서명을 하였더라도 어음을 반환하기 전에는 자유로이 말소할 수 있으며, 이 경우에는 인수를 거절한 것으로 본다(어 제29조 제1항 제1문). 그리고 인수의 말소는 어음을 반환하기 전에 한 것으로 추정한다(어 제29조 제1항 제2문). 즉, 유효한 말소로 추정된다.

그러나 인수의 말소에도 불구하고 지급인이 소지인 또는 어음에 기명날인 또는 서명을 한 자에게 서면으로 인수의 통지를 한 경우에는 그 통지한 상대방에 대하여 인수의 문구에 따라 책임을 진다(어 제29조 제2항).

Ⅲ. 인수제시

1. 인수제시의 의의

인수제시란 환어음을 지급인에게 제시하여 어음의 인수를 청구하는 행위를 말한다. 일람후정기출급어음에 있어서는 인수제시로 만기가 확정된다(어 제22조 제1항 · 제2항 단서).

인수제시를 할 수 있는 자는 정당한 소지인뿐만 아니라 단순한 점유자라도 상관없으며(어 제21조), 피제시자는 항상 지급인 또는 그 대리인이고, 제3자방출급어음의 경우에도 같다. 지급인이 수인인 때에는 그 전원이 피제시자이고, 이 중 1인이라도 인수를 거절하면 곧바로 상환청구할 수 있다고 본다.

인수제시는 원칙적으로 어음의 발행일로부터 만기의 전일까지 하여야 하나(어 제21조), 다만 인수제시기간의 정함이 있는 경우는 그 기간 내에(어 제22조), 또 일람후정기출급환어음의 경우에는 원칙적으로 그 발행한 날부터 1년 내에(어 제23조) 하여야 한다.

2. 인수제시자유의 원칙

어음소지인은 만기의 전일까지 거래일의 거래시간(어 제72조 제1항 제2문, 제63조) 내에는 언제든지 지급인에게 그 주소(영업소)에서 인수제시를 할 수 있으며(어 제21조), 인수를 거절하면 상환청구권을 행사할 수 있다. 그러나 다음과 같이 인수제시의 자유가 제한되는 경우도 있다.

1) 인수제시의 금지

환어음의 발행인은 일정한 기일 전에는 인수를 위한 어음의 제시를 금지한다는 내용을 적을 수 있으며(어 제22조 제3항)(인수제시의 상대적 금지), 제3자방출급어음(타소출급어음) · 타지출급어음 및 일람후정기출급어음의 경우를 제외하고는 기간을 정하지 아니하고 인수를 위한 제시를 금지하는 내용을 어음에 적을 수도 있다(어 제22조 제2항)(인수제시의 절대적 금지). 인수제시의 절대적 금지 또는 제한은 소용없는 인수거절의 발생을 미연에 방지하기 위한 것이므로 이를 어기고 제시를 함으로써 인수거절이 생겨도 소지인은 인수거절로 인한 상환청구권을 행사하지 못한다.

2) 인수제시명령

발행인은 기간을 정하거나 정하지 아니하고 인수를 제시하여야 한다는 내용을 적을 수 있다(어 제22조 제1항). 기간을 정하지 아니한 때에는 만기의 전일까지 제시하여야 한다(어 제21조). 인수제시명령문구는 발행인이 인수제시를 금지하지 아니한 한 배서인도 기재할 수 있다(어 제22조 제4항).

발행인 또는 배서인이 기재한 인수제시기간 내에 인수제시를 하지 아니하면 소지인은 모든 상환의무자에 대하여 인수거절 또는 지급거절로 인한 상환청구권을 행사하지 못한다(어 제53조 제1항 본문 · 제2항). 그러나 기간경과 후의 인수제시도 금지되는 것은 아니다. 다만 발행인이 기재한 문구에 의하여 인수담보의무만을 면하고자 하는 의사가 있었음을 알 수 있는 때에는 지급거절로 인한 상환청구권을 상실하지 아니한다(어 제53조 제2항 단서).

일람후정기출급어음에 있어서는 그 발행한 날부터 1년 내에 인수제시를 하여야 하므로(어 제23조 제1항) 소지인이 이 기간 내에 제시를 하지 아니하면 인수인 이외의 전자에 대한 상환청구권을 상실한다(어 제53조 제1항 제1호). 이것은 만기의 산정을 위하여 필요하기 때문이다. 그리고 발행인은 이 1년의 기간을 단축 또는 연장할 수 있고(어 제23조 제2항), 배서인은 그 법정제시기간 또는 발행인이 정한 제시기간을 단축할 수도 있다(어 제23조 제3항).

3. 유예기간(숙려기간 · 고려기간)

인수제시를 받은 지급인은 첫 번째 제시(제1제시)일의 다음 날에 두 번째 제시(제2제시)를 할 것을 청구할 수 있는데(어 제24조 제1항 제1문), 이 1일의 기간을 유예기간이라고 한다. 지급인이 제2인수제시를 청구하는 경우에 소지인은 제1제시시에 어음을 교부할 필요가 없다(어 제24조 제2항).

지급인이 제2인수제시를 청구하는 때에는 그 뜻을 인수거절증서에 기재하여야 한다. 만약 이러한 기재가 없으면 제1의 제시에 대한 거절증서에 의하여 상환청구할 수 있으며, 그러한 뜻의 기재가 있는 때에만 이해관계인은 그 청구에 응한 제2의 제시가 없었다는 것을 주장할 수 있다(어 제24조 제1항 제2문). 이와 같이 지급인의 제2인수제시청구가 있으면 소지인은 그 익일에 제2인수제시를 하여야 하는데, 제2인수제시를 하지 않으면 인수거절로 인한 상환청구를 할 수 없다. 만약 제2인수제시에 대하여도 인수거절이 있으면 소지인은 제2의 인수거절증서를 작성하여야만 상환청구할 수 있다. 이때 제1의 제시에 대한 인수거절증서 작성비용은 인수인 또는 상환의무자가 부담하여야 할 것이다. 소지인으로서는 동일인에 대하여 수 차례의 청구를 하더라도 거절증서는 1통을 작성하면 충분하기 때문이다(거령 제7조).

Ⅳ. 인수의 방식

1. 인수의 요건

인수를 함에는 환어음에 '인수' 또는 그 밖에 이와 같은 뜻이 있는 글자(인수문구)로 표시하고, 지급인이 기명날인 또는 서명을 하여야 한다(어 제25조 제1항 제2문)(정식인수). 그러나 인수문구는 인수의 절대적 요건은 아니므로 어음의 앞면에 지급인의 단순한 기명날인 또는 서명만 있으면 이를 인수로 본다(어 제25조 제1항 제3문)(약식인수). 어음의 뒷면의 기명날인 또는 서명에 의한 약식인수를 인정하지 않는 것은 백지식배서와의 혼동을 피하기 위한 것이다(어 제13조 제2항 참조). 인수는 반드시 어음 본지에 하여야 하고, 등본 또는 보충지에는 할 수 없다(어 제25조 제1항 제1문). 인수는 반드시 지급인이 하여야 하는데 인수인과 지급인과의 동일성은 거래관념상 동일성이 인정되면 충분하다.

◆ 어음행위를 할 장소
인수 — 반드시 본지의 표면에만 가능
배서 — 본지 또는 보충지 또는 등본에 가능
간략백지식 배서 — 본지 뒷면, 등본 뒷면, 보충지에 가능
보증 — 본지, 보충지, 등본에 가능
약식보증 — 반드시 앞면에만 가능

2. 요건 이외의 기재사항

인수는 무조건이어야 하나(어 제26조 제1항 본문) 다음과 같은 예외의 경우가 법정되어 있다.

1) 인수일자

인수일자는 인수의 요건은 아니나, 일람후정기출급어음(어 제23조) 또는 인수제시명령 있는 어음(어 제22조 제1항 · 제4항)에 있어서는 소지인이 제시일자의 기재를 청구한 경우 외에는 인수를 한 일자를 기재하여야 한다(어 제25조 제2항 제1문). 인수일자와 제시일자는 일치하는 것이 보통이므로 원칙적으로 인수한 날짜를 기재하게 되지만, 기간의 말일에 제시가 있고 그 익일에 인수가 있는 경우(어 제24조)에는 소지인은 인수인에 대하여 제시한 날짜를 기재할 것을 청구할 수 있다(어 제25조 제2항 제1문). 만약 인수일자의 기재가 없는 경우에는 소지인은 적법한 시기에 작성시킨 거절증서에 의하여 그 기재가 없었음을 증명하지 아니하면 배서인과 발행인에 대한 상환청구권을 상실한다(어 제25조 제2항 제2문). 거절증서의 작성이 면제되어 있거나 이를 작성하지 아니한 때에는 인수인에 대하여는 일자가 없어도 인수제시기간의 말일에 인수한 것으로 본다(어 제35조 제2항). 거절증서의 작성이 면제된 경우에는 발행인과 배서인에 대하여도 어음법 제35조 제2항을 유추적용하여 제시기간의 말일에 인수제시가 있었던 것으로 본다.

2) 제3자방지급의 기재

발행인이 타지출급어음(지급지가 지급인의 주소지와 다른 어음)에 제3자방지급의 기재를 하지 아니한 때에는, 지급인은 인수시에 그 제3자를 정할 수 있다(어 제27조 제1항 제1문). 만약 지급인이 이것을 정하지 아니한 때에는 지급지에서 인수인 자신이 지급할 의무를 부담한 것으로 본다(어 제27조 제1항 제2문).

3) 지급장소의 기재

지급인의 주소에서 지급될 것으로 한 어음(동지출급어음)에 있어서는, 지급인은 인수를 함에 있어서 지급지에서의 지급장소를 정할 수 있다(어 제27조 제2항).

3. 불단순인수

다음의 기재사항을 변경하거나 조건 또는 제한을 부기한 인수를 불단순인수라고 한다.

1) 변경인수

어음의 내용을 변경하여 하는 인수는 인수거절로 본다(어 제26조 제2항 본문). 따라서 소지인은 전자에 대하여 상환청구권을 행사할 수 있다. 다만 변경인수를 곧 무효로 할 필요는 없으므로 인수인에 대하여는 만기를 기다려 인수문구대로 지급을 청구할 수도 있다(어 제26조 제2항 단서).

2) 조건부인수

인수인의 책임에 조건을 붙여서 하는 인수를 조건부인수라고 하는데, 인수는 무조건이어야 하므로(어 제26조 제1항 본문) 조건부인수가 있으면 어음소지인은 인수거절이 있는 것으로 보아 상환청구권을 행사할 수 있다.

3) 일부인수와 초과인수

지급인이 어음금액의 일부만을 인수한 경우에는(어 제26조 제1항 단서)(일부인수), 인수한 어음금액의 한도 내에서는 단순인수의 효력이 나타나고, 인수없는 잔액에 대하여만 인수거절이 된다. 어음금액을 초과하여 인수한 때(초과인수)에는 어음금액의 한도 내에서 인수가 있는 것으로 보고 유효하게 취급하여야 할 것이다.

Ⅴ. 인수의 효력

1. 인수인의 제1차적 지급의무

지급인이 인수를 하면 인수인(주채무자)이 되어, 만기에 어음금액을 지급할 의무를 부담한다(어 제28조 제1항). 인수인의 지급의무는(상환의무와 달라서) 제1차적·무조건적·절대적·최종적인 지급의무이므로 인수인은 최후의 소지인에 대하여서 뿐만 아니라 상환의무를 이행하고 어음을 환수한 소지인과 발행인 등에 대하여도 위의 의무를 부담한다(어 제28조 제2항). 이 의무는 소멸시효의 경우(어 제70조 제1항)를 제외하고는 보전절차의 흠결(예컨대, 지급제시기간내에 적법한 지급제시를 하지 아니한 경우)이 있더라도 면할 수 없다(어 제53조 제1항 단서).

인수인이 수인일 때에도 각자가 전부의 지급의무를 부담하며, 이때의 인수인들의 책임은 합동책임이다.

2. 지급액

인수인이 지급할 금액은 만기에는 어음금액과 이자액이지만, 만기에 지급하지 않아 상환청구권이 생기면 상환금액(어 제48조 · 제49조)과 같은 금액이 된다.

제 4 관 어음보증

Ⅰ. 어음보증의 의의

1. 어음보증의 의의

어음보증(Wechselbürgschaft, Aval)이란 주된 어음행위에 의하여 발생한 채무를 담보할 목적으로 이와 동일한 내용의 어음채무를 부담하는 부속적 어음행위이다. 즉, 발행인이나 인수인, 배서인의 신용만으로는 어음의 지급이 불확실한 경우에 다른 사람이 어음금의 지급을 담보하기 위하여 채무자와 동일한 내용의 어음채무를 부담하는 것(어 제32조 제1항)을 목적으로 하는 어음행위이다.

어음보증은 어음상의 채무를 어음상에서 보증하는 것으로 피보증채무와는 독립하여 존재하므로, 어음의 지급을 확실하게 하는 효과가 있다. 금융기관에 의한 보증은 그러하지 않지만, 실제 거래계에서는 어음보증이 오히려 어음의 불신용을 공표하는 것이 되므로 잘 이용되지 않는다. 이에 대신하여 배서의 담보적 효력을 이용하는 이른바 숨은 어음보증, 즉 보증의 목적으로 하는 배서 등에 의하여 어음보증과 동일한 경제적 효과를 거두고 있다.

2. 어음보증의 법적 성질

어음보증의 법적 성질은 채무부담의 단독행위라는 것이 우리나라의 다수설이지만,[1] 어음보증의 경우에도 교부계약이 필요하다고 본다.

---

1) 대법원 2002. 12. 10. 2001다58443: 약속어음의 보증은 발행인을 위하여 그 어음금채무를 담보할 목적으로 하는 보증인의 단독행위이다.

3. 민법상의 보증과의 차이

어음보증과 민법상의 보증의 차이점은 다음과 같다.

(i) 민법상의 보증은 계약이지만 어음보증은 다수설에 의하면 단독행위이다. (ii) 전자는 대인적이어서 특정된 채무자를 위하여 특정된 채권자에 대하여 책임을 지나, 후자는 어음관계적이어서 주채무자가 분명하지 않아도 되며[이때는 발행인을 위하여 한 것으로 본다(어 제31조 제4항.)], 불특정한 어음소지인에 대하여도 책임을 진다. (iii) 전자는 주채무의 성립이 보증채무의 성립요건이지만(부종성), 후자는 담보된 채무가 그 방식에 흠이 있는 경우 외에는 어떠한 사유로 실질상 무효가 되더라도 유효하게 성립한다(어 제32조 제2항). (iv) 전자는 보증인이 최고·검색의 항변권을 가지나(민 제437조: 보충성), 후자의 경우에는 그것이 인정되지 않고, 보증인은 피보증인과 동일한 책임을 진다(어 제32조 제1항). (v) 전자는 방식의 제한이 없으나, 후자는 요식행위이다(어 제31조). (vi) 민법상의 공동보증인은 분별의 이익이 있으나, 어음보증에는 그것이 없다. (vii) 또 소멸시효기간에도 장단의 차이가 있다. 그러나 많은 경우에 어음보증 또는 숨은 보증이 민법상의 원인채무를 보증하는 것으로 해석되기도 한다.

◆ 숨은 어음보증과 민사상의 보증책임

숨은 어음보증이란, 보증을 목적으로 하되, 어음보증방식이 아닌 발행, 배서, 인수 등을 함으로써 어음보증과 동일한 경제적 효과를 달성하는 것을 말한다. 배서의 경우에는 배서의 담보적 효력을 이용하여 보증의 목적을 달성한다.
숨은 어음보증의 문제는 배서인이 원인채무의 민사상 보증책임까지 지는가 하는 것이다. (i) 보증의 취지로 어음을 발행한 경우, 타인의 채무에 관하여 제3자가 채무자를 위하여 어음이나 수표를 발행하여 채권자에게 교부한 경우에는 특별한 사정이 없는 한 동일한 채무를 면책적 또는 중첩적으로 인수한 것으로 본다.[1] 이 경우 제3자가 민사상 보증을 한 것으로 보고 보증책임을 물을 수 있는가에 관하여 판례는 엄격한 요건을 요구하여 대체로 이를 부정한다.[2] 다만,

---

1) 대법원 1989. 9. 12. 88다카13806; 동 1997. 5. 7. 97다4517; 동 1998. 3. 13. 97다52493.

2) 민사책임을 인정한 사례: 대법원 1957. 11. 4. 4290민상516; 동 1965. 9. 28. 65다1268; 동 1972. 3. 28. 71다2452; 동 1986. 7. 22. 86다카783; 동 1986. 9. 9. 86다카1088; 동 1987. 8. 25. 87다카891; 동 1989. 7. 25. 88다카19460; 동 2004. 9. 24. 2004다29538; 서울고등법원 1987. 1. 19. 86나296; 서울민사지방법원 1987. 2. 20. 86가단1848(물품외상대금변제로서 제3자 발행의 약속어음을 받음에 있어 채무자인 사업주의 배서 외에 그 영업부장의 배서를 요구하여 영업부장이 이를 배서한 경우에는 물품대금채무에 대하여 연대보증책임을 부담한다).

민사책임을 부정한 사례: 대법원 1964. 10. 20. 64다865; 동 1967. 9. 5. 67다1381; 동 1973. 9. 25. 73다405; 동 1984. 2. 14. 81다카979; 동 1987. 12. 8. 87다카1105; 동 1988. 3. 8. 87

어음 소지인은 숨은 어음보증인(배서인)이 담보목적으로 어음을 배서하였다는 점 및 원인채무를 보증할 의사가 있었다는 특별한 사정을 증명하면 민사책임을 부담시킬 수 있다. 이때, '특별한 사정'이란 보통 대주의 면전에서 배서인이 배서하면서 원인채무의 내용을 분명히 인식하였거나, 대주로부터 소비대차계약을 보증한다는 의미로 배서하여 달라는 요구를 받았다거나,[1] 배서인이 직접 어음을 대주에게 교부하였다는 등의 사정을 말한다.

❒ 대법원 1992. 12. 22. 92다17457
숨은 어음보증이 민사상의 채무까지 보증한 것으로 볼 수는 없다

☞ 〈사실〉
유승개발주식회사는 약속어음 여러 장을 지급거절증서작성을 면제하고, 발행지, 지급지 및 발행일을 기재하지 아니한 채 발행하였다. 동 회사의 전무이사 박승만은 동 어음을 사채시장에서 쉽게 할인받을 목적으로 상장회사로서 위 유승개발보다 신용이 있는 피고 극동전선공업주식회사 명의의 배서를 받기 위하여 친분이 있는 피고회사의 대표이사인 최병철을 찾아가 그에게 위와 같은 사정을 밝히고 배서를 의뢰하였다. 위 최병철은 이를 승낙하고 위 각 어음 뒷면의 제1배서인란에 피고회사 명의의 배서를 하였다. 이들 어음 중 일부는 김영구의 배서, 나머지는 송준영의 배서를 각각 거쳐 이 사건의 원고 주식회사 신한상호신용금고에게 교부하였다. 동 어음의 소지인이 된 원고 신한상호신용금고는 위 미기재된 어음요건을 기재하지 아니한 채 지급기일에 이르러 그 지급장소인 주식회사 한미은행 안양지점에 지급제시를 하였으나 지급거절되었다. 이에 원고는, (ⅰ) 주위적 청구로서 위 각 배서인에게 지급거절에 따른 상환청구권을 행사하여 상환청구를 하는 한편, (ⅱ) 예비적 청구로서 피고가 보증의 의미로 배서하였다면 차용채무에 대해서도 민법상 연대보증하겠다는 의사를 표시한 것이기 때문에 피보증인이 부담하게 되는 어음금상당의 대여금의 합계액과 지연손해액을 지급할 의무가 있다고 주장하며 소를 제기하였다.

〈판결요지〉
위 주위적 청구에 대하여는 제1심법원(서울민사지방법원 1991. 7. 25. 91가합19802)에서 제2심법원(서울고등법원 1992. 4. 9. 91나42823)과 대법원에 이르기까지 다 같이 원고의 상환청구권을 인정하지 아니하였다.
위 예비적 청구에 대하여는 제1심법원과 대법원은 결론을 같이하였으나 서울고등법원은 반대의 판결을 하였다. 서울고등법원의 판결은, 피고회사의 대표이사가 차용금채무에 대한 담보의 의미로 배서를 하는 것이라는 사정을 충분히 알면서 배서행위를 한 것

다446; 동 1992. 12. 22. 92다17457; 동 1993. 11. 23, 93다23459; 동 1994. 8. 26. 94다5397; 동 1997. 12. 9. 97다37005; 동 1998. 6. 26. 98다2051; 동 2001. 5. 8. 2000다61633; 동 2002. 4. 12. 2001다55598; 동 2003. 4. 22. 2000다63950; 동 2005. 10. 13. 2005다33176; 동 2007. 9. 7. 2006다17928(수표의 경우); 동 2009. 10. 29. 2009다44884; 서울민사지방법원 1997. 8. 7. 96가단37807.

1) 대법원 2004. 9. 24. 2004다29538.

이고, 따라서 배서를 할 당시에 채권자(어음의 최후의 소지인)가 누구인가 구체적으로 몰랐다 하더라도 유승개발의 차용금채무를 연대보증하겠다는 의사를 표시하는 뜻에서 배서한 것이었다고 봄이 상당하다는 것이다. 따라서 피고의 연대보증인으로서의 책임을 인정하였다. 원고승소.

이에 대하여 대법원은 "다른 사람이 발행한 약속어음에 보증의 취지로 배서를 한 경우에 배서인은 배서행위로 인한 어음상의 채무만을 부담하는 것이 원칙이고, 다만 어음이 차용증서에 갈음하여 발행된 것으로서 배서인이 그러한 사정을 알고 민사상의 원인채무를 보증하는 의미로 배서한 경우에 한하여 원인채무에 대한 보증책임을 부담한다. 사채시장에서 쉽게 할인될 수 있도록 하기 위하여 약속어음에 배서한 것은 배서인으로서의 어음상 채무를 부담함에 의하여 신용을 부여하려는 것에 불과하고, 피고가 민사상의 원인채무를 보증하는 의미로 배서하였다고 인정할만한 자료를 찾아볼 수 없어서, 위 약속어음이 차용증서에 갈음하여 발행된 것으로 알고 민사상의 원인채무를 보증하는 의미로 배서한 것이라고 볼 수 없다."고 하였다. 피고승소.

❒ 대법원 1986. 9. 9. 86다카1088
숨은 보증을 위하여 배서한 경우 민법상의 원인채무를 연대보증할 의사가 있었다고 본 사례

☞ 乙이 타인으로부터 돈을 차용하면서 그 차용증서에 갈음하여 약속어음과 수표를 교부하는 것이고 그 채권자가 차용금채무에 대한 담보의 의미로 甲의 배서를 요구하는 것이라는 사정을 甲이 충분히 알고 乙의 요구에 따라 그 약속어음과 수표에 배서행위를 하였다면 甲이 비록 배서행위 당시 乙에게 금전을 대여하는 채권자가 누구인가를 구체적으로 몰랐더라도 그 배서행위는 배서된 어음, 수표를 乙로부터 교부받고 금전을 대여하는 채권자에게 乙의 차용금채무를 연대보증하겠다는 의사를 표시하는 뜻에서 한 것이었다고 봄이 상당하다.

Ⅱ. 어음보증의 성립요건

1. 당사자

1) 보증인

보증인의 자격에는 제한이 없다. 제3자는 물론 어음상의 채무자도 상관이 없다(어 제30조 제2항 제2문 · 제77조 제3항). 전자가 후자의 보증인이 되거나, 인수인이 보증인이 되는 것은 무의미하지만, 상환의무자가 주채무자의 보증인이 되는 것은 의의가 있기 때문이다.

2) 피보증인

피보증인은 어음채무자(발행인 · 인수인 · 배서인 · 참가인수인)이다. 따라서 어음채무자가 아닌 자, 예컨대 환어음의 지급인, 지급담당자, 무담보배서의 배서인 등을 위한 보증은 무효이다(통설).

2. 어음보증의 방식

1) 정식보증

어음보증은 어음 · 보충지 또는 등본에 하되(어 제31조 제1항), '보증' 또는 이와 같은 뜻이 있는 문구를 표시하고 보증인이 기명날인하거나 서명하여야 하며(어 제31조 제2항), 피보증인의 명칭을 표시하는 것이 원칙이다(어 제31조 제4항 제1문). 즉, (ⅰ) 보증문구, (ⅱ) 피보증인, (ⅲ) 보증인의 기명날인의 3요소가 완비된 보증을 말한다.

보증인은 거절증서작성면제(어 제46조 제1항)와 예비지급인(어 제55조 제1항)의 기재를 할 수 있다.

2) 약식보증

약식보증은 피보증인의 지정없이 보증문구만을 기재하고 기명날인 또는 서명을 하거나, 보증문구마저도 기재하지 아니하고 기명날인 또는 서명만 함으로써 할 수 있는데, 이 약식보증은 발행인을 위한 것으로 보며(어 제31조 제4항 제2문), 어음의 앞면에만 할 수 있다(어 제31조 제3항). 따라서 어음 앞면에 한 단순한 기명날인 또는 서명은 보증으로 본다. 그러나 어음 앞면에 있는 지급인의 단순한 기명날인 또는 서명은 인수로 보며(어 제25조 제1항 제3문), 또 발행인의 단순한 기명날인 또는 서명은 발행의 의사표시로 볼 수밖에 없고, 발행인 또는 지급인이 자기를 위하여 보증한다는 것은 무의미하므로 지급인이나 발행인은 약식보증을 할 수 없다. 어음 뒷면의 단순한 기명날인 또는 서명은 배서로 인정된다.

3. 조건부 보증

어음행위를 조건부로 하는 경우가 있다. 어음행위는 발행, 배서, 인수, 참가인수, 보증 등인데, 조건부 발행(어음자체가 무효로 된다), 조건부 배서(조건이 없는 배

서로 된다: 무익적 기재사항), 조건부 인수(인수거절로 보아 상환청구권을 행사할 수 있다는 견해와, 인수거절로 보되 인수인은 조건대로 책임을 진다는 견해가 있다)의 경우는 각각 법률에 의하여 그 법적 효과가 규정되어 있다. 이 곳에서는 조건부 보증이 문제인데, 어음법에는 아무런 규정이 없다(조건부 참가인수에 관하여도 규정이 없다). 그러나 판례는 조건부 보증을 유효로 인정한다. 따라서 조건부 보증은 유익적 기재사항이 되어, 그 조건이 붙은 대로의 어음보증으로서 효력이 있다.[1)]

❐ 대법원 1986. 3. 11. 85다카1600
조건부어음보증도 유효하다

☞ 어음법상의 보증의 경우에는 발행 및 배서의 경우와 같이 단순성을 요구하는 명문의 규정이 없을 뿐만 아니라 주된 채무를 전제로 하는 부수적 채무부담행위인 점에서 보증과 유사한 환어음의 인수에 조건을 붙인 경우에는 일단 인수거절로 보되 인수인으로 하여금 인수의 문언에 따라 책임을 지도록 함으로써 불단순인수를 인정하고 있음에 비추어 볼 때 어음보증에 대하여 환어음인수의 경우보다 더 엄격하게 단순성을 요구함은 균형을 잃은 해석이라고 하겠고, 또 조건부보증을 유효로 본다고 하여 어음거래의 안전성이 저해되는 것도 아니므로, '우기 금액의 지급을 지급기일까지 보증함'과 같이 조건을 붙인 불단순보증은 그 조건부보증문언대로 보증인의 책임이 발생한다고 보는 것이 타당하다. 동지: 대법원 1986. 3. 25. 84다카2438; 동 1986. 9. 9. 84다카2310; 동 2002. 12. 10. 2001다58443.

4. 일부보증

어음보증은 어음금액의 일부에 대하여도 할 수 있다(어 제30조 제1항·제77조 제3항, 수 제25조 제1항). 이때에는 보증금액을 기재하여야 하며, 이를 기재하지 않으면 전부를 보증한 것으로 보아야 한다.[2)]

5. 어음보증의 시기

어음보증을 할 수 있는 시기에 관하여는 아무런 규정이 없으나, 만기 후 또는 거절증서작성 후나 시효완성 후에도 이를 할 수 있다고 본다.

---

1) 양승규(어) 327면; 강위두·임재호(하) 401면; 정동윤(하) 253면; 채이식(하) 132면; 이기수(어) 397면; 정찬형(하) 430면.
2) 강위두·임재호(하) 402면.

Ⅲ. 어음보증의 효과

1. 어음보증인의 책임

1) 책임의 종속성

보증인은 피보증인과 '같은 책임'을 진다(어 제32조 제1항). 따라서 피보증채무가 지급·상계·면제·시효 등으로 인하여 소멸하면 보증채무도 소멸하고, 상환의무가 권리보전절차의 흠결로 인하여 소멸하면 그 보증채무도 소멸한다. 피보증인이 거절증서작성의무를 면제했거나, 또는 일부인수 등 피보증채무에 제한을 가한 경우에는, 각각 보증채무에 그 효과가 미친다. 약속어음의 발행인을 위한 지급보증이 있는 경우 비록 어음이 지급제시기간 경과 후에 제시되었더라도 어음상 채무는 소멸시효 전까지는 존속하므로 발행인을 위한 지급보증채무도 소멸하지 않는다.[1] 또한 피보증인이 어음의 변조를 승낙한 때에는 변조 전에 보증한 보증인은 변조 후의 문구에 의한 책임을 진다.[2]

약속어음상의 권리를 지명채권양도의 방법으로 양도함에 있어 주채무자인 발행인에 대하여 대항요건을 갖추었다면 보증인에 대하여 별도로 대항요건을 갖추지 아니하더라도 보증인에 대하여 어음상의 권리의 양도를 주장할 수 있다.[3] 다만 주채무와 보증채무는 별개의 채무이므로 시효의 중단조치는 피보증인과 보증인에게 따로따로 취하여야 한다. 그러나 어음상의 채권자가 보증인에 대하여 보증책임을 묻기 위하여 별도로 상환청구권보전절차를 취할 필요는 없다.

2) 책임의 합동성

보증인은 피보증인과 '합동하여 책임'을 진다(어 제47조 제1항). 따라서 어음소지인은 양자에 대하여(보증인이 수인인 때에도 전원에 대하여) 따로따로 또는 동시에 어음상의 권리를 행사할 수 있으며(어 제47조 제2항), 보증인도 최고·검색의 항변권을 행사할 수 없다.

---

1) 서울고등법원 1984. 11. 26. 84나3417.
2) 서울민사지방법원 1987. 12. 4. 87가단4804.
3) 대법원 1976. 4. 13. 75다1100; 동 1989. 10. 24. 88다카20774.

3) 책임의 독립성

어음보증은 독립된 어음행위이다. 따라서 어음행위독립의 원칙이 적용되어, 피보증인의 채무가 실질적 사유로 무효가 되는 경우라도 형식상 흠(하자)이 없는 경우에는 보증채무는 유효하므로 보증인은 문구대로의 책임을 진다(어 제32조 제2항). 이 점에서 민법의 보증에 있어서는 피보증채무가 무효이든가 취소된 때에는 보증채무의 부종성에 따라 무효라고 해석되는 것과 다르다.

본래 어음보증은 어음행위의 독립의 원칙에 따라 원인관계로부터 분리되는 것이 원칙이다. 따라서 보증인은 어음상의 액면금에 대하여만 책임을 지고, 예컨대 어음상의 채무가 시효로 소멸하면 보증인의 채무도 소멸한다. 그런데 어음보증이 때로는 원인관계상(기본계약상)의 채무를 보증한 것으로 간주되는 경우가 흔히 있다. 이 경우에는 예컨대 어음상 채무가 3년의 시효로 소멸하더라도 원인관계상의 채무는 민법상 소멸시효가 완성될 때까지 소멸하지 아니한다.[1)]

4) 피보증인이 가지는 인적 항변의 원용의 가부

보증채무의 부종성에 따르면 원인채무 자체가 성립하지 아니한 경우에는 보증인도 책임이 없다고 하여야 할 것이다. 그러나 어음법의 대원칙인 어음행위독립의 원칙에 따르면 원인채무의 성립 여부는 실질적인 하자일 뿐이고, 어음보증행위 자체는 형식상의 요건을 완벽하게 갖추었으므로 보증인이 책임을 져야 한다고 하게 된다. 따라서 서로 모순이 되는 두 원칙 중에 어느 것을 따라 어떠한 결론을 내려야 할지가 문제이다. 그러나 권리를 행사할 근거를 잃은 소지인이 독립성을 이유로 어음을 반환하지 않고 보증인에게 어음금을 청구하는 것은 신의칙에 반하여 권리남용이 된다(판례).[2)] 원인채권이 성립하지 않고 있음은 누구보다도 잘 알고 있는 자가 어음행위독립의 원칙이라는 어음법 이론만을 강변하는 것은 권리의 남용이라 할 수밖에 없다.

---

1) 대법원 1980. 3. 11. 80다15를 보면 대법원은 "수표를 담보로 하여 타인으로부터 돈을 빌린다는 사실을 알면서 수표에 대하여 보증을 한 것은 돈을 대여하고 그 수표를 교부받아 소지하는 사람에 대하여 민법상의 연대보증을 한 것이라고 보아야 한다."고 판시한 바 있다. 심지어는 보증의 취지로 배서만 하더라도(이를 숨은 어음보증이라고 한다.) 민법상의 보증책임을 져야 한다는 판결도 다수 있다(대법원 1957. 11. 4. 4290민상516; 동 1965. 9. 28. 65다1268; 동 1972. 3. 28. 71다2452; 동 1986. 7. 22. 86다카783; 동 1986. 9. 9. 86다카1088; 동 1987. 8. 25. 87다카891; 동 1989. 7. 25. 88다카19460 등 참조).

2) 대법원 1988. 8. 9. 86다카1858; 창원지방법원 2000. 9. 29. 2000나2980.

❐ 대법원 1988. 8. 9. 86다카1858
어음행위독립의 원칙과 권리남용

☞ 〈사실〉
이수왕과 주식회사 광명주택은 액면 도합 2억원의 약속어음 3매를 장래에 원고 제일생명보험주식회사(이하 제일생명이라 한다.)로부터 차용할 차용금채무를 담보하기 위하여 각각 발행하여 피고 경일투자금융주식회사(이하 경일투자금융이라 한다.)의 어음보증을 받아 이를 수취인인 원고에게 교부하였다. 그런데 제일생명은 당초의 약속과는 달리 1억원만 대부하였을 뿐, 나머지는 지급하지 아니하고 이수왕이나 광명주택의 승낙도 없이 광명그룹소속 종업원 퇴직적립계약에 따른 보험료명목으로 보관하였다. 동 어음의 지급기일이 도래하기 전인 1983년 11월 초순경 광명그룹 소속회사가 부도를 내고 거래은행으로부터 거래정지처분을 받자, 위 약속어음의 소지인인 제일생명은 만기에 지급이 될 가망이 없다고 판단하여 위 약속어음을 만기 전에 지급장소에서 지급제시하였으나 지급이 거절되었다. 이에 제일생명은 어음보증인인 경일투자금융에 대하여 위 각 약속어음의 지급을 구하기 위한 소를 제기하였다. 경일투자금융은 원고가 당초 위 약속어음의 액면금 상당액인 금 2억원을 대부하여 주기로 약정하였으나, 실제로는 1억원만 대부하고 나머지 금 1억원은 약정에 반하여 이를 대부하여 주지 아니하였으므로 위 대부하여 주지 아니한 금 1억원의 범위 내에서는 어음보증책임이 없다고 주장하면서 제일생명의 청구를 거절하였다.

〈판결요지〉
장래에 발생할 채무를 담보하기 위하여 발행된 어음에 발행인을 위하여 어음보증이 되어 있는 약속어음을 수취한 사람은 어음을 발행한 원인관계상의 채무가 존속하지 않기로 확정된 때에는 특별한 사정이 없는 한 그 때로부터 어음발행인에 대하여 뿐만 아니라 어음보증인에 대하여도 어음상의 권리를 행사할 실질적인 이유가 없어졌다 할 것이므로, 어음이 자기 수중에 있음을 기화로 하여 어음보증인으로부터 어음금을 받으려고 하는 것은 신의성실의 원칙에 비추어 부당한 것으로 권리의 남용이라 할 것이고, 어음보증인은 수취인에 대하여 어음금의 지급을 거절할 수 있다 할 것이니, 위 수취인으로부터 배서양도를 받은 어음소지인이 어음법 제17조 단서의 요건에 해당되는 때에는 어음보증인은 그러한 악의의 소지인에 대하여서도 권리남용의 항변으로 대항할 수 있다.
동지: 창원지방법원 2000. 9. 29. 2000나2980.

2. 어음보증채무 이행의 효과

1) 주채무의 소멸

보증인이 그 채무를 이행하면 보증채무는 물론 피보증인의 채무도 소멸한다.

2) 보증인의 구상권

보증인이 어음의 지급을 하면 피보증인과 그 피보증인의 채무자에 대하여 어음으로부터 생기는 권리를 취득한다(어 제32조 제3항). 이를 보증인의 구상권이라 한다. 이 권리는 법에 의하여 독립적 · 원시적으로 취득하는, 문언 그대로의 어음채권으로서, 보증인은 악의가 없는 한(어 제17조의 유추적용), 피보증인이 그 소지인 또는 그 피배서인에 대하여 가지는 인적 항변으로써 대항받지 아니한다. 또 이 권리는 피보증인과 그 전자에 대한 권리뿐만 아니라, 소지인의 인수인에 대한 권리도 포함한다.

보증인의 구상권취득은 승계취득이 아니라 법정취득이므로 보증인이 어음의 교부를 받지 않고서도 지급만 하면 어음상의 권리를 취득한다. 따라서 어음보증인은 그 취득한 권리에 기하여 어음증권의 교부를 청구할 수 있고, 어음을 교부받아 비로소 자기의 채무자(피보증인)에게 구상할 수 있게 된다.

보증인은 어음상의 구상권 외에 실질관계에 의거한 자기의 채무자에게 사법상의 구상권을 행사할 수도 있다.

3) 보증인 상호간의 구상권

동일인을 위하여 여러 사람의 보증인이 있는 경우에, 보증채무를 이행한 보증인과 다른 보증인 간의 구상관계는 민법의 일반원칙에 따른다(민 제448조 제2항 · 제425조).

제 5 관 환어음의 지급

Ⅰ. 어음지급의 의의

어음의 지급(Zahlung, payment)이란 어음관계를 전부 소멸시키는 효과를 가지는 변제를 말한다. 따라서 인수인 · 지급인 또는 지급담당자가 하는 지급을 말하며, 발행인 · 배서인 · 보증인 · 참가인수인 등이 하는 광의의 지급은 구상관계가 존속하므로 여기서 제외한다.

Ⅱ. 어음의 지급제시(지급청구)

1. 지급제시의 의의

어음의 지급제시(Vorlegung zur Zahlung)란 어음의 소지인(또는 그 대리인)이 지급을 청구하기 위하여 약속어음의 발행인, 환어음의 지급인·인수인(또는 그 대리인) 또는 지급담당자에게 지급을 받기 위하여 어음을 제시하는 것을 말한다. 어음소지인은 지급제시기간 내에 제시를 하여야만 전자에 대한 상환청구권을 보전할 수 있으며(어 제53조), 인수인은 지급제시가 있은 때로부터 이행지체의 책임을 진다(상 제65조, 민 제517조). 지급제시는 인수제시와는 달리 어음의 단순한 점유자에 의하여는 할 수 없고, 어음상의 최후의 수취인이 이를 하여야 한다. 약속어음의 발행인이 수인이 있는 때에는 그 전원에 대하여 제시하여야 상환청구할 수 있다.

그러나 약속어음의 발행인이나 환어음의 인수인은 절대적으로 어음금을 지급하여야 할 채무를 부담하는 자이고 상환의무자가 아니므로 소지인이 지급제시기간 내에 지급제시를 하지 아니하였다고 하더라도 어음금의 지급을 청구할 수 있다.

❒ 대법원 1988. 8. 9. 86다카1858
약속어음 발행인의 책임

☞ 약속어음의 발행인은 어음금을 절대적으로 지급할 의무를 부담하는 것이므로 어음소지인이 발행인에 대하여 지급을 위한 제시를 하지 아니하였다 해도 발행인에게 어음금액을 청구할 수 있는 것이며, 발행인을 위한 어음보증인은 보증된 자와 동일한 책임을 지는 것이므로 이러한 어음보증인에게도 소지인은 지급을 위한 제시 없이도 어음금 청구권을 행사할 수 있다. 동지: 대법원 1991. 4. 23. 90다카7958.

2. 지급제시의 당사자

1) 제시자

지급을 위한 제시자는 배서의 연속 등에 의하여 형식적 자격을 가지는 어음의 소지인, 그 대리인과 영수문구의 기재가 있는 어음을 점유하는 소지인의 사자이다. 형식적 자격을 갖지 않더라도 진실로 권리자이거나 그 대리인인 때에는 그 사실을 증명하여 적법하게 제시할 수 있다.

2) 피제시자

지급제시의 피제시자는 환어음의 지급인(인수인), 약속어음의 발행인 또는 그 대리인이다. 그러나 제3자가 지급담당자로 기재되어 있는 경우에는 그 지급담당자에게 제시하여야 한다. 그리고 환어음의 지급인 또는 약속어음의 발행인이 사망한 때에는 그 상속인이나 재산관리인에게 제시하여야 한다. 어음보증인에 대한 지급제시는 어음법상 유효한 지급제시로 될 수 없다.[1)]

3. 지급제시의 기간

주채무자인 약속어음의 발행인이나 환어음의 인수인에 대하여는 지급되어야 할 날(만기) 이후 3년의 소멸시효기간 내에 지급제시를 하면 된다.

그러나 상환청구권 보전을 위한 지급제시기간은 어음의 종류에 따라 다르다. 즉, (i) 확정일출급어음 · 발행일자후정기출급어음 및 일람후정기출급어음에 있어서는 원칙으로 '지급을 할 날 또는 그날 이후의 2거래일내'에 지급을 받기 위한 제시를 하여야 한다(어 제38조 제1항). '지급을 할 날'은 보통의 만기의 날이나, 만기의 날이 법정휴일(어 제81조)에 해당하는 때에는 그 이후의 제1의 거래일에 지급을 청구할 수 있으므로(어 제72조 제1항), 이 제1의 거래일이 지급을 할 날이 된다. (ii) 일람출급어음에 있어서는 발행일로부터 1년 내에(어 제34조 제1항 제2문) 또는 발행인이 일정한 기일 전의 지급제시를 금하였을 때에는 그 기일로부터 1년 내에 지급제시를 하여야 한다(어 제34조 제2항). 발행인은 일람출급어음의 지급제시기간을 단축 또는 연장할 수 있고, 배서인은 그 기간을 단축할 수 있다(어 제34조 제1항 제3문).

지급제시기간의 계산에 있어서는 초일을 산입하지 아니하며, 그 기간의 말일이 법정휴일인 때에는 그 이후의 제1의 거래일까지 기간을 연장한다. 그러나 기간중의 휴일은 그 기간에 산입한다(어 제72조 제1항 · 제2항).

1) 대법원 2007. 11. 15. 2007다40352.

4. 지급제시의 장소

지급제시는 지급지에 있어서의 지급인의 영업소 또는 주소에서 하는 것을 원칙으로 하나(민 제516조 참조), 지급장소의 기재가 있는 경우에는 그 장소에서 하여야 한다(어 제4조 · 제27조), 그러나 어음교환소에서 하는 제시는 지급제시의 효력을 가진다(어 제38조 제2항 · 제83조).

1) 어음에 지급장소(또는 지급담당자)의 기재가 있는 경우

지급장소가 지급지 내의 장소로서 적법하게 기재된 경우에는 그 지급장소에서 지급제시하여야 하고, 그 지급장소 이외에서 지급제시하여도 지급제시로서의 효력이 없다.[1] 지급장소로서 제3자방지급문구가 기재된 경우에는 언제나 제3자방에서 지급제시하여야 하고, 지급담당자의 기재가 있는 때에는 지급지 내에 있는 지급담당자의 영업소 또는 주소에서 지급제시를 하여야 한다.

지급지 외의 장소가 지급장소로 지정되어 있는 경우에는 그 지급장소의 지정은 무효이므로 소지인은 지급지 내에 있는 주채무자(약속어음의 발행인이나 환어음의 인수인)의 영업소, 주소 또는 거소에서 지급제시를 하여야 한다.

어음에 기재된 지급장소는 지급제시기간 내에 지급제시한 경우에 한하여 효력이 있으므로(판례 및 다수설), 위 기간이 경과하면 주채무자의 영업소 또는 주소에서 지급제시하여야 한다.[2]

2) 어음에 지급장소(또는 지급담당자)의 기재가 없는 경우

어음에 지급장소의 기재가 없는 경우에는 지급지 내에서의 지급인(환어음의 지급인 · 인수인, 약속어음의 발행인 등)의 영업소 또는 주소 · 거소에서 지급제시를 하여야 한다(민 제516조 · 제524조).[3] 그러나 지급지 내에 지급자의 영업소 또는 주소 · 거소가 없는 경우에는 지급지 내에서 지급인을 발견할 수 없고, 지급지 외에서 지급인의 영업소 또는 주소 · 거소를 발견한 때에는 지급지 외의 지급인의 영

1) 대법원 1988. 8. 9. 86다카1858.

2) 대구지방법원 1986. 3. 19. 85나72: 지급장소란 지급 제시기간내에 있어서만 의미가 있는 것이므로, 만기전 상환청구를 하는 경우, 상환청구의 요건을 충족하기 위해 하여야 할 지급을 위한 제시의 장소는 주된 채무자의 영업소 또는 주소라 할 것이다.

3) 서울민사지방법원 1995. 10. 20. 94가단93408: 어음의 지급장소란에 지점 표시 없이 단순히 은행명만 기재되어 있다면 이는 지급장소가 아닌 지급담당자를 표시하는 기재라고 봄이 상당하므로 그 지급제시는 지급지에 있는 지급담당자의 영업소에서 하여야 한다.

업소 또는 주소 · 거소에서 지급제시할 것이 아니라, 지급지 내에서 지급거절증서를 작성하여야 한다.

3) 어음교환소에서의 제시

어음교환소는 지급제시장소로서 법정된 곳(어 제38조 제2항)이므로 어음에 지급장소나 지급담당자의 기재가 있든 없든 지급지 내에 어음교환소가 없는 경우에도 어음교환소에 한 지급제시는 그 효력이 있다. 실제로도 은행도 어음은 소지인이 자기의 거래은행을 통하여 어음교환소에서 지급제시하는 경우가 대부분이다.

5. 지급제시의 방법

제시자는 완전한 어음을 현실로 피제시자에게 제시하여야 한다. 그러므로 등본이나 보충 전의 백지어음을 제시하여도 지급제시의 효력이 없다.

❒ 대법원 1967. 9. 5. 67다1471
요건이 흠결된 어음에 의한 지급제시는 무효이다

☞ 발행지 및 발행인이 명칭에 부기한 지의 기재마저 없는 어음은 어음요건의 흠결로서 무효이고 따라서 동 어음으로써 한 지급제시는 그 효력이 없다.

지급인이 지급거절을 할 것이 명백한 경우에도 적법한 지급제시를 하여야 하며, 적법한 제시에 필요하고 가능한 절차를 취한 이상 정당한 시기와 장소에 피제시자가 없어서 현실의 제시를 하지 못한 경우에도 적법한 제시를 한 것으로 보아야 한다. 적법한 지급제시가 있었다는 증명방법에 관하여는 인수인에 대한 관계에 있어서는 특별한 제한이 없으나, 상환의무자에 대한 관계에 있어서는 지급거절증서의 작성이 유일한 증명수단이다(어 제44조).

6. 지급제시의 효과

지급제시를 함으로써 어음의 소지인은 (ⅰ) 어음금지급을 적법하게 수령할 수 있고, 지급이 없는 경우에는 주채무자를 이행지체에 빠뜨린다. 지급제시기간 내에 지급제시가 거절된 경우에는 주채무자는 상환의무자와 동일한 책임을 지고

(어 제28조 제2항 · 제78조 제1항), 지급제시기간경과 후에 지급제시한 경우라도 그때부터 연 6푼의 지연이자를 지급하여야 한다(어 제28조 제2항 · 제48조 제1항 제2호의 유추적용). (ii) 지급제시기간 내에 지급제시를 한 소지인은 그 전자에 대한 상환청구권(소구권)을 보전할 수 있게 된다(어 제43조 · 제77조 제1항 제4호). 그러나 지급제시기간 내에 지급제시를 하지 아니하면 모든 상환의무자에 대한 상환청구권을 상실한다(어 제53조 제1항 · 제77조 제1항 제4호).

7. 지급제시의 면제

상환청구권을 보전하고 주채무자를 이행지체에 빠뜨리기 위하여는 지급제시를 하여야 하나, 배서인 등 상환의무자가 지급제시를 면제하는 특약을 한 경우에는 당사자 간에서는 그 특약이 유효하다. 그리고 불가항력이 30일을 넘어 계속되는 때에는 어음의 제시없이 상환청구권을 행사할 수 있다(어 제54조 제4항, 제77조 제1항 제4호). 인수거절증서를 작성한 때에도 같다(어 제44조 제4항, 제77조 제1항 제4호). 지급지내에 지급자의 영업소 또는 주소 · 거소가 없고 또 지급지내에서 지급인을 발견할 수 없을 때에도 지급제시가 필요없으나, 다만 지급거절증서는 작성하여야 한다. 채무자가 이미 어음을 소지하고 있을 때에도 지급제시가 면제된다. 그리고 재판상 어음금을 청구하는 경우에는 어음을 채무자에게 제시할 필요가 없고, 소장의 송달이 어음의 제시와 동일한 효력을 가진다.[1]

Ⅲ. 어음의 지급시기

1. 만기 전의 지급

민법의 일반원칙에 의하면 기한은 채무자의 이익을 위한 것으로 추정되므로(민 제153조 제1항), 채무자가 스스로 기한의 이익을 포기하여 기한 전에 변제를 할 수 있다. 그러나 어음소지인은 만기까지는 어음을 유통시키는 데 대하여 이익을 가지고 있기 때문에 어음법상 어음소지인은 만기 전에는 어음금의 지급을 청구할 수도 없고, 또 그 지급을 받아야 할 의무도 없다(어 제40조 제1항 · 제77조 제1항 제3호).

그러나 소지인과 채무자와의 합의에 의한 만기 전의 지급까지 제한할 필요가

1) 대법원 1959. 2. 19. 4290민상588; 동 1970. 7. 24. 70다965.

없으므로 어음법은 소지인의 동의가 있으면 지급인은 자기의 위험부담하에 만기 전에도 유효하게 지급할 수 있는 것으로 하고 있다(어 제40조 제2항 · 제77조 제1항 제3호). 따라서 지급인이 형식적 자격을 가진 어음소지인에게 지급하고 또 어음소지인의 실질적 자격에 대하여 사기 또는 중과실이 없더라도 어음소지인이 진정한 권리자가 아닌 한 지급인은 면책되지 못한다.

2. 만기의 지급

어음은 본래 만기(또는 지급을 할 날)에 지급될 것이 예정되어 있는 증권이므로 만기는 지급인이 지급을 할 수 있는 시기가 되는 동시에 지급인이 지급을 청구할 수 있는 시기이기도 하다. 만기지급의 '만기'는 만기일만을 의미하는 것이 아니라 '지급제시기간'을 의미한다. 즉, 지급을 할 날(만기) 이후에도 지급제시기간경과 전(지급거절증서작성기간경과전)에는 어음소지인은 인수인 또는 지급인에 대하여 지급청구를 할 수 있고, 인수인 또는 지급인도 유효한 지급을 할 수 있으며(선의지급), 그 지급의 결과를 자금의무자에게 귀속시킬 수 있다.

따라서 어음의 지급을 할 날 또는 그날 이후의 2거래일 내(일람출급어음을 제외한 3종의 어음의 경우)이거나 또는 어음법 제34조(제77조 제1항 제2호)의 법정 또는 지정된 기간 내(일람출급어음의 경우)에 어음소지인이 지급제시를 하였을 때에 지급하는 것이 만기에 있어서의 지급이 된다(어 제38조 제1항 · 제34조 · 제77조 제3항 제3호).

한편 제시기간은 3일간이지만, 이 기간 중 어느때이든 제시가 있으면 즉시 지급하여야 하며, 제시기간 동안 지급인이 기한의 이익을 갖는 것은 아니다. 예컨대, 지급할 날에 제시받으면 그 즉시 지급하여야 하며, 이는 2거래일 내에 지급하면 되는 것이 아니다. 어음금의 지급에 있어서는 은혜일, 즉 지급인을 위한 지급유예기간은 법률상 인정되지 아니하며 재판에 의해서도 이를 인정할 수 없다(어 제74조).

그러나 당사자간의 특약으로 지급을 유예할 수는 있다. 그렇다고 하여 어음의 만기가 연장되는 것은 아니므로 지급유예로 인하여 거절증서작성의 시기를 놓치고 또 유예된 지급일에 지급도 되지 아니한 경우 소지인은 상환청구권을 상실한다.

3. 만기 후의 지급

지급제시기간경과 후(지급거절증서작성기간경과후)에도 시효기간 내에는 어음의 주채무자는 어음금을 지급할 채무를 부담하는 것이므로, 만기 후의 지급의 경우에도 만기에 지급하는 경우와 같이 선의지급에 따른 보호를 받으므로 유효한 지급을 할 수 있다(어 제40조 제3항). 다만 인수를 하지 않은 지급인은 특약이 없는 한 지급을 하여도 그 지급의 결과를 자금의무자에게 귀속시킬 수 없다(수표의 경우와 다르다.).

4. 지급의 유예 또는 연기

1) 당사자의 의사에 의하는 경우

어음의 지급을 연기시키는 방법에는 (ⅰ) 기존의 어음을 신어음으로 교체시키는 어음개서의 방법과, (ⅱ) 당사자간에 지급유예의 특약을 하는 방법, (ⅲ) 만기의 기재 자체를 변경하는 방법이 있다.

(1) 어음의 개서

어음의 개서란 광의로는 기존의 어음을 다양한 목적을 위하여 신어음으로 교체시키는 것이고, 협의로는 만기가 도래한 어음의 지급유예를 위하여 만기를 변경한 신어음을 발행하여 구어음의 채권자에게 교부하는 것을 말한다. 후자의 경우에 신어음을 연기어음 또는 개서어음이라고도 한다.

어음의 개서는 보통 어음의 주채무자(환어음의 인수인 또는 약속어음의 발행인)와 채권자인 어음소지인(수취인 또는 최후의 피배서인) 간의 합의에 의하여 이루어진다.

(2) 지급유예의 특약

어음소지인과 채무자 사이의 지급유예의 특약을 체결하는 방법이다. 이러한 특약은 어음관계에는 아무런 영향을 미치지 않고, 당사자간에서만 어음 외에서 그 효력이 발생하여 인적 항변사유가 될 뿐이다(통설).

(3) 만기의 변경

어음관계자 전원의 동의를 얻어서 어음의 만기를 변경하여 그 지급을 연기할 수 있다. 어음관계자의 동의없이 만기를 변경하면 어음의 변조가 되므로, 만기의 변경에 동의하지 아니한 어음채무자에 대하여는 그 효력이 없다.

2) 법률의 규정에 의하는 경우

전쟁·지진·공수·공황 기타 전국 또는 일부 지방의 사변 등이 발생한 경우에 국가권력의 발동에 의하여 어음채무의 지급이 유예되는 수가 있다(어 제54조)(moratorium). 이것은 어음지급유예라고 하는데, 이에는 만기 자체를 연기하는 경우와 만기 자체는 변경없이 단순히 제시기간 및 거절증서작성기간만이 연장되는 경우가 있다(어 제54조 제1항·제77조 제1항 제1호).

Ⅳ. 어음지급인의 조사의무

1. 조사의무의 경감

본래 채무는 진정한 권리자 또는 그 자로부터 권리행사의 권한을 부여받은 변제수령권자에게 변제하지 않으면 그 효과를 얻을 수 없다(민 제472조). 그러나 어음법은 어음지급의 신속과 유통성의 확보를 위하여 지급인의 조사의무를 경감하고 있다. 즉, 어음법은 어음의 형식상 알 수 있는 사항에 한정하여 인수인이 조사의무를 이행한 때에는 무권리자에게 지급한 경우에도 '사기 또는 중대한 과실'이 없는 한 면책되도록 하였다(어 제40조 제3항). 이러한 효과는 지급담당자가 지급한 경우에도 같다. 그러나 이와 같은 지급인의 보호는 만기 후의 지급의 경우에만 인정되고, 만기 전에는 지급인의 위험으로 지급할 수 있다(어 제40조 제2항).

2. 만기지급인의 조사의무

1) 조사의무의 내용

만기에 지급하는 자는 형식적 자격자(지시어음에 있어서는 연속된 배서의 최후의 피배서인, 백지식배서가 있는 때에는 그 점유자, 배서금지어음에 있어서는 수취인)에게 지급하면 된다. 그러나 지급인이 이중변제의 책임을 면하려면 사기 또는 중대한 과실이 없어야 하며, 배서의 연속이 제대로 되어 있는지(배서의 연속의 정부(整否))를 조사하여야 하되, 배서인의 기명날인 또는 서명까지 조사할 의무는 없다(어 제40조 제3항). 조사사항은 ① 배서의 연속의 정부(整否). 다만, 배서의 불연속으로 형식적 자격이 인정되지 않더라도 그 부분에 관해서 실질적 권리이전(상속·회사합병 · 경매 등 민사적 승계)이 있었음을 소지인이 증명하는 경우에 배서의 단절이 가교된다고 볼 것이다. ② 어음방식의 적부(適否). 어음이 그 법정형식(어 제1조)을 갖추지 않은 경우에는 불완전어음으로서 그 어음에 대한 지급도 당연무효가 된다. ③ 자기의 기명날인 또는 서명의 진부(眞否).

이외의 것, 즉 (ⅰ) 소지인의 실질적 자격(어음법 제40조 제3항 제2문은 '배서인의 기명날인 또는 서명'의 진위라고 표현하고 있다.), (ⅱ) 소지인의 지급수령능력(무능력자 혹은 파산자가 아닌가?), (ⅲ) 대리수령의 경우라면 그 대리권, (ⅳ) 소지인의 동일성(어음상 권리자로 기재된 자와 실질적으로 동일인인가?)에 대해서는 어음지급결제의 신속과 안전을 기하기 위하여 지급인은 조사의무를 부담하지 않는다고 본다.

❐ 대법원 2002. 2. 26. 2000다71494 · 71500
수표지급인의 조사의무

☞ [1] 수표법 제35조의 취지에 의하면, 수표지급인인 은행이 수표상 배서인의 기명날인 또는 서명, 혹은 수표소지인이 적법한 원인에 기하여 수표를 취득하였는지 등 실권리관계를 조사할 의무는 없다고 할 것이지만, 수표금 지급사무를 처리하는 은행에게 선량한 관리자로서의 주의를 기울여 그 사무를 처리할 의무가 있다고 할 것인 이상, 통상적인 거래기준이나 경험에 비추어 당해 수표가 분실 혹은 도난 · 횡령되었을 가능성이 예상되거나 또는 수표소지인이 수표를 부정한 방법으로 취득하였다고 의심할 만한 특별한 사정이 존재하는 때에는 그 실질적 자격에 대한 조사의무를 진다.
[2] 고액 수표의 전액 현금지급요청은 정상적인 자기앞수표 소지인이라면 매우 이례적인 것이어서 그 수표가 혹시 분실 · 도난 · 횡령된 것이거나 혹은 수표제시자가 그 수표를 부정한 방법으로 취득하였다고 의심할 만한 사유가 있었다고 할 것이므로, 초면의 내방객으로부터 고액의 현금 지급을 요청받은 은행으로서는 마땅히 발행지점에 그 수표의 발행경위와 발행의뢰인 등을 확인하고 발행의뢰인 또는 발행지점을 통하여 그 수표를 사용하거나 타에 양도한 경위 등에 관하여 파악하려는 노력을 기울여 보았어야 함에도 불구하고 단지 사고수표인지 여부와 실명 여부만을 확인하여 고액의 현금을 지급한 것은 수표금 지급에 있어서의 지급인으로서의 주의의무를 다하였다고 할 수 없다.

지급인이 소지인의 형식적 자격을 조사하는 경우에 다하여야 할 '주의의 정도'는 사기 또는 중과실이 없는 주의이다(어 제40조 제3항 제1문).

사기란 어음법 제16조 제2항의 악의(사실의 인지, 즉 '知')와는 다른 것이니, 즉 지급제시자에게 변제수령의 권한이 없음을 알고 있을 뿐만 아니라 소송상 이러한 사실을 증명할 확실한 증거방법을 가지고 있는데도 불구하고 지급한 경우를 말한다.

중과실이란 지급인이 보통의 주의를 하여 조사를 하였더라면 쉽게 상술한 의미의 사기가 없었을 것인데, 그 주의를 하지 않은 것을 말한다.

2) 실질적 자격의 조사권 문제

형식적 자격에 대한 조사의무 외에 지급인에게 실질적 자격 조사권을 인정할 수는 없다. 왜냐하면 그 조사권을 인정하면 지급인이 조사권을 남용하여 부당하게 지급이 지체될 우려가 있기 때문이다. 실질적 자격을 조사했으나 결국 실질적 권리자가 아닌 것을 증명하지 못했을 경우에는 지급인은 지급제시를 받은 때로부터 이행지체의 책임을 져야 한다.

3) 조사의무이행의 효과

지급인이 조사의무를 이행하여 사기 또는 중과실 없이 형식적 자격자에게 지급을 한 경우에는, 가령 진정한 권리자가 아닌 자에게 지급을 하였다 하더라도 그 책임을 면한다(어 제40조 제3항)(면책력).

4) 위조·변조어음의 지급효과

위조·변조어음을 지급인이 고의·과실 없이 지급한 경우 발행인(피위조자 또는 변조전 기명날인자)부담설과 지급인부담설로 나눌 수 있다. 이론상은 피위조자에게 귀책사유가 없는 한 지급인부담설이 타당하다. 실제로는 은행이 지급인 또는 지급담당자인 경우가 보통일 것이고, 그 때에는 당좌계정약정서에 의해 은행이 인감을 대조하고, 형식적 자격을 조사하는 등 보통의 주의를 하고 지급한 이상 지급인은 면책된다는 특약을 하는 것이 보통이다.[1] 이와 같은 약정을 무효라고 할 수 없는 이상, 결국은 피위조자가 부담하는 것으로 되고 있다.

❐ 대법원 1975. 3. 11. 74다53
변조된 어음을 지급한 은행에 과실책임을 인정한 사례

☞ 〈사실〉
원고 한수백은 1971. 2. 20. 피고 서울은행과 당좌계정약정을 체결하고 당좌거래를 해오다가 1971. 3. 3. 액면금 50,000원의 소지인출급식 당좌수표 1매를 발행하였다. 그런데 위 수표는 유통 중 성명불상자에 의하여 액면금 50,000원이 1,200,000원으로, 한자

1) 대법원 1971. 3. 9. 70다2895: 다른 사람이 위조한 무효의 수표에 대한 은행의 변제가 유효로 되는 것은 특별법규, 면책 약관 또는 상관습이 있는 경우에 한한다.

金五萬이 金壹百貳拾萬으로, 발행일 1971. 3. 3.이 1971. 3. 8.로 각각 변조되어 1971. 3. 17. 피고은행에 지급제시되었고, 위 은행은 자외선감별기에 의하여 조사를 하고도 변조사실을 발견하지 못한 채 위 1,200,000원을 원고의 자금 중에서 지급하였다.

원고는 피고은행의 직원이 예금주가 발행한 수표금에 관한 지급사무를 처리함에 있어서 마땅히 기울였어야 할 주의의무를 게을리한 과실로 위와 같이 수표금을 지급하였으므로 그 지급은 무효이고, 따라서 그 지급된 금액에서 원고가 실제 발행한 금 50,000원을 제한 나머지 금 1,150,000원의 예금채권이 잔존한다고 주장하면서 그 지급을 구하였다.

이에 대하여 피고는 위 수표의 지급에 있어서 취급상의 보통의 주의의무를 다하였으므로 당좌계정약정서의 면책약관에 따라 면책되었다고 항변하였다. 당좌계정약정서의 면책약관이란, "예금주는 수표에 사용할 서명과 인감 또는 명판을 미리 은행에 제출하여야 하며, 그 인감과 대조하여 취급상 보통의 주의로써 상위 없음을 인정하고 지급한 수표는 인감 또는 수표용지의 도용, 위조, 변조 등 기타의 사유로 인하여 손해가 생길지라도 은행은 그 책임을 지지 아니한다."고 인쇄되어 있는 조항을 말한다.

〈판결요지〉

당좌계정약정서의 면책약관에 표시된 보통의 주의의무란 수표 등을 취급하는 은행으로서 지녀야 할 통상적 주의를 뜻하는 것으로서 그 내용은 다만 육안으로 식별하는 데 그칠 것이 아니고 은행이 보편적으로 간편하게 사용할 수 있는 기기 등을 이용하는 등 성실한 업무처리로 그 진위의 식별에 임하여야 할 주의의무를 뜻하는 것이므로 이를 중과실이 있을 경우에만 은행측이 책임을 진다는 취지로 해석할 수 없다.

3. 만기전 지급인의 조사의무

만기 전에는 소지인은 지급청구권이 없음은 물론 지급수령의무도 없다(어 제40조 제1항). 따라서 소지인의 동의하에 지급인의 '위험부담으로' 지급하게 된다(어 제40조 제2항)(임의지급). 임의지급에는 어음법 제40조 제3항이 적용될 여지가 없기 때문에 지급인은 실질적 자격의 조사의무도 부담한다. 그러므로 가령 형식적 자격자에게 지급하였으나 실질적 자격자가 아닌 경우에는 지급인이 선의·무과실이라도 지급의 면책력(선의지급의 효과)은 없기 때문에 이중지급을 하게 된다. 다만 일반민사법적 구제, 예컨대 준점유자에 대한 변제(민 제470조), 영수증소지자에 대한 변제(민 제471조), 표현대리(민 제135조·제126조·제129조) 등에 관한 규정에 의한 보호를 받을 수 있을 뿐이다. 그러나 만기전의 상환청구가 허용되는 경우는 예외로 유효한 지급이 된다.

V. 어음지급의 목적물(지급할 화폐)

1. 어음금액이 내국화폐로 기재된 경우

어음금액을 지급할 화폐의 종류(예컨대, 1만원권)를 특정할 수는 없으므로 지급인의 선택에 따라 각종의 통화로 지급할 수 있다.

2. 어음금액이 외국화폐로 기재된 경우

지급지의 통화가 아닌 외국통화(예컨대 미국 달러)로 어음금액을 어음에 기재한 경우에는 지급인의 선택에 따라 지급지의 통화(예컨대 한국의 원화)로 지급할 수도 있다(어 제41조 제1항 제1문). 이때 외국통화의 가격은 만기의 날의 지급지의 관습(보통의 환시세)에 의하여 정하되(어 제41조 제2항), 발행인이 그 환산율을 어음에 기재한 경우에는 그에 따른다. 어음채무자가 지급을 지체한 때에는 소지인은 그 선택에 따라 만기일 또는 지급하는 날의 환시세에 의하여 지급지의 통화로 어음금액을 지급할 것을 청구할 수 있다(어 제41조 제1항 제2문).

3. 외국통화현실지급문구가 기재된 경우

발행인이 특정 외국통화로 지급할 뜻을 기재한 경우에는 그 외국화폐로 지급하여야 한다(어 제41조 제3항). 지급위탁의 단순성에 어긋나는 유일한 예외이다.

4. 어음금액이 동명이가(同名異價)의 화폐로 기재된 경우

발행국과 지급국에서 명칭은 같으나 가치가 다른 통화(예컨대, 프랑스·스위스의 프랑, 미국·멕시코의 달러)로써 어음금액을 정한 경우에는 지급지의 통화로 정한 것으로 추정한다(어 제41조 제4항).

Ⅵ. 어음지급의 방법

1. 어음의 환수(還受)

지급인은 지급을 할 때에는 어음과 상환하고(상환증권성), 어음에 영수를 증명하는 뜻을 적어서 교부할 것을 청구할 수 있다(어 제39조 제1항).

지급자가 이미 어음을 점유하고 있는 때에는 어음의 교부를 청구할 수 없고, 지급자가 어음을 파기하여 멸실시킨 경우에는 소지인은 제권판결 없이도 어음상의 권리를 행사할 수 있다.

2. 일부지급

지급인은 어음금액의 일부지급을 할 수 있으며, 소지인은 이를 거절하지 못한다(어 제39조 제2항). 만일 소지인이 이를 거절하면 그 부분에 대한 상환청구권을 상실한다. 다만 제시기간경과 후에는 이미 상환청구권이 상실되었으므로 이 경우에는 소지인은 일부지급을 거절할 수 있다. 일부지급의 경우에는 지급인은 소지인에 대하여 어음에 일부지급의 사실을 어음에 적고 영수증을 교부할 것을 청구할 수 있다(어 제39조 제3항). 어음에 일부지급의 기재가 있으면 증권상의 항변으로서 물적 항변이 되지만, 그 기재가 없으면 인적 항변이 된다.

3. 어음금액의 공탁

소지인이 지급제시기간 내에 지급을 받기 위한 제시를 하지 아니한 때에는 어음채무자는 소지인의 비용과 위험부담으로 어음금액을 관할관서에 공탁하고 그 채무를 면할 수 있다(어 제42조). 인수를 하지 아니한 환어음의 지급인도 채무자는 아니지만 공탁을 할 수 있다고 본다.

제 6 관 어음의 상환청구(遡求)

Ⅰ. 상환청구의 의의

어음의 상환청구(Rückgriff, Regreß, recourse) 또는 소구란 만기에 지급이 거절되었을 때와 만기 전이라도 지급의 가능성이 현저하게 감소되었을 때, 어음의 소지인이 전자인 배서인과 발행인 및 이들의 보증인에 대하여 본래의 지급에 갈음하여 어음금과 기타 비용의 변상을 청구하는 것이다.

Ⅱ. 상환청구의 요건

1. 만기 전의 상환청구

1) 실질적 요건(상환청구원인)

(1) 인수의 전부 또는 일부의 거절(어 제43조 제1호)

어음소지인이 소정기간 내에(어 제21조~제23조) 인수제시를 하였으나 지급인이 인수를 거절하였어야 한다. 지급인이 인수를 적극적으로 거절한 경우뿐만 아니라, 불단순인수(어 제26조 제2항)·지급인의 소재불명·지급인의 사망과 상속인의 불명도 거절의 경우로 본다. 인수의 일부거절의 경우는 그 부분에 관하여 상환청구할 수 있다. 예비지급인(어 제56조 제2항) 또는 수인의 지급인이 기재된 경우에는 기재된 모든 사람이 인수거절을 하여야 한다.

인수제시금지어음은 인수제시를 하여 거절되더라도 상환청구할 수 없다.

(2) 인수인 또는 지급인의 파산, 지급정지, 또는 그 재산에 대한 강제집행의 불주효(어 제43조 제2호) 및 인수제시금지어음의 발행인의 파산(어 제43조 제3호)

파산은 어음발행 전후를 불문하며, 파산선고의 결정이 있으면 충분하고, 그 확정을 요하지 않는다. 지급정지란 채무자가 적극적으로 지급불능을 표명한 경우뿐만 아니라 이를 추측케 하는 행위를 포함한다.[1] 지급정지의 사실유무는 채

---

1) 대법원 1984. 7. 10. 84다카424·425; 동 1992. 5. 26. 92다6471; 동 1993. 12. 28. 93다

무자 회생 및 파산에 관한 법률상의 지급정지(채회 제306조 제2항)를 표준으로 하여 판정한다. 또 강제집행의 불주효는 누구에 의한 것이든 상관없고, 그 사실만 있으면 충분하다.

인수제시금지어음은 발행인의 신용만으로 유통되는 것이므로 그 발행인의 파산도 지급인의 경우처럼 상환청구의 원인이 된다.

(3) 약속어음의 발행인의 파산 등

한편 약속어음의 경우에는 인수제도가 없으므로 인수거절로 인한 만기 전의 상환청구란 있을 수 없지만 약속어음의 경우에도 지급거절에 의한 상환청구권을 인정한다(어 제77조 제1항 제4호). 만기 전의 상환청구를 고려하고 있지 않으나 만기 전에 약속어음의 발행인이 파산하거나 지급정지 또는 발행인의 재산에 대한 강제집행이 주효하지 아니하는 등 그 자력이 불확실해지는 사유가 발생하면 만기 전의 상환청구를 인정한다(판례).

❐ 대법원 1984. 7. 10. 84다카424 · 425
약속어음에 있어서도 만기 전의 상환청구를 인정한 사례

☞ 어음법은 약속어음의 경우에 환어음의 경우와 같은 만기전 상환청구에 관한 규정을 두고 있지 않으나 약속어음에 있어서도 발행인의 파산이나 지급정지 기타 그 자력을 불확실케 하는 사유로 말미암아 만기에 지급거절이 될 것이 예상되는 경우에는 만기 전의 상환청구가 가능하다고 보아야 할 것인 바, 발행인 명의의 다른 약속어음이 모두 부도가 될 상황이라면 특별한 사정이 없는 한 이 사건 약속어음도 만기 전에 지급거절이 될 것이 예상된다고 하겠으므로 그 소지인은 만기 전이라고 할지라도 일단 지급제시를 한 후 배서인에게 상환청구권을 행사할 수 있다. 동지: 대법원 1992. 5. 26. 92다6471; 동 1993. 12. 28. 93다35254; 동 2003. 3. 14. 2002다62555.

2) 형식적 요건

(1) 거절증서의 작성

환어음의 지급인이 인수의 전부 또는 일부를 거절한 때에는 거절증서작성면제(어 제46조)의 경우를 제외하고는 어음소지인은 반드시 인수거절증서에 의하여 인수거절의 사실을 증명하여야 한다(어 제44조 제1항). 인수거절증서작성기간은 인수제시기간과 같다(어 제44조 제2항). 즉, 거절증서작성기간은 확정일출급 · 발행일

35254; 동 2003. 3. 14. 2002다62555.

자후정기출급 또는 일람후정기출급의 어음에 있어서는 '지급할 날 이후의 2거래일'의 거래시간 내이며(어 제44조 제3항 제1문), 일람출급어음에 있어서는 어음법 제34조에 정하는 제시기간 내(발행일로부터 1년 내이나 발행인은 단축 또는 연장이, 배서인은 단축이 가능하다)의 거래시간 내이다. 참고로 일람후정기출급어음의 인수제시기간은 발행일로부터 1년 내(어 제23조)와 혼돈하면 안된다.

지급인이 지급을 정지한 경우 또는 그 지급인의 재산에 대한 강제집행이 주효하지 아니한 경우에도 소지인은 지급인에 대하여 일단 지급제시를 하고 지급거절증서를 작성하여 증명하여야 한다(어 제44조 제5항). 거절증서의 작성이 면제된 경우로서(어 제46조), 발행인이 면제한 경우이면 모든 상환의무자에 대하여 효력이 있으나, 그 이외의 배서인 · 보증인 등이 한 면제는 그 자에 대하여만 효력이 있다(어 제46조 제3항 제1문). 발행인이 거절증서작성을 면제하였음에도 불구하고 소지인이 이를 작성한 경우 그 비용은 소지인이 부담하여야 하지만, 발행인 이외의 자가 면제한 경우에는 소지인은 면제하지 아니한 자에 대하여는 거절증서를 작성하여야 하므로 그 비용은 면제자를 포함하여 모든 상환의무자가 부담하여야 한다(어 제46조 제3항 제2문). 거절증서의 작성면제가 있더라도 어음의 지급제시 및 지급거절의 통지는 필요하다. 다만 이 경우에는 법정기간내에 지급제시가 있었던 것으로 추정되므로 기간의 불준수는 이를 주장하는 자가 증명하여야 한다(어 제46조 제2항 제2문).

(2) 파산결정서의 제출

인수인 · 지급인 · 인수제시금지어음의 발행인이 파산한 경우에는 어음소지인은 파산결정서를 제출하면 된다(어 제44조 제6항).

(3) 불가항력과 기간의 연장

피할 수 없는 장애, 즉 불가항력으로 인하여 어음소지인이 법정기간 내에 제시 또는 거절증서의 작성을 할 수 없게 된 때에는 그 기간은 연장된다(어 제54조 제1항). 여기서 불가항력이라 함은 어음상의 권리의 보전절차를 방해하는 사건으로서, 일반적으로 기대되는 최선의 주의를 다하였더라도 피할 수 없는 것을 말한다. 지진 · 홍수 · 전쟁 · 폭동 · 지역봉쇄 등은 물론, 내외국의 법령에 의한 금제도 불가항력에 속한다(어 제54조 제1항). 반드시 다수인에게 영향이 있는 일반적 재해에 한하지 않지만, 단순한 인적 사유(예컨대, 질병 등)는 포함되지 않는다(어 제54조 제6항). 그리고 불가항력은 보전절차를 취할 법정기간의 종기에 존재하여야 하고 또 그로써 충분하다.

불가항력이 발생한 때에는 소지인은 자기의 배서인에 대하여 지체없이 이를 통지하고, 또 어음 또는 보충지에 그 통지한 뜻을 기재하고 날짜를 부기하여 기명날인 또는 서명하여야 한다(어 제54조 제2항). 또 불가항력이 終止된 때에는 소지인은 지체없이 인수 또는 지급을 위하여 어음을 제시하여야 하고, 필요한 경우에는 거절증서를 작성시켜야 한다(어 제54조 제3항). 그러나 불가항력이 만기로부터 30일을 넘어 계속하는 때에는 어음의 제시 또는 거절증서의 작성이 면제되므로 소지인은 그러한 절차를 밟을 필요없이 상환청구권을 행사할 수 있다(어 제54조 제4항 · 제77조 제1항 제4호). 이 30일의 기간은 확정일출급어음과 발행일자후정기출급어음에 있어서는 만기의 날을 초일로 하여 계산하지만, 일람출급어음과 일람후정기출급어음에 있어서는 제시가 있음으로써 만기가 정하여지므로 소지인은 불가항력의 통지를 한 날을 초일로 하여 계산한다(어 제54조 제5항 · 제77조 제1항 제4호).

2. 만기 후의 상환청구

1) 실질적 요건

적법한 기간 내에 소지인이 완전한 어음을 지급제시하였는데, 지급인이 어음금액의 전부 또는 일부의 지급을 하지 않아야 한다(어 제43조). 요건이 흠결된 어음은 지급제시하였더라도 지급제시로서의 효력이 없고, 상환청구권도 행사할 수 없다.[1)]

만기의 상환청구원인에도 적극적인 지급거절뿐만 아니라 지급인의 부재 또는 소재불명도 포함된다. 지급거절증서작성이 면제된 경우 또는 지급인이 미리 지급거절의 의사표시를 한 경우에도 지급제시는 하여야 하나(어 제46조 제2항 제1문), 지급거절증서작성을 면제한 경우에는 그 어음소지인은 적법한 지급제시를 한 것으로 추정되므로[2)] 어음소지인이 지급제시 사실을 증명할 필요는 없다.

예비지급인 · 참가인수인이 있거나(어 제60조 제1항)(이때는 제시기간은 1일 연장된다.), 수인의 지급인이 있는 경우에는 전원에 대하여 지급제시를 하여 거절되어

---

1) 대법원 1985. 8. 13. 85다카123; 동 1992. 2. 28. 91다42579. 대법원 1998. 3. 13. 98다1157: 어음 발행회사의 회사정리절차에서 단독으로 정리채권자로 신고한 어음소지인이 그 정리채권신고기간 경과 후 배서인에 대하여 상환청구권을 행사하는 것은 신의칙에 반하지 않는다.
2) 대법원 1984. 4. 10. 83다카1411; 동 1964. 6. 23. 63다1171; 동 1969. 3. 31. 68다1182; 동 1985. 5. 28. 84다카2425.

야 한다.

2) 형식적 요건

어음소지인은 지급의무가 있는 모든 사람에게 지급제시를 하여 지급거절증서를 작성하여야 한다(어 제44조 제1항 · 제60조 제1항). 그러나 지급거절증서작성면제의 경우(어 제46조), 인수거절증서를 이미 작성한 경우(어 제44조 제4항), 불가항력으로 인하여 30일 이상 거절증서를 작성할 수 없는 경우(어 제54조 제4항 · 제5항)에는 거절증서를 작성할 필요가 없다.

수표의 경우에도 어음과 마찬가지로 수표소지인이 지급제시를 하고 지급인이 지급거절하여야 상환청구권이 발생한다. 다만 수표의 경우에는 지급거절의 증명방법이 지급거절선언 외에 지급인의 선언 및 어음교환소의 선언이 추가된다(수 제39조 제2호 · 제3호).

◆ 백지어음에 의한 지급제시의 효력

백지어음 부분에서 언급하였지만, 백지어음에 의한 지급제시의 효력을 요약하면 다음과 같다.

(i) 적법한 지급제시가 될 수 없다.

미보충의 백지어음으로 한 지급제시는 무효이다.

(ii) 상환청구권이 보전되지 아니한다.

이와 같이 백지어음에 의한 지급제시는 무효이므로, 백지어음으로 지급제시를 한 경우에는 그 지급이 거절되어도 상환청구요건의 불비로 배서인의 상환의무가 발생하지 아니한다. 다만 발행지의 기재가 흠결된 국내어음에 관하여는 "어음면의 기재 자체로 보아 국내어음으로 인정되는 경우에는 발행지의 기재가 없는 경우라 할지라도 무효의 어음이라고 볼 수 없다"고 한다.[1)]

(iii) 이행지체가 되지 않는다.

백지인 상태에서의 지급제시는 적법한 지급제시가 아니므로 만기에 어음을 지급제시받은 발행인이나 인수인은 이행지체에 빠지지 아니하고 연체이자도 부담하지 아니한다. 그러나 백지어음 소지인이 사실심의 변론기일에 보충된 백지어음을 현실로 제출하였다면 그 제출일 이후에 있어서 연체이자를 지급할 의무를 부담한다.

1) 대법원 1998. 4. 23. 95다36466.

Ⅲ. 상환청구의 절차

1. 상환청구의 당사자

1) 상환청구권자

상환청구권자는 어음의 최후의 정당한 소지인(어 제43조)과 상환의무를 이행하고 어음을 환수하여 새로이 어음의 소지인이 된 자, 즉 담보의무를 이행한 배서인(어 제49조), 보증인(어 제32조 제3호), 참가지급인(어 제63조 제1항), 어음채무를 변제한 무권대리인(어 제8조) 등이다.

2) 상환의무자

상환의무자는 환어음의 발행인, 배서인, 이들의 보증인이다. 약속어음의 발행인, 환어음의 인수인은 주된 채무자이고 상환이무자가 아니다. 특수한 경우로서 무권대리인도 상환의무자가 될 수 있다(어 제8조 · 제77조 제2항). 반면 배서인일지라도 무담보배서인, 추심위임배서인, 기한후배서의 배서인은 담보책임을 지지 아니하므로 상환의무자가 아니다. 상환의무를 부담하지 아니하는데도 어음소지인의 상환청구에 응하여 어음금을 지급하고 약속어음을 취득한 때에는 어음소지인으로서 권리를 행사할 수 없는 것이 원칙이다.

❒ 대법원 1991. 4. 23. 90다카7958
상환의무를 부담하지 아니하는데도 어음소지인의 상환요구에 응하여 어음금을 지급하고 약속어음을 취득한 때에는 어음소지인으로서 권리를 행사할 수 없는 것이 원칙이다

☞ 〈사실〉
피고 대림수산주식회사는 1987. 10. 5. 소외 성상실업주식회사(이하 소외회사)에게 액면금 600만원, 지급기일 1987. 11. 28., 지급지 서울특별시, 지급장소 한일은행 무교지점, 발행일 및 발행장소는 모두 백지로 된 약속어음 1매를 발행하였다. 소외회사는 같은 해 10월경 원고 주식회사 한라주택에게 위 약속어음의 피배서인을 백지로 한 채 배서양도하였다. 원고는 같은 해 10월경 위 약속어음의 피배서인을 원고의 대표이사인 정인봉으로 기재한 다음 이를 소외 신백규에게 배서양도하였다. 이 어음의 소지인이 된 소외 신백규는 1987. 11. 28. 위 약속어음의 발행일을 1987. 8. 29.로 보충기재하고 발행지는 보충하지 아니한 채 지급장소에서 지급제시하였으나 동 어음은 피사취를 이유로 지급거절되었다. 이에 원고는 1988. 12월경 위 신백규에게 위 어음금을 지급하고 동 약속어음을 환수하였다. 원고는 피고에게 어음금지급청구의 소를 제기하였다.

이에 피고는 소외 신백규의 지급제시는 발행지가 백지인 백지어음에 의한 지급제시는 부적법하여 신백규는 상환청구권을 상실하였는데, 원고는 더 이상 상환의무가 없음에도 불구하고 소외 신백규에게 어음금을 지급하고 위 약속어음을 취득하였으므로, 피고에 대하여 어음상의 권리를 행사할 수 없는 것이라고 항변하였다.

〈판결요지〉
살피건대 소외 신백규가 발행지가 보충되지 아니한 백지약속어음을 지급제시한 이상 이는 적법한 지급제시라고 할 수 없으므로(대법원 1988. 8. 9. 86다카1858) 원고는 위 신백규에 대하여 상환의무를 부담하지 아니하며, 따라서 위 신백규에게 어음금을 지급하고 위 약속어음을 취득하여도 그 어음상의 상환청구권을 행사할 수 없는 것이다.
그러나 약속어음의 발행인은 어음금의 주채무자로서 그 어음상의 권리자에 대하여 절대적 · 최종적인 지급책임을 진다고 할 것이고 또 위와 같이 어음소지인이 어음상의 상환청구권을 행사할 수 없는 경우에도 그 어음상의 권리자임이 증명된 때에는 약속어음의 발행인에 대하여 어음금의 지급을 청구할 수 있는 것이다.
이 건에서 원심에서 인정한 바와 같이 원고가 위 신백규에게 어음금을 지급하고 위 약속어음을 환수한 것이 양도인과 양수인간의 의사의 합치에 따라 이루어진 것이라면 원고는 어음상의 정당한 권리자라 할 것이며, 따라서 약속어음의 발행인인 피고에 대하여 그 어음금의 지급을 청구할 수 있다고 할 것이다.

각 상환의무자는 배서의 순서에 관계없이(선택적 · 도약적 상환청구)(어 제47조 제2항) 각자가 합동하여 상환청구권자인 후자에 대하여 책임을 진다(합동책임)(어 제47조 제1항 · 제77조 제1항 제4호).

◆ 합동책임과 연대책임의 차이

합동책임은 연대책임과 다음의 점에서 차이가 있다.

(i) 연대책임은 그 발생원인이 전채무자에 대하여 동일하고 또 그 책임의 범위도 같으나, 합동책임에 있어서는 발생원인과 책임의 범위가 각 채무자(인수인 · 발행인 · 배서인 · 일부인수인 · 일부보증인 · 월권대리인 등)마다 다르다.

(ii) 연대채무에 있어서는 채무자의 1인에 의한 채무의 이행은 다른 채무자의 채무도 소멸시키지만, 합동책임에 있어서는 1인의 채무의 이행은 그 자 및 그 후자의 채무를 소멸시킬 뿐이고, 그 전자 및 주채무자의 채무에 영향을 미치지 아니한다.[1)]

(iii) 연대채무자의 1인에 대한 청구는 다른 채무자에 대하여도 그 효력이 미치지만(민 제416조), 합동책임에 있어서는 상환의무자의 1인 또는 주채무자에 대한 청구는 다른 의무자에 대하여 효력이 생기지 않는다(어 제47조 제4항).

(iv) 연대책임의 경우에는 채무자 간에 부담부분이 존재하나(민 제424조 이하), 상환의무자 간에는 부담부분이 존재하지 아니하므로 그 1인에 대하여 채무의 면제 또는 시효완성이 있더라도 그 채무자의 부담만큼 다른 채무자의 부담부분이 줄어들지 않는다.

2. 상환청구의 통지

1) 상환청구 통지의 의의

상환청구의 통지는 상환의무자에게 상환청구원인의 발생사실을 알림으로써 상환준비를 시키고, 신속하게 상환하여 상환금액의 증가를 방지할 기회를 주는 데 그 취지가 있다.

2) 통지를 요하는 경우

통지를 요하는 경우에는 인수 또는 지급의 거절이 있었던 모든 경우이다. 지급인의 지급정지 또는 지급인에 대한 강제집행불주효의 경우에도 지급거절증서를 작성시켜(어 제44조 제5항) 통지를 하여야 한다. 지급거절증서의 작성면제가 있더라도 통지면제의 특약이 없는 한 통지의무를 면제하는 것은 아니다(어 제46조 제2항). 그러나 채무자 회생절차가 개시된 경우에는 공고가 되므로(채회 제51조) 통지를 할 필요가 없다. 또한 어음참가가 있는 경우에는 그 참가에 의하여 상환청구가 저지되는 범위에서는 통지를 요하지 아니한다.

3) 통지의 당사자

통지의무자는 어음의 최후의 소지인 및 후자로부터 상환청구의 통지를 받은 배서인이고, 피통지자는 발행인·배서인 및 이들의 보증인이다(어 제45조 제1항·제2항). 소지인은 발행인과 자기의 직접의 배서인 및 이들의 보증인에 대하여 통지를 하여야 하고, 후자로부터 통지를 받은 배서인은 그 전자에 통지를 하여야 하며, 이것이 순차 발행인에게 미치게 하여야 한다(순차통지주의). 그러나 보증인은 다시 통지할 의무가 없다. 다만 배서인이 그 처소를 기재하지 아니하거나 그 기재한 처소가 분명하지 아니한 경우에는 그 배서인의 직전의 자에게 통지하면 된다(어 제45조 제3항). 무담보배서인이 있는 경우에도 마찬가지이다. 그러나 처소를 명기하지 아니한 배서인이나 무담보배서인도 통지를 받은 때에는 이들도 통지를 할 의무가 있다고 본다.

---

1) 대법원 1989. 2. 28. 87다카1356·1357.

4) 통지기간

소지인은 거절증서작성일 이후의 4거래일 내에, 거절증서작성이 면제되어 있는 경우에는 어음제시일 이후의 4거래일 내에, 또 배서인은 통지를 받은 날 이후의 2거래일 내에 통지를 하여야 한다(어 제45조 제1항).

어음법이 이 통지에 관하여 발신주의를 취하는가 또는 도달주의에 의하는가는 분명하지 않아서 이를 도달주의로 보는 견해도 있으나, 실제에 있어서 통지를 받은 날 이후의 2거래일 내에 통지가 도달하기 어려울 경우가 많을 것을 생각하면 발신주의로 보는 것이 타당할 것이다. 기간 중에는 휴일을 산입하지 아니한다.

5) 통지유무의 증명책임

통지가 기간 내에 행하여졌다는 사실은 통지의무자가 이를 증명하여야 하나, 이 기간 내에 통지의 서면을 우편(내용증명우편)으로 부친 때에는 그 기간을 준수한 것으로 본다(어 제45조 제5항).

6) 통지의 방법과 내용

통지의 방법에는 제한이 없고, 구두에 의하든 서면에 의하든 상관없다. 단순히 어음을 반환하는 것으로도 이를 할 수 있다(어 제45조 제4항).

통지의 내용은 인수 또는 지급의 거절이 있은 사실을 통지하면 된다. 다만 통지를 받은 배서인은 전(前)통지자 전원의 명칭과 처소를 표시하고 자기가 받은 통지를 자기의 배서인에게 통지하여야 한다(어 제45조 제1항 제2문).

7) 통지의무해태의 효과

통지의무를 해태하여도 상환청구권을 상실하지는 않는다(어 제45조 제6항 본문). 그러나 과실로 인하여 손해가 생긴 때에는 어음금액의 한도 내에서 손해배상책임을 부담한다(어 제45조 제6항 단서). 이때 손해배상액을 어음금액의 범위 내로 한정하는 이유는 통지해태로 인하여 어음금액 이상의 손해를 배상할 위험이 있는 때에는 어음의 이용을 회피할 것이기 때문이다.

손해배상의 청구는 통지의무자의 직접 배서인뿐만 아니라 그 이전의 배서인도 할 수 있다. 통지가 지연된 때에는 전혀 통지를 아니한 경우보다는 손해가 적겠으나, 이때에도 배상책임을 면하지는 못한다. 통지를 잘못한 경우에는 이후 통지기간이 경과하였어도 수정통지를 함으로써 더 이상의 손해를 방지할 수 있다.

3. 상환금액

1) 만기 후

만기 후에 소지인이 상환청구할 금액은, 인수 또는 지급되지 않은 금액과 이자의 기재가 있으면 그 이자, 연 6푼의 이율에 의한 만기 이후의 이자, 거절증서 작성비용·통지비용과 그 밖의 비용의 합계액이 된다(어 제48조 제1항).

2) 만기 전

만기 전에 상환청구권을 행사하는 경우에도 상환청구할 금액은 만기 후나 마찬가지이겠으나, 다만 이 경우에는 소지인이 만기에 이르기까지의 중간이자를 부당하게 이득하는 일이 있을 것이므로 이때에는 할인에 의하여 어음금액이 감해지게 된다(어 제48조 제2항 제1문). 그 할인이율은 소지인의 주소지에 있어서의 상환청구하는 날의 공정할인율(은행율)에 의한다(어 제48조 제2항 제2문).

4. 상환방법

1) 상환권

상환의무자는 자진하여 상환할 수 있다(어 제50조 제1항). 이를 상환권이라 하고, 상환청구권자는 이 권리의 행사를 거절할 수 없다. 상환권은 상환의무자만 가지므로 주된 어음채무자·무담보배서인 또는 담보절차의 흠결로 상환의무를 면한 자 등은 상환권이 없다. 이와 같이 상환의무자는 상환권이 있으므로 어음소지인이나 상환을 하여 어음을 환수한 자는 전자가 상환권을 행사하는 경우에는 이에 응해야 하고, 응하지 않으면 수령지체가 된다. 그러나 상환의무자가 일부상환을 한 경우에는 이에 응할 의무는 없다.

수인의 상환의무자가 상환권을 행사하는 경우는 가장 다수의 상환의무자의 의무를 면하게 할 수 있는 자(예컨대, 발행인)의 상환을 받아야 한다(어 제63조 제3항 유추적용).

2) 상환방법

상환방법으로는 상환의무자가 상환금액을 지급하는 것이 보통이겠으나, 대물변제 또는 상계 등을 할 수 있으며, 또 상환청구권자가 상환의무자를 지급인으로 한 환어음(역어음)을 발행할 수도 있다(어 제52조). 상환의무자가 상환을 할 때에는 어음, 거절증서 및 계산서의 교부를 상환청구할 수 있다(어 제50조 제1항). 이것은 이중상환의 위험을 피하는 한편 어음상의 권리를 되찾기 위하여 필요한 것이다. 상환의무를 이행하여 어음을 환수한 자는 어음상 자기와 후자의 배서를 말소할 수 있다(어 제50조 제2항). 어음을 상실한 경우는 제권판결에 의하여 어음과 상환하지 아니하고 상환을 받을 수 있다.

일부인수 후 인수되지 않은 어음금액에 대하여 상환청구를 하는 경우에는 상환의무자는 어음상에 일부지급의 뜻을 기재할 것과, 계산서, 어음의 증명등본 및 거절증서의 교부를 청구할 수 있다(어 제51조). 그러나 일부지급을 받은 뒤 잔액에 대하여 상환청구하는 경우에는 어음이 소지인의 수중에 있으므로 상환방법은 보통의 경우와 같다.

Ⅳ. 재상환청구(再遡求)

1. 재상환청구의 의의

재상환청구란 상환을 한 상환의무자가 다시 자기의 전자에 대하여 하는 상환청구를 말한다. 상환의무자가 상환의무를 이행하면 그와 후자의 상환의무는 소멸되나 그 전자의 상환의무는 여전히 존속하므로, 상환의무를 이행하고 어음을 환수한 자는 어음소지인으로서 그 전자에 대하여 상환청구권을 행사할 수 있다(어 제47조 제3항 · 제77조 제1항 제4호).

2. 재상환청구의 요건

1) 실질적 요건

상환의무자가 재상환청구를 하기 위하여는 상환청구권자에게 상환의무를 유효하게 이행하여야 한다. 상환의무가 없는 자, 즉 상환의무가 시효의 완성 또는 절차의 흠결로 소멸된 자나 무담보배서를 한 자, 백지식배서에 의하여 양수한 어음을 단순한 교부에 의하여 양도한 자는 상환청구에 응하여 상환을 하고 어음을 환수하였다고 하더라도 전자에 대하여 재상환청구권이 생기지 않는다. 다만, 지명채권의 양도로 볼 수는 있다. 또한 상환의무자의 상환의무의 이행은 유효하여야 하고, 그 환수한 어음은 건전한 어음이어야 한다.

❐ 대법원 1998. 8. 21. 98다19448
재상환청구권자가 민법상의 지명채권 양도의 방법에 따라 상환청구권을 취득한 것으로 본 사례

☞ 백지식 배서에 의하여 어음을 양수한 다음 단순히 교부에 의하여 이를 타인에게 양도한 자가 소지인의 상환청구에 응하여 상환을 하고 어음을 환수한 경우, 그 전의 배서인에 대하여 당연히 재상환청구권을 취득하는 것은 아니라고 하더라도, 그 상환을 받은 소지인이 그 전의 배서인에 대하여 가지는 상환청구권을 민법상의 지명채권 양도의 방법에 따라 취득하여 행사할 수 있는 것으로 보아야 하고, 다만 그 상환의무자는 이에 대하여 양도인에 대한 모든 인적 항변으로 대항할 수 있을 뿐이다.

[해설] 만약 甲이 약속어음을 발행하여 乙에게 배시교부하고, 乙은 丙에게 백지식 배서를 하고, 丙이 丁에게 단순교부하였다고 한다면, 丙은 어음상에 전혀 나타나지 않아서 상환(상환청구)의무도 없다. 그럼에도 불구하고 丙이 丁의 상환청구에 응하여 상환하고 어음을 환수한 경우에는 丙은 丁의 乙에 대한 상환청구권을 지명채권양도방법에 따라 양수한 것으로 보아야 한다는 판결로서, 정당한 판결이라 생각한다.

2) 형식적 요건

상환의무자는 유효한 어음, 거절증서 및 영수를 증명하는 기재를 한 계산서를 상환청구권자로부터 교부받아 소지하고 있어야 한다(어 제50조 제1항 · 제77조 제1항 제4호). 발행인이 거절증서의 작성을 면제한 경우에는 재상환청구를 함에 있어 거절증서를 소지할 필요가 없다. 특정 배서인이 그 작성을 면제한 경우에는 그 특정 배서인에 대한 재상환청구에만 거절증서를 소지할 필요가 없다.

상환의무자가 상환청구의 요건이 충족되지 아니하여 상환청구에 응할 필요가 없음에도 불구하고 상환청구에 응한 경우에는 재상환청구권이 없다.[1] 그러나

1) 마산민사지방법원 1988. 1. 8. 87나175: 발행지가 기재되지 아니한 약속어음에 의하여 한 지급제시는 적법한 지급제시로서의 효력이 없는 것이므로 그러한 경우 그 어음 소지인은 그 배서인에 대한 상환청구권을 상실한다 할 것인 바, 위와 같이 상환청구권이 상실된 후에 어음금을 지급하고 어음을 환수한 배서인은 그 전자에 대하여 재상환청구권을 행사할 수 없다(그러나 대법원 1998. 4. 23. 95다36466은 발행지가 흠결된 어음도 무효인 어음은 아니라고 하므로, 현재는 발행지가 흠결된 어음에 대하여 어음금을 지급하고 어음을 환수한 자도 재상환청구권을 행사할 수 있다고 해석된다 – 필자 註).

예컨대 거절증서의 작성의무를 면제하지 아니한 배서인(丙)이 거절증서를 작성하지 아니한 어음소지인(丁)에게 상환청구에 응할 필요가 없음에도 불구하고 어음금을 지급하고 어음을 환수한 경우에는 어음을 환수한 丙은 거절증서의 작성의무를 면제한 자기의 전자(乙)에 대하여 재상환청구권을 취득한다. 이 경우에 어음을 환수한 丙은 어음소지인 丁이 을에 대하여 가지는 상환청구권을 丁으로부터 양수한 것으로 볼 수도 있고, 또 乙은 만일 어음소지인이 직접 상환청구하는 경우에는 어음채무를 면할 수 없기 때문이다.[1]

> ❒ 대법원 1990. 10. 26. 90다카9435
> 상환의무를 부담하지 않는 자가 상환청구에 응한 경우에는 전배서인에 대하여 재상환청구할 수 없으나, 지급거절증서작성의무를 면제한 배서인은 거절증서 작성이 없다는 이유로 청구를 거절할 수 없다

☞ 〈사실〉
소외 이종재는 1987. 6. 22. 소외 서인수에게 액면 금 9,800,000원, 지급기일 1987. 10. 10., 발행지 및 지급지 서울, 지급장소 주식회사 제일은행 신림동 지점으로 된 약속어음 1장을 발행하고, 서인수는 같은 달 23. 이종대에게, 이종대는 같은 달 24. 피고 방동근에게, 피고는 같은 달 25. 원고 주식회사 삼원화성에게 각 지급거절증서작성을 면제하여 이를 배서양도하였는데, 원고는 같은 달 25. 삼성물산주식회사에게 지급거절증서작성을 면제하지 아니한 채 이를 배서양도하였다. 최후의 소지인인 삼성물산은 지급기일에 지급제시하였으나 지급이 거절되자 원고 주식회사 삼원화성에게 상환청구권을 행사하여 지급을 받았다. 그 후 원고 삼원화성은 자신에 대한 어음의 직전 배서인인 피고 방동근에게 재상환청구권을 행사하려 하였다. 이에 대하여 피고 방동근은 소외 삼성물산이 상환청구권보전절차인 거절증서작성을 하지 아니하였으므로 원고에 대한 상환청구권이 없고, 따라서 원고는 상환의무가 없는데도 불구하고 상환청구에 응하였던 것이니 재상환청구를 할 수 없다고 주장하였다.

〈판결요지〉
상환의무를 부담하지 않는 자가 어음소지인의 상환요구에 응하여 어음금을 지급하고 어음을 취득한 경우에는 전배서인에 대하여 재상환청구할 수 없다. … 그러나 지급거절증서작성의무를 면제하고 약속어음을 배서양도한 배서인 방동근으로서는 어음소지인의 상환청구에 대하여 거절증서 작성이 없다는 이유로 청구를 거절할 수 없으므로, 방동근으로부터 어음을 취득한 삼원화성이 지급거절증서작성의무를 면제하지 아니하고 최후소지인인 삼성물산에게 위 어음을 배서양도하였음에도 삼성물산에 대하여 거절증서작성 유무를 확인하지 아니하고 그 상환청구에 응하였다고 하더라도 그 점을 탓할 수 없을 것이므로 삼원화성의 상환청구를 거절할 수 없고, 어음의 배서인은 어음소지인의 상환청구에 응하였거나 기타의 사유로 어음을 회수한 경우에는 자기의 배서를 말소할 수 있고 그렇게 되면 그 배서는 배서의 연속에 관한 한 없는 것으로 보게 되어

---

1) 정동윤(하) 342면.

있으므로 삼성물산이 적기에 거절증서를 작성하지 아니하였다 하여 방동근의 삼원화성에 대한 상환의무에 어떠한 영향을 미친다고 할 수 없다.

3. 재상환청구의 절차

1) 당사자

재상환청구권자는 상환의무를 이행한 배서인(어 제47조 제3항 · 제49조) 또는 담보의무를 이행한 보증인이다(어 제32조 제3항).[1)]

재상환의무자는 환어음의 발행인 · 배서인 및 이들의 보증인이다.

2) 상환금액

어음을 환수한 자의 상환금액은 자기가 상환한 총금액(어 제48조)과, 그 금액에 대하여 연 6푼의 이율로 계산한 지급일 이후의 이자와 자기가 지출한 비용(통지비용 · 최고비용. 그러나 소송비용은 제외)의 합계금액이다(어 제49조).

3) 상환방법

재상환의무자의 상환권 및 상환방법은 제1상환청구의 경우와 다를 바 없다.

제 7 관 참 가

I. 참가의 의의

참가(Ehreneintritt, intervention for honour)란 어음소지인이 상환청구권을 행사할 수 있는 모든 경우에, 제3자가 어음관계에 개입하여 인수 또는 지급을 함으로써 상환청구권의 행사를 저지하는 것을 말한다. 참가는 상환의무자의 상환금액의 증대를 방지하고, 그 신용을 유지하기 위한 제도이다. 참가에는 참가인수와

---

1) 대법원 1990. 10. 26. 90다카9435: 상환의무를 부담하지 않는 자가 어음소지인의 상환요구에 응하여 어음금을 지급하고 어음을 취득한 경우에는 전배서인에 대하여 재상환청구할 수 없다.

참가지급이 있으며, 참가지급은 어음행위가 아니다. 수표에는 참가제도가 없다. 실무상으로는 참가제도의 이용은 전무한 실정이다.

그런데 어음법은 약속어음에 대하여는 참가지급에 관한 규정만을 준용하고 있으므로(어 제77조 제1항 제5호), 약속어음에도 참가인수가 인정되는지 의문이다. 참가인수는 인수거절의 경우뿐만 아니라 만기전의 상환청구를 할 수 있는 모든 경우에 할 수 있는 것이므로, 약속어음에도 참가인수제도를 인정하여야 할 것이다. 그러나 약속어음의 발행인은 상환의무자가 아니기 때문에 피참가인의 표시가 없는 때에는 발행인이 아닌 제1의 배서인을 위하여 참가인수를 한 것으로 보아야 한다.

피참가인은 참가에 의하여 직접 이익을 받을 특정 상환의무자를 말하며, 피참가인이 될 수 있는 자는 모든 상환의무자와 그 보증인이다. 인수인 · 지급인 · 무담보배서인은 상환의무자가 아니므로 피참가인이 될 수 없다. 따라서 이들을 위한 참가인수는 효력이 없으며, 이들을 위한 참가지급은 어음의 주채무의 변제가 된다.

참가인은 참가를 하는 사람을 말하며, 그 자격에 제한이 없다. 따라서 제3자 · 지급인 또는 이미 어음채무를 부담하고 있는 환어음의 발행인 · 배서인 · 보증인도 참가인이 될 수 있으나(어 제55조 제3항), 약속어음의 발행인, 환어음의 인수인과 이들의 보증인은 참가인이 될 수 없다. 주채무자가 참가인이 된다는 것은 무의미하기 때문이다. 참가인에는 피참가인인 발행인 · 배서인 또는 보증인이 사전에 어음에 지정하는(어 제55조 제1항) 지정참가인(예비지급인)과 사전에 지정되지 않은 임의참가인이 있다. 지급인 또는 인수인은 상환의무자가 아니므로 예비지급인을 지정할 수 없다. 예비지급인으로 될 수 있는 자는 참가인이 될 수 있는 자이다. 따라서 지급인, 환어음의 발행인, 배서인 등도 예비지급인이 될 수 있다.

지급인을 예비지급인으로 지정할 경우에 그 지급인이 참가지급을 한 때에는 지급인으로서 지급할 경우와는 달리 피참가인과 그 전자에 대한 어음상의 권리를 취득하게 되는 이점이 있다.

Ⅱ. 참가인수(榮譽引受)

참가인수(Ehrenannahme, acceptation par intervention)란 만기 전의 상환청구를 저지하기 위하여 어음의 지급을 약속하는 어음행위를 말한다. 참가인수를 할 수 있는 자는 제3자 · 지급인 · 배서인 · 보증인 등이다(어 제55조 제3항). 지급인이 인수가 아닌 참가인수를 하면 발행인에 대하여는 책임을 지지 않고, 피참가인의 후자에 대하여만 의무를 부담하는 실익이 있다.

참가인수의 법적 성질은 상환의무의 인수라고 본다. 왜냐하면 참가인수인은 피참가인과 동일한 의무를 부담하며(어 제58조 제1항), 피참가인은 상환의무자이므로(어 제55조 제2항) 결국 참가인수인은 상환의무를 인수하는 것이 되기 때문이다. 그 결과 참가인수인의 채무의 소멸시효기간은 인수인과 같은 3년이 아니라 피참가인의 그것과 같고, 참가인수인은 이득상환의무자도 아니며(어 제79조), 참가인수인의 파산은 만기전 상환청구의 원인으로 되지도 않는다(어 제43조 참조).

참가인수인은 어음소지인과 피참가인의 후자에 대하여 피참가인과 동일한 의무를 부담한다(어 제58조 제1항). 즉, 이 의무는 지급인이 지급하지 않는 경우의 제2차적 의무이며, 지급할 금액도 피참가인의 상환금액과 같다. 그러므로 소지인은 참가인수인에게 청구하기 전에 먼저 지급인에게 지급청구를 하고, 그 지급을 받지 못한 때에는 지급거절증서작성 등의 상환청구권보전절차(어 제38조 · 제43조 · 제44조 제1항 · 제3항)를 밟아야 한다. 이미 인수거절증서를 작성하였더라도 이는 참가인수에 의하여 실효되므로 어음법 제44조 제4항은 적용되지 않는다. 또 지급지에 주소가 있는 참가인수인에 대하여는 다시 어음법 제60조 제1항에 의한 소정의 절차(참가지급거절증서의 작성)를 밟아야 한다. 그렇지 않으면 피참가인과 그 후자에 대한 권리를 상실하고(어 제60조 제2항), 그 결과 피참가인과 동일한 의무를 부담하는 참가인수인에 대한 권리도 상실한다. 그러나 피참가인의 의무가 실질적 이유로 인하여 무효인 때에도 어음행위독립의 원칙에 의하여 참가인수인의 어음채무에는 아무 영향을 미치지 아니한다.

Ⅲ. 참가지급(영예지급)

참가지급(Ehrenzahlung, paiement par intervention)이란 만기 또는 만기 전의 상환청구권행사의 요건이 구비되었을 경우에 그 상환청구를 저지하기 위하여 지급인 이외의 자가 하는 지급을 말한다.

참가지급은 제2차적 지급이며, 피참가인의 후자의 의무를 소멸시키는 데 그치므로 본래의 지급과 다르고, 상환의무자가 한 상환과 비슷한 관계가 생기는 데 지나지 않는다. 또 참가지급은 어음상의 기명날인 또는 서명을 요하지 아니하므로 참가인수와는 달리 어음행위가 아니다.

제8관 어음의 복본과 등본

Ⅰ. 어음의 복본

1. 복본의 의의

어음의 복본(Wechselduplikate, Ausfertigungen)이란 동일한 어음상의 권리를 표창하기 위하여 발행된 수통의 어음증권을 말한다(약속어음에는 복본제도가 없다.). 복본은 어음증권의 상실에 대비하기 위하여(안전복본), 또는 인수를 위하여 어음을 송부한 경우에 그 양도를 위하여(편리복본) 작성한다.

2. 복본의 발행

1) 복본의 발행방식

어음의 복본은 각통의 내용이 거래의 통념상 동일하여야 하고(어 제64조 제1항), 증권의 본문중에 번호를 붙여야 한다(어 제64조 제2항 제1문). 번호가 없으면 수통의 복본은 각각 별개의 환어음으로 본다(어 제64조 제2항 제2문).

2) 복본의 발행절차

발행인만이 발행시에 수통의 복본을 발행할 수 있다(어 제64조 제1항). 그리고 발행인이 어음에 1통만을 발행한다는 뜻을 기재한 경우를 제외하고는, 어음소지인은 자기의 비용으로 복본의 교부를 청구할 수 있다(어 제64조 제3항 제1문). 복본교부를 청구하는 소지인이 수취인이 아닌 경우에는 배서의 차례에 따라 발행인에게까지 이른다(어 제64조 제3항 제2문). 이리하여 원어음을 첨부하여 복본청구를 받은 발행인이 복본을 작성하여 수취인에게 교부하면, 수취인은 새로운 복본에 배서를 다시하여 교부함으로써(어 제64조 제3항 제3문) 차례로 소지인에게 이르게 된다.

복본교부청구권은 어음법상의 권리이나 어음상의 권리는 아니므로 소지인이 이 권리를 행사함에는 반드시 원어음을 제시할 필요는 없다. 그러나 1통이 먼저 발행된 후에는 먼저 발행된 어음에 복본번호를 붙여야 하므로 먼저 발행된 어음의 제시가 필요하고, 만약 원어음을 상실하였으면 복본청구는 할 수 없다.

3. 복본의 효력

1) 복본일체의 원칙

복본은 각통마다 어음의 효력을 가지나, 동일한 어음채권을 표창하므로 소지인이 수통의 복본을 소지하더라도 취득하는 권리는 하나이다. 따라서 어음의 제시나 상환청구도 1통으로써 하면 되고, 또 1통에 대하여 지급 또는 상환을 하면 그 효력은 다른 수통에도 미친다(어 제65조 제1항 본문). 이것은 복본 위에 특히 1통에 대한 지급이 있으면 다른 복본은 무효로 한다는 취지의 기재(파훼문구)가 없는 때에도 같다.

2) 예 외

(1) 인수책임의 독립성

수통의 복본에 인수를 한 인수인이 지급시에 그 수통을 환수하여 두지 아니하면 환수하지 아니한 복본에 대한 지급책임을 면하지 못한다(어 제65조 제1항 단서). 그러나 1통의 복본에만 인수를 한 경우에도 인수 없는 복본에 대하여 지급을 하고 인수한 복본을 환수하여 두지 아니하면 그 환수하지 아니한 인수필복본의 소지인에 대하여 책임을 져야 한다. 이 규정은 선의의 소지인을 보호하기 위한 것이므로 위 두 경우에 인수인은 선의의 소지인에 한하여 책임을 진다.

(2) 배서책임의 독립성

소지인이 수통의 복본을 수인에게 따로따로 배서양도한 때에는 그 배서인과 그 후의 배서인은 반환받지 아니한 각자의 기명날인 또는 서명이 있는 복본에 대하여 책임을 진다(어 제65조 제2항). 여기서 '반환받지 아니한 복본'이란 지급인이 반환받지 않은 것을 뜻한다. 즉, 이 경우에는 각 배서인은 그 배서한 1통에 대하여 상환의무를 부담하여야 하고, 다른 1통에 대한 인수 또는 지급이 있었다고 하여 책임을 면할 수는 없다. 그러나 각별로 배서한 자의 전자는 복본소지인 중의 임의의 1인에 대하여 상환하면 그 책임을 면한다.

4. 인수를 위한 복본의 송부

복본소지인이 인수를 위하여 그 1통(송부복본)을 송부한 경우에는 다른 각통

(유통복본)에 그 송부한 복본의 보유자의 명칭을 기재하여야 한다(어 제66조 제1항 제1문). 따라서 유통복본의 소지인은 송부복본의 보유자에 대하여 그 반환을 청구할 수 있다(어 제66조 제1항 제2문).

송부복본의 보유자가 그 복본의 반환을 거절하면, 다른 복본, 즉 유통복본의 소지인은 거절증서에 의하여 송부복본의 교부청구가 거절되었다는 사실과, 자기가 소지하는 유통복본으로써 인수 또는 지급을 받을 수 없었다는 사실을 증명하지 아니하면, 전자에 대한 상환청구권을 행사하지 못한다(어 제66조 제2항).

그런데 유통복본에 송부복본의 보유자의 기재가 없는 경우에는 유통복본을 소지하는 자는 그 송부를 무시하고 유통복본에 의하여 인수 또는 지급의 청구를 하고, 그것이 거절된 때에는 복본반환거절증서의 작성없이 상환청구권보전절차(지급거절증서작성)를 취하여 즉시 상환청구할 수 있다.

송부복본을 송부하는 경우 어음의 배서란에 사선을 그어두면 배서양도할 수 없게 된다.

Ⅱ. 어음의 등본

1. 등본의 의의

어음의 등본(Wechselabschrift, Kopie)이란 어음의 원본(Urschrift, Originalwechsel)을 등사한 것을 말한다. 등본은 복본과 함께 어음복제에 속하나, (ⅰ) 복본제도는 환어음에만 있으나 등본제도는 약속어음에도 인정되고(어 제77조 제1항 제6호), (ⅱ) 복본은 발행인만이 작성할 수 있으나 등본은 모든 어음소지인이 작성할 수 있으며, (ⅲ) 복본에는 인수도 할 수 있으나 등본에는 배서 · 보증만 할 수 있고, (ⅳ) 등본에는 차단문언제도(이후 배서는 등본에 한 것만이 효력이 있다는 문구: 어 제68조 제3항)가 있으나 복본에는 이것이 없다.

2. 등본의 발행

어음의 등본은 어음소지인이 임의로 작성할 수 있다(어 제67조 제1항). 등본에는 배서 기타 원본에 기재한 모든 사항을 정확히 재기(再記)하고, 그 말미에 표시하는 문구[예컨대, '이상 등사'(경계문구)]를 기재하여야 한다(어 제67조 제2항). 등본에는 원본의 보유자(Verwahrer)를 표시하여야 한다(어 제68조 제1항). 그리고 그 원본의 보유자는 등본의 정당한 소지자에 대하여 그 원본을 교부하여야 한다(어 제68조 제1항 제2문).

3. 등본의 효력

1) 등본에 의한 배서 또는 보증

등본에는 원본과 동일한 방법에 의하여 동일한 효력으로 배서 또는 보증을 할 수 있다(어 제67조 제3항). 따라서 등본에 배서를 한 경우 원본이 부당하게 유통되는 것을 방지하기 위하여, 어음소지인은 등본작성 전에 한 최후의 배서의 뒤에 "이후의 배서는 등본에 한 것만이 효력이 있다."는 문구 또는 이와 같은 뜻을 가진 문구(차단문언: Sperrvermerk)를 원본에 기재할 수 있는데, 이 경우에는 원본에 기재한 그 후의 배서는 효력이 없다(어 제68조 제3항).

그러나 등본은 그 자체가 어음이 아니므로 등본으로 인수 또는 지급을 청구할 수 없으며, 어음상의 권리를 행사함에는 항상 원본이 있어야 한다.

2) 등본소지인의 원본반환청구권과 상환청구권

등본의 소지인이 인수를 받기 위하여 원본을 송부한 경우에는 등본에 그 원본의 보유자(송부처)를 기재하여야 하며(어 제68조 제1항 제1문), 등본의 소지인은 원본의 보유자에 대하여 그 반환을 청구할 수 있다(어 제68조 제1항 제2문). 만약 원본의 보유자가 그 반환을 거절할 때에는 등본의 소지인은 원본반환거절증서에 의하여 원본의 반환을 거절당한 사실을 증명하여 등본에 배서 또는 보증을 한 자에 대하여 상환청구권을 행사할 수 있다(어 제68조 제2항).

원본보유자의 기재가 없는 경우에 등본에 배서 또는 보증을 한 경우 이러한 등본의 소지인도 상환청구권은 가지지만, 상환청구권행사의 형식적 요건인 거절증서라는 증명방법이 없으므로 상환청구권을 행사할 수 없다.

제9관 거절증서

Ⅰ. 거절증서의 의의

거절증서(Protest, protest)란 어음상의 권리의 행사 또는 보전에 필요한 행위를 적법하게 하였다는 것과, 그 결과를 증명하는 유일한 공정증서이다. 이것은 다른 증서로 갈음할 수 없다. 다만 수표에 관하여는 거절자(지급인: 은행) 자신의 증명 또는 어음교환소의 증명도 거절증서와 동일한 효력이 인정된다(수 제39조 제2호 · 제3호).

거절증서의 작성은 권리보전의 조건이며, 그 작성에 관한 사항은 따로 거절증서령(1970. 4. 15. 대통령령 제4919호)으로 정하고 있다.

Ⅱ. 거절증서의 성질

거절증서는 증거방법으로서 증명증서이고 요식증서이며, 어음으로부터 독립한 증서이다.

1. 증명(公證)증서

거절증서는 어음상의 권리의 행사 또는 보전에 필요한 행위를 하였으나, 그 결과를 얻지 못하였다는 사실을 증명하는 증명증서이다. 거절증서는 증명증서에 불과하기 때문에 그 기재가 사실과 다른 때에는 반증을 들어 다툴 수 있다. 그러나 거절증서는 공적인 기관인 공증인 또는 집행관이 작성하는 공정증서이므로 공문서로 추정된다(민소 제327조). 따라서 단순한 부인만으로 증거력을 잃지는 않는다.

2. 요식증서

거절증서는 요식증서로서 법이 요구하는 일정한 사항을 기재하여야 한다. 그러나 거절증서의 요식성은 어음의 경우와 같이 엄격하지는 아니하므로 본질적인 사항이 아닌 사항은 그 기재가 없더라도 무방하다. 일정한 사항에 대하여 직접 명시적인 기재가 없더라도 다른 기재사항에 의하여 알 수 있으면 유효하고, 또 어음상의 기재에 의하여도 보충할 수 있다고 본다.

3. 독립증서

거절증서는 어음과 다른 독립한 증서로서 어음의 보충적 증권이 아니다.

Ⅲ. 거절증서의 작성

1. 거절증서를 작성하여야 할 경우

거절증서를 작성하여야 할 경우는, (i) 인수거절(어 제44조 제1항 · 제2항 · 제26조 제2항 · 제51조), (ii) 제시일자 또는 인수일자의 기재거절(어 제25조 제2항 · 제78조 제2항), (iii) 제2제시의 청구(어 제24조 제1항), (iv) 지급거절(어 제44조 제1항 · 제3항 · 제54조 제3항 · 제77조 제1항 제4호), (v) 지급인의 자력(資力)불확실(어 제44조 제5항), (vi) 참가인수거절(어 제56조 제2항), (vii) 참가지급거절(어 제60조 제1항 · 제2항 · 제77조 제1항 제5호), (viii) 복본반환거절(어 제66조 제2항), (ix) 원본반환거절(어 제68조 제2항 · 제77조 제1항 제6호)의 경우 등이다.

그러나 (i) 거절증서의 작성이 면제된 경우(어 제46조), (ii) 인수거절증서의 작성 후에 지급을 거절하는 경우(어 제44조 제4항), (iii) 파산결정서가 있는 경우(어 제44조 제6항), (iv) 불가항력으로 인한 면제의 경우(어 제54조 제4항)에는 거절증서를 작성하지 않고 상환청구권을 행사할 수 있다.

2. 거절증서의 작성

1) 작성기관

거절증서는 어음소지인 또는 그 대리인의 위탁에 따라 공증인, 집행관, 법무법인, 공증인가합동법률사무소가 작성한다(거령 제2조, 집행관법 제5조 제3호, 변 제49조 제1항 · 제59조). 작성기관은 거절증서의 작성위임을 정당한 이유없이 거절하지 못한다(공증 제4조, 집행관법 제14조). 또한 거절증서는 거절사실을 증명하기 위한 것이므로 작성기관은 위임인(작성권자)의 진술에만 의존할 것이 아니라 자신이 작성권자의 대리인으로서 어음을 제시해 보는 등 자기의 직접 체험확인에 의해 작성하여야 한다.

거절증서는 어음 · 수표 또는 이에 결합한 부전에 작성자가 자신의 경험에 의하여 확인한 일정한 사항을 기재하여 작성한다(거령 제3조 · 제4조).

2) 작성장소

거절증서는 청구를 한 장소에서 작성하는 것이 원칙이다(거령 제8조 제1항 본문). 지급 또는 인수를 위한 제시장소가 작성장소이며, 일반적으로는 거절자의 영업소, 주소 또는 거소가 이에 해당한다. 다만 거절자의 승낙이 있는 때에는 다른 장소에서도 작성할 수 있다(거령 제8조 제1항 단서). 청구를 할 장소를 알 수 없을 때에는 작성기관은 그 장소를 관공서에 조회하여야 하고 그래도 알 수 없을 때에는 그 관공서나 자기의 사무소에서 거절증서를 작성할 수 있다(거령 제8조 제2항).

3) 작성기간

거절증서의 작성기간은 각 거절증서에 관하여 어음법에 규정되어 있다. 예컨대, 확정일출급, 발행일자후정기출급 또는 일람후정기출급어음의 지급거절증서는 지급을 할 날 이후의 2거래일 내이다(어 제44조 제3항 제1문).

4) 작성방법

(1) 기재하는 곳 및 방법

거절증서는 원칙적으로 어음 또는 이에 결합한 부전에 의하여 이를 작성한다(거령 제4조 제1항). 그러나 원본보유자가 원본의 반환을 거절하여 어음법 제68조 제2항에 의하여 거절증서를 작성하는 경우에는 어음의 등본 또는 그 부전에 하여야 하고, 인수의 일부거절로 인한 거절증서의 작성은 작성기관이 어음의 등본을 작성하고 그 등본 또는 그 부전에 거절증서를 작성하여야 한다(거령 제6조 제2항).

그러므로 거절증서의 기재사항은 어음의 복본 · 원본 또는 등본의 이면에 기재한 사항에 계속하여 기재하여야 하고, 또 부전에 할 경우에는 작성자가 그 접목에 간인을 하여야 한다(거령 제4조 제2항). 이는 중간의 여백을 이용하여 후일 부정한 기입을 하게 됨을 방지하는 동시에 거절증서작성 당시의 어음의 상태를 명백히 하기 위함이다.

⑵ 기재사항

거절증서에는 다음의 사항을 기재하고 작성자가 기명날인 또는 서명하여야 한다(거령 제3조).

(ⅰ) 거절자 및 피거절자의 성명이나 명칭

(ⅱ) 거절자에 대하여 청구를 한 뜻 및 거절자가 그 청구에 응하지 아니하였거나, 거절자를 면회할 수 없었던 것, 또는 청구를 할 장소를 모른다는 것. 여기서 청구라 함은 거절된 행위, 즉 인수청구(인수제시), 지급청구(지급제시), 참가인수청구, 참가지급청구 등을 말한다.

(ⅲ) 청구를 하였거나 이를 할 수 없었던 장소 및 연월일

(ⅳ) 거절증서작성의 장소 및 연월일

(ⅴ) 법정장소 이외의 곳에서 거절증서를 작성하는 경우에는 거절자가 이를 승낙하였다는 사실

(ⅵ) 지급인이 제2의 제시를 청구한 때에는 그 뜻

⑶ 거절증서의 수

거절증서는 수인에게 제시하여야 할 경우(예컨대, 지급인 · 예비지급인 및 참가인 수인에게 청구하는 경우 등)나 동일인에게 수회의 제시를 하여야 할 경우(예컨대, 지급인이 숙려기간을 요구하는 경우)에도 1통만 작성하면 된다(거령 제7조).

5) 거절증서의 등본

공증인 등 거절증서 작성기관이 거절증서를 작성한 때에는 그 등본에 일정한 사항을 기재하여 이를 그 사무소에 비치하여야 한다(거령 제9조 제1항). 이것은 거절증서의 원본이 멸실한 경우에 대비하기 위한 것이다. 따라서 거절증서가 멸실 · 분실된 경우에 이해관계인의 청구가 있는 때에는 위 등본에 의하여 새로운 등본을 작성하여 이해관계인에게 교부하여야 하며, 이 등본은 원본과 동일한 효력이 있다(거령 제9조 제2항).

6) 거절증서의 하자의 보정

거절증서는 요식증서이지만 어음처럼 엄격한 것은 아니므로 그 본질적인 부분에 하자가 없는 한 그 효력에 영향을 미치지 않는다. 따라서 그 내용에 오류 또는 일탈이 있어도 그것이 곧 거절증서의 무효를 초래하는 것은 아니고, 그 오류 또는 일탈의 중요성에 따라서 이를 결정하여야 한다. 그리고 중요한 부분에 관

한 하자는 거절증서를 무효로 하지만, 이것을 보정하여 적법한 거절증서로 만들 수 있다. 보정한 부분에 관하여는 작성자가 기명날인 또는 서명을 하여야 한다.

3. 거절증서작성의 면제

1) 의 의

거절증서의 작성은 상환청구권행사를 위한 법정요건이지만, 어음소지인에게는 매우 번거로운 절차이다. 이러한 거절증서는 상환청구사유의 발생을 증명하기 위한 것이고 주로 상환의무자들의 이익을 위한 것이다. 그러므로 어음법은 상환의무자가 그 이익을 포기하는 경우 소지인으로 하여금 거절증서의 작성 없이 상환청구할 수 있도록 허용하고 있다(어 제46조). 거절증서의 작성을 면제하면 어음의 제시만으로 상환청구권을 행사할 수 있으므로 어음상의 권리행사가 용이하고, 모든 어음채무자가 그 작성비용을 면할 수 있으며 지급거절의 사실이 공표되는 것을 피할 수 있는 이익이 있다. 오늘날 실제의 어음거래에서는 거절증서작성의 면제가 보편화되어 있다.

2) 면제권자

거절증서의 작성을 면제할 수 있는 자는 상환의무자이다(어 제46조 제1항 · 제77조 제1항). 따라서 어음의 배서인은 물론 환어음의 발행인과 이들의 보증인, 참가인수인, 참가지급인도 거절증서의 작성을 면제할 수 있다.

3) 면제의 방식

거절증서의 작성면제는 면제권자가 '무비용상환' 또는 '거절증서불필요'의 문구를 적고 기명날인 또는 서명하면 된다(어 제46조 제1항 · 제77조 제1항 제4호). 작성면제의 기명날인 또는 서명은 발행인 또는 배서인의 기명날인 또는 서명을 겸용할 수 있다.

4) 면제의 효력

거절증서의 작성을 면제한 경우에는 소지인은 거절증서를 작성하지 않아도 상환청구권을 상실하지 않고, 또 소지인이 법정기간을 준수한 것으로, 즉 법정기간 내에 제시한 것으로 추정된다(어 제46조 제2항 · 제77조 제1항 제4호). 그러나 거절증서의 작성면제는 거절증서의 작성의무만 면제하는 것이므로 그 외에 제시와 상환청구통지의무까지 면제하는 것은 아니다.

발행인이 거절증서작성면제문구를 기재한 경우에는 어음자체가 거절증서작성면제의 어음으로 되어 거절증서면제의 효력은 모든 상환의무자에게 미친다. 이때 소지인은 자기의 비용으로 거절증서를 작성시킬 수 있다. 그러나 배서인이나 보증인이 면제의 문구를 기재한 경우에는 그 기재를 한 배서인에 대해서만 면제의 효력이 있고(어 제46조 제3항), 다른 상환의무자에 대한 상환청구를 위하여는 거절증서를 작성하여야 한다. 이때 어음소지인이 거절증서를 작성시킨 때에는 그 면제의 기재를 한 배서인을 포함한 모든 어음채무자가 그 비용의 상환의무를 진다(어 제46조 제3항).

제2절 약속어음

Ⅰ. 서 설

약속어음(eigener Wechsel, promissory note)은 금전채무증권이며, 신용기능을 그 주된 경제적 기능으로 한다는 점에서 환어음과 비슷한 점이 많다. 따라서 통일어음법의 형식에 따른 우리 어음법은 환어음을 중심으로 하여 규제를 하고(환어음중심주의), 약속어음에 관하여는 약간의 특별규정을 두었을 뿐, 성질이 허용하는 한 환어음에 관한 규정을 이에 준용하고 있다(어 제77조).

그러나 환어음이 3당사자간의 금전지급위탁증권인 데 대하여, 약속어음은 양당사자간의 금전지급약속증권이라는 형식상의 본질적인 차이 때문에 몇 가지 특수한 규제를 필요로 한다.

Ⅱ. 환어음과 약속어음의 차이점

1. 경제적 기능상의 차이

'신용의 용구'로서 쓰인다는 점에서 환어음과 약속어음은 본질적으로는 같으나, 약속어음은 매매거래의 대금지급의 방법이나(상업어음), 할인 · 융자의 방법으로(할인어음, 대부어음) 주로 국내거래에서 이용되는 데 대하여, 환어음은 격지자간의 송금 · 대금추심의 방법으로, 특히 국제거래에서 이용되는 점에서 그 기능을 달리한다.

2. 법률상의 차이

1) 발 행

기본어음의 형식에 있어서 양자는 전혀 다르다. 즉, 환어음은 어음요건으로 '환어음임을 표시하는 문자'(어 제1조 제1호)를 기재할 뿐만 아니라 일정금액의 무조건의 지급 '위탁'을 하여야 하므로(어 제1조 제2호) 반드시 '지급인의 명칭'(어 제1조 제2호)을 기재하여야 한다. 그러나 약속어음은 '약속어음임을 표시하는 문자'(어 제75조 제1호)를 기재하되 일정금액의 무조건의 지급 '약속'을 발행인 자신이 하는 것이므로(어 제75조 제2호) 제3당사자인 지급인을 기재할 수 없다.

'발행'의 성질 및 효력에 있어서도 양자는 전혀 다르다. 즉, 환어음의 발행은 지급지시로서, 수취인은 어음금액의 지급수령권한(일종의 기대권)을 취득하고, 발행인은 종국적 상환의무자로서 담보책임을 지는 데 대하여, 약속어음의 발행은 어음채무부담의 의사표시로서 수취인은 어음금지급청구권을 취득하고 발행인은 주채무자로서 '환어음의 인수인과 동일한 의무를 부담한다'(어 제78조 제1항)(따라서 약속어음에 발행인의 면책문구를 기재하면 어음 자체가 무효로 된다.).

2) 인 수

약속어음에는 '인수'가 있을 수 없다. 다만 약속어음에도 일람후정기출급어음은 존재하므로(어 제77조 제1항 제2호 · 제33조 제1항 제2호), 그 만기를 정하는 기준에 관하여 특별규정을 두고 있다. 즉, 일람후정기출급의 약속어음은 소지인이 제시기간 내에(어 제23조) 발행인에게 일람을 위하여 제시하여야 하고(어 제78조 제2항 제

1문), 일람후의 기간은 발행인이 어음에 일람의 뜻을 기재하고 날짜를 부기하여 기명날인 또는 서명한 날로부터 진행한다(어 제78조 제2항 제2문). 만약 발행인이 일람의 뜻과 날짜의 기재를 거절하면 거절증서에 의하여 이를 증명하여야 하고(어 제73조 제2항 제3문), 이때 그 날짜는 일람후의 기간의 첫날로 한다(어 제78조 제2항 제4문).

3) 인수거절로 인한 상환청구

약속어음에는 인수제도가 없으므로 인수거절로 인한 상환청구도 있을 수 없다.

4) 복 본

약속어음에서는 인수를 위하여 어음을 송부할 필요도 없으므로 등본의 규정은 약속어음에 준용되지만(어 제77조 제1항 제6호 · 제67조 · 제68조), 복본의 규정은 준용되지 않는다.

5) 참가인수의 문제

약속어음에는 인수제도가 없으므로 참가인수제도도 없다는 학설이 있으나, 참가인수는 만기 전에 상환청구할 수 있는 모든 경우에 인정되므로 약속어음에서도 만기 전의 상환청구를 인정하는 한 참가인수를 인정할 수 있다고 본다.[1)]

Ⅲ. 환어음과 약속어음의 공통점

1. 증권의 성질 · 기능

환어음이나 약속어음이나 금전채권증권이고 신용의 용구인 '어음'이란 점에서 같으며, 증권의 여러 가지 법적 성질도 같다.

2. 적용범위

우리 어음법은 환어음중심주의의 입법이므로 환어음에 관한 규정을 약속어음에 준용하고 있다. 즉, (ⅰ) 어음채무의 독립성(어 제7조 · 제77조 제2항), 무권대리인

---

1) 서돈각 · 정완용(하) 283면; 김용태(하) 320면.

의 책임(어 제8조 · 제77조 제2항), 변조(어 제69조 · 제77조 제1항 제7호)에 관한 규정 등 어음행위일반에 관한 규정, (ii) 제3자방지급의 기재(어 제4조 · 제77조 제2항), 이자의 약정(어 제5조 · 제77조 제2항), 어음금액의 중복기재(어 제6조 · 제77조 제2항), 백지어음(어 제10조 · 제77조 제2항)에 관한 규정 등 어음의 발행과 방식에 관한 규정, (iii) 배서(어 제11조~제20조 · 제77조 제1항 제1호), (iv) 만기(어 제33조~제37조 · 제77조 제1항 제2호)에 관한 규정, (v) 지급(어 제38조~제42조 · 제77조 제1항 제3호)에 관한 규정, (vi) 지급거절로 인한 상환청구(어 제43조~제50조 · 제52조~제54조 · 제77조 제1항 제4호)에 관한 규정, (vii) 참가지급(어 제55조 · 제59조~제63조 · 제77조 제1항 제5호)에 관한 규정, (viii) 등본(어 제67조 · 제68조 · 제77조 제1항 제6호)에 관한 규정, (ix) 시효(어 제70조 · 제71조 · 제77조 제1항 제8호)에 관한 규정, (x) 휴일 · 기간의 계산과 은혜일의 금지(어 제72조~제74조 · 제77조 제1항 제9호)에 관한 규정, (xi) 보증(어 제30조~제32조 · 제77조 제3항)에 관한 규정은 약속어음에 준용된다.

다만 약속어음의 특수성으로 인하여 다음과 같은 점에 주의하여야 한다. 즉, (i) 어음법 제77조 제2항은 동 제27조도 준용하고 있으나, 약속어음에는 인수제도가 없으므로 이를 제외하여야 할 것이고, (ii) 약속어음의 발행인은 상환의무자가 아니므로 상환청구통지를 받을 권리도(어 제45조) 없으며, 예비지급인을 기재할 수도 없다(어 제55조 제1항). (iii) 또 피보증인의 표시가 없는 경우에는 약속어음의 발행인을 위하여 보증한 것으로 본다(어 제77조 제3항 제2문). (iv) 참가인수를 약속어음에서도 인정할 것인가에 관하여 학설이 대립하고 있는 것은 전술한 바와 같다.

제4장 수표법

제1절 수표법 총론

제1관 수표와 환어음의 비교

Ⅰ. 현행법상 수표의 개념

수표(手票)와 환어음은 발행인이 지급인에 대해서 일정한 금액의 지급을 위탁하는 금전지급위탁증권이란 점에서 같고, 금전지급약속증권인 약속어음과 구별된다. 이와 같이 증권의 형식 및 성질에 있어서 수표와 환어음은 아주 유사하고, 다만 증권의 본문 중에 기재된 '수표'(수 제1조 제1호) · '환어음'(어 제1조 제1호)에 의해서 구별될 뿐이다.

Ⅱ. 수표와 어음의 공통점

1. 증권의 성질

수표나 환어음이나 '금전채권증권'이란 점에서 같고, 증권의 여러 가지 법적 성질(완전유가증권성 · 설권증권성 · 무인증권성 · 문언증권성 · 요식증권성 · 법률상 당연한 지시증권성 · 제시증권성 · 환수증권성)도 같다.

2. 증권의 형식

수표나 환어음이나 금전의 '지급위탁증권'이다. 따라서 구체적으로 다음과 같은 유사점을 들 수 있다.

1) 3당사자

수표나 환어음은 지급위탁증권이므로 발행인 · 지급인 · 수취인의 3당사자를 필요로 한다(어 제1조, 수 제1조 · 제5조)(소지인출급식수표에서는 수취인의 기재가 필요없지만 실질적으로 3당사자가 전제되어 있는 점에는 틀림이 없다.).

2) 주채무자의 불확정

수표는 주채무자가 없고, 환어음은 지급인이 인수를 하여야 확정되므로(어 제28조), 양자 모두 발행 당시에는 주채무자가 확정되지 않는다.

3) 발행인의 지위

발행인은 상환의무자에 불과하다.

4) 소지인의 지위

수표나 환어음이 발행됨과 동시에 당연히 지급인이 금전지급채무를 부담하는 것은 아니다. 따라서 수표나 환어음은 지급수령권한(일종의 기대권)을 표창하는 유가증권이고(약속어음은 어음금지급청구권을 표창한다.), 그 소지인은 지급수령권한자에 불과하다.

Ⅲ. 수표와 어음의 차이점

1. 경제적 기능상의 차이

수표의 주된 경제적 기능은 '지급의 용구'로서의 작용인 데 대하여, 환어음의 주된 경제적 기능은 '신용의 용구'로서의 작용이다. 바꾸어 말하면, 수표는 자금이 있는 자가 현금의 지급 대신으로 이용하는 증권이고, 환어음은 자금이 없는 자가 신용을 이용하는 증권이다. 이러한 경제적 기능의 차이로부터 다음과 같은 법률상의 차이가 생긴다.

2. 법률상의 차이

수표가 지급증권이기 때문에 수표법은 '지급의 신속 · 간이화'의 요청과 '지급의 확실 · 안전화'의 요청에 따라 특수한 규정을 두어 신용증권화하는 것을 적극 방지하고 있으므로 신용증권으로서 장기간 유통되기를 바라고 조장하는 환어음에 관한 규제와는 다른 점이 많이 있다.

1) 지급의 신속 · 간이화 조치

(1) 일람출급성

수표는 당연히 일람출급이고, 이에 위반되는 기재는 기재하지 아니한 것으로 본다(수 제28조 제1항). 따라서 선일자수표는 기재된 발행일자 도래 전이라도 제시하면 지급하여야 한다(수 제28조 제2항).

환어음은 신용증권이므로 확정일출급, 발행일자후정기출급, 일람후정기출급으로 만기를 기재할 수 있으며, 또 일람출급으로도 기재할 수 있으나 수표의 경우와는 다르다.

(2) 제시기간

수표의 지급제시기간은 짧고, 이를 임의로 신축할 수 없다. 즉, 국내에서 발행하고 지급할 수표는 발행일로부터 10일이고(수 제29조 제1항 · 제4항), 발행지와 지급지가 나라나 지역을 달리하는 수표는 그 거리에 따라서 제시기간이 연장된다(20일 또는 70일)(수 제29조 제2항~제4항).

환어음의 경우에는 일람출급어음은 원칙적으로 발행일로부터 1년이고(어 제34조 제1항), 확정일출급어음, 발행일자후정기출급어음, 일람후정기출급어음은 '지급을 할 날 또는 그날 이후의 2거래일'인데(어 제38조 제1항), 수표의 경우보다 제시기간이 긴 것이 보통이고, 또 그 기간을 신축할 수 있는 여지가 있다.

(3) 시효기간

수표는 시효기간도 단축되어서, '제시기간경과후' 수표를 환수한 날 또는 제소된 날로부터 6월간 상환청구권을 행사하지 않으면 소멸시효가 완성한다(수 제51조).

환어음의 경우에는 인수인에 대한 지급청구권은 만기일로부터 3년(어 제70조 제1항), 소지인의 전자(배서인, 발행인)에 대한 상환청구권은 거절증서의 작성일 또는 만기일(거절증서작성의무가 면제된 경우)로부터 1년(어 제70조 제2항), 상환한 배서인의 전자에 대한 상환청구권은 어음을 환수한 날 또는 그 자가 제소된 날로부터 6월(어 제70조 제3항)이 지나면 소멸시효가 완성한다.

(4) 약정이자문구 기재의 불허

수표는 속히 현금화할 것이므로 이자의 약정을 기재하더라도 이를 인정하지 않는다(수 제7조).

환어음에 있어서는 일람출급 · 일람후정기출급의 경우에 한하여 이자의 약정을 기재할 수 있다(어 제5조).

(5) 인수의 금지

수표는 장기간 유통시킬 필요가 없으므로 인수를 하지 못한다(수 제4조). 따라서 지급보증의 경우를 제외하고는 수표금액을 지급할 주채무자도 없다. 그러나 환어음의 경우에는 인수를 하면 그때에 인수인이 주채무자로 확정되고(어 제28조), 따라서 그 환어음은 어음금지급청구권을 표창하는 유가증권이 된다.

(6) 참가인수의 금지

수표는 인수를 금지하므로 참가인수(어 제56조 이하)를 할 여지가 없다.

(7) 지급인의 배서의 금지

수표의 지급인에 대한 배서는 영수증의 효력만이 있다(수 제15조 제5항 본문). 따라서 수표의 지급인이 한 배서도 무효로 한다(수 제15조 제3항). 지급인에게 담보책임을 지우면 수표에 인수를 금지한 취지에 어긋나기 때문이다(환어음의 지급인은 피배서인이 될 수도 있고, 다시 이를 배서할 수도 있다.)(어 제11조 제3항).

(8) 지급인의 수표보증의 금지

수표지급인의 배서금지와 같은 취지에서 지급인은 수표의 보증을 할 수 없다(수 제25조 제2항, 어 제30조 제2항 참조).

(9) 입질배서 · 인수무담보배서의 결여

입질배서를 인정하지 않는 것은 수표의 제시기간이 지극히 짧기 때문이며, 인수제도가 없으므로 인수를 전제로 한 인수무담보란 것이 있을 수 없다.

(10) 등본 · 복본제도의 제한

수표에서는 주로 인수를 위해 필요한 등본제도는 없고, 복본도 분실의 염려가 있는 국가간 또는 원격지에 송부하는 경우에 한하여 인정한다(수 제48조).

(11) 소지인의 불특정 허용

수표에서는 지급기능을 강화하기 위하여 소지인출급식수표가 허용되며(수 제5조), 실제로 가장 많이 이용되는 것이나, 환어음에서는 소지인이 특정되어야 한다(어 제1조 제6호).

(12) 상환청구방법의 제한

수표에서는 만기 전의 상환청구제도와 역어음에 의한 상환청구방법이 없다. 왜냐하면 전자는 인수제도가 없기 때문이며, 후자는 상환청구방법의 복잡화를 피하기 위한 것이다.

(13) 지급거절증명의 간이화

수표에서는 지급거절증명의 방법으로 공정증서뿐만 아니라(수 제39조 제1호 · 제44조 제1항 참조), 지급인의 선언(수 제39조 제2호), 어음교환소의 선언(수 제39조 제3호)에 의한 간편한 방법을 인정하고 있다.

(14) 참가지급의 금지

수표에서는 지급기능의 강화를 위해서 참가인수와 더불어 참가지급도 인정하지 않는다.

2) 지급의 확실 · 안전화 조치

(1) 지급인의 자격규정

수표에서는 지급의 확실화를 기하기 위하여 지급인의 자격을 은행 또는 법령에 의하여 은행과 동시되는 사람 또는 시설에 한정하고 있으나(수 제3조 · 제8조 · 제59조), 환어음에서는 신용이 있는 자인 한 아무라도 상관이 없다.

(2) 수표자금 · 수표계약의 필요성

수표의 경우에는 지급의 확실 · 안전화를 위해서 지급인과 발행인 간에 지급인은 발행인이 발행한 수표를 반드시 지급하여야 한다는 계약(수표계약)이 있어야 하고, 수표제시를 할 때까지 발행인은 수표자금을 예금하여야 한다(수 제3조 본문).

그러나 환어음의 경우에는 발행인과 지급인 사이에 미리 자금관계가 있어야 하는 것도 아니고, 지급인이 반드시 지급하여야 할 의무를 지는 것도 아니다.

(3) 발행인에 대한 제재

수표의 경우에는 수표계약이나 수표자금이 없이 수표를 발행한 자에게는 50만원 이하의 과태료를 물리고(수 제67조), 부정수표단속법에 의한 형사책임까지도 지운다(수단 제2조 · 제3조).

(4) 지급보증

수표는 인수를 할 수 없고, 따라서 주채무자도 없다. 그러므로 수표지급의 불확실성에 대한 보완책으로서(지급인에게 수표상의 의무를 부담시킬 필요가 생기는 경우를 고려하여) 수표의 지급보증제도가 있다(수 제53조 제1항). 그리고 신용증권화를 방지하기 위하여 지시기간 내에서만 지급의무를 부담하도록 그 효력을 제한하고 있다(수 제55조 제1항).

(5) 횡선제도

수표는 지급용구로서 현금같이 사용되므로 도난 또는 분실로 인하여 소지인이 입을 손해를 피하기 위해서 횡선수표제도가 고안되었으나(수 제37조 · 제38조), 환어음에는 횡선제도가 없다.

(6) 지급위탁취소의 제한

수표의 상실 또는 도난에 대비한 지급위탁의 취소는 제시기간 경과 후에만 인정된다(수 제32조). 즉, 지급위탁취소제도는 수표의 발행인을 보호하기 위한 것이나, 제시기간 내에는 지급위탁의 취소를 하지 못하게 함으로써 지급의 확실성을 보장하고 있다.

◆ **수표의 지급증권성**

수표는 현금의 대용물로서 신용증권화를 방지하고 지급증권성이 강조되고 있다. (i) 수표는 만기제도가 허용되지 않고 일람출급성만 인정된다(수 제28조 제1항). 선일자수표의 경우 발행일 이전이라고 하더라도 지급제시되면 지급하여야 한다(수 제28조 제2항). (ii) 인수가 금지된다(수 제4조). (iii) 이자의 기재가 허용되지 않는다(수 제7조). (iv) 지급인의 배서나 보증이 허용되지 않는다(수 제15조 제3항, 제25조 제2항). (v) 지급제시기간도 10일로 단축된다(수 제29조). (vi) 지급보증의 효력은 지급제시기간 내에 제시된 경우에 한하여 허용된다(수 제55조 제2항).

제2관 수표에 관한 통칙

Ⅰ. 수표행위

수표행위란 '수표상의 채무의 발생원인이 되는 법률행위'로서, 어음행위와 같이 이해할 수 있다. 다만 수표행위에는 발행·배서·보증 및 지급보증의 4종뿐이고, 인수와 참가인수는 없다.

수표행위의 성립요건, 특성, 수표행위의 대리, 수표의 위조·변조에 관하여도 어음행위의 경우와 같이 취급된다.

Ⅱ. 수표상의 권리

수표상의 권리와 증권과의 관계, 수표상의 권리의 취득·행사·소멸에 관하여도 대체로 어음상의 권리에 관한 이론이 그대로 적용된다. 다만 (i) 소멸시효기간은 짧아서 소지인의 전자에 대한 상환청구권과 재상환청구권은 6월(수 제51조), 지급보증을 한 지급인에 대한 청구권은 1년(수 제58조)으로 규정되어 있으며, (ii) 이득상환의무자 중에는 발행인과 배서인 외에 지급보증을 한 지급인이 포함되는 점(수 제63조)이 다르다.

Ⅲ. 수표의 실질관계

수표의 실질관계도 어음의 실질관계와 대체로 같으나, 수표의 지급기능을 강화하기 위하여 후술하는 바와 같이 수표자금·수표계약의 필요(수 제3조), 지급위탁의 취소의 제한(수 제32조), 발행인의 사망·능력상실의 경우의 수표의 효력(수 제33조) 등에 관하여 특별규정을 두고 있다.

제2절 수표법 각론

제1관 수표의 발행

Ⅰ. 수표발행의 의의 및 성질

수표의 발행이란 기본수표를 작성하여 수취인에게 교부함으로써 성립하는 수표행위를 말한다. 기본수표를 작성하는 행위는 수표요건을 기재하고 발행인이 기명날인 또는 서명을 하는 것을 말한다.

수표발행의 법적 성질은 환어음의 경우와 같이 '지급지시'(Anweisung)라고 본다.

Ⅱ. 기본수표의 작성

1. (기본)수표요건(필요적 기재사항)

수표요건은 (i) 수표문구(수 제1조 제1호), (ii) 일정금액의 지급위탁(수 제1조 제2호), (iii) 지급인의 명칭(수 제1조 제3호), (iv) 지급지(수 제1조 제4호), (v) 발행일(수 제1조 제5호), (vi) 발행지(수 제1조 제5호), (vii) 발행인의 기명날인 또는 서명(수 제1조 제6호)으로서, 대체로 환어음의 경우와 비슷하다. 다만 수표의 일람출급성으로 인하여(수 제28조) 만기(어 제1조 제4호)의 표시는 있을 수 없고, 수표는 소지인출급식(수 제5조 제1항 제3호)이 원칙이므로 수취인의 명칭(어 제1조 제6호)이 필요하지 않다. 또 수표의 지급인은 은행(우체국, 농업협동조합, 수산업협동조합 등 포함)에 한정되나(수 제3조·제59조), 지급인을 은행 이외의 자로 한 수표도 무효는 아니고, 발행인에 대한 과태료의 제재가 있을 뿐이다(수 제67조). 수표는 발행인 자신을 지급인으로 하여 발행할 수 있으며(자기앞수표)(trassiert-eigener Scheck)(수 제6조 제3항), 실제에 있어서 동일영업의 본·지점간 또는 지점상호간에서 널리 사용되고 있다.

지급지의 기재가 없는 수표도 무효는 아니며, 지급인의 명칭에 부기한 地를 지급지로 보고, 지급인의 명칭에 수개의 地를 부기한 때, 이를테면 수개의 영업소의 소재지의 기재가 있는 때에는 맨 앞에 기재한 地를 지급지로 한다(수 제2조 제1호). 이러한 부기지도 없는 때에는 발행지를 지급지로 보게 된다(수 제2조 제2호).

수표에 기재할 발행일자는 사실상 발행된 날과 일치하여야 하는 것은 아니며, 이것은 환어음의 경우와 같다. 실제에 있어서 사실상의 발행일보다 장래의 날짜를 기재한 선일자수표(postdated cheque, vordatierter Scheck)가 많이 이용된다. 수표법은 이러한 수표에 있어서도 그 소지인은 기재상의 발행일자가 도래하기 전에 지급제시를 할 수 있도록 하고 있다(수 제28조 제2항).

발행일의 기재가 없는 경우에 대하여 지급지나 발행지에 대한 것과 같은 보충규정이 없으나 이와 같은 뜻으로 해석하여야 할 경우가 있다. 예컨대, 발행일에 대한 명시적 기재가 없다 하더라도 수표면의 어느 부분에 일정한 날을 표시하는 기재가 있는 경우, 어음과는 달리 수표에는 발행일 이외에 어떤 날짜를 기재할 일이 없으므로 이 날짜를 발행일자로 보아야 할 것이다.

❐ 대법원 1990. 12. 21. 90다카28023
발행일에 대한 명시적 기재가 없는 경우에도 발행일의 기재가 있는 것으로 인정된 사례

☞ 수표상 발행일의 기재는 수표요건이므로 그 발행일의 기재가 없으면 요건흠결의 수표이거나 백지식 수표로 볼 수밖에 없지만, 수표의 표면의 '자기앞수표'라는 표기 바로 옆에 고딕체로 '1989. 4. 15.'이라고 선명하게 기재되어 있는 경우에는 어음과는 달리 수표상에는 발행일 이외에 다른 날짜가 기재될 수 없는 점에 비추어 위 일자 기재를 수표의 발행일의 기재로 보아야 할 것이다.

발행지의 기재가 없는 수표는 발행인의 명칭에 부기한 地에서 발행한 것으로 보며(수 제2조 제3호), 이것은 환어음의 경우(어 제2조 제3호)와 같으나, 발행지와 발행인의 명칭에 부기한 地가 모두 없는 수표는 수표로서의 효력이 없음이 원칙이다. 그러나 전술한 어음의 경우와 마찬가지로 판례는 국내수표의 경우, 발행지가 없는 수표도 유효한 수표로 인정한다. 발행인은 지급인인 은행에 처분할 수 있는 자금을 가진 자라야 한다(수 제3조).

❐ 대법원 1999. 8. 19. 99다23383
발행지가 없는 국내수표도 유효한 수표로 인정된다

☞ [다수의견] 수표면의 기재 자체로 보아 국내수표로 인정되는 경우에 있어서는 발행지의 기재는 별다른 의미가 없는 것이고, 발행지의 기재가 없는 수표도 완전한 수표와

마찬가지로 유통 · 결제되고 있는 거래의 실정 등에 비추어, 그 수표면상 발행지의 기재가 없는 경우라고 할지라도 이를 무효의 수표로 볼 수는 없다.

2. 유익적 기재사항

수표의 유익적 기재사항으로는 (ⅰ) 수취인의 표시(수 제5조), (ⅱ) 지급인의 명칭에 부기한 地(수 제2조 제1호), (ⅲ) 발행인의 명칭에 부기한 地(수 제2조 제3호), (ⅳ) 제3자방지급문구(수 제8조), (ⅴ) 배서금지문구(수 제5조 제1항 제2호 · 제14조 제2항), (ⅵ) 외국통화환산율지정문구(수 제36조 제2항), (ⅶ) 외국통화현실지급문구(수 제36조 제3항), (ⅷ) 횡선(수 제37조), (ⅸ) 거절증서작성면제문구(수 제42조), (ⅹ) 복본의 번호(수 제48조)를 들 수 있다.

특히 수취인의 표시방식에는 (ⅰ) 기명식, (ⅱ) 지시식, (ⅲ) 기명식으로서 '지시금지'의 문자 또는 이와 같은 뜻을 가진 문구를 기재한 것(배서금지수표), (ⅳ) 소지인출급식(무기명식), (ⅴ) 기명식수표에 '또는 소지인에게'의 문자 또는 이와 같은 뜻을 가진 문구를 기재한 것(지명소지인출급식, 선택무기명식), (ⅵ) 전혀 수취인의 기재가 없는 것의 6종이 있다(수 제5조). 또 제3자방지급문구의 기재에 있어서도 그 기재는 발행인만이 할 수 있고, 제3자는 은행이어야 하는 점이 환어음의 경우와 다르다.

3. 무익적 기재사항

수표법에 규정이 있는 사항으로는 (ⅰ) 이자약정문구(수 제7조), (ⅱ) 발행인의 지급무담보문구(수 제12조), (ⅲ) 일람출급 이외의 만기의 표시(수 제28조 제1항), (ⅳ) 위탁수표문구(수 제6조 제2항)가 있다. 수표법상 규정이 없는 사항으로는 (ⅰ) 대가문구 · 자금문구, (ⅱ) 통지문구, (ⅲ) 담보부문구, (ⅳ) 위약금문구 등을 들 수 있다.

4. 유해적 기재사항

수표의 유해적 기재사항은 수표법상 규정된 것은 없으나 환어음의 경우와 같다.

5. 백지수표

수표법에서도 백지수표가 인정되며(수 제13조), 백지어음(어 제10조)에 관하여 설명한 바와 같다.

Ⅲ. 수표발행의 효력

수표의 발행인은 지급담보책임, 즉 수표가 부도되는 경우에는 상환의무를 진다. 발행인의 지급무담보문구는 이를 기재하여도 기재하지 아니한 것으로 본다(무익적 기재사항)(수 제12조 제2문).

수표에는 인수제도가 없고, 수표의 발행인은 상환의무를 질 뿐이므로 환어음의 인수인이나 약속어음의 발행인에 대응하는 확정적인 주채무자가 없다. 이와 같이 수표에는 주채무자가 없고 그 지급이 불확실하므로 이를 보충하는 제도로서 지급인인 은행의 지급보증이 있다. 은행이 지급보증을 하면, 제시기간경과전에 수표를 제시한 소지인에게 수표금을 지급할 의무를 부담한다(수 제55조 제2항).[1] 그러나 지급보증을 한 은행은 제시기간경과전에 지급제시를 하는 것을 조건으로 하여 지급의무를 부담하는 것이므로 환어음의 인수인과 같이 무조건 지급의무를 부담하는 주채무자가 되는 것은 아니다.[2] 그리고 수표의 발행 후에 발행인이 사망하거나 능력을 잃더라도 수표의 효력에는 영향이 없다(수 제33조).

Ⅳ. 수표발행의 제한

1. 발행제한의 필요성

수표는 지급증권으로서 지급의 확실성이 요구되는데도 불구하고 지급인(인수제도가 없으므로 원칙적으로 주채무자가 될 수 없다.)은 원칙적으로 수표법상 지급의무를 부담하지 않으므로 오로지 발행인의 신용에 의하여 유통되게 마련이다. 따라서 수표의 지급성을 보장하여 가급적 수표소지인의 안전을 확보하려면, 수표의 발행 자체를 엄격히 제한하여 부정수표의 남발을 억제하는 수밖에 없을 것이다.

---

1) 은행이 당좌거래자를 위하여 은행이 자기앞수표를 발행한 경우에 지급제시를 한 자가 정당한 소지인이 아니라고 증명을 하지 못하는 한, 단지 은행의 당좌거래자의 도난신고가 있었다는 것만으로는 그 소지인에게 대한 지급을 거절하기에 충분한 법률상의 이유가 되지 못한다: 대법원 1960. 6. 9. 4292민상287.

2) 정동윤(하) 384면.

2. 발행제한조치의 내용

1) 지급인의 자격

수표의 발행은 은행을 지급인으로 한 경우만 허용된다(수 제3조 본문). '은행'이란 법령에 의하여 은행과 동시되는 사람 또는 시설을 포함하는데(수 제59조), 이에는 우체국 · 군농업협동조합 · 농업협동조합중앙회 · 어업협동조합 · 수산업협동조합중앙회 등이 있다('수표법의 적용에 있어서 은행과 동시되는 사람 또는 시설의 지정에 관한 규정', 대통령령 제4920호).

2) 수표자금

수표는 은행을 지급인으로 하되, 그 은행에 지급제시를 한 때에 발행인이 처분할 수 있는 자금이 있어야 한다(수 제3조 본문). 이러한 수표자금은 수표의 지급제시를 하는 때에 있어야 하며, 또 이때까지 자금이 제공되면 되고, 발행시부터 수표자금을 확보할 필요는 없다.

수표자금의 공급에 있어서는 당좌예금계약에 의해서 발행인이 미리 지급인에게 자금을 공급하여 둠으로써 지급하는 경우도 있고, 당좌대월계약에 의해서 발행인이 자금을 미리 공급하지 않았더라도 지급인이 일정한 범위 내에서 지급을 하고, 후에 발행인이 이를 보상하는 경우도 있다.

3) 수표계약

발행인과 지급인 사이에는 자금계약 외에 수표계약이 있어야 한다. 수표계약이란 '발행인이 그 자금을 수표에 의하여 처분할 수 있는 명시 또는 묵시의 계약'(수 제3조 본문)을 말한다. 본래 지급인은 발행인의 지시에 따라서 지급을 할 권한을 가질 뿐이지 수표법상의 지급의무를 지는 것은 아니다.[1] 다만 이 수표계약에 의해서 지급인은 발행인이 발행한 수표를 예치된 수표자금을 가지고 지급할 의무를 발행인에 대하여 지게 된다.

수표계약이 없이 발행된 수표도 무효는 아니다. 그러나 이 경우 은행은 지급

---

1) 대법원 1970. 11. 24. 70다2046: 수표발행인이 은행을 지급인으로 하는 것은 그들 사이의 당좌예금계약이나 대월계약에 의하여 지급인인 은행이 예금자를 위하여 수표의 지급보증을 하거나 그 지급할 것을 약정하는 것이고 특별한 사정이 없는 한 수표발행인에 대하여까지 지급할 의무를 지는 것은 아니다.

을 거절할 것이고, 발행인은 과태료의 처분을 받는다(수 제67조).

❐ 대법원 1998. 2. 13. 97다48319
수표계약 위반의 효력

☞ 가계수표 용지에 부동문자로 인쇄되어 있는 '100만원 이하' 등의 문언은 지급은행이 사전에 발행인과의 사이에 체결한 수표계약에 근거하여 기재한 것으로서 이는 단지 수표계약의 일부 내용을 제3자가 알 수 있도록 수표 문면에 기재한 것에 지나지 아니한 것이고, 한편 수표법 제3조 단서에 의하면 수표자금에 관한 수표계약에 위반하여 수표를 발행한 경우에도 수표로서의 효력에는 영향을 미치지 아니하므로 발행한도액을 초과하여 발행한 가계수표도 수표로서의 효력에는 아무런 영향이 없다.

3. 제한조치위반의 효과

1) 수표의 효력

수표법이 규정한 발행제한조치를 위반하여 수표를 발행하더라도 수표자체의 효력에는 영향을 미치지 않는다(수 제3조 단서). 즉, 지급인의 자격을 은행으로 하지 않은 경우라든가, 은행을 지급인으로 하였으나 자금 없이 수표를 발행할 경우라도 수표가 유효함은 물론(무인성), 수표계약 없이 발행한 수표라도 유효하며, 한편 수표계약이 있다고 하여 지급인이 수표소지인에 대하여 수표의 지급의무를 지는 것도 아니다.

2) 발행인의 책임

수표의 발행제한 규정을 위반한 발행인은 50만원 이하의 과태료에 처한다(수 제67조).

4. 특별법상의 발행제한

유통증권인 수표의 지급성을 확보하기 위하여 부정수표단속법이 제정되었는데, 동법은 소정의 부정수표를 발행한 자는 5년 이하의 징역 또는 수표금액의 10배 이하의 벌금에 처하게 함으로써(수단 제2조 제1항) 간접적으로 수표발행의 제한조치를 강화하고 있다.

제2관 수표의 양도

Ⅰ. 수표의 양도방법

수표의 양도방법은 배서에 한하지 않고, 오히려 증권의 교부에 의하는 것이 보통이다. 즉, (i) 배서금지수표의 경우에는 지명채권의 양도방식에 따라서, 그리고 그 효력으로서만 양도할 수 있고(수 제14조 제2항), (ii) 기명식수표·지시식수표의 경우에는 배서에 의하여 양도할 수 있으며(수 제14조 제1항), (iii) 소지인출급식수표·지명소지인출급식(선택무기명식) 수표의 경우에는 증권의 교부에 의하여 양도할 수 있다(민 제523조).

무기명식이든 지명소지인출급식이든 수표는 증권의 교부에 의하여 양도된다. 교부에 의한 양도를 하면서 기명날인 또는 서명을 한 바 없기 때문에 배서의 담보적 효력 같은 것은 인정될 여지가 없다. 그러나 교부에 의하여 권리가 이전되므로 그 소지인은 형식적 자격이 인정되어 수표상의 권리를 행사할 수 있으며 선의취득(수 제21조)이나 항변의 절단(수 제22조)도 인정된다. 제시기간 경과 후에 양도된 때에는 기한후 배서의 경우와 같이 선의취득이나 항변의 제한이 인정되지 아니하고, 지명채권양도의 효력만 있다. 지급거절증서 또는 이와 동일한 선언 작성 후의 경우도 같다.[1]

Ⅱ. 수표의 배서

1. 수표배서의 특색

수표의 배서는 그 종류·방식·효력 등이 대체로 어음의 배서와 같고, 다만 그 지급증권성에 비추어 다음과 같은 특칙(신용증권화를 막기 위한 특색)을 두고 있는 점이 다르다.

---

1) 대법원 1965. 11. 30. 65다1996.

◆ 수표의 지급증권성을 확보하고 신용증권화를 저지하기 위한 제도
(1) 수표에는 만기가 없고 10일의 제시기간만이 인정된다.
(2) 선일자수표라도 언제든지 지급제시하면 지급되어야 한다.
(3) 이자의 약정은 무익적 기재사항이다.
(4) 수표배서의 특색으로서 지급인에 대한 배서가 금지되며, 지급인이 한 배서는 무효이다.

2. 어음배서와의 차이점

1) 수표 배서의 특색

대부분의 수표는 소지인출급식 수표인데, 소지인출급식 수표의 경우 그 교부만으로도 양도를 할 수 있으나, 배서를 하는 경우도 있으므로 수표법은 특별규정을 두었다. 즉, 소지인출급식수표의 배서는 담보적 효력은 있어도 권리이전적 효력(단순히 증권을 교부함으로써 권리를 양도할 수 있기 때문)과 자격수여적 효력(단순히 증권의 소지만으로 정당한 권리자로 추정되기 때문)은 없다(수 제20조 본문). 따라서 소지인출급식수표에 배서를 하게 되면 상환의무를 부담하게 된다. 그러나 소지인출급식수표에 배서를 하였다고 하여 지시식수표로 변하는 것도 아니다(수 제20조 단서). 따라서 배서 후에도 수표는 교부만에 의하여 양도되고, 수표의 소지인은 배서의 연속을 필요로 하지 않고, 증권의 소지만으로써도 정당한 권리자라는 추정을 받는다.[1)]

배서인은 상환청구에 관한 규정에 따라서 책임을 지게 되므로(수 제20조) 상환의무를 이행하고 수표를 환수한 배서인이 자기의 전자에게 재상환청구하려면 배서의 전후관계를 명백히 하여야 하는데, 이것은 실제로 배서를 한 때를 표준으로 하여 결정하여야 한다. 다만 배서기재의 순서로써 배서시기의 전후를 추정할 수는 있을 것이다.

수인의 배서인이 있는 경우에 소지인에게 상환을 한 배서인은 자기의 전자에 대하여 상환청구를 할 수 있으나, 그 배서인은 피청구자가 자기의 전자라는 것을 증명하여야 한다.

거절증서나 지급거절선언의 작성 후 또는 지급지시기간경과 후 소지인출급식 수표의 배서(기한후배서)나 교부에 의한 양도는 지명채권양도의 효력밖에 없다.

---

1) 대법원 1965. 11. 30. 65다1996.

2) 지급인에 대한 배서금지

수표의 지급인에 대하여 한 배서는 배서로서의 효력이 없고, 영수증으로서의 효력만이 있다(수 제15조 제5항). 이는 수표의 신용증권화를 방지하기 위한 것이다. 만일 지급은행이 지급을 하지 아니하고 수표의 배서양도를 받을 수 있게 한다면, 수표자금이 없는 경우에도 대가를 지급할 수 있는 길이 열리게 되고, 이와 같은 방법은 수표자금을 필요로 하는 수표법 제3조의 규정에 위반하기 때문이다. 다만 지급은행의 영업소가 수개인 경우에 그 수표가 지급될 곳(A 영업소)으로 된 영업소 이외의 영업소(B 영업소)에 대한 배서는 유효하다(수 제15조 제5항 단서). 이 경우는 양도배서형식에 의한 (숨은)추심위임배서로 볼 수 있다.

3) 지급인의 배서금지

수표의 지급인이 한 배서는 무효이다(수 제15조 제3항). 지급인에 대한 배서를 인정하지 아니하므로 지급인은 피배서인이 될 수도 없지만, 만약 배서를 인정한다면 담보적 효력으로 인하여 지급인이 지급담보책임을 부담하여 실질적으로 인수를 한 것과 같은 결과가 되고, 수표가 신용증권화하게 될 것이므로 수표법은 이를 금지하고 있다.

4) 입질배서의 불인정

어음에는 입질배서가 인정되나(어 제19조 · 제77조 제1항 제1호), 수표는 지급증권이므로 입질배서를 인정하지 않는다.

5) 기한후배서의 의미

만기제도가 없는 수표의 경우에서의 기한후배서란 거절증서 또는 지급거절선언(수 제39조)의 작성 후 또는 제시기간 경과 후의 배서를 의미한다.

6) 배서인의 인수담보책임의 불인정

수표에는 인수제도가 없으므로 배서인은 지급담보책임만을 질 뿐이며, 인수담보책임을 인정할 여지가 없다.

7) 예비지급인의 기재의 불인정

수표에는 참가제도가 없으므로 배서인이 예비지급인의 기재를 하지 못한다.

8) 등본에 의한 배서의 불인정

수표에는 등본제도가 없으므로 등본에 의한 배서도 있을 수 없다.

제 3 관 수표보증

Ⅰ. 수표보증의 의의

수표보증(Scheckbürgschaft, Aval)이란 주된 수표행위에 의하여 발생한 채무를 담보할 것을 목적으로 하는 종된 수표행위를 말한다.

Ⅱ. 수표보증의 특색

수표보증의 성립요건 · 효력 등 그 규제내용은 대체로 어음보증의 경우와 같다. 다만 수표의 신용증권화를 방지하기 위하여 수표의 인수제도를 인정하지 아니한 취지를 관철하기 위하여 지급인 자신이 수표의 보증을 할 수는 없게 하였다(수 제25조 제2항).

제 4 관 수표의 지급보증

지급보증이란 제시기간 내에 수표가 제시된 경우 지급인이 그 수표금액의 지급채무를 부담하기로 하는 지급인의 수표행위를 말한다.[1] 수표는 일람출급성이

1) 대법원 1987. 8. 18. 86다카1696: 가계수표에 대한 은행의 지급보증책임은 수표채무에 부종, 수반하는 연대보증채무라 할 것이다.

고(수 제28조), 지급제시기간이 짧으며(수 제29조), 인수가 금지되므로(수 제4조) 그 대신 지급보증에 의하여 지급의 확실성을 보장하고 있다.

지급보증은 무조건이어야 한다(수 제54조 제1항). 지급인이 수표의 기재사항을 변경하여 지급보증을 한 경우, 그 지급보증은 무효로 되지 않고 변경한 기재만 기재하지 않은 것으로 되어(수 제54조 제2항) 무조건의 지급보증으로 된다.

실무에서는 수표의 소지인이 은행에 대하여 지급보증을 청구하면 은행은 지급보증을 하는 대신, 수표발행인의 당좌계정으로부터 그 금액을 공제하고 은행의 자기앞수표를 발행하여 교부한다. 그러므로 현재 수표법상의 지급보증제도는 사실상 시행되고 있지 않다.

제5관 수표의 제시와 지급

Ⅰ. 수표의 지급제시

1. 수표의 일람출급성

수표는 지급증권이므로 일람출급에 한하고, 이에 위반되는 모든 기재(예컨대, 확정만기의 기재)는 기재하지 않은 것으로 본다(수 제28조 제1항).

2. 선일자수표

선일자수표(vordatierter Scheck, postdated cheque)란 실제의 발행일보다 후일(장래의 날짜)의 발행일자로 기재한 수표를 말한다. 이와는 반대로 실제의 발행일보다 이전의 날짜(과거의 날짜)를 발행일로 하여 기재한 수표를 후일자수표(rückdatierter od. nachdatierter Scheck, ante-dated cheque)라 한다. 선일자수표는 지급제시기간을 연장하기 위한 때, 수표발행당시에는 은행에 자금이 없으나 수표에 기재한 발행일자까지는 자금을 마련할 수 있다고 예상되는 때, 또는 자금은 있으나 지급은행에 지급할 이자를 경감하기 위한 때(당좌대월의 경우) 등에 이용된다.

2) 선일자수표의 일람출급성

선일자수표는 그 기재된 발행일자가 도래한 때로부터 지급제시를 할 수 있고, 그 전에는 지급제시를 할 수 없다고 한다면 이는 발행일자를 만기로 하는 확정일출급의 수표를 인정하는 결과가 되어 수표의 일람출급성에 반한다. 또 현재 은행에 지급자금이 없이 선일자수표를 발행하는 것은 "발행인은 처분할 수 있는 자금이 있는 은행을 지급인으로 하여서만 수표를 발행할 수 있다"고 하는 규정(수 제3조)에도 반한다. 수표법은 수표의 일람출급성을 관철하기 위하여 선일자수표의 경우에도 "기재된 발행일자 전에 지급제시를 한 때에도 그 제시일에 지급하여야 한다"고 규정하고 있다(수 제28조 제2항). 따라서 선일자수표의 발행일자 전에 지급제시를 한 경우 지급인이 발행인의 자금이 없어 지급을 거절한 때에는 그 소지인은 보전절차(수 제39조)를 밟고 발행인에 대하여 상환청구할 수 있다(수 제39조). 또 발행인은 자금이 없이 수표를 발행한 것으로 수표법에 의하여 과태료의 처분을 받을 뿐만 아니라(수 제3조, 제67조), 부정수표단속법에 의하여 5년 이하의 징역 또는 수표금액의 10배 이하의 벌금의 처벌을 받는다(수단 제2조). 그러나 선일자수표의 발행에 관한 대리권의 유무 등은 수표에 기재된 발행일자가 아니고, 사실상의 발행일자에 따라서 결정하여야 할 것이다.

3) 선일자수표의 발행일자 전의 제시금지특약의 효력

선일자수표에 있어서는 발행인과 수취인 사이에 수표에 기재된 발행일자 전에 지급제시를 하지 않기로 특약을 하는 경우가 많다. 이 특약을 유효로 무효로 볼 근거는 없다. 수표법 제28조 제2항도 당사자간에 발행일자 전의 제시를 금지하는 특약의 효력까지 부정하는 것은 아니다. 다만 수취인이 그 특약에 위반하여 발행인에게 손해가 생긴 때에는 발행인에 대하여 채무불이행으로 인한 손해배상책임을 진다고 본다.

5) 발행일자의 제도적 의의

선일자수표는 수표법 제28조 제2항에 의하여 발행일자 전에도 지급받을 수 있으므로, 선일자수표의 발행일자는 아무런 의미가 없는 것이 아닌가 의문이다. 그러나 선일자수표는 그 발행일자 이전에 지급제시가 허용된다는 점에 있어서는 발행일자가 의미가 없으나, 지급제시기간의 기산점(수 제29조 제4항) · 시효의 기산점(수 제51조 제1항)과 지급위탁취소기간의 기산점(수 제32조 제1항)을 정하는 표준이 된다는 점에서는 의미가 있다.

6) 보험료지급의 효력발생시기

(1) 의 의

상법 제656조는 보험자의 책임은 당사자 간에 다른 약정이 없으면 최초의 보험료의 지급을 받은 때로부터 개시한다고 규정한다. 그런데 어음이나 수표로 보험료를 지급할 경우 보험료 지급의 시점이 정확히 언제로 보아야 할지 문제이나, 어음·수표의 지급이 있을 때까지 보험료의 지급이 유예된 것으로 보아야 한다. 어음·수표가 부도된 경우 실제로는 보험료가 지급된 것이 아니기 때문에, 이미 보험료가 대물변제에 의하여 지급된 것으로 볼 수 없으므로 이와 같이 해석하는 것이 미납된 보험료의 공제, 부도시까지의 보험료 납부의무의 존속 등 실무적 처리에 편리하다.

그러나 후술하는 대법원 판결에 의하면 선일자수표는 "발행된 날에 수표금지급의 효과가 발생한다고 볼 수 없고, 당해 발행일자 이후의 제시기간 내의 제시에 따라 결제되는 것이라고 보아야 한다"고 판시한다. 그러나 이것은 수표법 제28조 제2항에 정면으로 반할 뿐만 아니라, 제시금지의 특약을 위반한 경우에는 채무불이행으로 인한 손해배상책임이 문제될 뿐이라는 점을 간과하고 있다. 또한 수표의 지급제시기간은 국내수표의 경우 발행일로부터 10일인데, 보험자가 실제로 지급제시기간 내에 지급제시한 때, 즉 수표채권을 행사하여 수표금의 지급을 받은 때에 보험료지급의 효과가 발생하는 것으로 해석하면 보험자가 10일의 기간 중 언제 지급제시를 하느냐에 따라 보험자의 책임이 개시되는 시점이 달라진다. 즉, 보험자의 임의대로 책임개시시점이 정하여지게 된다. 보험자가 지급제시를 해태하여 보험료가 지급되지 아니하면 보험자의 책임이 오랫동안 개시되지 아니하고, 보험계약자는 불안한 상태에 방치되게 된다. 또한 수표상의 발행일을 지급일로 보는 것은 실제와 맞지 않는다. 그리고 제시기간 만료일을 지급된 날로 보는 것도 실제와 다르다. 수표를 반드시 제시기간 만료일에 지급제시하는 것도 아니기 때문이다. 대법원 판결의 판지는 보험계약자의 입장을 무시하고 있을 뿐만 아니라, 선일자수표의 법리를 오해한 것이라 하겠다.

❐ 대법원 1989. 11. 28. 88다카33367
선일자수표는 발행된 날에 수표금지급의 효과가 발생한다고 볼 수 없고, 당해 발행일자 이후의 제시기간 내의 제시에 따라 결제되는 것이라고 보아야 한다

☞ 〈사례〉
원고 희영수산은 1986. 7. 26., 대한교육보험주식회사 마산단체지부 소속 보험모집인 오용근에게 원고가 고용하고 있는 소외 김윤삼을 비롯한 선원 34명을 피보험자 겸 보험수익자로 하고, 피보험자의 사망시 보험금으로 1인당 금 1천 5백만원을 지급하기로 하는 단체 대형보장보험에 가입청약을 하였다. 이에 오용근은 제1회 보험료로서 규정 납입금 335,580원에서 보험모집인에게 지급되는 수당금 40,980원을 공제한 잔액 금 294,600원만을 지급하여 줄 것을 요청하자, 원고는 위 금 294,600원을 액면금액으로 하고 발행일은 1986. 8. 10. 발행인은 원고, 지급지 주식회사 제일은행 마산지점으로 된 선일자당좌수표를 발행·교부하고, 오용근으로부터 규정납입금 335,580원을 전액 수령하였다는 영수문구가 기재된 제1회 보험료 가수증을 수령하였다. 그런데 보험계약을 청약한 바로 이튿날인 1986. 7. 27., 새벽 4시경, 원고 소유의 어선인 제27호 희영호의 선원으로 승선하고 있던 김윤삼이 경남 남해군 삼동면 미조리 남방 4킬로미터 해상에서 조업 중 바다에 빠져 사망하였다. 이에 원고는 피고 보험회사에게 보험금을 지급하여 줄 것을 청구하였다.
이에 대하여 피고 보험회사는 보험금지급책임이 없다고 항변하였다. 그 이유는 피고 보험회사의 보험약관에는 "보험자가 제1회 보험료를 받은 후 보험청약에 대한 승낙이 있기 전에 보험사고가 발생한 때에는 제1회 보험료를 받은 때에 소급하여 보험자의 보험금지급책임이 생긴다"고 규정되어 있는데, 원고 희영수산이 보험사고가 발생한 날 현재 보험료를 지급하지 아니하였다는 것이다. 이 사건에서 원고는 선일자수표로 보험료를 지급하였으나, 선일자수표는 발행일자 이후의 제시기간 내의 제시에 따라 결제되는 것이므로, 보험료지급의 효력이 생기지 아니하였다는 것이다.

〈판결요지〉
선일자수표는 그 발행인과 수취인간에 특별한 합의가 없는 한 일반적으로 수취인이 그 수표상의 발행일 전에는 자기나 양수인이 지급을 위한 제시를 하지 아니할 것이라는 약속이 이루어져 발행된 것이라고 의사해석함이 합리적이며, 따라서 선일자수표는 대부분의 경우 당해 발행일자 이후의 제시기간 내의 제시에 따라 결제되는 것이라고 보아야 하고, … 선일자수표가 발행·교부된 날에 액면금의 지급효과가 발생된다고 볼 수 없다. 이 사건에서 보험자가 제1회 보험료를 받은 후 보험청약에 대한 승낙이 있기 전에 보험사고가 발생한 때에는 제1회 보험료를 받은 때에 소급하여 그 때부터 보험자의 보험금지급책임이 생긴다고 규정되어 있다고 하더라도 보험모집인이 선일자수표를 받은 날을 보험자의 보험금지급책임의 발생시점이 되는 제1회 보험료의 수령일로 보아서는 아니된다(원고패소·파기환송).

3. 통지후지급수표

통지후지급수표란 발행인과 지급인 사이에 통지가 있을 때까지 지급을 하지

않는다는 특약을 한 수표를 말하며, 주로 사기방지를 위하여 이용된다. 그러나 수표상에 '통지후지급'의 뜻을 표시한 경우에도 무익적 기재사항으로서 수표법상의 효력은 없다.

4. 지급제시기간

지급제시기간은 당사자가 임의로 신축할 수 없으며(어 제34조 참조), 그 기산일은 수표에 기재된 발행일이나(수 제29조 제4항), 초일은 산입하지 아니한다(수 제61조). 또 발행지와 지급지가 세력을 달리하는 경우에는 발행일자를 지급지의 세력의 대응일로 환산하여(수 제30조), 이것을 표준으로 하여 제시기간을 계산한다. 내국수표와 외국수표는 제시기간을 달리한다.

1) 내국수표

국내에서 발행하고 지급할 수표는 수표에 기재된 발행일자로부터 10일 내에 지급제시를 하여야 한다(수 제29조 제1항 · 제4항).[1)]

2) 외국수표

지급지의 나라와 다른 나라에서 발행한 수표는 발행지와 지급지가 동일 주에 있는 경우에는 20일 내에, 다른 주에 있는 경우에는 70일 내에 제시하여야 한다(수 제29조 제2항). 그러나 유럽주의 어떤 나라에서 발행하여 지중해연안의 어떤 나라에서 지급할 수표 또는 지중해연안의 어떤 나라에서 발행하여 유럽주의 어떤 나라에서 지급할 수표는 동일 주 내에서 발행하고 지급할 것으로 본다(수 제29조 제3항).

3) 지급제시장소

수표의 지급제시는 원칙적으로 지급인인 은행의 영업소에서, 제3자방지급의 수표의 경우에는 제3자(은행)의 영업소에서 하여야 하나, 어음교환소에서 제시하여도 지급제시의 효력이 있다(수 제31조).

1) 헌법재판소 2001. 1. 18. 2000헌바29: 수표법 제29조 제1항 및 제4항은 국민의 기본권을 제한하거나 헌법질서에 위배되는 것이 아니다.

5. 지급제시해태의 효과

수표소지인이 제시기간 내에 지급제시를 하지 아니하면 전자에 대한 상환청구권(수 제39조)과 지급보증을 한 지급인에 대한 권리(수 제55조 제1항)를 잃고 다만 이득상환청구권만을 행사할 수 있게 된다. 또 제시기간을 도과한 때에는 지급위탁의 취소의 효력이 생긴다(수 제32조 제1항). 그러나 제시기간경과 후에도 지급위탁의 취소가 없는 한 지급인은 발행인의 계산에서 지급할 수 있으나(수 제32조 제2항), 당사자간의 특약으로 이를 금할 수도 있다.

Ⅱ. 수표의 지급

1. 지급인의 조사의무

수표지급인의 조사의무는 '만기'에 지급하는 어음지급인의 조사의무(어 제40조 제3항 제2문)와 같다. 즉, '배서로 양도할 수 있는 수표'의 지급인은 배서의 연속이 제대로 되어 있는지(배서의 연속의 정부, 형식적 자격)를 조사할 의무는 있으나, 배서인의 기명날인 또는 서명(실질적 자격)을 조사할 의무는 없다(수 제35조). 다만 수표법 제35조에는 어음법 제40조 제3항 제1문과 같은 규정("… 지급인은 사기 또는 중대한 과실이 없으면 그 책임을 면한다.")이 없으나, 이러한 취지는 수표의 경우에도 다를 바 없을 것이다.

소지인출급식수표에서는 배서연속의 문제가 생기지 아니하므로 수표요건만을 갖춘 수표라면 그 소지인에게 지급할 수 있다.

2. 지급방법

수표의 지급방법은 대체로 환어음의 경우와 같다(수 제34조 · 제36조, 어 제39조 · 제41조 대조). 다만 수표에는 인수제도가 없으므로 지급인의 공탁권(어 제42조)은 없고, 만기가 없으므로 외화수표의 지급에 있어서 제시기간 내에는 지급하는 날의 가격에 따라 지급지의 통화로 지급할 수 있고, 제시기간 내에 제시를 하여도 지급이 없을 경우에는 소지인은 그 선택에 따라 제시한 날이나 지급하는 날의 환시세에 따라 지급지의 통화로 지급할 것을 청구할 수 있다(수 제36조 제1항, 어 제41조 제1항 대조).

◆ 수표에 의한 예금의 성립시기

자기앞수표의 경우에는 문제가 없으나 일반 당좌수표, 특히 타점권(동 은행의 다른 영업점 또는 타은행이 지급장소인 어음·수표)은 부도의 위험이 있어서 이를 가지고 예금을 한 경우 예금채권이 어느 시점에서 성립되는 것인지 학설에 다툼이 있다.

(i) 양도설은 수표를 입금한 때에 바로 예금채권이 성립하고, 다만 수표의 추심이 끝날 때까지는 예금의 환급을 하지 않기로 특약이 되어 있는 것으로 본다.[1)]

(ii) 추심위임설은 수표의 입금은 수표의 추심의 위임과 추심의 완료를 정지조건으로 하는 예금계약이라고 풀이하여, 수표의 추심이 끝났을 때 비로소 예금채권이 성립하는 것으로 본다.[2)]

생각건대 수표는 그 지급이 불확실하므로 이를 입금한 때 바로 예금채권이 성립한다고 풀이하는 것은 무리이다. 현재 타점권의 추심이 완료되기 전에 은행이 미리 수표금을 지급하는 수가 있으나, 이는 타점권을 양도담보 또는 숨은 질권의 목적으로 하고 대부를 하는 것이라고 해석할 수 있다. 미국통일상법전 제4-201조 a항은 반대의 의사가 명백히 나타나지 않는 한 수표의 입금을 받은 은행은 입금자의 대리인에 불과하고, 추심완료까지의 결제는 잠정적인 것이라고 정하여 추심위임이 원칙임을 규정하고 있다.

Ⅲ. 지급위탁의 취소

1. 지급위탁취소의 의의

지급위탁의 취소란 수표를 발행함으로써 지급인에게 부여한 지급권한(발행인의 계산으로 지급할 수 있는)을 철회하는 것을 말하며, 수표계약의 취소와는 다르다. 지급위탁의 취소는 발행인과 지급인간의 관계이기 때문에 소지인에 대한 관계에서 수표의 효력에 영향을 미치는 것이 아니며, 수표를 무효로 하는 것도 아니다.

자기앞수표는 발행인과 지급인이 동일한 은행이어서 수표계약 없이 발행되는 것이고, 따라서 지급위탁의 취소가 있을 수 없으므로 수표발행의뢰인이 은행에 대하여 발행 후 발행위탁의 취소를 하는 것은 지급위탁의 취소가 아니며, 사고신고의 의미밖에 없다. 따라서 은행은 발행의뢰인의 발행위탁의 취소가 있더라

---

1) 대법원 1997. 3. 11. 95다52444; 동 1990. 2. 23. 88다카33657·33664; 동 1987. 5. 26. 86다카1559; 동 1984. 8. 14. 84도1139; 동 1966. 2. 22. 65다2505.

2) 대법원 2006. 5. 26. 2003다65643; 동 1999. 2. 5. 97다34822; 동 1996. 9. 20. 96다1610; 동 1988. 1. 19. 86다카1954; 日最判 1971. 7. 1. 判時 644, 85.

도 수표의 소지인에게 지급할 수 있으며, 사기·중과실이 없는 한 면책이 된다.

2. 지급위탁취소의 방법

지급위탁의 취소의 방법에는 서면이든 구두이든 제한이 없으며, 그 통지가 도달한 때에 효력이 발생한다.

3. 지급위탁취소의 제한

지급위탁의 취소를 무제한으로 허용하면 수표소지인의 기대이익을 해치고 나아가 수표의 유통성을 저해하게 되므로 수표법은 제시기간경과 후에만 지급위탁을 취소할 수 있게 하였다(수 제32조 제1항). 따라서 지급인은 제시기간내에는 이러한 취소가 있는 경우에도 수표의 지급을 하고, 그 결과를 발행인에게 귀속시킬 수 있다. 이 규정은 강행규정이므로 이에 반하는 특약은 무효이다. 다만 지급인은 수표상의 의무자가 아니고 지급여부는 그의 임의이므로 제시기간 내의 위탁취소가 무효임에도 지급을 거절한다고 하여 소지인이 지급을 강요할 수 없는 것이며, 결국 전자에 대하여 상환청구하는 수밖에 없다. 따라서 도난·유실의 경우 그 범위 내에서 발행인이 보호받는다.

한편 제시기간이 지났더라도 지급위탁의 취소가 없는 한 지급인은 유효한 지급을 할 수 있다(수 제32조 제2항).

Ⅳ. 발행인의 사망 또는 능력상실과 수표의 효력

수표를 발행한 후 발행인이 사망하거나 무능력자가 된 경우라도 수표의 효력에는 영향을 미치지 아니한다(수 제33조). 따라서 발행인의 능력상실로 인하여 지급위탁관계가 소멸되지 않고, 은행은 발행인 또는 상속인의 계산으로 지급할 수 있다.

제6관 자기앞수표

Ⅰ. 자기앞수표의 의의

자기앞수표(trassiert-eigener Scheck, chéque de banque, cashier's check)라 함은 발행인이 지급인을 겸하는 수표를 말한다. 즉, 발행인이 자기 자신을 지급인으로 하여 발행하는 수표이다(수 제6조 제3항). 수표의 지급인은 은행 기타 금융기관에 한정되므로(수 제3조) 결국 이 수표는 은행발행의 자기앞수표가 된다. 수표에 있어서도 어음에서와 같이 당사자 겸병이 인정되기 때문에 자기앞수표의 발행도 가능한 것이다.

자기앞수표는 발행인이 수취인을 겸하는 자기지시수표(Scheck an eigene Order)와 구별된다(수 제6조 제1항). 자기지시수표는 은행에 예금을 한 자가 이를 인출하는 방법으로 발행하는 수가 많다.

우리나라에서는 은행의 자기앞수표를 속칭 '보증수표' 또는 '보수'라고 부르고 있다. 이것은 자기앞수표가 은행이 지급보증한 보증수표와 다름이 없는 수표라는 뜻이다. 그리고 우리나라에서는 수표의 지급보증은 실제로는 거의 이용되지 않고, 대신 법률관계가 간편하면서도 현금대용으로 쓸 수도 있는 자기앞수표가 널리 이용되고 있다 함은 전술하였다. 자기앞수표를 제공하면 현금을 제공한 것과 같이 채무의 내용에 좇은 이행의 제공이 된다.[1)]

우리나라에서는 발행인과 지급인이 동일한 은행점포인 자기앞수표가 주로 발행되고 있으나, 반드시 동일한 점포가 아니어도 상관없다(수 제6조 제3항 참조).

Ⅱ. 자기앞수표의 법률관계

1. 발행의뢰인과 은행의 관계

자기앞수표는 고객이 은행에 수표자금을 제공하고 수표의 발행을 의뢰하면, 이에 따라 은행이 이를 발행 · 교부한다. 그러나 의뢰인은 수표상의 당사자는 아니므로 수표상의 의무는 없다.

---

1) 대법원 1960. 5. 19. 4292민상784.

발행의뢰인과 은행 사이의 법률관계는 이를 일종의 위임계약이라 보는 견해와, 의뢰인의 현금교부에 대하여 은행이 자기앞수표로 대물변제를 한다는 견해가 있으나, 은행이 고객에게 자기앞수표라는 유가물을 매매하는 것으로 보는 매매설이 유력하다. 실질관계에 있어서는 발행의뢰인이 지급위탁자가 되지만, 수표관계에서는 발행은행이 지급위탁자가 된다. 따라서 발행의뢰인이 자기앞수표를 분실 또는 도난당하여 은행에 대하여 수표금의 지급의 중지를 요구하더라도 그것은 수표법상의 지급위탁의 취소가 아니라, 다만 사고신고의 의미밖에 없다고 하는 것은 전술하였다.

2. 소지인과 은행의 관계

자기앞수표를 발행한 은행은 소지인에 대하여 발행인의 지위와 지급인의 지위를 겸하여 가진다. 먼저 지급인으로서의 은행은 지급제시기간이 경과한 때에도 지급위탁의 취소가 없는 동안은 소지인에게 수표금을 지급할 수 있다. 그러나 다른 수표에 있어서와 마찬가지로 수표소지인이 은행에 대하여 지급을 청구할 권리는 없다.

그리고 발행인으로서의 은행은 지급제시기간 내에 지급거절이 된 때에는 수표의 소지인에 대하여 상환의무를 부담한다(수 제39조). 그러나 제시기간이 경과한 후에는 발행인으로서의 은행은 상환의무가 없다. 그러므로 자기앞수표의 소지인도 보통의 수표의 소지인과 같이 지급제시기간내에 발행인(은행)에 대하여 수표금지급의 상환청구권이 있는 것이다. 그러나 은행은 자기앞수표를 발행할 때에 그 자금을 확보하고 있으므로 예금부족으로 부도(지급거절)될 염려가 없고, 제시기간경과 후에도 지급위탁의 취소가 있을 수 없으므로 실제상으로는 자기앞수표의 소지인은 그 수표의 지급이 확실하게 보장되어 있다.

제 7 관 횡선수표

Ⅰ. 서 설

1. 횡선수표의 의의

횡선수표(gekreuzter Scheck, crossed cheque)란 수표의 표면에 두 줄의 평행선을 그은 수표를 말한다(수 제37조 제2항).

수표는 보통 일람출급성이고 소지인출급식이므로 수표를 도난당하거나 분실한 경우에는 그 악의의 소지인이 지급받을 위험성이 대단히 많다. 이러한 경우에는 제시기간이 지난 뒤에 발행인이 수표의 지급위탁을 취소하거나(수 제32조 제1항), 지급수령자격을 제한함으로써 그 위험을 면할 수 있는데, 횡선수표는 후자를 이용한 것이다. 즉, 횡선수표의 지급인은 은행이나 지급인의 거래처에 대해서만 지급할 수 있으므로(수 제38조 제1항) 무권리자에게 지급되더라도 쉽게 그 수령자를 알아낼 수 있고, 따라서 피해자에게는 손해배상청구 등 구제의 길이 확보된다.

2. 횡선수표의 효력

횡선수표제도는 영국에서 안출해 낸 것이다. 그러나 독일에서는 위험방지의 목적으로 현금지급을 금지하고, 이체·상계 등 기장(Gutschrift)의 방법으로만 결제를 하는 계산수표(Verrechnungsscheck, cheque payable in account)제도를 이용하고 있다.

우리나라 수표법은 횡선수표제도만을 인정하고 있다(수 제37조·제38조). 그러나 계산수표를 인정하는 외국에서 우리나라를 지급지로 하는 계산수표가 발행된 경우에는 그 계산수표는 일반횡선수표와 같은 효력이 인정된다(수 제65조).

Ⅱ. 횡선수표의 종류 및 횡선의 기재

1. 횡선수표의 종류

1) 일반횡선수표

일반횡선수표란 수표의 표면에 두 줄의 평행선을 긋고 그 안에 아무것도 기재하지 아니하든가, 또는 '은행' 혹은 이와 같은 뜻이 있는 문자(예컨대, '은행도'·'Bank'·'and Co.')를 기재한 수표를 말한다(수 제37조 제2항·제3항 제1문).

2) 특정횡선수표

특정횡선수표란 두 줄의 평행선 내에 특정한 은행명을 기재한 수표를 말한다(수 제37조 제2항 제2문·제3항).

2. 횡선의 기재

1) 횡선의 기재자

횡선을 그을 수 있는 사람은 수표의 발행인 또는 소지인이다(수 제37조 제1항 제1문).

2) 횡선의 변경

지급수령자격을 제한하려는 횡선제도의 취지로 보아서 수령자의 자격을 엄격하게 하는 것은 상관없으나, 이를 완화하는 것은 허용되지 않는다. 즉, 일반횡선수표를 특정횡선수표로 변경할 수는 있으나, 특정횡선수표를 일반횡선수표, 또는 나아가서 일반횡선수표를 보통의 수표로 변경할 수는 없다(수 제37조 제4항).

3) 횡선의 말소

일반횡선의 말소 또는 특정횡선에 있어서의 피지정은행명의 말소는 이를 하지 아니한 것으로 본다(수 제37조 제5항). 왜냐하면 횡선의 말소는 한편으로는 수령자격의 완화를 의미하고, 다른 한편으로는 그 말소가 정당한 권한있는 사람에 의해서 이루어진 것인지 아닌지를 확인하기가 어렵기 때문이다.

Ⅲ. 횡선수표의 효력

1. 지급의 제한

1) 일반횡선수표의 지급제한

일반횡선수표의 경우 지급인이 지급할 수 있는 상대방은 은행 또는 지급인의 거래처 뿐이다. 지급인의 거래처에 대한 지급을 허용한 것은, 신원이 분명한 거래처에 대한 지급이 횡선제도의 취지에 어긋나지 않을 뿐만 아니라, 횡선수표의 소지인의 지급은행이 자기의 거래은행인 경우에도 다른 은행을 거쳐야만 지급받을 수 있다는 불합리한 결과가 되기 때문이다.

여기서 문제가 되는 것은 '거래처'의 개념이다. 횡선제도의 취지로 보아서 현재 그 지급은행과 거래관계가 있고, 그 거래관계를 통해서 그 신원을 파악할 수 있는 거래자를 의미한다고 본다. 그 거래관계의 범위는 당좌거래뿐만 아니라 어음거래(대부나 할인)나 정기예금 · 보통예금의 거래라도 상관없다. 그러나 지급할 수 있는 거래처이냐 아니냐는 결국 거래관계의 계속성 · 예금액과의 균형관계 등을 이 제도의 목적과 관련시켜서 구체적으로 결정하여야 할 것이다.

2) 특정횡선수표의 지급제한

특정횡선수표의 지급인은 피지정은행에 대해서만 지급할 수 있으며, 피지정은행이 지급인인 경우에는 자기의 거래처에 대해서만 지급할 수 있다(수 제38조 제2항). 그리고 피지정은행은 자기가 현실로 지급을 받을 수도 있으나, 추심위임배서를 하여 다른 은행으로 하여금 수표금액을 추심하게 할 수 있다(수 제38조 제2항 단서).

수개의 특정횡선이 있는 경우에는 지급인은 지급하지 못한다(수 제38조 제4항). 왜냐하면 이러한 수표의 지급을 인정하는 것은 특정횡선의 취지에 어긋나고, 또한 부정취득자가 추심하기 위하여 다른 특정횡선을 부기하여 이용할 염려가 있기 때문이다. 그러나 어음교환소에서 추심하기 위하여 제2의 특정횡선을 긋는 것은 상관없다(수 제38조 제4항 단서). 이것은 어음교환소에 가입하지 않은 은행이 피지정은행으로 되어 있는 수표에 대하여 어음교환소에서의 추심의 길을 열어 주기 위한 것이다.

2. 취득의 제한

은행은 자기의 거래처 또는 다른 은행으로부터만 횡선수표를 취득할 수 있고, 또한 이러한 자 이외의 자를 위하여 횡선수표의 추심을 하지도 못한다(수 제38조 제3항). 왜냐하면 이와 같은 제한을 두지 아니하면 횡선수표의 부정소지인은 그 수표를 은행에 양도하거나 또는 은행에 추심을 위임하여 쉽게 수표의 지급을 받거나 또는 지급받은 것과 같은 목적을 달성할 수 있기 때문이다.

3. 제한위반과 손해배상책임

횡선수표의 취득·지급의 제한규정을 위반한 지급은행은 이로 인하여 생긴 손해에 대하여 수표금액의 한도 내에서 무과실의 손해배상책임을 진다(수 제38조 제5항). 이 배상책임은 수표법상의 특별책임이므로 민법상의 배상책임을 배제하는 것은 아니다. 따라서 손해액이 수표금액을 초과할 때에는 불법행위로 인한 손해배상청구를 할 수도 있다.

Ⅳ. 횡선효력의 배제

횡선의 말소는 할 수 없으나, 발행인과 지급인 사이에 수표소지인에게 지급해도 좋다는 특약이 있는 경우에는 횡선의 효력은 배제된다고 본다. 그러나 횡선배제의 특약은 발행인의 손해배상청구권의 포기를 의미하는 것으로서 인적 항변사유에 불과하기 때문에, 수표법 제38조 제5항의 배상책임이 발행인 이외의 실질적 권리자에게도 배제되는 것은 아니다.

제8관 상환청구

Ⅰ. 서 설

수표의 상환청구와 환어음의 상환청구는 대체로 비슷하다. 다만 수표가 일람출급성의 지급증권이란 점에서 몇 가지 차이점을 볼 수 있다.

Ⅱ. 수표의 상환청구와 환어음의 상환청구의 차이점

1. 상환청구원인

환어음에서는 만기 전의 상환청구원인이 있으나, 수표에는 인수거절 기타 만기 전의 상환청구원인은 없고, 지급인의 지급거절의 경우에만 상환청구할 수 있다. 또 수표는 일람출급식이므로 지급인의 파산, 그 지급의 정지 또는 이에 대한 강제집행의 불주효도 특별한 상환청구원인이 되지 않는다.

2. 지급거절의 증명방법

환어음에서는 특수한 경우를 제외하고는 거절증서를 작성하여 지급거절 사실을 증명하여야 하는데, 수표의 경우에는 (i) 공정증서인 지급거절증서를 작성하여 증명하는 방법 외에, (ii) 수표에 제시의 날을 기재하고 날짜를 부기한 지급인의 선언과, (iii) 적법한 시기에 수표를 제시하였으나 지급이 없었던 뜻을 증명하고 날짜를 부기한 어음교환소의 선언에 의하면 간편하게 지급거절을 증명할 수 있다(수 제39조).

지급인의 선언은 수표에 기재하여야 하고, 보전에 기재한 것은 효력이 없다.[1] 수표에는 그 뒷면에 기재하여도 효력이 있다.

지급거절증서 또는 이에 갈음할 선언은 제시기간의 경과 전에 작성시켜야 하나, 제시기간의 말일에 제시한 경우에는 그날 이후의 제1의 거래일에 작성시킬 수 있다(수 제40조).

3. 불가항력의 존속기간

환어음에서는 불가항력이 만기로부터 30일 이상 계속하는 때에는 지급의 제시 또는 지급거절증서의 작성없이 상환청구권을 행사할 수 있으나(어 제54조 제4항), 수표에서는 소지인이 불가항력의 통지를 한 날로부터 15일 이상 계속하는 때에는, 제시기간경과 전에 그 통지를 한 경우에도 권리보전절차(수표의 제시 또는 거절증서나 이와 동일한 효력이 있는 선언) 없이 상환청구권을 행사할 수 있다(수 제47조 제4항).

---

1) 대법원 1982. 6. 8. 81다107.

4. 상환청구금액의 계산

환어음의 경우에는 법정상환청구금액 중에 이자의 기재가 있는 때에는 그 이자까지 포함하고(어 제48조 제1항 제1호), 법정이자의 계산은 만기 이후의 것을 가산한다(어 제48조 제1항 제2호). 그러나 수표의 경우에는 약정이자의 계산은 필요가 없고, 법정이자계산의 기산일도 제시일로 되어 있다(수 제44조 제2호).

5. 역어음제도

환어음의 경우에는 상환방법으로 역어음을 발행할 수 있으나(어 제52조), 수표의 경우에는 지급인의 자격이 한정되어 있으므로 상환의무자를 지급인으로 하는 수표를 발행할 수가 없다.

6. 싱환청구권의 시효기간

환어음의 경우에는 소지인의 상환청구권은 1연(어 제70조 제2항), 배서인의 재상환청구권은 6월의 시효로 소멸하나(어 제70조 제3항), 수표의 경우에는 소지인의 상환청구권이나 배서인의 재상환청구권이나 다 같이 6월의 시효로 소멸한다(수 제51조 제1항 · 제2항).

7. 기 타

환어음에는 인수제도가 있으므로 이와 관련된 인수거절의 통지, 인수거절증서 작성의 면제, 만기전 상환청구의 경우의 상환금액, 일부인수의 경우의 상환청구에 관한 규정 등 특별규정이 있으나(어 제45조 제1항 · 제44조 제1항 · 제46조 제1항 · 제48조 제2항 · 제51조), 인수제도가 없는 수표에 그러한 규정이 필요없는 것은 당연하다.

제9관 수표의 복본

Ⅰ. 복본을 작성할 수 있는 경우

수표의 복본은 발행지와 지급지가 멀리 떨어져 있고(타국간 또는 본국과 해외 영토간), 소지인출급식이 아닌 경우에만 작성할 수 있다(수 제48조 제1문).

Ⅱ. 복본의 발행

복본은 발행인이 발행하나, 소지인에게 복본교부청구권은 없다. 각 복본에는 그 본문중에 번호를 붙여야 하며(수 제48조 제2문), 번호가 없는 경우에는 수통의 복본을 각각 별개의 수표로 본다(수 제48조 제3문).

Ⅲ. 복본의 효력

복본의 1통에 대한 지급이 있는 때에는 그 지급이 다른 복본을 무효로 하는 뜻의 기재가 없는 경우에도 의무를 면하게 된다(즉, 파훼문구는 무익적 기재사항이다)(수 제49조 제1항). 그리고 수통의 복본을 수인에게 따로따로 양도한 배서인과 그 후의 배서인은 그 기명날인 또는 서명을 한 각통 중 반환받지 않은 것에 대하여 책임을 지는 것은 어음의 경우와 다를 바 없다(수 제49조 제2항).

제10관 수표의 시효

수표소지인의 배서인 · 발행인 기타의 채무자에 대한 상환청구권은 제시기간 경과 후 6월로써 소멸시효가 완성하고(수 제51조 제1항), 상환을 한 자의 재상환청구권은 그 자가 수표를 환수한 날 또는 제소된 날로부터 6월로써 소멸시효가 완성한다(수 제51조 제2항). 또한 지급보증을 한 지급인에 대한 수표상의 청구권은 제시기간경과 후 1년이 경과하면 소멸시효가 완성한다(수 제58조).

제 11 관　이득상환청구권

수표의 이득상환청구권도 대체로 어음의 경우와 같다. 다만 의무자의 범위가 발행인, 배서인 및 지급보증인의 3자로서, 환어음과 비교하여 보면 인수인 대신에 지급보증인이 포함되어 있는 점이 다르다.

어음의 경우와 마찬가지로 자기앞수표에 있어서도 지급제시기간내에 지급제시를 하지 아니하면 수표소지인은 수표상의 권리를 상실하므로, 이때에는 그 발행인인 은행에 대하여 이득상환청구를 할 수밖에 없다.[1] 그러나 실제로는 지급제시기간이 경과하여도 지급위탁의 취소가 있을 때까지는 지급인이 유효한 지급을 할 수 있으므로(수 제32조 제2항), 발행의뢰인으로부터 도난·분실 등의 신고가 없으면 지급제시기간 경과 후에도 은행은 자기앞수표를 지급한다. 다만 이것은 은행이 임의로 지급하는 것일 뿐, 수표소지인에게 수표상의 권리가 있기 때문은 아니다 함은 전술하였다.

이 점, 즉 자기앞수표의 지급제시기간경과 후에도 지급위탁의 취소가 없는 한 지급인이 지급할 수 있는 점과 관련하여, 언제 이득상환청구권이 발생하는 것으로 볼 것인가의 문제가 있다.

(i) 해제조건설:　우리나라의 통설과 판례에 의하면 수표의 이득상환청구권은 지급제시기간의 경과로 그 익일에 발생하되, 그 후 지급위탁의 취소가 없어서 유효한 지급을 하였을 때에는 이미 발생한 이득상환청구권이 소멸한다고 한다.

(ii) 정지조건설:　소수설은 지급위탁을 취소한 날 또는 지급을 거절한 날의 경과로 그 익일에 발생한다고 한다.

(iii) 양학설의 차이는 결국 지급제시기간 경과 후 어음을 양도하는 경우, 그것을 지명채권양도로 보아야 하느냐(해제조건설) 아니면 본래의 지시채권양도로 보아야 하느냐(정지조건설)의 차이이다.

(iv) 사 견:　수표법 제32조 제2항에 지급제시기간이 경과한 후에도 지급위탁의 취소가 있을 때까지는 지급인이 유효한 지급을 할 수 있다고 정한 것을 보면 정지조건설이 정당한 것처럼 보이나, 제32조 제2항은 지급인의 임의의 권한을 규정한 것일 뿐이므로 이로써 지급인이 지급할 의무를 부담하는 것은 아니

---

1) 이득상환청구권이 인정된 사례: 대법원 1961. 12. 21. 4294민상324; 동 1981. 3. 10. 81다220.

다. 따라서 수표소지인의 상환청구권은 지급제시기간이 경과하면 확정적으로 소멸하고 이득상환청구권도 그때 발생하는 것이며, 다만 후에 수표금이 지급되면 그것이 소멸한다고 보는 해제조건설이 정당하다고 본다.

한편 이득상환청구권의 양도에 관하여는 대법원 판례에 의하면 이득상환청구권은 어음의 이득상환청구권의 양도에 관하여 설명한 바와 같이, (i) 어음·수표상의 권리가 소멸할 당시의 정당한 소지인으로부터[1] (ii) 배서에 의하지 아니하고 지명채권양도의 방법에 의하여 양도하여야 하고,[2] 따라서 (iii) 대항요건도 갖추어야 하지만, 자기앞수표의 경우는 은행에 제시하면 양도의 통지를 한 것이 되어 대항요건을 갖춘 것으로 본다.[3] 즉, 판례는 제시기간 경과 후의 자기앞수표의 양도는 당연히 이득상환청구권의 양도와 그 양도통지의 권능의 양도를 동반한다고 하면서,[4] 자기앞수표의 양수인이 은행에 이를 제시한 때에 양도인을 대위하여 양도의 통지를 하는 것으로 보고 있다. 그러나 이득상환청구권은 수표상의 권리가 소멸한 당시의 정당한 권리자로부터 양도받아야 한다고 하므로, 제시기간경과시 수표의 소지인이 정당한 권리자였음을 확인하지 아니하고 이를 취득하면 이득상환청구권을 취득할 수 없는 결과가 된다.[5]

제12관 벌 칙

I. 수표법상의 벌칙

수표의 발행인이 수표자금 및 수표계약 없이 수표를 발행한 때에는 50만원 이하의 과태료에 처한다(수 제67조).

1) 대법원 1978. 3. 28. 77다2497; 동 1981. 9. 23. 81다167.
2) 대법원 1983. 3. 8. 83다40.
3) 대법원 1976. 1. 13. 70다2462.
4) 대법원 1979. 10. 10. 79다1481: 지급제시기간 경과로 인하여 수표상의 권리가 소멸된 수표를 교부받은 경우에는 수표상의 권리소멸로 인하여 발생한 이득상환청구권까지 양도받았다고 볼 것이다.
5) 대법원 1983. 3. 8. 83다40; 동 1983. 9. 27. 83다429; 동 1978. 6. 13. 78다568.

Ⅱ. 부정수표단속법상의 제재

1. 제재의 취지

수표의 경우에는 '국민의 경제생활의 안전과 유통증권인 수표의 기능을 보장'하기 위하여 제정된 부정수표단속법에 의하여 벌칙이 강화되고 있다. 부정수표단속법의 대상이 되는 수표는 원칙적으로 수표요건을 구비한 완전한 수표이고, 이를 흠결한 수표의 경우에는 처벌의 대상이 되지 않는다. 그러나 판례는 발행일이 백지인 백지수표는 부정수표단속법의 대상이 되지 아니한다고 하고,[1] 발행지가 백지인 백지수표는 그 처벌대상이 된다고 하여,[2] 상이한 취급을 하고 있다.

2. 제재의 내용

부정수표, 즉 가설인의 명의로 발행한 수표(수단 제2조 제1항 제1호), 금융기관과의 수표계약 없이 발행하거나 금융기관으로부터 거래정지처분을 받은 후에 발행한 수표(수단 제2조 제1항 제2호), 금융기관에 등록한 것과 상위한 서명 또는 기명날인으로 발행한 수표(수단 제2조 제1항 제3호) 등을 발행하거나 작성한 자 및 예금부족·거래정지처분이나 수표계약의 해제 또는 해지로 인하여 제시기일에 수표가 지급되지 아니하게 한 자(수단 제2조 제2항)는[3] 5년 이하의 징역 또는 수표금액 10배 이하의 벌금에 처하고(수단 제2조 제1항), 과실로 인하여 상기한 죄를 범한 자도 3년 이하의 금고 또는 수표금액의 5배 이하의 벌금에 처한다(수단 제2조 제3항). 그러나 상기의 각 죄는 수표를 발행하거나 작성한 자가 그 수표를 회수하거나, 회수하지 못하였을 경우라도 수표소지인이 명시한 의사에 반하여 각 공소를 제기할 수 없다(수단 제2조 제4항).[4]

---

1) 대법원 1983. 5. 10. 83도340; 동 2000. 9. 5. 2000도2840; 동 2004. 2. 13. 2002도4464; 동 2004. 6. 11. 2003도6631: 이미 적법하게 발행된 백지수표의 금액이나 발행일을 기입 완성하는 보충행위 또는 수표의 발행일자 등의 정정행위는 부정수표단속법에서 규정하는 수표의 발행에 해당하지 않는다.

2) 대법원 1983. 5. 10. 83도340; 동 1983. 9. 13. 83도1093.

3) 헌법재판소 2001. 4. 26. 99헌가13: 부정수표단속법 제2조 제2항은 합헌이다. 동지: 대법원 2005. 5. 13. 2005초기189(2005도1936). 대법원 2014. 11. 13. 2011도17120: 수표가 적법하게 정정된 발행일자로부터 기산하여 지급제시기간 내에 지급제시되었으나 예금부족 등을 이유로 지급거절된 경우, 수표 발행인은 부정수표 단속법 제2조 제2항의 책임을 져야 한다.

4) 대법원 2006. 5. 26. 2006도1711: 부도수표가 제권판결에 의하여 무효로 됨으로써 수표소지인이 더 이상 발행인 등에게 수표금의 지급을 구할 수 없게 되었다고 하더라도, 이러한

> ❒ 대법원 2006. 10. 26. 2006도5147
> 당좌수표의 발행인이 허위의 사고신고를 하여 수표가 지급거절된 경우 부정수표단속법 제2조 제2항 위반죄가 성립하지 않는다

☞ 부정수표단속법 제2조 제2항의 지급거절 사유는 제한적으로 열거된 것이라고 보아야 하므로, 당좌수표의 발행인이 허위의 사고신고를 하여 수표가 지급거절된 경우 허위신고자 및 그 공모자가 부정수표단속법 제4조의 허위신고죄로 처벌받을 수 있을지언정 그러한 사정만으로 위 당좌수표가 부정수표단속법 제2조 제2항의 '예금부족으로 인하여' 지급되지 않았다고 볼 수는 없다.

수표금액의 지급 또는 거래정지처분을 면할 목적으로 금융기관에 허위신고를 한 자는 10년 이하의 징역 또는 20만원 이하의 벌금에 처하며(수단 제4조), 수표를 위조 또는 변조한 자는 1년 이상의 유기징역과 수표금액 10배 이하의 벌금에 처한다(수단 제5조).

3. 금융기관의 의무

금융기관에 종사하는 자는 직무상 위 부정수표단속법 제2조 제1항 각호(발행인이 법인 기타 단체인 경우 포함) 또는 제5조에 규정된 부정수표를 발견한 때에는 48시간 내에(수단 제7조 제1항), 그리고 부정수표단속법 제2조 제2항(발행인이 법인 기타 단체인 경우 포함)에 규정된 수표를 발견한 때에는 30일 내에 수사기관에 이를 고발하여야 하며, 이 고발을 하지 아니한 때에는 100만원 이하의 벌금의 처벌을 받는다(수단 제7조 제2항). 시간의 기산점은 영업시간 내이냐 아니냐, 공휴일이냐 아니냐를 불문하고 발견한 때로부터 진행한다.

사정만으로는 수표가 회수되거나 수표소지인이 처벌을 희망하지 아니하는 의사를 명시한 경우에 해당한다고 볼 수는 없다. 동지: 대법원 1996. 1. 26. 95도1971; 동 2005. 5. 13. 2005초기189(2005도1936): 부정수표단속법 제2조 제4항의 부도수표회수에 관하여 이를 반의사불벌죄로 해석하는 것은 위헌이 아니다.

제5장 전자어음법

제1절 전자어음의 의의

Ⅰ. 서 설

"전자어음의 발행 및 유통에 관한 법률"은 2004년 3월 22일 제정 · 공포(법률 제7197호)되어 2005년 1월 1일부터 시행되었다(電子어음法). 전자어음법은 "전자적 방식으로 약속어음을 발행 · 유통하고 어음상의 권리를 행사할 수 있도록 함으로써 국민경제 향상에 이바지함을 목적"으로 하고 있으며(전어 제1조), 5개 장 24개 조문으로 구성되어 있다. 제1장(총칙)은 공통규정이며, 제2장(전자어음의 등록 및 어음행위)은 거래법적 규정이고, 제3장(전자어음거래의 안전성 확보 및 이용자 보호), 제4장(전자어음관리업무의 감독), 제5장(벌칙)은 감독법적 규정이라 할 수 있다.

2009. 11. 9.부터는 외부감사대상 주식회사인 자산총액 100억원 이상의 주식회사는 전자어음을 의무적으로 사용하여야 하고(전어 제6조의 2), 이들 회사가 종이어음을 발행할 경우 500만원 이하의 과태료의 처분을 받는다(전어 제23조 제2항 제1호).

Ⅱ. 전자어음의 의의

전자어음"이라 함은 전자문서로 작성되고 전자어음을 발행하고자 하는 자가 당해 전자어음을 전자어음관리기관에 등록한 약속어음을 말한다(전어 제2조 제2호). 여기서 "전자문서"라 함은 정보처리시스템[1]에 의하여 전자적 형태로 작성, 송신 · 수신 또는 저장된 정보를 말한다(전어 제2조 제1호, 전자거래기본법 제2조 제1호).

---

1) "정보처리시스템"이라 함은 전자문서의 작성, 송신 · 수신 또는 저장을 위하여 이용되는 정보처리능력을 가진 전자적 장치 또는 체계를 말한다(전자거래기본법 제2조 제2호).

이러한 전자문서에 의하여서만 전자어음의 배서, 보증 또는 전자어음상의 권리를 행사할 수 있다(전어 제5조 제4항).

전자어음은 전자어음관리기관에 등록하여야 한다. 따라서 전자어음관리기관에 등록되지 않으면 어음요건을 갖춘 전자문서가 발행되더라도 이것은 전자어음이 아니다. 전자어음을 등록하도록 한 것은 전자어음의 경우에는 실물어음이 존재하지 않아 악용될 위험이 크기 때문이다. 전자어음은 약속어음이다.

제2절 전자어음의 법률관계

Ⅰ. 전자어음의 발행

1. 어음요건

1) 어음법상의 어음요건

전자어음에는 어음법 제75조 제1호 · 제2호 · 제3호 · 제5호 · 제6호에서 정하는 사항을 기재하여야 한다(전어 제6조 제1항 제1호). 이에 따라 (i) 약속어음임을 표시하는 문자, (ii) 일정한 금액을 지급할 뜻의 무조건의 약속, (iii) 만기의 표시, (iv) 지급을 받을 자 또는 지급을 받을 자를 지시할 자의 명칭, (v) 발행일과 발행지를 기재하여야 한다.

전자어음에는 지급지(어 제75조 제4호)는 별도로 기재하지 않으며, 전자어음의 지급을 청구할 금융기관이 소재하는 지역을 지급지로 보도록 하고 있다(전어 제6조 제2항). 전자어음은 금융기관간의 계좌이체에 의해 지급되므로 어음금액이 지급될 지역이라는 뜻으로는 지급지가 의미를 가지지 못하나, 어음소송에서 특별재판적의 연결점이 된다(민소 제9조)는 점에서 의미가 있으므로 이와 같이 규정한 것이다.

발행인이 전자어음에 공인전자서명을 한 경우에는 어음법 제75조 제7호의 기명날인 또는 서명이 있는 것으로 본다(전어 제6조 제3항). 여기서 “공인전자서명”이란 공인인증서에 기초한 전자서명으로서, (i) 전자서명생성정보가 가입자에게 유일하게 속할 것, (ii) 서명 당시 가입자가 전자서명생성정보를 지배 · 관리하고 있을 것, (iii) 전자서명이 있은 후에 당해 전자서명에 대한 변경여부를 확인할 수 있을 것, (iv) 전자서명이 있은 후에 당해 전자문서의 변경여부를 확인할 수 있을 것이라는 요건을 갖춘 것을 말한다(전어 제2조 제3호, 전자서명법 제2조 제3호).

전자어음의 만기에 대하여는 발행일로부터 1년을 초과할 수 없다는 제한이 있다(전어 제6조 제5항).

2) 전자어음에 특유한 어음요건

(1) 전자어음의 지급을 청구할 금융기관(전어 제6조 제1항 제2호)

이는 전자어음의 지급제시 및 지급을 전자적 방법으로 처리하기 위한 것으로, 발행인의 지급사무를 담당하는 자를 말한다. 여기서 "금융기관"이란 은행법에 의한 금융기관 및 이에 준하는 업무를 수행하는 금융기관으로 대통령령이 정하는 기관을 말하는데(전어 제2조 제7호), 이른바 은행을 의미한다. 그리고 전자어음은 어음금을 지급할 금융기관에 지급제시하므로(전어 제9조 제4항) 항상 지급제시 금융기관과 지급(담당) 금융기관이 일치하게 되어 어음교환과 같은 절차를 요하지 않는다.

(2) 전자어음의 동일성을 표시하는 정보(전어 제6조 제1항 제3호)

전자어음은 전자문서이므로 복사가 용이하여 사본이 여러 장 존재할 수 있는데, 각 기재사항이 동일한 전자어음이 수매 발행되는 경우에는 이것이 서로 다른 전자어음인지, 같은 전자어음의 사본인지 구분하기 어려울 수 있다. 이러한 경우에 어음의 일련번호 등을 기재하도록 하여 이용자가 전자어음을 다른 전자어음과 구별하여 특정할 수 있도록 한 것이다.

(3) 사업자고유정보(전어 제6조 제1항 제4호)

"사업자고유정보"라 함은 전자어음과 관련된 당사자의 상호나 사업자등록번호, 회원번호, 법인등록번호 또는 주민등록번호 등 사업자를 식별할 수 있는 정보를 말한다(전어 제2조 제6호).

2. 전자어음의 등록

전자어음을 발행하고자 하는 자는 당해 전자어음을 전자어음관리기관에 등록하여야 한다(전어 제5조 제1항). 이는 실물어음에서 어음용지에 어음요건을 기재하는 것에 해당하는 것으로, 전자어음관리기관에 등록함으로써 비로소 전자어음이 생성된다.

전자어음관리기관은 당해 전자어음의 지급을 청구할 금융기관이나 신용조사기관 등의 의견을 참고하여 전자어음의 등록을 거부하거나 전자어음의 연간 총 발행금액 등을 제한할 수 있다(전어 제5조 제2항).

전자어음관리기관의 전자어음 등록에 관한 절차·방법 그 밖에 필요한 사항은 대통령령으로 정한다(전어 제5조 제3항).

3. 발행의 효력발생

전자어음은 발행인이 타인에게 전자어음을 송신하고, 그 타인이 이를 수신한 때에 발행한 것으로 보는데, 송신과 수신의 시기는 전자거래기본법 제6조 제1항 및 제2항의 규정에 따른다(전어 제6조 제4항). 이에 따르면, 전자문서는 수신자 또는 그 대리인이 당해 전자문서를 수신할 수 있는 정보처리시스템에 입력된 때에 송신된 것으로 본다. 수신자가 전자문서를 수신할 정보처리시스템을 지정한 경우에는 지정된 정보처리시스템에 입력된 때, 이를 지정하지 아니한 경우에는 수신자가 관리하는 정보처리시스템에 입력된 때에 수신된 것으로 본다. 다만, 전자문서가 지정된 정보처리시스템이 아닌 정보처리시스템에 입력된 경우에는 수신자가 이를 출력한 때에 수신된 것으로 본다.

4. 백지어음

어음법 제10조의 규정에 의한 백지어음은 전자어음으로 발행할 수 없다(전어 제6조 제6항).

Ⅱ. 전자어음의 배서

1. 배서의 방식

전자어음에 배서를 하는 경우에는 전자어음에 배서의 뜻을 기재한 전자문서, 즉 배서전자문서를 첨부하여야 한다(전어 제7조 제1항). 배서전자문서에는 전자어음의 동일성을 표시하는 정보를 기재하여야 하며(전어 제7조 제2항), 배서인이 배서전자문서에 공인전자서명을 하면 배서의 기명날인 또는 서명을 한 것으로 본다(전어 제7조 제6항). 이와 같이 배서전자문서는 전자어음과는 별개의 전자문서이나, 배서와 어음의 일체성을 확보하기 위해 배서전자문서를 전자어음에 첨부하도록 한 것이다. 따라서 배서전자문서와 전자어음은 서로 분리되어서는 안 되고 언제나 함께 이전되어야 한다.

배서인이 타인에게 전자어음과 배서전자문서를 송신하고, 그 타인이 이를 수신한 때에는 어음법 제13조 제1항의 규정에 의한 배서를 하여 교부한 것으로 본다. 배서전자문서의 송신과 수신의 시기는 전자거래기본법 제6조 제1항 및 제2항의 규정에 따른다(전어 제7조 제3항).

피배서인이 다시 배서를 하는 경우에는 전자어음에 이전에 작성된 배서전자문서를 전부 첨부하고 새로 배서전자문서를 작성하여 첨부하여야 한다(전어 제7조 제4항).

2. 배서의 효력

전자어음법에서 특별히 규정하고 있는 경우 외에는 어음법의 규정이 적용되므로(전어 제4조), 전자어음의 배서에 관하여도 어음법상의 권리이전적 효력(어 제14조 제1항), 담보적 효력(어 제15조 제1항), 자격수여적 효력(어 제16조 제1항)이 인정된다.

3. 백지식배서의 가능성

전자어음법은 피배서인을 지정하지 않는 백지식배서(어 제13조 제2항)에 관해서는 아무런 규정을 두고 있지 않아 해석상 전자어음에도 백지식배서가 가능하다고 볼 수 있다(전어 제4조). 배서전자문서에는 공인전자서명이 있어 문서의 수정에 해당하는 자기 또는 타인의 명칭 등의 보충은 할 수 없다. 따라서 백지식 배서된 전자어음은 백지식 배서전자문서를 첨부하여 다시 백지식으로 배서하거나 교부 만에 의해 양도할 수밖에 없다. 이때에도 송·수신시 공인전자서명을 하여야 한다.

4. 배서회수에 관한 특칙

전자어음의 총 배서회수는 20회를 초과할 수 없다(전어 제7조 제5항).

Ⅲ. 전자어음의 보증

전자어음에 보증하는 자는 전자어음에 보증의 뜻을 기재한 전자문서, 즉 보증전자문서를 첨부하여야 한다(전어 제8조 제1항).

전자어음의 보증에 관하여는 전자어음법 제6조 제3항 · 제4항, 제7조 제2항의 규정을 준용한다(전어 제8조 제2항). 따라서 보증인이 보증전자문서에 공인전자서명을 한 경우에는 보증의 기명날인 또는 서명이 있는 것으로 본다. 전자어음의 보증의 효력은 보증인이 타인에게 보증전자문서가 첨부된 전자어음을 송신하고 타인이 이를 수신한 때에 발생하며, 이때 보증전자문서의 송신과 수신의 시기는 전자거래기본법 제6조 제1항 및 제2항의 규정에 따른다. 보증전자문서에는 전자어음의 동일성을 표시하는 정보를 기재하여야 한다.

Ⅳ. 전자어음의 지급

1. 지급제시

1) 지급제시의 방법

전자어음의 소지인이 전자어음 및 배서전자문서 전부를 첨부하여 지급청구의 뜻이 기재된 전자문서를 전자어음의 지급을 청구할 금융기관(지급금융기관)에 송신하고 당해 금융기관이 이를 수신한 때에는 어음법 제38조 제1항에서 규정한 지급제시가 있는 것으로 본다(전어 제9조 제1항 본문). 지급제시를 위한 송신과 수신의 시기는 전자거래기본법 제6조 제1항 및 제2항에 따른다(전어 제9조 제2항).

지급제시를 하는 소지인은 지급청구의 뜻이 기재된 전자문서에 어음금을 수령할 금융기관의 계좌를 기재하여야 한다(전어 제9조 제3항).

2) 전자어음관리기관에 대한 지급제시

전자어음은 지급금융기관에 지급제시하는 것 외에 전자어음관리기관에 대하여 제시하여도 지급을 위한 제시의 효력이 있다(전어 제9조 제1항 단서 전단). 또한 전자어음의 경우에는 전자어음관리기관이 운영하는 정보처리조직에 의하여 전자어음의 만기일 이전에 자동으로 지급제시되도록 할 수 있다(전어 제9조 제1항 단서 후단).

2. 지 급

1) 지급사실의 통지와 상환의제

지급제시를 받은 금융기관이 어음금을 지급할 때에는 전자어음관리기관에 지급사실을 통지하여야 한다. 다만 전자어음관리기관에서 운영하는 정보처리조직에 의하여 지급이 완료된 경우에는 이를 통지할 필요가 없다(전어 제9조 제4항).

전자어음의 지급금융기관이 전자어음관리기관에 어음금의 지급사실을 통지하거나 전자어음관리기관의 정보처리조직에 의하여 지급이 완료된 경우 어음채무자가 당해 어음을 환수한 것으로 보며(전어 제10조), 이로써 어음관계가 소멸된다.

2) 일부지급

전자어음에서는 어음금의 일부지급에 관한 어음법 제39조 제2항 및 제3항의 규정이 적용되지 않는다(전어 제11조).

V. 전자어음의 지급거절과 상환청구

1. 지급거절

실물어음에서와 마찬가지로 전자어음의 소지인은 지급금융기관에 적법한 지급제시를 하였음에도 불구하고 지급금융기관이 어음금의 지급을 거절한 때에는 그 전자에게 상환청구할 수 있다. 전자어음의 소지인으로부터 지급제시를 받은 금융기관이 지급을 거절할 때에는 전자문서(지급거절 전자문서)로 하여야 한다(전어 제12조 제1항). 어음법상 지급거절증서는 지급할 날 이후의 2거래일 내에 작성되어야 하므로(어 제44조 제3항), 지급금융기관은 이 기간 내에 지급거절전자문서를 소지인에게 송신하여야 한다.

전자어음의 소지인이 금융기관으로부터 수신한 지급거절 전자문서를 전자어음관리기관에 통보하고 동 기관이 이를 확인한 경우, 이 전자문서를 어음법 제44조 제1항의 규정에 의한 공정증서, 즉 지급거절증서로 본다(전어 제12조 제2항). 이 경우 전자어음의 소지인이 지급금융기관으로부터 지급거절 전자문서를 수신한 날을 공정증서의 작성일로 본다(전어 제12조 제3항).

지급거절 전자문서의 확인방법 및 절차 그 밖에 필요한 사항은 대통령령으로 정한다(전어 제12조 제4항).

2. 상환청구

전자어음의 소지인이 상환청구할 때에는 전자어음과 배서전자문서 전부, 지급거절 전자문서를 첨부하여 상환청구의 뜻을 기재한 전자문서, 즉 상환청구전자문서를 상환의무자에게 송신하여야 한다(전어 제13조 제1항). 이때 소지인은 상환청구전자문서에 어음금을 수령할 금융기관의 계좌를 기재하여야 한다(전어 제13조 제4항).

상환의무자가 상환금액을 지급한 때에는 전자어음관리기관에 지급사실을 통지하여야 한다(전어 제13조 제2항). 이는 이중지급의 위험을 방지하기 위한 것으로, 지급금융기관의 지급사실의 통지(전어 제9조 제4항 본문)와 같은 취지이다. 이러한 통지가 있으면 상환의무자가 전자어음을 환수한 것으로 본다(전어 제13조 제3항).

Ⅵ. 전자어음의 반환 · 수령거부

1. 착오발행어음의 반환

전자어음을 발행 또는 배서한 자가 착오 등을 이유로 전자어음을 반환받고자 하는 때에는 그 소지인으로 하여금 전자어음관리기관에 반환의 뜻을 통지하게 하여야 한다(전어 제14조 제1항). 전자어음 소지인으로부터 반환의사의 통지가 있으면 전자어음은 발행 또는 배서되지 않은 것으로 보며, 전자어음관리기관은 당해 전자어음의 발행 또는 배서에 관한 기록을 말소하여야 한다(전어 제14조 제2항).

어떠한 사유로 전자어음을 발행 또는 배서되지 않은 상태로 하고자 할 경우, 발행인 또는 배서인과 소지인이 모두 반환에 동의하는 경우에는 전자어음법 제14조 제1항 및 제2항의 규정에 따르고, 후술하는 바와 같이 전자어음의 수신자는 일방적으로 수령을 거부할 수 있다(전어 제14조 제3항). 반면 발행인 또는 배서인이 전자어음의 발행 또는 배서를 일방적으로 말소시킬 수 있는 방법은 따로 인정되지 않으므로 실물어음에서와 마찬가지로 쟁송절차에 의하게 된다.

2. 전자어음의 수령거부

전자어음의 수신자가 전자어음의 수령을 거부하고자 하는 경우에는 그 수신자는 전자어음관리기관에 그 뜻을 통지하여야 한다. 이 통지가 있으면 수신자가 전자어음을 수령하지 않은 것으로 보며, 전자어음관리기관은 수신자의 청구가 있을 경우 그 수신자가 전자어음의 수령을 거부한 사실을 증명하는 문서를 발급하여야 한다(전어 제14조 제3항).

제3절 전자어음관리와 벌칙

Ⅰ. 전자어음관리기관의 업무와 감독

1. 전자어음관리기관의 의의

전자어음관리기관이란 법무부장관의 지정을[1] 받은 자(전어 제2조 제4호, 제3조)로서 전자어음법상 전자어음의 발행, 유통, 결제를 관리하는 기관이라 할 수 있다.

전자어음관리기관은 전자어음의 이용자 등록(전어 제2조 8호), 발행 등록(전어 제5조 제1항), 발행 등록의 거부 또는 연간 총 발행금액 등의 제한(전어 제5조 제2항), 지급제시의 상대방(전어 제9조 제1항), 자동 지급제시의 운영(전어 제9조 제1항), 지급사실 통지의 상대방(전어 제9조 제4항), 지급거절 전자문서 통보의 상대방(전어 제12조 제2항), 상환의무 이행사실 통보의 상대방(전어 제13조 제2항), 전자어음 반환통보의 상대방(전어 제14조 제1항), 전자어음 수령거부 사실 증명문서 발급권자 및 수령거부 사실 통지의 상대방(전어 제14조 제3항)으로서의 기능을 수행한다.

---

1) 전자어음관리기관의 지정요건 및 지정절차 그 밖에 필요한 사항은 대통령령으로 정한다(전어 제3조 제2항).

2. 전자어음관리기관의 전자어음거래에 대한 안전성 확보 및 이용자 보호 조치

1) 전자어음관리기관의 안전성 확보의무

전자어음관리기관은 전자어음에 관한 거래의 안전을 확보하고 지급의 확실성을 보장할 수 있도록 전자어음거래의 전자적 전송·처리를 위한 인력, 시설, 전자적 장치 등에 관하여 대통령령이 정하는 기준을 준수하여야 한다(전어 제15조).

2) 전자어음거래 기록의 생성 및 보존

전자어음관리기관은 전자어음의 발행, 배서, 보증 및 권리행사 등이 자신의 전자정보처리조직을 통하여 이루어지도록 하여야 하며, 전자어음별로 발행인과 배서인에 관한 기록, 전자어음 소지인의 변동사항 및 당해 전자어음의 권리행사에 관한 기록을 보존하여야 한다. 또한 전자어음거래를 추적·검색하고 오류가 발생할 경우 이를 확인·정정할 수 있는 기록을 생성하여 보존하여야 한다(전어 제16조 제1항).

전자어음관리기관이 보존하여야 하는 기록의 종류와 방법 및 보존기간은 대통령령으로 정한다(전어 제16조 제2항).

3) 전자어음거래 정보의 제공 등

전자어음관리기관은 이용자의 신청이 있는 경우에는 대통령령이 정하는 바에 따라 해당 전자어음 관련 발행 상황 및 잔액 등의 결제정보를 제공하여야 한다(전어 제17조 제1항). 여기서 "이용자"라 함은 전자어음거래를 위하여 전자어음관리기관에 등록을 하고 전자어음관리기관의 시스템을 이용하여 전자어음거래를 하는 자를 말한다(전어 제2조 제8호).

전자어음거래와 관련하여 업무상 i) 이용자의 신상에 관한 사항, ii) 이용자의 거래계좌 및 전자어음거래의 내용과 실적에 관한 정보 또는 자료를 알게 된 자는 이용자의 동의를 얻지 아니하고 이를 타인에게 제공하거나 누설하여서는 아니된다. 다만 금융실명거래 및 비밀보장에 관한 법률 제4조 제1항 단서의 규정에 의한 경우와 그 밖에 법률에 정한 경우에는 그러하지 아니하다(전어 제17조 제2항).

전자어음관리기관은 건전한 전자어음 발행·유통과 선의의 거래자 보호를 위하여 대통령령이 정하는 경우에는 법무부장관의 사전승인을 얻어 전자어음법 제17조 제1항 및 제2항에 규정된 사항 등을 공개할 수 있다(전어 제17조 제3항).

4) 약관의 명시 · 통지 등

전자어음관리기관은 전자어음을 등록함에 있어 이용자에게 전자어음거래에 관한 약관을 명시하고, 이용자의 요청이 있는 경우 대통령령이 정하는 바에 따라 당해 약관을 교부하고 그 내용을 설명하여야 한다(전어 제18조 제1항).

전자어음관리기관이 전자어음거래에 관한 약관을 제정 또는 변경하고자 하는 때에는 법무부장관의 승인을 얻어야 한다. 다만 약관의 변경으로 인하여 이용자의 권익이나 의무에 불리한 영향이 없다고 법무부장관이 정하는 경우에는 변경 후 10일 이내에 법무부장관에게 통보하여야 한다(전어 제18조 제2항).

5) 이의제기 및 분쟁처리

전자어음관리기관은 대통령령이 정하는 바에 따라 전자어음거래와 관련하여 이용자가 제기하는 정당한 의견이나 불만을 반영하고, 이용자가 전자어음거래에서 입은 손해를 배상하기 위한 절차를 마련하여야 한다(전어 제19조 제1항).

전자어음관리기관은 전자어음 등록시 이러한 절차를 명시하여야 한다(전어 제19조 제2항).

3. 전자어음관리기관의 업무에 대한 감독

1) 전자어음관리기관에 대한 감독 및 검사

법무부장관은 전자어음관리기관에 대하여 전자어음법 또는 동법에 의한 명령의 준수여부를 감독한다(전어 제20조 제1항).

법무부장관은 전자어음법 제20조 제1항의 규정에 의한 감독을 위하여 필요한 때에는 전자어음관리기관에 대하여 그 업무에 관한 보고를 하게 하거나 대통령령이 정하는 바에 따라 전자어음관리기관의 전자어음관리업무에 관한 시설 · 장비 · 서류 그 밖의 물건을 검사할 수 있다(전어 제20조 제2항).

법무부장관은 전자어음제도의 원활한 운영 및 이용자 보호 등을 위하여 필요한 때에는 전자어음관리기관에게 이용자의 전자어음거래정보 등 필요한 자료의 제출을 명할 수 있다(전어 제20조 제3항).

법무부장관은 전자어음관리기관이 전자어음법 또는 동법에 의한 명령을 위반하여 전자어음제도의 건전한 운영을 해하거나 이용자의 권익을 침해할 우려가 있다고 인정되는 경우에는 (ⅰ) 당해 위반행위에 대한 시정명령, (ⅱ) 전자어음관리기관에 대한 주의 · 경고 또는 그 임 · 직원에 대한 주의 · 경고 및 문책의 요구, (ⅲ) 전자어음관리기관의 임원의 해임권고 또는 직무정지의 요구 등의 조치를 할 수 있다(전어 제20조 제4항).

법무부장관은 전자어음제도의 운영 및 전자어음관리기관의 감독 또는 검사와 관련하여 필요한 경우 금융감독위원회에 협의를 요청하거나 대통령령이 정하는 바에 따라 그 권한의 일부를 위임 또는 위탁할 수 있다(전어 제20조 제5항).

2) 전자어음관리기관 지정의 취소

법무부장관은 전자어음관리기관이 (ⅰ) 허위 그 밖의 부정한 방법으로 전자어음법 제3조의 규정에 의한 전자어음관리기관의 지정을 받은 때, (ⅱ) 정당한 사유 없이 1년 이상 계속하여 영업을 하지 아니한 때, (ⅲ) 법인의 합병 · 파산 · 영업의 폐지 등으로 사실상 영업을 종료한 때에는 전자어음관리기관의 지정을 취소할 수 있다(전어 제21조 제1항).

전자어음관리기관은 지정이 취소된 경우에도 그 처분 전에 행하여진 전자어음거래의 지급을 위한 업무를 계속하여 행할 수 있다(전어 제21조 제2항).

법무부장관은 전자어음관리기관의 지정을 취소하고자 하는 경우에는 청문을 실시하여야 하며, 지정을 취소한 때에는 지체 없이 그 내용을 관보에 공고하고 컴퓨터통신 등을 이용하여 일반인에게 알려야 한다(전어 제21조 제3항).

Ⅱ. 벌 칙

1. 형 벌

법무부장관으로부터 전자어음관리기관으로 지정(전어 제3조)을 받지 아니하고 전자어음관리업무를 한 자는 5년 이하의 징역 또는 1억원 이하의 벌금에 처한다(전어 제22조 제1항).

전자어음관리기관에 등록(전어 제5조 제1항)하지 아니하고 전자어음을 발행한 자, 이용자의 동의를 얻지 아니하고 타인에게 전자어음거래 정보를 제공(전어 제17조 제2항)한 자는 3년 이하의 징역 또는 5천만원 이하의 벌금에 처한다(전어 제22조 제2항).

법무부장관에 의한 전자어음관리기관의 전자어음관리업무에 대한 시설·장비·서류 그 밖의 물건에 대한 검사(전어 제20조 제2항)를 기피하거나 방해한 자는 1년 이하의 징역 또는 3천만원 이하의 벌금에 처한다(전어 제22조 제3항).

전자어음은 형법 제214조 내지 제217조에 정한 죄(유가증권의 위조 등, 자격모용에 의한 유가증권의 작성, 허위유가증권의 작성 등, 위조유가증권 등의 행사 등)의 유가증권으로 보아 각 그 죄에 정한 형으로 처벌한다(전어 제22조 제4항).

법무부장관이 지정(전어 제3조)한 전자어음관리기관은 특정경제범죄 가중처벌 등에 관한 법률 제2조의 규정에 의한 금융기관으로 본다(전어 제24조).

2. 과태료

전자어음관리기관이 안전성 기준(전어 제15조)을 위반하거나, 법무부장관의 자료제출명령(전어 제20조 제3항)에 대하여 정당한 사유 없이 자료를 제출하지 아니하거나 허위의 자료를 제출한 때에는 1천만원 이하의 과태료에 처한다(전어 제23조 제1항).

전자어음관리기관이 (i) 전자어음거래의 보존의무(전어 제16조 제1항)를 위반하거나, (ii) 이용자의 전자어음 관련 발행 상황 및 잔액 등의 결제정보 제공 신청(전어 제17조 제1항)에 대하여 정당한 사유 없이 이를 제공하지 아니하거나, (iii) 전자어음거래에 관한 약관의 설명의무 또는 보고의무(전어 제18조)를 위반하거나, (iv) 전자어음 관련 분쟁처리절차를 설치(전어 제19조 제1항)하지 아니한 때에는 500만원 이하의 과태료에 처한다(전어 제23조 제2항).

찾아보기

상법총칙 · 상행위법

【 ㄱ 】

가맹업 252
개별약정우선의 원칙 32
개입권 78, 185, 197
개입의무 179
개입제도 79
객관적 · 통일적 해석의 원칙 32
거래안전의 보호 26
견품보관의무 177
결약서교부의무 177
경매권 185, 219, 246
경업거래금지 76
경업금지의무 76, 125, 162, 171
경영위임 130
계급법 21
계산서제출의무 182, 191
고가물에 대한 특칙 193, 209, 238
고유의 상행위 53
공동지배인 68
공법인 55
공시주의 26
공중접객업 234
공중접객업자 234
———의 책임 235
공탁권 185, 218, 246
과실약관 213
과실책임주의 206
금융리스 250
금융리스업 250
급여수령권 180
기본적 상행위 45
기업법설 21
기업의 유지강화 25
기업존립기반의 형성 25
기업존속의 보장 26
기업해소의 방지 26
기존상태존중주의 27

【 ㄷ 】

다수당사자의 채무 143
다수채무자의 연대 143
단기소멸시효 193, 215
당사자신청주의 109
당연상인 38
대리상 170
———의 권리 172, 174
———의 보상청구권 173
———의 의무 171
———의 의무 · 책임 174
대리상관계의 종료 175
대차대조표 106
등기말소청구권 94
등기배척권 96
등기소의 심사권 111
등기의 경정 · 말소 111
등기의 공시 112
등기의 신청 109

【 ㅁ 】

매도인의 경매권 147
매도인의 공탁권 146
매수인의 목적물검사 · 하자통지의무 148
매수인의 목적물보관 · 공탁의무 152
면책약관 213, 244
면책의 게시 238
명의대여자의 책임 83, 84
목적물검사 · 하자통지의무 148
무상수치인의 주의의무 145
물건보관의무 142
물건운송인의 권리 216
물건운송인의 의무 203
물건판매점포의 사용인 74
민법의 상화 22
민사회사 42
민상 2법 통일론 23

【 ㅂ 】

배상액제한약관 213

법원의 적용순위 34
법정이자청구권 139
보관료와 비용상환청구권 246
보상청구권 173
보수청구권 172, 179, 184, 196
보조상 21
보조적 상행위 52
보증인의 연대 144
보통거래약관 31
———의 본질 31
———의 해석 32
복합운송 223
부분적 포괄대리권을 가지는 사용인 72
부실등기의 효력 118
부지약관 213
비영리법인 55
비용상환청구권 184, 196, 217

【 ㅅ 】

사용폐지청구권 94
상관습법 30
상대적 상행위 45
상법의 개념 20
상법의 경향 27
상법의 기본이념 25
상법의 법원 28
상법의 지위 22
상법의 특성 25
상법의 효력 35
상사대리 133
상사자치법 30
상사조약 29
상사특별법령 29
상사판례법 34
상업등기 108
———의 공신력 118
———의 추정력 117
———의 특수적 효력 116
———의 효력 112
상업사용인 61
———의 경업금지의무 75
———의 종류 63
상업장부 100
상인간의 매매 145
상인간의 유치권 135
상인의 보수청구권 138
상인의 종류 38
상인자격 54
———의 상실 57
———의 취득 57
상인적 방법 42
상행위 44
———의 대리 132
상호 81
——의 가등기 100
——의 등기 99
——의 변경 · 폐지 98
——의 상속 · 압류 98
——의 선정 82
——의 양도 97
——의 이전 97
상호계산 156
———의 종료 159
상호계산불가분의 원칙 157
상호권 91
———의 내용 92
상호단일의 원칙 84
상호보험회사 55
상호사용권 92
상호자유주의 82
상호전용권 92
상호진실주의 82
새로운 상행위 250
성명 · 상호묵비의무 178
소상인 43
———의 상호 97
수동대리권 174
수하인의 발전적 지위 220
수하인의 지위 220
순차여객운송인 233
순차운송 221
순차운송주선 199
신속결료주의 27
실질적 상행위 54
실질적 의의의 상법 21
쌍방적 상행위 54
CIF조건 154

【 ㅇ 】

약관에 대한 규제 33

엄격책임주의 26
FOB조건 154
여객운송 230
여객운송인의 권리 234
여객운송인의 의무 231
영리법인 55
영업소 79
영업양도 120
———의 효과 123
영업의 개념 60
영업의 공시 108
영업의 설비 60
영업의 인적 설비 61
영업의 임대차 130
외관주의 26
운송물인도의무 204
운송물인도청구권 216
운송물처분의무 203
운송업 201
운송인 201
운송주선업 190
운송주선인 190
————의 권리 196
————의 의무 191
————의 지위 191
운용리스 250
운임청구권 217, 234
위탁매매계약의 종료 189
위탁매매업 180
위탁매매의 내부관계 181
위탁매매의 외부관계 187
위탁매매인 180
————과 제3자의 관계 189
————의 권리 184
————의 의무 181
위탁물의 하자통지의무 182
유질계약 138
유치권 185, 197, 218, 234, 246
유한책임조합원 166
유형상 21
의제상인의 의의 41
이행담보책임 179, 183
익명조합 159
———의 내부관계 160
———의 외부관계 162
———의 종료 163
일반상사유치권 135
일방적 상행위 54
임치를 받은 물건에 대한 책임 235
임치를 받지 아니한 물건에 대한 책임 237
임치물 반환의무 243
임치물보관의무 241
임치물의 검사 · 현품적취 · 보존행위에 응할 의무 242
임치물의 하자통지의무 242
임치물인도청구권 245

【 ㅈ 】

자기명의 40
자연인의 영업능력 58
자조매각권 147
작성자불이익의 원칙 32
재무상태표 106
절대적 상행위 45
정액배상주의 208
제한적 해석의 원칙 32
조리 34
조합 56
주요거래조건 154
주지성(周知性) 55
준법률행위 52
준상행위 53
준위탁매매인 190
중개계약 176
중개계약의 종료 180
중개대리상 170
중개인 176
——의 권리 179
——의 의무 177
중개인일기장 178
지배권 65
——의 남용 67
——의 제한 67
지배인 63
——의 권한 65
——의 선임 64
——의 종임 65
지점의 등기 110
지정가액준수의무 182
지정운임준수의무 192

【 ㅊ 】

창고업 240
창고업자 240
———의 권리 245
———의 의무 241
창고증권 247
창고증권교부의무 242
채권매입업 254
책임의 감면 238
체약대리상 170

【 ㅌ 】

탁송수하물 233
탈취권 78
통지의무 191
특별상사유치권 136
특수법인 56
특정지위취임금지 77

【 ㅍ 】

표현사용인 74
표현지배인 70

【 ㅎ 】

합자조합 164
———의 내부관계 166
———의 설립 165
———의 외부관계 167
———의 종료 168
협동조합 56
형식상 21
형식상인 41
형식적 상행위 54
형식적 의의의 상법 20
혼재운송계약 196
화물명세서교부청구권 216
화물상환증 223
———의 효력 224
화물상환증교부의무 203
확정기매매의 해제 152
확정운임운송주선계약 196
회계장부 105
휴대수하물 233

어음 · 수표법

【 ㄱ 】

가계수표 299
강박 329
거절증서 522
———의 작성 503, 523
거절증서작성의 면제 526
계약설 330
고려기간 475
공시최고 400
———에 의한 제권판결 399
교환어음 389
국고수표 299
권리외관설 331
권리이전적 효력 448
권한배서 467
금(액)권 261
금전(禁轉)어음 440
기명날인의 대행 345
기명(지명)증권 265
기명식배서 444
기본수표의 작성 538
기본어음 414
기승어음 285
기한후배서 462, 546

【 ㄴ 】

내국수표 552

【 ㄷ 】

단명어음 287
담보배서 450
———의 효력 450
담보어음 287
담보적 효력 449
당좌수표 298
대리관계의 표시 344
대리배서 467
대부어음 286
등본 520

【 ㅁ 】

만기 417
──의 변경 495
──의 변조 368
──의 지급 494
만기 전의 지급 493
만기전 지급인의 조사의무 499
만기지급인의 조사의무 496
만기 후의 상환청구 505
만기 후의 지급 494
면책증권 261
면책증권성 268
명의대여 355
무권리의 항변 382
무기명증권 265
무담보배서 457
무역어음 291
무익적 기재사항 427, 448, 540
무인증권성 269
문방구어음 305
문언증권성 268
물권증권 266

【 ㅂ 】

반사회질서의 법률행위 330
발행설 331
발행인의 기명날인 또는 서명 424
발행일 422
발행일자후정기출급 418
발행지 422
배서금지 특약 441
배서금지배서 459
배서금지어음 440
배서의 말소 456
배서의 불연속 455
배서의 연속 452
백지보충권 429
─────의 남용 434
백지보충권자 433
백지수표 540
백지식배서 445, 454
백지어음 428, 506, 572
───의 완성 433
───의 유통 430
법률상 당연한 지시증권성 269
법인격 없는 단체의 기명날인 또는 서명 324
법인의 기명날인 또는 서명 321
법정대리권의 범위 345
변경인수 478
보증수표 298
보충권 433
───의 이전 434
───의 행사기간 436
복본 518
──의 발행 518
──의 효력 519
복제제도 276
부도어음 287
부도처분 304
부정수표단속법 567
불공정한 법률행위 330
불단순인수 477

【 ㅅ 】

사기 329
사원권증권 266
상업신용장 292, 294
상업어음 286
상품권 262
상환의무자 507
상환증권성 268
상환청구 502, 561
────의 통지 509
상환청구권(소구권) 307, 395
상환청구권자 507
상환청구원인 502
선의지급 452
선의취득 452
선일자수표 298, 548
선택무기명식배서 447
선택무기명식증권 266
설권증권성 269
소구 502
소지인출급식배서 447
송금수표 299
수취인란의 변조 368
수취인의 명칭 421
수표 531
──의 발행 538

——의 배서 544
——의 복본 564
——의 시효 564
——의 양도 544
——의 일람출급성 548
——의 종류 298
——의 지급 553
——의 지급보증 547
——의 지급제시 548
수표계약 542
수표발행의 제한 541
수표법 531
수표보증 547
수표상의 권리 537
수표요건 538
수표자금 542
수표지급인의 조사의무 497
수표행위 537
숙려기간 475
숨은 입질배서 472
숨은 추심위임배서 468
시효기간의 계산 395
시효의 중단 396
신용기능의 남용 284
신용어음 288
CP어음 289

【 ㅇ 】

악의의 항변 384
약속어음 272, 527
————의 특질 272
약식보증 483
양도성예금증서 290
어음개서 411
어음교환소 492
어음권리능력 324
어음금액불가분의 원칙 355
어음금액의 공탁 501
어음능력 324
어음대부 413
어음대출 413
어음문구 415
어음배서의 말소 398
————의 방식 443
————의 형식 444
————의 효력 448
어음법상의 권리 370
어음 변조의 효과 364
어음보증 479
————의 방식 483
————의 효과 485
어음보증인의 책임 485
어음상 권리의 소멸 394
어음상 권리의 소멸시효 395
어음상의 권리 369
어음선의취득의 효과 378
어음·수표의 남용 282
어음엄정의 남용 282
어음예약 317
어음요건 415
어음 301
——의 개서 495
——의 공동발행 424
——의 기명날인 또는 서명 319
——의 등본 520
——의 말소 397
——의 배서 438
——의 변조 363
——의 부도 304
——의 상실 399
——의 선의취득 372
——의 실질관계 302
——의 원인관계 305
——의 위조 356
——의 유래 301
——의 인수 473
——의 자금관계 316
——의 재발행 402
——의 지급 488
——의 지급시기 493
——의 환수 501
어음 위조의 효과 357
어음증권의 교부 330
어음지급의 목적물 500
어음지급인의 조사의무 496
어음학설 330
어음할인 412
어음항변 380
————의 분류 380
————의 제한 383
어음행위 317, 438

———를 위한 명의대여 356
———의 대리 341
———의 대리권의 제한 346
———의 무권대리 347
———의 방식 319
———의 성립요건 318
———의 종류 318
어음행위능력 326
어음행위독립의 원칙 336, 486
어음훼손 399
여행자수표 300
역어음제도 563
연기어음 286, 411
영업을 위한 명의대여 355
영예지급 517
예금어음 289
외국수표 552
요건보충 431
요식성의 남용 283
요식증권성 267
요인증권성 269
우편대체수표 299
월권대리 354
위임배서 467
위조・변조어음의 지급효과 498
위조자의 책임 357
위탁수표 298
위탁어음 286
유가증권법 258
———의 특성 270
유가증권법정주의 262
유가증권에 관한 학설 259
유가증권의 개념 259
유가증권의 속성 267
유가증권의 종류 264
유가증권제도 258
유예기간 475
유익적 기재사항 424, 447, 540
유해적 기재사항 427, 448, 540
융통어음 284, 287
———의 항변 387
은행거래정지처분 304
은행도어음 305
의사표시의 하자 327
이득상환청구권 307, 406, 565
———의 성립요건 407
———의 양도 410
———의 행사 410
이자문구 425
이중무권의 항변 392
인수의 말소 473
인수의 방식 476
인수의 요건 476
인수의 효력 478
인수일자 477
인수제시 474
인수제시명령 475
인수제시자유의 원칙 474
인적 항변 306, 382
———의 대항력 383
———의 제한 383
일람출급 419
일람후정기출급 419
일반횡선수표 559
일부말소 457
일부보증 484
일부인수 478
일부지급 501
임의대리권의 범위 345
입질배서 470, 546

【 ㅈ 】

자격수여적 효력 451
자격증권 261
자기앞수표 556
자연인의 기명날인 또는 서명 319
재상환청구(재소구) 512
재상환청구권 395
적격어음 289
전자어음 569
———의 배서 572
———의 보증 574
———의 지급 574
전자어음관리기관 577
전자의 항변 392
정식보증 483
정지조건설 348, 565
제권판결 400, 443
제3자방지급문구 424
제3자의 항변 391
제시증권성 268

조건부 보증 483
조건부인수 478
준백지어음 438
중개어음 291
증거증권 260
증권의 작성 318
증명(公證)증서 260, 522
지급보증 536
지급위탁 415
———의 취소 554
지급의 유예 495
지급인의 명칭 416
지급제시 489
———의 기간 490
———의 면제 493
———의 장소 491
———의 효과 492
지급지 420
지명소지인출급식배서 447
지시금지어음 440
————의 효력 442
지시증권 265
진의 아닌 의사표시 328

【 ㅊ 】

착오 329
참가 515
참가인수(영예인수) 516
참가지급 517
창조설 330
채권증권 266
처분증권성 270
초과인수 478
추상성의 남용 283
추심위임배서 467

【 ㅋ 】

쿠폰 299

【 ㅌ 】

타인에 의한 어음행위 341
통지후지급수표 551
특수배서 457
특수한 항변 387
특정횡선수표 559

【 ㅍ 】

표지어음 290
표현대리 350
피위조자의 책임 358

【 ㅎ 】

할인어음 289
항변절단의 남용 284
해의의 취득자 384
해제조건설 348, 565
허무어음 285
허위표시 329
현명주의 342
협의의 무권대리 347
화환어음 291
확정일출급 418
환배서 460
환어음 271, 414
——의 인수 473
——의 특질 271
환어음 · 약속어음 · 수표의 비교 273
횡선수표 558
———의 효력 560
횡선의 말소 559
횡선의 변경 559
횡선제도 536
후자의 항변 391

□ 저자 약력 □

최 준 선

성균관대학교 법과대학 졸업
성균관대학교 대학원 수료(법학박사)
Stipendiat der Alexander von Humboldt-Stiftung
법무부 해상법 개정 특별위원회 위원
법무부 회사법 개정 특별위원회 위원
사법시험 · 행정고등고시 시험위원
변호사시험 출제위원
현, 성균관대학교 법학전문대학원 명예교수

상법(Ⅱ) -상법총칙, 어음·수표법-

2017년 8월 10일 1판 1쇄 발행
2019년 8월 19일 1판 2쇄 발행

저 자 최 준 선
발행인 고 성 익
조 판 해 인 기 획

05027
서울특별시 광진구 아차산로 335 삼영빌딩
발행처 圖書出版 三 英 社
등 록 1972년 4월 27일 제 2013-21호
전 화 737-1052·734-8979 FAX 739-2386

정가 32,000 원

ISBN 978-89-445-0434-1-93360